广西平话研究

余瑾 等◎著

中国社会科学出版社

图书在版编目（CIP）数据

广西平话研究／余瑾等著. —北京：中国社会科学出版社，2016. 2
ISBN 978-7-5161-8896-5

Ⅰ.①广… Ⅱ.①余… Ⅲ.①平话方言-方言研究 Ⅳ.①H178

中国版本图书馆 CIP 数据核字（2016）第 217287 号

出 版 人	赵剑英
责任编辑	任 明
特约编辑	李晓丽
责任校对	郝阳洋
责任印制	何 艳

出　　版	中国社会科学出版社
社　　址	北京鼓楼西大街甲 158 号
邮　　编	100720
网　　址	http://www.csspw.cn
发 行 部	010-84083685
门 市 部	010-84029450
经　　销	新华书店及其他书店

印刷装订	北京市兴怀印刷厂
版　　次	2016 年 2 月第 1 版
印　　次	2016 年 2 月第 1 次印刷

开　　本	710×1000　1/16
印　　张	31.75
插　　页	4
字　　数	577 千字
定　　价	98.00 元

《广西平话研究》序

鲁国尧

回忆 1957 年我上大学本科三年级的时候，袁家骅先生给我们开方言学课，袁先生的学问和人格魅力使我犹如被磁石所吸引，得以窥见方言学王国的辽阔、壮丽，对方言学产生了浓厚的兴趣（此后也对家乡方言及其历史做过调研，写过论文）。但那时我还不知道有"平话"这种方言，这也许是由于我一直身处东部沿海远距广西之故。到了 80 年代，"平话"方始进入我的知识视野，那是因为 1987 年的《中国语言地图集》提出了"十大方言说"。"十大方言"是官话、晋语、吴语、徽语、闽语、赣语、湘语、客家话、粤语、平话。僻处广西的"平话"之所以崛起成为与"官话""吴语""粤语"并列的大方言，当系采纳了民族语言学专家梁敏、张均如两先生的观点。他们认为广西平话是不同于粤方言的另一种独立的汉语方言。如果撰写汉语方言研究的编年史，那么"晋语""徽语"及"平话"三者"鲤鱼跳龙门"，则时在 1987 年。"徽语"获此殊荣，方言学界好像没有异议，但是"晋语"与"平话"则否。"晋语"问题，不在本文的话题之列。此处仅讨论"平话"。

记得 2000 年在上海召开的一个国际语言学会上，我在大会发言时，曾经对汉语的下位方言打过一个比喻，这比喻很世俗，同时也很现代。众所周知，"官本位"是咱中国的特色，多年来盛行不衰，因此汉语的下位大方言，不妨称作"省部级方言"，例如官话方言、粤方言、闽方言等等。而江淮官话、西南官话等则为官话方言的下位方言，同理闽南方言、闽东方言等是闽方言的下位方言，它们都应该谓之"厅局级方言"。如果《中国语言地图集》的方言分区说被普遍接受，平话也就是省部级方言了。

可是，随之而起的是争论的硝烟，摆在方言学专家面前的问题是，"平话"是不是省部级的大方言？如果是，为什么？如果不是，即为厅局级方言，那么是哪个大方言的下位方言呢……

看来这不是简单的定级或定位的问题，实际上是要对平话的历史渊源、内部歧异、与相邻的汉语方言或少数民族语言的关系，等等，作出认真的研究，交出答卷。

　　鄙见：1987 年《中国方言地图集》提出"十大方言说"立了大功，功绩之一是，激发、推动、促进了方言学界对平话的研究，两广的学者尤其是广西的方言学家对此特别热心，成绩斐然。近 30 年来，关于平话的报告、研究有如泉涌，关于平话系属，专家们各有主张，而且都很自信而坚定。从学术研究来说，热烈的讨论甚至激烈的争辩自是学术繁荣的表现。但是一般群众的心理却往往渴望有个"结论"。常言"需要是发明之母"，公众的要求对方言学界是压力，也是推动力，应该说是巨大的推动力。以余瑾教授为首的广西大学方言学团队责无旁贷地肩担了这个广西平话研究的任务，林亦教授、李连进教授、覃凤余教授等与好几位青年方言学家全力投入了这项研究，历时十载，汗水的浇灌终于催生了这本《广西平话研究》。

　　这本《广西平话研究》具有集成的性质，是方言学界三十年广西平话研究的总结性专著。其前的《桂北平话与推广普通话研究》系列丛书（2005—2006），12 册，每册二三十多万字，包括了 11 个桂北地区平话、土话方言的单点研究，为研究桂北地区纷繁复杂的方言现象提供了大量的宝贵资料，这套丛书可以说是《广西平话研究》的柱础之一。我在这里只是举例而已。任何一个方言学者读毕这本《广西平话研究》，必为此书所征引的田野调查资料的赡足、古书载记的浩瀚而叹服。中国古代的大思想家大教育家朱熹说过："如人要起屋，须是先筑，教基址坚牢，上面方可架屋。"基址坚牢，是这本《广西平话研究》值得称道的首要之点。

　　这本书的闪光之处还在于对所搜集到的方言资料进一步做了大量的比较工作。当今流行的格言："有比较才能有鉴别。"此书作者团队在近百个平话方言点和粤方言点的大量资料的基础之上，做了各色各样的比较，有平话多个点语音系统的比较，词汇的比较，语法的比较；有桂南平话与桂北平话的比较；有两者各自与粤方言的比较，堪称周详细密，启人实多。它对前此诸家的研究作品，介绍和辨析结合，批评与取用并举。因此这本《广西平话研究》不仅在规模上超越此前的有关平话的论著，而且在质上有了很大的提高。

　　如今方言学者多数从事共时描写，因而其论说往往基于平面调查的记录。而《广西平话研究》的作者们不仅调查、记录了大量鲜活的方言口语资料，而且在有关平话的历史文献方面也做了艰苦的搜辑与研究工作（如查阅旧方志 102 部，其中明代 7 部，清代 59 部，民国 36 部），沙里淘金，积累了可观的资料。史籍、方志、文士笔记、儿童歌谣，木鱼书等靡不在搜集爬罗之列，从中提炼精良、刮垢磨光。在此我要特别强调，《广西平话研究》之所以胜于此前的若干论著一筹，就在于采取了语言学的"二重证据法"，亦即历史文献考证法与历史比较法的结合，相互印证，彼此发明。本书的这一大亮点，岂能不予褒赞？

此书多次指出，平话实际上是粤方言向西拓展，突入壮语地区，与壮语接触、渗透、交融而结出的"硕果"。这支西进的粤方言，它一方面贷出，给予壮语以影响，当代壮侗语专家的论著所胪陈的壮语中的汉语借词即为其表现之一；另一方面也接受了少数民族语言的影响，在历史的长河中形成了粤方言下的一支颇具特点的次方言，它不宜于视作与粤方言、湘方言、客家话并列的省部级方言，看来这就是民众所盼求的结论，可能也是为多数方言学者认为可接受的结论。

我国古籍《礼记·学记》中的名句："善歌者使人继其声，善教者使人继其志。"《广西平话研究》的稿本我收到以后，初读了一遍，大长知识。我被这块磁石吸引住了，于是又读了一遍，获益益深，不禁欢喜赞叹。例如末篇"平话民系的人文历史考察"，数万字，读来使人兴味盎然。征引典籍自唐代刘恂《岭表录异》开始，历代方志、族谱、民间文学，讫于当今的历史地理学著作，如葛剑雄《中国移民史》、张善余《中国人口地理》、李孝聪《中国区域历史地理》，等等，达数十种。这是其他同类著作所罕见的，愿今后的方言学论著都能吸取《广西平话研究》这种重视历代文献取去精华的大好做法。

又，拜读这本《广西平话研究》后，我这钟山之麓的一介学人不禁神驰意逐于桂北大地。近年汉语方言学的热点之一是桂粤湘三省结合部的"土话"，近几天我找了一些调查报告和研究论文来读，从而知道这些"土话"差异特甚，用韩愈《送孟东野序》的"乱杂而无章"五字来形容十分贴切。我的鄙陋之见：愈是"乱杂无章"，愈需要研究；愈是"乱杂无章"，其研究成果愈有价值。依照这本《广西平话研究》，桂南平话的系统性较强，将它定位为粤方言下的次方言，理由充足，易于取信于人。至于桂北平话或称"桂北土话"，则是问题纠结所在，它与湘南土话、粤北土话颇有牵连，跟粤方言的距离不小，但是它也与桂南平话以至粤方言多有相通之处。考虑到整体性，将整个平话都视作隶属于粤方言下的厅局级方言，如此处置，亦可取也。

受这本《广西平话研究》及一些研究桂粤湘"土话"论著的启迪，愚鲁之我在此谈一点粗浅的"读后感"：桂粤湘的这一团乱麻式的"土话"，系属难明，管它们叫"过渡性方言"，或"混合性方言"，显然是学术的进步，应该加以肯定的。但是似乎还未惬人意，桂粤湘的这串"土话"特点是散漫，从习惯于汉语方言渐进式分布模式的学人看来，仿佛是个"异类"，何以致此？其本质内涵为何？渊源何在？能否像19世纪欧洲比较语言学者那样,从其中提炼出若干古代方言或语言的一些片段或碎片,从而做出大块文章,即使不能取得震动性的效果,也可使人一新耳目。我想,如果继续做更深入的研究,未必没有新突破的可能。

　　我焚香祷祝:在《广西平话研究》问世后,有更多的"继其声"者、"继其志"者。

2015 年 11 月 14 日晚

目　录

绪论……………………………………………………………………… 1

  第一节　广西汉语方言概貌………………………………………… 1

  第二节　平话问题之源出…………………………………………… 3

  第三节　研究广西平话的意义……………………………………… 8

上篇　平话的语音研究

第一章　平话范围的界定………………………………………… 15

  第一节　平话的名实对应…………………………………………… 16

  第二节　本书"平话"的指称范围………………………………… 23

  第三节　本书"粤方言"的指称范围……………………………… 25

第二章　桂北平话的语音研究…………………………………… 26

  第一节　桂北平话语音研究概说…………………………………… 26

  第二节　桂北平话音系举例………………………………………… 27

  第三节　桂北平话的语音特点……………………………………… 36

  第四节　旧地方志记载的桂北平话语音…………………………… 54

第三章　桂南平话的语音研究…………………………………… 59

  第一节　桂南平话语音研究概说…………………………………… 59

  第二节　桂南平话音系举例………………………………………… 60

  第三节　桂南平话的语音特点……………………………………… 88

第四章　广西粤方言语音研究…………………………………… 99

  第一节　粤方言内部分片概说……………………………………… 99

  第二节　广西粤方言的特点………………………………………… 102

  第三节　广西粤方言的内部差异及分片条件……………………… 113

第五章　平话与粤方言的语音比较研究………………………… 118

  第一节　平话与粤方言语音的共同特征…………………………… 118

  第二节　平话与粤方言特殊字音的一致性………………………… 122

  第三节　平话与粤方言的声母差异及成因探讨…………………… 127

  第四节　平话与粤方言的韵母差异及演变规律…………………… 145

　　第五节　平话与粤方言的声调比较研究·······················157
　　第六节　小结··172

中篇　平话的词汇研究

第一章　平话词汇比较研究概述·····································177
　　第一节　平话词汇比较研究成果概述···························177
　　第二节　平话词汇比较研究的思路·····························178
第二章　桂北平话词汇的内部比较研究·····························180
　　第一节　词汇异同的比较分析·································180
　　第二节　词汇相似度的计量研究·······························185
第三章　桂南平话词汇的特点·······································190
　　第一节　词汇反映桂南平话与粤方言的密切关系···············190
　　第二节　不同的语言接触环境造成桂南平话词汇的内部差异·····192
第四章　平话与粤方言的口语词汇比较研究·······················199
　　第一节　常用口语名词举例····································200
　　第二节　名词词例的比较研究·································217
　　第三节　动词词例的比较研究·································226
　　第四节　形容词词例的比较研究·······························241
　　第五节　平话词汇的文献证据·································248
　　第六节　平话的词汇特点····································274

下篇　平话的语法研究

第一章　宾阳话语法调查··283
　　第一节　词法··283
　　第二节　虚词··287
　　第三节　句法结构··325
第二章　平话与粤方言语法比较研究·······························336
　　第一节　词法的比较··336
　　第二节　虚词的比较··339
　　第三节　句法结构的比较··358
　　第四节　平话与粤方言语法的共性与差异·····················362
第三章　比较研究个案··371
　　第一节　处置式··371
　　第二节　南宁粤语 VOC 结构的来源·····························385
　　第三节　不定限定词"嚸"·····································391

第四节　从平话、壮语看"着"表使役的来源………………………403

第五节　趋向动词"去"的两种特殊用法……………………………410

第六节　平话量名定指性的考察……………………………………417

末篇　平话民系的人文历史考察

第一章　平话民系的移民史考察………………………………429

第一节　北方移民与南方汉语方言的形成…………………………429

第二节　中原汉人南迁岭南肇于秦汉………………………………430

第三节　岭南人口的剧增在宋代……………………………………432

第四节　唐宋军事移民是桂南平话民系的源头……………………434

第五节　平话的发展有宋后历代移民的补充………………………440

第六节　移民叠加造成桂北平话的语音差异………………………449

第二章　平话民系家族发展迁徙个案调查与研究……………452

第一节　从家谱、族谱考察移民史的价值与局限…………………452

第二节　宾阳谢氏家族迁徙轨迹考索………………………………453

第三节　横县雷氏家族迁徙轨迹考索………………………………455

第四节　田东平话人黄氏家族迁徙轨迹考索………………………457

第五节　桂南平话的分布区域与移民史记载的一致性……………460

第三章　平话人的文化特征……………………………………467

第一节　平话人——汉族的支系……………………………………467

第二节　平话人的文化特征…………………………………………469

第三节　平话与平话人………………………………………………473

结语…………………………………………………………………477

参考文献……………………………………………………………483

后记…………………………………………………………………496

致谢…………………………………………………………………498

绪　论

第一节　广西汉语方言概貌

广西壮族自治区地处祖国南疆，与越南接壤，古代是西瓯骆越等民族的聚居地。随着中原汉族向南方拓展，汉族逐渐成为广西的主体民族。由于当地土著民族大多有语无文，治化教育依靠汉书，汉语、汉文化对这里的少数民族也产生了很大影响。南宋时期是广西人口剧增的时期。明清之际，周边的广东、江西、湖南的移民也大量涌入广西。在广西，汉语与壮语等少数民族语言共存的多语状况，可能中古以后就已存在。而汉语方言自古有之，早期进入广西的北方汉语，本身就带有方言的差异，它们与当地多种土著民族语言长期接触、相互影响，于是形成了各种不同的方言群。今天广西的汉语方言主要有粤方言（含白话、平话）、北方方言（西南官话）、客家方言、闽方言、湘方言，桂北、桂东北地区还有一些层次复杂的方言土语，在全国，广西是汉语方言最多的省份。

1932 年的《广西民政视察报告汇编》是广西民政厅派往各地的视察员所作的社会状况调查报告，它记录了当时广西的政治、经济、文化、教育、民俗等方面的情况。其中的《言语种类及区域》简述了当时广西 94 个县的语言种类及其使用状况，所记录的语言和方言十分复杂，使用的名称有 40 种之多。这些名称是视察员据当地人所述的记录，并非经过实际田野调查后所作的语言学或方言学上的划分，且多有交叉，但已足以说明当时广西的多语多方言状况。《汇编》中有《广西各种语言百分比较图》，是对所叙述语言主要使用状况的量化，使用的名称不再是民间俗称，而是具有一定的语言或方言分类的意义了。从其中的比例数字大致可以看出当时广西的语言分布情况：62.60%的县使用白话，54.89%的县使用官话，5.06%的县使用客话，19.15%的县使用平话，25.90%的县使用獞（现作"壮"）语，22.95%的县使用猺（现作"瑶"）语，8.15%的县使用苗语，2.22%的县使用狪（现作"侗"）语等。白话、官话、客话、平话是汉语方言，可见当时汉语已成为广西的主流语言（见下页图）。

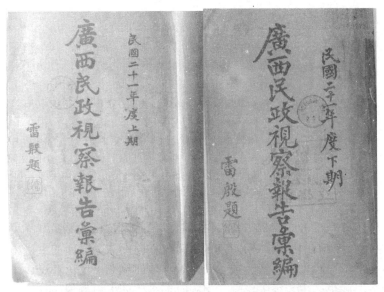

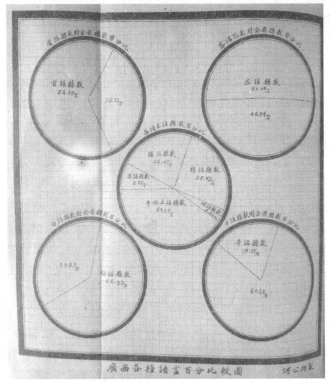

据 2000 年的广西语言使用情况调查，全区人口 4744.20 万，使用汉语的人口约 3290 多万，已经超过汉族人口总数。

第二节　平话问题之源出

广西是语言资源最丰富的地区之一，"平话"是当地的一种汉语方言。20世纪90年代之前，广西的汉语方言研究在整个东南方言区相对滞后。由于研究的不足及资料的缺乏，"平话"与粤方言的关系，桂北、桂东北土语的归属，成了近20年来汉语方言学界关注的热点。1987年出版的《中国语言地图集》把汉语方言分为10个区：（1）官话区；（2）吴语区；（3）闽语区；（4）赣语区；（5）客家话区；（6）粤语区；（7）湘语区；（8）晋语区；（9）徽语区；（10）平话区。其中晋语、徽语和平话首次被确认为独立方言。

《中国语言地图集》对平话的划分只是给了一条简单的语音标准：古全浊塞音、塞擦音声母今读不送气清塞音或清塞擦音。这条标准虽然符合平话方言的声母特点，但仅在粤方言区就缺乏足够的排他性。同时以一条标准即给一个大方言区定性，未免过于片面，自然引发不小的争议。

20世纪90年代以来，随着广西汉语方言的调查研究的逐步深入开展，陆续有学者发表了有关平话，尤其是桂南平话特点的材料，学界对广西平话系属问题的讨论也多了起来。在平话是否应独立成区的问题上，目前主要有以下4种意见。

1. 平话是与粤方言并立的独立的大方言。梁敏、张均如先生以壮语中的汉语老借词为切入点对桂南平话展开调查研究，以壮语老借词的读音与平话相同而与白话不相同的11项特征，于1982年首次提出广西平话是不同于粤方言的另一种汉语方言。《中国语言地图集》采用了这一研究成果，将平话列为汉语十大方言之一。主张此说的还有韦树关（1996）、张振兴（1997）、李连进（2000a，2000b，2003，2005，2007）、李小凡（2012）等。

李连进不止认为平话是独立的汉语方言，连勾漏片粤语、湘南土话、粤北土话也当归入其中。其《平话音韵研究》（2000）认为平话语音的历史层次较为丰富，比之粤语较为存古，是与官、吴、湘、粤、闽、赣、客、徽诸方言并列的一种独立的方言体系；《勾漏片的方言归属》（2005）从历史行政区划、音类层次和词汇层次的对应等方面进行讨论，提出勾漏片方言和平话、土话应该归为一种方言并获得作为独立的汉语方言的地位；《平话的分布、内部分区及系属问题》（2007）认为桂北、桂南平话不能人为分开，平话与湘南土话、粤北土话、勾漏片方言同是一种方言，平话应成为独立的大方言区。

李小凡（2012）认为，"古全浊声母的表现"是划分汉语方言的重要标准。他同意李连进的观点，把平话独立，并把勾漏片粤语归入平话中。这样做有两个好处，一是勾漏片划归平话后，粤方言内部的一致性会大大增强；二是勾漏片和平话的纠缠可以消解。另外，支持"平话独立"的学者特别重视广西民族语言的汉语借词和汉越语数据。他们留意到民族语言的借词和汉越语所反映的语音特点和平话相若，认为古代的平话就是施惠语（donor language）。

2. 平话是粤方言的次方言，单立的理由不足。余霭芹《粤语方言分区初探》（1991）中，属平话的宾阳话、横县话、南宁平话（心圩）等方言，划归粤方言的 D 片。丁邦新认为："平话何以成为和湘语、粤语相当的一个方言区，实在语焉不详。"①

梁金荣《桂北平话的语音研究》（1997）分析了桂北平话 7 个方言点的语音特征，并通过与周边方言的比较，结合桂北平话的词汇特征，联系人文历史背景，倾向于将桂北、桂南平话都划归粤方言区，但在具体层级处理上与传统的粤方言区别对待；随后又在《桂北平话语音特征的一致性与差异性》（1998）和《从语音特征看桂北平话与粤方言的关系》（2000）等文章重申这一观点。覃远雄《桂南平话研究》（2000）在对 9 个桂南平话点进行语音、词汇、语法研究后，认为桂南平话当归属粤语。

麦耘（2010）详细检验了李连进（2000a，2007）所提出的"平话—勾漏片异于粤语"的 22 个语言特点，结论是：平话和广府片粤语都源自早期粤语，这种早期粤语可以追溯至唐末（9 世纪后半叶）。大概是宋代末年（13 世纪后半叶），早期粤语分裂为两支。一支包括了现代的广府片、邕浔片、高阳片和钦廉片，它们受北方共通语较大的影响；另一支则包括四邑片、吴化片、桂南平话—勾漏片和桂北平话，它们受北方共通语的影响较小。麦耘还指出了这两支"粤语"共同创新的成分，如四声各分阴阳、入声以元音长短为条件再分调、溪母字读/h-/、介音趋于消失等。

上述学者都把平话作为一个整体看待。

3. 桂南平话可划归粤方言，桂北平话因其面目模糊，可与湘南和粤北土语归为一个独立的方言，或独立。刘村汉（1995）根据桂南平话可以和"勾漏片粤语通话"，主张"桂南平话划归粤方言，让桂北平话独立为平话方言"。韦树关（1999）也认为桂北平话不属于平话系统，应归入湘方言。

谢建猷（2001）从语音、词汇、语法横向比较研究了平话 21 个方言点的一致性和排他性问题，并结合社会历史资料讨论了平话的来源，从而将桂南平话划入粤语勾漏片，将桂北平话划归湘南土话，称为湘桂土话。湘

---

① 丁邦新：《书评：中国语言地图集》，《中国语言学论文集》，中华书局 2008 年版，第 293—298 页。

桂土话与粤方言来源不同，是两种方言。

伍巍（2001）归纳出桂南平话 8 个语音特征，认为这些特点"在广东境内的粤语中均能找到成片相应的例证"，桂南平话和粤语的差异是粤语内部"发展的不平衡"的表现。

张敏、周烈婷（2003）提出粤语可从"古典范畴"和"原型范畴"两个角度加以解释。前者类似于谱系树模式，后者则由一系列特征以家族相似的方式界定出来。无论从哪一个范畴看，勾漏片和桂南平话都是粤语家族的一员。

4. 平话既不宜列入一级分类系列，又不宜归入其他方言中。詹伯慧《广西"平话"问题刍议》（2001）认为桂北平话宜归属粤方言系列，之后对桂北平话归属的观点有了一定的改变，在《关于广西"平话"的归属问题》（2003）一文中认为桂北平话与湘粤土话关系密切，有待做进一步调查研究之后再对其归属下结论。鉴于桂南平话可能融入粤语，桂北平话和湘南土话、粤北土话可能消亡的发展前景，王福堂（2001，2005）强调方言分区要顾及共时和历时两方面。认为平话形成于汉唐年间，在历史上曾经是一个强势的方言，其分布要比现在大得多，也是老壮语借词和汉越语的施惠语。但在 20 世纪 30 年代以后，平话逐渐走向衰落，目前已从绝大多数的城市退出，只遗留在集镇和农村中。它的发展前途殊不乐观。王福堂（2005：118）认为："让一个没有发展前途、又正在失去社会交际功能的方言独立成区，和官话、吴、湘、赣、客、粤、闽等大方言并列，恐怕是需要斟酌的。但把它归入其他方言，目前也还不很适宜。因此最好暂时把归属问题搁置起来，到适当时再作处理。"刘村汉《桂北平话的再认识》（2007）主要从音韵角度论证了桂北平话不是湘语也不是粤语，再次重申桂北平话只能"自立门户、自成一家"。

可见，对于平话是否独立成区的问题，其焦点集中在桂北平话与桂南平话的分合、平话与粤方言的关系上。造成以上分歧的原因，我们认为有以下几个方面。

1. 语言调查不足。詹伯慧（2001）提出，汉语分区的原则应当是以语言材料为主，以社会历史材料为主要参考，在依据语言考虑方言分区时，一定得对这一方言的对内的一致性和对外的差异性做全面考察。过去对广西粤方言调查研究的资料很少，且集中在与广东交界的东南部地区。《汉语方言概要》（1960）称，粤方言"是指以广州话（一般也叫做'广府话'）为中心的一个大方言，本地人称之为'白话'的。这个方言分布在广东中部和西南部、广西的东南部，约一百来个县"。该书编于 1958 年，反映的是 20 世纪 50 年代的汉语方言调查的成果，对于广西境内的平话等方言土语的调查研究尚有许多空白。

以广西学者为主的对广西汉语方言进行较大规模的调查研究，是从 20 世纪 80 年代末以后才逐渐开展起来，就连作为广西首府的南宁市，其方言音系的研究成果也是到了 1986 年才看到。20 世纪 90 年代末至 21 世纪初，几位广西籍的语言学博士的学位论文均以平话为研究对象或涉及平话，如梁金荣《桂北平话语音研究》、李连进《平话音韵研究》、谢建猷《广西平话方言》、覃远雄《桂南平话研究》等。桂北平话研究丛书 2005—2006 年才面世。

2. 语言材料研究不足。目前所进行的有关平话问题的研究中，论及语音特征的多，而对词汇、语法特征涉及的少。即使是在对语音特征的研究中，也仍是描写的多、比较研究的少；局部研究的多，系统研究的少。

3. 对"粤语"理解的差异。"'粤'虽为'广东'的又称，'粤方言'却是一个语言学上的专名，不能和'广东方言'或'广东话'等同起来。"①"粤语一词常常和广州话通用。从语言学上来说，两者应该严格分开：粤语指汉语南方方言的一支，而广州话专指这一支方言的标准方言，亦即广州市的代表方言。"②人们一提粤方言，首先就想到广州话，而用于与平话比较的往往也是广州话，因为广州话有十分成熟的研究成果。上文提到，对桂中南平话的关注和研究，是从民族语言专家开始的，他们的初衷是考察广西壮语中汉语借词的直接来源，比较的主要是广州话，没有条件对整个粤方言区的语言状况做深入了解。我们知道，作为语言的共时使用而言，经济文化发达的大都市的方言一般都成为区域的权威方言，但这种权威方言并非研究大方言区方言史的唯一参照。

4. 缺乏对广西粤方言的深入了解。根据移民历史层次、地域分布、语言特征等综合考察，广西的粤方言可分 4 个片区：勾漏片、钦廉片、桂南平话片、沿江白话片，其中勾漏片、桂南平话片、钦廉片属广西粤方言的第一层次；沿江白话片因近现代广府白话西渐形成，为广西粤方言的第二层次，以方言岛形式分布于珠江水系流域及沿海的城镇商埠，叠置在第一层次粤方言之上，这就是通常人们所说的粤语或白话。在时间上，白话与早期粤方言是先来和后到的关系，这个"后到"，是同一方言区内部的流动。从地位上说，白话凭借经济地位成了优势方言，与早期粤方言是城市话和土话、乡下话的关系。

与广东不同，广西无广州这样的通都大邑，粤方言是离心式发展的。

---

① 袁家骅等：《汉语方言概要》（第二版），文字改革出版社 1983 年版，第 177 页。

② 余霭芹：《粤语研究》，《语文研究》1988 年第 2 期。

勾漏片和钦廉片与粤西、粤西南地域相连，语言特征相似；桂南平话片是进入壮族聚居区粤方言的西端，对壮语等少数民族语言产生重大影响，但并未改变其粤方言的本质。沿江白话片虽仗着经济和文教优势后来居上，并成为当地的强势方言，但对于所在城镇外的广大农村地区影响有限。例如梧州市区白话孤悬于勾漏片粤方言，南宁白话在短短二三十年已经失去市区通用语的地位，北海市、钦州市的白话已带有较浓重的钦廉片特点。反而在改革开放后，广州话的优势影响也到达广西，成为粤方言的文读层次。柳州市今为官话方言区，但在20世纪四五十年代，白话是老城区的主要方言。民国《柳江县志》记载广东人"居城市经商，执现代商业牛耳"。《柳州方言词典·引论》（1995）："抗战期间，除其他各省之外，广东商民大量涌入，最繁荣的商业街，几成粤语世界。"1950年，柳州市人口5万多人，约有一半是广东人。20世纪80—90年代后，粤方言迅速退出历史舞台。今天的柳州，粤方言只作为一种文化符号残存于柳州粤人后裔的记忆。

现代粤方言形成于唐末至宋年间，无论是从语言特征还是移民史都已经得到证明。粤方言的重要基础就是唐宋官话，我们可以直接感受的广西汉语方言百年间的变迁，足以证明平话也好、白话也好，都不可能是北方汉人自南拓以来数千年的层累。粤方言是进入岭南最早的汉语方言，也是岭南地区的优势方言。广西的少数民族，包括最大的壮族，历史上都是有语无文的。由于地缘关系，粤方言，尤其是进入少数民族聚居区的桂南平话，必然是壮语老借词和汉越语的施惠语（指为其他语言提供部分要素的语言）。

5. 人文历史方面的考察不足。社会人文历史材料能为平话地位的确定提供移民史和民系关系上的相关证据。谢建猷（2001）曾对目前所见的涉及平话来源问题的社会历史材料作了分析，认为各种材料在对平话来源的问题上有相互矛盾与证据缺乏的问题，提出既然广西平话方言的来源不能像客家话的来源那样可从客家人历史上的5次大迁徙中探寻，那么有关平话系属问题的解决之道当放在就共时语言事实的调查、比较上，同时继续利用各种地方志、钩稽资料、谱牒资料对岭南移民史进行梳理，以作为语言事实的佐证。

1、2两点是互为关联的。目前所见的两本重要的汉语方言学著作，袁家骅《汉语方言概要》（1960）、侯精一《现代汉语方言概论》（2002）——前者代表了20世纪50年代的研究成果，后者代表了改革开放后的研究成果——均没有单独列出平话方言区。《现代汉语方言概论》"总说"："我们考虑到对平话的研究还不够充分，平话的主要共同点——古全浊声母今读塞音塞擦音时一般不送气的现象在粤语的一些地区也存在。（李荣，1989）

所以，《概论》没有列出平话区。"①

值得一提的是，主张平话归属粤方言的基本上是两广的学者，他们或是母语是粤方言，或是身处两广地区，既有语感，也有长期研究的积累。

第三节 研究广西平话的意义

1. 明确平话的性质。

广西是语言资源的富矿区。尽管 20 世纪 90 年代以来，普通话在广西迅速推广，甚至成为许多地区的社会通用语，会说普通话的人口比例也位居全国前列，然而这并未改变广西汉语方言的基本格局。今广西境内强势的汉语方言是粤方言和西南官话，分据桂南和桂北。客家方言、闽方言、湘方言的分布地域和使用人口都相对有限，加上这几种方言的核心区成果非常丰富，对其系属的判定并不困难。西南官话属北方方言，入桂历史不长，语音系统简单，内部一致性强。粤方言在两广分治之前已经形成，是广西境内历史最长，分布最广、使用人口最多的汉语方言，自身发展不平衡，加上近代广东粤方言的西渐，层次叠加，外部又与土著语言长期接触，因此内部差异比西南官话大得多。从掌握的材料看，平话，尤其是桂南平话的形成时代、语言特征、民系历史均与粤方言接近。广东的粤方言调查研究起步早，成果多；广西地区的调查研究近二三十年来才广泛开展起来。两广粤方言的语言资料和研究成果，可为平话的定性提供坚实的基础。

2. 平话研究是粤方言史研究的重要组成部分。

平话和粤方言是亲属关系最近的，平话问题的核心，就是它与粤方言的关系。离开广西的平话和广西的粤方言，整个粤方言的历史考察就缺失了重要的一环。方言分区的目的主要是了解方言分化整合的历史以及各方言间的亲疏关系，寻找方言演变的动因和机制。深入了解广西平话的性质，将对构建粤方言史做出重要贡献。

3. 为语言接触理论提供鲜活的语料及方法论的支持。

广西是我国语言多样性最为突出的地区，具有独特的语言接触环境。壮族是广西境内的主流民族，与壮族杂居的其他民族，多是能操壮语的双语人、多语人。壮语在今天的桂西、桂中南地区依然是强势语言。中古以前数量少的北来汉族移民，或清代深入壮族聚居区的零星的广东商客，往往一两代后就已被壮化。广西的平话与粤方言的形成有相同的背景，是唐宋，尤其是宋以后北方移民大量进入岭南、明清周边移民不断补充的结果。

---

① 侯精一主编：《现代汉语方言概论》，上海教育出版社 2002 年版，第 1 页。

平话主要分布在壮族聚居区，长期处于与壮语接触的状态，彼此都留下语言接触的印迹，汉语对壮语等少数民族语言的影响，主要是通过平话（近现代有官话）来实现的。

语言接触是引发语言变异的重要动因。语言影响是通过词的吸收及双语程度的加深来实现的，借词和双语往往在弱势语言一方。与其他有文字的民族语言不同，壮族自古有语无文，壮民的治化教育用的是汉语的教育，壮语读书音系统就是壮语口语与所接触的汉语方言的一个中介系统，这种汉语方言主要是平话。壮族人用"汉壮语"与汉族人交流，以及早期汉人的壮化、壮族人不断的汉化（粤方言人口本身就包含有不少壮族的语言转用者），这种千百年循环往复的干扰，使得壮语对粤方言的影响，不在于微乎其微的词汇借用，而在于这种干扰使粤方言的语音和语法的系统发生了潜移默化的变异。

平话研究可为语言接触理论提供鲜活的语言样品及方法论的依据。

4. 对壮语及壮语史的研究有重要意义。

壮族是中国最大的少数民族，粤方言，尤其是桂南平话，始终与壮语密切接触，同生共长。壮语大量从粤方言借词，壮族民间流行的方块壮字是汉字系文字，承载着十分丰富的语言文化信息。其中表音字占90%以上，谐声偏旁反映诸多早期平话的语音特征。平话的研究成果，对于缺乏历史文献的壮族来说，无论是对现代壮语的研究，还是对壮语史的研究均具有重要价值。

虽然语言特征是方言分区的核心标准，但提到方言必然涉及历史，尤其是广西与广东的地理、经济条件的差异，粤方言特殊的层次性，与民族语言深厚的接触与融合，都使广西的平话研究不是简单的方言分区问题，而是一个语言与人文的综合研究。

自2002年以来，作为当局者，广西大学语言学团队以平话研究为契机，开展了新一轮的广西汉语方言调查研究工作，先后获得多个国家社科基金及省部级研究基金的支持：

（1）古壮字与粤语平话的历史层次研究（2003—2007，国家社科基金课题）。

（2）平话问题综合研究（2004—2007，国家社科基金课题）。

（3）广西语言语音信息电子地图（2006—2009，国家社科基金课题）。

（4）汉、壮语接触与广西平话变异研究（2006—2008，国家社科基金课题）。

（5）广西壮语、汉语方言语法语料库（2008—2011，国家社科基金课题）。

（6）广西平话方言地图集（2009—2012，国家社科基金课题）。

（7）汉壮接触背景下的广西粤语演变研究（2009—2012，教育部人文社会科学研究课题）。

（8）《广西通志·汉语方言志》（续）（2006—2013，区政府课题、区社科规划办课题）。

（9）广西平话地位问题研究（2005—2008，区社科规划办、广西大学科学技术研究重点项目）。

（10）语言接触与西部粤语演变研究（2007—2009 与香港城市大学合作项目）。

（11）平话与粤语语法的比较研究（2005—2008，广西大学学科带头人专项）。

这一系列科研项目围绕着广西"平话"问题，对广西的平话以及系属密切的粤方言进行了广泛而深入的调查研究，建立了多种大型的语料数据库，为了解广西平话的分布、平话民系的来源，研究平话的语言特征、平话与粤方言的关系、平话与民族语言的相互影响等，奠定了坚实的基础。本书是这一系列研究的阶段性成果。

上篇 平话的语音研究

第一章　平话范围的界定

　　研究方言史，方言分区与方言关系是两大课题。分区着眼于共时，关系着眼于历史。分区与关系是问题的两面。汉语方言是已经确定亲属关系的语言，这是大前提。同是汉语方言，彼此必有联系，或近或远；既以不同的方言而相对独立，又必有彼此区分的特点。分区与关系，均是方言史研究的范畴。

　　对语言或方言的命名，语言学的分类命名与言语者的俗称是不同的概念。清末传统方言研究最后一位大家章太炎是作汉语方言分区的第一人。《章氏丛书·检论·方言》（1915）凭语感把汉语方言分为 9 种。章氏没有做过实地调查，其结论多有不正确在所难免。中国历史语言研究所在 20 世纪二三十年代的方言调查以及一些学者的方言论著，提供了许多第一手的资料，已经可以作为汉语方言大致分区的较为可靠的依据。从 1934 年起，史语所先后 3 次在《中华民国新地图》和《中国分省新图》的"语言区划图"中对汉语方言作了划分（其中 1934 年的第一次分区由赵元任署名）。经过 20 世纪 50 年代的方言普查，到 70 年代，汉语方言被划分为官话、吴、湘、赣、粤、客、闽七大方言区，为学术界普遍接受。这一称名，除了官话和客家方言是以性质特征称名外，其余皆以古地域称名。语言性质与流通地点基本也是方言俗称的依据。

　　汉语方言的分区主要是以语言特征为标准，语言特征的分析与归纳，要基于大量的语言事实。由于广西的经济发展起步较晚，语言研究真正成为当地的学术行为是在新中国成立以后。虽然清末民初关于广西的主要汉语方言已有"官平土白"之说，但"平话"作为一个有特色的重要方言被提到令人关注的层面，是在 20 世纪 80 年代之后的事。

　　首先关注平话问题的，是 20 世纪 50 年代进行民族语言调查的专家。他们在对广西壮语的调查中，探讨其中的汉语借词时（为解释壮语借词的直接来源），发现这些汉语借词与粤方言的代表方言广州话，以及广西沿江城镇的白话（主要是南宁白话）语音差异较大，而跟中南部地区与壮语密切接触的"平话""蔗园话""客话"等汉语方言相近。为此他们对一些平话方言点展开调查。张均如、梁敏先生先后发表了《广西中南部地区壮语中的老借词源于"平话"考》（1982）、《广西中南部地区壮语中新借词读音的发展》（1985）、《广西平话中的壮语借词》（1987）、《广西壮族自治区各民族语言的互相影响》（1988）、《广西平话》（1996）等一系列论文，提出广西应有一个与粤语并存的平话方言区。

1985 年，杨焕典等《广西的汉语方言》（稿）在《广西汉语方言概要》（广西师范学院油印本，1960）的基础上，提出平话是广西境内的汉语方言之一，对其分布有了较为详细的介绍，并把平话分南北两片。但当时对平话的研究还刚刚起步，成果很少。

1998 年出版的《广西通志·汉语方言志》分四篇记录了广西的汉语方言，前三篇分别是白话（即粤语，邕浔片、广府片、勾漏片、钦廉片各一个代表点）、平话（南北各一个点）和官话（桂林、柳州两个点），客家、湘语和闽语合为一篇，各有一个代表点。可见，我们能从方言志上看到的材料也非常有限。

研究汉语方言，必然碰到作为学术名称的方言区与人们对所操方言称说的异同与对应问题。方言学术界对汉语方言的分区，除了北方方言也称官话，一般采用该方言分布区域的古地域名称名，如吴、赣、湘、闽、粤等，包括 20 世纪 80 年代后提出的"晋语""徽语"。"客家方言"是以民系性质称名，是跨方言区的。一般人们对自己所操方言的称说，也通常是以地名冠于"话"之前称说，如"上海话""长沙话""广州话"等。也有少数以方言特点命名，如客家话民间多称"哎话""麻介话""新民话"等。

平话问题的核心在于它与粤方言的关系，而桂北平话的划定及其与桂南平话的分与合，又直接影响到讨论平话与粤方言的关系问题。为了避免学术分区与口语称说间的纠葛，同时也为了本书行文的方便，有必要结合已有的研究成果，对本书使用"平话""粤方言"的指称范围作界定。

第一节　平话的名实对应

与广东粤方言通常有"白话"一称一样，在广西，"平话"也是人们对所操口语的称说。但如果用作方言区的专名，其涵盖范围就超出以"平话"称说的方言，包括了口语自称的"平话"，以及以语言特征划分的他称的"平话"。要确定平话的范围，首先应从方言调查与文献记载了解广西平话名与实的对应情况。

谢建猷《广西平话研究》（2001）对广西的平话做了深入的调查，分为"自称为'平话'的平话"和"他称为'平话'的平话"，桂南桂北均有此情况。

桂南自称为"平话"的平话主要分布在东起南宁市，南至钦州市，西南逆左江的扶绥县、龙州县、直到越南境内，右江河谷的平果、田东、田阳直到百色市的区域。其中最集中的是南宁市。当地人除了把所操方言自称为平话外，还有各种别称，大致可分为5类：

以地名称：亭子话，心圩话，马村话，横塘话，阳美话，灵湾话等；

以姓氏称：苏周韦话，林屋话，谢屋话等；

以职业称：蔗园话（种甘蔗者说的话），园头话（种蔬菜者说的话）等；

以平话中的某个发音特别词称："讲伝［uen^{31}］（我们）""讲我［ŋa$^{24]}$］"，"讲你［nui^{24}］""讲佢［ki^{31}］""讲是［si^{22}］/事［ɬei^{22}］"等（声调以南宁沙井平话为例）；

以居住地特点称：江沿话，涌边话等。

桂南自称为"平话"的平话差别不大。

桂北自称为"平话"的平话主要分布在原桂林市郊区及阳朔、永福、临桂、灵川、龙胜等县。当地也有"平声""土话"等称说。个别也有称"话事"的。广西北部的各种平话之间差异很大，互相多不能通话。

他称为"平话"的平话，是指当地人不称自己说的是平话，而是其他人称他们所说的话是"平话"。而这"其他人"，大多是研究语言的学者。

例如，钟山话本来不叫"平话"，前些年，有一位到钟山调查语言的大学老师把钟山话叫做"平话"以后，当地人才知道自己说的话被称作"平话"。

再如，闭克朝（1985）："横县有三种汉语方言：① 白话（粤语），主要通行于县城城关。② 客家话，只有校椅横塘村、那阳大湾塘村等几个小自然村居民使用。③ 平话，这是横县百分之九十五左右的汉人说的话，当地人称为'客话'。"[①]这段文字，把横县自称为"客话"，他称为"平话"的事实交代得很清楚。

又如，宾阳县文化局的同志认为，宾阳话就是宾阳话。《方言》杂志有文章说宾阳话是平话，可是我们从来不认为我们说的是平话。平话是南宁人说的话，跟我们宾阳话不同。

另如，广西富川县七都话发音人告诉笔者，曾经有一位学者到富川县调查语言，他说七都话是平话。

广西尚乏文献，涉及民系语言的史料主要见于近代之地方旧志，或散见于文人笔记。旧志多为历次传抄，而且记载语言、方言信息十分有限，

---

① 闭克朝：《桂南平话的入声》，《方言》1985 年第 4 期。

想从旧志探讨方言的历史往往是事倍功半，文人笔记更是如此。值得庆幸的是，我们找到了民国二十一年（1932）的《广西民政视察报告汇编》①（以下简称《汇编》），中有"（六）居民有无土客之分（区别 县别）""（七）言语种类及区域·视察所得概况"，堪称史上最为详细的关于广西境民系分布及语言、方言分布的调查报告。这虽不是观察员亲自进行语言调查的结果，却是实地对百姓称说的真实记录。民国二十一年距今已逾80年。从语言演变的速度而言，说这一视察报告反映了百年前广西族群及语言的概貌是客观的，对比照当今汉语方言调查研究的成果，无疑提供了珍贵的文献证据。

1. 《汇编》把当时广西的市县居民和言语种类分为十二个区。

所分区	县	民国三年（1914）道	今地级市	汉语方言名称	民族语言名称
第一区	桂林、灵川、兴安、全县、灌阳、平乐、恭城、富川、钟山、贺县	桂林道（原漓江道）	桂林、贺州	土话、本地土话、官话、客话、梧州话	猺话、獞话
第二区	昭平、蒙山、阳朔、荔浦、修仁、象县、武宣	桂林道（原漓江道）	桂林、来宾、梧州、贺州	官话、客话、白话、狭话、犵话、土话、普通话、客家话、粤语、湖南话	土话、猺话、獞话
第三区	龙胜、义宁、永福、百寿、中渡、榴江、雒容	桂林道（原漓江道）	桂林、柳州	土话、平话、官话、客话、广话、客家话、百姓话、麻介话、广东话、湖南话、福建话、狑话	苗话、猺话、獞话
第四区	容县、岑溪、苍梧、信都、怀集、藤县、平南、桂平	苍梧道（原郁江道）	梧州、贺州、贵港（怀集属广东）	惠潮嘉客话、白话、客话、土语、平话、福建话、下平话、挨话	猺话、獞话
第五区	横县、贵县、兴业、玉林、博白、陆川、北流	苍梧道（原郁江道）	贵港、玉林、南宁	白话、本地白话、客话、土话、新民话、来话、来人话、本地土话、众人话	獞话
第六区	邕宁、武鸣、那马、隆山、都安、忻城、迁江、宾阳、上林	南宁道（原邕南道）	南宁、柳州、来宾、河池	白话、官话、平话、客话、宾阳话	獞话、土语、苗话、猺话
第七区	宜山、天河、罗城、融县、三江、柳城、柳州、柳州、来宾	柳江道	河池、柳州、来宾	官话、客家话、百姓话、广东话、湖南话、侬话	獞话、狪话

① 此汇编现存于广西图书馆，由于年代久远，罕有人翻阅，纸张已发黄变脆。因禁止拍照，只能逐字抄录。

续表

所分区	县	民国三年 （1914）道	今地级市	汉语方言名称	民族语言 名称
第八区	凤山、东兰、南丹、河池、思恩、宜北	田南道	河池	客话、湖广话、土话、官话、	土话、獞话、猺山话、猺话、毛难话、苗话
第九区	凌云、西隆、西林、百色、恩阳	田南道	百色	粤语、普通话、平话、官话	土话、苗语、猺语
第十区	天保、奉议、恩隆、思林、果德、隆安、同正、扶南	镇南道	百色、南宁	普通官话、官话、白话、平话、粤语、广东话	猺语、土话、苗话
第十一区	绥渌、上思、思乐、明江、甯明、龙州、雷平、上金、崇善	镇南道	崇左、钦州	广东梅县话、官话、普通话、白话、哎语、俍话、蔗园话、灶话、广话、粤语、四牌话	土话、土语、僜话
第十二区	镇边、靖西、向都、镇结、龙茗、万承、养利、左县	镇南道	百色、崇左	粤语、官话、蔗园语、平话、	土话、隆安话、侬语、裕语、敏语

　　这 12 个区分属民国初年的 6 个道：南宁道（原邕南道）、柳江道、桂林道（原漓江道）、苍梧道（原郁江道）、镇南道、田南道。在今广西境内还设有钦廉道，隶属广东省，领辖合浦、灵山、防城、钦县 4 个县，1965年才划入广西，所以《汇编》无钦廉片信息。广西 6 个道设置始于民国二年（1913），终于民国十六年（1927），《汇编》分区在此 5 年之后。

　　以上地区提到有"平话"的县并不多：

　　第三区：义宁、永福（今桂北平话地区）；

　　第四区：信都、平南、桂平、怀集（今粤方言区）；

　　第六区：邕宁（南宁）、武鸣（以下皆为桂南平话地区）；

　　第九区：百色、恩阳；

　　第十区：奉议、恩隆、思林、果德、同正；

　　第十一区：思乐、崇善；

　　第十二区：向都、左县。

　　第五区的横县、第六区的宾阳是平话大县，也是桂南平话的核心地区，不提"平话"。第七区含宜山、天河、罗城、融县、三江、柳城、柳州、来宾等县，是桂南平话的北片，也不提"平话"。可见这些地方的方言不叫"平话"。而粤方言区反而有称平话的，例如：信都"该县语言均分平话、福建话、客话三种"，平南"语言种类有平话、獞话、客话三种，但均土客杂处，经已同化，并无区域之分"。桂平"县属居民多来自广东。该县语言有平话、挨话（即客话）、獞话、福建话四种"。藤县"各区语言均下平话一种，间有语尾相差而已"。怀集"该县语言约分上下方与南区三种土语，各有各不同，固非土话，亦非官话，近似平话，盖即平话之变音也，其他外来客商均系平话云"。这也反映了平话与粤方言的密切关系。

2. 汉语方言的主要品种。从各地所列的语言或方言的名称，结合现代方言的调查，当时广西的汉语方言主要有以下 4 种：

白话，又称广东话、广话、粤语等；

平话，又称土话、百姓话、宾阳话、蔗园话、灶语等；

官话，又称官语、普通话、普通官话等；

客话，又称客家话、客语；称"惠潮嘉客话""广东梅县话"点明来源地；称"麻介话""哎语""俍话""挨话"是以客家方言特色词命名，"麻介"是"什么"之意，"哎俍挨"即客家话的"我"；称"獠话""来话""来人话""新民话"则点明客家人不是原住民，是后来者。

以下方言分布很少：

福建话，即闽方言；

湖南话，即湘语；

此外还有湖广话，即桂西地区的高山汉话，属西南官话系统。

例外情况不多。如东兰"城中属客人居多，其各区乡村均属土人。语言分客话、土话、猺山话，湖广话与客话相差无几，城中及圩市均说客话，其各乡村则说土话"。这里的客话指官话。富川"百姓话即普通官话，全县皆适用之"。

3. 语言、方言的名实对应。虽然《汇编》出现的语言或方言名称有 40 种之多，彼此交叉，但其原则是介绍一个县的语言时，对同一种语言或方言只用一个名称，绝不混淆。例如用了"客话"，就不会用"客家话"或"挨""来话"；用了"官话"就不再用"普通话"。用了"白话"就不会同时出现"粤语"，用了"广东话"也不再出现"粤语"或"白话"。由此可知，《汇编》用"白话""粤语""广东话""广话"这 4 种名称指的是同一种方言，即后来的广府白话，也就是广西粤方言的第二层次，并不包括原住的早期粤方言。

《汇编》中的《广西各种语言百分比较图》是指分布区域比例，不是使用人口比。在比较图中，白话、官话、客话（客家）、本地土话、平话的比例依次是 62.77%、54.89%、51.06%、40.74%、19.15%。白话的流布体现了"无商不广"。称"平话"的不多，所以分布比例不足 20%，集中在南宁及左右江流域的壮族聚居区，桂北只有义宁、永福二县提及，如义宁县有"土话"（即平话）。今属勾漏片的信都、平南、桂平、藤县、怀集等县反而称平话。分布比例占 40.74% 的"土地土话"被放在与少数民族同一个比例图内，是个混合的概念。从《汇编》对所谓居民土客的描述可知，"土"指的是土著、原住，包括少数民族和早期相对原住的汉族人。"客"为后来者。操官话、白话者在各地均被称为"客"，分布于城镇，"土"依地区的不同有不同的所指，在汉族聚居区，指的是与城镇的白话、官话等晚来方言相对的乡村土语，是汉语方言。例如桂林"土民即本地人也"，"客民以湘粤赣籍居多，散居城厢及各大市镇"；在少数民族聚居区，特指壮语。《汇编》的内容清楚表明，"白话""粤语"不等于方言学的"粤方言"。

白话和官话是分布最广的优势方言，操"白话""官话"者都是"客"，是后来者。广府白话作为城市墟镇商业用语，不仅流行广西东南部的粤方言区，还进入了桂北官话区和桂西少数民族地区，可谓"无商不广"。而官话多用于行政、文教（桂东南地区除外）。例如绥渌县"说官话者只限于一般办理公务之人，馀均不能"。镇边县"然各民族多能操官话或白话，其所以能互相接洽交易者皆以官话或白话为媒介"。对第一层次的粤方言，除了"平话"外，《汇编》多用"土话、土语、土白话、本地白话"称之。例如义宁"土话（即平话）"，钟山"曰土话，其音颇类似白话，各区土人多适用之"。

4."土"与"客"。"土"与"客"既指居民，也指语言。有两层含义，一是以时代区分，在少数民族聚居区，"土"指壮族（尤其在桂西南地区），汉人为客。在汉族地区，"土"是原住的，"客"是后来的。例如桂林"土民即本地人也"，"客民以湘粤赣籍居多，散居城厢及各大市镇"；蒙山"原居于本地者谓之土人，陆续来自外地者谓之客人"。三江县"该县居民极为复杂，有粤人、湘人、有福建人，是为客人，更有谓之六甲人，与近河一带之说官话者均谓之为土人，其余苗猺獞狪……土客之界限似无苗猺之界限尚严也"。其实六甲人是汉族，六甲话属桂南平话，比当地粤人、湘人、福建人来得早，少数民族已用"苗猺獞狪"称之，故不称"土人"。民国《三江县志》："汉人：旧志称民者，皆汉人也。先后来居境内，散处各地。日益滋番，衣冠文物，亦渐渍于各族。其先人入内地斩荆披棘，开辟浔江者，首当推六甲人。其言语与融县之百姓话及粤语相类似。如吃饭曰昔藩，穿衣曰蠹以，父母曰湖慕……言语衣服无不变更。"

二是以城乡分，农村为"土"，城镇是后起事物，所以是"客"。例如平乐县"客话为广东、湖南、江西行于城厢及各市镇之客民，土话行于各区乡民"；钟山"查该县语言亦分四种，曰土话，其音颇类似白话，各区土人多适用之；曰普通话，即官话，城厢及客学校适用之；曰客家话，第一区之望高、第六区之英家清塘等处适用之；曰獞话，七区之獞民适用之"。

此"土"为汉语。

雷平县"住于圩市者能说白话，住乡村者全说土话，能说官话者百分之七八耳"。思林县"白话只在县城，其余各地皆土话，称獞话"。镇结县"各村语言纯属土语，与养利、万承土话无差异，其常出外者亦多能操粤语或官话"，这几个县的土语是壮语。

第四区、第五区是汉族地区，只有横县、贵县有壮族。除横县外是勾漏片粤方言分布区域。该区"土"指本地的汉族人，即早期粤方言人。玉林称"本地土话"，贵县称"本地白话"，陆川、北流称白话。博白"有土客两种……语言有土人、新民两种"（土人即操粤方言者，当地叫"地佬话"）。兴业县"语言分土来二种……计全县土话约占百分之七十四，来话约占百分之二十六"。这里的"客人""来人""新民"均指客家人。《来宾县志》（民国）："客语即今嘉应故州属之语。两粤诸县，凡操客语者自称曰客家，盖对于土著之人，其来稍后，故云然耳。县境称客语之人为来人，来人者亦客之义。客语在他方或谓之厓语，以其自称曰厓（厓本浊平声，客语例读去声，若官语之倛）。县境谓之麻介语……客语有所不知而必问曰什物计（即集韵所谓拾没），语急并转为麻介问辞。"

早期定居的汉人，还可从称名用字看出来。相对于汉族，少数民族是土著，《汇编》对其族称往往带有"犭"旁。如"獞、猺、狪"。武宣县"说土话、犽话者为多数，皆称为土人，说狭话、客话者居少数，即称狭人，然俱能说普通官话"。"土话"当为壮语，因为与其他县不同，该县未提及"獞""獞话"。"犽话"属桂南平话，"犽"当是"我"的音变，说"犽话"者有由宾阳县迁来。"狭"与兴业县"来话"，北流县"来人话"，同指客家话，客家也是后来者。以"狭"称，因为它比普通官话来得早。龙胜县的"狑话"也是汉语，与桂北粤北的土语相类。

在壮族聚居区，"土"一般指壮族，汉人为客。但称"土"的多是南壮地区，主要是原镇南道、田南道。北壮则多称"獞"，如原柳江道、桂林道、苍梧道等地区。原南宁道北部壮语和南部壮语都有，第六区邕宁、武鸣、那马、隆山称"獞"，都安、忻城称"土"。可见壮族是土著，人们知道壮语南北方言的差异明显。

宾阳、横县是平话大县，在《汇编》却没有资料。今宾阳、横县及原邕宁县（今属南宁）是桂南平话的核心地区，桂西少数民族聚居区的平话，壮语的老借词音、读书音，都基本来自这一地区。据民国版的《宾阳县志》称，"宾阳方言，大别为五种，人数最多者，为客话，又曰本地话，亦曰宾阳话，通行全县。新民话次之，僮话又次之，官话（普通话）唯县城新市场芦圩及邹圩通行，白话则芦圩黎塘圩较通行。大约一县之内，宾阳话占百分之七十，新民话占百分之二十，僮话占百分之八，官话占百分之二，白话则仅于城市间与外来人交际用之而已"。①

据我们调查，桂南平话人群大多认可"客话"的称说，尤其是年长者。至今仍称"客话"的集中在宾阳县、横县两个平话大县，以及由此流播的马山、上林、来宾、贵港、钦北等周边地区，宜州、罗城、融水、武宣等县亦有"客话"一又称。三江县"六甲人的话叫'六甲话'又叫'客话'"。《那马县志草略》（民国抄本）："县属先来之民族，人寡者，语言随俗雅化。后来而人多者，则言语坚守祖音，有此原因，现时境内，遂分有土语、新民语、客语之三大别。"《隆山县志》（民国二十七年初稿，二十八年定稿）："客话即宾阳话"（今马山县为旧那马、隆山二县之合）。《上林县志》（1934）："上林土语种类不一，曰正音，县城及北区各墟所操之语是也；曰獞语，即苗语，各乡所操之土语音是也；曰狆语，又称客语，如宾阳邻近诸村所操之音是也；曰犾语，因新自外来，又曰新民、麻介语，今白墟青泰诸新民村是也。""三乡间有杂操宾阳土话者，俗谓之客话"在《汇编》中只有左县把平话称"客家话"："语言共三种一为广东语，又曰白话，为寄居县城十余家及寄居驮朴圩十余家所常操。二为客家话，又名平话。"

南宁及由此迁徙至左右江河谷的平话，平时已不称"客话"，但细问起来仍认可有"客话"之称，如吴圩、四塘。民国二十一年（1932）《同正县志》（今扶绥）："另有一种人（俗谓蔗园人）多系宣化县属之桥板村来徭耕者，散居各处，自成村落。……其所言语谓之客话，与南宁之平话相仿佛，而与属内之土话迥异。"

"客话"一称缘于当地土著对汉话的称说。壮族人称汉人为"客"、为"官"，称汉语为"客话""官话"。最早进入壮族聚居区的主要是唐宋军事移民、贬谪的官员。壮语的汉借词"客"有两读：读［ha:k7］是"官""官吏"的意思，这是较早的借词，但凡称自己方言为"客话"的，"客"都读此音。读［hεk7］则是"客人"之意。

可见，清末民初的地方志所言之"官平土白"，所指明确，"白"是晚到的广府白话；"土"在汉族地区与"平"属早期粤方言，在少数民族地区指壮语。

第二节 本书"平话"的指称范围

由于21世纪后行政区划的变动较大，为了便于研究和讨论，本书对方

① 韦彩珍、周本良：《三江六甲话同音字汇》，《桂林师范高等专科学校学报》2006年第2期。

言分布区域有的沿用旧有的县市名称。

　　平话主要分布在桂南、桂北的一些市县，比较集中地分布旧府治附近及交通要道附近，包括官道、水道。从桂林以北的灵川向南，沿铁路（古官道路线）到南宁形成主轴线，柳州以下为南段，鹿寨以上为北段。北段从桂林分出一支，经阳朔、平乐到钟山、富川、贺县一带，是为桂北片。南段北端从柳州分出一支，沿融江经柳城、罗城到融水、融安一带，沿龙江到宜州一带；南端从南宁由水路分出三支，右江支到百色及云南富宁，左江支到龙州，郁江支到横县、贵港，是为桂南片。融江一支在地理上接近桂北片，从语言特点上看属于桂南片。①《广西通志·汉语方言志》（1998）所标示的平话分布区域，比《中国语言地图集》少了富川县和贺州市。

　　本课题的桂南平话范围，以南宁市、宾阳县、横县为核心地区，北线至宜州、融水、融安，柳城、罗城、柳江、来宾；东至贵港，与勾漏片粤方言相连；南至灵山、钦州北部，与钦廉片粤方言相连；往西沿左江河谷至龙州，沿右江河谷至百色及云南富宁，进入壮族聚居区。

　　桂南平话大致可分三片，中南片：南宁（含原邕宁县）、宾阳、横县、武鸣、马山、上林、贵港、灵山、钦州北部；西南片：左右江河谷；北片：宜州、河池、融水、融安，柳城、罗城、柳江、来宾、武宣。桂南平话内部一致性较强，西南片是近代从南宁迁徙出去的，受壮语影响最大；北片与桂北平话同处官话区，但早期属柳江道，与开化最早的桂林道不同，这里是少数民族聚居区，除了平话外，基本没有接续而至的有规模的移民，这里的平话除了受土著语言的影响，后期受官话的影响较大。

　　近10年来，桂北及桂东北地区的非官话方言研究取得了可喜成果。从研究成果来看，把桂北至桂东北这一大片层次复杂的方言土语归为"桂北平话"，显然过于笼统且不严谨。为了便于研究，我们从较底层的语言特征结合移民史考虑，同时参照已有的研究成果，对桂北平话的范围采用邓玉荣（2006）的观点：

　　桂北平话主要分布在桂林市、临桂、灵川、永福、阳朔、灌阳、恭城、平乐、荔浦、钟山、富川、昭平、贺州等县、市。讲桂北平话的人口约176.006万，占两地区人口总数696万的25.3%。②从移民史看，与桂南平话普遍流传的"狄青平侬传说""山东青州白马传说"不同，桂北平话地区没有这样

---

　　① 参见杨焕典等《广西的汉语方言（稿）》,《方言》1985 年第 3 期；王福堂《平话、湘南土话和粤北土话的归属》,《方言》2001 年第 2 期。

　　② 邓玉荣：《桂北平话的分布》，见于刘村汉《桂北平话与农村推普》，广西民族出版社 2006 年版，第 2 页。

的传说。

第三节　本书"粤方言"的指称范围

平话问题研究的核心是平话与粤方言的关系。粤方言是两广地区的主流方言，是语言学名称，说粤方言的人平时并不称自己的话叫"粤语"，却有"白话"等多种俗称。广东的粤方言研究成果丰硕，广西相对滞后，主要涉及桂东南地区。广西的粤方言研究，以往分为广府、邕浔、勾漏、钦廉四片（杨焕典等，1985）。为了便于讨论，本书"粤方言"的指称范围仍旧，只是具体分片上兼顾两粤的方言大区和广西的具体情况，把广府、邕浔合为沿江白话片，此片主要是近现代从广东西渐的广府白话，也承袭了"白话"的称说，分布地区除了西江水系沿岸商埠、城镇，西到右江的百色，西南到左江的龙州，北达柳州旧城区，还有沿海的北海市、钦州市、防城港市的城区，合浦县的一些乡镇。沿江白话片是城镇方言岛，叠加在勾漏片、钦廉片粤方言和平话之上。如果从粤方言大区着眼，此片可归入珠江三角洲地区的广府片。原广府片、邕浔片包含了西江和邕浔流域，实际上只有沿江的城镇说白话，并且从邕溯左、右江继续西进。梧州、桂平、平南、贵港等市镇处于勾漏片粤方言区，横州、南宁、田东、百色、扶绥、崇左、宁明、龙州、凭祥等市镇处桂南平话区，北海、钦州、防城港等市处钦廉片粤方言区，柳州则在官话区。沿江片白话都因所处地区染上当地方言的一些特点，柳州老城区的白话更是在近二三十年迅速消失，转用官话。

本书沿用勾漏片、钦廉片名称，所包括地域范围仍旧，这两个方言片是跨两广的。

第二章 桂北平话的语音研究

第一节 桂北平话语音研究概说

汉语方言的差异主要表现在语音差异。对广西平话分南北两片没有太大争议，但对平话与粤方言的关系，桂北平话与桂南平话的语音差异不能不说是一个重要纠结。由于南北平话语音差异远大于桂南平话与粤方言的差异，这就直接影响到平话作为一个独立的方言区的合理性问题。

自 20 世纪 90 年代以来，广西的方言学者对平话开展了较大规范的调查研究。对桂北地区平话土话的科研成果，除了单篇论文外，集中反映在《桂北平话与推广普通话研究》系列丛书（2005—2006），丛书包括 11 个桂北地区平话、土话方言的单点研究，为研究桂北地区复杂的方言现象提供了宝贵的第一手资料。本课题有关桂北平话的材料，绝大部分出自该套丛书。此外，参考了李连进《平话音韵研究》（2000）、龚锡元《桂北平话语音比较研究》（2009）。

根据对桂北地区 11 个平话土话方言点语音和词汇的比较研究，可把它们分成 3 个小片：两江、塘堡、义宁、葡萄为一片（西片），钟山、贺州、秀水为一片（东片），文桥、高尚、观音、延东为一片（北片）。北片不划属桂北平话范围，但由于地缘关系，该片对桂北平话的发展演变有直接影响。

桂北地区的平话（土话），承载着十分丰富的语言信息和社会文化信息，对这一地区复杂的语言演变的描写和解释，是一项十分艰巨而又有重要意义的工作。对桂北平话进行分片探讨，目的并不在于要将整个桂北平话划分成泾渭分明的几大块，而是仅就我们掌握的 11 个方言点的材料，通过比较研究，探讨它们彼此之间的亲疏关系，寻求各片内部的一些共有特征。以期为今后桂北平话的研究，乃至整个平话的研究提供一定的有价值的参考资料。桂北平话的东西两片，语言特征与桂南平话较近的是西片，在比较研究中，我们主要涉及这一片的材料。

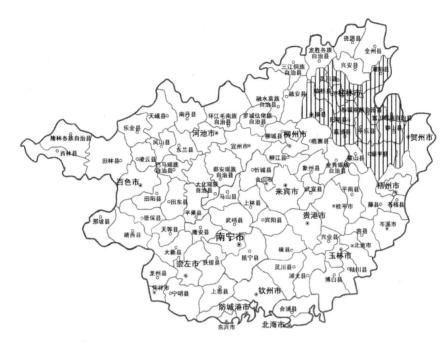

《桂北平话与推广普通话研究》丛书 11 个方言点分布图

第二节　桂北平话音系举例①

一　临桂义宁话音系

1. 声母（20 个，含零声母）

p	ph	m	f
t	th	n	l
ts	tsh		s
tʃ	tʃh	ɲ	ʃ
k	kh	ŋ	h
Ø			

声母例字

p　宝板碑表边匹玻朋排部　　　　　ph　鄙遍抛飘批判跑辫捕甫

---

① 桂北平话的音系材料均来自《桂北平话与推广普通话研究》丛书，广西民族出版社 2005—2006
年版。

m	冒埋慢名密木梦蚊网袜
t	带堆冬旦屉甜定猪虫肠
n	南恼碾农糯女弄谊验业
ts	灾煎宗从钱齐僧习阻馋
s	思笑星送笋象袭崇洒所
tʃh	插秋取穿疆舅初唱吹出
ʃ	山瘦梳绳身湿树生舌善
kh	概矿康克枯亏缺近距况
h	校开汽哭瞎宪凶汗红盐
f	分放凤文福快圈兄怀猿
th	断偷坦痛踢弟挺帖汤柱
l	蓝辣离领料乱轮恋吕绿
tsh	躁猜浅葱在罪赐似侧础
tʃ	忠筑装柴锄祝知涨诊蔗
ɲ	燃耳热肉牛义鱼样愉裕
k	改家教贵怪琴穷解汞捐
ŋ	鹅偶岸牙咬岳艺月埃袄
Ø	绒昂误歪禾话鸦益旺野

2. 韵母（61个，含自成音节 ŋ̍）

```
i    u    a              e    ə    o    ø
     iu   ia             ie   iə
     ui   ua             ue   uə
          ai             ɐi
          uai            uɐi
iu        au                       əu   ou
          iau                      ieu
in   un                 ɐn   en         øn
                        uɐn  uen
          ã                  iẽ
          uã                 uẽ
          aŋ             eŋ        oŋ   ɔŋ
          iaŋ                ieŋ        iɔŋ
          uaŋ                ueŋ
iʔ        aʔ   ɐʔ       eʔ   ɛʔ   oʔ   øʔ
          aiʔ           ieʔ  iəʔ  ioʔ
uiʔ       uaʔ           uɐʔ  ueʔ
ŋ̍
```

韵母例字

i	蔗誓智移视饥治旗稀亿		ɐn	森针恩恨吞根神认盆问
u	普步鼓蜈湖护污武雾窟		uɐn	昆滚困婚魂混温稳赶闻
a	他那疤搭岔架虾鸦花拉		en	品林心金音贫进尽引紧
ia	爹也野夜		uen	闻均菌匀军群云晕孕顷
ua	瓜夸寡挂瓦洼蛙画话划		aŋ	壤让嚷酿
o	拖锣哥河贺腩唆卧辣喝		iaŋ	帮忙荒亮想昌裳缠香方

ø　哕衰_{背时}

ə　海亥紫此姊死你理子巳

iə　左剁糯坐锁借写蛇社爷

uə　我果禾窝土赌鲁祖阻楚

e　毙世岁肺米礼齐鸡毅集

ie　□~婶：妯娌□小口喝酒

ue　咳鳜每回委比美尾鬼伟

ai　代采该泰赖埋阶槐筛街

uai　乖怪坏拐歪块喘摔率帅

ɐi　篱爱厉泥挤皮撕字饲事

uɐi　卫闺规跪为柜愧维位桅

ui　最税杯对灰嘴瑞类霉水

au　捞考饱胶孝走藕欧矛臭

iau　九求旧休优有游诱釉揉

ou　刀道涛牢老灶草骚高蒿

iu　表庙疗焦笑桥腰雕叫晓

ɔu　度路醋助书朱树保脑毫

ieu　虑鼠举虚厨取雨扭修丘

ã　男蚕胆蓝敢闪散眼慢晏

uã　顽关还环弯湾玩丸豌晚

iẽ　沈冷撑甥硬庚争耕幸铛

uẽ　转川权员院愿冤远鹃县

øn　鹌肝岸竿汉寒汗安案港

in　镰艳剑店念面线援前烟

un　珊幻惯宛半短暖酸款换

3. 声调 7 个

阴平 34	搬攀苏春青乡衣斤纠综
阳平 31	排脾麻图农晴拳牙鱼羊
上声 53	板反死笋纸屎韭响苦铲
阴去 33	报炮粪凳炭再菜细榨贯
阳去 2	败饭蛋自净袖寨害味玉
阴入 55	八法福德节血结甲急黑
阳入 22	白罚笛浊局活滑麦立绿

uaŋ　光广旷黄汪庄逛筐况枉

ɔŋ　糖烫狼葬杭装闯霜桩双

eŋ　棚胖放灯能蒸升江垦衡

ieŋ　杨样绫鹰兵镜影岭请腥

ueŋ　永泳咏允兖营横

oŋ　懂棕疯众统宋蜂浓从肿

ioŋ　绒穷雄融凶胸拥榕勇用

ŋ̍　弘宏空控红洪翁瓮五午

aʔ　答杂腊插鸭达八瞎袜抹

uaʔ　滑猾挖刮括

ɐʔ　角学墨德贼刻黑值色核

ɐiʔ　雀鹊弱若虐药约力息洽

uɐʔ　骨

øʔ　鸽割葛喝刷阁各鹤确获

ɔʔ　合盒蛤汁湿十撮忽佛昨

iɐʔ　博略削脚国尺劈踢吃竹

uɔʔ　拨钵泼末沫捋勃

eʔ　粒级吸笔栗七室日吉出

ieʔ　撤侄百泽客格脉摘革轭

ueʔ　蕨橛屈倔

iʔ　接叶碟袭灭热雪歇铁戚

uiʔ　说悦阅脱月越决缺术拓

oʔ　落作恶朴桌读族服毒俗

ioʔ　役疫域肉蓄育辱狱浴欲

二　临桂两江平话音系

1. 声母 23 个（含零声母）

p	ph	m	f
t	th	n	l
ts	tsh		s
tʃ	tʃh	ɲ	ʃ
k	kh	ŋ	h
kw	kwh		
w	Ø		

声母例字

p	表标杯笔闭婆帮比半饱		tʃh	锄抽册仗撞朝拆丑车查
ph	赔怕批病备平片胖朋白		ʃ	杀晒十石水顺蛇沙是士
m	母买煤尾望棉米妹密门		ɲ	二耳人肉让热惹染月鱼
f	发肥罚灰快风夫肺父文		k	工甘够江叫构供更京今
t	多到胆猪竹底赌帝到刀		kh	肯靠可强旧舅刻近敲靠
th	谈退抬淡丈停拖土大徒		ŋ	我牙瓦熬硬五鹅五爱赢
n	脑泥能那闹南那奴女耐		h	好号厚开客起海下起害
l	老两里冷腊淋罗李楼路		kw	乖骨归关惯滚拐怪龟鬼
ts	左组嘴接挤尖走早借箭		kwh	亏困狂跪柜梗快葵矿逛
tsh	菜次蚕在席清操字曹钱		w	弯外王黄还温歪伟回位
s	素四岁新星雪骚写洗心		Ø	爷远安有禾烟万如个影
tʃ	张追主照渣罩桌帐支纸			

2. 韵母（32 个，含自成音节 ŋ）

a	o	ə	e	æ	i	u
			ei			
ia	io	iə	ie			iu
au		əu				
iau		iəu				
		əŋ			in	
ã	õ		ẽ	æ̃		ũ
iã			iẽ	iæ̃		
aŋ		əŋ				
iaŋ		iəŋ				
ŋ̍						

韵母例字

a	大界摆拜财菜筛街鞋怪	ia	□pia⁵，～～头：光光头
æ	碑贝被味李师开贵尺飞	e	佛疾漆汁出实湿骨曲跌
ie	一揖壹入日掖	ə	赌土路组煮书粗素醋数
iə	住猪女锯雨去左柳酒歇	o	芭麻花腊雀织色角打化
io	直力野夜爬恶	i	纸糯蛇檐血脚笔接月竹
u	古火对水泪烧木雪福国	ei	抵鸡西计轭磕集逼滴百
au	饱炮头楼搜敲觉呕偷闹	iau	九救求舅油友球旧右由
ɔu	脑早出哭历粟捉割谷屋	iəu	如肉
iu	票朝条料桥要摇笑刁昨	ã	班慢饭单山间惯蚕范产
iã	拌泮涩	æ̃	分亲信圳稳健婶根魂邓
iæ̃	云晕引伸沉金墩近军映	ẽ	张长两墙唱梗刚肠硬棚
iẽ	样养羊秧鹰缨央罂洋阳	õ	肝安看甘当糖窗床双爽
ũ	官搬满段乱酸全选盘蒜	ən	亲暗兄净瓶名兄听井星
in	边点见川扇船镰变冤扁	aŋ	讲灯凳蒸升江旁江等盛
iaŋ	让亮穰	əŋ	帮望放动送工光黄放同
iəŋ	穷弓嗅龙用虫重浓雄熊	ŋ̍	五午碗换嗯

3. 声调（6个，不含轻声）

阴平	35	鸡家梯姑租东搬削歇剥
阳平	13	婆牙爬皮回雷盘肉力熟
上声	33	桶井讲柱在件重渴鸭客
阴去	53	送痛变瘦吊桂菜赛救辣
阳去	31	命饭豆旧尿泪败白杂袜
入声	5	骨一屋脚铁尺雪日月色

三　永福塘堡平话音系

1. 声母（20个，含零声母）

p	ph	m	f	v
t	th	n		l
ts	tsh		s	
tɕ	tɕh		ɕ	
k	kh	ŋ	h	Ø

声母例字

p	布饱边白笔帮辈步罢笔	t	刀低猪对竹地丁顶定店

ph	铺怕赔平偏票陪篇铺婆	th	天柱动太条桃沉吞听田
m	帽麦面问袜网媒麻木妹	n	难女暖娘你泥年念能南
f	花飞裤放会块翻烦分房	l	老吕连来辣龙捞流楼篮
v	歪位安文黄窝弯挽岸魂	ts	祖字周站砖针罩周斩站
tsh	抽粗次寸床菜吵抽餐床	k	牯急割贵夹讲交勾九间
s	丝心睡手三送稍收双散	kh	桥穷权考扣砍敲抠桥砍
tɕ	嘴节焦尖帐酒就赵剪争	ŋ	鹅认软眼咬爱咬牛岩人
tɕh	唱吹秋钱尺切悄千墙唱	h	开寒口红去黑孝厚含汉
ɕ	树烧伤生舌仙修绣消笑	Ø	一远雨用野屋有腰案音

2. 韵母（36个，含自成音节 ŋ̍）

a	o	ə		i	u	y
ia	io	iə	ie			
ua		uə				
ai			ei			
uai			uei			
au		əu		iu		
iau		iəu				
an		ən		in		yn
ian						
uan		uən				
iãn						
aŋ	oŋ				uŋ	
iaŋ	ioŋ					
uaŋ						
ŋ̍						

韵母例字

i	配媒纸几二戏不辈背媒	iə	只车写脚入吃壁蛇写借
u	布帽裤到草高刀朵租高	uə	裹过骨课熬盒锅磕可果
y	对退煮吹树雨堆推追吹	ie	百米剃泥蔗洗白迷帝格
a	疤八爬骂画搭麻搭拉家	ai	拜牌买坏大在摆排埋再
ia	□摸□粘野夜也雅	uai	帅乖拐怪□ 螃~：螃蟹
ua	耍刷瓜寡挂瓦抓厦瓦刮	ei	比屁妹带改害碑皮眉肥
o	熟哥个饿哭屋扑多读缩	uei	住女取睡桂亏猪吕归跪
io	竹六陆绿粟肉	au	包捞潲搞考孝饱跑茅闹
ə	北墨火得十角直佛肋瓷	iau	猫流酒秋修绣扭柳就羞

əu	豆偷楼抽狗厚谋某搂漏	yn	卷软圈远权劝全玄捐软
iəu	救旧舅牛有右九求忧又	iẽn	冷争生省梗坑睁撑行应
iu	票苗桥焦烧笑表飘条尿	aŋ	绑灯绳缸讲黄帮忙房灯
an	板慢担男烂砍班蛮满篮	iaŋ	胀丈两账唱强张娘亮墙
ian	金紧勤人薰音巾锦忍云	uaŋ	光狂矿广框
uan	当霜赶惯旱汗挡唐窗款	oŋ	网风懂桶钟公捧碰梦东
ən	兵听领井寸跟奔病分听	ioŋ	重龙弓穷熊融虫弓供穷
in	变念剪钱仙县边便店浅	uŋ	满短乱砖酸罐搬伴团暖
uən	准春顺滚棍昏蠢肾混	ŋ̍	五午碗

3. 声调（6个）

阴平	35	高猪开抽初粗天三飞山
阳平	13	穷床平神鹅娘人难六药
上声	33	古短死手女坐淡厚搭百
阴去	53	盖帐正醉对变爱唱菜放
阳去	31	大病树饭岸帽麦袜白舌
入声	4	急竹一出湿福接尺铁月

说明：入声字不带塞音韵尾，但发音短促。

四　钟山话音系

1. 声母（20个，含零声母）

p	ph	m	f	v
t	th	n	θ	l
tʃ	tʃh	ȵ	ʃ	
k	kh	ŋ	h	
j	Ø			

声母例字

p	拜北白粪佛玻兵玻平棒	θ	心私从杂袖狮滋从悄情
ph	品怕捧辅佩辟铺抛篇跑	tʃ	主九猪舅值争赃挤砸囚
m	马忙帽米晚问明门苗面	tʃh	尺炒抽猜始筑咨羞参窗
f	夫罚副裤怀火发废仿伐	ȵ	二人肉入鱼酿皱仁日耳
v	话还滑弯枉往挽万	ʃ	常十茶箸色生察沙神船
t	袋蛋租早督踏都店台田	k	缸国期拳库茎家哥枯裙
th	吞桶清七截楚偷天盗突	kh	可坤劝康决况均矿会决
n	男年女农瓢验宁你弄浪	ŋ	鹅牙我银桠惹勾架翘牛
l	来老乱刀带逗楼六李落	h	虾虚恨好吃口希黑喜霞

j　　燃县元融烟有言岳肴丸　　　　　　　ø　　害安吴语羊营艳姨铅阳

2. 韵母（27 个，含自成音节的 m、ŋ）

i	u	y	a	o	ɔ	e	ø	ə	æ
	iu				ɔi		ie		
ui							uø		uæ
ũ			ã	õ		ẽ	õ		æ̃
ĩ			iã						
			uã						

m̩　ŋ̍

韵母例字

i　衣皮师纸死四砌地比二

u　古胡路夫斧芋幕蹼扑瀑

y　书朱去雨句裕狱浴术述

a　嫁家瓦鸭辣夹拿茶家加

o　课屋毛老烛科刀高宝闹

ɔ　头口刘手袖墨拷药侧斗

e　力踢益蛰悉迫疾逼直极

ø　歌波来糯袋待贺果梳坐

ə　了助词都副词：～是

æ　鞋埋届带晒矮搓改奶块

ɔi　凿脚交教炒百包考交罩

ie　舌节蛇社泻蝶涩别热铁

uø　虱急火物国雪鸽合盒蛤

uæ　世替弟贵跪龟微归尼史

iu　桥尿庙赵条晓逃巧标刁

ui　对梅岁吹醉水喘贝沛迈

m　唔叹词唔唤牛声

ŋ　吾梧五午伍错措阻初所

ĩ　连天盐县扇典纯勋熏尹

ũ　官管半门寸全团官般全

ã　灯更抗耕等冷硬绳狂旷

õ　红龙动洞黄往王朋弘盟

ẽ　青清称姓井镜杏京丁经

õ　寒汗旱甘感助胆单杆看汉

æ̃　拦蛋山慢男淡胆单间产

iã　样想香忙江脏亡忘望网

uã　温深军巾轮斤冰匡逛筐

3. 声调 7 个

阴平　35　安包刀灯东鸡开三山租

阳平　213　茶成床虫鹅埋毛南人条

阴上　42　板饼等反斧狗火讲举口

阳上　33　动耳旱舅近岭米晚坐丈

阴去　51　暗半唱嫁见镜法甲挖鸭

阳去　31　话梦睡鼻饭杂十活入辣

入声　44　北谷骨尺铁竹七敌习穴

五　富川九都话音系

1. 声母（20 个，含零声母）

p	ph	m	f	
t	th	n		l
ts	tsh		s	
tɕ	tɕh	ȵ	ɕ	
k	kh	ŋ	h	
Ø				

声母例字

p	辈皮白腹坟玻把八包比		s	酸雪三山纱识窗出香心
ph	破品批谱佩蜂怕炮并迫		tɕ	袖争常丈斤举井穷借足
m	民马问帮半放版笨麻民		tɕh	秋气趁春衬筑青妻抢清
f	富妇凤话血客府风肺方		ȵ	人眼英榕女永挽晚鼎娘
t	醉帐栋掏因全懂董踏宗		ɕ	身星石戏神衰程赤嫌省
th	天川村庆抽谈拖泰偷听		k	歌鼓嫁甲拳械校权裙葵
n	灯男岭入业温但那内奴		kh	敲考快确括况块扣劝扩
l	林老刀猪念队罗留凉六		ŋ	鱼牛弯儒万横鹅午外月
ts	尖字茶寨债枝左作走总		h	户火开粉佛雨掐哭口肯
tsh	炒初千草饲拆躁猜菜采		Ø	衣鸭物让云五禾吃舌椅

2. 韵母（36 个）

i	u	a	o	e	ɑ	ɔ	ə	ɯ	ɿ
			io	ie	iɑ		eɿ		
			ai	ei					
		au	ou						
		ua	uo						
		uai		uei					
		iau	iou						
		aŋ	oŋ				əŋ		
		iaŋ	ieŋ				iəŋ		
		uaŋ					uəŋ	ɦ̍	
	yu		ye						

韵母例字

ɿ	字纸私十实饰资士池厕		u	马雾白麦达布福妇各杂
i	椅季职侄鸡机急世杰叶		y	取遇区余需菱绪主注如

a	袋鞋皮夹衣八大那宝毛	uai	水睡归出吕卫未味微归
ua	快块筷	ei	米钓碟热逼霉杯辈背肺
ɯ	果过割合或郭哥何荷贺	uei	雪月岁桂翠曲擂外脆岁
o	婆牙懒胆步嫩莫乖农闹	au	虎土鱼数脑木岛滔涛骚
io	声轿蛇融孙帅较效绕招	iau	鬓足猫
ou	寸对炭京蔗贪堆退内雷	ou	狗咬学可策廓褒暴包吵
ɔ	坐超所索族朔座锁琐左	iou	刘舅耳吃六熄流留九救
ɑ	毛早裤去矛哭户护助雨	aŋ	光乱通甘双氓但烂干杆
iɑ	书女珠赎绿丘猪柱主鼠	iaŋ	响亮墙容终讲龙中众共
e	返番翻忍韧硬犯	uaŋ	望枉况往矿顽王旺坑
ie	生班金减进冰日页叠行	ieŋ	□kieŋ³¹ □□□tu31kieŋ31kieŋ31单脚跳
ye	笋润群关晚凡横松孕荀	əŋ	棉电甜尖伦庆衡庆混笨
ə	送灯饿门问丹根跟恩振	iəŋ	善见兼景认锦颜雁显燕
iə	命名腰贫借药积脊踢历	uəŋ	权砖冤丸县坤完恋川转
yu	赊射野赤益靴石	oŋ	拱懵懂董
ai	地非厉七立璧悲你死鼻	ŋ̍	安暗碗五鞍按案

3. 声调（7个）

阴平	53	哥瓜初鸡归三心灯精东
阳平	31	平罗茶图头牛南林梁同
阴上	24	写补宝九减品产广讲本
阳上	44	坐马户老后妇犯懒
阴去	22	货嫁寄到富暗进唱凳送
阳去	42	寨帽豆面落敌灭六失塔
入声	45	索百八节急国黑七裂粒

第三节　桂北平话的语音特点

平话在桂北属于弱势方言，发展演变并不平衡，内部变异很大，本书只就已有的方言材料，从主要特征进行分析讨论。

一　声母特点

1. 古全浊声母清化。这是桂北平话与老湘语的重要区别。浊塞音、塞擦音清化后送气与否，各方言点不尽一致。东片及西片的五通（临桂）、三街（灵川）、大埠（桂林）多读不送气清音。塘堡（永福）平话大体上据平声送气，仄声不送气，但也有一部分古全浊声母仄声字今读送气声母，例如：

並母：上声字"被~子、抱、辫、伴"，入声字"薄、萄蘑萄"。

定母：上声字"弟、舵、淡、断~绝、动"，入声字"蝶蝴~、笛、读、独、毒"。

从母：上声字都送气，入声字"绝、贼"。

澄母：上声字"柱、丈、重轻~"，入声字"直、蛰惊~"。

邪母：入声字"席~子"。

群母：上声字"舅、件、近"，去声字"妗舅母"。

两江、观音等地则清化后大多读送气清音，不送气的反而少数。这应是受官话影响所致的后起音变现象。塘堡平话浊上字保留上声，并读送气音的多为口语常用字，这一特点与广州话平上送气的特点一致。

2. 西片重轻唇基本不混，非组除微母口语字读 [m] 外，基本读轻唇音 [f]。读重唇的字与桂南平话和粤方言也有一致性。如"甫脯辅捧讣"等字。

中古帮系声母今读举例

		五通	两江	三街	大埠	塘堡
帮母	p	巴悲鞭笔	巴悲鞭笔	巴悲鞭笔	巴悲鞭笔	巴悲鞭笔
	ph	绊谱蓖鄙秕~子	波谱秕~子编柏卜	波鄙秕~子迫卜	谱秕~子遍	谱秕~子遍
滂母	ph	铺批篇撒	铺批篇撒	铺批篇撒	颇批篇撒	铺批篇撒
並母	p	婆爬便~宜白	杷暴伴瀑~布	婆爬便~宜白	婆爬便~宜白	病便白
	ph	佩伴叛辫	婆脯便~宜白	蒲埠败		婆赔抱辫薄动
明母	m	魔麻绵灭	魔麻绵灭	魔麻绵灭	魔麻绵灭	魔麻绵灭
	f	戊				
	Ø			戊		
	ŋ	务雾			密	
非母	ph	甫脯杏~		甫脯杏~	甫脯杏~	甫脯杏~
	f	夫非分~开发	夫非分~开发	夫非分~开发	夫非分~开发	夫非分~开发
敷母	ph	捧	赴讣	捧讣	捧	捧
	f	敷妃丰覆反~	敷妃丰覆反~	敷妃丰覆反~	敷妃丰峰	飞非敷妃丰
奉母	ph	俸姓		俸姓		
	f	符浮烦罚	符浮烦罚	符浮烦罚	符浮烦罚	符浮烦罚

续表

		五通	两江	三街	大埠	塘堡
微母	m	尾蔓袜	尾味晚蔓袜	网蔓袜	尾网蔓袜	尾袜蚊问望忘
	f	无万文巫诬		勿		
	h		勿	焚		
	ŋ		武		万	
	∅	晚挽侮武	无巫诬文物	忘妄物	无武味微	文吻刎物

帮母字读 [ph] 是例外音变，多为偏旁类推的结果，如"谱"。桂北平话读 [ph] 的也是少数非口语用字，而且在平话、粤方言有一致性。如"编遍鄙柏"。

依规律，並母当读不送气清音，但五通和三街均有部分字读 [ph]，清化后大多送气。

中古微母口语常用字读 [m-]，书面语用字已多读零声母。读 [m] 的微母字占微母字总数的百分比，西片以两江最高，达 76.47%；东片以钟山最高，达 70.59%①。这与桂北处官话区有关，中古微母今变零声母是官话的特点。

五通话部分书面语用字读 [f]，如"无万文巫诬"等字，明母字"戊"也读 [f]，与桂南平话一致。"雾务"则由 [mu] → [ŋu] → [ŋ]。

东片非组读重唇音的稍多些，如"分飞放蜂粪饭伏房"等字，与湘南土语同。秀水则变为 [m] 声母。

3. 中古泥来母不混。

桂北平话多数方言点泥来母不混。三街部分字相混，是受官话的影响。

东片有古端组字今读 [l]（非阳声韵前）或 [n] 声母（阳声韵前）的情况，且以端母为多，透母和定母只有少量字。秀水端母读 [l] 声母的字占 40.23%、读 [n] 声母的字占 41.38%；透母读 [l] 声母的字占 1.59%；定母读 [l] 声母的字占 6.72%，读 [n] 声母的字占 1.68%。如"多 [lo⁵³]、刀 [lɔ⁵³]、带 [la²⁴]、斗 [lou²⁴]、答 [lu⁴⁵]、胆 [no²⁴]、短 [naŋ²⁴]、等 [nə²⁴]、东 [nə⁵³]"等；钟山端组字只读为 [l] 声母，其中端母有 74.47% 的字读 [l] 声母，定母只有 3.6%。贺州端组字读 [l] 就更少了，端母为 2.41%，定母为 1.61%。

可见古端组字今读 [l] 或 [n] 声母是东片独有的语音特点，可能是该片精组字演变为 [t]、[th] 引起的一种链移式音变，是后起的创新变异。

---

① 数据引自刘村汉《桂北平话（土话）的内部比较》，《桂北平话与农村推普》，广西民族出版社 2006 版。下文所引数据的出处皆同。

桂南平话、勾漏片粤方言无这种音变现象。

4. 有两套塞擦音。五通、两江、大埠精组读 [ts tsʰ s]，与知（部分）照组 [tʃ tʃʰ ʃ] 对立，这是桂北平话的早期特征。三街、塘堡则精组与知照组混同，洪音前读 [ts tsʰ s]，细音前读 [tɕ tɕʰ ɕ]，与官话一致。受官话影响，保持精组独立的方言，在细音前均有少数读舌面音的，尤其是书音。

中古精组声母今读举例

		五通	两江	三街	大埠
精母	ts	租灾精绩焦尖	租灾精绩焦尖	租灾精足	租灾精绩焦尖
	tsh	紫躁歼雀	躁溅憎雀	躁	躁歼溅雀
	tʃ			焦尖绩	
清母	ts	缉缉鞋口从猝	缉缉鞋口	从猝促	从缉缉鞋口猝
	tsh	粗清错秋迁切	粗清错秋迁切	粗猜清错	粗清错秋迁切
	tʃ			戚	
	tʃh		窜	锹秋迁切	凑窜
从母	t	就		潜	
	ts	才齐情籍	皂樵匠捷	坐齐情族	才齐情籍
	tsh	坐罪潜	坐罪潜族		瓷
心母	tsh	栖赐伈	赐粹膝	骚伈	赐伈粹
	s	苏腮星锡仙惜	苏腮星锡	苏腮星锡	苏腮星锡仙惜
	tʃh			粹纯粹	
	ʃ	宿珊		须仙惜	莎珊
	h			宣	
邪母	ts	邪辞袖习		辞词祠	徐袖
	tsh	似	斜徐详		辞
	s	徐袭		寻似	象
	tʃ	囟			
	ʃ		旬	序袖	谢

古邪母字今多与从母合并读塞擦音，与桂南平话、粤方言相近。少数心母字读塞擦音也与通语一致，如"栖赐粹"等，均为书面语用字。

东片的钟山和秀水存在古精组字今读 [t]、[tʰ] 声母的情况，钟山有87.27%的精母字读 [t]、83.33%的清母字读 [tʰ]；秀水有13.13%的精母字读 [t]、12.5%的清母字读 [tʰ]。此外从、心、邪三母在以上两个方言点也有少数字今读［t］或［th］声母。这一特点与勾漏片粤方言相同，因为东片与勾漏片粤方言地缘相接。

中古庄组声母今读举例

		五通	两江	三街	大埠
庄母	ts		阻责	债阻争捉	窄责
	tsh			侧	
	tʃ	楂抓簪捉	楂抓簪捉	楂抓庄	
	tʃh	侧			
初母	tsh	钗	策册	初钗抄策	楚测策册
	tʃh	叉抄窗测	叉权岔初	叉权岔铲	叉抄窗初
崇母	ts	巢愁谗		柴愁崇	崇
	s	崇			
	tʃ	查锄床镯	助翅栈铡	查锄床	查锄床铡
	tʃh		锄柴谗床		
	s	搜漱缩	所漱色缩	所双色缩	师搜漱色
	tʃ	涩		涩	
	ʃ	沙师生色		沙梳霜杀	沙梳霜杀

中古章组声母的今读举例

		五通	两江	三街	大埠
章母	ts	赘钟		遮支真祝	
	tʃ	遮周真织	遮周真织	制周织	遮周真织
	tʃh		照舟战		
昌母	ts	冲		菖充冲	菖
	tʃh	车吹春出	车吹春出	车吹春出	车吹春出
船母	s			神唇乘	示术
	tʃh		船		
	ʃ	蛇神船食	蛇神船食	蛇食	蛇神船食
书母	ts	春			
	s	输	视	奢诗扇	束
	ʃ	书税扇识	书税扇识	书世识	书税扇识

		五通	两江	三街	大埠
禅母	ts			酬蟾承丞	视侍
	s	纯		垂辰常	
	tʃ				诚丞
	tʃh		臣常承丞		
	ʃ	誓时成石	誓时成石	誓时成石	誓时成石

照系读舌叶音，除了三街与精组合并再据洪细重组。庄组有少数字读舌尖前音，规律与普通话相似。如"阻责搜漱缩所色"等。章组就几乎没有这种现象。

崇母基本读塞擦音，只有五通"崇"字读擦音，与部分粤方言同。"床"在桂南平话多读擦音，桂北则都读塞擦音，与沿江白话同。

船母字读擦音，就连"船"也读擦音，与桂南平话、粤方言一致。两江则有两读。

禅母多读擦音。如"誓时成石垂辰常纯"等。读塞擦音的字比桂南平话和粤方言稍多。

5. 中古知组声母口语常用字多读舌音。这一特点与湘南土语及广西与湖南毗邻的兴全灌地区的土语一致，桂南平话和粤方言没有这种现象。

非组读重唇、舌上音读舌头音，是湘南土语及桂北部分土语的特点，桂北平话东片情况相类。但在桂北平话西片，重轻唇分化，而知组却有读舌音的层次。知组声母读如端组的字，各地多少不一，但多为口语常用字。如：

五通：知母：爹猪挂知 [t/tʃ] 胀着~衣竹；澄母：箸厨柱住迟 [t/tʃ] 槌锤沉长~短肠丈直虫重轻~。

两江：知母：[t] 驻猪朝今~转胀竹；澄母：[t] 箸柱住迟绽尘长生~肠丈着澄直虫重轻~。

三街：知母：[t] 猪竹；澄母：[t] 住迟 [t/tsh] 槌锤坠绽长~短瞪澄虫。

大埠：知母：[t] 猪驻知朝今～转张一～胀竹筑；彻母：[th] 趁；澄母：[t] 箸厨 [t/tɕ] 柱住迟槌锤沉阵长~短丈着~衣澄瞪虫重轻~。

塘堡：知母：[t] 猪住箸知转胀着穿衣"；澄母：[th] 迟沉长~短着睡~虫直重轻~。

彻母除大埠的"趁"，没有读舌音的。

东片情况相类。但秀水知组一些口语常用字读 [1] 声母：胀 [liaŋ²²]、竹 [liouʔ⁴⁵]、知 [lai⁵³]、朝 [lei⁵³]、猪 [liɑ⁵³]、中 [liaŋ⁵³]、张 [liaŋ⁵³]、虫 [lie³¹]、着 [liəʔ⁴⁵]，这些字也应先读为 [t] 或 [th]，再随同端组一起读为 [l-] 声母，"中""着"两字有 [t-]、[l-] 两读还可以看出其演变的遗迹。

6. 有 [ȵ-] 声母，来自古日母及疑母细音字。

中古日母字的今读举例

	五通	两江	三街	大埠	塘堡
ȵ	儿二肉热	儿二肉热	日二肉热		
ŋ	软		软	染软日燃	二人忍认耳
n	弱	弱		弱	
l	蕊		芮	扔	
∅	如汝儒乳	如乳而柔	如儿汝尔	如惹二乳	柔闰

古日母字普遍读 [ȵ-]、[ŋ-]。桂林大埠、永福塘堡的古日母今多读 [ŋ-]，各点均有少数书面语用字读零声母。

	染	燃	热	软	人	日	让
五通	ȵin³³	ȵin²¹	ȵiʔ¹³	ŋʷin⁵³	ȵɐn²¹	ȵɛiʔ¹³	ȵɐŋ¹³
两江	ȵin³³	in¹²	ȵi¹²	ȵin³³	ȵan¹²	ie⁵¹	ȵẽ²¹
三街	ȵie³³	ȵie⁵³	ȵie⁵⁵	ŋɣ³³	in⁵³	i⁵⁵	ȵiaŋ²¹
大埠	ŋən¹³	ŋən⁴⁴	ȵiɛ³¹	ŋən¹³	ŋɛn⁴⁴	ȵie³³	ȵi²²
塘堡		ȵi¹³	ŋyn³³	ȵian¹³	ȵiə⁴		ȵian³¹

疑母洪音多读 [ŋ]，细音读 [n-] 和 [ȵ-]

		五通	两江	三街	大埠	塘堡
疑母	m	砚	外		外	
	n	疑宜业研	宜疑验逆	疑验孽研	验业拟	
	ȵ	鱼蚁玉肉	鱼蚁玉肉	藕牛业虐		
	ŋ	蛾蛾吴熬	蛾牙熬岩	蛾熬岸眼	蛾牙岸岩	瓦蚁牛
	∅	玩鄂	吴涯艺业	吴外危涯言	雅吴遇玉	

疑母字，如"疑拟业宜验逆孽研"等读 [n-]，与官话同。疑母字普通话读 [n] 不多，如"牛拟逆孽"等，桂柳官话多些，桂南平话西南片和南

宁白话也有这一特点，也当与官话影响有关。个别疑母读 [m] 在粤方言也存在。

桂南平话和粤方言均有唇化舌根音（合口字），这是为使音系简单对合口呼音节的处理方式，因为桂南平话和粤方言除了牙喉音之外，基本无带介音的韵母。同时，桂南平话和粤方言牙喉字的合口介音与官话有所不同，更多的是表现为一种声母的唇化，这与壮侗语大环境的影响有关。但无论是桂南平话还是粤方言，疑母合口由于读 [ŋ] 与 [u] 的同化作用，[ŋʷ] 已不多见。桂北的五通、塘堡不仅疑母后保留合口，而且保留合口的字如"瓦危桅"等，与桂南的宾阳话几乎重合。五通甚至影母字"弯湾挖"，也读 [ŋʷ-]，也与宾阳话一致，只是在桂北平话合口介音 [u] 处理成韵头。

模韵疑母字读 [ŋu]，或是因韵母复化读 [ŋou]，如桂南平话的宾阳，或变成鼻化韵 [ŋ̍]。后者是平话和粤方言都常见的形式。

	五	伍	午	吾	蜈
五通	ŋ̍⁵³	ŋ̍⁵³	ŋ̍⁵³	ŋu²¹	ŋu²¹
两江	ŋ̍³³	ŋ̍³³	ŋ̍³³		u²¹
三街	ŋ̍³³	ŋ̍³³	ŋ̍³³	ŋ̍³³/u⁵³	u⁵³
大埠	ŋ̍¹³	ŋ̍¹³	ŋ̍¹³	u²²	ŋ̍⁴⁴
塘堡	ŋ̍³³	ŋ̍³³	ŋ̍³³		vu¹³

7. 中古见系在开口二等及三四等前不腭化。

中古见组声母的今读举例

		五通	两江	三街	大埠
见	k	家鸡今江减	家鸡今江叫	家鸡今江	家鸡今江
群		琴强桥棋骑			
溪	kh	敲丘	敲	敲	敲
群			琴强桥棋骑	钳	钳
晓	h	戏希喜孝	戏希喜孝	戏希喜孝	戏希喜孝
匣		下鞋闲学	下鞋闲学	下鞋闲学	下鞋闲学

由于受官话影响，见组开口二等及三四等字今读并不整齐，腭化趋势也较明显。五通见系开口三四等字颚化，但与精组保持尖团音基本不混。三街则逢细音腭化，尖团不分，与官话同。

	焦—骄	秋—丘	节—结	墙—强
五通	tsiu³⁵≠tɕiu³⁵	tshiəu³⁵≠hiəu³⁵	tsiʔ⁵⁵≠tɕiʔ⁵⁵	tsiaŋ²¹≠tɕiaŋ²¹
两江	tsiu³⁵≠kiau³³	tshiə³⁵≠khiə³⁵	tsi⁵⁵≠ki⁵⁵	tshẽ¹²≠kẽ¹²
大埠	tsia⁴⁵≠kia⁴⁵	tshiəu⁴⁵≠khiəu⁴⁵	tsie³¹≠kie³¹	tsi⁴⁴≠ki⁴⁴
三街	tɕiao¹³=	tɕhiou¹³=	tɕie⁵⁵=	tɕiaŋ⁵³=
塘堡	tɕiu³⁵≠kiu³⁵	tɕhiau³⁵=	tɕi⁴≠ki⁴	tɕhiaŋ¹³≠khiaŋ¹³

8. 溪母变擦音，与晓母合并，尤其是口语常用字。并入晓母的溪母字占溪母字总数的百分比，西片以塘堡最高，达 47.46%，两江 37.84%、五通 27.34%。东片相对少些，百分比最高的是钟山 22.46%。

溪母与晓母合并后，在合口韵前进一步唇化，变 [f-]。如五通"科欢兄阔课库裤"（溪）、"火货花戽化兄血"（晓）等字，两江"苦裤块快曲"（溪）、"火货化花虎兄"（晓）等字，塘堡"苦块快裤阔"（溪）、"花兄虎"（晓）等字，都读 [f] 声母。"枯"大埠有 [kh]、[f] 两读。

桂北平话这种音变现象更接近广府白话，因为在桂南平话中，溪、晓母的合口字大多仍停留在 [hu-] 阶段。

但唇擦音 [f-] 变为舌根擦音 [h] 的字罕见，这是与湘方言的不同之处。

9. 匣母合口字变零声母。匣母开口字清化，与晓母合并，合口字则保留合口，声母脱落变零声母，这也是平话和粤方言的共同特点。

五通：黄 [uaŋ³¹]、禾 [uə³¹]、横 [ueŋ³¹]、坏 [uai¹²]、县 [uẽ¹²]、换 [un¹²]；

两江：黄 [wəŋ¹³]、禾 [u¹³]、话 [o³¹]、回 [wæ¹³]、横 [wẽ¹³]；

塘堡：黄 [vəŋ¹³]、禾 [və¹³]、回 [vəi¹³]、话 [ua³¹]、横 [iẽ¹³]；

葡萄：黄 [wəŋ⁴⁴]、禾 [wu⁴⁴]、话 [wuo³¹]、横 [ɥyi⁴⁴]、换 [ɥye³¹]、滑 [uo⁵²]；

秀水：禾 [ɯ³¹]、丸 [uəŋ³¹]、话 [u⁴²]、县 [uəŋ⁴²]、会 [uai⁴²]、滑 [uo⁴²]；

钟山：黄 [õ²¹³]、禾 [uø²¹³]、坏 [uæ³⁵]、话 [va³¹]、滑 [va³¹]、华 [va²¹³]；

贺州：禾 [uə²¹³]、回 [ui²¹³]、横 [uə²¹³]、话 [ua³³]、县 [yə³³]、滑 [uaiʔ³¹]。

部分非口语常用字读 [f-]，如"华会壶画户坏"等字，与桂林官话同。

二　韵母

桂北平话的韵母系统给人最显著的语感有以下几点。

（1）中古同一音类的演变层次复杂。除了自身演变的差异，均有与官话一致的文读层。

（2）复元音单元音化，如蟹摄字［-i］脱落；单元音复化，如果摄多演变为复元音。

（3）阳声韵没有［-m］韵尾，各地程度不一的鼻音韵尾弱变（鼻化），甚至脱落。

（4）中古入声塞音韵尾普遍脱落，在音高上也与阴声韵相似，但多能以"促"的特点与阴声韵相区别。

（1）—（4）特点，造成多个音类的归并，归并后又再一同创新变异，因此，难以用简单的叙述对桂北平话韵母的演变进行系统的比较分析。

在韵母特征上，桂北平话与湘南土语更为接近。尽管如此，过滤掉一些时代较晚的语音特征，仍可看到桂北平话与桂南平话、粤方言一致的特点。

（一）与桂南平话、粤方言一致的语音特征

1. 果摄一等开合有别。虽然歌戈韵在主流方言已经趋向于合并，演变层次复杂，但仍有开合不混的痕迹。开口歌韵多保留开口，合口戈韵则有读［u］层次。

［u］韵母多出现在合口一等戈韵字。各点读［u］的具体情况如下表：

方言点	戈韵读［u］韵母的字
两江	波坡婆磨簸破薄过锅果课火伙祸窝禾
三街	骡膭火禾窝
大埠	婆磨摩簸破锅过果科窠火伙祸禾和货
塘堡	磨朵躲剁垛糯坐座蓑锁

与清《广西通志》对灵川话的记录吻合："火曰呼""壶曰乎""锅曰谷力"（"力"为小称词尾），"锅火呼乎谷"同韵，当读［u］。"呼乎"为模韵字，读［u］。合口一等戈韵多读［u］，与模韵字合并，这也是桂南平话的特点。"谷"为入声字，塞尾消失，变［u］。复化是后起的演变。

2. 口语用字存留歌麻不分的层次，与桂南平话一致。

（1）五通

歌韵	搓 tshiə^{35}、左 tsiə^{33}、佐 tsiə^{33}
戈韵	朵 tiə^{53}、剁 tiə^{33}、糯 niə^{13}、坐座 tshiə^{33}
假开三	姐 tsiə^{53}、写 siə^{53}、借 tsiə^{33}、蛇 ɕiə^{21}

（2）两江

戈韵部分字与麻韵开口二等帮组见组混同：

果合一戈韵		婆 po^{533}、磨 mo^{13}、破 pho^{35}、朵 to^{33}、剁 to^{35}
假开二	帮组	巴 po^{13}、爬 po^{533}、麻 mo^{533}、马 mo^{33}、把 po^{33}
	见组	家 ko^{13}、假 ko^{33}、架 ko^{35}、嫁 ko^{35}、价 ko^{35}

戈韵部分字与麻韵三等字混同：

戈韵	剁 ti^{51}、糯 ni^{51}、坐座 tshi^{33}、螺 li^{12}、蓑 si^{33}、锁 si^{33}
假开三	姐 tsi^{33}、写 si^{33}、借 tsi^{51}、蛇 ɕi^{12}

（3）大埠

果摄	开一	多 tau^{45}、拖 thau^{45}、罗锣箩 ləu^{44}、搓 tshau^{45}、左 tsau^{55}
	合一	朵 təu^{33}、螺脶 ləu^{44}、糯 nəu^{22}、锁 səu^{33}、锉 tshau^{55}
假摄	开二	巴 pau^{45}、把 pau^{33}、麻 məu^{44}、马 məu^{13}、骂 mau^{22}
	开三	蔗 tɕau^{55}、蛇 ɕəu^{44}、赊 ɕau^{45}、射 ɕau^{22}、车 tɕhau^{45}

（4）塘堡

果摄	ə	婆破火货祸禾屙窝
	uə	锅裹过课可
假摄	iə	遮姐借车席扯赊蛇写麝射

（5）阳朔葡萄

果摄	开一	u	歌笋	uo	哪何
	合一		坡磨坐锅		琐莎
假摄	开二	u	巴爬麻茶	uo	马沙家
	合二				花

（6）富川秀水

| 果摄 | u | 锅蓑莎 | o | 婆磨箩驼 |
| 假摄 | | 怕马沙瓜花 | | 麻茶嫁牙 |

歌麻不分是中古汉语的特点。宋代汴洛地区方言歌麻不分。桂北、桂南平话均有歌麻不分的层次，这一特征多保留在口语常用词中。这种现象也存留在壮语的老汉借词中。

3. 桂南平话祖方言无撮口韵［y］，［y］是后起的演变。桂北平话受官话影响很大，也依然留下遇摄三等不读［y］痕迹。五通无撮口韵，两江一些口语常用字如"住猪女锯雨去"等读［iə］。塘堡遇摄合口三等在今读舌音的知组，以及泥来母后读［uei］，如"猪箸柱住女吕旅滤"等字。贺州九都遇摄三等也有读［oi］的层次。

	猪	书	绪	趣	柱	住	树
五通	tiɐu^{35}	ʃɐu^{35}	tsiɐu^{13}	tɕhiɐu^{33}	thiɐu^{53}	tiɐu^{13}	ʃɐu^{13}
两江	tiə^{35}	ɕiə^{35}	sy^{35}	tɕhy^{35}	thiə^{33}	thiə^{21}	ɕiə^{21}
三街	ty^{13}	ɕy^{13}	ɕy^{35}	tɕhy^{35}	tɕy^{35}	ty^{21}	ɕy^{21}
大埠	ty^{45}	ʃy^{45}	ʃy^{55}	tʃhy^{33}	ty^{13}	ty^{22}	ʃy^{22}
塘堡	tuei^{35}	ɕy^{35}			thuei^{33}	tuei^{31}	ɕy^{31}

4. 蟹摄四等齐韵字多读洪音。这与桂南平话和粤方言一致，而与官话相区别。

	米	低	底	涕	泥	犁	洗
五通	me^{53}	te^{35}	te^{35}	the^{33}	ne^{21}	le^{21}	se^{53}
两江	mei^{33}	tei^{35}	tei^{33}	thei^{51}	nei^{12}	lei^{12}	sei^{33}
三街	ma^{33}	ta^{13}	ta^{33}	tha^{35}	la^{533}	lai^{533}	sa^{33}
大埠	mɛ^{13}	tɛ^{45}	tɛ^{33}	thɛ^{55}	nɛ^{44}	lɛ^{44}	sɛ^{33}
塘堡	mie^{33}	ɕie^{35}	ɕie^{33}	ɕie^{53}	nie^{13}	lie^{13}	ɕie^{33}

5. 止摄开口字多读 [i]，有的方言点演变为复元音。读 [ɿ] 是与官话的接触影响所致。

	紫	此	死	子	资	咨	字
五通	tshei⁵³	tshei⁵³	sei⁵³	tsei⁵³	tsei³⁵	tshei³⁵	tshei⁵³
两江	tsai³³	tshai⁵¹	sai³³	tsai³³	tsɿ³³	tsɿ³³	tshai²¹
三街	tsɿ³³	tsɿ³³	sɿ³³	tsɿ³³	tsɿ¹³	tsɿ¹³	tsɿ²¹
大埠	tsɿ³³	tshɿ³³	sɿ³³	tsɿ³³	tsɿ⁴⁵	tsɿ⁴⁵	tsɿ²²
塘堡	tɕi³³	tɕ'i³³	sei³³	tsei³³	tsei³⁵		tsei³¹

　　贺州九都止开三正齿、牙喉音读 [i]，唇音、舌音、精组复化为 [əi]。高元音筑顶裂变为复元音是语言的演变规律。中古止摄开口字演变为 [ei] / [əi]，是平话和粤方言的普遍现象，广州话也不例外。这种音变是随声母走的首先从帮系、端系和见系开始，知系演变滞后甚至不变。

　　6. 外转韵摄开口一二等大多保持对立。

　　（1）蟹摄

　　如三街蟹摄开口一二等不混，一等读 [ɯ]，二等读 [ia]。塘堡蟹摄开口一二等只在舌音和牙喉音保持对立，一等读 [ei]，二等读 [ai]。贺州九都蟹摄开口一等读 [ai]，保留 [-i] 尾，二等则读 [a]，失落韵尾。

　　（2）效摄

　　效开一豪韵与效开二肴韵在五通、两江、大埠、塘堡基本不混，三街则基本混同。

	保一饱	报一爆	袍一跑	毛一茅	高一交
五通	pəu³³≠pau³³	pəu³³≠pau¹³	pəu²¹≠phau³³	məu²¹≠mau²¹	kəu³⁵≠kau³⁵
两江	pou³³≠pau³³	pou⁵¹≠pau³⁵	phou¹²≠phau³³	mou¹²≠mou¹²	kou³⁵≠kau¹³
大埠	pœ³³≠pa³³	pœ⁵⁵≠pa⁵⁵	pœ⁴⁴≠pha³³	mœ⁴⁴≠mai⁴⁴	kœ⁴⁵≠ka⁴⁵
三街	pau³³=	pau³⁵=	pau⁵³/phau³³	mau⁵³³=	kau¹³≠tɕiau¹³
塘堡	pu³³≠pau³³	pu⁵³≠pau⁵³	p'u¹³≠p'au³³	mu¹³≠mau¹³	ku³⁵≠kau³⁵

　　大埠是失落 [-u] 尾，从主元音看，祖方言可能豪韵是 [œu]，肴韵是 [au]。桂南平话的宾阳，豪韵与肴韵也是 [œu] / [au]。

　　塘堡豪韵读 [u]，与模韵合并，与南宁白话相同。从不少粤方言点的情况看，豪韵与模韵合并，再由 [u] → [ou]。

　　贺州九都豪韵在唇音、牙喉音后读 [u]，与遇摄唇音、牙喉音合并；

在舌齿音后复化为 [əu]。肴韵则与流摄合并读 [au]。

7. 效开二肴韵与流开一侯韵大多相混。

	交一勾	咬一藕	教一够	搞一狗	敲一抠
五通	kau³⁵=	ŋau⁵³=	kau³³=	kau⁵³=	khau³⁵=
两江	kau³⁵=	ŋau³³=	kau⁵¹=	kau³³=	khau³⁵=
三街	tɕiau¹³=	ŋau³³≠ŋiao³³	tɕiau³⁵=	kau³³≠tɕiau³³	khau¹³≠ɯu¹³
大埠	ka⁴⁵=	ŋa¹³=	ka⁵⁵=	ka³³=	kha=
塘堡	kau³⁵≠kəu³⁵	ŋau³³≠ŋəu³³	kau⁵³≠kəu⁵³	kau³³≠kəu³³	k'au³⁵≠k'əu³⁵

　　贺州九都肴韵与流摄合并读 [au]。桂北平话这种音变与广东的四邑、鹤山、思贺等地相类。

8. 开口三四等介音挤掉主元音，成为韵腹。

　　效摄开口三四等，五通、两江、塘堡今读大多为 [iu]，与桂南平话和粤方言一致。

	表三	票三	庙三	烧三	鸟四	挑四	尿四
五通	piu⁵³	phiu³³	miu¹³	ɕiu³⁵	tiu⁵³	thiu³⁵	niu¹³
两江	piu³³	phiu⁵¹	miu²¹	ɕu³⁵	tiu³³	thiu³⁵	niu²¹
塘堡	piu³³	phiu⁵³	miu³¹	ɕiu³⁵	niu³⁵	thiu³⁵	niu³¹
三街	piau³³	phiau³⁵	miau²¹	sau¹³	tiau³³	thiau¹³	niau²¹
大埠	pia³³	phia⁵⁵	mia²²	ɕia⁴⁵	tia³³	tia⁴⁵	nia²²

　　咸、山两摄开口三四等，五通、两江、塘堡大多读 [in]。桂南平话和粤方言保留 [-m] 韵尾，咸摄开口三四等读 [im]、山摄开口三四等读 [in]。桂北平话 [-m] 演变为 [-n]，是官话方言强势影响的结果。

	尖	验	欠	甜	钱	蔫	年
五通	tsin³⁵	nin¹³	hin³³	tin²¹	tsin²¹	in³³	nin²¹/nin³⁵
两江	tsin³⁵	nin²¹	hin⁵¹	thin¹²	tshin¹²	lin³⁵	nin¹²
三街	tɕie¹³	nie²¹	tɕhie³⁵	tie⁵³	tɕie⁵³	nie³³	nie⁵³
大埠	tsən⁴⁵	kən⁴⁴	khən⁵⁵	tən⁴⁴	tsən⁴⁴	lən³³	nən⁴⁴
塘堡	tɕin³⁵	nin³¹	k'in⁵³	t'in¹³	tɕ'in¹³	lin³³	nin¹³

9. 通摄读开口。通摄由于主元音为后元音，鼻韵尾都保留，但读开口。

如五通读 [oŋ]，两江读 [əŋ]，三街读 [ɐŋ]，大埠多读 [aŋ]。贺州九都读 [əŋ]，与曾、宕摄部分字混同。

	东	公	冬	风	众	封	钟
五通	toŋ³⁵	koŋ³⁵	toŋ³⁵	foŋ³⁵	tɕoŋ³³	foŋ³⁵	tsoŋ³⁵
两江	təŋ³⁵	kəŋ³⁵	təŋ³⁵	fəŋ³⁵	tɕəŋ⁵¹	fəŋ³⁵	tɕəŋ³⁵
三街	tɐŋ³⁵	kɐŋ¹³	tɐŋ³⁵	fɐŋ³⁵	tsoŋ³⁵	fɐŋ¹³	tsoŋ¹³
大埠	taŋ⁴⁵	kaŋ⁴⁵	taŋ⁴⁵	faŋ⁴⁵	tɕoŋ⁵⁵	faŋ⁴⁵	tɕoŋ⁴⁵
塘堡	toŋ³⁵	koŋ³⁵	toŋ³⁵	foŋ³⁵	tsoŋ⁵³	foŋ³⁵	tsoŋ³⁵

　　桂南平话通摄字大多读开口，有读 [oŋ]、[oŋ] 的，如左右江平话，有读 [œŋ] 的，如南宁亭子平话。与宕摄合口字读 [uŋ] 对立。湘南土语及桂北一些土读话也读 [aŋ]。在宋永禄本《韵镜》中，东韵系为"内转第一开"，《七音略》为"内转第一重中重"。"开合"是等韵学术语，《广韵》东韵系在韵图中表示为开口，是有语言证据的。

　　塘堡通摄字保留一等与三等的对立。如三等字"虫 [thioŋ¹³]、重轻~ [thioŋ³³]、龙老 [lioŋ¹³] 弓供~给□跳 [kioŋ³⁵]、供上~ [kioŋ⁵³]、穷 [khioŋ¹³]、熊雄 [hioŋ¹³]、嗅用鼻子闻 [hioŋ⁵³]、雍 [ioŋ³⁵]、融 [ioŋ¹³]、涌 [ioŋ³³]、用 [ioŋ³¹]"等，均有介音。在桂南平话和粤方言中，除了零声母字，这种情况已经罕见。

　　（二）桂北平话的创新演变

　　1. 复元音韵母的韵尾普遍弱化，甚至脱落。这一特点与湘南土话相似，也是与桂南平话的最大差异。

　　（1）部分方言点蟹摄开口一二等失落失落 [-i] 韵尾变单元音，这与湘南土话一致，如两江、三街等地。但临桂五通、永福塘堡读 [ai]，保留 [-i] 韵尾。

	灾	猜	菜	拜	排	埋	界
两江	tsa³⁵	tsha³⁵	tsha⁵¹	pa⁵¹	pha¹²	ma¹²	ka⁵¹
三街	tsɯ¹³	tshɯ¹³	tshɯ³⁵	phia³⁵	pia⁵³	mia⁵³	ka³⁵
大埠	tsɔ⁴⁵	tshɔ⁴⁵	tshɔ⁵⁵	pɔ⁵⁵	pɔ⁴⁴	mɔ⁴⁴	kɔ⁵⁵
五通	tsai³⁵	tshai³⁵	tshai³³	pai³³	pai²¹	mai²¹	kai³³
塘堡	tsai³⁵	ts'ai³⁵	ts'ai⁵³	pai⁵³	phai¹³	mai¹³	kai⁵³

　　（2）少数点效、流摄失落 [u] 尾。如桂林大埠。

	交—勾	咬—耦	教—够	搞—狗	敲—抠
大埠	ka⁴⁵꞊	ŋa¹³꞊	ka⁵⁵꞊	ka³³·꞉	kha꞊

	表	票	庙	烧	鸟	挑	尿
大埠	pia³³	phia⁵⁵	mia²²	ɕia⁴⁵	tia³³	tia⁴⁵	nia²²

2. 鼻韵尾的变异。

桂北平话的鼻韵尾普遍弱化，尤其是洪音，或鼻化，或脱落。无论西片和东片，均已无 [-m] 尾，咸、山两摄相混，深、臻两摄相混。

例字　地点	蓝咸—兰山	添咸—天山	金深—斤臻	心深—新臻
五通	lã³¹	thĩ³⁵	ken³⁴	sen³⁴
两江	lã¹³	thin³⁵	kiɛ̃³⁵	sɛ̃³⁵
塘堡	lã¹³	thin³⁵	kiɛ̃³⁵	sən³⁵
秀水	no³¹	thəŋ⁵³	tɕie⁵³	sie⁵³
钟山	lɛ̃²¹³	thĩ³⁵	tʃuã³⁵	θuã³⁵

鼻韵尾的弱化程度不平衡。东西两片都有鼻化或口化的情况。鼻音韵尾脱落东片较多，秀水有 522 字，贺州有 408 字，钟山较少，但已全部鼻化。西片以三街、大埠为最，两江、葡萄多读鼻化音，五通、塘堡则多保留鼻韵尾。塘堡读鼻化韵的主要是梗摄二等字。

	南咸—	盆山—	肝山—	根臻—	蒸曾三	生梗二
五通	nan²¹	pun²¹	kɶn³⁵	kɐn³⁵	tɕœŋ³⁵	ɕɛn³⁵
两江	nã¹²	phoŋ¹²	kɔ̃³⁵	kan³⁵	tɕaŋ³⁵	ɕɛ̃³⁵
三街	lɔ⁵³³	puu⁵³³	kɔ¹³	kai¹³	tsai¹³	sa¹³
大埠	nɔ⁴⁴	pai⁴⁴	kuai⁴⁵	ka⁴⁵	tɕai⁴⁵	ɕa⁴⁵
塘堡	nan¹³	phən¹³	kuan³⁵	kən³⁵	tsaŋ³⁵	ɕiã³⁵

宕摄：

	汤	堂	糠	良	想	姜	香
五通	thoŋ³⁵	toŋ²¹	khoŋ³⁵	liaŋ²¹	siaŋ³³	tɕiaŋ³⁵	hiaŋ³⁵
两江	thɔ̃³⁵	tɔ̃¹²	hɔ̃³⁵	lɛ̃¹²	sɛ̃³³	kɛ̃³⁵	hɛ̃³⁵

续表

	汤	堂	糠	良	想	姜	香
三街	thaŋ¹³	taŋ⁵³³	khaŋ³³	naŋ⁵³³	ɕiaŋ³³	tɕiaŋ¹³	ɕiaŋ¹³
大埠	thoŋ⁴⁵	toŋ⁴⁴	khoŋ⁴⁵	li⁴⁴	si³³	ki⁴⁵	hi⁴⁵
塘堡	thuan³⁵	thuan¹³	huan³⁵	liaŋ¹³	ɕiaŋ³³	kiaŋ³⁵	hiaŋ³⁵

3. 塞音韵尾普遍脱落。

桂北平话中古入声塞音韵尾普遍脱落，但在声调上但多能以"促"的特点与阴声韵相区别，并多保持独立的调类。同时各点都已经或多或少出现舒化现象，与调值相同或相近的阴声韵归并。

古入声的 [-p]、[-t]、[-k] 韵尾，在今桂北平话中均已消失。其中阳朔葡萄 4 个方言点的韵母已经完全舒化，读开尾韵。五通、两江、塘堡、秀水、钟山、贺州等地还保留喉塞尾 [ʔ]①。

贺州九都话由于没有塞尾，阴入与浊上声调重合，以至于原书作者在单字音表把所有阳上字与阴入归在一起。

值得注意的是，由于类化作用，保留喉塞尾的 7 个方言点还多寡不一地把一些古舒声字也读成喉塞尾。据刘村汉的统计，各方言点舒声字促化情况分别为：五通（16 字）、两江（3 字）、塘堡（1 字）、秀水（50 字）、钟山（16 字）、贺州（178 字）。可见东片这种现象较为普遍。秀水、贺州两处还存在少数字带着鼻音韵尾读喉塞尾的情况。例字如下②：

两江：颗 [khoʔ⁵]、哪 [noʔ⁵]、秕 [phiʔ⁵]；

塘堡：窝 [vəʔ⁵]；

秀水：个 [kəʔ⁴⁵]、古 [kuʔ⁴⁵]、溪 [ɕiʔ⁴⁵]、偶 [ouʔ⁴⁵]、掀 [sieʔ⁴⁵]、狠 [həŋʔ⁴⁵]、打 [taʔ⁴⁵]、董 [toŋʔ⁴⁵]；

钟山：我 [ŋuøʔ⁴⁴]、丫 [aʔ⁴⁴]、赊 [ʃieʔ⁴⁴]、躁 [thoʔ⁴⁴]、偶 [ŋɔʔ⁴⁴]；

贺州：我 [ŋoʔ²²]、马 [maʔ²²]、雨 [yʔ²²]、米 [maiʔ²²]、尾 [məiʔ²²]、苗 [maʔ²²]、偶 [ŋauʔ²²]、染 [ȵiaʔ²²]、满 [mɤŋʔ²²]、近 [kynʔ²²]。

这些现象都是桂南平话所不出现的。

---

① 刘村汉认为桂北平话的喉塞尾 [ʔ] 只是韵母收音短促，与真正的喉塞音有别，将之称为"嘎音"。
② 有文白异读的，只标出白读层读喉塞尾的音。

三　声调

1. 桂北平话声调举例

桂北平话东片

方言点	阴平	阳平	阴上	阳上	阴去	阳去	阴入1	阴入2	阳入1	阳入2
贺州九都1	435	213	55	22	53	33	22		31	
贺州九都2	24	213	55	22	52	33	33		21	
富川九都	53	31	24	44	22	42	45		42	
富川七都	52	33	24	31	44	35	44		35	
富川八都	52	21	24	24	22	55	35		22/55	
红瑶平话	33	24	32		52	21	21	33	24	
钟山公安	35	23	54	33	52	21	52	44	21	
信都铺门	44	24	52	31	35	213	55	35	24	

桂北平话西片

方言点	阴平	阳平	阴上	阳上	阴去	阳去	阴入1	阴入2	阳入1	阳入2
灵川潭下	24	33	32	21	35	52	45		52	
灵川水埠	24	33	44	31	35	51	51		45	
雁山竹园	55	44	33	24	53	21	21		24	
平乐张家	52	31	54	33	44	35	55		35	
阳朔葡萄	(34)	44	33	213	55	31	52		(213)	
临桂五通	45	21	42	33		23	55	33	23	
临桂义宁	34	31	53		33	12	55		22	
永福桃城	35	23	33	53		21	55	33	23	
阳朔骥马	33	22	42	21	24	52	35	21	42	
永福塘堡	35	13	33		53	31	44			
临桂两江	35	13	33		53	31	55			

2. 桂北平话的声调特点。

（1）桂北平话的调类均有 6 个以上，少数还有 9 个声调。可以推测，桂北平话的祖方言，中古平、上、去、入各分阴阳两类，与桂南平话和粤方言的底层调类一致。

（2）浊上大多保留，尤其是口语常用字，没有变去。桂北平话上声分阴阳两类的占多数。少数上声只有 1 类的方言点，也包括了浊上字。

（3）有独立的入声调。中古入声以声母为条件分阴阳两类为常，以韵母为条件二次分化出现在阴入，与粤方言的主流特征一致。尽管桂北平话入声的塞音韵尾普遍脱落，但多保留"促"的特征。

第四节　旧地方志记载的桂北平话语音

日本学者波多野太郎编《中国方志所录方言汇编》九卷（1973），汇集了民国前中国方志中所录的方言资料。此书在大陆不多见。卷一即为《广东广西贵州篇》，所收录的方志材料中，广东有 18 种，属今广西境的只有 3 种：《昭平县志》（1934，广州大明刊）、《贵县志》（1934，重修本）、《龙门县志》（1936，广州汉元楼刊本），均为民国期间所作，而且均寥寥数语。例如《昭平县志》（1934）：

潘文成曰，昭平语言有土音，与正音相庚者，仿佛听久则能言之，然一邑之中亦有大同小异若类聚然。近苍梧藤县者其音柔而平……近贺县富川者其音和而畅……近永安平乐者其音低而醇……附城及各冲者其音和而直……然亦有世类相承来自远方者，如黄姚英家之村落多习粤左之阳山……马江恩来之北陀九冲多习粤左之翁源……附城黄姚之市井多习粤左之鹤山、南海……

昭平属桂北平话东片，与勾漏片粤方言毗邻。县志讲述了该地区方言的复杂性。文中对语言的譬况之说让人不知所云，但却说明了该县方言多来自广东的事实。

《贵县志》（1934）内容较多，有词汇举例（见中篇）。

《龙门县志》（1936）"语言"只有一句话："县属语言或用省话，或用客话，各区各乡尚未一致，惟第一区纯用省话耳。"

我们对广西地方志办公室、广西图书馆的相关文献进行详尽检索，查阅旧方志 102 部，其中明代 7 部，清代 59 部，民国 36 部。这些旧志中涉及语言的并不多，将方言、语言附在"风俗""民族"部分的有 22 种，其中清代 18 种，民国 4 种，叙述非常简单。有"方言"或"语言"专篇的旧志有 20 种，清代 2 种，余皆民国。虽设专篇，内容大多也极为简略。其中《贵县志》已收入波多野太郎编《中国方志所录方言汇编》卷一。民国时期的方志，有不少对当地的方言有了较多记录。我们选取资料较多的灵川县志为例。

灵川县有两种材料，一是清嘉庆《广西通志·桂林府·灵川县志》，内容简单：

国朝：方言天曰铁，地曰的，父曰阿把，母曰阿嗟，哥曰郭，嫂曰搔，水曰输，火曰呼，吃饭曰慊缚，吃酒曰慊揪，吃茶曰慊酌，吃汤曰慊唐，袍子曰包兹，外套曰物套，帽曰毛，力靴曰赫力，鞋曰嘎，碗曰窝，筯曰跨，锅曰谷力，甄曰再，扇曰射，壶曰乎。

二是民国《灵川县志》，内容增加不少，有反映方音特点的，有介绍方言词汇的：

天谓之铁（从本音转），地谓之笛（从本字，转入音），日谓之议（从上音转），月谓之轭（从土音转），山谓之硕（平音），川谓之锤（平音），父谓之大大亦曰阿把（大大提爹爹之转音，阿把从伯也），母谓之妈妈亦曰阿嗟（从姐转），伯谓之把把（从霸音），叔谓之么么（从说字，转平音），兄谓之哥（本音），弟谓之的（从弟入音），嫂谓之搔搔（双平音），外祖父谓之物更（外公转音），外祖母谓之物不（外婆转音），舅谓之纠耶，子谓之宰（平音），女谓之侣（平音），婿谓之郎（平音），米谓之麋，谷谓之格（从上音），油谓之柔（从本音转），茶谓之酌（平音），酒谓之就（从本字转平音），饭谓之发（从本字转去入音），盐谓之耶（从本音转），水谓之输（从本字转平音），菜谓之侧（从本字转去音），肉谓之越（上音），豆豉谓之刀时（入音），袍谓之包（入音），褂谓之个（从本字转去音），衫谓之硕（平音），帽谓之毛（从本字转平音），凳谓之待（从本字，转去音），鞋谓之嘎（从本字，转入音），袜谓之磨（上音），碗谓之窝（从本字转平音），筷谓之跨（从本音转），锅谓之孤（从本字转平音），甄谓之再（从本字，转去音），椅谓之依（从本字转平音），床谓之庄（从本字，转平音），棹谓之煮（从本字，转上音），笔谓之彼（从本字，转上音），砚谓之业（从本字，转入音），墨谓之买（从本字，转上音），屋谓之尔（从本字，转上音），舍谓之硕（去音），房谓之方（从本字，略近上音），厅谓之胎（从本字，转平上两音），亭与庭均谓之狱（从本字转平音），楼谓之劳（从本字转平音），台谓之得（略近平音），阁谓之古（本字转上音），头谓之兜（从本字转平音），手谓之收（从本字转平音），脚谓之绞（从本字，转上音），指谓之支（从本字转平音），肝谓之梏（从本字转平音），肾谓之神（从本字转平入两音），肠谓之张（从本字转平上两音），肚谓之都（从本音，平音），马谓之麇（从本字，转平音），牛谓之饯（从本字转平音），羊谓之攘（略近本音），鸡谓之加（从本字转平音），狗谓之交（从本字转平音），花谓之禾（去音），草谓之操（平音），竹谓之丢（上声），木谓之没（上声），瓜谓之割（略近平音），以上译音城区之二三四六七段及四区之上半约同。

　　李沐（1987）："灵川在桂林市北部，灵川县境内通行官话与平话，官话与桂林话大同小异，主要为有文化和与外地经常交往的人所掌握；平话流行范围小，为世居本县的绝大多数人所使用。"①地方志一般都是历代传抄的，不同时期的方志有诸多雷同之处。根据清代和民国《灵川县志》的记载，可以看出作者记录的是平话，是此地较早的汉语方言，以官话音对译平话音，用的是直音的方式。桂北平话的特点可据此记载了解一二。
　　百年前的灵川在语音上反映出以下特点。

　　一　声母

　　1. 全浊声母清化，塞音塞擦音读不送气清音。与今灵川三街平话一致。
袍＝包，地＝的，弟＝的，头＝兜，豆＝刀，台＝得，凳＝待，茶＝酌，床＝庄，肠＝张，扇＝射，棹＝煮，舍＝硕，舅＝纠，酒＝就
　　"外祖母谓之物不"，"物不"即外婆，"婆"是并母字，"不"是帮母字，不送气。
　　2. 微母字有的变零声母："外套曰物套"，"外祖父谓之物更（外公转音），外祖母谓之物不"，"外"（疑）音"物"（微），已变零声母，今灵川平话都读 [ua]。但仍有读 [m] 的痕迹："袜谓之磨"，当读 [mo]。
　　3. 知组有读舌头音的痕迹："竹谓之丢"。
　　4. n、l 为同一音位的变体，读 l："女谓之侣"。
　　5. 日母及疑母细音与喻母混并，读零声母："日谓之议""油谓之柔"，"肉谓之越""砚谓之业"。
　　6. 疑母洪音读[ŋ]："月谓之轭"，这两个入声字今灵川平话都读[ŋɤ⁵⁴]。这也说明古影母的洪音字有了读 [ŋ] 声母的演变。

　　二　韵母

　　1. 入声的塞音韵尾脱落。
天＝铁，地＝笛，哥＝郭，茶＝酌，外＝物，山＝硕，衫＝舍，屋＝尔，伯＝把，霸，婆＝不，笔＝彼，砚＝业，墨＝买，竹＝丢，瓜＝割，靴＝赫，阁＝古，台＝得，菜＝侧

　　① 李沐：《广西灵川平话的特点》，《方言》1987 年第 4 期。

"伯谓之把把（从霸音）"，"把"从"霸"音，这当是方言"伯"的读音，塞音韵尾脱落；"外祖母谓之物不（外婆转音）"，"婆"音"不"，说明"不"的塞音韵尾脱落。

2. 歌麻不分，当读 [o]，从其与入声字的对音也可以看出：茶=酌，马=麽，花=禾，瓜=割，裤=个，伯=把=霸。

"舅谓之纠耶"，"纠耶"即"舅爷"，"爷"是麻韵三等字，当读 [io/yo]。果摄合口戈韵有的读 [u]。火曰呼，锅=孤，婆=不。

3. 部分鼻音韵尾或脱落，或变成元音韵尾。

碗=窝，饭=缚=发

"叔谓之么么"，"么么"即"满满"。桂北平话、土话和湘语一样，称叔叔为"满满"，"满"的本字即"晚"，粤方言也把老幺称"晚"，如"晚叔""晚崽"。"满（碗）饭"失落 [n] 尾，元音读 [o]。今三街平话咸山摄开口一二等读 [o]，与麻韵同，入声字"缚发"也读 [o]。

咸、山摄开口三四等读 [iɛ]：盐=耶；天=铁。

山摄合口三等读同止摄合口三等：川=锤，读 [uei]。

曾摄开口一等、梗摄开口三四读 [ai]：凳=待，甑=再，厅=胎，"亭与庭均谓之獃（即呆）"。

4. 复元音单元音化。蟹摄字失落韵尾，变单元音。

菜=侧，台=得，鞋=嘎　墨=买

"箸曰跨"与"筷谓之跨"同。"箸"即筷子，"筷"读 [khua]。

"菜台鞋筷买"读 [a] 元音，相应的，同音的入声字"侧得墨"韵母也是 [a]。

"外祖母谓之物不（外婆转音）"，"物不"即"外婆"，今灵川平话"物"与"外"同音，读 [ua]。"鸡谓之加"，"鸡加"同音，今灵川话读 [ia] 韵母。

5. 止合三与遇合三合并，读 [y]："水谓之输"。

6. 效摄一二等不分："袍谓之包"。流摄一三等不分："酒谓之就"。效摄与流摄合并："楼谓之劳""狗谓之交"豆豉谓之刀时（入音）"。

7. 通摄字读开口：外公读"物更"，公=更，当读 [aŋ]，"谷谓之格"当读"ia"。今灵川有的平话"格"读 [kia]。

三　声调

1. 入声的塞音韵尾脱落，但可能有些字仍有独立的调类。今灵川平话入声仍保持独立的调类，也有小部分字归入其他调类。

"瓜谓之割（略近平音）"，"菜谓之侧"，"伯谓之把把（从霸音）""舍谓之硕""竹谓之丢""脚谓之绞"，入声字在桂林官话均演变为阳平，作者在此举的清入字，直音的都是非阳平字，可见有入声调。今三街平话有入声调54，与桂林官话的阴平44和上声［55/53］接近。"豆豉谓之刀时（入音）""肾谓之神（从本字转平入两音）"也证明该方言有入声。

2. 阴平调为升调，因为桂林官话的去声是24调："花谓之禾（去音）"。我们的研究也认为平话阴平的祖调值可能是升调。

3. 上声只有一类。以下字例"马"是次浊上字，其余均为清上字：

椅谓之依（从本字转平音）｜手谓之收（从本字转平音）｜水谓之输（从本字转平音）｜碗谓之窝（从本字转平音）｜指谓之支（从本字转平音）｜草谓之操（平音）｜狗谓之交（从本字转平音）｜马谓之麽（从本字，转平音）｜嫂谓之搔搔

这些直音有一共同特点，以阴平字给上声字注音。作者是以官话为参照音的，认为当地平话上声字的调值读如官话的阴平。今三街平话的上声只有一类，调值44，这恰是桂林官话的阴平的调值。

第三章　桂南平话的语音研究

第一节　桂南平话语音研究概说

　　20世纪80年代以后方言学界关注广西平话问题，主要缘于桂南平话与粤方言的关系。因此，平话研究的成果，桂南平话始终是重点。之前桂南平话的成果主要见于李连进《平话音韵研究》（2000）、谢建猷《广西汉语方言研究》（2007）。近年来课题组对桂南平话展开了最为广泛而深入的调查研究，普查的相关方言点达60多个，部分较有代表性的方言点均有包括语音、词汇、语法诸方面的详细调查报告。陈海伦等《粤语平话土话方音字汇》（2009）是部分单点材料的汇编。本章所引用的材料，绝大部分来自课题组成员及所指导的研究生的调查研究。

桂南平话分布图

第二节　桂南平话音系举例

一　宾阳客话

宾阳是平话大县，与横县、南宁构成桂南平话的核心地区，东与勾漏片粤方言相连续，南接钦廉片粤方言。宾阳话在桂南平话中具有举足轻重的地位。

（1）宾阳话是桂南平话核心地区的核心。宾阳话往北传播到马山、上林、来宾等壮族聚居区，桂南平话的北片就有由宾阳迁往的移民。武鸣也是壮族县，当地的平话就来自宾阳和南宁。左右江流域的平话人也都是近两百年从南宁迁出的。

（2）宾阳原为宾州，与南宁（原邕州）曾有大量羁縻州县（土州、土司）不同，自唐代以来，宾阳和横县（横州）的行政区划相对稳定，版图基本没太大变动。宾阳是桂南平话区少有的汉族大县，南宁是壮族为主的地区，横县的壮族也比宾阳多。桂南平话人多称是宋代随狄青南征将士的后裔，狄青平侬之役就发生在宾阳与南宁交界的昆仑关。宾阳每年正月十一的炮龙节就源于当年平侬大捷的庆祝活动，至今已经成为文化品牌。当地部分姓氏的族谱也证实了这一移民史。

（3）宾阳话受其他语言、方言影响不大。宾阳话当地称"客话""本地话"，母语为"客话"者超过70%，约20%的客家人和约8%的壮族都会说"客话"。"客话"通行全县，这在有平话的县市中是唯一的。客家方言当地称新民话，以方言岛形式穿插于平话人村庄，对外均能操宾阳话。与来宾接壤的邹圩有少量官话。宾州治所仅存的一点官话，也被挤到南街一条街上。南街人对外使用宾阳话，南街官话本身也受到宾阳话的强势影响而产生变异。壮族多居山区，对外使用宾阳话。与横县、南宁不同，宾阳不在西江流域内，基本不受广府白话的影响。平话的粤方言特征集中反映在宾阳、横县的平话上，无怪乎余霭芹先生把它们列入粤方言。把勾漏片粤方言划入平话的观点，主要也在于宾、横平话具有与勾漏片粤方言太多的相似之处。

（4）宾阳话较多保留了平话祖方言的特点，桂南平话各片的底层特征大都能在宾阳话找到对应。由于桂南平话由此辐射少数民族聚居区，壮语中的老借词，方块壮字谐声偏旁的语音特征，与宾阳话最为接近，研究壮语，宾阳话是重要参照。张均如、梁敏先生就专门调查了宾阳话。

这里提供该县6个方言的语音材料。由于声母差别不大，新桥镇外的5个点只列韵母和声调，如有例外另行注明。

1. 新桥镇

（1）声母（23 个，含零声母）

p	ph	m	f	
t	th	n	ɬ	l
tʃ	tʃh	ɲ	ʃ	
k	kh	ŋ	h	
kw	khw	ŋw		
Ø	j	w		

声母例字

p　班帮爬排平补被鼻凭白　　　　ʃ　沙所如然施烧仇晨床剩

ph　破铺派抛品盼喷烹劈捧　　　　k　歌渠奇告够杆紧更京穷

m　磨麻埋眉毛民忙盲网问　　　　kh　箍概靠巧谦圈抗控刻曲

f　飞肺文武浮分方蜂法物　　　　ŋ　鹅五午崖傲藕岸迎硬弱

t　多都抬豆谈田灯打东毒　　　　h　课开戏好吓河和含汗黄

th　拖土胎讨透添吞通塔托　　　　kw　瓜乖龟桂跪棍关裙逛括

n　那耐你钮南难嫩娘能农　　　　khw 夸规亏愧昆困框筐

ɬ　四苏碎锁傻修星想息膝　　　　ŋw　瓦桅危晕弯挖

l　吕赖梨劳蓝林连邻浪岭　　　　Ø　亚乌矮衣暗安恩鸭益屋

tʃ　酒才有传虫家琴交九江　　　　j　夜腰忧阴引香侠羊熊药

tʃh　车粗差吹丑签侵浅亲清　　　　w　花华会威胃婚云荣横获

ɲ　牙鱼愚儿二牛阮人嗅入

（2）韵母（54 个）

a			ø	ɛ		i
ai	ɐi	ui			əi	
au	ɐu	øu	ɛu	əu	iu	
am	ɐm	øm	ɛm	əm	im	
ap	ɐp	øp	ɛp	əp	ip	
an	ɐn	un	øn	ɛn	ən	in
at	ɐt	ut	øt	ɛt	ət	it
aŋ	ɐŋ	uŋ	øŋ	ɛŋ	əŋ	oŋ
ak	ɐk	uk	øk	ɛk	ək	ok

韵母例字

a　巴花麻耍瓦蛙跨卦画打　　　　am　贪三男胆蓝淡暂凡监泛

ai　大灾腮台来睬在买派鞋　　　　ap　答鸭塔纳腊插甲杂闸法

au　考交抄搞敲教校咬罩孝　　　　an　蚕蛋摊弹难兰碳灿关万

at	扎达八辣达杀察挖滑刷	ɛ	茄奢椰夜野鹏邪
aŋ	帮江讲绑生更坑省硬耕	ɛu	猫撩泡翘鹩
ak	角学或百伯窄拆白宅额	ɛm	钳
ɐi	祭低鸡妻梯规师使柜贵	ɛp	镊
ɐu	兜狗头楼斗走谋柔瘦咒	ɛn	贬研碾匾捻撵楝
ɐm	揞森吟淫饮	ɛt	捏涅
ɐp	眨涩粒	ɛŋ	将箱相张姜乡枪墙强良
ɐn	吞恩痕银亲趁昆很殷换	ɛk	雀削脚约着却略弱药跃
ɐt	塞笔七乞骨突忽窟凸	ie	会废迷丽碑紫皮臂离刺
ɐŋ	崩灯曾朋能邓等凳上尚	ɔe	做过科火播姑乌图周秋
ɐk	黑北得则色核墨特德默	ɔm	心针金音沉琴林浸枕任
ui	猪书居如鱼余朱输驱厨	ɔp	执湿急十立入粒习集吸
un	砖船权拳圆缘全泉捐愿	ɔn	宾珍新身巾贫神人忍近
ut	说雪拙缺月血穴泼脱末	ɔe	鼻实一匹日密虱出术律
uŋ	旁忙光爽房王放望双窗	ɔŋ	星听青瓶亭形宁铃灵另
uk	博国郭扩驳捉浊镯鹿	ɔk	逼识直食极力屐益尺石
ø	多和左可傻而开改嘴水	i	车蛇爷扯野世艺儿纸齿
øu	刀高淘操桃饱爆貌闹毛	iu	标蕉宵娇烧锹苗表小票
øm	含庵鹌感憾暗勘甘柑敢	im	尖盐闪检严剑掂甜店垫
øp	蛤合鸽盒	ip	接叠涉胁猎叶劫业贴蝶
øn	看干安刊鞍寒赶汉岸焊	in	辨辫鲜棉连面建先善变
øt	葛割渴喝镢褐	it	别灭射杰列揭热铁切跌
øŋ	当脏桑岗汤仓康堂藏郎	oŋ	东工通聪葱空童红桶笼
øk	作错索托鹤阁各落确壳	ok	谷屋哭独木福竹粥菊绿

（3）声调（9个）

阴平	35	多沙高街灰天猪书伤东
阳平	213	鹅爬泥柴桥人穷平云虫
阴上	33	左写苦口丑水草广走厂
阳上	22	马肚五女你被近淡抱厚
阴去	55	做嫁借菜计四店抗听痛
阳去	41	芋病件练垫路二字蛋共
上阴入	55	急烛出笔汁北色识尺粥
下阴入	33	答鸭八拍泼约跌脚客国
阳入	22	合十实袜落药力石浊服

2. 思陇乡

（1）韵母（54 个）

a		u	ɔ	ɜ			i		ɯ
ai	ɐi	ui	ɔi		ei				
au	ɐu	uɐ			ɛu	ɵu	iu		
am	ɐm				ɛm	ɵm	im		
ap	ɐp		ɔp		ɛp	ɵp	ip		
an	ɐn	un	ɔn		ɛn	ɵn	in		
at	ɐt	ut			ɛt	ɵt	it		
aŋ	ɐŋ	uŋ	ɔŋ		ɛŋ			eŋ	oŋ
ak	ɐk	uk	ɔk		ɛk			ek	ok

韵母例字

a　巴花麻耍瓦蛙跨卦画打
ai　大灾腮台来睬在买派鞋
au　考交抄搞敲教校咬罩孝
am　贪三男胆蓝淡暂凡监泛
ap　答鸭塔纳腊插甲杂闸法
an　蚕蛋摊弹难兰碳灿关万
at　扎达八辣达杀察挖滑刷
aŋ　帮江讲绑生更坑省硬耕
ak　角学或百伯窄拆白宅额
ɐi　祭低鸡妻梯规师使柜贵
ɐu　兜狗头楼斗走谋柔瘦咒
ɐm　心森枕饮
ɐp　磕涩级吸缉
ɐn　吞恩痕真银亲趁昆很换
ɐt　塞笔七乞骨突忽窟凸
ɐŋ　崩灯曾朋能邓等凳上尚
ɐk　黑北得则色核墨特德默
u　婆过锅科禾火姑乌五枯
ui　吕岁梅背妹醉类嘴追水
un　砖船权拳圆缘全泉捐愿
ut　说雪拙缺月血穴泼脱末
uŋ　旁忙光爽房王放望双窗
uk　博国郭扩驳捉浊镯鹿

ɔ　做多和河可左傻而开图
ɔi　该杯陪灰推回雷罪腿队
ɔp　合阖
ɔn　村论本逊褪嫩
ɔŋ　方芳坊烘聪葱空充凤
ɔk　簸勃诺朴确卜绿录辱
ɜ　茄爹遮姐写舍夜蔗邪
ɛu　猫锚豹翘藃
ɛm　蘸沾黔艳舔虔
ɛp　聂镊
ɛn　贬研碾匾捻攒楝
ɛt　薛蜇舌曰捏阒
ɛŋ　将箱相张姜乡枪墙强良
ɛk　雀削脚约着却略弱药跃
ɵu　播布步府娶求酒手九右
ɵm　心针金音沉琴林浸枕任
ɵp　执湿急十立入粒习集吸
ɵn　宾珍新身巾贫神人忍近
ɵt　鼻实一匹日密虱出术律
i　车蛇爷扯野世艺儿纸齿
ei　会废迷丽碑紫皮臂离刺
iu　标蕉宵娇烧锹苗表小票
im　尖盐闪检严剑掂甜店垫

ip　接叠涉胁猎叶劫业贴蝶　　　　ek　逼识直食极力屐益尺石

in　辨辫鲜棉连面建先善变　　　　ɯ　猪书居如鱼余朱输驱厨

it　别灭射杰列揭热铁切跌　　　　oŋ　东工通聪葱空童红桶笼

eŋ　星听青瓶亭形宁铃灵另　　　　ok　谷屋哭独木福竹粥菊绿

（2）声调（10 个）

阴平　35　　　多沙高街灰天猪书伤东

阳平　213　　鹅爬泥柴桥人穷平云虫

阴上　33　　　左写苦口丑水草广走厂

阳上　22　　　马肚五女你近淡抱厚杖

阴去　55　　　做嫁借菜计四店抗听痛

阳去　42　　　芋病件练垫路二字蛋共

上阴入　55　　急烛出笔汁北色识尺粥

下阴入　33　　答鸭八拍泼约跌脚客各

上阳入　22　　十入实日墨力石敌木服

下阳入　42　　合叶达袜落药浊岳额脉

说明：通过调查比较，我们发现"70 后""80 后"的阳平调已变成 31 了，唯有老派保持曲折调 213。

3. 陈平镇

（1）韵母（56 个）

a		u	ø	ɜ		i
ai	ɐi	ɯ	øi			ei
au	ɐu		øu	ɛu	əu	iu
am	ɐm		øm	ɛm	əm	im
ap	ɐp		øp	ɛp	əp	ip
an	ɐn	un	øn	ɛn	ən	in
at	ɐt	ut	øt	ɛt	ət	it
aŋ	ɐŋ	uŋ	øŋ	ɛŋ		eŋ	oŋ
ak	ɐk	uk	øk	ɛk		ek	ok

韵母例字

a　巴花麻耍瓦蛙跨卦画打　　　　ap　答鸭塔纳腊插甲杂闸法

ai　大灾腮台来睬在买派鞋　　　　an　蚕蛋摊弹难兰碳灿关万

au　考交抄搞敲教校咬罩孝　　　　at　扎达八辣达杀察挖滑刷

am　贪三男胆蓝淡暂凡监泛　　　　aŋ　帮江讲绑生更坑省硬耕

ak	角学或百伯窄拆白宅额	ɛ	茄椰些姐写借蔗谢遮夜
ɐi	祭低鸡妻梯规师使柜贵	uɜ	翘瑁
ɐu	兜狗头楼斗走谋柔瘦咒	ɛm	嵌黔艳舔
ɐm	揢忐坎喃蟾	ɛp	掐
ɐp	眨	ɛn	贬研碾匾撵
ɐn	殷换吞恩痕很	ɛt	孽噎捏涅
ɐt	咳鼻核沸掘辖突凸	ɛŋ	将箱相张姜乡枪墙强良
ɐŋ	崩灯曾朋能邓等凳赠曾	ɛk	雀削脚约着却略弱药跃
ɐk	黑北得则色核墨特德默	əu	做过科火播姑乌图周秋
u	过和磨糯模部铺补布步	əm	心针金音沉琴林浸枕任
ɯ	猪书居如鱼余朱输驱厨	əp	执湿急十立入粒习集吸
un	砖船权拳圆缘全泉捐愿	ən	宾珍新身巾贫神人忍近
ut	说雪拙缺月血穴泼脱末	ət	鼻实一匹日密虱出术律
uŋ	旁忙光爽房王放望双窗	i	车蛇爷扯野世艺儿纸齿
uk	博国郭扩驳捉浊镯鹿	ei	会废迷丽碑紫皮臂离刺
ø	多河左可个鹅果傻而嘴	iu	标蕉宵娇烧锹苗表小票
øi	该开改海爱盖艾水帅害	im	尖盐闪检严剑掂甜店垫
øu	刀高操桃曹饱貌闹毛猫	ip	接叠涉胁猎叶劫业贴蝶
øm	堪含感暗勘甘柑敢橄陷	in	辨辫鲜棉连面建先善变
øp	蛤合鸽盒洽	it	别灭射杰列揭热铁切跌
øn	看干安鞍寒赶罕汉岸焊	eŋ	蒸绳证姓星经听瓶形灵
øt	喝葛割渴褐	ek	逼识食力只益历劈尺石
øŋ	当脏桑岗汤仓康堂藏郎	oŋ	东工通聪葱空童红桶笼
øk	作错索托鹤阁各落确壳	ok	谷屋哭独木福竹粥菊绿

（2）声调（9个）

阴平	35	多沙高街灰天猪书伤东
阳平	213	鹅爬泥柴桥人穷平云虫
阴上	33	左写苦口丑水草广走厂
阳上	22	马肚五女你近淡抱厚杖
阴去	55	做嫁借菜计四店抗听痛
阳去	42	芋病件练垫路二字蛋共
上阴入	55	急烛出笔汁北色识尺粥
下阴入	33	答鸭八拍泼约跌脚学客
阳入	22	合十实袜落药力石浊服

4. 王灵镇

（1）韵母（54个）

a			ø	ɛ		i
ai	ɐi	ui				ie
au	ɐu	uɐ	øu	ɛu	əu	iu
am	ɐm		øm	ɛm	əm	im
ap	ɐp		øp	ɛp	əp	ip
an	ɐn	un	øn	ɛn	ən	in
at	ɐt	ut	øt	ɛt	ət	it
aŋ	ɐŋ	uŋ	øŋ	ɛŋ	əŋ	oŋ
ak	ɐk	uk	øk	ɛk	ək	ok

韵母例字

a　巴花麻耍瓦蛙跨卦画打
ai　大灾腮台来睬在买派鞋
au　考交抄搞敲教校咬罩孝
am　贪三男胆蓝淡暂凡监泛
ap　答鸭塔纳腊插甲杂闸法
an　蚕蛋摊弹难兰碳灿关万
at　扎达八辣达杀察挖滑刷
aŋ　帮江讲绑生更坑省硬耕
ak　角学或百伯窄拆白宅额
ɐi　祭低鸡妻梯规师使柜贵
ɐu　兜狗头楼斗走谋柔瘦咒
ɐm　心森枕饮恁
ɐp　磕涩级吸缉
ɐn　吞恩痕真银亲趁昆很换
ɐt　塞笔七乞骨突忽窟凸
ɐŋ　崩灯曾朋能邓等凳上尚
ɐk　黑北得则色核墨特德默
ui　猪书居如鱼余朱输驱厨
un　砖船权拳圆缘全泉捐愿
ut　说雪拙缺月血穴泼脱末
uŋ　旁忙光爽房王放望双窗
uk　博国郭扩驳捉浊镯鹿
ø　多和河左傻而开害嘴水

øu　刀高淘操桃饱包爆貌闹
øm　含庵鹌感憾暗勘甘柑敢
øp　蛤合鸽盒喝
øn　看干安刊鞍寒韩赶罕汉岸焊
øt　葛割渴镢褐
øŋ　当脏桑岗汤仓康堂藏航郎
øk　作索托鹤阁各落确壳
ɛ　茄奢椰夜野鹛邪
ɛu　猫撩鳔翘鹩
ɛm　嵌黔钳
ɛp　洽锓
ɛn　贬研碾匾捻撵楝
ɛt　捏涅
ɛŋ　将娘箱姜强香乡墙良想
ɛk　雀削脚约着却略弱药跃
ie　会彗废迷启丽碑紫皮离
əu　做过磨火补布姑图周秋
əm　心森针金音沉琴林浸枕
əp　凹执急十立入粒习集吸
ən　宾珍新身巾贫陈神人忍
ət　鼻实一匹日密栗虱出律
əŋ　星听青瓶亭形灵另绳明
ək　逼识直食力展只益尺石

i　　车蛇爷扯野世艺儿纸齿　　　　　in　　辨辫鲜棉连面建先善变

iu　　标蕉宵娇烧锹苗表小票　　　　　it　　别灭射杰列揭热铁切跌

im　　尖盐闪检严剑掂甜店垫　　　　　oŋ　　东工通聪葱空童红桶笼

ip　　接叠涉胁猎叶劫业贴蝶　　　　　ok　　谷屋哭独木福竹粥菊绿

（2）声调（9 个）

阴平　　35　　多沙高街灰天猪书伤东

阳平　　213　鹅爬泥柴桥人穷平云虫

阴上　　33　　左写苦口丑水草广走厂

阳上　　22　　马肚五女你近淡抱厚杖

阴去　　55　　做嫁借菜计四店抗听痛

阳去　　21　　芋病件练垫路二字蛋共

上阴入　55　　急烛出笔汁北色识尺粥

下阴入　33　　答鸭八拍泼约跌脚学客

阳入　　22　　合十实袜落药力石浊服

5. 黎塘镇

（1）韵母（54 个）

a			ɔ		ɜ		i
ai	ɐi	ui	iɔ		iɜ		
au	ɐu	uɐ	ɔu	ɛu	əu		iu
am	ɐm		ɔm	ɜm	əm		im
ap	ɐp		ɔp	ɜp	əp		ip
an	ɐn	un	ɔn	ɛn	ən		in
at	ɐt	ut	ɔt		ət		it
aŋ	ɐŋ	uŋ	ɔŋ	ɛŋ	əŋ		oŋ
ak	ɐk	uk	ɔk	ɜk	ək		ok

韵母例字

a　　巴花麻耍瓦蛙跨卦画打　　　　　ɐi　　祭低鸡妻梯规师使柜贵

ai　　大灾腮台来睬在买派鞋　　　　　ɐu　　兜狗头楼斗走谋柔瘦咒

au　　考交抄搞敲教校咬罩孝　　　　　ɐm　　揞坎橄

am　　贪三男胆蓝淡暂凡监泛　　　　　ɐp　　磕阖洽

ap　　答鸭塔纳腊插甲杂闸法　　　　　ɐn　　吞恩痕真银亲趁昆很换

an　　蚕蛋摊弹难兰碳灿关万　　　　　ɐt　　塞笔七乞骨突忽窟凸

at　　扎达八辣达杀察挖滑刷　　　　　ɐŋ　　崩灯曾朋能邓等凳上尚

aŋ　　帮江讲绑生更坑省硬耕　　　　　ɐk　　黑北得则色核墨特德默

ak　　角学或百伯窄拆白宅额　　　　　ui　　猪书居如鱼余朱输驱厨

un	砖船权拳圆缘全泉捐愿	ɛŋ	将娘箱姜强香乡墙良想
ut	说雪拙缺月血穴泼脱末	ɛk	雀削脚约着却略弱药跃
uŋ	旁忙光爽房王放望双窗	əi	会彗废迷启丽碑紫皮离
uk	博国郭扩驳捉浊镯鹿	əu	做过磨火补布姑图周秋
ɔ	多哥拖河罗鹅左傻尔而	əm	心森针金音沉琴林浸枕
ɔi	该开改海概爱盖害嘴水	əp	凹执急十立入粒习集吸
ɔu	刀高骚淘操桃包饱貌闹	ən	宾珍新身巾贫陈神人忍
ɔm	含庵鹌感撼憾暗甘柑敢	ət	鼻实一匹日密栗虱出律
ɔp	蛤合鸽盒	əŋ	星听青瓶亭形灵另绳明
ɔn	看干安鞍寒赶罕汉岸焊	ək	逼识直食力展只益尺石
ɔt	喝葛割渴镢	i	车蛇爷扯野世艺枝儿纸
ɔŋ	当脏桑汤仓康堂航郎窗	iu	标蕉娇烧锹苗表小票廖
ɔk	作索托鹤阁各落确壳	im	尖盐闪检严剑掂甜店垫
ɛ	茄些遮姐写蔗借泻卸谢	ip	接叠涉胁猎叶劫业贴蝶
ɛu	猫袅撩翘鹩	in	辨辫鲜篇棉连面先善变
ɛm	蘸钳	it	别灭射杰列揭热铁切跌
ɛp	荚蹀	oŋ	工通聪葱空蓬红桶笼总
ɛn	贬研碾圓捻撵楝	ok	谷屋哭独木福竹粥菊绿

注：[-ɔ-] 系韵母前有时略带有 [u-]，但不构成对立。

（2）声调（9个）

阴平	35	多沙高街灰天猪书伤东
阳平	213	鹅爬泥柴桥人穷平云虫
阴上	33	左写苦口丑水草广走厂
阳上	22	马肚五女你近淡抱厚杖
阴去	55	做嫁借菜计四店抗听痛
阳去	42	芋病件练垫路二字蛋共
上阴入	55	急烛出笔汁北色识尺粥
下阴入	33	答鸭八拍泼约跌脚学客
阳入	22	合十实袜落药力石浊服

6. 甘棠镇

（1）声母 22 个，没有 [ŋw]

（2）韵母（52个，含自成音节 ŋ̩）

a		u	ɔ	ɛ		i	y	ŋ̩
ai	ɐi	ui	iɔ			ei		
au	uɐ					iu		uɔ

am	ɐm		ɔm	ɛm	im	
ap	ɐp		ɔp	ɛp	ip	
an	ɐn	un	ɔn	ɛn	in	yn
at	ɐt	ut	ɔt	ɛt	it	yt
aŋ	ɐŋ		ɔŋ	ɛŋ	eŋ	oŋ
ak	ɐk		ɔk	ɛk	ek	ok

韵母例字

a	巴花麻耍瓦蛙跨卦画打		ɔm	含感撼暗勘甘柑敢橄
ai	大灾腮台来睬在买派鞋		ɔp	合鸽阖盒
au	考交抄搞敲教校咬罩孝		ɔn	憾看干安鞍寒韩赶汉焊
am	贪三男胆蓝淡暂凡监泛		ɔt	葛割渴喝镢褐卒猝
ap	答鸭塔纳腊插甲杂闸法		ɔŋ	忙光广望况双矿窗动梦
an	蚕蛋摊弹难兰碳灿关万		ɔk	博国郭扩驳捉
at	扎达八辣达杀察挖滑刷		ɛ	椰野邪姐谢扯惹射爹些社
aŋ	帮江讲绑生更坑省硬耕		ɛm	黔蘸舔
ak	角学或百伯窄拆白宅额		ɛp	挟
ɐi	祭低鸡妻梯规师使柜贵		ɛn	贬研碾匾捻撵楝
ɐu	兜狗头楼斗走谋柔瘦咒		ɛt	瘪蜇
ɐm	心深枕饮针金音沉琴林		ɛŋ	将箱相张姜香乡枪强良
ɐp	磕涩吸立入粒执湿急十		ɛk	雀削脚约着却略弱药跃
ɐn	吞恩真银亲趁身巾神人		i	茄车遮蛇夜蔗枝市李耳
ɐt	袜咳鼻实一日密栗虱出		iu	标蕉宵娇烧锹苗表小票
ɐŋ	崩灯曾朋能邓等凳曾凭		im	尖盐闪检严剑掂甜店垫
ɐk	黑北得则塞色德		ip	接叠涉胁猎叶劫业贴蝶
u	过锅科火姑乌图苦初府		in	辨瓣鲜棉连面建先善变
ui	去岁灰杯推雷背吹嘴水		it	别灭射杰列揭热铁切跌
y	猪书居如鱼余朱输驱厨		ei	会彗废迷丽碑紫皮臂离
un	搬短碗盆孙门本寸尊岸		eŋ	蒸绳证姓星经听瓶形灵
yn	砖船权拳圆缘全泉捐愿		ek	逼识直食力展只益尺石
yt	说绝雪阅缺月粤越血穴		əu	做兔刀高毛到抱老头帽
ut	劣豁拨泼脱夺活捋阔末		oŋ	东工通聪葱空童红桶笼
ɔ	多河左可傻尔而		ok	鹿竹叔福木六玉续谷屋
ɔi	女该开海亥爱艾改害内		ŋ̍	五午吴蜈忤

（3）声调（10个）

阴平　54　　多沙高街灰天猪书伤东

阳平	31	鹅爬泥柴桥人穷平云虫
阴上	35	左写苦口丑水草广走厂
阳上	24	马肚五女你近淡抱厚杖
阴去	55	做嫁借菜计四店抗听痛
阳去	33	芋病件练垫路二字蛋共
上阴入	55	急烛出笔汁北色识尺粥
下阴入	35	答鸭八拍泼约跌脚学客
上阳入	22	十入实日墨力石敌木服
下阳入	24	合叶达袜落药浊岳额脉

二　南宁亭子平话音系

1. 声母（22 个，含零声母）

p	ph	m	f	
t	th	n	l	ɬ
tʃ	tʃh	ɲ	ʃ	
k	kh	ŋ	h	
kw	kwh			
j	w	∅		

声母例字

p	波保皮贫抱病笔八百薄	ɲ	牙鱼耳二牛眼人软日月
ph	怕破披批票骗碰泼拍朴	ʃ	沙水事睡山深实食色熟
m	麻马米门木麦晚万网袜	k	哥家鸡桥穷倚近菌杰急
f	飞费饭分风方法文武物	kh	可课扣考箍架靠溪契窍
t	大担动定台田淡断得敌	ŋ	我饿傲硬昂岸岳额
th	拖太滩天通艇塔铁脱踢	h	去河科苦鞋掀赢红宽阔
n	你泥年宁验业能农粒纳	kw	瓜挂贵军葵群裙菌骨刮
ɬ	四苏碎锁傻修星想息膝	khw	夸跨规均昆坤捆困
l	里来流冷龙辣力落六而	w	花瓦婚训快坏弯横永滑
tʃ	左租茶前煎柱坐直窄竹	j	夜下夏油有音远引瘾勇
tʃh	初粗餐穿亲清测七出尺	∅	矮安因暗煨英一益恶屋

2. 韵母（48 个，含自成音节 ŋ̩）

i	u	a	ɜ	ə	e	y	œ	ɔ	
	ui	ai		ɪə					
iu		au	uɜ	uə					
im		am	ɜm						ɐm

in　　un　　an　　ɛn　　　　　　ɐn　　yn

eŋ　　uŋ　　aŋ　　ɛŋ　　　　　　ɐŋ　　　　œŋ

ip　　　　　ap　　ɛp　　ɐp

it　　ut　　at　　ɛt　　ɐt　　yt

ek　　uk　　ak　　ɛk　　ɐk　　　　œk

ŋ̩

韵母例字

i	衣比知机李二疑移姨世	at	拔袜发法达辣压八刮渴
iu	漂苗了挑焦照潮烧桥要	ak	度落洛凿错索各搁壳学
im	店尖占渐迁兼检谦险欠	ɐi	使师鸡米泥犁齐筛使事
in	边骗连电煎千战坚件烟	ɐu	浮丢头楼流周抽修狗牛
eŋ	冰病命停岭精声成颈轻	ɐm	林针侵深森审金今钦饮
ip	碟蝶帖猎摄接劫协怯叶	ɐn	奔分吞论亲春新神跟近
it	别铁热节截切舌折揭歇	ɐŋ	崩凭盟灯凳能更肯杏幸
ek	壁劈踢织直赤识食激石	ɐp	粒立执习拾十湿入急及
u	婆坐锁火锅裤土做古楚	ɐt	毕笔匹密七出律失室实
ui	杯配背雷泪最灰追衰睡	ɐk	北墨得德特勒肋测鲫塞
un	盘半断门暖团管村算孙	ɛ	爹姐蔗借车扯蛇社舍骑
uŋ	房撞光广黄王荒枉双霜	ɛu	猫拗呦
ut	拨钵泼没阔活捋夺脱掠	ɛm	钳点
uk	薄博缚驳莫膜畜国郭扩	ɛn	扁匾辫碱研碾
y	女猪书薯树猪锯去鱼雨	ɛŋ	冷铛生行硬张墙强想香
yn	砖穿串川宣船尊卷原怨	ɛp	夹镊
yt	劣月血雪绝蕨缺血月越	ɛt	割
a	把麻骂查沙耍家下花话	ɛk	白麦窄拆隔客吓着脚药
ai	袋耐来改开爱街猜踩晒	œ	靴
au	包跑炒潲交教靠保刀高	œŋ	风东冻桶痛农粽中弓瓮
am	担南篮三站衫监甘暗含	œk	福复六竹足谷菊局玉肉
an	肝竿寒旱安班间眼闲铲	ɔ	波坡罗左哥我助楚傻所
aŋ	帮彭塘党装厂浪江讲巷	ɘ	而
ap	搭踏腊杂闸鸭甲鸽合盒	ŋ̩	梧吴蜈五午误

注：以往所记录的［iɐŋ/iɐk］韵母（中古梗摄开口二等及宕摄开口三等字），现在一般已读［ɛŋ/ɛk］，与宾阳平话及部分白话方言一致。［iɐŋ/iɐk］只在石埠宕摄开口三等字的喉牙音仍保留。

3. 声调（9个）

阴平	53	多书沙今班天当星东方
阳平	21	麻眉桥劳棉常田阳亭同
阴上	33	好井水产等
阳上	24	马柱雨米厚老礼近岭重
阴去	55	过太带到教喊镇听冻
阳去	22	住字豆定共
阴入	33	急七八窄察
上阳入	22	十直及学毒
下阳入	24	辣袜六额月

三　南宁石埠平话音系

1. 声母（22个，含零声母）

p	ph	m	f	
t	th	n	l	ɬ
tʃ	tʃh	ȵ	ʃ	
k	kh	ŋ	h	
kw	kwh			
j	w	Ø		

声母例字

p	波保皮贫抱病笔八百薄	ȵ	牙鱼耳二牛眼人软日月
ph	怕破披批票骗碰泼拍朴	ʃ	沙水事睡山深实食色熟
m	麻马米门木麦晚万网袜	k	哥家鸡桥穷徛近菌杰急
f	飞费饭分风方法文武物	kh	可课扣考箍架靠溪契窍
t	大担动定台田淡断得敌	ŋ	我饿傲艺硬岸仰让岳额
th	拖太滩天通艇塔铁脱踢	h	开轻黄学雨火货祸虾苦
n	你泥年宁验业能农粒纳	kw	瓜挂贵军葵群裙菌骨刮
ɬ	四苏碎锁傻修星想息膝	khw	夸跨规均昆坤捆困
l	里来流冷龙辣力落六而	w	花瓦婚训快坏弯横永滑
tʃ	左租茶前前柱坐直窄竹	j	夜下夏油有音远引瘾勇
tʃh	初粗餐穿亲清测七出尺	Ø	矮安因暗煨英一益恶屋

2. 韵母（46个）

i	u	a	ɛ			ɔ	ɯ
	ui	ai		iɐ		iɔ	
iu		au	uɐ		uɐ		

im		am	ɛm	ɐm		
in	un	an	ɛn	ɐn	ɔn	ɯn
	uŋ	aŋ	ɛŋ	ɐŋ	ɔŋ	
ip		ap	ɛp	ɐp		
it	ut	at		ɐt	ɔt	ɯt
	uk	ak	ɛk	ɐk	ɔk	ɯk

韵母例字

i	知糍骑耳二世取余预个	ɐm	林针侵深森审金今钦饮
iu	漂苗妙尿了焦招照潮烧	ɐn	奔分吞论亲春新神跟近
im	店尖占渐迁兼检谦险欠	ɐŋ	崩灯凳能肯幸香乡羊阳
in	边骗连电煎千战坚件烟	ɐp	粒立执习拾十湿入急及
ip	叠碟蝶谍帖猎接劫胁怯	ɐt	毕笔匹密七出律失室实
it	别跌铁热节舌月血雪说	ɐk	北得特肋鲫色塞药虐跃
u	婆破坐锁火过朵糯楚股	ɛ	爹姐蔗借车扯蛇社舍骑
ui	皮肺美利最机衣猪归鱼	ɛu	猫拗吆
un	半端短断门暖管欢村算	ɛm	钳点喊研鸪拈
uŋ	房放撞光广黄王皇双霜	ɛn	扁匾辫碱研碾
ut	拨钵泼沫阔活抒夺脱掠	ɛŋ	冷铛生行硬张墙强想
uk	薄膊缚莫国郭桌啄浊捉	ɛp	夹镊
a	驮箩我鹅左麻家下花话	ɛk	白麦窄拆隔客吓着脚约
ai	袋耐来改开爱街猜踩晒	ɔ	哥何雾肚租初裤做古婆
au	包跑炒湔交教靠保刀高	ɔi	杯配背雷泪最灰追衰睡
am	担南篮三站衫监甘暗含	ɔn	嫩村寸存孙钻尊遵
an	肝竿寒旱安班间眼闲铲	ɔŋ	风东冻桶痛农粽中弓瓮
aŋ	帮彭塘党装厂浪江讲巷	ɔt	膗
ap	搭踏腊杂闸鸭甲鸽合盒	ɔk	福复六竹足谷菊局玉肉
at	拔袜发法达辣压八刮渴	ɯ	须絮绪而尔
ak	度落洛凿错索各搁壳学	ɯn	准春笋唇顺病命停颈轻
ɐi	毙使师鸡米犁低筛事士	ɯt	出壁逼劈踢直识食尺石
ɐu	夫妇父母头楼流秋抽狗	ɯk	席夕职

3. 声调（9个）

阴平	55	书租今天东方	阳平	31	麻棉常田阳穷
阴上	33	好里井水产等	阳上	24	雨厚礼社近重
阴去	35	过够太到喊听	阳去	22	住大字豆定共
阴入	33	急七出八窄察	上阳入	22	十直及学浊毒

下阳入　24　辣袜六额月日

说明：个别读 55 调的入声字是因语言接触而产生。

四　南宁三津平话音系

1. 声母（22 个，含零声母）

p	ph	m	f	
t	th	n		l
tʃ	tʃh	ɲ	ʃ	ɬ
k	kh	ŋ	h	
kw	khw	w	j	Ø

声母例字

p	帮兵病爬婆把步贝排币	ʃ	沙蛇射所书鼠数输竖树
ph	派片破谱铺派配炮票品	ɬ	丝三酸想写西洗碎岁死
m	麦明味问马骂雾埋买卖	k	高儿共权假嫁古举该改
f	飞凤副蜂肥饭父富犯法	kh	区溪契吸劝困筐孔规靠
t	多东甜毒躲赌图杜台袋	ŋ	熬硬弱让鹅饿吴五艺熬
th	讨天拖土胎梯剃讨偷贪	h	开轻黄学雨火货祸虾苦
n	脑南年泥奴女泥脑闹鸟	kw	挂怪关惯滚军卷刮权裙
l	老蓝连路锣螺路吕来犁	khw	拐劝决缺困均筐
tʃ	资早租酒坐全姐借竹张	w	瓦靴坏话危围完换活园
tʃh	斜车错初取菜紫刺吹草	j	下爷休匀响约荣育样音
ɲ	牙鱼蚁耳牛入眼颜热人	Ø	爱哑乌义意衣矮暗鸭染

2. 韵母（45 个）

i	u	a	ɐ	ɛ	ə	ɔ
i	u	a		ɛ		ɔ
	ui	ai	ia			ɔi
iu	au	ɐu		ɛu		ou
im	am	ɐm		ɛm		
in	un	an	ɐn	ɛn	ən	ɔn
	uŋ		ɐŋ	ɛŋ	oŋ	
ip		ap	ɐp	ɛp		
it	ut	at	ɐt	ɛt	ət	
	uk	ak	ɐk	ɛk	ok	

韵母例字

i	棋儿耳是如余个茄蛇试	əŋ	勤笋顺病星兴庆轻赢镜
u	坐过付父武富副火货祸	ɔŋ	寸村本孙嫩蹲
a	茶牙嫁锣马牙鹅哑爬沙	uŋ	王双光方房防慌王旺网
ɛ	写射姐借谢斜车	aŋ	糖床江讲糠降项钢讲浪
ɔ	歌古河课苦五裤壶户箍	ɐŋ	灯上肯能朋上灯等凳藤
ui	鬼水桂跪柜贵规类岁鼠	ɛŋ	硬争娘张行耕冷想霜猛
ai	排鞋开海害鞋该改街买	oŋ	东丰凤红雄凶公宫穷孔
ɐi	米师鸡溪来犁西洗米泥	ip	接贴叶业孽协碟接折贴
ɔi	赔对灰回会雷碎煤贝杯	ap	盒塔鸭法鸽夹甲蜡踏杂
iu	笑桥摇桥轿叫料小庙鸟	ɐp	十急及吸立集习汁
au	宝饱好号敲高交校老嫂	ɛp	镊夹
ɐu	豆走府妇口厚狗够九舅	it	热节歇越杰结列雪篾
ɤu	拗吆猫	ut	末脱阔末拨泼夺脱
uo	猪雨丝飞肺肥去系移器	at	八辣发罚渴割辣袜八杀
im	盐险嫌剑黏念染厌炎严	ɐt	七一吉栗密鼻笔匹虱实
am	南咸甘含感敢减监蓝犯	ɛt	捏
ɐm	心深金琴林参浸寻沉针	ɵt	律出直力极尺锡极击壁
ɛm	喊钳	uk	博郭缚捉镯浊或国薄镯
in	年牵显现件肩见连鲜线	ak	托学壳鹤各角落索恶剥
un	半官短宽乱酸算满门碗	ɐk	黑塞墨北色得特侧贼测
an	安寒山间眼奸兰懒烂伞	ɛk	白麦客脚隔削弱额百拍
ɐn	根新分粉粪坟紧筋近邻	ok	谷六绿局福服哭谷菊曲
ɛn	扁		

3. 声调（9个）

声调例字

阴平　55　东该灯风通开天春胎鸡

阳平　31　门龙牛油铜皮糖红含咸

阴上　33　懂古鬼九统苦讨草海改

阳上　24　买老五有近马买米币弟

阴去　35　冻怪半四痛快寸去爱拜

阳去　22　卖路硬乱洞地饭树罪后

阴入　33　谷急哭刻百搭拍节塔切

阳入1　22　毒白盒罚局熟赎属读族

阳入2　24　六麦叶月鹿绿木日鹤学

五　邕宁四塘平话音系

1. 声母（21 个，含零声母）

p	ph	m	f
t	th	n	l	ɬ
tʃ	tʃh	ȵ		
k	kh	ŋ	h	
kw	khw			
j	w	Ø		

声母例字

p	波保皮贫抱病笔八百薄	ȵ	牙鱼耳二牛眼人软日月
ph	怕破披批票骗碰泼拍朴	k	哥家鸡桥穷徛近菌杰急
m	麻马米门木麦晚万网袜	kh	可课扣考箍架靠溪契窍
f	飞费饭分风方法文武物	ŋ	我饿傲艺硬岸仰让岳额
t	大担动定台田淡断得敌	h	开轻学好恨海客
th	拖太滩天通艇塔铁脱踢	kw	瓜挂贵军葵群裙菌骨刮
n	你泥年宁验业能农粒纳	khw	夸跨规均昆坤捆困
ɬ	四数心送水床沙事实食	w	花瓦婚训快坏弯横永滑
l	里来流冷龙辣力落六而	j	夜下夏油有音远引瘾勇
tʃ	左租茶前前柱坐直窄竹	Ø	矮安因暗煨英一益恶屋
tʃh	初粗餐穿亲清测七出尺		

2. 韵母（54 个）

i	u	a	ɛ		ø	ɯ
	ui	ai	ɐ	ɐi	øy	
iu		au	ɛu	ɐu		
im	um	am	ɛm	ɐm	øm	ɔm	ɯm
in	un	an	ɛn	ɐn	øn		
eŋ	uŋ	aŋ	ɛŋ	ɐŋ		ɔŋ	ɯŋ
ip		ap	ɛp	ɐp	øp		
it	ut	at	ɛt	ɐt		ɔt	
ek	uk	ak	ɛk	ɐk	øk	ɔk	ɯk

韵母例字

i	衣比世悲皮秘艺儿纸齿	ø	多河左可数古波薄肚
u	窝火补婆蒲夫铺补布步	ɯ	书猪雨女驴吕鱼朱输厨
a	箩我夜巴他家跨卦画打	ui	水雷腿追睡瑞罪
ɛ	姐车爹些赊遮借蔗谢茄	ai	开街筛排胎灾在买派鞋

ei	使师鸡废梯犁西使柜贵	ɐŋ	生长冷棚猛唱坑省硬耕
øy	背灰睡杯梅腿瑞罪最	ɐŋ	灯凳能崩朋烹邓等赠
iu	标蕉宵娇烧锹苗表小票	ɔŋ	东粽公蓬捧农童红桶笼
au	好老交包刀脑曹饱貌闹	ɯŋ	□hɯŋ热，赏
ɛu	猫蓼寮胶撩吆	ip	帖接怯碟涅业胁猎叶
ɐu	兜狗头楼斗走谋柔瘦咒	ap	蛤合盒法答鸭杂闸法
im	尖盐闪检严剑掂甜店垫	ɛp	夹镊
um	□混浊□熬煮□沤□跌	ɐp	湿入立汁吸及急十习集
am	三减泛男岩甘柑敢橄陷	øp	□ɬøp饮，喝（粥）□pøp洗（衣服）
ɛm	钳点喊点减掭	it	热节列必灭月雪缺血穴
ɐm	深金禁林今音琴浸枕任	ut	阔钵泼捋脱撮
øm	□pøm²¹趴，伏	at	割辣察抹达遢杀察挖滑
ɔm	□□kɔm²¹ tʃɔm²¹肿貌	ɛt	饐捏隔饐
ɯm	承□ɯm³³（小孩儿对大人）依恋	ɐt	出七吉笔毕佛鼻实一匹
in	前县船鞭编颠建全泉捐	ɔt	朘
un	门蒜乱般瞒端	ek	食激滴辟匿力逼识只
an	安干山班丹滩碳灿关万	uk	薄缚昨驳莫捉博国郭扩
ɛn	扁辫碱拣燕砚	ak	择落学剥雹错
ɐn	吞根恨君辛棍宾新身巾	ɛk	窄客脚百麦泊略弱跃
øn	村孙算本嫩存	ɐk	北得则特肋墨德默黑
eŋ	精青成冰宁仍铃灵另	øk	督底幕麓
uŋ	方房双霜荒撞光放望	ɔk	福谷肉扑覆复竹粥菊绿
aŋ	唐浪江桑讲港仓康堂藏	ɯk	屐剧

3. 声调（10 个）

阴平	53/55	书今天东方	阳去	22	住字豆定共
阳平	21	麻棉常田阳	上阴入	55	急七得识足
阴上	33	好井水产等	下阴入	33	搭客八窄察
阳上	24	雨厚礼近重	上阳入	22	十直及学毒
阴去	35	过太到喊听	下阳入	24	辣袜六额月

六　宜州德胜百姓话音系

1. 声母（18 个，含零声母）

p	ph	m	f	v
t	th	n		l
ts	tsh	ȵ	s	

k　　　kh　　　ŋ　　　　h
Ø

声母例字

p	闭堡搬蓬培曝抱八部簿	ʦ	租组祖茶钱葬齐全践在
ph	怕编胖铺谱批品怕判遍	ʦh	醋抢产切醋错抽撑趁畜
m	尾巫母拇麻矛晚网味问	s	赛需始苏叔沙山驶爽所
f	斧父肤法武舞婚慌火毁	ȵ	耳烟仰儿芽牛鱼眼玉月
v	浮肥吠份伐罚未闻万物	k	姑孤故固饥鸡奇棋期旗
t	胆挡跌堵赌徒屠途图途	kh	器气汽苦敲坑恐菊揭觉
th	土腿烫挑梯贪捅毯妥透	ŋ	梧卧桠蟹偶傲饿额埃爱
n	内念凝怒脑恼逆页研严	h	休欢项喜气起向耗黑胁
l	李狼辣来劳灵两料腊六	Ø	医衣润央往凤冯寒红户

注：ɬ 声母只出现在个别有音无字的词。如□活结。

2. 韵母（90个）

ɿ　　i　　u　　y

a　　ia　　ua

ɛ　　iɛ

ɔ　　iɔ　　uɔ　　yɔ　　　ə

ai　　uai　　ɔi　　ei　　ui　　iui

au　　iau　　ɐ　　iɐi　　uɐ　　əu　　iu

im　　um　　am　　mɐ　　mɐi　　mɔ　　mɛ　　mɐ

in　　un　　yn　　an　　uan　　ɐn　　ɛn　　iɛn　　yɐn　　ɔn　　uɔn　　ən　　iən　　uən　　iuən

aŋ　　ɐŋ　　ɐŋ　　uɐ　　uɐi　　ɔŋ　　iɔŋ　　uɐ　　iuŋ

ip　　up　　ap　　iap　　ɐp　　ɐi　　ɐp　　iɐi　　ɔp

it　　ut　　yt　　at　　uat　　ʈɐ　　ɛt　　iɛt　　yɐt　　ɔt　　iɔt　　uɔt

ak　　ɐk　　iɐk　　ɛk　　iɛk　　ɔk　　uɔk　　ek　　uk　　iuk

韵母例字

ɿ	资死次词子自字死柿师	iɛ	姐蛇社爷写捨舌
i	比迷肥宜儿杯碑悲疲你	ɔ	多舵个歌河左玻朵波菠
u	府租楚故吾梧武舞库	iɔ	□"爱"义□"藏"义
y	驴柱暑巨趋枢拘徐举	uɔ	禾可蜗倭祸
a	麻他价爬坐锁过果火货	yɔ	靴
ia	野雅惹夜亚也	ə	赫
ua	耍蛙抓	ai	腮赛摆买债介柴泰太赖
ɛ	些茄射	uai	衰摔帅率坏

ɔi	睡	ɐŋ	放能蹲登灯上项巷江讲
ei	批迷济洗废在鬼世势龟	ɐŋ	争冷耕硬参生牲甥
ui	倍妹内对碓队煨腿罪碎	iɐŋ	娘想腔样象丈让匠向详
iui	锐	ɔŋ	忙党抗狼旁葬仓汤光广
au	捞爪咬教暴豹包貌闹交	iɔŋ	皇王
iau	巧尧彪淆耀鸥淆巧	uɔŋ	壮双桩旺霜孀黄床壮创
ɐu	浮豆周够某亩就瘦手酒	eŋ	并亭清幸凭平坪境竞英
iɐu	谬求有九久韭灸柔休舅	uŋ	孟总风讼同铜桐筒童
ɛu	瓢丢绞鸟料	iuŋ	穷雄凶用荣绒熊雄融
ɔu	报到桃淘毛报灶膏早草	ip	执摄
iu	票扭焦舀表錶刁钓料萧	up	□动词,罩义 □~嘴;亲嘴
im	甜迁兼嫌黏尖潜钳阉檐	ap	法踏插鸭杂闸铡腊蜡
um	□动词,陷义 □碓~;碓窝 □篮=~;薄暮	iap	恰洽狭辖峡
am	南男探潭斩咸鉴三衫减	ɐp	粒立拾鸽涩湿习集汁
ɐm	林寻心侵沉淋临感含暗	iɐp	急级
iɐm	今禽钦琴音禁淹岑琼	ɛp	秕镊挟吸及
ɛm	镰渐染薦舔	iɛp	贴蝶劫摄涉设接叶页
iɛm	店检欠焰奠垫检验念歉	ɔp	□打暗=~;打呵欠
ɔm	□裤~;裤档 □动词,揞义	it	吉杰
in	棉颠认编篇天先烟千前	ut	脱沫悉薛蜕泼术述出
un	宦酸完鸾官棺观冠	yt	血
yn	沿菌掀运轩掀勋薰荤	at	八发扎瞎搭獭擦察抹括
an	攀叹溅闲泛范範返贩	uat	刷挖滑
uan	闩鳏珊删弯换	ɐt	笔密疾匹律骨忽戌虱失
ɐn	吞跟根恳贫份伦棍邻鳞	ɛt	革隔
ɛn	陕碱	iɛt	别哲热杰灭跌撤列裂穴
iɐn	辨免碾展善片电茧显蝉	yɛt	月决诀缺悦阅
yɛn	愿犬县院癣撰选劝远怨	ɔt	割渴郭喝葛拨阔绝
ɔn	伴旱岸肝贯灌罐观	uɔt	活获夺薛雪说掠削
uɔn	碗幻暖算缎乱断转传	ak	拉
nə	冰拎侦耿徵筝贞橙耿	ɐk	北刻黑贼特雹默则国
iən	勤隐印颖引	iɐk	屐
uən	准串纯喘椽船软专砖川	ɛk	百拍窄格额客轭拆策册
iuən	润闰孕	iɛk	虐岳脚约药钥乐
aŋ	莽旷胖旷筐况矿	ɔk	托索昨各鹤恶莫各搁廓

uɔk　捉朔浊桌镯　　　　　　　iuk　局育菊橘辱狱曲

ek　碧敌力击劈笛惜只石释　　　ŋ　　午五伍

uk　扑速族博绿福逐促触

3. 声调（10个）

阴平　54　高抽婚飞粗边　　　　阳去　214　害助病让岸怒

阳平　31　穷唐神麻寒龙　　　　上阴入　55　竹得积曲出七

阴上　42　古手短好丑碗　　　　下阴入　53　窄搭约铁歇缺

阳上　35　五老社抱暖有　　　　阳入1　22　六月辣末宅食

阴去　33　帐菜汉父放怕　　　　阳入2　24　业热麦落虐白

七　罗城牛鼻土拐话音系

1. 声母（24个）

p	ph	m	f	v
t	th	n		l
ʦ	ʦh	s		
ʨ	ʨh	ɕ		
k	kh	ŋ	h	
kw	khw	ŋw	hw	
Ø				

声母例字

p　布步贝包巴爬把霸罢辅　　　　ph　跑怕破普批飘盼片遍迫

m　魔麻马美秒名梦麦木忙　　　　f　飞冯符胡飞肥虎痱分冯房

v　闻话围卫完魂横滑万纹　　　　t　多朵戴图题稻断到同夺低

th　太推透跳悌体替跌挑递　　　　n　怒年难脑泥夭腻南年能农

l　罗路旅丽劳吕兰路连卵　　　　ʦ　左租精全节从渣查陈尘佺

ʦh　搓粗菜次草初青仓秋扯　　　　s　三伞相桑星姓线些写卸

ʨ　招蒸整张茶际住池朝绸　　　　ʨh　耻超抽撤趁畅掌绝就畜

ɕ　书成是生殊鼠珊雪戌恤　　　　k　哥假故改高杰结权穷鸡

kh　开去巧敲靠概决僵矿菊　　　　ŋ　熬咬牛严牙哑银硬月额

h　险灰红虚虾下河害厚含　　　　kw　贵跪葵瓜果过规关菌柜

khw　夸快犬困缺昆科货亏溃　　　　ŋw　危顽

hw　花火化靴缓患婚荤　　　　　　Ø　爱衣要幼武而约元鸦阿

2. 韵母（72个）

i　u　y

a　ia

ɛ　　yɛ

œ　　ɔ　　ɔ　　o

ai　　uai

ɐi　　iɐi　　ui

au　　iau

ɐu　　iɐu　　iu

im　　　　um　　am　　ɐm　　mɐi　　　　iɛi

in　　un　　yn　　an　　uan　　ɐn　　iɐi　　yɐn　　œn　　　　ɔn

aŋ　　iaŋ　　ɐŋ　　iɐi　　ɛŋ　　ɔŋ　　　　eŋ　　oŋ　　　　ioŋ

　　　　uŋ

ip　　up　　ap　　ɐp　　iɐi　　ɛp

it　　ut　　yt　　at　　ɐt　　iɐi　　　　yɐt　　œt　　　　ɔt

ak　　ɐk　　iɛk　　ɛk　　ek　　ɔk　　　　ok　　iok　　　　uk

ŋ̩

韵母例字

i　皮离志紫池衣蒐比眉尾

u　辅无舞肤赌护脯补布步

y　女朱去遇朱除主注柱输

a　爬和写火把霸过货窝打

ia　茄肉夜野爷

ɛ　低弟泥艺迷闭米批丽西

yɐ　曰

œ　□爬

ɔ　波锄左我朵惰剁破朵锁

ə　而

o　保毛刀多摸保老糙高好

ai　大排怀佳矮筛柴摆卖晒

uai　摔帅

iɐ　来水戴在开海爱追危泪

iɐi　锐

ui　杯美虽税随岁雷垒悲霉

au　包抄炒交熬咬遭糟牡雹

iau　猫

ɐu　剖豆周口谋亩抽愁咒手

iɐi　朽纠有九纠求救旧又幼

iu　条苗小要标瓢标庙超照

im　点店尖盐甜垫黏迁剑腌

um　感甘柑敢暗

am　犯减南耽胆担淡惨感含

ɐm　林心深沈寻枕浸潜蟾

iɐi　今金音任琴锦禁妗钦

iɐi　抿敛舔

in　鞭变线件棉免闽剪展战

un　半团酸碗搬盘半满端乱

yn　全捐拳鲜宣选羡元劝远

an　班丹眼晏凡饭单烂残伞

uan　撰篆篡

ɐn　吞跟根盆顿真很分坟粪

iɐi　人忍认巾紧仅引印斤近

œn　□蚯蚓义，轧义

yɐn　泉君训润裙勋润均君群

ɔn　干看寒安肝赶看

aŋ　帮胖讲江庞棒螃蟒

iaŋ　墙姜香羊将酱匠良亮想

ɐŋ	登等常丈腾凳张畅章厂	ʊŋ	降投~饷
ɛŋ	横争生幸铛撑生省硬行	ɔŋ	党仓望糖当堂荡康抗航
eŋ	冰整英成钉停顶蒸剩应	oŋ	朋龙东同董总公孔红冬
ioŋ	弓穷用凶壅容勇荣泳兄	uŋ	旁方床黄房闯撞窗双扛
ip	叠截接叶贴聂猎	up	鸽合盒
ap	答杂鸭眨甲插塔榻腊蜡	ɐp	立汁湿十粒习立集执泣
iɐi	急吸级入	ɛp	夹挟
it	折节列灭鳖必撇揭歇杰	ut	拨泼末脱夺抌活宽脱
yt	绝雪月越说阅悦决血缺	at	八杀察刮法罚挖滑发伐
ɐt	匹七失密不鼻物律术出	iɐt	日一
yɐt	刷橘	œt	□刀钝义 □蚕义
ɔt	葛割渴	ak	岳学瞎廓辖
ɐk	北特剥角壳黑则贼绩色	iɐk	略觉药若脚却弱虐药
ɛk	百麦客格额嚇摘泽册额	ek	滴直息石籍席寂息
ɔk	落各托作错凿恶啄	ok	服目六木竹谷屋勃福幅
iok	局菊育欲曲郁狱浴	uk	国捉浊桌戳薄
ŋ̩	吴吾午五		

3. 声调（8 个）

阴平	53	高猪专初三天	阴去	554	盖正爱怕汉送
阳平	21	穷平才寒鹅文	阳去	225	共阵大树饭岸
阴上	55	古展比好碗走	阴入	55	急织黑割七出
阳上	35	五女有柱是厚	阳入	35	月六局服俗麦

八　隆安平话音系

1. 声母（21 个，含零声母）

p	ph	m	f	
t	th	n		l
tʃ	tʃh		ʃ	ɬ
k	kh	ŋ	h	
kw	khw	w	j	Ø

声母例字

p	帮兵病爬婆把步贝排币	m	麦明味问马雾埋买米毛
ph	派片破爬梯配屁炮票扮	f	飞凤副蜂肥饭父富犯法

t	多东甜毒图袋对偷丢搭	kh	区溪骑契拐靠感琴渴圈
th	讨天土胎贪毯添炭暖吞	ŋ	鹅熬藕岸颜让吴五银弱
n	脑南年泥奴女业难孽娘	h	开轻好灰响活王虾苦雨
l	老蓝连路吕来犁雷料楼	kw	瓜挂怪关惯滚军卷刮
tʃ	资早租酒坐谢竹张争装	khw	拐困均裙圈劝决缺
tʃh	刺草寸清贼祠抽初车春	w	瓦靴坏话晚温云永完翁横
ʃ	事床山双船顺手书十城	j	牙音任眼闰匀样日药约玉
ɬ	丝三酸想写所西洗碎鲜	∅	哑乌如爱矮暗鸭安恩印握
k	高九共权嫁古举句改街		

2. 韵母（47个）

i	u	a	ɛ			ɔ	
ɐi	ui	ai	iɐ		uei	iɔ	
iu		au	uɐ	ɛu		iau	uɐi
im		am	ɐm	ɛm			
in	un	an	uɐ	ɛn	uɛ	ɔn	
	uŋ	aŋ	ɐŋ	ɛŋ		oŋ	ioŋ
ip		ap	ɐp				
it	ut	at	ɐt		tɛ		
	uk	ak	ɐk	ɛk		ok	

韵母例字

i	试二借车个蛇渠世纸棋	au	饱毛刀脑早嫂高好交敲
u	坐过铺婆磨果火货箍乌	ɐu	豆走布步父母雾头楼狗
a	茶左家沙锣鹅把爬马骂	ɛu	猫绕
ɛ	写鞋谢茄姐射骑	iau	孝校
ɔ	歌苦多赌路做租河奴古	iɐu	油牛休优有右幼
ɐi	猪雨飞书去住皮死市李	im	盐尖签险剑欠店甜嫌延
ui	水最嘴类吹随垂	am	南犯贪含胆三甘岩监咸
ai	开排鞋快大胎来菜海盖	ɐm	心深品林寻浸针金琴沉
iɐ	米师制艺弟泥西鸡师事	ɛm	喊减钳点
uei	鬼卫肺桂规危龟季柜位	in	年变面棉连鲜扇全传船
iɔ	回会赔对杯妹雷醉碎灰	un	半搬盘满官短寸算乱宽
iu	笑桥表庙小照烧要鸟料	an	山蚕炭单兰伞肝看汉反

ɐn	根新民进亲身近分问勤	ɐp	十急立集习汁入及吸
ɛn	扁	it	跌别灭列热节杰歇铁结
ɵn	轮春升病星冰证兴命镜	ut	活拨泼末脱夺阔活
ɔn	寸本隐盆嫩村蹲孙	at	辣达擦割八渴扎杀刷瞎
uŋ	双光黄方放房王旺撞慌	ɐt	笔密栗侄虱实失吉七一
aŋ	帮党糖床讲窗江降钢糠	ɵt	鼻出逼力直尺锡织食积
ɐŋ	灯上朋藤等凳能层肯棚	uk	薄郭霍国或缚
ɛŋ	硬争娘亮匠想厂唱冷生	ak	托学落作索各角壳鹤
oŋ	东懂通铜送公风宫梦充	ɐk	北握墨色得特贼塞黑刻
ioŋ	用荣容雄熊	ɛk	白雀弱脚百拆格客摘麦
ip	接折贴叶业贴碟协设捏	ok	谷六绿局桌木读鹿哭福
ap	搭杂鸽盒塔鸭法甲闸插		

3. 声调（9 个）

声调例字

阴平	55	东该灯风通开天春多瓜
阳平	31	门龙牛油铜皮糖红爷吴
阴上	33	懂古鬼九统苦讨草举胆
阳上	24	买老五有近动眼满暖引
阴去	35	冻怪半四痛快寸去浸线
阳去	22	卖路硬乱洞地饭树罪后
阴入	3	谷急哭刻百搭节拍塔切
阳入1	2	六叶月毒白盒罚闸业扎
阳入2	24	麦弱额蜡袜辣

九　扶绥平话音系

1. 声母（22 个，含零声母）

p	ph	m	f	
t	th	n	ɬ	l
ʧ	ʧh	ȵ	ʃ	
k	kh	ŋ	h	
kw	khw			
j	w	∅		

声母例字

p	帮兵爬病婆把簿摆牌杯	m	麦明味问马买米磨武雾
ph	派片破爬配判品屁炮票	f	飞风副蜂肥付饭肺费富

t	多东甜毒大赌台弟对断		k	高九共歌宫个古改街鸡
th	讨天拖土胎梯偷塔炭脱		kh	考靠可契溪吸刻梗坑剧
n	脑南年泥嫩念业鸟闹女		ŋ	熬吴颜银硬额鹅饿五艺
ɬ	丝三酸想事所西山写洗		h	开轻好恨鹤客虾雨海向
l	老蓝连路吕李栗离立历		kw	瓜怪鬼季剑权圈铅滚骨
ʧ	资早酒字贼祠张茶争纸		khw	规亏劝困筐圈决缺均卷
ʧh	刺草寸清抽拆抄初车春		j	热响软人音用药夜余裕
ʃ	双船顺床十城手书数柴		w	云瓦花快靴怀画划话卫
ȵ	鱼牙鱼耳二牛眼人日月		Ø	安爱恩益矮蚁意衣暗鸭

2. 韵母（48个）

```
i     u     a           ɜ              ɔ
      ui    ai    iɐ    ei             ɔi
iu          au    uɐ    uɜ             ou
im          am    ɐm    ɜm
in    un    an    ɐn    ɛn    ɵn       ɔn
      uŋ    aŋ    ɐŋ    iɐi   uɜ   ɵŋ  oŋ
ip          ap    ɐp    ɛp         ɵp  dɜ
      ut    at    tɐ    tɵ         te
      uk    ak    ɐk    iɐk        ek  ok
```

韵母例字

i	试借蛇车迟指祠治试市		im	盐黏尖签染险厌欠严点
u	坐过婆磨螺锁果火谱箍		am	南甘感含暗蚕贪潭淡蓝
a	茶多瓦瓜拖左鹅牙下夏夜		ɐm	心深林浸寻沉针金任音
ɜ	写靴姐斜谢爷野		ɜm	钳减
ɔ	歌苦五歌可河破躲课土		in	年权剑变骗棉连剪浅线
ai	开排鞋怪快来该改菜爱		an	山间关毯含赚炭兰伞眼
ɐi	米师世艺低梯剃泥洗鸡		ɐn	根新春滚云品恩邻进人引
ei	丝戏飞鬼币眉四子二儿耳		ɜn	扁
ɔi	赔对贝杯背煤妹雷灰回		ɵn	换吞准春顺纯唇闰
ui	嘴随吹垂类追水醉锤岁		ɔn	寸本嫩村孙
iu	笑桥表票庙焦小烧轿要		un	半短官搬判盘端暖乱算
au	宝饱毛帽老脑早灶好包		aŋ	糖床讲框党汤浪仓糠
ɐu	豆走楼抱头凑钩口厚幼		ɐŋ	灯帮上朋等僧肯能藤登
ɛu	猫		iɐi	硬争娘浆抢匠想长
ou	手酒流夫武簿步府油牛休		eŋ	升病星兄劲兵明命庆营迎

oŋ	东撞蓬懂动耸弄送用荣熊		ɪ̈ʔ	七出橘笔匹密侄实失一日
əŋ	猪雨女吕徐除书鼠举遇裕		tʔ	热节月跌别灭列蔑铁切
uŋ	王双光慌黄方放房网狂		ut	活拨泼末脱夺阔
ip	协		ak	托壳学作索鹤各恶剥角
ap	盒塔鸭搭踏杂鸽蜡插		ɐʔ	北落霍握墨得特刻黑侧
ɐp	十急立集习汁及入		iɐʔ	白雀削着勺脚弱桌
ɛp	夹		ek	直色尺锡栗冰证绳剩升
əp	接贴业捏叶		ok	谷六绿木鹿哭屋服育肉褥
at	法辣八刮骨达擦割渴扎		uk	郭国薄缚镯

3. 声调（7个）

声调例字

阴平	35	东该灯风通开天春多拖
阳平	33	门龙牛油铜皮糖红锣茄
上声	53	懂古鬼九统苦讨草买老
阴去	24	冻怪半四痛快寸去破过
阳去	22	卖路硬乱洞地饭树动罪
阴入	3	谷急哭刻百搭节拍塔切
阳入	2	六麦叶月毒白盒罚物石

十　崇左新和蔗园话音系[①]

1. 声母（22个，含零声母）

p	ph	m	f	
t	th	n	ɬ	l
ʧ	ʧh	ɲ	ʃ	
k	kh	ŋ	h	
kw	khw		w	
j	Ø			

声母例字

p	帮兵爬病婆把簿摆牌杯		ph	派片破爬配判品屁炮票
m	麦明味问马名麻母民忙		f	飞风肥付饭肺费富武副
t	多东甜毒大赌台弟对断		th	讨天拖土胎梯偷塔炭脱
n	脑南年泥嫩念业鸟闹女		l	老蓝连路吕李栗离立历
ɬ	丝三酸想事所西山写洗		ʧ	资迟早酒祖静正长知茶

---

① 材料来自梁伟华、林亦《广西崇左新和蔗园话研究》，广西师范大学出版社2009年版。

tʃh	粗秋采撑超痴楚错	
ʃ	声船梳晒成诗蛇屎	
kh	架襟郭颗慨颗可课	
h	虎好戏户湖呼禾火	
khw	困昆垮筷框夸圈决缺卷	
j	柔诱央友样伊如	

ɲ	鱼牙鱼耳二牛眼人日月
k	歌经家机求卡假
ŋ	我傲鹅迎硬桠我饿
kw	军瓜怪惯群寡挂
w	云瓦花快靴怀画话卫元
ø	安爱恩矮蚁意英暗衣污

2. 韵母（54个）

```
i      u      a             ɔ              ə      ɜ
       ui     ai    iɐ      iɔ      oi
iu            au    uɐ             ue     ɛɜ
im            am    ɐm             əm     ɜm
in     un     an    ɐn      ɔn     ən     ɜn
       uŋ     aŋ    iɐŋ            ieŋ    ɜŋ
ip            ap    ɐp      ɔp     əp     ɜp
it     ut     at    iɐt     ɔt     et     ɜt
ik     uk     ak    ɐk      ɔk     ok     ɛɜk
```

韵母例字

i	俞池是支资蒇		im	尖签添闪严踮甜点簟店垫
u	果朵普姑巫婆辅		ɐm	针深心金禁沉枕浸
a	他哪我爸马巴耙把		əm	揞泵堎楞
ɔ	舵河波裸醋多驼躲		an	单按班攀蛮弹诞蛋
ə	绪而咯嘅		ɛɜ	扁拣哽
ɛ	姐写些射社挤借谢		in	鞭变田坚船毡前剪箭贱
ai	大排代海拜排摆败		ɐn	贫巾芹奔俊坟粉奋粪岔
iɐ	币际制闭提低蹄抵弟		ən	春兴兵正停精晴整政静
oi	除句碑美记围伟尉卫		ɔn	鸾卵本损孙尊攒寸
ɔi	杯对堆内腿堆颓队		un	搬判乱官穿端团短断
ui	岁税吹随锤龟葵鬼贵柜		aŋ	帮糖汤桑讲当唐挡
au	保到高包交糟槽早造罩		ɛɜ	昌张两娘撑张场奖帐象
ɛɜ	炒胶搅矫撩簝袅扭		uŋ	光黄谎方房仿放
iu	表瓢秒笑刁刁条屌		ɐŋ	乡阳上崩僧灯藤等
ɐu	亩偷口抽柳丢投抖斗豆		əŋ	搌噙铿
əu	绸富扭绣流夫扶斧舞		oŋ	荣东公农风同董动冻栋
am	南贪担蓝斩喃篮榄揽缆		ip	叠贴聂劫协叶涩
ɛɜ	喊减钳拈		ap	答纳腊插鸭欱峡合

ɐp	缉笠执湿急汁集	tɐ	逼劈霉出绩屈域活
ɔp	㪐	tɜ	挖□割义□_{蛰义}□_{隈射义}
əp	凹搭挬歆	ik	哋□nik⁵⁵ _{哪~：疑问代词}
ɛp	挟镊夹	uk	国驳薄搏缚捉浊镯³
it	别撤灭跌哲节绝	ak	各错落郭角诺络捌
ut	钵夺拨末脱撮捋	ɛk	百拍额客泽
at	压擦辣八杀达崖	ɐk	药北墨得刻则测贼
ɐt	笔匹密实佛忽室侄	ok	扑木读鹿禄六爉粟俗
ɔt	挪搋□_{打结}□_{脱落}	ɔk	莫膜漠寞

3. 声调（9个）

声调例字

阴平	55	高猪专开抽	阳去	22	共阵大害树
阳平	31	穷陈床寒神	阴入	33	急织积七黑
阴上	33	古展纸口楚	上阳入	22	局宅杂读白
阳上	21	五女染近柱	下阳入	21	月纳麦袜药
阴去	35	盖帐止醉抗			

说明：

① 入声比较舒缓，时长接近舒声调。

② 另有有两个非本方言固有的入声调：变入Ⅰ55 和变入Ⅱ35。变入Ⅰ55 可能是受白话影响而出现，一般是书音；变入Ⅱ35 有些可能是早期语音的遗存，有些则可能是受当地壮语的影响，多为本字待考的口语词。两个入声调类辖字不多，不成系统，应属于系统外借入，不列入音系。

第三节　桂南平话的语音特点

根据语言特征及地理分布，我们把桂南平话大致分三片：中南片（南宁市、原邕宁县、宾阳、横县、武鸣、马山、上林、贵港、灵山、钦州北）、西南片（左右江河谷）、北片（宜州、河池、融水、融安，柳城、罗城、柳江、来宾、武宣）。虽然桂南平话内部一致性较强，但是由于所处的语言生态环境不同，语言的发展演变会表现出一定的差异。

中南片的南宁、宾阳、横县地域相连，是桂南平话的核心区域，其中以宾阳和横县的平话人口最多。宾阳的平话人口占70%以上，"横县有三种汉语方言：① 白话（粤语），主要通行于县城城关。② 客家话，只有校椅横塘村、那阳大湾塘村等几个小自然村居民使用。③ 平话，这是横县百分之九十五左右的汉人说的话，当地人称为'客话'。"[1]"今横州总人口为100万，讲平话母语的人占61.8%，会讲平话的人占全部人口的90%左右。"[2]这里的平话受其他方言的影响较少，尤其是宾阳县，基本不受广府白话的影响，保留更多平话祖语的信息。南宁已是壮族聚居区，平话人口不多。除南宁老城郊相对集中外，其余多以方言岛形式散布于市属县的壮语区。平话是南宁原住民的主流方言之一，广府白话成为强势方言后，平话从市区退至郊区。原城郊的平话村落现在已经成为城中村，平话居民都能操白话。近二三十年来，随着城市快速发展，平话迅速萎缩。从这些年的研究也发现，壮语的老借词音系统，与这一地区的平话语音最为接近。

西南片左右江沿岸的平话基本是近两百年来从南宁迁出的，与南宁西郊平话最为接近。这些地区是近现代广府白话西渐之地，白话到此已是强弩之末，但因是城镇经济生活用语，平话人也多能操白话。同时壮语是这里的强势语言，平话人多都能听懂壮语，甚至能用壮语交流。该片平话受壮语的影响较大。

桂南平话的北片如今基本处于西南官话区，由于汉族移民相对单纯，除了受土著语言的影响，后期受官话的影响很大。但由于平话与官话毕竟属不同方言大区，相互影响与同一方言区不同次方言的影响性质是不同的。因此桂北片虽然变异方向有所不同，但依然保留许多与桂南平话核心区一致的特征。

在讨论桂南平话的特点时，我们以受其他汉语方言干扰较小的宾阳话为主。

一　声母的特点

1. 中古全浊声母今读清化的塞音、塞擦音，一般不送气。
2. 古微母口语常用字保留［m］声母。非口语常用字，中南片和西南片部分演变为［f］，一致性很强。这些读［f］的字，北片则多变为零声母，与官话相同。

方言点	m	f	ǿ
宾阳	网望亡妄忘袜晚万蔓雾问文闻纹蚊尾微未味	无舞务微物文纹	挽
亭子	网妄望亡忘袜晚万雾物问文闻纹蚊尾未味微	无舞务	挽

---

① 闭克朝：《桂南平话的入声》，《方言》1985年第4期。

② 何光岳：《汉民族的历史与发展》，岳麓书社1998年版，第207页。

方言点	m	f	∅
石埠	亡网妄望蔓袜晚万雾闻蚊问微薇尾未味忘	无武舞侮鹉务文纹物勿	挽
四塘	亡网妄忘望曼蔓晚万雾闻蚊问物微尾未味雯	无武舞务纹文物勿	挽
崇左	微尾未味文纹蚊闻问物勿亡忘妄望网诬无武舞侮务雾万晚袜	武舞文（老派）	挽
宜州	网望亡妄忘袜晚蔓闻问文蚊尾味	勿	无侮武舞务雾未闻吻万物微纹挽
罗城	蔓网忘望袜	巫	万纹闻问物勿武舞味雾务未妄挽

3. 中古泥来母不混。

4. 一般只有一套塞擦音。中古精、知、照组合并，但相应的擦音却有两个：[ɬ] 和 [ʃ]。读 [ɬ] 声母的一般是中古心母字以及读擦音的邪母字，少数生母字。

北片有的点中古精、照二两组读 [ts tsh s]，知、照三两组读 [ʧ ʧh ʃ]，一般没有边擦音 [ɬ]，但擦音 [s] 和 [ʃ] 有混并现象。如罗城土拐话"嗦絮须需珊雪戌恤（心）""随穗袖羡巡象松颂夕续（邪）""沙史衫杀删闩刷生（生）"已混同，读 [ʃ]。

5. 疑母洪音多读 [ŋ]，日母及疑母细音多读 [ɲ]。

疑母字例

	我	瓦	藕	牛	眼	牙	硬	鱼	月
宾阳	ŋ-	ŋ-	ŋ-	ɲ-	ɲ-	ŋ-	ɲ-	ŋ-	ɲ-
亭子	ŋ-	ŋ/w-	ŋ-	ŋ-	ŋ-	ŋ-	ŋ-	j-	j-
石埠	ŋ-	w	ŋ-	ŋ-	ŋ-	ŋ-	ŋ-	ŋ-	w-
四塘	ŋ-	w-	ŋ-	ŋ-	ŋ-	ŋ-	ŋ-	ŋ-	ŋ-
崇左	ŋ-	w-	ŋ-	ŋ-	ŋ-	ŋ-	ŋ-	ŋ-	w-
宜州	ŋ-	w-	ŋ-	ŋ-	ŋ-	ŋ-	ŋ-	ŋ-	j-
罗城	ŋ-	ŋ/w-	ŋ-	ŋ-	ŋ-	ŋ-	ŋ-	ŋ-	ŋ-

日母字例

	日	肉	热	认	染	耳	儿	软	然	燃	仁	如
宾阳	ɲ-	ɲ-	ɲ-	ɲ-	ɲ-	ɲ-	ɲ-	ɲ-	ʃ-	ʃ-	ʃ-	ʃ-

续表

	日	肉	热	认	染	耳	儿	软	然	燃	仁	如
亭子	ȵ-	ȵ-	ȵ-	j-	ȵ-	ȵ-	ȵ-	ȵ-	j-	j-	j-	j-
石埠	ȵ-	ȵ-	ȵ-	ȵ-	ȵ-	ȵ-	ȵ-	ȵ-	ȵ-	ȵ-	ȵ-	h-
四塘	ȵ-	ȵ-	ȵ-	ȵ-	ȵ-	ȵ-	ȵ-	ȵ-	ȵ-	ȵ-	ȵ-	ʃ-
崇左	ȵ-	ȵ-	ȵ-	ȵ-	ȵ-	ȵ-	ȵ-	ȵ-	ȵ-	ȵ-	ȵ-	ʃ-
宜州	ȵ-	ȵ-	ȵ-	ȵ-	ȵ-	ȵ-	ȵ-	ȵ-	ʒ-	ȵ-	ȵ-	ʃ-
罗城	ŋ-	ŋ-	ŋ-	ŋ-	ŋ-	ŋ-	ŋ-	ŋ-	ŋ-	ŋ-	ʒ-	ʒ-

　　北片的罗城牛鼻土拐话、柳城百姓话，疑母字无论洪细与日母合并，基本都读［ŋ］。书面语用字则多演变为零声母，这与桂北平话西片的桂林大埠、永福塘堡相似。

　　中古疑母合口字，无论平话或粤方言，大多不同时保留舌根鼻音［ŋ］和［u-］韵头，或读［ŋ］声母，变成开口呼，或变零声母，保留合口（多用［w-］表示）。宾阳话及北片大多同时保留舌根鼻音［ŋ］和［u-］介音（处理为唇化音声母［ŋw］或韵母处理为合口呼）。如"瓦桅危外顽伪魏玩"等字。

　　少数日母的书面语用字，桂南平话读擦音［ʃ］。如"如然燃任仁儒"等字。

　　6. 中古见系声母在细音前基本不腭化。

	鸡见	击见	起溪	缺溪	舅群	距群	我疑	牛疑	虚晓	晓晓	系匣	协匣
宾阳	k-	k-	h-	kh-	tʃ-	k-	ŋ-	ȵ-	h-	h-	h-	ʃ-
亭子	k-	k-	h-	kkh-	k-	k-	ŋ-	ŋ-	h-	h-	h-	h-
石埠	k-	k-	h-	kh-	k-	k-	ŋ-	ȵ-	h-	h-	h-	h-
四塘	k-	k-	h-	kh-	k-	k-	ŋ-	ŋ-	h-	h-	h-	h-
崇左	k-	k-	h-	kh-	k-	k-	ŋ-	ŋ-	h-	h-	h-	h-
宜州	k-	k-	h-	kh-	k-	k-	ŋ-	ŋ-	h-	h-	h-	h-
罗城	k-	k-	h-	kh-	k-	k-	ŋ-	ŋ-	h-	h-	h-	ɕ-

　　宾阳话见系在开口二等、流摄三等、深摄三等前腭化。北片及桂北平话，口语常用字多保留牙喉音，或多或少存在部分书面语字腭化的现象。

7. 中古溪母多擦化，混同晓母，读擦音 [h]。

	开	敲	壳	庆	气	吃	去	快	阔	款
宾阳	h-	h-	h-	h-	h-	h-	h-	w-	h-	h-
亭子	h-	h-	h-	h-	h-	h-	h-	w-	h-	h-
石埠	h-	h-	h-	h-	h-	h-	h-	w-	h-	h-
四塘	h-	h-	h-	h-	h-	h-	h-	w-	h-	h-
崇左	h-	h-	h-	h-	h-	h-	h-	w-	h-	h-
宜州	h-	h-	h-	h-	h-	h-	h-	kh-	h-	h-
罗城	h-	h-	h-	h-	h-	h-	h-	kh-	h-	h-

相比之下，北片保留读 [kh] 的字更多些。如：

例字	轻	捆	口	哭	劝	课
宜州德胜	$khe\eta^{54}$	$khw\text{e}n^{42}$	$kh\text{e}u^{42}$	$khuk^{55}$	$khy\varepsilon n^{33}$	$kh\mathfrak{o}^{33}$
柳城古砦	$khe\eta^{53}$	$khw\text{e}n^{45}$	$kh\text{e}u^{45}$	$khuk^{55}$	$khyn^{54}$	$khwa^{45}$
罗城牛鼻	$khe\eta^{53}$	$khw\text{e}n^{55}$	$kh\text{e}u^{55}$	$khok^{55}$	$khyn^{54}$	$khwa^{55}$
三江程村	$khe\eta^{54}$	$khw\text{e}n^{53}$	$kh\text{e}u^{53}$	$kh\mathfrak{o}k^{55}$	$khyn^{52}$	$kh\mathfrak{o}^{52}$

晓母（包括变 [h] 的溪母字）合口字，基本不进一步演变为 [f-]。这是与桂北平话和沿江白话不同的特点。

	虎	火	货	花	化	欢	辉	训	兄
宾阳	h-	h-	h-	w-	w-	h-	w-	w-	w-
亭子	h-	h-	h-	w-	w-	h-	w-	w-	w-
石埠	h-	h-	h-	w-	w-	h	w-	w-	w-
四塘	h-	h-	h-	w-	w-	h-	w-	w-	w-
崇左	h-	h-	h-	w-	w-	h	w-	w-	w-
宜州	ʒ-	h-	h-	h-	h-	h-	h-	h-	h-
罗城	f-	h-	h-	h-	h-	h-	h-	h-	h-

8. 溪晓匣母都有变零声母的现象（处理为 j-、w-）。

	下匣	豪匣	香晓	乡晓	响晓	休	花晓	婚溪	训晓	话匣	屈溪	窟溪
宾阳	j-	h	j-	j-	j-	j-	w-	w-	w-	w-	w-	w-
亭子	j-	h-	j-	j-	j-	j-	w-	w-	w-	w-	w-	w-
石埠	j-	h-	j-	j-	j-	j-	w-	w-	w-	w-	w-	w-

续表

	下匣	豪匣	香晓	乡晓	响晓	休晓	花晓	婚溪	训晓	话匣	屈溪	窟溪
四塘	j-	h-	j-	j-	j-	j-	w-	w-	w-	w-	w-	w-
崇左	j-	h-	j-	j-	j-	j-	w-	w-	w-	w-	w-	w-
宜州	h-	h-	h-	h-	h-	h-	h-	h-	h-	w-	kh-	kh-
罗城	h-	h-	h-	h-	h-	h-	h-	h-	h-	w-	kh-	kh-

9. 中古喻母多读 [h]。

	姨	雨	盐	赢	叶	易	译	育
宾阳	h-	h-	j-	h-	j-	h-	h-	j-
横县	h-	h-	h-	h-	h-	h-	h-	j-
石埠	h-	h-	h-	h-	h-	h-	h-	j-
四塘	h-	h-	h-	h-	h-	h-	h-	j-
崇左	h-	h-	h-	h-	h-	h-	h-	j-
宜州	ø-	ø-	ø-	h-	ø-	ø-	ø-	h-
罗城	ø-	ø-	ø-	h-	ø-	ø-	h-	h-

二　韵母的特点

1.普遍有保留 [-m]、[-n]、[-ŋ] 三个鼻音韵尾和 [-p]、[-t]、[-k] 三个塞音韵尾，与中古韵类对应整齐。

（1）[-m] 尾字例

	咸咸	潭咸	含咸	染咸	店咸	点咸	盐咸	心深	婶深	禁深	寻深	金深
宾阳	-m	-m	-m	-m	-m	-m	-m	-m	-m	-m	-m	-m
亭子	-m	-m	-m	-m	-m	-m	-m	-m	-m	-m	-m	-m
石埠	-m	-m	-m	-m	-m	-m	-m	-m	-m	-m	-m	-m
四塘	-m	-m	-m	-m	-m	-m	-m	-m	-m	-m	-m	-m
崇左	-m	-m	-m	-m	-m	-m	-m	-m	-m	-m	-m	-m
宜州	-m	-m	-m	-m	-m	-m	-m	-m	-m	-m	-m	-m
罗城	-m	-m	-m	-m	-m	-m	-m	-m	-m	-m	-m	-m

（2）塞尾字例

	答咸	湿深	八山	杀山	实臻	药宕	德曾	直曾	壁梗	福通	屋通
宾阳	-p	-p	-t	-t	-t	-k	-k	-k	-k	-k	-k
亭子	-p	-p	-t	-t	-t	-k	-k	-k	-k	-k	-k
石埠	-p	-p	-t	-t	-t	-k	-k	-k	-k	-k	-k
四塘	-p	-p	-t	-t	-t	-k	-k	-k	-k	-k	-k
崇左	-p	-p	-t	-t	-t	-k	-k	-k	-k	-k	-k
宜州	-p	-p	-t	-t	-t	-k	-k	-k	-k	-k	-k
罗城	-p	-p	-t	-t	-t	-k	-k	-k	-k	-k	-k

北片已有少数［-m］尾字变为［-n］尾，相应地，同摄的入声字也由［-p］尾变［-t］尾，以非口语常用字为多。少数入声塞尾丢失，也多为书面语用字。如"栗忆翼液剔乞"等字读［i］韵母，"玉逸疫"等字读［y］韵母。

2. 有主元音由［a］/［ɐ］构成的具有音位对立的复合韵母，来源与粤方言基本一致。

	买_/米	交/沟	监/今	蓝/林	间/根	慢/问	堂/藤	角/北
宾阳	ai/ɐi	au/ɐu	am/ɐm	am/ɐm	an/ɐn	an/ɐn	øŋ/ɐŋ	akʔɐk
亭子	ai/ɐi	au/ɐu	am/ɐm	am/ɐm	an/ɐn	an/ɐn	aŋʔɐŋ	akʔɐk
石埠	ai/ɐi	au/ɐu	am/ɐm	am/ɐm	an/ɐn	an/ɐn	aŋʔɐŋ	akʔɐk
四塘	ai/ɐi	au/ɐu	am/ɐm	am/ɐm	an/ɐn	an/ɐn	aŋ/aŋ	akʔɐk
崇左	ai/ɐi	au/ɐu	am/ɐm	am/ɐm	an/ɐn	an/ɐn	aŋʔɐŋ	akʔɐk
宜州	ai/ɐi	au/ɐu	am/ɐm	am/ɐm	an/ɐn	an/ɐn	aŋʔɐŋ	ɐk
罗城	ai/ɐi	au/ɐu	am/ɐm	am/ɐm	an/ɐn	an/ɐn	aŋʔɐŋ	ɐk

3. 桂南平话除了中古牙喉音字，基本无介音。因此均可在声母系统设置唇化的舌根音［kw khw ŋw］和无擦通音［j w］，而减少带韵头的韵母，使音系较为简单。

4. 桂南平话中南片的宾横地区及北片，蟹、效、咸、山诸摄一二等有别。这应是平话祖方言的特点。

	才/柴	海/蟹	贝/拜	高/交	灶/罩	含/减	肝/间	官/关	鸽/甲	割/八
宾阳	ai	ø/ai	ui/ai	øu/au	øu/au	øm/am	øn/an	un/an	øp/ap	øt/at

续表

	才/柴	海/蟹	贝/拜	高/交	灶/罩	含/减	肝/间	官/关	鸽/甲	割/八
宜州	ei/ai	ei/ai	ui/ai	ua/ue	ua/ue	ɐm/am	an/ɐn	un/an	ɐp/ap	ɔt/ɐt
罗城	ai	iɔ	ui/ai	ɔu/uɔ	uɔ/uɔ	am/am	ɔn/an	un/an	up/ap	ta/tɕ

南宁、邕宁及左右江河谷，开口一等并入二等，主元音为 [-a-]，与官话方言一致，这是后期的演变。

5. 齐韵读洪音。

	批	米	弟	泥	细	洗	鸡	计
宾阳	ɐi	iɐ	ɐi	ɐi	ɐi	iɐ	ɐi	ɐi
亭子	ɐi	ɐi	ɐi	iɐ	ɐi	ɐi	iɐ	ɐi
石埠	ɐi	iɐ	iɐ	iɐ	iɐ	iɐ	iɐ	ɐi
四塘	ɐi	iɐ	iɐ	iɐ	iɐ	iɐ	iɐ	iɐ
崇左	ɐi	iɐ	ɐi	iɐ	ɐi	iɐ	ɐi	ɐi
宜州	ei	ei	ei	ei	ei	ei	ei	ei
罗城	e	e	e	e	e	e	e	e

6. 桂南平话的祖语没有撮口呼。今中南、西南片基本没有撮口呼，读 [y] 或 [y-] 介音的韵母是受权威方言影响而后起的变化。北片遇摄三等字大多已经读 [y]，但仍有非撮口的痕迹。

	女	旅	猪	箸	住	处	书	居	举	鱼	娶	鬚
宾阳芦墟	u	u	u	u	u	u	u	u	u	u	əu	əu
宾阳王灵	ui	ui	ui	ui	ui	ui	ui	ui	ui	ui	əu	əu
亭子	y	y	y	y	y	y	y	y	y	y	u	u
石埠	ʋi	ʋi	ʋi	ʋi	ʋi	ʋi	ʋi	ʋi	ʋi	ʋi	ɔ	ʋi
四塘	ɯ	ɯ	ɯ	ɯ	ɯ	ɯ	ɯ	ɯ	ɯ	ɯ	ɯ	ɯ
崇左	oi	oi	oi	oi	oi	oi	oi	oi	oi	oi	ɔ	u
宜州	y	y	y	y	y	y	y	y	y	y	y	y
罗城	y	y	y	y	y	y	y	y	y	y	y	y

7. 果摄开合有别。

	多	罗	我	歌	河	可	婆	果	过	火	和	货	窝
宾阳	ø	ø	ø	ø	ø	ø	əu	əu	əu	əu	əu	əu	əu
亭子	ɔ	ɔ	ɔ	ɔ	ɔ	ɔ	u	u	u	u	u	u	u
石埠	ɔ	a	a	a	ɔ	ɔ	u	u	u	u	u	u	u
四塘	ɔ	a	a	a	ɔ	ɔ	u	u	u	u	u	u	u
崇左	ɔ	a	a	a	ɔ	ɔ	u	u	u	u	u	u	u
宜州	o	o	o	o	o	o	o	ua	ua	ua	ua	ua	ua
罗城	o	o	o	o	o	o	o	ua	ua	ua	ua	ua	ua

8. 歌麻的合与分。

	歌	我	鹅	饿	搓	驼	罗	左	家	牙	瓦	茶	查
宾阳	ø	ø	ø	ø	ø	ø	ø	ø	a	a	a	a	a
亭子	ɔ	ɔ	ɔ	a	ɔ	ɔ	ɔ	ɔ	a	a	a	a	a
石埠	a	a	a	a	a	a	a	a	a	a	a	a	a
四塘	a	a	a	a	a	a	a	a	a	a	a	a	a
崇左	a	a	a	a	a	a	a	a	a	a	a	a	a
宜州	o	o	o	o	o	o	o	o	a	a	a	a	a
罗城	o	o	o	o	o	o	o	o	a	a	a	a	a

中南片及西片不少方言点，口语常用字歌麻不分，读 [a]。北片只有果摄合口一等见系字读 [ua]，这一特点反映在壮语的汉借词、方块壮字的谐声偏旁中。

9. 保留流摄、臻摄开口一三等不混的层次。

流摄、臻摄开口一三等不分，这是多数平话、粤方言的特点。但在少数平话方言点，流摄、臻摄开口一三等保持对立，如中南片的宾阳、石埠；北片的宜州德胜、罗城牛鼻，只在牙喉音字保持对立，其他已经混同。

（1）流摄一三等字例

	楼/流	嗽/手	走/酒	凑/臭	后/休	狗/九
宾阳	-ue/-na	-ue/-na	-ue/-na	ɐu/-na	-ue/-na	-na/-ue
石埠	-ue/-na	-ue/-na	-ue/-na	-ue/-na	-ue/-na	-ue/-na
宜州	-ɐu	-na	-ɐu	-ɐu	-nai/-na	-ɐu/-iai
罗城	-na	-na	-na	-na	-nai/-na	-na/-iai

（2）臻摄开口一三等字例

	跟开一/巾开三	根开一/斤开三	恨开一/阵开三	痕开一/神开三
宾阳	-ɐn/-uɐ-	-ɐn/-uɐ-	-ɐn/-uɐ-	-uɐ/-uɐ-
宜州	-ɐn/-in	-ɐn/-in	-uɐ	-uɐ
罗城	-ɐn/-uɐi-	-ɐn/-uɐi-	-uɐ-	-uɐ-

　　流摄、臻摄开口一三等对立是平话和粤方言祖语的共同特点。如今广东的台山、开平、鹤山等地，流摄一三等不混。

　　壮语里的汉借词，古壮字的谐声偏旁也反映出流摄、臻摄开口一三等对立的层次。

　　10. 效摄三四等、咸山摄三四等介音挤掉主元音。

	表	尿	剑	甜	接	叶	连	田	杰	结	全	血
宾阳	iu	iu	im	im	ip	ip	in	in	it	it	un	ut
亭子	iu	iu	im	im	ip	ip	in	in	it	it	yn	yt
石埠	iu	iu	im	im	ip	ip	in	in	it	it	in	it
四塘	iu	iu	im	im	ip	ip	in	in	it	it	un	iut
崇左	iu	iu	im	im	ip	ip	in	in	it	it	un	iut
宜州	iu	iu	im	im	ip	ip	in	in	it	it	yn	yt
罗城	iu	iu	im	im	ip	ip	in	in	it	it	yn	yt

　　11. 南宁以西平话梗摄开口三四等与臻摄三等合并。这种情况与钦廉片粤方言相同。

　　12. 宕摄、江摄的分与合。

　　宕摄、江摄混并，是多数汉语方言的特点。平话也不例外。但其合并不如沿江白话整齐，各片的音值也不尽一致。一般规律如下：

　　① 宕摄开合对立。

　　② 宕摄开口一等与江摄（知庄组除外）合并，南宁、邕宁及左右江河谷多读 [aŋ/ak]，北片多读 [ɔŋ/ɔk]。宕摄开口三等与梗摄开口二等合并，多读 [ɛŋ/ɛk]（见系有的读 [ɐŋ/ɐk]），各片较为一致。

　　③ 宕摄合口、江摄知庄组合并，读 [uŋ/uk]，各片较为一致。

	堂	良	落	脚	黄	王	光	郭	江	双	捉	学	生	客
宾阳	øŋ	ɛŋ	øk	ɛk	uŋ	uŋ	uŋ	uk	aŋ	uŋ	uk	ak	aŋ	ak

续表

	堂	良	落	脚	黄	王	光	郭	江	双	捉	学	生	客
亭子	aŋ	ɛŋ	ak	ɛk	uŋ	uŋ	uŋ	uk	aŋ	uŋ	uk	ak	ɛŋ	ɛk
石埠	aŋ	ɛŋ	ak	ɛk	uŋ	uŋ	uŋ	uk	aŋ	uŋ	uk	ak	ɛŋ	ɛk
四塘	aŋ	ɛŋ	ak	ɛk	uŋ	uŋ	uŋ	uk	aŋ	uŋ	uk	ak	ɛŋ	ɛk
崇左	aŋ	ɛŋ	ak	ɛk	uŋ	uŋ	uŋ	uk	aŋ	uŋ	uk	ak	ɛŋ	ɛk
宜州	ɔŋ	iɛŋ	ɔk	iɛk	ɔŋ	iɔŋ	ɔŋ	ɔc	ɐŋ	uɔŋ	uɔk	ak	ɛŋ	ɛk
罗城	ɔŋ	ɐŋ	ɔk	iɐk	uŋ	uŋ	uŋ	uk	aŋ	uŋ	uk	ak	ɛŋ	ɛk

具体到方言点，变异情况比较复杂。如：

中南片的宾阳话宕摄开口一等读 [øŋ/øk]（宾阳黎塘 [（u）ɔŋ/（u）ɔk]），三等读 [ɛŋ/ɛk]，宕摄合口、江摄知庄组 [uŋ/uk]。江摄（知庄组除外）与梗开二合并，读 [aŋ/ak]。

北片的宜州德胜百姓话宕摄开口一等读 [（u）ɔŋ/（u）ɔk]，宕摄开口三等读 [iɛŋ/iɛk]；江摄与曾摄一等合并，读 [ɐŋ/ɐk]，梗开二独立，读 [ɛŋ/ɛk]。

有的方言混杂的类太多，必须逐字分析才能理清演变的层次。如北片罗城牛鼻土拐话，宕摄开口一等（唇音除外）读 [ɔŋ/ɔk]，唇音字与江摄合并读 [aŋ/ak]；宕摄开口三等（章组除外）读 [iaŋ/iak]，章组字与曾摄开口一等合并读 [ɐŋ/ɐk]。宕摄合口一三等读 [uŋ/uk]，与平话一般规律相合。

13. 通摄读开口呼，读 [øŋ/øk]，或 [ɔŋ/ɔk] / [oŋ/ok]，均与宕摄合口 [uŋ/uk] 不混。

14. 有自成音节的 [ŋ̍] 韵母，来自中古模韵疑母字，但演变没有粤方言整齐。平话的方言点的材料就反映了模韵疑母字 [ŋu] → [ŋou] 和 [ŋu] → [ŋ̍] 的不同演变路线。

15. 无系统的文白异读现象。

三　声调的特点

1. 声调较多。桂南平话的声调都在 8 个以上，中古平、上、去、入各分阴阳。全浊上字大多不变去声，与次浊上一并读阳上调。入声的再分化与粤方言相比较，有以下四多：

（1）入声只分阴阳的点比粤方言多；

（2）阴入只有 1 类的点比粤方言多；

（3）阳入二分的点比粤方言多；

（4）阴阳入都二分的点比粤方言多。

2. 中南片和北片普遍有连读变调现象。

第四章　广西粤方言语音研究

第一节　粤方言内部分片概说

岭南为古粤地，两广分治时粤方言已经形成。以往粤方言的研究成果主要集中在广东。广西的汉语方言研究是在改革开放后才较大规模开展起来，因此对粤方言的内部分区，广西的材料很少。

袁家骅等《汉语方言概要》（1960）把粤方言分为五个小系：

粤海系——包括珠江三角洲大部分地区和西江一带；

钦廉系——包括钦州、廉州等地；

高雷系——包括包括高州、雷州一带；

四邑系——包括台山、新会、开平、恩平等地；

桂南系——包括广西南部梧州、容县、玉林、博白等地。

袁书没有涉及广西中西部的粤方言，可见当时缺少这些地区的资料。

杨焕典等《广西的汉语方言》（1985）把广西的粤方言分为广府、邕浔、勾漏、钦廉四片。文章只是罗列了各片的语言特征，没有说明分片标准。

熊正辉《广东方言的分区》（1987）第一次根据语言特征来划分广东粤方言。分成广府、四邑、高阳、勾漏、吴化五片。

杨焕典等文和熊正辉文只对广西和广东的粤方言进行分片，所以不能算是对粤方言整体的分区。

余霭芹《粤语方言分区问题初探》（1991）根据两广 63 个粤方言点的资料，归纳了声调、声母、韵母及词汇方面的特点，根据这些语言特征对粤方言进行分区。

余霭芹粤语方言分区表

粤　语	四邑两阳区	四邑片		A
		两阳片		B
	三角洲区	北三角洲片	三邑肇庆小片	C
			内陆小片	D

续表

粤　语	三角洲区	南三角洲片	钦廉小片	E
			中山小片	F
		广府片		G

内陆小片即广西的平话和勾漏片粤方言。

侯精一主编《现代汉语方言概论》(2002)"粤语"分为 6 片：广府片（代表方言：广州话）、四邑片（代表方言：台山话）、香山片（代表方言：石岐话）、莞宝片（代表方言：莞城话）、高阳片（尚未形成代表方言）、桂南片（代表方言：南宁话）。把广西的粤方言笼统归为一片，并以南宁话为代表点，显然也是因为掌握的语言材料有限。

对广西境内"粤方言"的范围我们沿用已有的研究成果。杨焕典等(1985)对广西粤方言的分布及各片特点作了较为详细论述。广府片，包括梧州市、苍梧、平南县的丹竹、大安；邕浔片，包括南宁市、柳州、邕宁、崇左、宁明、横县、桂平、平南等县城及附近；勾漏片，包括玉林、梧州两地区的玉林、北流、容县、岑溪、藤县、苍梧、蒙山、平南、桂平、贵县、昭平、博白、梧州 13 个市县的广大农村；钦廉片，包括钦州、合浦、廉州、浦北、灵山、防城、北海市。对这些地区的粤方言区归属学界没有太大异议。

粤方言是广西汉语中时代最早、流行最广的方言，集中分布在广西东南部，从贺县、昭平、蒙山、平南、桂平、贵港、灵山、钦州到防城一线的东南面，包括原玉林、钦州两地区，梧州地区大部，南宁和柳州两地区有若干散块，百色地区部分县市城区有少量散点。据 2000 年的人口普查数字，广西粤方言的使用人口有 1700 多万。不少说平话、客家话、闽方言、官话以及少数民族居民，以粤方言为第二语言，这部分人口约有 300 万。

从来源看，广西的粤方言分为两个大层次。第一层次是唐宋至元明期间进入岭南的北方汉语，这是两广粤方言的共同来源，我们称为"原住粤方言"或"早期粤方言"。早期粤方言居民入桂的时间不一，路线多样，多以村落族居，成片分布于桂东南部广大地区，以从事农业生产为主。对所操方言，当地多以地名相称，如玉林话、合浦话等；或称土话、土白话等，内部的语音差异较明显。第二层次是近现代从广东西渐的广府白话，属于本方言区的内部流动。珠江三角洲土地肥沃，农业发达，同时也人口压力大。广州是对外贸易的大港，北货、洋货和西部土货的集散地，商品经济发达。经商和转移人口压力，加上抗战时期的避难，形成广西粤方言的第二层次，即"白话"，主要分布于西江水系沿岸的商埠、城镇，少数沿海沿边的商埠，形成处在第一层次粤方言及民族语言当中的方言列岛，居民来源广泛，过去以经商和手工业为主。白话与广州话相近。由于来源单一，入桂时间晚近且相对集中，内部差异不大。从东端的梧州，沿江到西端的百色、田林，西南边陲的凭祥、龙州，北边的柳州沿江老城区，往南到沿海的北海、钦州、防城港等城市，通话没有障碍。从共时特征看，广西粤方言又大致分为三片：勾漏片、钦廉片、沿江片（白话，合原广府片和邕浔片）。勾漏片、钦廉片属广西粤方言的第一层次，沿江片白话为第二层次。

　　据 2000 年的语言使用情况调查，在全区 90 个市县中，没有粤方言的 18 个市县是：忻城、临桂、灵川、全州、兴安、灌阳、龙胜、资源、恭城、富川、那坡、凌云、乐业、隆林、凤山、东兰、巴马、都安。虽然粤方言的使用人口在广西分布很广，但是粤方言民系主要集中在勾漏片、钦廉片、沿江片，其他的零星分布多是经商或工作而迁往。

　　由于两广的粤方言同属一个大方言区，广东粤方言的成果累累，因此本章不再列举广西粤方言点的音系。

粤方言分布图

实心黑点表示沿江白话分布。

沿江白话分布图

第二节　广西粤方言的特点

一　声母的特点

1. 古全浊声母清化。今读塞音塞擦音送气与否并无一致的规律，以平声、上声送气、去声入声不送气（如沿江白话、陆川土白话），以及一律不送气（如勾漏片多数方言点）两种类型是为常见。勾漏片的贵港市、博白地佬话及钦廉片粤方言则读送气音。

	婆並	田定	被(棉~)並	坐从	步並	阵澄	共群	杂从	薄並
梧州	ph-	th-	ph-	tʃh-	p-	tʃ-	k-	tʃ-	p-
南宁	ph-	th-	ph-	tʃh-	p-	tʃ-	k-	tʃ-	p-
贵港	ph-	th-	ph-	tʃh-	p-	tʃ-	k-	tʃh-	p-
钦州	ph-	th-	ph-	tʃh-	p-	tʃ-	k-	tʃ-	p-
玉林	p-	t-	p-	t-	p-	tʃ-	k-	t-	p-
岑溪	p-	t-	p-	f-	p-	tʃ-	k-	f-	p-

续表

	婆並	田定	被(棉~)並	坐从	步並	阵澄	共群	杂从	薄並
贺街	p-	t-	p-	θ-	p-	s-	k-	θ-	p-
廉州	ph-	th-	ph-	tʃh-	ph-	tʃh-	kh-	tʃh-	ph-

2. 古微母字绝大部分读 [m]。

方言点	例　字
梧州	网妄望亡忘袜晚万无舞务雾物问文闻纹蚊抆尾微未味薇
南宁	网妄望亡忘袜晚万无舞务雾物问文闻纹蚊抆尾微未味薇
百色	网妄望亡忘袜晚万无舞务雾物问文闻纹蚊抆尾微未味薇
贵港	亡网妄望蔓袜晚万武舞务雾纹闻蚊问微薇尾未昧忘文
玉林	亡网妄忘望曼蔓晚万务雾舞文纹闻蚊问物微尾未昧雯
岑溪	网妄望亡忘袜晚万无舞务雾物问文闻纹蚊抆尾微未味薇
贺街	微尾未昧文纹蚊闻问物勿亡忘妄望网诬无武舞侮务雾万晚袜
钦州	微尾未昧薇文纹闻蚊刎吻问勿物亡网妄忘望巫诬无武侮舞务雾晚万袜
廉州	亡网辋妄忘望蔓晚万巫诬侮舞务雾无纹文闻蚊刎吻问墨微尾未昧

3. 多数方言只有一套塞擦音声母。中古精、知、照组归并，读 [tʃ tʃh ʃ] 或 [ts tsh s]，但除沿江白话东段外，擦音大多保持精组与照组的对立：[s/ɬ/θ/f]：[ʃ]。梧州话擦音只一套，与广州话同。

沿江片东段的桂平、平南、苍梧等城镇精组读 [ts tsh s]，与知、照组 [tʃ tʃh ʃ] 不混。这种情况与广东顺德陈村、东莞、新会城等地相同。梧州则已混同，与广州话一致。西段的南宁（老派）、百色等地只在止摄开口字有别，南宁老派精组读 [ts tsh s/ɬ]，知、照组读 [tʃ tʃh ʃ]，百色精组在止摄开口一律读擦音 [ɬ]，知照组读 [tʃ tʃh ʃ]。

勾漏片一些方言点精组读 [t th ɬ(θ/f)]，知、照组读 [tʃ tʃh ʃ]。

平南、蒙山话清母读 [th]，精、从、心、邪母均读齿间擦音 [θ]。岑溪、藤县话从、心、邪母均读 [f]。

4. 多数方言有边擦音声母 [ɬ]，来源一致。除沿江白话东段的梧州、桂平市等少数沿江城镇外，均有边擦音声母 [ɬ]，一般是古心母字，少数邪母、生母字。/s/音位的 [ɬ/θ/f] 变体反映了齿擦音规律的前化演变，有地域差异。

	苏	西	锁	写	碎	笑	蒜	心	鬆	索	锡	粟
梧州	s-	s-	s-	s-	s-	s-	s-	s-	s-	s-	s-	s-
南宁	ɬ-	ɬ-	ɬ-	ɬ-	ɬ-	ɬ-	ɬ-	ɬ-	ɬ-	ɬ-	ɬ-	ɬ-
百色	ɬ-	ɬ-	ɬ-	ɬ-	ɬ-	ɬ-	ɬ-	ɬ-	ɬ-	ɬ-	ɬ-	ɬ-
贵港	ɬ-	ɬ-	ɬ-	ɬ-	ɬ-	ɬ-	ɬ-	ɬ-	ɬ-	ɬ-	ɬ-	ɬ-
玉林	ɬ-	ɬ-	ɬ-	ɬ-	ɬ-	ɬ-	ɬ-	ɬ-	ɬ-	ɬ-	ɬ-	ɬ-
岑溪	f-	f-	f-	f-	f-	f-	f-	f-	f-	f-	f-	f-
钦州	ɬ-	ɬ-	ɬ-	ɬ-	ɬ-	ɬ-	ɬ-	ɬ-	ɬ-	s-	s-	s-
廉州	ɬ-	ɬ-	ɬ-	ɬ-	ɬ-	ɬ-	ɬ-	ɬ-	ɬ-	ɬ-	ɬ-	ɬ-
贺街	θ-	θ-	θ-	θ-	θ-	θ-	θ-	θ-	θ-	θ-	θ-	θ-
兴业	θ-	θ-	θ-	θ-	θ-	θ-	θ-	θ-	θ-	θ-	θ-	θ-

平南县一些方言点，连精母也读 [θ]。

5. 中古见系声母在细音前基本不腭化。

	鸡见	击见	启溪	缺溪	舅群	距群	牛疑	银疑	虚晓	晓晓	系匣	协匣
梧州	k-	k-	kh-	kh-	kh-	kh-	ŋ-	ŋ-	h-	h-	h-	h-
南宁	k-	k-	kh-	kh-	kh-	k-	ŋ-	ŋ-	h-	h-	h-	h-
百色	k-	k-	kh-	kh-	kh-	k-	ŋ-	ŋ-	h-	h-	h-	h-
玉林	k-	k-	kh-	kh-	tʃ-	k-	ȵ-	ȵ-	h-	ȵ-	h-	j-
岑溪	k-	k-	kh-	kh-	tʃ-	k-	ȵ-	ȵ-	h-	ȵ-	h-	ʃ-
贺街	k-	k-	h-	kh-	tʃ-	k-	ȵ-	ȵ-	h-	h-	h-	h-
钦州	k-	k-	kh-	kh-	kh-	k-	ŋ-	ŋ-	h-	h-	h-	h-
廉州	k-	k-	h-	kh-	kh-	kh-	ŋ-	ŋ-	h-	h-	h-	h-

6. 溪母多擦化，混同晓母，读 [h]。有的方言点合口字进一步由 [hu-] 演变为 [f-]。如沿江白话。

溪母字例：

	开	敲	壳	庆	起	吃	去	哭	阔	款
梧州	h-	h-	h-	h-	h-	h-	h-	h-	f-	f-
南宁	h-	h-	h-	h-	h-	h-	h-	h-	f-	f-
百色	h-	h-	h-	h-	h-	h-	h-	h-	f-	f-
贵港	h-	h-	h-	h-	h-	h-	h-	h-	f-	f-
玉林	h-	h-	h-	h-	h-	h-	h-	h-	w-	w-

续表

	开	敲	壳	庆	起	吃	去	哭	阔	款
岑溪	h-	h-	h-	h-	h-	h-	h-	h-	h-	h-
贺街	h-	kh-	h-	h-	h-	h-	h-	h-	f-	f-
钦州	h-	h-	h-	h-	h-	h-	h-	h-	f-	f-
廉州	h-	h-	h-	h-	h-	h-	h-	h-	f-	f-

7. 匣母开口洪音读 [h]，细音及合口普遍读零声母。玉林话匣母口语字无论洪细均变为零声母。以下为几个声母的百分比（[j　w（v）] 都算在零声母内）。

	梧州	南宁	贵港	玉林	岑溪	贺街	钦州	廉州
h	0.54	0.53	0.90	0.03	0.57	0.18	0.58	0.73
f	0.01	0.01	0	0	0	0.05	0.03	0.19
Ø	0.45	0.46	0.10	0.97	0.36	0.77	0.39	0.08

例字：

	现	刑	完	缓	会	户	横	坏	县	获	滑
梧州	j-	j-	j-	w-	w-	w-	w-	w-	j-	w-	w-
南宁	j-	j-	j-	w-	w-	w-	w-	w-	Ø	w-	w-
百色	j-	j-	j-	w-	w-	w-	w-	w-	j-	w-	w-
贵港	j-	h-	j-	v-	v-	v-	v-	v-	j-	v-	v-
玉林			j-						j-		
岑溪	j-	j-	j-	w-	w-	h-	w-	w-	j-	w-	w-
贺街	Ø-	Ø-	w-	f-	Ø-				Ø-		
钦州	h-	j-	j-	w-	w-	f-	w-	w-	h-	w-	w-
廉州	j-	j-	v-	v-	f-	f-	v-	v-	j-	v-	v-

8. 古疑母字在洪音前大都保留保留 [ŋ] 声母。疑母的细音及日母，勾漏片、钦廉片及沿江白话东段多读 [n]，沿江白话中西段则演变为 [j]，同广州话。

	我	牛	眼	牙	硬	鱼	元	月	日	肉	认
梧州	ŋ-	ŋ-	ŋ-	ŋ-	ŋ-	ɲ-	j-	ɲ-	ɲ-	ɲ-	j-
南宁	ŋ-	ŋ-	ŋ-	ŋ-	ŋ-	j-	j-	j-	j-	j-	j-

续表

	我	牛	眼	牙	硬	鱼	元	月	日	肉	认
百色	ŋ-	ŋ-	ŋ-	ŋ-	ŋ-	j-	j-	j-	j-	j-	j-
贵港	ŋ-	ŋ-	ŋ-	ŋ-	ŋ-	ɲ-	j-	ɲ-	ɲ-	ɲ-	ɲ-
玉林	ŋ-	ɲ-	ŋ-	ŋ-	ŋ-	ŋ-	j-	ɲ-	ɲ-	ɲ-	ɲ-
岑溪	ŋ-	ŋ-	ŋ-	ŋ-	ŋ-	ŋ-	j-	ɲ-	ɲ-	ɲ-	j-
廉州	ŋ-	ŋ-	ŋ-	ŋ-	ŋ-	ɲ-	j-	ɲ-	ɲ-	ɲ-	ɲ-

　　桂平、平南部分粤方言点日母与疑母合并，都读 [ŋ]。

　　9. 无中古影母变 [ŋ-] 声母的现象。

二　韵母的特点

　　1.普遍有保留 [-m]、[-n]、[-ŋ] 三个鼻音韵尾和 [-p]、[-t]、[-k] 三个塞音韵尾，与中古韵类对应整齐。

　　（1）[-m] 尾字例

	咸咸	潭咸	含咸	染咸	店咸	点咸	盐咸	心深	婶深	禁深	寻深	金深
梧州	-m	-m	-m	-m	-m	-m	-m	-m	-m	-m	-m	-m
南宁	-m	-m	-m	-m	-m	-m	-m	-m	-m	-m	-m	-m
百色	-m	-m	-m	-m	-m	-m	-m	-m	-m	-m	-m	-m
贵港	-m/ŋ	-m/ŋ	-m/ŋ	-n		-n	-m/n					
玉林	-m	-m	-m	-m	-m	-m	-m	-m	-m	-m	-m	-m
贺街	-m	-m	-m	-m	-m	-m	-m	-m	-m	-m	-m	-m
钦州	-m	-m	-m	-m	-m	-m	-m	-m	-m	-m	-m	-m
廉州	-m	-m	-m	-m	-m	-m	-m	-m	-m	-m	-m	-m

　　（2）塞尾字例

	答咸	湿深	八山	察山	实臻	药宕	德曾	直曾	敌梗	服通	屋通
梧州	-p	-p	-t	-t	-t	-k	-k	-k	-k	-k	-k
南宁	-p	-p	-t	-t	-t	-k	-k	-k	-k	-k	-k
百色	-p	-p	-t	-t	-t	-k	-k	-k	-k	-k	-k
贵港	-p	-p	-t	-t	-t	-k	-k	-t	-t	-k	-k
玉林	-p	-p	-t	-t	-t	-k	-k	-k	-k	-k	-k
贺街	-p	-p	-t	-t	-t	-k	-k	-k	-k	-k	-k

续表

	答咸	湿深	八山	察山	实臻	药宕	德曾	直曾	敌梗	服通	屋通
钦州	-p	-p	-t	-t	-t	-k	-k	-k	-k	-k	-k
廉州	-p	-p	-t	-t	-t	-k	-k	-t	-t	-k	-k

2. 有一套较整齐的、主元音由〔a〕/〔ɐ〕构成的具有音位对立的复合韵母。

	买_/米	界/计	监/今	蓝/林	慢/问	交/沟	争/曾
梧州	-ai/ɐi	-ai/ɐi	-am/ɐm	-am/ɐm	-an/ɐn	au/ɐu	-aŋ/ɐŋ
南宁	-ai/ɐi	-ai/ɐi	-am/ɐm	-am/ɐm	-an/ɐn	au/ɐu	-aŋ/ɐŋ
百色	-ai/ɐi	-ai/ɐi	-am/ɐm	-am/ɐm	-an/ɐn	-ɛu/ɐu	-aŋ/ɐŋ
玉林	-ɔi/ai	-ɔi/ai	-ɔm/am	-ɔm/am	-ɔn/an	-ɔu/au	-a/aŋ
贵港	-ɔi/ai	-ɔi/ai	-ɔŋ/aŋ	-ɔŋ/aŋ	-ɔn/an	-ɛu/au	-ɛŋ/aŋ
岑溪	-ai/ɐi	-ai/ɐi	-am/ɐm	-am/ɐm	-an/ɐn	-au/ɐu	-aŋ/ɐŋ
钦州	-ai/ɐi	-ai/ɐi	-am/ɐm	-am/ɐm	-an/ɐn	-au/ɐu	-aŋ/ɐŋ
廉州	-ai/ɐi	-ai/ɐi	-am/ɐm	-am/ɐm	-an/ɐn	-au/ɐu	-ɛŋ/aŋ

3. 除了中古牙喉音字，基本无介音。因此均可在声母系统设置唇化的舌根音〔kw khw ŋw〕和无擦通音〔j w〕，而减少带韵头的韵母，使音系较为简单。

4. 蟹、效、咸、山诸摄一二等有区别。咸、山摄一二等对立保留在牙喉音。

	才蟹开一/柴蟹开二	海蟹开一/蟹蟹开二	贝蟹合一/拜蟹合二	宝效开一/饱效开二	甘咸开一/监咸开二	官山合一/关山合二
梧州	-ɔi/-ai	-ɔi/-ai	-ui/-ai	-ɔu/-au ɐu-	-ɐm/-am	-un/-an
南宁	-ɔi/-ai	-ɔi/-ai	-ui/-ai	-u/-u、ɐu	-ɐm/-am	-un/-an、ɐn
百色	-ɔi/-ai	-ɔi/-ai	-ui/-ai	-u/-u au、ɐu	-ɐm/-am	-un/-an、ɐn
贵港	-ɔi	-ui/-ɔi	-ui/-ɔi	-ɔu/-ɐu ɐu	-ɐm/-ɔm	-un/-ɔn ɐn
玉林	-ɔi	-ɔi	-ui/-ɔi	-ɔu/-ɐu	-ɔm	-un/ɔn
岑溪	-ɐi/-ai	-ɔi/-ai	-ui/-ai	-ɐu/-au	-ɐm/-am	-un/-an
钦州	-ɔi/-ai	-ɔi/-ai	-ui/-ai	-ua/-ua	-ɐm/-am	-un/-an
廉州	-ui/-ai	-ui/-ai	-ui/-ai	-ɐu/-au	-ɐm/-am	-un/-an

5. 歌麻不混。

	多/打	波/把	搓/查	哥/家	火/花
梧州	ɔ/a	ɔ/a	ɔ/a	ɔ/a	ɔ/a
南宁	ɔ/a	ɔ/a	ɔ/a	ɔ/a	ɔ/a
百色	ɔ/a	ɔ/a	ɔ/a	ɔ/a	ɔ/a
贵港	u/ɔ	u/ɔ	u/ɔ	u/ɔ	u/ɔ
玉林	ɤ/ɔ	ɤ/ɔ	ɤ/ɔ	ɤ/ɔ	ɤ/ɔ
岑溪	ɔ/a	ɔ/a	ɔ/a	ɔ/a	ɔ/a
钦州	ɔ/a	ɔ/a	ɔ/a	ɔ/a	ɔ/a
廉州	ɔ/a	ɔ/a	ɔ/a	ɔ/a	ɔ/a

6. 蟹摄开口三四等读低元音。

	币/闭	世/西	祭/齐	艺/鸡
梧州	-ɐi	-iɐ	-ɐi	-iɐ
南宁	-iɐ	-iɐ	-iɐ	-iɐ
百色	-iɐ	-iɐ	-iɐ	-iɐ
贵港	-ai	-ai	-ai	-ai
玉林	-ai	-ai	-ai	-ai
岑溪	-iɐ	-iɐ	-ɐi	-iɐ
钦州	-ɐi	-ɐi	-ɐi	-ɐi
廉州	-iɐ	-iɐ	-iɐ	-iɐ

7. 中古果摄、臻摄、宕摄一等不分开合。

（1）果摄字例。

	多/朵	搓/坐	哥/戈	河/火	我/卧
梧州	-ɔ	-ɔ	-ɔ	-ɔ	-ɔ
南宁	-ɔ	-ɔ	-ɔ	-ɔ	-ɔ
百色	-ɔ	-ɔ	-ɔ	-ɔ	-ɔ
贵港	-u	-u	-u	-u	-u
玉林	-ɤ	-ɤ	-ɤ	-ɤ	-ɤ
岑溪	-ɔ	-ɔ	-ɔ	-ɔ	-ɔ
钦州	-ɔ	-ɔ	-ɔ	-ɔ	-ɔ
廉州	-ɔ	-ɔ	-ɔ	-ɔ	-ɔ

（2）臻摄三等除了牙喉音，不分开合。

	宾/分	邻/轮	亲/春	人/润	七/出	失/术
梧州	-ɐn	-ɐn	-ɐn	-ɐn	-ɐt	-ɐt
南宁	-ɐn	-ɐn	-ɐn	-ɐn	-ɐt/yt	-ɐt
百色	-ɐn	-ɐn	-ɐn	-ɐn	-ɐt	-ɐt
贵港	-an	-an	-an	-an	-at	-at
玉林	-an	-an	-an	-an	-at	-at
岑溪	-ɐn	-ɐn	-ɐn	-ɐn	-ɐt	-ɐt
钦州	-ɐn	-ɐn	-ɐn	-ɐn	-ɐt	-ɐt
廉州	-ɐn	-ɐn	-ɐn	-ɐn	-ɐt	-ɐt

老派南宁白话谆韵系非牙喉字读［yn/yt］，与真韵系有别，广州话也不混，只是广州话合口读［øy/øt］。

广州话臻摄三等开合不混。广西的粤方言臻摄三等合口除了见系字（处理为唇化声母），其余与开口没有区别。

（3）宕摄一等不分开合，与三等合口合并。

	钢/光/方	忙/网	抗/况	康/旷	各/郭
梧州	-ɔŋ	-ɔŋ	-ɔŋ	-ɔŋ	-ɔk
南宁	-ɔŋ	-ɔŋ	-ɔŋ	-ɔŋ	-ɔk
百色	-ɔŋ	-ɔŋ	-ɔŋ	-ɔŋ	-ɔk
贵港	-œŋ	-œŋ	-œŋ	-œŋ	-œk
玉林	-ɔŋ	-ɔŋ	-ɔŋ	-ɔŋ	-ɔk
岑溪	-œŋ	-œŋ	-œŋ	-œŋ	-œk
钦州	-ɔŋ	-ɔŋ	-ɔŋ	-ɔŋ	-ɔk

8. 中古流、臻、通三摄一三等混并。

（1）流摄一三等字例。

	楼/流	篓/柳	走/肘	奏/宙	凑/臭	狗/九
梧州	-ɐu	-ɐu	-ɐu	-ɐu	-ɐu	-ɐu
南宁	-ɐu	-ɐu	-ɐu	-au	-ɐu	-ɐu
百色	-ɐu	-ɐu	-ɐu	-ɐu	-ɐu	-ɐu
贵港	-au	-au	-au	-au	-au	-au

续表

	楼/流	篓/柳	走/肘	奏/宙	凑/臭	狗/九
玉林	-au	-au	-au	-au	-au	-au
岑溪	-ɐu	-ɐu	-ɐu	-au	-ɐu	-ɐu
贺街	-ou	-ou	-ou	-ou	-ou	-ou
清塘	-ɐu	-ɐu	-ɐu	-ɐu	-ɐu	-ɐu
钦州	-ɐu	-ɐu	-ɐu	-ɐu	-ɐu	-ɐu
廉州	-ɐu	-ɐu	-ɐu	-ɐu	-ɐu	-ɐu

（2）臻摄一三等字例。

	跟臻一/巾臻三	恨臻一/阵臻三	根臻一/斤臻三	魂臻一/云臻三	骨臻一/屈臻三
梧州	-ɐn	-ɐn	-ɐn	-ɐn	-ɐt
南宁	-ɐn	-ɐn	-ɐn	-ɐn	-ɐt
百色	-ɐn	-ɐn	-ɐn	-ɐn	-ɐt
贵港	-an	-an	-an	-an	-at
玉林	-an	-an	-an	-an	-at
岑溪	-ɐn	-ɐn	-ɐn	-ɐn	-ɐt
钦州	-ɐn	-ɐn	-ɐn	-ɐn	-ɐt
廉州	-ɐn	-ɐn	-ɐn	-ɐn	-ɐt

（3）通摄一三等字例。

	东/风	蒙/梦	龙/隆	农/浓	宗/钟	公/宫	鹿/六	谷/菊
梧州	-oŋ	-oŋ	-oŋ	-oŋ	-oŋ	-oŋ	-ok	-ok
南宁	-oŋ	-oŋ	-oŋ	-oŋ	-oŋ	-oŋ	-ok	-ok
百色	-oŋ	-oŋ	-oŋ	-oŋ	-oŋ	-oŋ	-ok	-ok
贵港	-uŋ	-uŋ	-uŋ	-uŋ	-uŋ	-uŋ	-uk	-uk
玉林	-oŋ	-oŋ	-oŋ	-oŋ	-oŋ	-oŋ	-ok	-ok
岑溪	-oŋ	-oŋ	-oŋ	-oŋ	-oŋ	-oŋ	-ok	-ok
钦州	-oŋ	-oŋ	-oŋ	-oŋ	-oŋ	-oŋ	-ok	-ok
廉州	-oŋ	-oŋ	-oŋ	-oŋ	-oŋ	-oŋ	-ok	-ok

9. 效、咸、山摄三四等介音挤掉原主元音，成为韵腹。

	表	尿	剑	甜	胁	协	连	田	杰	结	全	血
梧州	iu	iu	im	im	ip	ip	in	in	it	it	yn	yt
南宁	iu	iu	im	im	ip	ip	in	in	it	it	yn	yt
百色	iu	iu	im	im	ip	ip	in	in	it	it	in	it
贵港	iu	iu	in	in	it	it	in	in	it	it	yn	yt
玉林	iu	iu	im	im	ip	ip	in	in	it	it	yn	yt
岑溪	iu	iu	im	im	ip	ip	in	in	it	it	yn	yt
钦州	iu	iu	im	im	ip	ip	in	in	it	it	in	it
廉州	iu	iu	im	im	ip	ip	in	in	it	it	un	ut

　　口语中保留主元音痕迹的多为四等字，如效开四"掉调鸟撩寮料吆"，读［ɛu］；咸开四"点舔捻拈兼/挟"，读［ɛm/ɛp］；山开四"扁匾撚片辫跰茧/篾捏"，读［ɛn/ɛt］。这种现象在粤方言中有很强的一致性。［ɛ-］可视为由［iæ-］演变而来。

　　10. 中古宕、江、梗摄开口二等的分与合。

　　中古宕、江摄合并，但与梗摄开口二等无涉，是大多数汉语方言的特点，主元音一般读［-a-］或［-ɔ-］。由于中古梗摄开口二等在东南方言大多有［aŋ/ak］的白读，这就使广西粤方言的宕、江和梗摄开口二等的关系较为复杂。主要有三种情况：

　　（1）宕摄一、三等不混，江摄与唐韵系合并；梗摄开口二等（白读）独立。

　　如沿江片白话，宕摄一等、合口三等与江摄合并，读［ɔŋ/ɔk］，宕摄开口三等读［œŋ/ œk］；梗摄开口二等白读读［aŋ/ak］，文读与曾摄一等合并，读［ɐŋ/ɐk］，与广州话同。

　　岑溪话宕摄一等、合口三等与江摄合，读［œŋ/œk］，宕摄开口三等独立，读［ɛŋ/ɛk］，梗摄开口二、三、四等和曾开三读［əŋ/ək］。

　　（2）宕摄一、三等不混；江摄与梗摄开口二等合并。

　　如贵港宕摄一等及合口读［œŋ/œk］，宕摄三等读［iɐŋ/iɐk］，江摄与梗开二合并，读［ɛŋ/ɛk］。

　　（3）宕摄一、三等不混，宕开一与江摄合并，宕开三与梗摄开口二等合并。如勾漏片粤方言。玉林话宕开一与江摄读［(u) ɔŋ/ (u) ɔk］，宕开三与梗摄开口二等合并，并整齐地失落韵尾，由［aŋ/ak］变成阴声韵［a］。

	缸/光	帮/方	航/项	刚/江	霜/双	生/商	各/郭	鹤/学	着/捉
梧州	-ɔŋ	-ɔŋ	-ɔŋ	-ɔŋ	-œŋ /ɔŋ	-aŋ/-œŋ	-ɔk	-ɔk	-œk/ɔk
南宁	-ɔŋ	-ɔŋ	-ɔŋ	-ɔŋ	-œŋ	-aŋ/-œŋ	-ɔk	-ɔk	-œk
百色	-ɔŋ	-ɔŋ	-ɔŋ	-ɔŋ	-œŋ	-aŋ/-œŋ	-ɔk	-ɔk	-œk
贵港	-œŋ	-œŋ	-œŋ	-œŋ/-ɛŋ	-œŋ	-ɐŋ/-iŋ	-œk	-œk/-ɐk	iɐk /œk
玉林	-uɐn	-uɐn	-uɐn	-uɐn	-a/-uɐn	-a	-uɐt	-uɐt/ak	-a/uɐt
岑溪	-œŋ	œŋ	-œŋ	-œŋ/ɐŋ	-œŋ	-ɐŋ	-œk	-œk	ɐk	œk
廉州	-ɛŋ/-ɔŋ (ɔ-/ɐ-)	-ɔŋ	-ɔŋ	-ɛŋ	-eŋ/-ɔŋ	-ɐŋ/-ɛŋ	-ɛk/-ok	-ɐk	ek/-ɛk

11. 普遍有声化韵 [ŋ]，来自模韵疑母字。

三　声调的特点

1. 调类较多。少则 7 类，多则 10 类以上。中古四声按声母清浊各分阴阳，入声再分化，是粤方言的重要特征，以 9 调为常。

广西粤方言声调表

四声	平		上		去		入		
清浊	清	浊	清	浊	清	浊	清		浊
贵港	阴平	阳平	阴上	阳上	阴去	阳去	阴入		阳入
贺街	阴平	阳平	阴上	阳上	阴去	阳去	阴入		阳入
梧州	阴平	阳平	阴上	阳上	阴去	阳去	上阴入	下阴入	阳入
南宁	阴平	阳平	阴上	阳上	阴去	阳去	上阴入	下阴入	阳入
百色	阴平	阳平	阴上	阳上	阴去	阳去	上阴入	下阴入	阳入
钦州	阴平	阳平	上声		阴去	阳去	上阴入	下阴入	阳入
廉州	阴平	阳平	上声		阴去	阳去	上阴入	下阴入/阳入2	阳入1
岑溪	阴平	阳平	阴上	阳上	阴去	阳去	上阴入	下阴入	阳入
玉林	阴平	阳平	阴上	阳上	阴去	阳去	阴入1	阴入2/阳入1	阳入2

少于 9 类往往是因为调值相近的调类再合并。如梧州、北海白话，阳平与阳去合并；廉州话阳平与阴去合并。钦廉片粤方言上声多不分阴阳，处于此片地域的北海、钦州白话受其影响，上声也只有 1 类。多于 10 个调类的情况均出现在勾漏片粤方言，属创新演变。

2. 阴调类的调值一般比阳调类的调值高。

3. 上声无论是一类还是分阴阳，保留较完整，全浊上声的口语常用字基本不变去声，保留最多的是勾漏片粤方言。浊上变去的各点多寡不一，多为书面语用字，变阳去，变得最多的是沿江白话西段，因为受官话的影响较其他粤方言点大。

4. 部分方言点阳平与阳去因调值相近而混并。如梧州、北海、钦州等地。南宁市新派也出现这种趋势。

5. 入声再分化主要出现在清入字，浊入二分现象不多，主要出现在勾漏片，但与桂南平话的类型不同。

6. 沿江白话、钦廉片基本没有连读变调现象，勾漏片则连读变调丰富。

第三节　广西粤方言的内部差异及分片条件

我们已结合中古音类在现代方言的分合情况分析了广西粤方言的共性。广西粤方言的内部分片同样基于语言特征。粤方言是强势方言，在地域上是相连的，由于演变的不平衡，又没有核心的优势方言，差异性的语音特征在各片之间错综复杂，在此只从主要差异把广西粤方言大致分为三片：沿江片、勾漏片、钦廉片。

一　沿江片粤方言的特点

沿江片是广府白话的西渐，俗称"白话"，所以与以广州话为代表的广府白话最为接近，并保留许多早期广府白话的特点。

（一）声母

1. 中古全浊声母清化，今读塞音塞擦音平上送气，去入不送气。

2. 边擦音 [ɬ]。沿江片白话东段无 [ɬ]，中西段均有，但与勾漏片粤方言是系统内的发展不同，沿江片白话 [ɬ] 的有无及覆中古声类的多少跟与壮语的接触有关。

3. 东段有 [ȵ] 声母，中西段多同广州话，演变为 [j]。

4. 溪母擦化与晓母合并，在合口呼演变为 [f-]。

（二）韵母

1. 效、咸、山摄开口二等，梗摄开口二三四等有系统的文白异读。东端的梧州，除了梗摄开口二等字，其他各摄的白读音已经很少见，仅有少数痕迹，如效摄二等的"饱觉吆"，以及梗摄开口三四等少数口语常用字。以南宁白话为例：

文读	白读
包工 [pau^{55}kuŋ^{55}]	打包 [ta^{35}pɛu^{55}]
炮制 [phau^{33}tʃɐi^{33}]	烧炮（放鞭炮）[ʃiu^{55}phɛu^{33}]

咸丰［hɛm²¹fuŋ⁵⁵］　　　　　　　咸蛋［hɛm²¹tan²²］

铲除［ʧhan³ʧhy²¹］　　　　　　　铁铲［thit³ʧhɛn³⁵］

关系［kwan⁵⁵hɐi²²］　　　　　　　关门［kwɛn⁵⁵mun²¹］

青春［ʧhɛŋ⁵⁵ʧhɛn⁵⁵］　　　　　　青色［ʧhɛŋ⁵⁵ʃek⁵］

精神［ʧeŋ⁵⁵ʃen²¹］　　　　　　　精灵（机灵）［ʧeŋ⁵⁵leŋ⁵⁵］

可惜［hɔ³⁵łek⁵］　　　　　　　　□惜（珍惜）［kɛŋ²²łɛk³］

挑剔［thiu⁵⁵thek⁵］　　　　　　　剔骨［thɛk³kwɐt⁵］

这种现象与广东南海、佛山、顺德、高要、高明、三水等地粤方言同。其中南海、佛山、顺德，顺德兼有少数效摄一等、咸、山摄三等字，高要、高明城兼有少数效摄一等、咸摄三等、山摄一三等字，也就是韵母主元音读［-a-］的。

效、咸、山等摄开口四等白读字与二等白读合并。如：

效　εu　　　　调~转头 掉丢撩寮料~数 鸟麻~：阴圣 吆挠

咸　εm/εp　　舔拈兼/镊挟~菜

山　εn/ εt　　扁片边篾撚撵楝茧跰研/捏列

梗摄开口二等字白读读［-a-］元音，与曾摄一等不混。如：

彭［phaŋ²¹］≠朋［phɛŋ²¹］　　　　百［pak³］≠北［pɐk⁵］

争［ʧaŋ⁵⁵］≠曾［ʧɛŋ⁵⁵］　　　　客［hak³］≠刻［hɐk⁵］

2. 中西段模、豪混并，读［u］，与早期广府话同。东段复化为［ou］，与广州、番禺、三水、增城、佛山、阳江、阳春、思贺、高州、化县等地粤方言同。

3. 西段及沿海无撮口韵。田东、百色、龙州、凭祥、崇左、宁明，以及北海、钦州、防城港等市镇的白话，没有［y］和［y-］。

4. 中古止摄开口韵母读［i］，就连东端的梧州也没有复化现象。南宁、百色的［ʅ］韵母是与官话接触产生的。

（三）声调

1. 有 9 个声调。中古四声各依声母的清浊分为阴阳两类。全浊上变去的为少数书面语用字，如"在部是件皓静荡"等。阴入二分，阳入 1 类。调类调值内部一致性很强，与广州话基本一致，唯百色的阳平调是个高降调［42］，这又与桂西官话的影响有关。

梧州话阳平阳去合并。邕宁地区白话单字调上声已并成一类，读阴上［35］调，但在词语中还能区分阴上［35］和阳上［24］。

2. 基本没有连读变调现象。

二　勾漏片粤方言的主要特点

广西的粤方言，以勾漏片范围最大，东跨广东，西连桂南平话，南接钦廉粤方言，语音系统最为复杂，内部差异也较大。例如贵港市虽在郁江畔，老城居民多来自广东、福建，但由于处于连接桂南平话和钦廉粤方言的中心，兼有各片区方言的特点，正如《贵县志》（1934，重修本）所言："贵县界于桂横、兴、郁、宾、武、迁、永、来及粤之合浦诸县间。以地域关系，其方言亦与滨海语系之粤语为近。既不似桂平之多唇齿音，复不似郁林诸县之多舌前音。自为风气音，多双唇音。而南北无阂，易于仿效。故县人旅外，或从事懋迁者，朋侪交接，率能别操方言。"

（一）声母

1. 中古全浊声母清化，今读塞音塞擦音不送气是主流。陆川土白话平上送气，去入不送气，贵港则一律读送气音。

2. 中古帮、端母分别读前喉塞音（或称内爆音）[ɓ]、[ɗ]。玉林、北流、容县等地新派已经逐渐演变为清塞音 [p]、[t]，与並、定母无别。

3. 中古精、清母读塞音 [t　th]。中古心母字/s/音位的变体 [ɬ/θ/f] 均出现在勾漏片。

	宗精	早精	左精	曾精	卒精	进精	酱精	接精	菜清	村清	葱清	草清	亲清	切清
玉林	toŋ⁵⁴	təu³³	tɿ³³	taŋ⁵⁴	tat⁵	tan⁴²	ta⁴²	tip⁵	thɔi⁴²	thyn⁵⁴	thoŋ⁵⁴	thəu³³	than⁵⁴	thit⁷
岑溪	toŋ⁵⁴	teu⁴⁴	to³³	teŋ⁵³	tet⁵	ten³³	teŋ³³	tip⁵	thɔi³³	thun⁵³	thoŋ⁵³	theu⁴⁴	then⁵³	thit⁷
贺街	tuŋ⁵³	tu⁵⁵	tp³⁵	θoŋ⁵³	tot⁵	ton³⁵	tian³⁵	tip⁵	thp³⁵	thun⁵³	thuŋ⁵³	thu⁵⁵	thon⁵³	thit⁵
清塘	tuŋ⁵²	to⁵⁴	tø⁴⁵	teŋ⁵²	tet⁵	ten⁴⁵	tian⁴⁵	tit⁵	thø⁴⁵	thun⁵²	thuŋ⁵²	tho⁵⁴	then⁵²	thit⁵

精组擦音范围较大，除了心邪母，还包括从母字，甚至精母字，并且变异较多，如玉林、北流、贵港读 [ɬ]，兴业、平南多读 [θ]，岑溪、藤县多读 [f]。沿江白话和钦廉片只有边擦音 [ɬ]。

4. 溪母擦化与晓母合并，在合口呼及开口细音前多演变为零声母（作 [w、j] 是技术处理问题）。匣母多演变为零声母。

5. 部分方言点见系字在流摄三等及深摄有腭化现象，读 [tʃ　tʃh]，如 "九" "金" 等读 [tʃ] 声母。

（二）韵母

1. 外转韵开口二等韵母主元音多为后元音 [-ɔ/ɒ-]。[-a-] 系列韵母则来自内转韵摄。也就是说，主流粤方言的长短/ a /系列 [-a-]：[-ɐ-] 的对立，在勾漏片表现为 [-ɔ/ɒ-]：[-a-] 的对立。

2. 祖方言没有撮口韵。

3. 中古宕摄开口三等、梗摄开口二等合并，整齐脱落 [-ŋ/-k] 韵尾，变成单韵母 [a]，这是玉林话的典型特征，其他方言点罕见，如北流市只有大里镇。

（三）声调

1. 声调较多。入声有 4 分现象；少数方言点的清声母字有"送气分调"现象，即阴调类的字，再依全清声母和次清声母二分。如桂平麻垌、平南大新、兴业石南及博白地佬话等。以兴业县石南镇为例：

调类	调值	例字
阴平 1	55	多班东该灯风
阴平 2	35	拖攀通开天春
阳平	32	门龙牛油铜皮糖红
阴上 1	33	赌早懂古鬼九
阴上 2	24	土草统苦讨桶
阳上	24	买老五有动罪近厚
阴去 1	523	赞宋冻怪半四
阴去 2	342	灿痛快寸处去
阳去	22	卖路硬乱洞地饭树
阴入 1	33	谷百搭节急织叔菊
阴入 2	24	脱哭拍塔切刻测曲
阳入 1	22	白麦叶月盒罚特直
阳入 2	24	集十侄日律石历六毒

从中古调类来看，平、上、去三声的清声母字都再依全清和次清二分，即所谓"送气分调"，浊声母字只有一类。入声比较复杂，清入字依全清和次清二分，阳入字却以韵摄二分，即所谓"元音分调"，开元音的咸、山、宕、曾、梗二等韵摄的浊入字读上阳入 [22]，深、臻、梗三四、通等韵摄摄的浊入字读下阳入 [24]。但在连读变调中，曲折调仍然读回该片的祖调值。

2. 调值与其他二片最大区别是阴上为[33]，阴去为高降调[53]或[42]。

3. 连读变调丰富。

第 2 点、第 3 点与桂南平话相似。

三 钦廉片粤方言的主要特点

钦廉地区 1965 年才划入广西。在广西的粤方言中，钦廉片的韵类和调类是相对较少的，一般只有 33—34 个韵母，以 7 个声调为常。

（一）声母

1. 中古全浊声母清化，今逢塞音塞擦音无论平仄一律读送气清音，与客家话同。

2. 心母字读 [ɬ]；日母及疑母细音读 [ɲ]。

（二）韵母

1. 没有撮口韵。

2. 中古效摄一等与流摄归并读 [ɐu]。

3. 效摄三四等韵母 [ɛu] 发音动程比沿江白话的 [ɛu] 稍短，韵尾 [-u] 较前，唇较展，部分新派已读为 [ɛi]。

4. 蒸韵与梗摄三四等与臻摄合并，韵尾由 [-ŋ/-k] 变 [-n/-t]；主元音为 [ɐ]。与广东开平、东莞同。

5. 宕、曾摄开口一等及江摄合并读 [ɛŋ]。

6. 主元音为开元音的韵母，如咸、山、宕、江等摄，鼻音韵尾和塞音韵尾均出现弱化，甚至脱落现象，[-m/-p] 韵尾的消变最常见。入声的中阴入（开元音）韵尾弱化、脱落尤其明显，新派基本完成系统的变异。广东粤方言也有这种现象。如东莞、宝安大部分咸山摄一二等，宕、江摄及梗摄开口二等的塞尾已经脱落，变成舒声韵；阳春小部分山摄一二等、宕、江、曾、梗字亦然。

（三）声调

声调 7 个，阴平读升调，阳平与阴去归并，读同广州话的阴去调 [33]，上声不分阴阳，读如广州话的阳上调 [24]；入声三分，中古内转韵摄的清声母字读上阴入 [33]，外转韵摄的清声母、次浊声母字读 [24]，调值与上声同，全浊声母字读 [22]。少数读高调 [55] 的入声字多来自外方言，而且多为有音无字的音节。

龙州、宁明、凭祥等沿边城镇的白话，有不少与钦廉片粤方言相似的特点。

第五章　平话与粤方言的语音比较研究

方言的"群体的比较研究是为了弄清方言间的关系并为方言分类"。"对一群方言进行研究更是离不开比较一群方言的异同，主要是为了认识诸方言之间的亲疏远近关系。当然，也可从中寻求为方言分区的合理方案，但弄清关系是理清客观的语言事实，是根本的基础，为方言分区是从中引出来的结论。"[①]由于汉语语音特点有很强的系统性，汉语方言所有的语音分析，都是在语音演变规律和语音结构规律的理论框架下进行的，也通常都以语音标准来划分方言。我们考察平话与粤方言的关系，同样也以语音特征作为比较研究的核心内容。

在前三章，我们分别描写了广西的平话和粤方言一些代表点的语音系统，归纳了平话和粤方言的主要语音特点。本章将针对平话和粤方言语音特征的共性与差异进行比较研究，以昭示平话与粤方言的亲属关系。从历时角度看，可把桂北、桂东北看作是湘方言与粤方言的过渡区，明清以后有不多的客家、闽等方言进入，近代官话又强势覆盖其上，成为多方言交界或叠置地带，变异很大。由于桂北平话内部一致性不强，在与粤方言的比较研究中，我们选择范围最广、受其他方言或语言影响较小、内部一致性较强的桂南平话为主，同时涉及桂北平话的早期特征。

第一节　平话与粤方言语音的共同特征

语音的差异最明显的是音值的差异，音值的差异甚至可以反映到个人，以此来划分方言显然过于琐碎，也难以得出科学的结论。当年赵元任在谈到徽州方言时说[②]："但是如果嫌全国方言区分得太琐碎的话，那就最好以音类为重，音值为轻，可以认为是吴语的一种。"本书分析平话与粤方言在语音特征上的异同，着重于音类，因为音类的分合反映的是历时的音韵特点。

---

① 李如龙：《论汉语方言比较研究（上）》，《语文研究》2000 年第 2 期。

② 赵元任：《绩溪岭北音系》，《史语所集刊》34 本，1962 年。

　　"汉语方言的形成与分化始终不是孤立的，如果只着眼于分区，穷究末节，反而会影响我们对方言历史的正确认识。方言的分区，只是为了总括语言特征的方便，实际上，活的语言相互影响，是很难整齐地分区的，因此每区都有所谓例外方言，这些例外应视为语言交流上很自然的社会现象，并不妨碍分区的原则。如果分区是相当于决定语言的血缘亲疏关系，那么，所谓例外现象就相当于申上述语言的交互影响，两者不可缺。"[①]言有易，说无难，本书的研究以已有的材料为据，我们分析中古音类在平话、粤方言分合的异同，也是着眼于多数方言点的主流特点。

一　中古音类在广西平话、粤方言分合的一致性

（一）声母

　　1. 古全浊音塞音塞擦音清化。南北平话与粤方言一样，均无浊塞音塞擦音。

　　2. 重轻唇不混。桂南平话与桂北平话的西片重轻唇基本不混。来自唇音的 [f] 基本没有读喉擦音 [h] 的。

　　3. 中古微母字在口语常用字中高度存古，读双唇鼻音声母 [m]。

　　平话少数微母字（主要是书面语用字）读 [f] 的现象，勾漏片粤方言也有少量存在。如博白地佬话"无武舞侮"等字读 [f] 声母。

　　4. 中古精、知、照组趋向归并。中古精、知、照组归并，只有一套塞擦音 [ʧ　ʧh]，但擦音保持精组与照系的对立：[s/ɬ/θ/f]：[ʃ]。这是桂南平话与粤方言的主流特点。

　　桂南平话的北片、桂北平话精组与知照系仍对立，有两套塞擦音。桂北平话部分点 [ts　tsh　s] 与 [tɕ　tɕh　ɕ] 的对立，是齿音声母合并后的再分化，洪音读 [ts　tsh]，细音读 [tɕ　tɕh　ɕ]，与官话同。

　　两广的粤方言，均有少数方言点保持中古精组与知照组的对立。精组读 [ts　tsh　s]，知、照组读 [ʧ　ʧh　ʃ]。如广西梧州老派，桂平、平南、苍梧、博白等地少数城镇，广东顺德陈村、东莞、新会城等地。沿江白话西段的百色、南宁（老派），精组与知照组只在止摄开口字前保持对立。

　　5. 有边擦音 [ɬ]。边擦音 [ɬ] 来自中古心母字（一些方言包括从、邪、审部分字）。东部的部分粤方言点读齿间擦音 [θ]（岑溪、藤县等地进一步变为 [f]）。只有沿江白话东段少数方言点如梧州市、桂平市等少数粤方言点读 [s]。

　　桂北平话、桂南平话的北片没有边擦音 [ɬ]，与官话的大环境有关。

①　余蔼芹：《粤语方言分区问题初探》，《方言》1991 年第 3 期。

广东的四邑的台山和开平、鹤山雅瑶，粤西的高州、阳江等地，心母字也读 [ɬ]。

6. 泥来母不混。广州话泥来母相混是后起的演变。

7. 中古日母、疑母合流，读鼻音声母 [ȵ] 或 [ŋ]。

中古疑母开口洪音保留 [ŋ]，日母与疑母细音合并，读 [ȵ]，是平话和粤方言的早期特点。平话和广西勾漏片、钦廉片粤方言，以及沿江片白话的东段，日母与疑母细音均读 [ȵ]；广东南部的信宜、思贺、高州、化州等地的粤方言同此。沿江片西段及沿海白话进一步演变为 [j]，是广府白话带来的特点。梧州白话与广州话最为接近，但中古日母、疑母细音仍读 [ȵ]，不变 [j]，与影喻母不混。

桂北平话西片的桂林大埠、永福塘堡，桂南平话北片的罗城牛鼻土拐话、柳城百姓话，古日母无论洪细今多读 [ŋ]。这种现象在两广粤方言也常见，只是辖字多少不一。如桂平麻垌，日母今读 [ŋ]。广东的四邑、斗门镇、吴川、增城、南海九江、中山、廉江、从化一部分，珠海、新界、江门小部分地区，日母字也读 [ŋ]。

疑母读 [n] 的字，在平话和广西的粤方言中也较为一致，如"霓严研凝验业逆"等，多为书面语用字。

平话少数日母字（主要是书面语用字），读擦音 [ʃ]。博白地佬话也有此现象，如"日然燃"读 [ʃ]。

8. 中古见系声母在细音前基本不腭化。

大多数的平话和粤方言，中古见系声母在细音前没有腭化。即使处官话区域的桂北平话，依然多能保留这一特点。

见系字在部分三等韵前腭化，这在平话和粤方言中都存在，应是后起的演变。如桂南平话的宾阳，见系在开口二等、流摄三等、深摄三等前腭化。勾漏片粤方言的玉林、石南、容县、博白等地，见系在流摄三等、深摄三等前腭化。

相类的音变在广东粤方言同样存在。广东南海九江、高要等地，中古流摄三等、深摄、臻摄三等的白读字，见系也有腭化现象。

值得注意的是，无论平话和粤方言，四等字均无腭化现象。

9. 中古溪母的演变方向一致。

溪母由塞擦音向擦音演变，与晓母合并读 [h]。溪母与晓母合并后，在合口韵前进一步唇化，变 [f-]。这是平话与粤方言的共同特点，但演变并不平衡。

溪母与晓母合并后，在合口韵前进一步唇化，变 [f-]，桂北平话这种音变现象更接近沿江片白话，甚至变得更快。如"科欢枯兄阔课库裤苦裤块快曲（溪）""火货花戽化虎兄血（晓）"等字，都读 [f-] 声母。沿江白话与广州话一样，"兄血"读 [h-]，"曲"仍读 [kh-]。桂南平话溪母在开口韵保留塞擦音的字多一些，北片更多，但口语常用字也多已变为擦音；在合口韵前基本不变 [f-]，或保留 [h-]，或变零声母的合口韵（用 [w] 表示）。

10. 中古匣母合口字变零声母。

匣母开口字清化后与晓母合并读 [h-]，合口字则声母脱落变零声母，这是平话和粤方言的共同特点。部分平话、粤方言点，晓母合口字也产生相类的演变。如"花化婚训"等字读零声母。桂南平话、勾漏片粤方言、沿江白话西段都有 [h-] 声母失落的现象。

11. 中古喻母有读 [h-] 的层次。以桂南平话中南、西南片，粤方言的勾漏片为多。广东粤方言也有此现象。

（二）韵母

韵母系统要复杂得多，而且南北平话的显著差异也在韵母。因此与粤方言的比较，本书同样以桂南平话为主。

1. 桂南平话与粤方言一样，保留整齐、三分的鼻音韵尾 [-m -n -ŋ] 和塞音韵尾 [-p -t -k]，且相配整齐。

民国二十六年（1937）《邕宁县志》："时石失十湿五字。官话俱清浊不分。平话则厘然各别。"这 5 个入声字在粤方言也厘然不混。

2. 有一套较整齐的、主元音由 [a] / [ɐ] 构成的具有音位对立的复合韵母，来源也基本一致，[-a-] 系列韵母来自外转韵摄的开口二等，如蟹、效、咸、山、梗诸摄开口二等韵，[-ɐ-] 系列主要来自内转韵摄，如流、深、曾诸摄，以及臻摄、蟹摄开口三四等字。勾漏片则多演变为 [-ɔ-]：[-a-] 的对立。

3. 除了牙喉音字，韵母基本没有韵头（介音）。因此在音系的处理上均能通过增加唇化牙喉音声母而大大减少韵母的数量，使音系不过于复杂。

外转的效、咸、山诸摄三四等介音强化，部分内转韵摄一三等合并的总趋势，是造成平话和粤方言基本没有带韵头韵母的主要原因。效、咸、山等外转韵摄三四等合并，韵头挤掉了主元音成为韵腹，效摄三四等读 [iu]，咸摄开口三四等读 [im/ip]，山摄三四等开口读 [in/it]、合口读 [yn/yt]。只有少数字的白读留下主元音的痕迹，例如"撩掉料瞭"[iæu/ɛu]，"点拈舔兼钳"[iæm/ɛm]，"镊"[iæp/ɛp]，"边扁辫片撚楝研"[iæn/ ɛn]，"篾捏列"[iæn /ɛt]，等。流摄、通摄三等并入一等，只在零声母后保持对应。

4. 外转韵摄开口一二等有别。

桂南平话的中南片和北片、桂北平话的西片与粤方言一样，蟹、效、咸、山等摄开口一二等有别，至少也在牙喉音仍保持对立。

开口一二等对立的方言，一等多为读［-ɔ-］或［-ø-］，二等读［-a-］或［-ɛ-］。南宁及其以西的平话，外转韵摄开口一等并入二等，读［-a-］元音，反映了宋代汴洛地区的语音特点，在《切韵》音之后，是较晚的演变，与官话影响有关。

5. 中古蟹摄开口三四等读洪音。与北方方言不同，蟹摄开口三四等平话和粤方言均读复韵母［ei］/［ai］。桂北平话及桂南平话北片部分方言点变为［ei］，或失落韵尾。

6. 豪韵与模韵混并。这是粤方言祖语的特点。桂北永福塘堡平话、沿江白话西段豪韵读［u］，与模韵合并。《分韵撮要》（1782）记载的近代粤方言模韵、豪韵字读［u］。唐代刘恂《岭表录异》："倒捻子……有子如软柿，头上有四叶，如柿蒂。食者必捻其蒂，故谓之倒捻子，或呼为都念子，盖语讹也。"倒捻子即桃金娘，"倒"念"都"也透露出古豪韵读同模韵的信息。豪韵今读［ou］，是后起的音变，在平话和粤方言都存在。勾漏片、钦廉片粤方言均有复化后低化，与流摄合并的现象。

7. 曾摄一三等不混，三等与梗摄三四等开口合并。

曾摄三等与梗摄三四等合并后，继而与臻摄开口混并，韵尾由［-ŋ/-k］演变为［-n/-t］，这种现象平话和白话都存在。如桂南平话的西南片、勾漏片东部、钦廉片粤方言，广东化县、吴川等地的粤方言也有类似音变。

（三）声调

1. 调类较多，中古平、上、去、入各分阴阳，入声二次分化，成为排他性的典型特征。

2. 全浊上字大多保留，与次浊上字一并读阳上调。

3. 调值阴高阳低。

4. 有大量次浊声母字读入阴调类。

第二节　平话与粤方言特殊字音的一致性

一　"特例字"读音的一致性

除了一些较为系统的语音演变规律，平话与粤方言在一些"特例字"的读音上也表现出较强的一致性。所谓"特例字"或"特字"，是指读音上有分歧、来源不同的字，有的合乎《广韵》或《集韵》的另一反切。因为调查一般以《广韵》为参照系，如果一些字《广韵》没有相应的反切，或其他韵书也没有，而在当地方言有一致的读法，这或许也反映地域性的规律，可作为判断方言亲疏关系的一个指标。以下是平话、粤方言的特例字与北京话的声、韵、调异同表，所注音类是表示"读如"的音类（表中的"粤方言"以广西境为主；声调以平赅上去）。

1. 声母

字	广韵反切	集韵反切	中古声类	平话	粤方言	北京	备注
遍	方见		帮	滂	滂	帮	
谱	博古		帮	滂	滂	滂	
脯	方举		非	滂	滂	非	
甫	方举		非	滂	滂	非	
辅	扶雨		奉	滂	滂	非	
柏	博陌		帮	帮/滂	帮/滂	帮	
迫	博陌		帮	滂	滂	滂	
伏	房六		奉	並	並	奉	
覆	敷救/芳福		敷	滂	滂	敷	
攀	普班		滂	明	明	滂	
扳	普班，又音班		滂/帮	明	明	帮	
秘	兵媚		帮	帮	帮	明	
泌	兵媚		帮	帮	帮	明	
浮	缚谋		奉	並	並	奉	
踏	他合	达合	透/定	定	定	透	
裆	都郎		端	泥	泥	端	
隶	郎计	大计	来/定	定	定	来	
粒	力入		来	泥	泥	来	
松	祥容	思恭	邪/心	邪/心	邪/心	心	
赐	斯义		心	清	清	清	
雀	即略		精	精/清	精/清	清	
孖	子之		精	明	明	/	双生
覃	徒含		定	从	从	定	
谭	徒含		定	定	定	定	
概	古代		见	溪	溪	见	
溉	古代		见	溪	溪	见	
规	居隋		见	溪	溪	见	
觉	古岳		见	见/溪	见/溪	见	

续表

字	广韵反切	集韵反切	中古声类	平话	粤方言	北京	备注
均	居匀		见	溪	溪	见	
假	古讶		见	见/溪	见/溪	见	
架	古讶		见	见/溪	见/溪	见	
禁	居今		见	溪	溪	见	结实，耐用
襟	居今		见	溪	溪	见	
郭	古博		见	见/溪	见/溪	见	
蕨	居月		见	见/溪	见/溪	见	
决	古穴		见	溪	溪	见	
诀	古穴		见	溪	溪	见	
揭	居竭		见	溪	溪	见	
蓋	古禪		见	溪	溪	/	盖也
给	居立		见	溪	溪	见	
霍	虚郭		晓	溪	溪	晓	
揿	丘禁		溪	群	群	溪	
筑	张六		知	彻	彻	知	
诊	章忍		章	昌	昌	章	
疹	章忍		章	昌	昌	章	
靓	疾政		从	来	来	/	
煠	上洽		崇	禅	禅	崇	
始	诗止		书	昌/书	昌	书	
皱	侧救		庄	日	日	庄	
锥	职追		章	日	日	章	
揸		庄加	庄	日	日	庄	
渣	侧加		庄	日	日	庄	
（踩）	（清，海）		清	日	日	清	后起字
撑	他孟	耻孟	彻	日	日	彻	
执	之入		章	日	日	章	
眨	侧洽		庄	日	日	庄	
嚇	呼讶		晓	晓	来	晓	
凝	鱼陵		疑	群	群	泥	
验	鱼窆		疑	泥	泥	喻	

字	广韵反切	集韵反切	中古声类	平话	粤方言	北京	备注
业	鱼怯		疑	泥	泥	喻	
研	五坚		疑	泥	泥	喻	
挠		尼交	泥	疑	疑	泥	
屈	区勿		溪	影	影	溪	
雄	羽弓		喻	匣	匣	匣	
熊	羽弓		喻	喻	喻	匣	

2. 韵母
（1）等

字	广韵反切	集韵反切	韵类	平话	粤方言	北京
打	德冷		庚	麻	麻	麻
大	徒盖/唐佐		泰/歌	泰	泰	歌
逮	特计/徒戴		齐/哈	齐	齐	哈
筛	山佳/山尔		佳/支	佳	齐	佳
使	踈士		之	齐	齐	之
驶	踈士		之	齐	齐	之
史	踈士		之	齐	齐	之
嗅	许救	香仲	尤/东	尤	东	尤
荣	永兵		庚	庚/钟	庚/钟	钟
兄	许荣		庚	庚	庚	钟
演	以浅		仙	添	添	仙
典	多殄		先	添	添	先

（2）呼

字	广韵反切	集韵反切	呼	平话	粤方言	北京
癣	息浅		开	合	合	合
轩	虚言		开	合	合	合
季	居悸		合	开	合	开
倾	去营		合	开	开	开
梗	古杏		开	合	合	开

3. 声调

字	广韵反切	集韵反切	调类	平话	粤方言	北京
左	臧可		上	阴去	阴上/阴去	上
听	他丁/汤定		平/去	阴平/阴去	阴平/阴去	阴平/去（旧）
览揽榄	卢敢		上	阴上	阴上	上
暑	舒吕		上	阴去	阴上	上
鼻	毗至		去	入	去/入	入
覆	敷救/芳福		去/入	入	入	去/入
岭陡	良郢		上	阴去	阴去	上
凭靠	扶冰	皮孕	平/去	去	去	平

　　表中的字实际读音多与韵书反切不合，但在平话和粤方言却有较大共性。其中一些现象在地方旧志中也有记载。如民国二十六年《邕宁县志》："如覃、谭，平话各自为声，而官皆读若坛；兄荣，平话木叶庚青，官话荣读若容，兄若凶，则叶东冬。"粤方言亦然。

　　中古见母字在广州话有不少读送气音，如"规沟购禁级给冀骥暨揭诘概丐盖拘驹括决蕨孓"等，这对粤方言的文读形成示范，广西的白话、平话都有这种现象。

二　训读的一致性

　　部分方言训读字在平话和粤方言中也表现出较强的一致性。例如：

　　铡，查鎋切，山摄二等入声，[-t]尾字，训读为"闸"，士洽切，咸摄二等入声，[-p]尾字。

　　顽，五还切，疑母字，宾阳平话读 [ŋwan2]（数字为调类，下同），读的本字；大多数方言训读为"蛮"，莫还切。

　　垫，堂练切，霰韵字，山摄四等，训读为"簟"，徒玷切，竹席，咸摄四等浊上字，读阳去，[-p]韵尾。

　　肫，章伦切，训读为"肾"。

　　一些字词的读音与字书、韵书的反切不符，但在平话和粤方言有较一致的读法。

　　粘（黏，形容词），平话和粤方言说 [nɛu1] / [niu1]。

　　粘（粘贴，动词），《广韵》《集韵》不收，《方言调查字表》附于"沾"，张廉切。平话和粤方言说 [na1] / [nɛ1]。

　　孖，双生子也。子之切。平话和粤方言多说 [ma] / [mɛ]，阴平或阴去。壮语［pe1］/［me3］，并生，连体。南宁白话、平话称六指为"□［me1］指"。左右江平话说"［pe1］手指"，与壮语同。背，平话和粤方言多说［ma5］/［mɛ1］，阴平或阴去。壮语［pe5］，背，一般指背在两侧。背负即产生相连义，平话的阴去与白话的阴平同为［55］调。

　　涩，色立切。桂南平话多读［ʃɐp7］，与韵书反切合。桂北平话、粤方言多读［kip7］，连官话都说［kia2］。

　　凹，於洽切，影母字。桂南平话、广西中南部的粤方言读［mɐp7a］/［mɔp7a］，东南部粤方言有的读［nɐp7a/7b］。壮语凹陷义说［mɐp7a］。

　　"演"，以浅切，本为阳上，但读如"掩"。"典"，多殄切，却读如"点"。在《方言调查字表》中，中古山开三狝韵，影、云母无字，开三阮、开四铣均无影、喻字，也就是说没有与"演"的同音字；咸开三琰韵有影母字"掩黡"。以母无字。山开三端母无字；开四铣韵端母仅"典"字。咸开三端母无字，开四忝韵仅"点"一字。"演"和"典"均非口语用字，而无闭口韵的北方方言，"演掩""典点"分别同音。广西部分平话、白话把二字读如常用的"掩点"，应当是受通语影响的一种反向类推。东端的梧州话和广州话一样，没有这种误读。

第三节　平话与粤方言的声母差异及成因探讨

　　本节对平话与粤方言在声母上的差异，选择若干有代表性的问题进行分析研究。

　　一　中古全浊塞音塞擦音的演变差异。

　　1. 古全浊塞音、塞擦音声母变为不送气清音是平话、粤语的祖方言特点。

　　以往的研究，把古全浊塞音、塞擦音声母清化后是否送气作为平话区别于粤方言的最重要的，甚至是唯一的标准。

　　以中古全浊塞音、塞擦音声母的演变作为现代汉语方言分区的一条重要标准是李方桂先生1939年提出的。如今随着汉语方言调查研究的日益深入，越来越多的方言资料呈现在世人面前，使人们对现代汉语的面貌有了更多更细的了解，对方言分类、分区也有了新的看法。"这条划分方言的标准需要重新估价。"[①]项梦冰、曹晖（2005）也只把"古全浊声母清化，逢塞音、塞擦音平声送气，塞音、塞擦音仄声不送气"作为官话定位为一级

---

① 余霭芹：《粤语研究》，《语文研究》1988年第2期。

方言的补充条件。[①]

　　古全浊塞音、塞擦音声母今读不送气清音，这条规律是支持平话独立的学者们提出的最主要依据，认为因为古全浊塞音、塞擦音声母清化以后走的道路与白话不一致，表明了平话和粤方言没有经历共同的发展阶段，所以要分区处理（李连进，2007）。

　　事实上这并非平话独具的特征。在粤方言中，古全浊声母的演变情况大致有以下几种情况：

　　① 全浊塞音、塞擦音声母平声、上声读送气清音，去声入声读不送气清音。以广州话为代表，广西沿江片白话、桂北永福塘堡平话也在此类。

　　② 中古全浊塞音、塞擦音声母不论平仄今读不送气清音。

　　广东珠江三角洲北江干流东平水道及西江两江之间的地带，包括三水区青岐、金本、白坭三个地区，南海区南部丹灶、西樵等几个地区及南庄区南部的几个乡，顺德县、中山县东风、上沙、南头等七八个区均具有这一特点。桂城片古浊平字部分口语常用字也念不送气清音。广西的平话、勾漏片粤方言属此类。

　　③ 中古全浊塞音、塞擦音声母不论平仄多读送气清音。

　　广东的吴川、廉江白话，广西钦廉片粤方言，勾漏片的博白地佬话、贵港市街话，桂北的两江平话属此类型。

　　④ 中古全浊塞音、塞擦音声母不同程度保留浊音。广东连山粤方言，古全浊声母字多保留浊音，平声比仄声的浊音更强。[②]

　　中古全浊塞音、塞擦音声母不论平仄今读不送气清音应该是平话和早期粤语的共同特征。首先，从地域看，与粤方言相邻的保留浊声母的方言，中古全浊塞音、塞擦音声母一般不送气。

　　在现代汉语方言中，古全浊声母仍保留浊音的主要有吴方言、湘方言。历来对湘语的确认，古全浊声母的今读是重要标准。即古全浊声母今逢塞、塞擦音，无论是保留浊音或清化，不论平仄一般读不送气音。大致有三种情况：① 古全浊声母今逢塞音、塞擦音时，无论平仄一般读不送气音浊音，如娄邵片；② 古全浊声母今逢塞音、塞擦音无论平仄一般读不送气音清音，如长益片；③ 古全浊声母今逢塞音、塞擦音平声读不送气浊音，仄声清化，一般读不送气音清音，如辰溆片。"南部吴语全浊声母清化的归宿主要是不

<hr />

① 项梦冰、曹晖：《汉语方言地理学》，中国文史出版社 2005 年版，第 120 页。
② 郑张尚芳：《赣、闽、粤语里古全浊声母今读浊音的方言》，《吴语和闽语的比较研究》，上海教育出版社 1995 年版。

送气清音。"①古全浊声母在闽语已基本清化，清化后逢塞音塞擦音多数字读为不送气。

其次，平话和两广的粤方言保留全浊声母不送气的痕迹。临桂两江地区，平话是使用人口最多的方言，内部大体可以分为东南西北四个小片，语音特征的主要差异之一是古全浊声母今读塞音、塞擦音声母时，西片两江话一律读为送气清音，其余三片大体上读为不送气清音。义宁话读不送气清音的字也占 76%。桂东北的秀水、钟山、贺州等地话，古全浊塞音、塞擦音声母也多变为不送气清音。广西勾漏片粤方言，中古全浊塞音、塞擦音声母不论平仄今读不送气清音是主流。

广东三角洲区粤方言，浊声母逢塞音塞擦音读为不送气清音同样存在。彭小川《沙头话古全浊平声字读音的历史层次》（1990）一文讨论最详细。文章指出，广东沙头话古全浊塞音、塞擦音平声字清化后有一部分读送气音，与广州话一致，有一部分读不送气音。具体情况如下：

① 同一音韵地位的字中，如有送气与不送气的对立（两读），读不送气音的多是较常用的词语，读送气音的则多是较晚的较少用的词语。

不送气：伝他　　赔　　皮　　条　　裙　　塘糖
送　气：瞿　　培陪　　疲脾　　调～和　　群　　唐棠

"显然，在时间上，当地人民使用不送气这组字要比使用送气那组字早得多，在使用频率上，前者亦高得多。"

② 同一字存在两读时，往往读不送气的所表示的词的词义较古，读送气的所表示的词的词义较新：

不送气	送气
除衫脱衣	开除
棺材	人才、材料
猪皮	皮蛋
鱼头	事头老板
牌坊	牌九
浮头浮在水面上	漂浮
平便宜	平安
同埋和、跟	同学
马蹄荸荠	铁蹄

③ 读阳平调的有音无字的口语词全读不送气清音。如：
□tɔŋ⁴⁴，量词，如：一～镜，一～铰剪剪刀

---

① 曹志耘：《浙南吴语语音研究》，商务印书馆 2002 年版，第 27 页。

□pa⁴⁴，下～：下巴

□keŋ⁴⁴，～水：置水不动，让它澄清

□tɔ⁴⁴，气味

□□pen⁴⁴len⁴⁴：匆匆忙忙，手忙脚乱

④ 从年龄层次看，部分古全浊平声字口语老派读不送气，新派送气。

作者认为，"念不送气的虽然数量较少，却是与较早的词汇层次相结合的语音形式，代表方言全浊平声字读音的较古的一层。这种差异恰恰反映了该方言语音的不同历史层次"。因为读不送气音的均是口语常用词，反映的是日常生活中的重要概念。

综合桂南平话、勾漏片粤语以及珠江三角洲广府白话的白读层的情况，古全浊塞音、塞擦音声母变为不送气清音应是早期粤方言的特点，它来自这一地区古全浊塞音、塞擦音声母是不送气浊音的特征。

2. 中古浊声母清化在调类上发展不平衡。

平话和粤方言中古全浊塞音、塞擦音声母平声不送气，是因为平声清化的时间最晚。

宾阳平话至少在 20 世纪六七十年代，阳平字单念仍是个带浊流的[213]调，带音使声调下沉再上扬。在语流中则读 [21] 调，清化。如今广府白话阳平字多读 [21] 调，勾漏片部分方言则保留其后的上扬部分 [13]，也许正是反映这一演变过程。广州话阳平字如果在后，尤其是强调时，也是读 [213] 调。如香港回归 10 周年庆典活动有一项是跳伞，解说员以激动的声音说 4 位运动员以各种漂亮造型融入了"蓝天白云"，"云"念 [wen²¹³]。

湘桂粤三省交界土话区浊声母的演变充分反映出平声是浊声母清化的最后阵地。平话及部分珠江三角洲地区白话的白读层古全浊塞音、塞擦音声母平声不与通语同步，除了原浊声母可能不是送气音之外，浊平字最晚清化可能也是原因。

3. 浊音清化在声母上表现不平衡。

声母的发音方法，是影响浊音清化速度的因素之一。从对唐五代的西北方音研究的成果看，北方方言浊声母送气的成素较足，平声及上声（未变去部分）由于调型和调值原因首先清化，而浊擦音清化速度最快。"在一个方言里，如果古全浊声母系统是部分地发生了清化，从声母的类别来看，最先清化是浊擦音声母，其次是浊塞擦音声母，而浊塞音声母的变化速度是最慢的。"[①]南部吴语全浊声母清化的过程证明了这一点，湘语甚至粤方言全浊声母清化的过程同样证明了这一点。

---

① 曹志耘：《浙南吴语语音研究》，商务印书馆 2002 年版，第 25 页。

北方方言也有少数这种演变类型。晋中榆次方言有一大批字存在文白两读的现象，其中有些古全浊声母字文读为送气，白读为不送气。如"盆刨爬婆田担蹄甜填疼铜蚕骑墙渠奇"等，大多数是浊塞音。

钱曾怡先生 1979 年按《方言调查字表》调查 280 个古全浊今读塞音塞擦音的平声字，山东东莱片东头端的文登、荣城及威海、牟平的部分地区有老派口语平声读不送气音的情况。这批字共 50 个：

驮茄婆砣瘸爬搽渠瞿台裁牌蹄脐骑瓷槽刨瓢荞条头钳甜沉

弹钱缠填前盘团鬈频陈勤盆群糖墙长肠场澄棚晴瓶丛虫穷

占调查字数的 1/5 强。"这些字一般在口语或老派中读不送气，文读或新派读送气音，在词语中，一般旧词语读不送气，新词语读送气。"①这些字也以浊塞音字为多。

古浊声母清化的过程中，浊擦音是清化最早，也是清化得最彻底的。这点不仅在西北方言如此，平话和粤方言也是如此。禅、匣母字自不必说。邪、从、船、崇母只要读擦音的都变清擦音。这一现象还可以从两个方面来考察。

（1）重轻唇的差异。一些方言重唇字在口语中没有分化出轻唇音，浊平字仍读保留浊声母，仄声字则变不送气清音。如广西桂北一些方言土语，当中古非组字保留重唇时，浊塞音就遵守仄声字先清化，平声字保持浊音的规律；如果受官话影响的书面语用字变轻唇音，这一区别也就不存在了。

（2）舌、齿、牙音的擦音清化彻底。平话和勾漏片粤方言，中古舌、齿、牙音声母如读塞音塞擦音的，早期平声有保留浊音的痕迹，或清化后不送气。日本学者辻伸久通过对广西一些粤方言的调查，认为容县、岑溪、玉林、宾阳、石南、思贺 6 个方言中，中古全浊塞音、塞擦音声母变为带浊音送气的清声母。②

舌、齿、牙音声母如果读擦音的，无论平仄则已清化。部分方言的匣母要么并入晓母，要么变零声母。

① 以下平声字，普通话念擦音，南宁白话和平话均念塞擦音：

邪母：邪斜徐寻涎祥详

白话送气，平话不送气。

② 以下平声字，普通话念塞擦音，南宁白话、平话均念清擦音：

禅母：辰晨臣纯醇裳承丞成城诚

船母：船唇乘塍

---

① 钱曾怡主编：《山东方言研究》，齐鲁书社 2001 年版，第 59 页。

② 辻伸久，*Comparative Phonology of Guangxi Yue Dialect*，1980，Tokyo:Kazama Shobo Publishing Co.

白话、平话一致读清擦音。

③ 以下平声字，平话读擦音，已清化；白话部分读清擦音，部分读送气的清塞擦音：

邪母：旬巡

禅母：常尝偿

崇母：柴寨愁床崇

在平声仍有浊音的桂北高尚土话中，浊擦音无论平仄都已经清化。

浊擦音中，匣母由于部位靠后，清化可能是最晚的，有的方言混同晓母，有的则浊流消失，变为零声母。

4. 文读对粤语方言的影响。

以广州话为代表的广府白话，古全浊塞音、塞擦音声母平声、上声读送气清音，去声入声读不送气清音的特点可能与通语的影响有关。

浊上变去，晚唐时代已有确证。大量的浊上变浊去应当在前，然后再与同类的浊去字一同清化，因此才有仄声不送气。北京话中，次浊声母上声字仍读上声，全浊上字如果仍读上声，则多读送气清音：

否痞圮殍，挑窕袒艇挺梃铤，强勉强

这种情况恰与由于广州话古全浊塞音、塞擦音声母今平声上声送气，去声入声不送气的特点一致。

二　中古帮母读［ɓ］，端母读［ɗ］

中古帮母读［ɓ］，端母读［ɗ］存在于勾漏片粤方言。与该片相连的桂北平话的东片，广东的吴川、化县等地同样具有这一特征。"在音韵上的变化过程大概是：p>ʔb>（ʔ）b，t>ʔd>（ʔ）d，即先经过吸气音的阶段。这个变化见于两广交界的方言如吴川、化县、北流、玉林、容县、岑溪、藤县、苍梧吉阳、蒙山；吸气音已弱化，远不及海南岛方言的［ɓ　ɗ］。这种带喉塞音的吸气音的出现，可能是地域性的，受这一带土著壮语的影响：壮语里有这种声母而其他区域的汉语方言没有这种声母。"[1]［ɓ　ɗ］也有称内爆音的。吴方言也有这种音变痕迹，这应该是东南方言的一个区域性的底层特征。玉林、北流等地的新派，已变为［p］、［t］。

壮语里仍有这种声母，因鼻冠音色彩较重，故也记作［ᵐb］、［ⁿd］。例如从方块壮字的谐声偏旁看，借音壮字［ɓ］声母出现 277 次，与帮母的对应 92 次，占三分之一强；其次是对应明母字，达 71 次，也几乎占了四分之一。因为［ɓ］→［m］是壮语的演变规律之一。

---

① 余霭芹：《粤语方言分区初探》，《方言》1991 年第 3 期。

壮语的声母与声调之间是相互制约的，带先喉塞音的［ɓ　ɗ］来自古清声母，读单数调，借音壮字反映出壮语［ɓ　ɗ］只分别对应汉语的古帮、端母字，清调类，而且基本上都是本族词，可见影响壮语的汉语方言没有［ɓ　ɗ］，与壮语密切接触的桂南平话也并没有这组声母。

三　明微母的分合。

微母没有从明母中分化出来，仍保留重唇音［m］，是平话和粤方言祖语的共同特征。微母在平话和的勾漏片粤方言都有［f］的层次，基本上是书面用字，平话稍多些，连桂北平话也有这种现象。如临桂五通话"无万文巫诬"等字读［f］。一些勾漏片粤方言点只有个别字。大多数粤方言没有这种现象。

	侮	物	无	舞	戊	文
崇左江州	məu	mɐt	mu	məu		mɛn
南宁亭子	mu	mɐt	mu	mu	mu	mɛn
南宁石埠	fu	fɐt	fu	fu	fu	fɛn
邕宁四塘	mu	mɐt	fu	fu	mu	fɛn/mɛn
宾阳王灵	fəu	fɐt	fəu	fəu	fəu	fɛn

平话方言微母字今读有两个层次：口语常用字读［m］，书面语用字读［f］，既不同于广府白话，也有别于通语，倒是与个别吴语方言点相似，但吴语是白读。微母字读［f］声母，这在粤方言罕见，我们推测，这是受壮语影响的结果。

上文提到，古微母字高度存古（80%以上）是粤方言中心区的音韵特征。在表示汉语借词的方块壮字中，中古微母对应壮语的［m］声母和［f］声母的概率几乎相等，为6:5。对应［m］声母是粤方言早期层次，对应［w］或［Ø］是读书音，是官话音层次。

古壮字的借音声旁，中古非组的非、敷、奉三母字对应［f］最多，保留重唇音很少。微母字则对应［m］和［f］两个声母：

汉语借词　　对应［m］6字次，　　对应［f］5字次
本族词　　　对应［m］39字次　　对应［f］55字次

此外，微母字对应［w］或［Ø］声母31字次，与官话方言相同。

如武鸣双桥壮语几个汉语借词的读音：

海味［ha:i3 fei6］　　　　　万［fa:n6］
未（地支第八位）［fei6/fe:i6］　　物［fɐt8］

"味万未"无论平话和粤方言均仍读［m］声母。

反之，同样可以看到借音壮字以帮组字对应壮语 [f] 声母的情况：

汉义	壮音	壮字举例
束，串	[foŋ5]	缝、烽、峰、捧、逢
动词词缀	[fi3]	比、吡

（一）串，（一）把，平话和粤方言多说 [poŋ6]，与"朋"的本义相关。壮语已经读 [f]。

南北壮语 [m] 与 [f] 的对应反映了壮语自身 [m] → [f] 的演变规律。《古壮字字典》（1989）大量的借音壮字反映了壮语以下的演变：

$$^mb \longrightarrow f$$
$$\searrow m \nearrow$$

如"村庄"，壮语说 [ᵐban3]，广西大多数壮语地名都用"板"对译。今壮语南部方言 [ᵐb] 多已并入 [m]，也就与原有的 [m] 一起演变。崇左的万惕村（建于 1647 年），隆安的万朗村，均以汉字"万"对译壮语的 [ᵐban3]。联想泰国的"曼谷"，印尼的"万隆"，以及"文莱"等地名，汉语多以切韵明微母字对译，这些字在汉语的东南方言仍大多念 [m-] 声母（英语分别作 Bangkok、Bandung、Brunei）。北部方言区的都安县万益村，念 [fan6 ji2]，"万"已读 [f-] 声母。在我们建立的壮族地区《22 县通名专名表》中，南丹县对 [ᵐban3]（村庄）的音译用字恰好反映了 ᵐb→m→f 音变过程：板 $_{15}$ 摆 $_2$ 盘 $_1$ ——麻 $_{17}$ 蛮 $_{14}$ 挽 $_3$ ——反 $_1$ 饭 $_1$（右下角的数字为该字使用的次数）。

从音理看，[m-] → [f-] 反映语言演变的一般规律。微母字由 [m-] → [f-]，会不会是壮语本族语 [m-] → [f-] 音变的一种类推？壮族人读的是汉书，有一套以本族语匹配汉语的读书音，壮语 [m-] → [f-] 的音变规律影响了壮语的读书音，进而带进壮族人所说的汉语，最终逆向影响与之密切接触的汉语方言，因为平话读 [f-] 的微母字基本是书面语字，平话本身口语常用词并没有受这种类推的影响。

四　中古精组声母塞音化

精组与知照组不对立，合并成一套塞擦音，是平话和粤方言的主要特点。精组读塞音 [t-、th] 的现象，只是一个地域性特征。勾漏片粤方言、桂北平话东片，广东南海沙头、顺德岳步，四邑的台山、开平、鹤山雅瑶，西南部的吴川、化州，精组读 [t、th　ɬ/θ/f]。广东南海九江、斗门只有精组送气音变 [th]。江西赣方言也存在部分精组字声母读塞音 [t、th]。广西平话的主流地区并无此类变异。

这种音变与中古端组的变异相关联。精组读舌尖塞音，首先以端组的音变为前提。端组没有同部位擦音，因此端精组的链移演变同样会引起精组擦音的改变。

在汉语的音韵史中，端组是很稳定的声母，这与语言的普遍规律一致，每种语言都存在舌尖塞音。

精组读塞音 [t、th]，其擦音就同时变同部位的边擦音 [ɬ]（[θ/f] 是 [ɬ] 的发音部位继续前移），因此，精清母读 [t、th] 的方言点，其心母字读 [ɬ/θ/f]，改变了中古音系舌音无擦音的格局，从邪母归精母或归心母的也一并相应演变。如玉林话从邪二母也读 [t]，桂北平话东片的钟山话，从母、心母、邪母大部分读 [θ]，岑溪话从母、心母、邪母再由 [θ] 演变为 [f]。

麦耘（1997）认为粤方言精组字最终读舌尖塞音，早期经过了齿间音阶段，即 [tθ、tθh、dð/ð、θ]。作为并无齿间音的古代中原汉语的一个分支，早期粤语的音系中却存在齿间音声母这一现象，说明粤方言在形成期受到古代岭南土著民族的语言（古壮侗语等）的重大影响。① 辛世彪与麦耘有相似的看法，认为海南闽方言中的精庄章组塞化为底层语言影响所致。当地临高话中并没有塞音 [t-]，因此就用先喉塞音 [ʔd-] 来读闽方言中的[t-]。早期临高话也没有 [ts-]，只有与塞音 [t-] 接近的 [tθ-]，所以就用他们认为相近的 [tθ-] 来读闽方言中的塞擦音 [ts-]，用 [θ-] 来读闽方言中的[s-]。其中 [tθ-] 与洪音相拼的字渐读成 [t-]，造成了精庄章母和其他读塞擦音声母字的塞化，剩下的字通过类推也变为 [t-]。这一音变是在临高人学说汉语并且融入汉人的过程中发生的。②另一种看法认为是语言自身的发展所致。持这种观点的是孙宜志。他认为江西赣方言中部分精组字声母读塞音 [t、th] 是由于塞擦音中的擦音成分失去而形成的③。

何大安在讨论赣语端知系的字不分时认为，与端知系字不分这种演变相类似的有清、从母读 [th]，透、定母读 [h] 这两种变化，它们一定发生在浊音清化、清从母都读 [tsh]，定透母都读 [th] 之后。即在所推测的原始赣方言之后。把清从母读 [tsh] 的方言，定透母也读成了 [h]。可见[tsh→th] 在 [th→h] 之后。"这两种相关的变化，也许和两广地区的区域性变化有关。""其实这两种变化，也许应该放得更大一点来看。它们与中古精 ts 母字在这一地区读 t 的演变，是互相关联的。"④壮侗语和越南语原无舌尖塞擦

① 麦耘：《中古精组字在粤语诸次方言的不同读法及其历史涵义》，*Journal of Chinese Linguisties*（中国语言学报），Vol.25，No.2（1997，6）。

② 辛世彪：《海南闽语精庄章组声母的塞化与底层语言的影响》，《民族语文》2005 年第 1 期。

③ 孙宜志：《江西赣方言中古精庄知章组声母的今读研究》，《语言研究》2002 年第 2 期。

④ 何大安：《规律与方向：变迁中的音韵结构》，台北"中研院"历史语言研究所 1988 年版，第104 页。

音声母，另一方面又有读阴调的带喉塞音声母［${}^{?}$b、${}^{?}$d］。这些语言和带舌尖塞擦音声母［ts、tsh］及配阴调的清塞音［p、t］的语言，即汉语接触之后，发展出以下连锁变化：

（1）a.　p > ${}^{?}$b（或 ɓ）

　　　b.　b > p

（2）a.　t > ${}^{?}$d（或 ɗ）

　　　　th > h

　　　　ts > t

　　　　tsh > th

从（1）a、（2）a 开始，这些连锁变化形成一种"拉力链"（dragchain）的过程，"这种过程本来是对壮侗语和越南语调整汉语的影响而说的，但是既成规律之后，反过来也影响了它们附近的汉语方言。从现有的材料看，这一套连锁变化影响的范围，右以从长江口的老派金山吴语，一直到东京湾附近的粤语、海南岛的闽语，都时有所见。并且越接近桂、越边境，变化就越完整。变化的时间也持续得很长，从十世纪的越南语，一直到明、清以后的闽粤移民。南丰等地的 th>h，tsh>th，我很相信便是这一连锁变化的一部分。至于这些变化应该解释为壮侗、南亚语的底层，还是赣方言受到规律扩散的波及，现在暂时存疑"①。

现代北部壮语的基本没有塞擦音，多以擦音［ɕ］对应汉语的塞擦音。壮语的/s/音位有［θ/ɬ］变体。在《古壮字字典》的谐声系统中，读［t-］、［${}^{?}$d］声母的壮字与汉语的对应情况如下：

壮语本族词：

壮语声母	出现次数	对应汉语声母字次					
		端	透	定	泥	来	精
t	1211	460	180	373	0	17	0
${}^{?}$d	542	96	37	55	87	122	8

汉语借词：

汉借词声母	出现次数	对应壮语［ɕ］	对应壮语［θ］
精	76	66	10
清	59	49	5

---

① 何大安：《规律与方向：变迁中的音韵结构》，台北"中研院"历史语言研究所 1988 年版，第 105 页。

可见古壮字造字时期，作为被借入语的平话、粤方言，精组字不读舌头音。

今部分勾漏片粤方言点精组读塞音，与其他有类似演变的方言一样，应当是一种规律性的创新演变。理由是：

（1）上古精组与端组不混，中古亦然。如果精组读舌头音是承古而来，没有与端组不同的分化条件，等韵图中，端组与精组同在一四等。

（2）桂南平话地区，以及汉人进入较早的桂北与沿海，没有精组读舌头音的现象，桂北平话东片出现此类现象明显是受勾漏片粤方言的影响。

（3）精清从母读 [t、th] 的方言点，其端组一般已经变异。如勾漏片粤方言端母读前喉塞音（或称内爆音）[ʔd/ɗ]。广东四邑的新会、恩平以及江门、斗门，端、定（仄）读零声母，透、定（平）读 [h]。精端不分是受主流方言或共同语的强势影响的再合并。如从平南镇白话词汇举例可以看出，大量精组字存在 [t、th]、[tɕ、tɕh] 两读现象，以至学生在记录母语时都有不清楚本字的情况，把"燥热"写成"透热"，把"搓衫板"写成"拖衫板"。

（4）与广西汉语密切接触的壮语有 [t]、[ɗ] 声母，古壮字的谐声偏旁以及壮语中的汉语借词没有留下它们与汉语精组字对应的证据。

五　中古见系声母的演变

1. 见系声母的腭化。中古见系声母在细音前基本不腭化，是平话和粤方言的主流特征。部分方言点发生腭化，是后起的演变，并且有相同的规律，一般出现在中古流摄、臻摄开口三等以及深摄。如勾漏片粤方言的石南、玉林、容县等地，见系声母腭化限于流摄三等和深摄字，广东南海的九江、高要等地限于中古流摄三等、深摄、臻摄的白读字。桂南平话的宾阳，这种现象除了出现在流摄、深摄，在中古开口二等韵前也腭化，这种现象与官话方言开口二等韵在牙喉音后产生 [i-] 介音的性质相同。而南宁平话及左右江平话腭化现象只保留在疑母和晓匣母，如"牙芽牛眼岩"[ɲ-]，"乡响下夏"[j-]。桂北平话没有腭化。

2. 溪母的擦音化。

中古溪母属次清，拟音为 [kh]。无论平话和粤方言，溪母擦音化，与晓母合并的趋势是一致的。见系字在细音前腭化的方言，溪母的演变规律也与晓母相同。

广州话的部分溪母字经历了下列变化（伍巍，1999）：

（1）开口字：kh→ᵏh→h　　　　　　　　例字：开起可客

（2）合口字：khu→ᵏhu→hu→f（fu）　　　例字：裤宽阔款

（3）开口三等字：khi→ᵏhi→hi→ʰj→j　　　　例字：邱钦泣

广西沿江白话、钦廉片粤方言的演变情况与广州话一致。（1）、（2）是主流，第三种情况只是少数书面语用字。平话与粤方言的差异只在演变的速度，以及因韵头的影响而产生的不同方向，但口语字一般均已擦化。见下表。

	开	敲	壳	庆	气	吃	苦	睏	去	快	阔	款
广州	h-	h-	h-	h-	h-	h-/j	f-	f-	h-	f-	f-	f-
南宁	h-	h-	h-	h-	h-	h-/j	f-	h-	h-	f-	f-	f-
宾阳	h-	h-	h-	h-	h-	h-	h-		h-	w-	h-	h-
亭子	h-	h-	h-	h-	h-	h-	h-		h-	w-	h-	h-
石埠	h-	h-	h-	h-	h-	h-	h-		h-	w-	h-	h-
四塘	h-	h-	h-	h-	h-	h-	h-		h-	w-	h-	h-
崇左	h-	h-	h-	h-	h-	h-	h-		h-	w-	h-	h-
宜州	kh-	kh-	kh-	kh-	kh-	kh-	kh-		kh-	kh-	kh-	kh-
罗城	kh-	kh-	kh-	kh-	kh-	kh-	kh-		kh-	kh-	kh-	kh-

开口字例

	渴	可	开	客	殻	巧	起	丘	钦	谦	靠	溪
广州市	hɔt	hɔ	hɔi	hak	hɔk	khiu	hei	jɐu	jɐm	him	khau	khɐi
南宁市	hɔt	hɔ	hɔi	hak	hɔk	khiu	hi	jɐu	hɐm	him	khau	khɐi
宾阳王灵	høt	hø	hø	hak	hak	khiu	hei	jɐu	kh/him		khøu	khɐi
崇左江州	hat	khɔ	hai	hɛk	hak	khiu	hei	jɐu	hɐm	him	khau	khau
南宁亭子	hat	khɔ	hai	hɛk	hak	khiu	hi	jɐu	hɐm	him	khau	khɐi
南宁石埠	hat	khɔ	hai	hɛk	hak	khiu	hui	jɐu	hɐm	khim	khau	khɐi
邕宁四塘	hat	khɔ	hai	hɛk	hak	khiu	kʊi	jɐu	hɐm	khim	khau	khɐi

桂南平话的北片溪母保留[kh]声母的字较多。

桂北平话擦音化的溪母字，西片以塘堡最高，占溪母字总数的47.46%，两江 37.84%、五通 27.34%。东片相对少些，百分比最高的是钟山 22.46%。

合口字例

	科	课	苦	宽	空	控	块	快	圈	墟	犬
广州市	fɔ	fɔ	fu	fun	hoŋ	hoŋ	fai	fai	hyn	høy	hyn
南宁市	fɔ	khɔ	fu	fun	huŋ	huŋ/khuŋ	fai	fai	hyn	hy	hyn
宾阳王灵	həu	həu	həu	hun	hoŋ	khoŋ	wai	wai	khun	hui	jun
崇左江州	hu	khɔ	hɔ	hun	hoŋ	hoŋ	wai	wai	khwin	həŋ	khɛn
崇左新和	hu	khɔ	hɔ	hun	hoŋ	hoŋ	wai	wai	khwin	həŋ	khɛn
南宁亭子	hu	khɔ	hɔ	hun	hœŋ	khœŋ	wai	wai	hyn	hy	hyn
南宁石埠	həu	həu	hɔ	hun	hoŋ	khoŋ	wai	wai	khun	hɔi	jun
邕宁四塘	hø	khø	hø	hun	hoŋ	khoŋ	wai	wai	hin	huɯ	khin

3. 中古溪母与晓母演变的一致性。

溪母与晓母合并后，以相同的规律进一步演变。

（1）在合口韵前变 [f-]。这种现象平话和粤方言都有，但不平衡。桂北平话、沿江片和钦廉片粤方言唇齿化变 [f-]，桂北平话变 [f-] 的字更多。如五通"科欢兄阔课库裤"（溪）"火货花庌化兄血"（晓）等字，两江"苦裤块快曲"（溪）"火货化花虎兄"（晓）等字，塘堡"苦块快裤阔"（溪）"花兄虎"（晓）等字，都读 [f] 声母。"枯"大埠有 [kh]、[f] 两读。"兄血曲"连广州话都没变。桂南平话、勾漏片粤方言溪晓母在合口字前基本不变 [f-]，要么保留 [hu-]，要么失去擦音，演变为零声母。

（2）在开口细音前变为 [j-]。

溪母与晓母合并后，在开口细音前进一步演变为 [j-]。这一演变，桂南平话、勾漏片粤方言进行较为彻底。

	蚯	邱	欠	怯	歉	钦	泣	牵	劝	香晓	乡晓	响晓	休
宾阳芦墟	jəu	jəu	jim	jip	jim	jəm	jəp	jin	jun	jɛŋ	jɛŋ	jɛŋ	jəu
宾阳王灵	jəu	jəu	jim	jip	jim	jəm	jəp	jin	jun	jɛŋ	jɛŋ	jɛŋ	jəu
邕宁四塘	jɐu	jɐu	jim	hip	jim	hɐm	jɐp	jin	hin	jɛŋ	jɛŋ	jɛŋ	jɐu
玉林	jɐu	jɐu	jim	hip	jim	hɐm	jɐp	hin	jun	ja	ja	ja	jɐu
广州	jɐu	jɐu	him	hip	jim	hɐm	jɐp	hyn	hyn	hœŋ	hœŋ	hœŋ	jɐu
南宁	jɐu	jɐu	him	hip	him	hɐm	jɐp	hin	hyn	hœŋ	hœŋ	hœŋ	jɐu

　　4. 匣母合口字变零声母。匣母开口字清化,与晓母合并,合口字则保留合口,声母脱落变零声母,这是平话和粤方言的共同特点。

　　5. 中古喻母有读 [h] 的层次。

　　(1) 中古喻母(云以)归匣是南方方言的特点。①

　　中古喻母与影母归并,是今大多汉语方言的特点。但南方方言却有喻母归匣的现象,主要分布在吴、闽、粤及广西的平话等方言区。大致分两类,一类是保留浊音声母的方言,如吴语区不少方言喻母与匣母同读浊擦音 [ɦ];另一类是浊音已清化的方言,喻母与匣母一起演变为清擦音 [h],与晓母合并,主要是粤方言、平话及闽语少数区。广东,南海沙头、顺德大良、广宁、肇庆(高要)、高明、三水、云浮(云城)、德庆等地有此类现象。"南海、顺德、高要、高明、三水绝大部分喻母字读 [h]。苍梧吉阳、贵县这种读法略见于中古的遇、止、梗摄字,藤县、横县则略见于遇、止摄字,博白则略见于曾、梗摄字。"(余霭芹 1991)广西的桂南平话(包括云南富宁的剥隘)、勾漏片和钦廉片粤方言,都有喻母字读 [h] 的现象。桂北平话只保留在少数口语字。

　　广东连山粤语古全浊声母今保留浊音,"匣喻母字读ɦ-母:猴ɦiɒu2、鞋ɦai2、旱ɦœn4、滑ɦwæd8、或ɦuag8、熊ɦioŋ2、雄ɦioŋ2、营ɦieŋ2、永ɦuɐŋ4、云ɦuɐn2、远ɦyn4、有ɦiɒu4、疫ɦieg8、养ɦieŋ4、蝇(白读)ɦiaŋ2、叶(树叶)ɦid8。注意匣喻母与影母不混,也保留古清浊分别,如'悦穴'ɦyd8≠乙(ʔ)yd7。"(郑张尚芳,1995)

　　以下为两个平话大县与广东南海、顺德白话以母字今读声母表。

	耶	爷	也	野	夜	余	馀	与	誉	预	豫	榆	逾	愉	愈	喻	裕	易
横县	j	j	j	j	h	h	h	h	h	h	h	h	h	h	h	h	h	h
宾阳	j	j	j	j	j	h	h	h	h	h	h	h	h	h	h	h	h	h
南海	h	h		j	h			h										h
顺德	j	h		j														h

	移	夷	姨	肆	饴	已	以	异	摇	谣	窑	姚	舀	耀	鹞	由	油	游
横县	h	h	h	h	h	h	h	h	h	h	h	h	h	h	h	j	j	j

---

① 参见林亦《喻四归匣——喻演变的另一种方式》,《语言研究》2014年第1期。

续表

	移	夷	姨	肄	饴	已	以	异	摇	谣	窑	姚	舀	耀	鹞	由	油	游
宾阳	h	h	h	h	h	h	h	h	j	j	j	j	j	j	j	j	j	j
南海	h	h	h	h	h	h	h	h	j	h		h				j	j	j
顺德	h	h	h	j	h	h	h	h	j	j	j	j	j	h	h	j	j	j

	犹	悠	酉	莠	诱	釉	柚	盐	阎	檐	艳	焰	叶	页	淫	延	筵	演
横县	j	j	j	j	j	j	j	h	h	h	h	h	h	h	j	h	h	h
宾阳	j	j	j	j	j	j	j	j	j	j	j	j	j	j	j	j	j	j
南海	j	j	j	j	j	j	j	h	s	h	h	h	h	h	h	h	h	h
顺德	j	j	j	j	j	j	j	h	s	h	h	h	h	h	h	h	j	j

	拽	寅	引	逸	羊	洋	烊	扬	杨	阳	疡	养	痒	样	药	钥	跃	蝇
横县		j	j	j	h	h		h	h	h	h	h	h	h	j	h	h	0
宾阳		j	j	j	j	j		j	j	j	j	j	j	j	j	j	j	0
南海		j	j	j	h	h		h	h	h	h	h	h	h		j	h	h
顺德		j	j	j	h	j		j	j	j	j	j	h	h	h	j	j	j

	孕	翼	盈	赢	亦	译	易	液	腋
横县	j	h	h	h	h	h	h	h	h
宾阳	j	h	h	h	h	h	h	h	h
南海	j	h	j	j	j	j	j	j	j
顺德	j	j	j	h	j	j	j	j	h

（以上为开口字）

	锐	维	惟	遗	唯	缘	沿	铅	捐	悦	阅	匀	允	尹	营	茔	颖	疫
横县	j	w	w	w	w	h	h	h	k	h	h	j	w	w	j	j	j	w

续表

	锐	维	惟	遗	唯	缘	沿	铅	捐	悦	阅	匀	允	尹	营	茔	颖	疫
宾阳	ʃ	w	w	w	w	j	j	j	k	j	j	j	j	j	j	w	w	w
南海	j	w	w	w	w	h	h	h	k	h	h	w	w	w	j	j	w	j
顺德	j	w	w	w	w	h	h	h	k	h	j	w	w	w	j	w	j	j

	役	融	育	容	溶	蓉	庸	勇	涌	用	欲	浴
横县	w	j	j	j	j	j	j	j	j	j	j	j
宾阳	w	j	j	j	j	j	j	j	j	j	j	j
南海	j	j	j	j	j	j	j	j	j	j	j	j
顺德	j	j	j	j	j	j	j	j	j	j	j	j

（以上为合口字）

闽方言的文读系统，喻母多读零声母。口语中喻母读［h/x］。以母（喻四）读［h-］的现象已很少。如福州话："页［hieʔ⁵]"，"融［hyŋ⁵³⁻³³］城""玉融［hyŋ⁵³］"（福清市的别称）"[1]；海口话："跃（跳跃义）［hek⁵］"[2]。潮汕方言的"悠曳页叶役昱煜毓"等字也读［h］声母[3]。海南文昌话今读［ɦ-］声母的古以母字有："也椰杨悠焰寅叶页弋浴悦阅"，云惟利认为"海南方言的ɦ是由 h 弱化而来的。所以，和其他方言的 h 有对应关系"[4]。

（2）云以归匣的古文献证据。

《颜氏家训·音辞篇》载简文短梁侯谓"郢州"为"永州"，讥梁侯"郢永"不分为"膏粱难整"，"王侯外戚，语多不正"，说明齐、梁之时，通语中喻三喻四仍剖判入微，但南方方言中已有云以归并现象。王力先生（1985）认为："这是喻四由［ʎ］变［j］的证明。"我们能否从另一个角度考虑，视其为喻四与喻三归并的另一种方言现象——云以归匣？

北周庾信（513－581）的《问疾封中录》是一首于匣双声诗："形骸违学宦，狭巷幸为闲；虹迥或有雨，云合又含寒。横湖韵鹤下，迥溪狭远还；

---

① 冯爱珍：《福州方言词典》，江苏教育出版社 1998 年版。

② 陈鸿迈：《海口方言词典》，江苏教育出版社 1996 年版。

③ 李新魁：《潮音证古》，《李新魁音韵学论集》，汕头大学出版社 1997 年版。

④ 云惟利：《海南方言》（澳门东亚大学 1987 年版），第 11 版，转引自张振兴、张惠英《音韵与方言——关于以母读同晓匣母》，中国音韵学会第十二届学术讨论会暨汉语音韵学第七届国际学术讨论会论文，2002 年。

怀贤为荣卫，和缓惠绮纨。"以于匣字为双声，可见当时喻三归匣。云匣母在《切韵》仍未分立。庾信诗中还夹入"溪绮"两个溪母字，是否表明在庾信（南阳新野人）的方言里，溪母字已有擦化现象，与晓母混同现象，所以能与匣母相押。

郭璞《方言注》已能看到云母读 [h-] 的迹象。《方言》卷一："硕、沈、巨、濯、訏、敦、夏、于，大也。"郭璞注："訏亦作芋，音义同尔。訏，香于反。"卷十三："芋，大也。"郭璞注："芋犹訏耳。芋，香于反。""訏芋"二字音义同，均香于反，而《广韵》中，二字均为云母字。可证喻三归匣，匣母可能已有清化现象。

陆德明《经典释文》保留六朝音切最多，书中有匣与喻混用例。如：

炎，于廉、于占、于凡、荣钳反（云），又音艳（以）。

遗，惟季反（以），于季反（云）。

弋，以职反，刘于则反。

滑，于八反（云），户八反（匣）；猾，于八反（匣）。

羽，读为扈，音户（匣）。

南唐徐锴《说文系传》用朱翱反切。朱翱反切完全不依切韵。其反切中，匣母与喻三、喻四混合，和现代吴语相符合。据冯蒸先生（1991）对《尔雅音图》的研究，认为其音注不晚于宋代。该书有匣邪从母与影以母相互注音现象，"此中又以匣母与影以注音的例子较多"。以"亦"注"檄"，以"演"注"蚬"。"檄蚬"是匣四字，今普通话和吴方言声母已腭化为 [ɕ]，粤方言和平话仍念 [h-]，均不读零声母。"亦演"为以母字，部分平话和粤方言，"亦演""檄蚬"读 [h-] 声母。

据鲁国尧先生考订，陶宗仪《辍耕录》卷十九的"射字法"反映的是元时松江方音，其声母系统匣喻合一。"此射字法以'盈''延'两个古喻母字同作助纽字，表一母，可是拼法规则举例之二：'霞，盈麻，盈盈延霞。'而且又指明'霞'的去声字为'夏'。据此，'霞''夏''盈''延'四字声母相同，其中'霞''夏'乃古匣母字。匣喻合一的现象在《字学集要》也存在"（鲁国尧，1994）。

耿振生（2000）："在明清时期的吴派韵书、韵图中，《声韵会通》和《韵要粗释》属于最接近实际语音的少数著作之列，在本方言区内具有代表性。"其优点就在于"从活语言归纳出一个语音系统，这系统是前所未有的，但是有现实根据的而非虚构的。"《声韵会通》喻匣合一，即表中的月母。卷首"论声"一节中说"'辖喻'同归'月'字"；在"论韵"一节中说"一声统摄四十五韵，如用'月'字声，则有'刑恒燚横容红寅痕云魂言玄寒桓闲还淫 0 盐含咸 0 阳降杭黄兮 0 於河湖耶 0 牙遐华谐孩怀回尤侯爻豪'，凡四十韵；'簪谈资之靴'于'月'声不可通，则空其目。"古喻母字大多归月母，部分上声字归入英母，即与古影母合流，如"踊勇涌咏泳尹"等字，这些字不是口语常用字，所以可能首先清化。

邵荣芬先生（1997）研究明代闽人陈第的古音著作，发现以母与影、云互注要比影云以三母自注多，"显然影云已和以合流，变成零声母，与现代福州话同。"但也有个别不合例，如陈第以"延以"注"园云"，以"形云盈以"注"雄云"，今福州话"园"读 [huoŋ]，"雄"读 [hyŋ]，与陈第音不合。这恰好反映明代闽语中也存在以混云匣的现象。高本汉在谈及影喻母的例外情况时也说，"有许多 h 的读法，尤其在闽语里"，如影母字"按烟谒幽殷"，云母字"园远云域"，以母字"悠叶役疫"，厦门汕头话有念 [h] 的又音[1]。

《分韵撮要》（1782）为 18—20 世纪颇为流行的一部韵语韵书，是研究近代粤方言重要的历史资料。此书中，大部分云、以母字声母为 [h]。

（3）壮语的证据。

壮语的老汉借词可以看到以母读 [h] 的痕迹。如"赢 [hiŋ2]""姨小～[hei2]""容易 [juŋ2 hei6]"。古壮字的借音声旁也有反映：

汉义	壮音	方块壮字
也，亦	hi4	亦、以、耶、吔
容易，快	hei6	快易
屎	hai4	屎易
脏，汗泥，污垢	hei2	胰
上，登，涨	huɯn3	引、㔫
起，起来	huɯn5	起引

（4）喻母与匣母四等同步发展——向零声母演变。

以母与云匣合流后，无论是在吴方言中仍保留浊擦音 [ɦ]，还是在平话和粤方言中变为清擦音 [h]，因为介音或高元音的影响，进一步演变为 [j] 或零声母。这与喻三从匣分化，与喻四归并为 [j]，再向零声母转变的过程殊途同归。因受强势方言的影响，以母归匣的痕迹保留在各方言点多少不一。从方言区看，吴、粤、平话较为突出，闽方言较少。从具体的方言点看，有的方言点保留多，有的仅留下少数残迹。

苏州、上海、崇明、宁波等地，云以母多读 [ɦ]，同匣母。但也已出

---

① 高本汉：《中国音韵学研究》，商务印书馆 1994 年版，第 270 页。

现向零声母转变的例子。如上海话苍蝇的"蝇"念［ɦiŋ］，苍蝇拍的"蝇"念［iŋ］；宁波话"养"读［ia］，而"养生""养生媳妇"（童养媳）仍念［ɦia］。金华话云以母已基本变为零声母，甚至匣母字。

广西的平话，宾阳和横县喻母读［h］的字保留最多。马山、上林的平话来自宾阳，南宁及左右江河谷的平话，喻母读［h］的字也不少。南宁市的亭子平话仅剩"赢、易交~"等少数字读［h-］了。勾漏片粤方言的藤县、岑溪、贵港等地，喻母字读［h-］较多，钦廉片的合浦，喻母字已并入影母，但在地名"驿马［hɐt²˧ma］"保留下来。

从年龄层次看，新派喻母读［h］的字越来越少。

从现有方言材料看，喻母字由［h］演变为［j］，低元音韵母先于高元音韵母，合口韵先于开口韵。平话和粤方言中，开口韵［h］→［j］的演变规律就涵盖了读［h］的晓、溪、匣、喻等声母字。如南宁白话和广州话一样，喻母开口已读［j］，溪母字"绮丘泣"，晓母字"休欣昕忻衅旭"已读［j-］，并于影母。溪母字"钦"有［hɐm］、［jɐm］两读，"喫"有［hek］、［jak］两读。宾阳平话不仅喻母及匣母四等变［j］的比毗邻的横县平话要多，甚至溪母字"丘恰歉欠怯牵劝犬"，晓母字"晓嚣休朽嗅险掀宪献歇蝎显血欣香乡享向响畜蓄"，匣母二等字"下夏厦狭峡"都已读［j-］，灵山话亦然。

第四节　平话与粤方言的韵母差异及演变规律

一　平话与粤方言的韵母的差异及演变规律探讨

南方汉语方言由于多保留入声韵，因此韵母较多，演变情况也较复杂。平话和粤方言在韵类的分并上也是同多异少，同样反映出语音演变的不平衡性。

中古入声韵涉及韵尾和声调两个范畴，桂北平话虽然都保留入声调，但塞音韵尾已经普遍脱落，除了保持促调，韵母形式已与阴声韵混同。相应的，阳声韵的鼻韵尾也大量弱化，出现鼻化甚至脱落现象，［-m］已并入［-n］，因此桂北平话的韵母系统相对比桂南平话和粤方言都简单。本节的分析，依然以桂南平话和粤方言为主。

1. 中古歌韵与戈韵的分合。

大多数的汉语方言，中古歌戈韵已经合并。普通话合并后以牙喉音和非牙喉音对立，平话和粤方言的发展趋势也是歌戈韵不分，但演变的方向与速度并不一致。

　　粤方言中古果摄一等开合口大多混并。沿江白话已无歌戈对立现象，其他粤方言也只有少量痕迹。玉林话在见系少数字能区分开合口。

　　平话的祖语保留歌戈不混的层次，无论桂南平话还是桂北平话，无论音值有何差异，均保留歌戈有别的痕迹，尤其是口语常用字。例如宾阳话，歌韵系读 [ø]，戈韵系读 [ou]（< [u]）。

　　2. 中古歌韵麻韵的分与合。

　　大多数汉语方言歌麻对立。粤方言歌麻不混。平话的白读层保留歌麻不分的现象，这是宋代汴洛方音的特点，与平话民系的来源相佐。这种现象南北平话都有，只是音值上差异较大。桂南平话的南宁以西地区，歌韵口语字读 [a]，与麻韵二等同；文读则向权威方言趋同，读 [ɔ]。"歌"字就有两读，当地人称，平时民间唱的山歌叫 [ka1]，读书读报的"歌"字，以及现代流行歌曲则称"[kɔ1]"。

　　民国二十六年《邕宁县志》：

　　唱歌之歌，官话戈声，平话读如家，知歌麻古通也。车官话读加迁切，平话读痴依切。知鱼支古通也。爷麻韵，县中转为伊声。

　　这段记录反映了当时邕宁地区平话的两个共时现象：歌麻不分，麻韵三等读如止摄开口。

　　歌麻不分读 [a]，保留了中古的特点，麻韵三等读 [i]，则反映了更晚的音变。这两种语音现象在平话中也表现不平衡。桂北平话仍有歌麻不分的层次，但音值变异较大，各点的读音不尽相同，系统性也不强。

　　桂南平话的宾阳，歌麻已经不混，歌韵读 [ø/ɔ]，麻韵二等读 [a]，麻韵三等读 [i]，很整齐。越往西，歌麻不分读 [a] 的现象保留越多。北片是合口戈韵的牙喉音字读 [ua]，与麻韵合口二等不分。歌韵及戈韵牙喉音字读 [a]、[ua] 的特点，同样反映在壮语的汉语借词中。

　　麻韵三等读 [i]，应当经过 [ia] → [iɛ/ɛ] → [i] 演变过程。从旧地方志材料看，这一演变在桂南平话比较一致，但如今只在宾阳等少数方言点较为系统，其他的桂南平话方言点只留下少数字，但均为口语用字这一点，说明是其祖方言的层次，读 [ɛ] 反而是受沿江白话影响的回溯演变。

　　3. 中古一二等的分与合。

　　中古一二等的区别表现在蟹、效、山、咸四摄的元音对立上。这种对立至少从唐代以后，就在不同的方言里沿不同的方向逐渐归并。

　　平话的祖语应当与粤方言一样，一二等不混。今平话多数方言点或多或少仍留下一二等对立的痕迹。如宾阳、横县平话，效摄开口一二等对立，蟹、山、咸四摄开口一二等在见系字保持对立。南宁及其以西的平话则与官话相同，一等字并入二等，均读 [-a-] 元音。平话一二等合并是后起的演变，可能与官话的影响有关。

　　粤方言一般蟹、效二摄开口一二等区别，咸、山二摄开口一二等的对立只保存在于牙喉音。

	蟹一	蟹二	效一	效二	咸一	咸二	山一	山二
	海	鞋	高	交	甘	监	干	间
南宁	hɔi	hai	ku	kau	kɐm	kam	kɔn	kan
梧州	hɔi	hai	kou	kau	kɐm	kam	kɔn	kan
岑溪	hɔi	hai	kɐu	kau	kɐm	kam	kɔn	kan
宾阳	hɔi/hø	hai	kɔu/køu	tʃau	kɔm/køm	tʃam	kɔn/køn	tʃan
亭子	hai	hai	kau	kau	kam	kam	kan	kan

　　4. 撮口韵的有无。

　　广西平话和粤方言中，有撮口呼的方言点，撮口呼韵母的分布与普通话一致的是遇摄合口三等（从入声演变的不计）、山摄合口三四等。与普通话不同的是，这些方言点臻摄合口一等的精组和泥来母字也读撮口韵。汉语音韵史上，撮口呼是晚期的音韵特征。

　　桂南平话和勾漏片、钦廉片粤方言均反映出其祖方言没有撮口呼韵母。桂南平话除了与沿江片白话接触密切的个别方言点，以及与官话接触的北片，基本没有撮口韵，遇三读 [ui/ʋi/oi] 韵母。

	女	旅	猪	箸	住	处	书	居	举	鱼	娶	鬚
宾阳芦墟	u	u	u	u	u	u	u	u	u	u	ou	ou
宾阳王灵	ui	ui	ui	ui	ui	ui	ui	ui	ui	ui	ou	ou
亭子	y	y	y	y	y	y	y	y	y	y	u	u
石埠	ʋi	ʋi	ʋi	ʋi	ʋi	ʋi	ʋi	ʋi	ʋi	ʋi	ɔ	ʋi
四塘	ɯ	ɯ	ɯ	ɯ	ɯ	ɯ	ɯ	ɯ	ɯ	ɯ	u	u
崇左	oi	oi	oi	oi	oi	oi	oi	oi	oi	oi	oi	oi
宜州	y	y	y		y	y	y	y	y	y	y	y
罗城	y	y	y	y	y	y	y	y	y	y	y	y

　　桂北平话也有这一层次。如西片的五通无撮口韵，两江一些口语常用

字如"住猪女锯雨去"等读［iə］。塘堡遇摄合口三等在今读舌音的知组，以及泥来母后读［uei］，如"猪箸柱住女吕旅滤"等字。

	猪	书	绪	趣	柱	住	树
五通	tiɐu³⁵	ʃɐu³⁵	tsiɐi¹³	tsʰiɐu³³	tʰiɐu⁵³	tiɐu¹³	ʃɐu¹³
两江	tiə³⁵	ɕiə³⁵	sy³⁵	tsʰy³⁵	tʰiə³³	tʰiə²¹	ɕiə²¹
三街	ty¹³	ɕy¹³	ɕy³⁵	tɕʰy³⁵	tɕy³⁵	ty²¹	ɕy²¹
塘堡	tuei³⁵	ɕy³⁵			thuei³³	tuei³¹	ɕy³¹

东片的贺州九都，遇摄三等也有读［oi］的层次。

勾漏片粤方言的贵港与广州相似，遇摄三等精组（部分）及喉牙音声母读［øy］。钦廉片遇三字多读［u］。

5. 中古止摄与遇摄三等的分混。

这是与第 4 点相关联的音韵现象。"支微入鱼"是东南方言较常见的现象，可能反映两种情况：一是无撮口，鱼虞读入支微；二是支微并入鱼虞，读合口或撮口。

吴方言苏州话有［y］，但"驴吕旅屡虑滤蛆聚婿/趋取去趣需须絮序叙绪"均念［i、ʅ］，"泉全宣旋选"等字念［iI］，与开口字同；温州话"鼠薯徐去蛆（白）婿"读［ei］韵母，"女"白读［n̩a］；"余"苏州读［jy］，温州读［vu］。

遇三字念［i］的，还有南京、海门（白读锯［kei］、鱼［ŋei］、许［hei］），部分读［i］的还有吴江、常熟、无锡等地。

长沙话"吕虑滤序绪叙"老派读［ei/i］，新派读［y］。"蛆趋取趣需须婿胥须徐"读［i］。武汉话遇三不少字白读［i］。

广西两种情况都存在。沿江白话片的北海、百色、龙州无撮口韵，"鱼入支微"读［i］；梧州老派、左江沿岸部分城镇与广东南海（沙头）、佛山市、顺德大良、三水（西南）、鹤山雅瑶等地相同，止摄开口精、庄组读［y］，"支微入鱼"。这是广府白话早期的特点。

但即使无撮口韵的方言，止摄与遇摄不分还是少数。如石埠、崇左平话遇摄三等与止摄开口无别，石埠平话读［ʋi］，崇左平话读［oi］。左右江的白话和北海、钦州白话遇摄三等读［i］，与止摄开口合并。这两种情况是不同的，前者与壮语长期接触造成的变异；后者则是客家方言的影响。

止摄开口字的复化也是后起。《分韵撮要》（1782）止摄开口三等读 i（精庄组读ʅ）。从音变条件看，止摄开口三等触顶裂化，演变为复元音韵母，首先从唇音、舌音、精组开始，接着发展到牙喉音，而正齿音不易产生复化，这在平话和粤方言非常一致。沿江片东端的梧州，中段的南宁，西端的百色，止摄开口字均无裂化现象。

6. 中古效摄一等与遇摄一等的分与合。

中古效摄一等与遇摄一等合并，是早期广府白话的特点。《分韵撮要》（1782）的模韵、豪韵字读 [u]。同治甲子（1864）《广东通志》卷九十二《舆地略》十："广州语多与吴趋相近，如须同苏，逃同徒，豪同涂，酒同走，毛同无，早同祖，皆有字有音，德庆亦然。""逃豪毛早"为豪韵字，"徒涂祖"为模韵字，沿江片白话西段至今保留这种混同，读 [u] 韵母；梧州豪韵字同广州话，复化为 [ou]，但模韵仍读 [u]。

平话则不混。大多是豪韵与二等肴韵合并，读 [au]，模韵读 [u] 或 [ɔ]。即使是效摄一二等保持对立的宾阳话，豪韵字读 [ou/øu]，模韵字读 [ou]（[ou] < [u]）。平话没有留下豪韵读 [u] 的痕迹。

对模韵中古读 [u] 一般没有异议。[u] > [ou] 是语音演变的一个规律，平话和粤方言的共时状态均清楚反映这一点。豪韵读 [u] 可能是粤方言祖语的特点。然后朝着裂化、低化的方向发展。呈现出 [u] > [ou] / [əu] > [ɐu] 的演变轨迹。

7. 中古梗摄字有白读音。

中古梗摄字白读读 [-a-] 元音，是东南方言的一个普遍现象。李荣《南昌温岭娄底三处梗摄字的韵母》（1989）："赣语与客家话梗摄舒声字今逢低元音收 [ŋ] 尾，逢前元音收 [n] 尾。前者是白读，后者是文读。"《我国东南各省方言梗摄字的元音》（1996）："古梗摄今读 [a] 元音，为我国东南部赣、客家、湘、徽、吴、闽、粤诸方言的共性之一。"罗常培（1940）在《临川音系》谈到客赣方言"梗摄的话音读作 [aŋ] 或 [iaŋ]"。

清人蒋骥《楚辞说韵》引毛奇龄（1623—1716）《古今通韵》云"楚人呼经为姜"，说明这一语音现象在湖南也有分布。从更早的文献也可发现这一语音现象。《史记·酷吏传》："封将梁侯。"《水经注·滱水注》："博水……又北经清凉城东，即将梁也。"《水经注·沔水注》："……汉水中有洲名沧浪洲。庾仲雍〈汉水记〉谓之千龄洲，非也。是世俗语讹，音与字变矣。"何大安（1993）根据对文献的研究，认为"六朝江东庶人层不分阳耕二部"。

河野六郎、张光宇等学者曾指出，日本吴音梗摄三四等的主元音是 [-a-]，与日本汉音的 [-e-] 不同。筑岛所录日本无名氏承历三年（1079）跋《金光明最胜王经音义》抄本的音释也可验证这一点。有板秀世《上代音韵考》（东京三省堂，1955）根据日本吴音和上海、温州、福州、汕头、客家等东南方言把上古耕部主元音拟为 [ɒ]，强调了高元音不合适解释东南方言梗摄字的今读。在前贤研究的基础上，平田昌司《日本吴音梗摄三四等字的读音》（1995）还考察了本居宣长《地名用字转用例》所列的日本古籍所见地名，这些地名用字大部分在日本和铜六年（713）以前已经固定，反映日本汉字音比较早期的一层。地名所涉及的阳、蒸、庚、清诸韵开口三等、青开四等韵字，除了蒸韵以外都包含主元音［a］。日本吴音的阳三与庚三、清、青不分，这也反映古阳、耕二部的关系。通过对各种材料的研究，同时参考了前贤对日本吴音的研究成果，平田昌司认为"东南方言梗摄三四等字白读代表在六朝江南比较有势力的一个层次，而文读代表后来的层次。""我们可以肯定，在东南方言梗摄三四等白读层出现的低元音就是六朝江南音系某一语音层次的遗留。"并拟为*æ。"这音值既可以说明日本吴音梗摄三四等字主要元音［a］的现象，其前后都有可能出现过渡音［-i-］，产生［-iaŋ］［-aiŋ］等韵母的音变过程也比较容易解释。北［e］南［æ］，只有高低的不同，语音上的差别也不算很大。"

广西平话和粤方言梗摄字的白读在现代有两种情况，

（1）梗摄开口只有二等有文白读，白读［aŋ/ak］或［ɛŋ/ɛk］，文读［eŋ/ɐk］，与曾摄一等同，三四等只有文读［eŋ/ek］，或与臻摄合并。这在平话和粤方言都很普遍。

（2）梗摄开口均有文白读。主要是沿江片白话。二等白读［aŋ/ak］，文读［eŋ/ɐk］；三四等白读［iaŋ（eŋ）/iak（ɛk）］，文读［eŋ/ek］，与广州话一致，这应该是广府白话祖语的特点。

《正音咀华》（1837）是清代莎彝尊为广州人学习官话而作，在音理上首先确定广州音系的读音，而在教学中拿广州话与官话作比较。"土音同正音异"中列举了大量材料说明广州音与"正音"的异同。其中有两例："腔，广州俗音青"，"墙，广州俗音青"，即官话的"腔"和"墙"，用广州"青"的俗音去念，所谓俗音就是白读音。"腔"是江韵溪母字，广州话读［hɔŋ1］；"墙"是阳韵从母字，广州话读［tʃhœŋ2］。这两字官话韵母都是［iaŋ］，可证当时广州话的"青"白读念［tʃhiaŋ1］，今读［tʃhɛŋ1］，［iaŋ］→［ɛŋ］。

南宁白话同广州，梧州白话的白读音已经不多，绝大部分字已经向文读发展。钦州、百色白话梗摄开口三四等仍读［iaŋ/iak］。

平话和勾漏片、钦廉片粤方言基本没有系统的文白异读。多数方言梗摄开口二等与宕开三与合并，读［ɛŋ/ɛk］；宾阳话梗摄开口二等读［aŋ/ak］，玉林话梗摄开口二等与阳韵系字失落［-ŋ/-k］韵尾变成［a］，这都是"不分阳耕二部"的痕迹。

8. 中古通摄的演变。

《广韵》东冬钟诸韵在现代汉语方言大多已合并。《韵镜》《七音略》等早期韵图，通摄东韵为开口，冬钟为开合，可见中古通摄不是合口。广西的平话、粤方言，不少通摄多读开口 [œŋ/ɔŋ/oŋ]、[œn/ɔn/on]、[œŋ/ɔŋ/oŋ]，平话尤甚。阻断平话通摄字向合口演变的原因之一可能是其宕摄合口字已演变为 [uŋ]。

9. 声化韵 [ŋ] 或 [m]。

平话和粤方言均有声化韵 [ŋ] 或 [m]，来源相同，均为中古模韵疑母字，如"五午误吴蜈梧悟"等字。中古模韵疑母字在平话和粤方言的读音，反映以下不同的演变方向。

$$\begin{array}{c} \nearrow [\text{ŋou}] \\ [\text{ŋu}] \\ \searrow [\text{ŋ}] \rightarrow [\text{m}] \end{array}$$

模韵疑母字读 [ŋu] 或 [ŋou] 保留在桂南平话的中南、西南片部分方言点，不少平话方言与粤方言一样，大多已经演变 [ŋ]，东部一些粤方言点与广州话一样，进一步演变为 [m]。

二 元音低化与长短/a/系列韵母的对立

广西的桂南平话和粤方言大多都有一套整齐的、主元音由 [-a-] / [-ɐ-] 构成的具有音位对立的复合韵母，来源也基本一致，[-a-] 系列韵母来自外转韵摄的开口二等，如蟹、效、咸、山、梗诸摄开口二等韵，[-ɐ-] 系列主要来自内转韵摄，如流、深、曾诸摄，以及臻摄、蟹摄开口三四等字。勾漏片则多演变为 [-ɔ-] / [-a-] 的对立。

1. /a/的长短对立是桂南平话和粤方言的共有特征。

关于粤方言有无长短元音对立，方言学界有过不少讨论。有观点认为，粤方言是现代汉语方言中罕见的有长短元音对立的方言，所举唯有 [a/ɐ] 一组。也有学者认为广州话13个元音中能够长短相配的有6对：[a/ɐ]、[ɛ/e]、[i/ɪ]、[ɔ/o]、[œ/ə]、[u/ʊ]。在这6对长短对立的元音中，都只有长元音能独用，短元音都只出现在复韵母。实际上，这种共时的分类忽略了语音演变的层次性。粤方言内部情况并不一致。如与广州话有发生学关系的南宁白话无 [ɔ/o]、[œ/ə] 的对立，广州、南宁白话的 [a/ɐ] 在玉林话表现为[ɒ/a]。即便是广州话，除了 [a/ɐ]，其他的每一组长短元音并不出现在相同的组合关系中，与壮侗语的情况很不一样。广州的 [ei]，是 [i]（止摄开口）的裂化，[ou] 是 [u]（遇摄唇音）的裂化，是后响韵母，南宁等地仍读 [i]、[u]。只出现在舌根音韵母的[ɪ ʊ]音值分别与[e o]相当，赵元任（Chao，

Y. R.）*Cantonese primer*《粤语入门》（1947，Cambridge: Harvard University Press）就把这两个音记作［e　o］，粤方言分别作为曾三、梗三四（文读）和通摄的主元音。黄锡凌《粤音韵汇》（上海中华书局，1941；1979 年香港中华书局再版）把出现在［-y –n -t］前的［ø］与［œ］合并，一并标作［œ］。广州话的［ɵy］来自遇摄三等，南宁、梧州白话读［y］，［ɵn　ɵt］来自臻摄三等，南宁、梧州白话读［ɐn］。

　　［a］/［ɐ］反映了长短/a/的实际音质，人们从听感上觉得音质的差异要强于音时的差异。所以长/a/在粤方言一般不加长音符号，短/a/习惯记作［ɐ］。"声学实验和听辨实验揭示的规律一致，广州话的长短 a 在复合元音中作韵腹时，确实主要靠它们在音节中的相对时长不同进行区分的。从复合元音内部时长结构来看，根据韵腹韵尾时长互补的性质，长 a 后面跟的韵尾较短，短 a 后面跟的韵尾较长。就音质而论，总体来看长 a 有比短 a 舌位稍低一些的趋势，但这种区别并不是必然的。"①

　　2.［-ɐ-］系列韵母与元音低化有关。

　　桂南平话和粤方言的［a］元音主要来自中古的外转韵摄的开口二等韵，［ɐ］元音大体来源于中古内转一类的复韵母。一些只有一三等的内转韵摄，例如流摄、曾摄，一等韵主元音多读［-ɐ-］，流摄三等失落介音并入一等。臻摄二等臻、栉韵字很少，实际可并入三等的真、质韵，只剩下一三等的对立，虽为外转，其演变规律如同内转的深摄，三等元音低化读如一等。蟹摄开口四等齐韵，晚唐五代是［æi］，宋以后与蟹摄三等祭废韵并入止摄，在北方方言多演变为［i］。南方方言不少仍为复元音韵母，桂南平话和粤方言读［ai］或［ɐi］。［-ɐ-］系韵母与中古音的对应如下：

　　齐韵开口：［ɐi］　　　流摄：［ɐu］

　　深摄：［ɐm/ ɐp］　　臻摄：［ɐn/ ɐt］　　曾摄一等［ɐŋ/ ɐk］

　　而［-a-］系列韵母均来自开口二等韵（咸山摄开口一等非牙喉字读［-a-］是后起的演变）。

　　中古深摄及臻摄三等韵，主元音构拟为［i］或［e］，一般没有异议。现代汉语方言无论有无［-m］韵尾，中古深摄字与臻摄开口三等字的元音演变都很一致，基本仍是高元音（普通话读［-ə-］的是因翘舌声母影响）。粤方言深摄字主元音的演变与臻摄开口三等相同，少数桂南平话方言点，流摄、臻摄、曾摄开口一三等仍不混，维持［-ɐ-］/［-ə-］的对立，深摄也读［-ə-］。推测流摄三等失去韵头后，与深摄、臻摄三等经历进一步低化的演变：［-i-/-e-］→［-ə-］→［-ɐ-］。

---

① 张凌：《广州话长短元音的语音实验新探》，《方言》2010 年第 2 期。

　　壮语的汉语借词、古壮字的借音声旁，明显反映出影响壮语的汉语方言深摄及臻摄开口三等字都曾有［-i-］的层次。深摄、臻摄主元音低化的时代应在中古以后。明清是古壮字大量通行的时代，可证此时深摄、臻摄三等主元音低化已相当普遍。

　　深摄、臻摄三等主元音低化，可能与具有相同韵尾的咸、山摄开口三四介音［i-］强化为主元音，演变成［im/ip］、［in/it］有关。咸、山摄这一演变在平话和粤方言是一致的，造成深摄、臻摄三等主元音低化的一种链移效果。

　　3. 汉壮语接触对元音低化的影响。

　　桂南平话和粤方言/a/的长短系列对立成为不同于其他方言的一个典型特征，除了自身的规律音变外，所处侗台语的大环境，与壮语密切接触也有关系。

　　侗台语族大多数语言、苗瑶语族的瑶语都有长短元音的对立，在广西分布的少数民族基本都是这些民族。壮语的［a i o u］存在长短的对立，长元音可以单独作韵母，短元音则否。［i o u］的长短对立整齐分布于鼻尾韵和塞尾韵，只有低元音［a］的长短对立也存在于开尾韵。桂南平话和粤方言/a/的长短分布与壮语完全一致：

　　［a］　　［ai］/［ɐi］　　　［au］/［ɐu］
　　［am］/［ɐm］　　　　［an］/［ɐn］　　［aŋ］/［ɐŋ］
　　［ap］/［ɐp］　　　　　［at］/［ɐt］　　［ak］/［ɐk］

　　壮语的长短/a/习惯标作［a:］/［a］，但实际音质与平话和粤方言的［a］/［ɐ］相同。短［ɐ］同样只能出现在复韵母。

　　"低元音 a 的长、短对立是台语方言的普遍现象，但长、短 a 在链移中的表现大不一样：我们发现长 a 既没有参与后高化，也没有参与前高化，而高元音的前低化、后低化中都出现了短 a 的身影。"（韦远诚、李佳，2012）壮语的短 a 也不单用，可见它也是来自元音的低化。由于与壮语长期接触，侗台语的这一特征也影响到平话和粤方言，一些三等韵高元音低化，流摄三等介音趋于消失，阻断蟹摄开口三四等向［i］的演变。经过一系列的音系调整，也形成了［-a-］/［-ɐ-］系列复韵母的整齐对立。而这一区域性特征又方便了彼此词汇的借用，桂南平话和粤方言都有许多有音无形的［-ɐ-］系复韵母词，其中不少与壮语共享，使得［-ɐ-］系复韵母在声韵调的配合关系上已经超出相应韵摄的演变规律。以中古深摄为例。

　　以下是宋《韵镜》内转第三十八图在今南宁话的音节表。由于南宁白话知、清、照系已合并为一套，下表不列齿音。汉字为韵图本有，国际音标为南宁白话读如深摄的字词（声调标注调类：1—6 为平上去的阴阳两类，

7a 为上阴入，7b 为下阴入，8 为阳入）。

	音牙				音舌				音唇			
	清浊	浊	次清	清	清浊	浊	次清	清	清浊	浊	次清	清
侵					nɐm2	thɐm2		tɐm1				
	吟	琴	钦	金	谌	沈	琛	碪	mɐm1			pɐm1
						馠						
寝					nɐm3	thɐm4		tɐm3				
	僸	噙	坅	锦	扗	朕	踸	戡			品 pɐn3 phɐm3	禀 pɐn3 pɐm3
沁					tɐm6	thɐm5	tɐm5					
	吟	詅		禁	赁 jɐm6	鸩	闯	揕	pɐm6			
缉					nɐp9	tɐp9	thɐp7	tɐp7				
	发	及	泣 jɐp7a	急	弆	蛰	沿	繁	mɐp7a	躬	phɐp7a	鸥

	齿音舌		喉音			
	清浊	清浊	清浊	浊	清	清
侵	任	林		hɐm2	歆	音
				淫		愔
寝	荏	廩			廞	饮

续表

	齿音舌 清浊	齿音舌 清浊	喉音 清浊	喉音 浊	喉音 清	喉音 清
沁						
	纴	临	颣	hɛm6		萌
缉						
入	lɛp7a 立	煜	hɛp8	吸 hɛp7a	邑	
		熠			揖	

注释：

（1）唇音（‖后为《广韵》字）

① 泵 [pɛm1]，水～。可作动词，即"加压"。"泵"读 [pɛm1]，来自英文的 *pump*。

② "禀品"是书面语词，南宁白话已读 [-n] 尾（平话和勾漏片粤方言仍有保留 [-m] 尾的）。出现在此地位是 [pɛm3]、[phɛm3]，但只作拟声词，如东西掉入水中的声音。[pɛm6] 也是拟声词，形容打门的声音。

③ [pɛp7a]、[pɛp8]，动词，指把烂泥、石块等往目标上甩。

④ 食□□ [mɛm1]，小儿语，吃饭。

⑤ □ [mɛp7a]，凹陷；□ [mɛp8]，用力敲击。

（2）舌音

由于深摄是三等韵，韵图只有知组字。南宁白话 [ɛm/ɛp] 的舌音字大多来自咸摄一等，或相当于一等的词。

① 酸□□ [tɛm1] /酸□□ [tɛp7a]。

② □ [thɛm2]，压；□□转（团团转）。

③ □ [tɛm3] /□ [tɛp8]，锤、捶打 ‖ 戡，小斫也。张甚切。扰，刺也，击也。都感切。搭，打也。都合切。

④ □ [tɛm5]，下垂，搭拉；矮，低；[tɛm3]，形容词词缀，矮～～。/耷 [tɛp7a]，搭拉，低下 ‖《广韵》盍韵"耷，大耳"，都盍切。

⑤ □ [tɛm6]，跺（脚）（[tɛm6] / [tɛp8] 跺（脚））

⑥ 窞 [thɛm4]，坑。‖ 窞，坎傍入也，《易》曰：入于坎窞。徒感切。

⑦ □ [them5]，装入衣袋；哄骗。南宁白话把手、钱物放入衣裤口袋叫 [them5]；梧州白话把从衣、裤口袋掏取钱物说 [nem5]。‖勘韵"撢，探取"，他绀切。"探，取也"，他含切。"妠，取也"，如绀切，

⑧ □ [thep7a]，套。‖合韵："錔，器物錔头"他合切。

⑨ □ [nem1]，土气。/粒 [nep7a]；

⑩ □ [nem2]，软，食物熟烂。/□ [nep8]，（人）动作慢；机件给油膏住了，如"～油"。

⑪ 恁 [nem3]，想。想，平话和粤语方言都说 [nem3]，连壮语也不例外。有人认为此词借自壮语，值得商榷。一是汉语极少从壮语借入抽象词语，而且此义壮语另有本族词；二是此词普遍存在于两广的粤语方言。认为此字可能即"恁"。《广韵》"恁，念也"，如甚切。平话、粤方言日母多读 [ȵ] 声母，沿江白话与广州话一样，进一步演变为 [j] 声母。此词不合日母的读音规律而归入泥母，可能与主元音的低化有关。

⑫ □ [lem5]，垮塌，倒闭。/ □ [lep7a]，即"笠"，疏编的竹筐；形容词词尾，如靓～～（漂亮）。

（3）牙喉音

① □ [khem1]，结实，耐用，有耐力。即"禁"，平话和粤方言多*读次清声母*。

古溪母字多变擦音，与晓母合并，一些细音字进一步变 [j]。"钦"有 [hem1]、[jem1] 两读。

② □ [khem2]，坑，小洼地。

③ [khem3] / [khep7] 盖（动词）。‖

"吸"，许及切。但南宁白话读 [khep7]，与"给"同音，但"给"居立切。[khep7] 本为"泣"（去急切）的规律读音。与上条情况相同，"泣"已经读 [jep7]，与"邑"同音。进入"许及切"地位是□ [hep7]，欺负义。

④ □ [kem6] 压，按/ [kep8] 捉，擒拿。

⑤ □ [ŋem2] 低（头）‖《广韵》僸，仰头貌，牛锦切。趛，低头疾行。牛锦切。

⑥ □ [hem2] 全；动词、形容词词尾。

⑦ □ [hep7a]，欺负。

⑧ [hep8]，兴～～，很热。‖‖"翕，火炙，一曰起也，又敛也，合也，动也，聚也，盛也"，许及切。"熻，熻热"，许及切。晓母字，但南宁话读阳入调。

⑨ □ [hem3]，磕，碰 /瞌 [hep7a]。

（4）中古心母字读 [ɬ] 声母。鉴于韵图齿音部分心母的上声"槑"，入

声"毂"口语不说，在此对与心母相关的读音也略作说明。

① □［ɬem3］，轻撒粉末。

② □［ɬep7a］，～碎：琐碎，零碎。

③ □［ɬep8］a 乱～～，杂乱；b 拖～～，拖着脚走；c 落雨～～，下雨貌。

‖"跤，进足"，苏合切。‖"霅，《广雅》曰：雨霅霅"，苏合切。

造成这种声韵配合关系改变的原因主要有两个方面：古深摄字主元音低化和壮语的影响。桂南平话这种音变同样很丰富。

第五节　平话与粤方言的声调比较研究

一　广西平话与粤方言的声调举例

以下举例以声调类型分类。

1. 入声只分阴阳：

方言点	阴平	阳平	阴上	阳上	阴去	阳去	阴入1	阴入2	阳入1	阳入2
贺州九都1	435	213	55	22	53	33	22		31	
贺州九都2	24	213	55	22	52	33	33		21	
富川九都	53	31	24	44	22	42	45		42	
富川七都	52	33	24	31	44	35	44		35	
富川八都	52	21	24	24	22	55	35		22/55	
富川福利民家话	53	31	13		42	33	35		35	
桂林朝阳	43	22	23		35	21	55		22	
灵川潭下	24	33	32	21	35	52	45		52	
灵川水埠	24	33	44	31	35	51	51		45	
雁山竹园	55	44	33	24	53	21	21		24	
平乐张家	52	31	54	33	44	35	55		35	
融水土拐	42	21	55	24	45	24	52		35	
阳朔葡萄	（34）	44	33	213	55	31	52		213	
灵山县城粤语	21	53	55	22	24	33	55		22	
融水县城土拐话	52	21	55	45	45	24	52		35	

续表

方言点	阴平	阳平	阴上	阳上	阴去	阳去	阴入1	阴入2	阳入1	阳入2
罗城牛鼻土拐话	53	21	55	35	54	24	55		35	
崇左江州蔗园话	55	31	33	11	35	22	33		22	
武宣金鸡伢话	53	31	45		24	42	22		55	
贵港城关粤语	45	33	24		53	21	33		24	
贵港南江粤语	44	22	34	23	52	21	33		23	

2. 阴入二分，阳入1类：

	阴平	阳平	阴上	阳上	阴去	阳去	阴入1	阴入2	阳入1	阳入2
宾阳芦墟	35	213	33	22	55	42	55	33	22	
宾阳合岭	35	13	33	11	53	32	55	33	32	
宾阳复兴	35	213	33	11	55	22	55	33	22	
崇左四排平话	52	31	24	21	45	22	55	24	22	
左江土白话	35	22	21		33	22	55	55	22	
永福桃城	35	23	33	53		21	55	33	23	
阳朔骥马	33	22	42	21	24	52	35	21	42	
红瑶平话	33	24	32		52	21	21	33	24	
钟山公安	35	23	54	33	52	21	52	44	21	
信都铺门	44	24	52	31	35	213	55	35	24	
临桂五通	45	21	42	33		23	55	33	23	
宜州百姓	53	31	42	24	44	213	55	42	12	
武宣樟村伢话	53	21	42	35	44	214	55	33	22	
廉州粤语	45	33	24		33	21	33	24	21	
浦北县城粤语	55	35	33	24	52	22	55	33	22	
玉林市粤语	54	32	33	24	51	21	55	33	33	22
蒙山西河粤语	53	21	42	35	44	214	55	33	22	
北流市白话	54	32	33	24	42/33	21	55	42/33	22	
北流唐僚粤语	55	32	35	23	53	21	55	33	22	

续表

	阴平	阳平	阴上	阳上	阴去	阳去	阴入 1	阴入 2	阳入 1	阳入 2
平南丹竹粤语	53	31	33	24	45	22	55	24		22
南宁白话	55	21	35	24	33	22	55	33		22
梧州白话	55/53	22	35	24	33	22	55	33		22
桂平县城粤语	55	21	35	24	33	22	55	33		22
百色白话	55	41	35	24	33	22	55	33		22
宁明县城粤语	53	21	35	23	33	22	55	33		22
北海白话	55	21	24		33	22	55	33		22
钦州市内粤语	55	21	35	23	33	22	55	33		22

3. 阴入 1 类，阳入二分：

	阴平	阳平	阴上	阳上	阴去 1	阴去 2	阳去	阴入 1	阴入 2	阳入 1	阳入 2
南宁亭子	53	21	33	24	55		22	33		22	24
南宁石埠	55	31/21	33	24	35		22	33		22	24
南宁吴圩 1	55	31	33	24	44	24	22	33		22	24
南宁吴圩 1	53	21	33	24	55	35	22	33		22	24
邕宁延安	53	21	33	24	55	35	22	33		22	24
南宁那洪	53	31	33	24	55		22	33		22	24
百色东合	55	31	33	24	35		21	33		22	24
百色那毕	55	31	33	24	35		21	33		22	24
崇左新和	55	31	33	21	35		22	33		22	21

4. 阴入、阳入各二分：

	阴平	阳平	阴上	阳上	阴去	阳去	阴入 1	阴入 2	阳入 1	阳入 2
邕宁四塘平话	55/53	21	33	24	35	22	55	33	22	24
南宁沙井平话	53	31	33	24	45	22	55	33	22	24
南宁那洪平话	53	31	33	24	55	22	55	33	22	24
扶绥龙头平话	55	31	33	11	35	13	55	33	22	13
百色那毕平话	53	31	33	24	45	22	55	33	22	24

续表

	阴平	阳平	阴上	阳上	阴去	阳去	阴入1	阴入2	阳入1	阳入2
百色田阳平话	53	32	33/35	24	35	21	55	33	22	21
宾阳新桥客话	35	213	33	22	55	52	55	33	22	52
横县县城	55	232	33	24	52	22	55	33	22	24
贵港大黄新朱客话	35	13	33	11	53	32	55	33	32	13
宜州德胜百姓话	53	31	42	35	33	214	55	33	22	24

二　平话与粤方言的声调特点

汉语方言在声、韵、调三类语音要素中，声调的种类最少，但由于声母、韵母就由辅音和元音构成，辅音和元音是音质音位，对应规律容易把握。调类虽然也是一种历史范畴，有很大的稳固性，但由于声调是靠音高区别意义，调类对调值的约束性远比声类韵类对音值的约束性弱得多，因此调类与调值的关系在不同方言间是最缺少一致性的。由于声调的类别最少，声调的差异悬殊，包括调类的分合与调值的差异，是影响方言沟通度的重要因素。但从另一个角度看，如果处于一个方言区的次方言，其声调的调类相同，甚至连调值（或调型）也相近，这也是反映亲疏关系的一个要素。

（一）平话和粤方言声调演变的共性

汉语声调的第一层次演变与声母密切相关。由于中古入声在平话和粤方言均完整保留，广西平话及粤方言在声调的变异主要反映在中古入声的演变上，即入声二次演变。

1. 调类较多。

广西的平话和粤方言的调类较多，是因为较完整保留了入声韵。平话和粤方言均已无浊塞音塞擦音声母。全浊声母清化，直接影响了声调的演变。中古平、上、去、入依古声母的清浊各分为二，入声的二次分化，这是平话和粤方言的共同特点，也是与其他大方言区相区别的核心特征。

桂北平话的底层调类是有入声的。有的方言点入声三分，有的只分阴阳两类，有的只有 1 类。虽然桂北平话入声韵的塞音韵尾普遍脱落，但大多能保留"促"的特征，有的方言点还带有较为明显的喉塞，并且多有独立的声调。本篇第二章举例的 5 个桂北平话方言点，声调都在 6 个以上，入声韵在声调上不与非入声混并。

广西的平话和粤方言，一般有 7—10 个声调，以 9 个为常。变异较大的桂北平话，一般也不少于 6 个声调。少于 9 个一般是音值相近的调类的合并，是后起的变化。有 10 个以上声调的方言是少数，桂南平话大多是因方言接触产生的创新性演变。真正从自身语音系统演变出超过 10 个调类的，是部分勾漏片的粤方言，除了以古声母的清浊为分化条件外，清调类再以全清和次清二分，即"送气分调"，入声"清浊分调""送气分调"和"元音分调"同时起作用。

2. 中古全浊上声字在口语中基本不变去。

次浊上与清上字读上声，浊上变去，是中古上声在北方方言的演变规律。广西平话和粤方言的上声多分阴阳两类，古清声母上字读阴上，全浊、次浊声母的上声字读阳上，口语常用字基本保持阳上调。受文读影响，各地均有部分全浊上字变去的情况，而且一般是变阳去。总体情况是：老派变得少，新派变得多；城市变的多，村镇变的少；勾漏片粤语变的少，其他平话白话方言变的多。

桂北平话的东片上声分阴阳两类，西片一般只有 1 类。钦廉片粤方言，以及处钦廉地区的北海市、钦州市白话，上声多不分阴阳，只有 1 类。南宁蒲庙镇白话，上声单字音只有 1 类，但在词语中阴上与阳上依然不混。上声只有 1 类的方言，是先分后合还是本来就没分化，还有待研究。

3. 调值的共同点。

（1）无论是平话还是粤方言，阴调类调值一般比阳调类的调值高。其中，阳调类的调值一致性较强，多为低平调或低降调，因此不少方言因调值的相近产生新的混并。入声除了短促的特点，其调值一般都与非入声的调值一致。

阴入只有一类的方言，一般都念［55］调或［33］调；阴入二分的方言，上阴入一般念［55］，下阴入多念［33］，少数点读升调［24］。

（2）中古次浊声母读阴调类的字较多。

中古次浊声母读阴调类的现象在南方方言比较常见。谢留文（1999）："鼻音边音字今一部分读阴调类是客家方言常见现象，无论古次浊平、上、去还是古次浊入都有读阴调现象，而且有一定的规律性。"[①]而闽方言鼻音边音读阴调类现在还看不出其规律。吴方言也存在这种现象。

广西的平话和粤方言，鼻边音字读阴调类的现象很普遍，大多是口语词，不少难以写出相应汉字。现代北京话只有平声分阴阳，口语中，阳平字有读阴调类的趋势，如"拉摩（摸）邮连庭"等；次浊上与清上字留在

----

① 谢留文：《重读〈临川音〉》，《方言》1999 年第 3 期。

上声，或许可视为次浊字读阴调的现象？但这与平话和粤方言的情况不同，平话和粤方言的阳调类包括全浊上和次浊上。次浊声母字读阴调，与跟壮侗语长期密切接触有关。

（3）从平话和粤方言的总体观察，方言点之间，阴调类的调值交叉对应现象较为普遍。例如某个点的阴平调的调值是另一个点的阴去调的调值，某个点的阴上调调值又恰好是另一个点的阴平调的调值。当受到优势方言影响时，弱势方言往往会以这种方式进行自我调整，以保证本方言声调系统不过于复杂。壮语也有这种现象。这一特点对平话和粤方言祖语声调的构拟具有重要意义。

（二）平话与粤方言声调的差异

平话与粤方言声调的主要差异可从调类和调值两方面考察。

桂北平话与桂南平话的主要差异在于入声。虽然桂北平话大多保留独立的入声调，但由于塞音韵尾的普遍脱落，入声韵的发展趋势只能是混并，甚至完全舒化，与官话方言趋同。因此我们讨论平话与粤方言声调的差异，以桂南平话为主。

1. 从调类来看，桂南平话与粤方言声调的差异主要反映在入声的再分化上。沿江白话及勾漏、钦廉片粤方言以清入二分，阳入一类为主。

桂南平话情况比较复杂，反映出自身演变和接触演变的交叠。

据考察的 61 个方言点，入声只分阴阳两类的 16 个点全是平话，这应该代表早期的特点。

阴入一类，阳入再分的 6 个点也都是平话。入声二次分化首先从阳入开始，这是桂南平话与粤方言主流地区的不同之处。

阴入和阳入再分，有 10 个声调的 8 个点也还是平话。从语言接触环境看，这些平话点阳入二分的条件与其他点一致，而阴入的再分明显是受白话影响所致。

2. 从调值看，平话与粤方言调值的差异集中反映在阴调类。

阴平，平话多读升调［35］（［24］、［45］属同一类型），桂北平话西片相类。钦廉片粤方言也读升调。沿江白话及勾漏片粤方言多读高平调［55］（［54］、［53］应是高平的音变）。

阴上，平话和勾漏片粤方言多读中平调 33，沿江白话和钦廉片粤方言多为升调［35］（［24］）。

阴去，左右江平话多读升调［35］调（其阴平即变为［55］），南宁、宾阳平话及勾漏片粤方言读［55］和高降调［53］（高降可视为高平的音变）；沿江白话和钦廉片粤方言多读［33］。

阴入只有一类的方言，一般读［33］，阴入二分的方言，上阴入一般为

[55]，下阴入为［33］。

阳调类的调值较为一致。

3. 连读变调

宾阳平话及勾漏片粤方言多有连读变调。一般规律是前字变调，即高平、高升调在前字变中平调。

勾漏片部分方言点的连读变调非常丰富，而且没有明显的规律，如贵港市、兴业县。平话的连读变调以桂南平话的宾阳、桂北平话的临桂五通、两江平话为多。桂南平话西片和北片，沿江白话及钦廉片粤方言基本无连读变调现象。南宁白话连一些低调类字的修辞性高升音变也屈指可数，远不像广州话普遍。这可能是粤方言早期的特点。

三　中古入声在桂南平话和粤方言的演变

汉语传统的入声兼属韵母和声调两个范畴。粤方言大多完整保留［-p -t -k］三套塞音韵尾，并有独立的声调。中古四声依声母的清浊变为四声八调，是南方诸多方言的共同特点，而入声调的再分化，则是桂南平话和粤方言区别于其他方言区的典型特征。

平话和粤方言是调类较多的方言，入声的多层分化是重要原因。一般以 9 个调为常，超过 9 个调的方言是少数。像勾漏片少数方言点"声母清浊""声母送气"和"元音开合"都成为入声再分化条件的，实在不多见。有学者把有 10 个声调看作平话的普遍特征，并以此与粤方相区别，这主要是看到了共时音系的表面现象，忽略了对塞尾韵调值的系统性和层次性的考察。

1. 入声韵演变的规律与例外。

汉语方言音系从字音归纳的可行与方便不言而喻。字音系统体现方言历时性的自身演变，有很强的规律性。调值与调类的对应也是系统的。词汇调查和长篇语料是反映方言共时语音面貌的重要辅助手段，可提供观察特殊音变现象的窗口。二者结合可全面、真实反映方音的语音面貌。

虽然从汉语方言整体考察，调类对调值的约束性远比声类韵类对音值的约束性较弱，但就具体方言而言，在自身演变的过程中，调值与调类的对应有很强的规律性。归纳一种方言的声调系统，应该区别系统性和例外现象，亦即分清方言自身历时的演变与接触产生的不同层次，同时应考虑本调与变调的情况。把例外作为方言音系固有特征，往往会影响分类的正确性。

（1）阴入再分是平话和粤方言创新性演变的主流。

入声调依古声母清浊二分是早期特征，清入或浊入的再分是后起的演变。入声再分化一般是阴入再分化或阳入再分化,阴入阳入同时再分化的方言很少。因此,无论平话或粤方言,有 3 个入声调是常例。

① 广西部分平话和白话(64 个点)的入声韵声调情况(入声只有一类的桂北土话不计):

入声调只分阴阳两类:16 个点

入声调三类,阴入再分,阳入一类:31 个点

入声调三类,阳入再分,阴入一类:9 个点

入声调四类,阴阳入各再分:8 个点

② 珠江三角洲 25 个粤方言点。

入声调三类:阴入再分,阳入一类:21 个点。东莞(莞城)的所谓"变入"即对应广州话的下阴入。

入声只有两类:4 个点

③ 粤北 10 个方言点。

入声调三类:阴入再分,阳入一类:9 个点

入声只有两类:1 个点

④ 粤西 10 个点。

入声调三类:阴入再分,阳入一类:9 个点

入声只有两类:1 个点

详细考察以上入声二分的方言点,以声母清浊为条件二分的言点基本集中在广西,广东只有新界(锦田)、仁化 2 个方言点。反映了平话、粤方言早期入声的特点。新界(锦田)"阴入的单字在特定的词汇环境下不读 35 而读 55,这应视为一种变调"①。也就是说,香港新界白话祖方言的阴入字只有一类,念 35 调,部分书面语词汇读 55 调,是一种变调,与广州话及香港市区白话的强势影响有关。

中山(石岐):入声 1	55	入声 2	33
珠海(前山):入声 1	55	入声 2	33
宝安(沙井):阴入	55	阳入	22
肇庆(高要):入声 1	55	入声 2	33

这 4 个点"虽然表面上阴入没有两类,但在祖方言里必须分成两类才能解释以后的发展的"②。也就是说,这些方言点的清声母入声字与绝大多数粤方言一样,首先依元音长短分化为两类:上阴入和下阴入,下阴入再发展,与其他声调合并。中山、珠海、肇庆的下阴入与阳入合并,宝安的

---

① 詹伯慧等:《珠江三角洲方言综述》,新世纪出版社 1990 年版,第 49 页。

② 余霭芹:《粤语方言分区问题初探》,《方言》1991 年第 3 期。

下阴入则与阴平合并。

因此可以说，清声母入声字依元音高低再分化为两类，共 9 个声调，是平话和粤方言的主流特点。

（2）阳入再分是桂南平话的特点。

阳入二分主要出现南宁及其以西地区的部分方言点。平话阳入二分的 14 个点中，有 6 个点的阴入只有一类，这 6 个点也是 9 个声调。

阳入二分的方言，短入是个低促调，调值多为［22］；长入是个升调，调值多为［24］。

部分桂南平话入声的再分化首先发生的阳入，共 14 个点。其中阴入没有分化的 6 个点。真正阴阳入各系统再分，声调达到 10 个的有 8 个点。这 8 个点均与沿江白话接触密切，其阴入的再分，是受白话影响的结果。

（3）塞尾韵非系统的调值是语言接触的产物。

塞尾韵共时状态下反映出来的调值种类，即实际话语中出现的调类，体现调类的层次性。有方言自身的历时音变，这种变化是规律的，是方言音系的主流；还有因方言或语言接触产生的变异，这种变异缺少规律性，但可以解释，绝大多是词汇调查的结果。

无论是平话亦或粤方言，阴入只有一类的，其调值多为中促调［33］。在广西，阴入只有一类的基本都是平话。香港新界白话阴入也只有一类，读［35］调。有些平话虽然也有读高促调的塞尾韵，但从方音系统看，显然是因语言接触产生的。"古今方言的口语中有两个因素对词的选择在起作用。一是语义的表达：为了表达一定的语义（概念、所指）需要一定读法的词，不管是来自哪一方面的。二是模仿：模仿外部语言或方言的说法。模仿是文读得以推广的原因，表达的需要是底层说法得以保存的原因。一些文读词的创造与认字的读书人有关，他们通常借用权威方言的说法。"[1]桂南平话非系统的塞尾韵调值来自借用和模仿，是语言接触的产物。以南宁亭子平话为例。[2]

亭子平话祖方言入声调 3 个：阴入 33，上阳入 22，下阳入 24。但口语中有不少读［55］的塞尾韵字。可大致分两类。

A. 实词：

□ȵap55　心～：心烦（南宁白话 jap55）

□pʰɐp55　聚拢：阿啲嘢～做一堆

□tɐp55　鱼～脚：鱼在水里用嘴触碰人的脚（南宁白话 tɛm55）

---

① 吴安其：《历史语言学》，上海教育出版社 2006 年版。

② 语言材料引自覃远雄等《南宁平话词典》，江苏教育出版社 1997 年版。

□łɐp55　　动作慢，迟钝（南宁白话 łɐp22）

□ŋɐp55　　唠叨；数落（南宁白话同）

□hɐp55　　欺负（南宁白话同）

□ŋɐk55　　～人：坑人（南宁白话同）

□tɐp55　　鱼～子：手上的痦子（南宁白话同）

□ʧɛp55　　～相：擅长，精于吃

□łɛp55　　心疼：佢妈～佢

□kɛp55　　～扣：摁扣儿（南宁白话：□kɛp55 钮）

□hɛp55　　～汤：吮吸汤/喝（南宁白话 hap33）

□nap55　　搛：～菜（南宁白话 nɛp33）

□ʧat55　　溅：掩汽车～得一身泥水（南宁白话 ʧɛt55）

□lɐt55　　～椗喇：落蒂了（南宁白话同）

□ɛt55　　翘：凳～起来喇（南宁白话 jɛt55）

□ʧɛt55　　挤：～牙膏，～水枪（南宁白话同）

□fak55　　用鞭子抽打：～牛（南宁白话 fak33）

□fɐk55　　用鞭子抽打：～牛，～一鞭（南宁白话同）

□fɛk55　　甩：～干手上啲水去（南宁白话 feŋ33/fɛt55）

□mok55　　用棍打：～一棍（南宁白话同）

□pøk55　　砸：要石头～佢（南宁白话同 pɔk55）

□lak55　　打：冇听讲（不听话）我要棍子～你哦

□khuak55　　（屈指）敲打（南宁白话 khuɐk55）

□ɲok55　　动：冇～，徛住（站住）（南宁白话 jok55）

□tsak55　　～陀螺：往地上甩陀螺使转

□jɛt55　　跃：～过墙去，～过沟去（南宁白话同）

□łɛt55　　划破：手指～喇

没 mot55　　没：水～过头喇

□tot55　　～芽：出芽

□thot55　　滑：～滑梯

□not55　　搓：～老泥：搓身上的污垢

□lot55　　下滑：裤～喇（南宁白话 lyt55）

□tsot55　　吮吸：～me21 吸奶（南宁白话 tʃyt55）

□lat55　　热；烫：～水，～手

□lɛt55　　日头～得世：太阳猛得很

□lɛk55　　能干（南宁白话同）

□tøk55　　～头：突出的额头（南宁白话 tɔk55）

乞 hɐt55　　　～儿：乞丐（南宁白话同）

□mak55　　　～钩：锄头

□thɐk55　　　梯～田：梯田

唛 mɐk55　　　～头：相貌（南宁白话同）

鹊 ʧhɛk55　　　麻～：① 小鸟儿 ② 麻将

□pok55　　　包；大疙瘩：头撞起一只～（南宁白话同）

□met55　　　～手指：小手指（南宁白话同）

□møk55　　　雾（壮语词）

□nɐp55　　　量词，粒：一～米/粒（南宁白话同）

□khɐt55　　　量词，节，段：一～甘蔗（南宁白话同）

□khɛt55　　　量词，节，段：一～甘蔗（南宁白话同）

碌 lok55　　　量词，段：一～木（南宁白话同）

以动作行为发出的声音表示该动作行为。如作动词：

□khak55　　　～痰（用力将痰吐出来）（南宁白话同）

□ʧhɐk55　　　要米桶～啲米出来（将米筒里的米抖点儿出来）

□pak55　　　～子筒：一种儿童玩具（南宁白话 pek55pak55 筒）

□ɬat55　　　裤囊～喇（裤裆撕裂了）

□ɬak55　　　裤囊～喇（裤裆撕裂了）

□pap55　　　使劲甩使粘在别的东西上：～泥上墙（南宁白话同）

□phap55　　　搭：阿条湿手巾～住胳膊头（搭在肩膀上）

作名词：

□ɐt55　　　打～啾：打喷嚏（南宁白话同）

□呃 ɬɐk5 ɐk55　　打～：打饱嗝（宾阳话同）

B. 虚词

主要是叠音词缀和联绵字。叠音词缀用于形容词后，有拟声摹状的效果，增强形容词的生动性。如：

□tut55　　　肥～～：胖乎乎

□tɐt55　　　肥～～：胖墩墩（南宁白话同）

□mat55　　　黑～～：非常黑

□pɛp55　　　软～～：含水分多而软

□mɛp55　　　屎～～：形容孩子很脆弱，动不动就哭

□jɐp55　　　躲～～：躲躲闪闪

□ŋat55　　　翘～～：翘起貌

□pɛt55　　　湿～～：湿漉漉（南宁白话 pɛt22）

□thɛt55　　　滑～～～：（路等）很滑

□ʧʰɐp55　脆~~：非常脆（南宁白话同）

□ɲat55　利钱粗~~，冇想吃（舌头粗涩，不想吃饭）（南宁白话jat33/jap33）

□ʧʰɛt55　薄~~：形容非常薄（南宁白话同）

□nɛt55　□niu53（黏）~~：黏糊糊（南宁白话同）

□ŋɛt55　□lɛu55~~：干瘦：佢脚肚~冇有肉

□wak55　生~~，（鱼）鲜活的：阿条~，快啲养起来

□wat55　生~~：（鸡、鱼等）活蹦乱跳的（南宁白话wɛt55）

□ɲak55　干~~，水分少、干：阿啲月饼冇有油水，~，难吃多（南宁白话jak33）

□nok55　重~~：沉甸甸

□ŋok55　拜~~：打瞌睡

□tɛk55　硬~~：硬邦邦

□ɬok55　落雨~~：雨唰唰地下

□sot55　象声词：嘞牛奶嘞得~~声

□kot55　象声词，饮水饮得~~声（南宁白话kɔt22）

□□lak55thak55，眼白~：眼睁睁地：佢~看住人哋拧（拿）去嘢，冇敢奈何

□□lɛk55lak55，利落：佢做事好~，从来冇要人执手尾（收拾残局）

□□lɛk55khɐk55，（道路）凹凸不平（南宁白话同）

□□lak55tak55，衣着不整；不利索（南宁白话同）

□□jau53jak55，吵嚷

□□fɐŋ21fɛt55，轻浮貌

□□□phɐt55 ʧʰɛ21lɛ21，啐，呸：~，一啲本事冇有（南宁白话同）

一些两读的字亦可证亭子平话高促调［55］非祖方言固有调值：

凹 map55，窟儿：太公~（地名）/ 凹 mɐp33，凹陷

□khɐp55，~斗：倒闭/□khɐp33，盖（动词）

虱 sɐt55，龙 lɔŋ21~：水中一种黑色甲虫/狗虱 sɐt33（虱子）

执 ʧɐp55/ɲɐp55，量词，（一）撮：一~米，一~毛/执 ʧɐp33 拾

可见，塞尾韵的例外变异与语言接触有关。对广西的平话、粤方言入声调演变的研究，既要重视历时的规律演变，分析演变的层次，也要对共时的类型分布进行细致观察，作出合理的解释。

四　入声韵再分化的语音机制

与其他三声一样，入声以古声母的清浊为条件分阴阳两类是平话和粤

方言的早期层次。广西 64 个点的材料中，有 16 个点入声只分阴阳两类，均为平话和第一层次的粤方言。

音长是入声二次演变的动因。制约一个有塞音韵尾的入声音节（闭音节）长短的主要因素大概是主元音和声母。

1. 主元音的性质是阴入再分的条件，即"元音分调"。

阴入二分是广西平话和粤方言的普遍现象。64 个方言点中有 31 个点是阴入二分，阳入只有一类。广东粤方言的情况相类，45 个方言点有 43 个阴入二分，阳入均只有一类。

入声调的再分与主元音的长短有关，这与壮语的情况相同。壮语有长短元音的对立，尽管总体趋势是这种对立在趋于消失。塞尾韵高音组（一般对应汉语的阴入）与低音组（一般对应汉语的阳入）的再分是以元音长短为条件的。

汉语没有严格的长短元音对立。有学者认为广州话 13 个元音中能够长短相配的有 6 对：[a/ɐ]、[ɛ/e]、[i/ɪ]、[ɔ/o]、[œ/ɵ]、[u/ʊ]，如果不在相同聚合条件下的对比，不借助技术手段，这种长短元音对立是不易感觉的。在非入声韵这些所谓长短元音在声调上没有任何对立，就是一个证明。平话和粤方言内部十分普遍，并且与壮语非常一致的是 [a] 元音在复合韵母中成系列的长短对立：[-a-] / [-ɐ-]，但听感上依然是音质的差异强于音长的差异。

复韵母中元音的高低会形成让人不经意的音长差异，高元音的复韵母的发音动程应该比低元音的复韵母短。上述 6 对相配的长短元音实质上也是舌位高低的差异。粤方言中，这种差异规律地反映在中古韵摄的今读上：

高元音：深、臻、曾、通摄，梗摄三四等。主元音一般是 [-ɐ-]、[-e-]、[-u-]

低元音：咸、山、宕、江摄，梗摄二等。主元音一般是 [-a-]、[-ɛ-]、[-ɔ-]

高元音组以中古内转韵摄为主，低元音组以外转韵摄为主。臻摄属外转韵摄，但二等臻、栉韵字很少，实际可并入三等的真、质韵，只剩下一三等的对立，虽为外转，其演变规律如同内转的深摄。低元音组的宕摄属内转，其主元音向来是低、后元音，加上中古后江摄逐渐并入宕摄，使其演变具有外转韵摄的特点。这种演变规律在平话和粤方言入声中得以完整的体现。

由于塞音韵尾的缘故，入声韵主元音高低带来的动程差异比非入声明显，成为入声再分的主要条件。在阴声韵和阳声韵则没有带来声调的变异。

阴入只有一类的方言，大多是中促调 [33]。如平话和第一层次的粤方言。推测这是粤方言祖语阴入的调值。此后，随主元音高低带来的动程差异分化，动程短的高元音组往高促调发展，音节声调短促，调值偏高触顶，调型不易变化。动程长的低元音组或保持原调，或因有调型演变的空间而上扬。因此，粤方言清声母入声字的再分化，高元音组韵摄的入声多读高调［55］，低元音组韵摄的音节读中调［33］，部分方言点读中升调［24］。在所见到的材料中，升调均只出现在下阴入。阴入的这种演变，规律性很强。

咸、山二摄三四等在平话和粤方言都多读［im/ip］［in/it］，是介音挤掉原有的［æ］/［ε］元音，成为音节的韵腹。这一演变应当发生在声调演变之后。因此大多数平话和粤方言，咸、山二摄三四等入声与一二等入声的演变是同步的，均读下阴入。壮语的汉借词中，来自中古咸、山摄三四等的字，对应的也是壮语的长元音［-i:-］，入声读高音组的长调。现代标准壮语的长元音［-i:-］复韵母，实际上在［-i:］后有过渡音。

梗摄开口三四等，沿江白话多有文白异读。入声字文读［ek］，调值与曾摄入声同为上阴入，白读［iak］/［εk］，调值与梗摄二等同为下阴入。平话一般没有文白异读，阴入二分的方言点，梗摄开口三四等入声归上阴入。

原有的玉林话调查报告，均记录有 10 个声调，入声四分。我们在调查玉林话入声韵时发现一个现象，原记音者是在韵摄内部孤立地进行阴阳入对比，受阴入调的影响，认为高元音组的阴阳入比低元音组的阴阳入高，因此把与上阴入［55］对应的阳入定为［22］，把与下阴入［33］对应的浊入定为［11］。而我们是通过语音调查软件进行同音校验，把入声字纳入整个语音系统考察，发现中古入声在玉林话的演变比较特殊，走在其他粤方言的前面。

深、臻、曾、梗（三四）等摄的清声母入声韵与其他粤方言一致，读［55］（上阴入）。浊声母的入声字可能受清入字高调类化的影响，调值升高至［33］，与咸、山、江等摄及宕摄一等的清入（下阴入）合并。

咸山二摄三四等清入字因介音［i］取代了原主元音，发音动程缩短，单字调调值随之升高，并入了上阴入，由［33］变［55］。如：

ip：妾怯贴帖

it：撤彻撒铁切

ut：泼脱撮阔

yt：缺

以上字均读高调［55］（在语流中依然留有原下阴入［33］的痕迹），与一二等同摄不同调，这应是后起的变化。

"镊［niɛp］"主元音没有失落，动程长，仍读［33］调（此字虽为次浊，但在广西粤方言普遍读阴调类）。浊入字原主元音多保留，其调值没有抬高，如：

iɛp：狭叠碟蝶牒谍

iɛt：别离～舌杰截捷

øt：夺绝

yøt：穴

iɛp：聂猎涉叶页业

iɛt：灭列裂烈热孽蔑

yøt：悦阅袜月越曰粤

以上字读阳入［22］。这样，广州话、广西沿江白话的阳入调在玉林话二分，原高元音组韵摄的阳入调与下阴入合并，低元音组韵摄的阳入保留。因此从调值看，玉林话也是 9 个调。同属勾漏片粤方言的北流市区、博白地佬话也有类似情况。

还有一个旁证。玉林话梗开二、宕开三主元音为 [-a-]，韵尾一律脱落，阳声韵和入声韵都变成了单韵母 [a]，但入声字保留了原来的调值，原清入字读下阴入 [33]，与阴上混同，原浊入字读 [21]（因舒声而下沉），与阳去混同。可见玉林话的阳入原来应当只有一类。

2. 主元音和辅音声母是阳入再分的条件。

平话和粤方言，阳入一般是低促调，因触底而相对稳定，所以大部分方言点的阳入不再分化。

出现阳入再分化的方言点，分化条件有二：

（1）与阴入再分一样，主元音的性质是分化的条件。即高元音组的阳入字读低短促调 [22]，低元音组阳入字读长调，或升，或降。如宾阳的芦圩、思陇读 [42] 调，甘棠读 [24] 调。

这种分化条件也出现在玉林话。只是玉林话高元音组的阳入与低元音组的阴入混并。

（2）辅音声母的性质是阳入再分的条件。

在所了解的阳入二分的 19 个点中，有 17 个是桂南平话，而且 15 个点是以中古声母的全浊和次浊为分化条件的。中古全浊声母字读 [22]，次浊声母字读 [24/13]。

这两种条件均与我们说的"音长"相关。次浊声母多为鼻、边音，这些响辅音也可能会造成塞尾韵音节的相对时长，使声调上扬。

值得注意的是，阳入二分的方言点，阴入没有分化的有 9 个点，超过 50%。

勾漏片部分方言的声母"送气分调",也与"音长"相关。在语图中也可以看到送气的塞音塞擦音比不送气的略"长"。

3. 平话和粤方言入声二次分化的典型特征的形成与语言接触有关。

南方的汉语方言大都保留入声,但入声调依声母清浊分阴阳后,一般是塞音尾走向合并、弱化、消失,声调也逐渐与非入声合并。只有平话和粤方言,不仅塞音韵尾完整保留,阴入调和阳入调还进一步分化。这种变异应与其处侗台语族区域密切相关。首先,壮侗语地区整齐的塞尾韵结构给平话和粤方言提供了保持入声的大环境,其次,壮侗语长短元音在塞尾韵可造成音高差异的特点对粤方言入声再分化产生一定影响。

壮语与粤方言一样,有整齐的 [-p -t -k] 韵尾,在声调上分为两组,清声母一类为高音组,浊声母一类为低音组,与粤方言阴入调值高,阳入调值低的特点一致。壮语有长短元音的对立,高音组和低音组塞尾韵内部声调又依长短元音二分。短元音的入声调为短平促调,长元音则是升调和降调。如作为标准语的武鸣壮语,其塞尾韵有 4 个调:

高音组(清声母)　　短元音:<u>55</u>　　　　长元音 <u>35/55</u>

低音组(浊声母)　　短元音:<u>33</u>　　　　长元音 <u>33/42</u>

借词进入本族语,必然与本族语的语音系统进行折合匹配。正是因为处于台语的大环境中,与壮语长期密切接触,彼此之间循环往复的影响,壮侗语的底层特征随着相互借用迁移进平话和粤方言。一方面是壮语从汉语大量借词,平话、粤方言入声词语进入壮语后纳入本族语系统重新匹配,壮族人说汉语也必带入本族语的特点;另一方面是壮语大量读塞尾韵的有音无字词语、叠音词缀进入平话和粤方言。壮语塞尾韵以长短元音分调的特点,促使平话和粤方言的入声产生相类的分化。如此循环往复的影响,形成了平话和粤方言排他性的典型特点。

第六节　小　结

本章的研究表明,广西的平话与粤方言在语音特征上的共性远大于差异,尤其是音类的历时演变。差异反映的主要是音值演变的不平衡,以及由于不同的语言接触环境造成的晚期创新变异。

丁邦新《汉语方言区分的条件》(1982)[①]提出以古今比较的方法,从历史来源的角度区分汉语方言。"以汉语语音史为根据,用早期历史性的条件区别大方言;用晚期历史性的条件区别次方言;用现在平面性的条件区

---

① 参见《丁邦新语言学论文集》,商务印书馆 1998 年版,第 166—187 页。

别小方言。早期、晚期是相对的名词，不一定能确指其时间。条件之轻重以相对之先后为序，最早的条件最重要，最晚的条件也就是平面性的语音差异了。"

丁邦新用 6 个早期历史性条件把汉语分为官话、吴语、湘语、赣语、客家话、闽语、粤语。这 6 个条件是：

① 古今浊声母 b、d、g 的演变；

② 古塞音韵尾-p、-t、-k 的演变（以上为普通条件）；

③ 古知彻澄母字读 t、th；

④ 古次浊上声"马买理领晚"等字读阴平（以上为特殊条件）；

⑤ 古舌根音声母 k、kh、x 在前高元音前的演变；

⑥ 古调类平上去入的演变（以上为补充条件）。

第③、④条分别是闽方言和客家话的特殊条件。从本章对平话与粤方言的语音比较分析已经明显看出，除了第③条和第④条，其他 4 个早期历史条件，平话和粤方言都高度一致，尤其是入声的再分化，成为平话和粤方言独具的特点。桂北平话有少数古知彻澄母字读 [t　th] 的现象，与方言接触有关。

我们还可结合一些学者近年对作为大方言区的粤方言的语音特征的基本定论，考察广西平话的性质。

侯精一主编《现代汉语方言概论》（2002）提出粤语的 9 个特点：

（1）音系较复杂，表现在韵母和声调调类较多；

（2）微母与明母不分，读重唇 [m]；

（3）非敷奉母字与古晓母合口一二等均读 [f]；

（4）疑母一二等读 [ŋ]；

（5）见组字无论洪细大都不腭化，溪母部分字擦化，混同晓母；

（6）大多有自成音节的声化韵 [m] 和 [ŋ]；

（7）在复合韵母中元 [a] 有长短之别；

（8）大部分方言有 [-m]、[-n]、[-ŋ] 三个鼻音韵尾和 [-p]、[-t]、[-k] 三个塞音韵尾；

（9）声调是汉语各大方言中最多的，以 9 个调最常见，"九声"为粤语一大特色。

这 9 条语音特征同样为平话所具有。

项梦冰、曹晖《汉语方言地理学》（2005）提出汉语方言分区的一般原则：层级原则、音韵差异深度原则、地理纵深度原则、不对称原则、中心典型原则、忽略负同语线原则、弱势方言的逾越扩展等。从"音韵差异深度原则"看粤方言中心区的音韵特征有 5 个：

（1）古微母字有保留双唇音声母的；

（2）保留浊上调或底层调位有浊上调（均含次浊上字）；

（3）古非、敷、奉母无明显保留双唇音声母的现象（11%以下）；

（4）古微母字高度存古（80%以上）；

（5）古全浊声母清化，今读塞音塞擦音是否送气并无普遍一致的规律（以平声、上声送气、去声入声不送气及一律不送气两种类型是为常见）。

其中（1）与（4）可并为一类。

这是就声母而言的。从第（1）－（4）点看，广西平话与粤方言无异。平话以古全浊声今读不送气塞音塞擦音为主。粤方言却有不同层次。古全浊声母清化，今读塞音塞擦音不送气反映早期层次；平声、上声送气、去声入声不送气是向通语趋同的结果；一律读送气音是与客家方言接触产生的变异。但依第（5）点的所言，平话当归属粤方言。

甘于恩等《平话系属争论中的逻辑问题》（2005）认为："粤语的典型特征，这是论证两种方言关系的前提。那么，粤语的典型特征是什么呢？笔者（2003）提出三条粤语的语音标准①，即：（1）古日母读 [j]，古疑母开口洪音读 [ŋ]；（2）由长短元音 [a]、[ɐ] 构成的具有音位对立的复合韵母；（3）声调较多，为 8—9 个，入声三分。"这 3 条特征显然主要是针对以广州话为核心的广府白话而言，涉及声、韵、调特征各一。

中古日母和疑母读鼻音，是广西平话和粤方言早期的共同特征，疑母洪音多读 [ŋ]，细音腭化与日母混同，读 [ȵ]，是大多数平话和粤方言所共同的。日母读 [j]，是 [ȵ] 的去鼻化，是较晚的音变。同时，由于日母和疑母都读鼻音，容易相互同化。

由长短元音 [a]、[ɐ] 构成的具有音位对立的复合韵母，也是广西平话和粤方言的共同特点，且来源基本一致。[a] 来源于一二等韵，[ɐ] 则是三四等韵低化的结果，这种低化的过程往往发生在声调基本定型之后，并且仍在继续。勾漏片粤方言，[a] 向后低元音发展变为 [ȵ/ɔ]，[ɐ] 演变为 [a]。

广西平话和粤方言的声调较多。入声三分，以 9 个调为常见。超过 9 个或少于 8 个，均属后起的变异，有自身的演变，也有接触造成的创新。

通过以上分析，我们认为广西平话应当属粤方言，可视为粤方言的一个次方言，可称平话片。

中篇　平话的词汇研究

第一章 平话词汇比较研究概述

长期以来，汉语方言的研究偏重于语音，这一方面同中国传统语文学的研究旨趣相关，涉及方言是为了古今互证，为训诂和音韵作注脚；另一方面也与语言结构系统本身相关。由于语音特征是区分方言的主要标准，"词汇不像语音和语法那样有明确的系统性，而且各方言的词汇材料分散，没有放在一个平面上，不便于比较"①。因此相对于方音研究而言，方言的词汇研究相对薄弱。近 20 年来，随着各地方言词汇调查材料不断发表，方言词汇的研究已渐渐由描写阶段向比较阶段发展。学界已清晰地认识到，通过比较探寻而得的方言词汇特征对于判断方言间的亲疏关系、为方言进行地理分类等均有重要意义。

目前现代汉语方言词汇比较研究的内容突出表现在两方面：第一，方言词汇与共同语词汇比较研究，主要是通过方言词汇与普通话的比较来明确它们之间差异的具体程度和类型，进而用于指导普通话学习和教学。这一方面的研究还深入方言词汇、方言—普通话中介语词汇、普通话词汇三者的比较。第二，方言之间的词汇比较研究。或是通过方言词汇之间（或兼与普通话）的比较探讨方言词汇内部的一致性以及差异性，或是通过方言词汇的比较确定方言间的亲疏关系、考察探寻特征词，以辅助方言区的划分。

第一节 平话词汇比较研究成果概述

对桂北地区方言土语的较大规模的调查研究，是以 2002 年承担国家语委 "十五" 科学研究课题 "桂北平话与推广普通话研究" 为发端的。《桂北平话与推广普通话研究》丛书（12 本）是标志性成果。但利用这一成果对词汇进行深入系统的比较研究，尚未开展。

关于桂南平话词汇研究的成果，主要出现在 20 世纪 80 年代以后，体现在以下几个方面。

---

① 李如龙：《谈汉语方言的比较研究——兼评〈汉语方言大词典〉》，《辞书研究》2000 年第 4 期。

　　1. 涉及平话方言词汇研究的单篇论文。此类成果丰富，有某个方言点的词汇描写，如张均如《记南宁心圩平话》（1987）、闭克朝《广西横县平话词汇》（1994）；有综述性的研究，如张均如、梁敏《广西平话续 2》（1996）、《广西平话概论》（1999）；有专项性的词汇研究，如覃远雄《南宁平话的结构助词》（1998）、《南宁平话的介词》（1999），李连进《平话人称代词的单复数形式》（1998），闭思明《横县平话量词记略》（1998）、《记广西横县平话的语缀》（2003），封家骞《平话方言探讨三题》（2000）等；有平话词汇的比较研究，如谢建猷《壮语陆西话和汉语平话、白话的若干相似现象》（1994），韦树关《论平话在汉语方言中的地位》（1996），李连进《平话是独立方言还是属于粤方言》（1999），林亦《从方言词看广西粤语平话和客赣方言的关系》（2001），《广西粤语白话和平话中的近代汉语词汇比较举例》（2002），伍巍《论桂南平话的粤语系属》（2001），封家骞《南宁平话、白话词汇成分之比较》（2001）等。

　　2. 平话词典。《南宁平话方言词典》（覃远雄，1997）是《现代汉语方言大词典》的分卷之一，为首部广西平话方言词典。

　　3. 专著中的词汇专章。如《广西通志·汉语方言志》（广西人民出版社，1998）第二篇第二节：南宁亭子平话词汇。广西大学《广西重点汉语方言研究》丛书（2008 年起陆续出版）中的《崇左新和蔗园话研究》（2009）、《崇左江州蔗园话比较研究》（2009）、《广西南宁白话研究》（2008）等，其中均有词汇专章。

　　4. 部分博士、硕士论文。几位广西籍博士的学位论文均对桂南平话做了较为深入的研究。广西大学汉语言文字学专业的硕士研究生，积极参与本课题的研究，多年来对广西平话和粤方言的词汇调查研究做了大量的工作。

第二节　平话词汇比较研究的思路

　　阐述平话与粤方言的关系，词汇比较是其中一项重要内容，但同时也是比语音比较研究更困难的工作。由于词汇、语汇是开放的系统，是语言中最活跃的部分，书面语的流传、示范作用，古语词在各方言传承的不平衡，不同的语言生态环境等因素，都会使方言特征词的对内一致性和对外排他性是相对的。如平话有一些常用的特征词，如"男女儿女、工夫东西、米行银河、霜水露、墓埋"等，更多的是与粤方言相同的词语，还有少数从壮语借入的词汇。粤方言有一些排他的方言词语如"脷舌头、巴髀鸡鸭腿、揾找、耐久、嘢东西"等，也有与其他方言区交叉（共有）的词，如"佢他、樽瓶子、翼翅膀、徛站、人客客人、新妇儿媳"等。

丰富、准确的词汇资料是比较研究的基础。要深入开展方言词汇比较研究，最好具备以下条件：

① 有较多的方言点的材料。这是历史比较语言学的方法论要求。调查的点越多，比较的结论信度越高。

② 调查样本具有一致性。调查样本是否统一，直接影响可比的内容和结果，尤其是给用计算机辅助研究带来困难。

③ 调查内容应在调查样本的基础上有所拓展，越丰富越好。调查样本是调查的线索，词汇调查应据此进行谈话式拓展调查。同一概念，不同的方言所用的词语会有差异，甚至有多种说法，从中即有可能出现令人惊喜的信息。

④ 词汇记录的准确性。方言词汇调查，准确描写十分关键，关系到词汇材料的可比性和比较的信度。不少口语词有时一时无法考订本字，有的可能就是有音无形，如果同音替代不准确，或者标音不准确，甚至与本方言音系不合，比较时就难以运用方言间的语音对应规律推导其是否同源。

⑤ 建立可供研究目标用的开放式方言语汇数据库。

作为集体项目，以上要求目前只是一种理想。因此只能从实际出发，利用现有的材料开展此项研究。研究思路如下：

① 已经发表的平话词汇材料，大多不是系统的词汇调查报告，而是为某个研究目标收集的部分词汇，此类材料主要作为比较研究的参考。

②《桂北平话与推广普通话研究》丛书材料较为统一，建立词汇数据库进行统计分析，只是词目较少。

③ 课题组多年来调查整理的桂南平话和粤方言的词汇资料，调查样本不统一，部分来源于中国社会科学院语言研究所编制的《方言调查词表》，部分为了便于与壮语比较，使用的是中国社会科学院民族研究所壮侗语组编制的《壮侗语族语言调查手册》。这样，要建立统一的可供比较研究用的词汇数据库几乎不可能。因此桂南平话和粤方言的比较研究，以口语常用词为主要对象，进行举例性的比较分析，没有量化。

④ 活语言与文献相结合，旧方志文献及早期粤方言文献的记录，作为讨论平话与粤方言关系的佐证。

第二章 桂北平话词汇的内部比较研究[①]

《桂北平话与推广普通话研究》丛书（2005—2006）有 11 个桂北方言土语的语言材料，具有目前最为详细的桂北平话的词汇记录。我们通过对这 11 个方言点的词汇材料进行全面的分类统计分析，为上篇对桂北平话的立意提供词汇上的证据。

第一节 词汇异同的比较分析

一 研究步骤

1. 据《桂北平话与推广普通话研究》丛书（2005—2006）11 个方言点的所有词汇材料建立 11 个单点词汇（含词组，表述性说法除外）数据库，通过计算机程序将 11 个单点词汇数据库关联生成一个 11 点词汇对比数据库。

为了比较的一致性，我们进一步通过计算机筛选，只留下每一词项下 11 个方言点都有相应方言词的记录。得到 11 点词汇对比数据库的记录数为 1832 条。

进一步对数据库进行人工识别、筛选，最后得到 11 点词汇对比数据库的记录数为 1620 条，即 1620 个词项。

2. 将 1620 个词在 11 个方言点的异同情况分为 4 种类型：

（1）完全相同或基本相同的。指所统计的词在各点的相同数在 80% 以上，即这些词在 11 个方言点中有 9—11 个点说法一致。

（2）有一定差别的。指所统计的词在各点的相同数在 60%—79%，即这些词在 11 个方言点中有 7—8 个点说法一致。

（3）差别较大的。指所统计的词在各点的相同数在 30%—59%，即这些词在 11 个方言点中有 4—6 个点说法一致。

（4）差别大的。指所统计的词在各点的相同数在 30% 以下，即这些词在 11 个方言点中只有 2—3 个点说法一致，或彼此之间没有相同的说法。

---

① 本章参见刘志华《桂北平语内部分片探讨》，硕士学位论文，广西大学，2008 年。

统计中参照其他成果方法，对词汇材料做了如下处理：

（1）少数带语气成分的方言词，在不影响意义的情况下，忽略语气成分，只取词根参与比较。如：延东"寒呐"（冷）、高尚"雨停啵了""天晴啵"，其中的语气成分"呐""啵"不参与统计。

（2）带时态助词的词项如"吐了""饿了"等，只取各点"吐""饿"的相应说法进行比较。因为时态助词和不同的词组合在一起，计算时会重复统计时态助词的差异，影响统计数据的准确性。

（3）动作类的部分词语，只取其中的主要动词进行比较。如"穿衣服""脱衣服""晒衣服"等，为了避免重复统计"衣服"在各点的差异，我们只取"穿""脱""晒"在各点的相应说法进行比较。

（4）对在同一个方言点有多种说法的词项，只选取其中与多数点相同的一种说法进行统计。如"淋雨"延东有"淋雨""决雨"两种说法，其余10个方言点中有6个点均说"淋雨"，所以延东只选取"淋雨"进行统计。

（5）方言俗字、有音无字以"□"表示的词，以及部分字形不同的词项等，通过音义关联、语音对应关系、特殊音变规则等多方面进行整理分析，可确定是同源词或同一个词的，视为相同处理。如："打屁股"高尚说"撅屁股"[kuei⁵¹pʰi²²ku⁵⁵]，塘堡说"□屁股"[ky⁴pʰi³³ku³³]。"撅"是中古月韵见母字，塘堡[ky⁴]与之合。《篆隶万象名义》手部："撅，击、拔、揭、衣、搔、张、技。""打球""打架"两点动词也都用"撅"。又如"崽"与"仔"、"掺水"与"搀水"等，视为相同处理。

（6）两江平话名词前都带有量词，如"个猫""只鸡""只鸭"，我们只取其中的名词进行比较。

二 比较结果

1. 1620个词在11个方言点的异同情况如下表。

11点词汇内部异同情况表

词汇异同类型	相同的方言点数及所占百分比	所占词数	所占百分比
完全或基本相同的	9-11点 80%以上	497	30.68%
有一定差别的	7-8点 60%-79%	331	20.43%
差别较大的	4-6点 30%-59%	551	34.01%
差别大的	1-3点 30%以下	241	14.88%

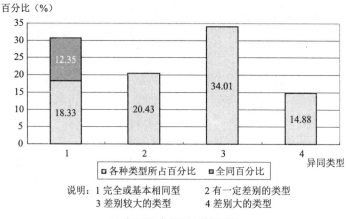

11 点词汇内部异同情况图

可见，桂北平话、土话 11 个方言点词汇内部的差异性大于一致性。

2. 1620 个词在 11 个方言点各类词中的异同情况。

11 点词汇内部异同情况在各类词中的分布表

异同类型 词汇义类	完全或基本相同	有一定差别	差别较大	差别大	合计
1 天文类	11 28.20%	9 23.08%	12 30.77%	7 17.95%	39
2 地理类	22 34.92%	15 23.81%	20 31.75%	6 9.52%	63
3 时间类	30 40%	14 18.67%	19 25.33%	12 16%	75
4 农业类	9 29.03%	5 16.13%	12 38.71%	5 16.13%	31
5 植物类	26 30.23%	23 26.74%	22 25.58%	15 17.44%	86
6 动物类	15 15.3%	19 19.39%	47 47.96%	17 17.35%	98
7 房舍类	8 25%	8 25%	13 40.63%	3 9.38%	32
8 器具类	21 21.43%	22 22.45%	45 45.92%	10 10.2%	98
9 一般称谓类	19 34.55%	7 12.73%	19 34.55%	10 18.18%	55
10 亲属称谓类	8 10.53%	19 25%	31 40.79%	18 23.68%	76

续表

异同类型 词汇义类	完全或基本相同	有一定差别	差别较大	差别大	合计
11 人体类	20 20.2%	23 23.23%	32 32.32%	24 24.24%	99
12 疾病类	7 12.5%	7 12.5%	35 62.5%	7 12.5%	56
13 服饰类	10 28.57%	7 20%	13 37.14%	5 14.29%	35
14 饮食类	31 41.89%	14 18.92%	22 29.73%	7 9.46%	74
15 婚丧类	17 32.08%	12 22.64%	13 24.53%	11 20.75%	53
16 起居类	14 22.22%	10 15.87%	25 39.68%	14 22.22%	63
17 讼事类	8 38.1%	1 4.76%	8 38.1%	4 19.05%	21
18 交际类	8 25%	8 25%	12 37.5%	4 12.5%	32
19 商业、交通类	29 45.31%	21 32.81%	13 20.31%	1 1.56%	64
20 教育类	26 63.41%	9 21.95%	5 12.2%	1 2.44%	41
21 文体类	16 50%	1 3.13%	10 31.25%	5 15.63%	32
22 动作类	17 17.53%	18 18.56%	43 44.33%	19 19.59%	97
23 方位类	6 16.22%	7 18.92%	15 40.54%	9 24.32%	37
24 代词类	7 21.21%	1 3.03%	11 33.33%	14 42.42%	33
25 形容词类	35 60.34%	9 15.52%	11 18.97%	3 5.17%	58
26 副词、介词类	9 29.03%	6 19.35%	15 48.39%	1 3.23%	31
27 量词类	37 38.14%	30 30.93%	22 22.68%	8 8.25%	97
28 数词类	31 70.45%	6 13.64%	6 13.64%	1 2.27%	44
合计	497 30.68%	331 20.43%	551 34.01%	241 14.88%	1620

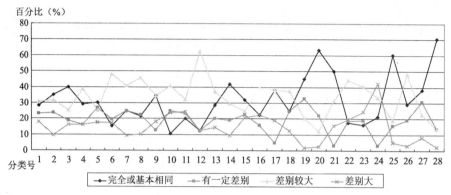

11 点词汇内部异同情况在各类词中的分布图

从图表可以看出：

（1）桂北平话 11 点词汇内部一致性程度最高的是数词类，依次为教育类、形容词类、文体类。教育类和文体类多属于文化词，文化词通常用共同语的书面语形式。

（2）差别大的以代词类的百分比最高，33 个代词有 14 个词各点之间差别很大，说法各异，占 42.42%。代词是封闭性词类，在日常生活中使用频率高，因而在语言接触的过程中不容易被借用，加上指示代词、疑问代词及代词的复数形式有合音、弱化等语音因素，从而造成方言间的差异。

（3）各类词在差别较大的类型中分布的百分比普遍较高，即桂北平话 11 点词汇在各类词中 4—6 点相同的居多，反映内部差异较大。其中疾病类 56 个词中有 35 个词差别较大，占 62.5%，这与对常见病的称说往往存在口语和书面语两种说法有关。如果调查者忽视对这种情况的深究，调查的结果差异会很大。差别较大的类型中分布的百分相对比较高（40%以上）的词类还有动物类、房舍类、器具类、亲属称谓类、动作类、方位类、副词介词类，百分比均超过 40%。以上词类基本上都是口语常用词集中的类别。其中，亲属称谓类、方位类、副词介词类都是封闭性词类，由于常用造成方言差异大。而动物类和动作类的词是非封闭性词类，李如龙《汉语方言的比较研究》（2001）将它们都列为最能体现方言差异的方言特征词。这些方言特征词的较大差异，从一个侧面说明了桂北平话土话词汇内部差异较大。

根据词汇分类统计分析的结果，桂北平话词汇内部的差异性大于一致性。

第二节 词汇相似度的计量研究

一 采用语素和构词法分项统计的方法

采用语素和构词法分项统计的方法，对 11 个方言点的词汇进行相似度的计量分析，旨在从词汇角度探讨 11 个方言点之间的亲疏关系，作为从词汇层面进行内部分片的依据。

具体研究步骤如下：

1. 将语素和构词法分开分别进行计量研究，以考察语素在每两个方言点之间的共用情况为主，同时结合其结构上的相关度进行分析研究。

2. 计算语素的相关系数时，如果甲乙两词包含的语素数目相同（假设为 a 个），我们以语素数目（a）作为基数（分母），以二者相同语素的数目（假设为 n 个）作为分子，分子与分母之商即为二者的相关系数（s），即 S=n/a。

3. 如果甲乙两词包含的语素数目不同（假设甲词包含 a 个语素，乙词包含 b 个语素，且 a>b），我们取语素数目多的一方（即 a）作为基数（分母），以二者相同语素的数目（假设为 n 个）作为分子，分子与分母之商即为二者的相关系数（s），即 S=n/a。

4. 构词法的相关系数和语素的相关系数计算方法相同，但构词法按层次一一比较。统计相同层次上的相同构词法种类数作为分子，基数（分母）的选取与上述 2、3 同，分子与分母之商即为构词法的相关系数。如"刮风"，延东说"动风"，高尚说"发风"。二者结构为：动宾式（动/风）～动宾式（发/风），构词法相同，相关系数 S=1。"篷"，观音说"篷子"，义宁说"篷"。二者结构为：附加式（篷/子）～单纯词（篷），构词法不同，相关系数 S=0。

"顶风"，葡萄说"对面风"，秀水说"迎风"。二者第一层结构为：偏正式（对面/风）～动宾式（迎/风）；第二层结构为：动宾式（对/面）～0。根据以上分析可知 a=2、n=0，则 S=n/a=0/2=0。"浇粪"，钟山说"淋粪"，贺州说"淋粪水"。二者第一层结构为：动宾式（淋/粪）～动宾式（淋/粪水）；第二层结构为：0～偏正式（粪/水）。根据以上分析可知 a=2、n=1，则 S=n/a=1/2。

二 词汇计量细节的补充说明

1. 11 点词汇材料中语素的差异类型

（1）语素完全相同型。如：日头～日头（太阳）、淋雨～淋雨，相关系数为 1。

（2）语素部分相同型。如：月亮～月光、锄地～搂地、戏子～戏子佬，相关系数的大小，取决于二者相同语素的多少。11 个方言点的词汇材料中此类情况居多。

（3）语素不同型。如：索～绳、东西～物件、扯绳～拉大索（拔河），相关系数为 0。

2. 11 点词汇材料中的构词法种类

与汉语中词的基本结构类型一样，11 个方言点的词汇材料中主要有以下几种构词法：

（1）单纯词，如：山、岭、面、饥、走、晒等；

（2）联合式，如：忘记、东西、兄弟；

（3）偏正式，如：荒地、山根（山脚）、熟盐（精盐）、洋油（煤油）；

（4）补充式，如：记倒、物件（东西）、歇下（歇歇）；

（5）动宾式，如：莳田（插秧）、绣花、打汤（做汤）；

（6）主谓式，如：月亮、天晴、春分、眼红；

（7）重叠式，如：巷巷（胡同）、桌桌（桌子）、锤锤（钉锤）；

（8）前加式，如：老家、老蒜（蒜头）、老鸦（乌鸦）；

（9）后加式，如：星子、构子（冰凌）、石头、巷哩（胡同）。

词组由词组合而成，结构方式与词相同，此不赘述。

3. 同一词项的多种反映形式的比较

同一词项在不同方言中的多种反映形式，11 个方言点的词汇材料具有以下两种情况：

（1）同一词项，甲方言点只有一种反映形式，乙方言点有数种（两种或两种以上）反映形式。如"太阳"这一词项，两江说"热头"，高尚说"热头""热头火"。

（2）同一词项，甲、乙两方言点均有数种（两种或两种以上）反映形式。如"结冰"这一词项，高尚说"结雪""冻雪"，秀水说"结冰""冻冰"。

对以上两种情况，本文进行计量分析时，只要比较的两方言之间有一种反映形式的语素完全相同（如情况一），则把它们视为相同，即二者的相关系数为 1。[①]如"理发"，钟山说"剃头""飞头"，贺州说"剃头"。二者"剃头"说法语素完全相同，则相关系数 S=1。如果比较的两方言之间没有

----

① 同一词项，甲方言标出一种反映形式，而乙方言标出两种或多种反映形式，其中甲方言中没有标出来的反映形式，不代表甲方言中没有这种反映形式，可能只是由于调查者的处理不同造成的。因此为了不加大比较的两方言之间的差异性，本文进行计量分析时，只要二者之间有一种反映形式相同，则把它们视为完全相同，即二者的相关系数为 1。

一种反映形式的语素完全相同（如情况二），则将所有的反映形式根据公式 S=n/a 进行两两比较，最后取其中最大的相关系数作为二者的相关系数。如"红糖"，塘堡说"黄砂糖""红糖"，葡萄说"黄糖"。将塘堡的两种说法分别与葡萄的说法进行两两比较，"黄砂糖"与"黄糖"的相关系数 S1=n/a=2/3，"红糖"与"黄糖"的相关系数 S2=n/a=1/2，S1＞S2，则二者的相关系数 S=S1=2/3。此类情况构词法的计算也做相同处理。

4. 以语素为单位计算相关系数时的音节数量问题

按音节数量的多少，语素可以分为单音节语素、双音节语素和多音节语素。其中单音节语素是汉语语素的主要表现形式。因此在计量过程中，分析语素项的多少实际上也体现了音节数量的不同。如"禾穗"～"谷穗"都是两个语素、两个音节。对"磨把把"～"磨把"、"石崽崽"～"抛石崽"这种重叠构词法的词，在统计基数（分母）时我们将"把把""崽崽"看成两个语素，即语素数目为 2，在统计相同语素的数目（分子）时，我们只取其中的一个进行比较统计，即"把把"～"把"、"崽崽"～"崽"的相同语素数目为 1。

参与计量研究的词共 1420 个，11 个方言点完全相同的 200 个词不参与计算。

5. 存在的问题

从语素和构词法两个角度分别进行计量研究，避免了二者结合在一起进行计量研究的一些不足之处，但我们的计量方法也不是最完善的，其中也存在一些不能很好解决的问题。如"鸡公"～"公鸡"、"客人"～"人客"，这类语素、构词法皆同只存在语序差异的词，我们的计量方法也不能区分。为了显示这类词之间的差别，我们从构词法上把它们进行了人为的区分，即在计算构词法相关系数时，把这类词的相关系数看成 0。

三　11 点词汇计量结果的比较分析

11 点词汇构词法相关系数统计表

文桥	0.7434					
高尚	0.7585	0.7534				
观音	0.7071	0.7003	0.7649			
义宁	0.7131	0.7600	0.7965	0.7308		
两江	0.7005	0.7605	0.7836	0.7200	0.8647	
塘堡	0.7223	0.7722	0.8059	0.7367	0.8528	0.8745
葡萄	0.7486	0.7728	0.8205	0.7666	0.8284	0.8347	0.8426

秀水	0.7365	0.7769	0.8000	0.7484	0.8170	0.8070	0.8256	0.8176		
钟山	0.6916	0.7346	0.7504	0.7219	0.8243	0.8116	0.8171	0.8017	0.8262	
贺州	0.6990	0.7442	0.7558	0.7072	0.7928	0.7913	0.8031	0.7914	0.8283	0.8217
	延东	文桥	高尚	观音	义宁	两江	塘堡	葡萄	秀水	钟山

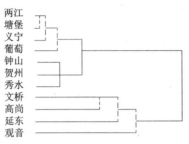

11 点词汇构词法相关系数聚类分析图

基于以上数据和图表的分析：

（1）从相关系数统计表可知，11 点词汇构词法的相关系数值均在 0.69以上，处于"显著相同"或"高度相同"等级，总体上比语素相关系数值大。这是由于汉语词汇的结构类型是有限的，同一个词不同的方言往往共用同一结构通过选用不同的语素来体现彼此的差异性。

（2）11 点之间进行两两比较，两江和塘堡的相关系数值最大：0.8745，处于"高度相同"这一等级，延东和钟山的相关系数值最小：0.6916，处于"显著相同"这一等级。说明 11 点之间两江和塘堡共用的词汇结构最多、关系最密切，延东和钟山共用的词汇结构最少、关系最远。这与 11 点词汇之间共用语素的情况相同。

（3）11 点词汇构词法的相关系数聚成三大类：两江、塘堡、义宁、葡萄为一类，钟山、贺州、秀水为一类，文桥、高尚、观音、延东为一类。为称说方便，分别简称为"两葡片"（桂北平话西片）、"钟贺片"（桂北平话东片）、"文延片"。其中两葡片内部关系最密切，相关系数值均在 0.8 以上，处于"高度相同"这一等级。三个方言片之间两葡片与钟贺片关系较为密切，文延片与两葡片、钟贺片关系较远。构词法的相关系数聚类结果与语素的相关系数聚类结果相同。这为我们提到的语素数目上的差异在一定程度已经体现了词汇结构上的差异提供了有力证据。也证明了我们从每两个方言点之间共用语素的情况来考察它们的亲疏关系是合理的。

词汇比较分析的结果，与上篇对语音研究的结果一致，文延片不属于平话范围，可与湘南土话划归一类。两葡片和钟贺片属于平话，即桂北平话的西片和东片。在词汇上，桂北平话的西片与桂南平话的关系较近，东片则与勾漏片粤方言关系密切。

　　词汇是开放的系统，时间的层次、文白的层次、方言、语言间接触影响的层次，调查者与被调查者个体的因素等等，都会使我们看到的方言的词汇材料不可能尽善尽美。词汇的亲疏关系有时是不能用简单的数学方法计算出来的。这里只作为一个佐证材料。

第三章　桂南平话词汇的特点

第一节　词汇反映桂南平话与
粤方言的密切关系

较为系统的桂南平话词汇调查是近十多年才广泛开展起来的。对桂南平话词汇的研究基本上是围绕着与粤方言的比较进行。已有研究成果证明桂南平话与粤方言关系密切。

对桂南平话与粤语词汇做过较为系统的比较研究，成果如下。

1. 覃远雄《桂南平话研究》（2000）第三章《桂南平话词汇的研究》包括 5 个方面的内容：① 桂南平话词汇的内部比较；② 桂南平话特征词；③ 桂南平话和壮语的关系词；④ 桂南平话的古语词；⑤ 桂南平话和广州话的比较。

其中桂南平话词汇的内部比较，用于比较的词语条目主要来源于中国社会科学院的《方言调查词表》以及《广州方言词典》（1999）、《南宁平话词典》（1997）中的部分条目，共计 1152 条（剔除与普通话相同的词）。进行比较的桂南平话点有 8 个：融水、宜州、宾阳、横县、心圩、田东、亭子、贵港，比较结果是 8 个点完全一致的词有 117 条，5~6 个点一致的词有 306 条，其内部一致性与粤西 10 个点的词汇内部比较结果相同。可见 8 个桂南平话点词汇一致性程度并不高。

桂南平话和广州话的比较以 1085 个词条为目，以 8 个桂南平话点内部一致性较高（标准是有 4 个点以上相同）的 200 个词与广州话进行比较。结论是桂南平话与广州话语素有同有异（两个词形至少有一个语素相同）的词有 122 个（这一比例超过桂南平话内部的一致性），完全不同的有 78 个。文章最后还列举出 111 条桂南平话和广州话的共有特征词，由此证明两者的密切关系。

2. 谢建猷《广西平话研究》（2001），把桂南平话的词汇与广东珠江三角洲、粤西十县市、粤北十县市的粤方言进行系统的比较，以观察桂南平话与粤方言在词汇上反映的亲疏关系。因为广东珠江三角洲、粤西十县市、粤北十县市的粤方言调查词目是一致的，所以比较结果有量化数据。

（1）以《珠江三角洲方言词汇对照》的 1401 词为词目，对桂南平话和桂北平话共 21 个点的一致性、差异性进行了系统的比较分析，从而得出桂南平话和桂北平话一致性较高的词集中在书面语以及不分语体色彩的条目上，而差异性较高的词则体现在"疾病、起居、交际、动作、指代、副词、介词"几类。

（2）以《珠江三角洲方言词汇对照》《粤西十县市粤方言调查报告》《粤北十县市粤方言调查报告》为比照，考察桂南平话、桂北平话与粤方言的一致性和差异性，结果是在 1401 词里，约 85%的词桂南平话与粤方言同，约 60%的词，桂北平话与粤方言同。

（3）洪波《壮语与汉语史的接触及其类型》中设专节讨论广西境内的汉语方言。

文章以北京大学中国语言文学系教研室编的《汉语方言词汇》（第二版）所收的名词、动词、形容词近 1000 词为大样本，以斯瓦迪斯用来测定语言亲缘关系远近的 200 核心词为小样本，对包括平话、白话在内的汉语方言 20 个点的词汇做了两个不同样本的比较，其中，大样本比较的结果是平话与广州话的词汇接近率最高，达到 71%，与阳江的接近率其次，达到 64%；小样本比较的结果是平话与南昌话的词汇接近率最高，达到 76.52%，而与广州话、阳江话的接近率次之，分别为 76.22%、72.72%。由此认为，"小样本的比较结果显示平话与白话的对应比例并不是最高的，说明平话与白话既不是从白话中分化出来的，也不是跟白话来源于同一时期的同一祖语方言"。

其实平话与南昌话的接近率和平话与广州话的接近率也仅相差 0.3%。以分布于广大农村的平话与作为大都市的城市方言岛的广州话比较，其词汇接近率都高达 70%以上，足以说明平话与粤方言的密切关系。文章在涉及平话与白话的关系时列举了一些常用词说明平话与白话在词汇上的差异。由于受材料所限，举例的某些词目并不典型。如文章提到："'吃'白话是'食'，平话是'吃'"，"'烂泥'……平话是'湴'，白话是'泥'"，事实上，粤方言用"食"的只是以广州为代表的城市方言。历史文献反映广州话早期口语说"喫[hek7]"。在《珠江三角洲方言词汇对照》《粤西十县市粤方言调查报告》《粤北十县市粤方言调查报告》中，粤方言点说"吃"的有：高明（名城）、中山（石岐）、珠海（前山）、斗门（上横水上话）、斗门（斗门镇）、新会（会城）、台山（台城）、开平（赤坎）、恩平（牛江）、肇庆（高要）、四会、广宁、德庆、怀集、封开（南封）、云浮（云城）、新兴、罗定、郁南（平台）、阳山、连山（布田）、连县（清水）。广西说"食"

的也只是沿江片粤方言，以及桂北平话的部分点，大多数方言点说"吃[het7]"或"喫[hek7]"。"烂泥"说"湴""烂湴"，是平话和粤方言共有的特征词。《广韵》鉴韵"埿，深坭也"，蒲鉴切，亦作"湴"。由于是唇音字，大多数方言点已变[-n]尾，平话不少地方仍保留[-m]尾，此词甚至借入壮语。

可见，方言词汇的比较研究远比方音的比较复杂，难度也大得多。

第二节　不同的语言接触环境造成桂南平话词汇的内部差异

语音的比较研究已经证明，桂南平话语言特征的内部一致性比桂北平话强得多。在词汇上，桂南平话与粤方言也是同大于异。

桂南平话词汇的内部差异同样与其地域分布和语言接触环境有关。桂南平话的北片处于官话地区，西南片伸入壮族聚居区。中南片是平话的核心地区，却可大致分成两部分，宾阳、横县两个平话大县受官话、沿江白话影响较小，与北片接近；南宁、邕宁与宾横相连，又是西南片的源头。在此以宾阳话部分口语常用词为例，同时与北片、西南片及南宁白话比较，即可明显看出不同的语言接触环境给桂南平话词汇带来的变异。

表1　　　　　　　　　　　　　动词、形容词

词目	宾阳	北片	西南片	南宁白话	备注
打	打	打，撽	打	打	用棍子打
使用	用	用	用/使	使	
剁	剁	剁	[tɐp7]，[ɬɐm2]	斫	[ɬɐm2]，同壮语
提	拎	[n̠in1]	[theu3]	[theu3]	
倒	[thøu5]	[tho3]	[lɔk7]	[theu3]	倒出，倒水
抖	[khɐu3]	[khɐu5]	撽	撽	
捆绑	缚	缚	缚	绑	
拴，系	绹	绹	绹	绑	
寻找	攞	攞	[lɐi5]	揾	[lɐi5]与"攞"同源
取	取	取	取	攞	
给	分	[heŋ1]	[hei5]	给，畀	[heŋ1]、[hei5]同源
舀	舀	舀	拐①[kʷai4]	毕，拐[kʷʰai4]	
夹	镊	镊	镊	镊，挟	用筷子夹

───────────────

① ＿＿表示同音替代字。余同。

续表

词目	宾阳	北片	西南片	南宁白话	备注
扎	镵，北，[nɐm1]	镵，刺	[nɐm5]	镵，吉	北，同壮语；宾阳的1调与左江的5调调值同
骂	闹	闹	闹	嗌	
叫	喊，吆	喊	喊，吆	喊，吆	
告诉	论，报	报	报	讲/话畀……知/听	
嚼	咬	[ɲai5]	咬	[jai5]	[ɲai5]、[jai5]同源
舔	[kɐm4]	[lɐm5]	[kɐm4]	[lɐm3]	
噎着	着噎，[ka2]颈	着噎	[ka2]颈	哽颈	
看	看，[tɐm5]	看	看，[tɐm5]	睇	
瞎	瞎	瞎	盲	盲	
闻	嗅	嗅	闻	闻	
有空	得空	得空	得空	得闲	
嫉妒	恨	恨	眼红	眼红	
喜好	[hɐn1]	[hɐn1]	爱，烂	爱，烂	好喝酒
吵架	相争	争架，闹架	相争	争交	
打架	相打	打架	相打	打交	
驱赶	猎	猎	[pɐŋ4]	[phaŋ4]	[pɐŋ4]、[phaŋ4]同源
穿（衣）	着	穿	着，穿	着，穿	
穿（鞋）	踏	踏	踏，穿	着，穿	
脱（衣）	解	脱	脱，解	解，除	
补（衣）	缀	缀	补	补	
脱（玉米粒）	[lɐt7]	[lɐt7]	[lui5]	擘	
合	佮	佮	佮	佮	《广韵》合韵："併佮，聚也"
递	拢[loŋ4]	拢[loŋ3]	[lɛn5]	递，[tœ3]	
纳凉	颴凉	颴凉	乘凉	乘凉，敊凉	《广韵》"颴，风声"，所交切。此为"吹风"义

续表

词目	宾阳	北片	西南片	南宁白话	备注
着凉	飑着		凉着	凉着	
得痧症	着痧（气），发痧	着痧	发痧，生痧气	发痧	
累	困	困	困	瘤	"困"读[uɐn5]
瘸	[lɐk7a]	[lɐk7a]	跛	跛	腿脚有毛病
踏碓	捣碓		捣碓		
织（布）	[tɐm3]织	织	织	织	[tɐm3]，同壮语
宰杀	杀	杀	劏	劏	
进	落	入	落	落	
转	转	转	[pɐn5]，转	[pɐn5]，转	[pɐn5]，同壮语
占	[ha6]		[ha6]	霸	占位
埋	[muk7a]	[muk7a]	壅	壅	[muk7a]，同壮语
枯萎	燆，[lɛu5]	燆	[lɛu5]	[lɛu5]	[lɛu5]，同壮语
干	枯，燆	燆	干	干	燆[lɛm1]/[lim1]
耐用	耐	耐	禁	禁	
久	久	久	耐	耐	
脏	浣	浣	浣，醒醍	邋遢	
圆	圆，团	圈	圈，圆	圆	
痒	痕	痒	痒，痕	痕	
和，同	凑	同	凑	同，凑，和	
被	着	着	捱	着，捱	
还	还	还	还	重	副词
在	在	在	住	喺	
完	齐，了	了	齐	齐，哂	

表2　　　　　　　　　名词

词目	宾阳	北片	西南片	南宁白话	备注
月亮	月亮	月亮	月亮，月带	月光	
蝙蝠	比[ʃøŋ5]	比鼠	飞鼠	飞鼠	
麻雀	[ma3tei5]	[ma3lɛ6]	麻毕雀，麻雀	麻雀	

词目	宾阳	北片	西南片	南宁白话	备注
蜻蜓	[ma3mø3]	[ma3mi3]	金刚	唐咩	
苍蝇	蚂螟	蚂宁	蚊子	蚊蝇	
翅膀	翅	翅	翼	翼	翅读[tʃi5]
小青蛙	[ma3khɛ³/khi3]	[ma3ɲi1]	[kʷɛ3]	[khʷɛ3]	[khɛ3/khi3]、[kʷɛ3]、[khʷɛ3]同源
眼镜蛇	扁头风，吹风蛇	扁头风	[hɐu1]勺蛇，[hɐu1]壳蛇	吹风鳖，饭铲头	[hɐu1]，勺
母猪	猪草	猪草	猪牸	猪嬷	未育
母猪	猪母	猪嬷	猪娘	猪嬷	已育
碗柜	栈	栈，碗柜/橱	碗柜	碗柜	
筷子	箸	筷箸	筷箸	筷子	
橡子	橡皮	橡皮	桷子	桷子	
扫帚	扫拂[pɐt7a]	扫拂[fɐt7a]	扫秆	扫把	
竹扫帚	扫[tʃa6]	扫拂[fɐt7a]	扫[tʃa6]	竹扫把	用竹枝做成
扁担	担竿	担竿	担竿	扁担，担竿，担润，担湿	
蚊帐	帐，蚊帐	帐，蚊帐	蚊帐	蚊帐	
小米	粟禾	粟禾	狗尾粟	黄细米，狗尾粟	
玉米	粟包，粟麦	玉米	玉米	玉米	
麦子	面米，面麦	面麦	麦	麦	
水稻	禾，谷	禾，谷	谷，禾	禾，谷	
稻草	禾稿	禾稿	禾秆，禾草	禾秆，禾草	
秕子	[phɛp8]谷	[phɛp7]谷	刨谷	刨谷	
早稻	头春	头苗	早造	早造	
晚稻	二春	二苗	晚造	晚造	
花生	地豆	花生	地豆	花生	
芝麻	油麻	油麻，芝麻	芝麻	芝麻	
浆糊	糨（糊）	糨糊，浆糊	浆糊	浆糊	
田埂	田基	田基	田塍，田基	田基，田塍	

续表

词目	宾阳	北片	西南片	南宁白话	备注
晒谷坪	禾塘	禾塘，晒台	禾塘，晒场	晒谷场	
窟窿	窟	窟	窟，窿	窿	
（鸟）窝	窠	窠	窦	窦	
头发	头毛	头毛	头发	头发	
辫子	头辫	头辫	辫子	双辫	
发旋	旋螺	旋螺，头旋	旋螺	旋	
舌头	舌	舌	脷钱	脷钱	
嘴唇	嘴唇	嘴唇	口唇	口唇，嘴唇	
痦子	墨子	记	墨子	痣	
瘊子	鱼[tʃui5]	老鼠奶	鱼[tʰɵt7]	鱼[tɐp7a]子	
大腿	大腿	大腿	大腿	大髀	
手指	手儿	手儿	手指	手指	
拇指	手母	手母	拇头娘	（大）拇指，手魖头	
脚趾	脚儿	脚儿	脚趾头	脚趾	
大脚趾	脚母	脚母	脚母头娘	大脚趾，脚魖头	
脚跟	脚踵	脚踭	脚踭，脚督，脚跟	脚踭	
肠子	臓	臓	肠	肠	
老头子	（老）阿公	公佬	阿公	阿公	
老太婆	（老）阿婆	魖佬	老妇娘	阿婆，老太婆	
曾祖父	[møŋ4]公	公[mɐŋ3]	阿祖	太公	[møŋ4]与[mɐŋ3]同源
曾祖母	[møŋ4]（婆）	魖[mɐŋ3]	祖娘	太婆	
干爹	继爷	继爷	契爷	契爷	
干妈	继魖	继妈	契妈	契妈	
儿子	儿，侬	儿	儿，崽	崽	
小孩	侬儿，细蚊	侬儿	细蚊，细子	细蚊崽，鬼崽	
双生子	双生	双生	双生	双孖	
儿女	侬，儿女		男女	崽女	

续表

词目	宾阳	北片	西南片	南宁白话	备注
刺	刺	刺	簕，刺簕	簕，刺簕	
刺竹	刺竹	刺竹	簕竹	簕竹	
树	木根	木根	树，木，木根	树	
枫树	黑饭根	黑饭木	乌饭木，乌饭根	黑饭树，乌米木	
松树	枞柏	枞柏	松木/树	松树	
松叶	枞柏须	枞柏须，枞柏毛	松针，松茅	松针，枞毛	
柏树	扁柏	扁柏	柏树/木	侧柏，柏树	
油桐树	桐[lɐu5]根	桐[lɐu5]木	桐油木	桐油树	
树根	木[kɛŋ3]	木[kɛŋ3]	木荡	树根，树[kœŋ3]	[kɛŋ3]、[kœŋ3]同源
树疙瘩	木[tɐt7a]/[tøt7b]	木[tɐt7a]，木眼	木眼	木眼，树疙瘩	节眼
结	[tɐt7a]/[tøt7b]	[tɐt7a]	部	[lit7b]，疙瘩	名词
闪电	卤蠘、蠘令	雷蠘、蠘令	闪电	摄令，闪电	
虹	龙降	龙降	虹骨，虹吉	虹（古巷切），彩虹（户公切）	"降"即"虹"
东西	东西	东西，家事	东西，工夫	嘢	
二胡	二弦	二弦	二胡	二胡，[ŋe2ŋe1]	
什么	那门	[çɛ3]乜，事乜	那门	乜嘢	
谁	那个	哪个，谁	那个，那人，[nan1]	边个	[nan1]为"那人"的合音

　　我们以中南片的宾阳话为参照点，北片或西南片与宾阳共有，而与南宁白话不同的词汇，可视为平话的固有方言词，但它们未必就与其他粤语方言有别，尤其是与之毗邻的勾漏片粤方言。

　　从上表中可以看出，北片与宾阳一致的词汇相对多些，即北片保留的平话方言词比西南片要多。北片处官话区，由于平话与官话语音差异很大，官话影响多在书面语，即文读，口语词汇受官话的影响有限。同时北片有一些与桂北平话相近的词语。例如：

早稻——头苗，早稻　　　晚稻——二苗，晚稻

谷种——谷本　　　火种——火本　　　种猪——猪本

火柴——自来火　　　　　柿子——椑

芦苇——芦荻　　　　　　　坟墓——坟，祖

老翁——公佬，老太太——嬷佬。桂北平话分别称"公老""奶老"。罗城牛鼻土拐话祖母称"嬷[na2]"，粤方言也有此称。

"打"说"撅[kyt7]"，是桂北平话、土语的口语常用词，勾漏片粤方言也说。

至于西红柿叫"毛秀才""毛姑娘"，吵架说"争架、闹架"，这是桂北官话的说法。

相反，由于平话与粤方言密切的亲属关系，当广府白话溯江而上，即很容易对与之接触的平话产生优势影响。白话成为南宁市的主流方言后，对周边平话的影响是很大的，原近郊平话大量吸收白话的词汇，以致替代了不少原有的平话底层词。

左右江也是白话流播之地，影响虽没有南宁近郊那么强势，但在当地平话中，同样存在平话词与白话词共存的现象。此外，由于处壮族聚居地区，口语中的壮语借词较其他片区多些，但总体有限。

第四章　平话与粤方言的口语词汇比较研究

由于缺乏可供系统比较的词汇数据库，本章拟对平话与粤方言的口语常用词汇进行一般性比较分析。

日常生活存在农村与城镇的差异。农业生产是农村最基本的生产活动，有关这方面的词语在农村可调查得非常详细，在城镇只能涉及一些粗略的概念；反之，商业、手工业是早期城镇主要的经济活动，伴随的是城市的生活与文化，许多相关词语在农村是调查不到的。例如，我们在邕宁四塘细邓村平话调查时，问起城市中常听到的涉及男女作风不正派的词语，如"咸湿""爬灰""姣""口[lau5]""老举婆小字""卖嘿小字"等时，发音人说当地没有这些说法，只有一个笼统的"搞风流"。旧时村规很严，出现男女作风不正的事会或被打死，或被赶出村。当我们调查南宁西郊的石埠墟，发音人就谈得十分详细。还说此类事情也反映男女不平等，在本村"搞风流"，男的会被赶出村，女的会被泼粪。但男的到别村搞风流却是很光彩的事，全村青年小伙会为他自豪，甚至一块去女方村子打架斗殴。所以发音人说过去农村械斗就为两件事，一是土地纠纷，二是为男女之事。

本章的比较研究以日常生活的通用词汇为主。比较时，选择的是方言词，即普通话一般不说，但并不排除其他南方方言区也使用。比较分析中，关注有音无字的口语常用词，从该方言语音系统出发，通过方言间的语音对应规律判断这些词是否同源。

说有易，说无难，在现有的语言材料中，各片区只要在一个方言点材料出现，即可认定为"有"。由于人们交际范围不断扩大，方言间的相互借用、优势方言的影响，共同语的示范作用，个体的语言能力等诸多因素，都会使有的概念同义词增多，本书选择最常用或有特色的说法。

比较研究以名词、动词、形容词为重点。有音无形的词语，用同音字替代的，同音字下加波浪线；无同音字即用国际音标标注读音。

本章的语音标注，声调一般标注调类，以单个数字附于音标后：

1	2	3	4	5	6	7	8
阴平	阳平	阴上	阳上	阴去	阳去	阴入	阳入

如果上声只有一类，标注 3，去声只有一类，标注 5；入声再分的，则用 7a/7b、8a/8b 表示。

第一节 常用口语名词举例

词目	桂北平话	桂南平话	粤方言	备注
太阳	热头，日头	热头，日头	热头，日头	
月亮	月光，月亮	月亮，天呆、月甠	月光，月亮	
弦月	蛾眉月	蛾眉月	蛾眉月	
月晕	月亮生毛/蒙	月亮生毛，月亮戴[kʷɐŋ6]/[kʷɐn6]	月亮生毛，月光戴箍	[kʷɐŋ6]/[kʷɐn6]同源，"圈"义，同壮语
月食	天狗食月	天狗吃月，马吞月	天狗食月	
星星	星子	星子	天星	
流星	火狗，天火	生魂，流星	流星，星擸屎	
彗星	扫把星	扫[ʧa6]星，扫杆星	扫把星	
银河	白路，米行	白路，米行，天河	天河	
雷	雷公，雷母	雷公，雷母	雷公	
闪电	[iəʔ]雷蠟，蠟令	卤蠟，[jap7b]令	[jap7b]令，摄令	[iəʔ]、[jap7b]同源
雨	雨	水，雨	水，雨	
连阴雨	沤雨	沤雨	沤水，沤雨	
雷阵雨	过云水	过云水/雨	过云水/雨	
对时雨	对时雨	对时雨	对时雨	一连几天在同一时段下雨
冰雹	雹，冰泡	雹，雹子	雹，雹子，冰泡	
虹	龙虹，龙，龙吃水，隔雨虫	龙虹，虹筒，虹吉/骨	虹，云龙	"虹"均读古巷切；吉、骨同源
露	霜水，雾	霜水，雾水，雾露	雾水，露	
雾	雾烟，烟	雾水，幕，雾露	雾水，雾	"幕"读[mɔk55]
霜	霜水，白霜	霜，雪	霜，白头霜	
旋风	鬼头风，鬼牢风	绞瞀风	绞瞀风，鬼头风	
夏天	热天	热天，天热天，[ŋ]天	热天，天热天	

续表

词目	桂北平话	桂南平话	粤方言	备注
冬天	冷天	冷天，因天，天冷天	冷天，因天，天冷天	
冬天里转暖和潮湿的天气	南云天，回南天	回南（天）	回南（天）	
深泥田	湴田	湴田	烂湴田	
烂泥，淤泥	湴，烂湴，湴泥	湴，烂湴	湴，烂湴	《广韵》鉴韵蒲鉴切："塴，深泥也。"亦作湴
田埂	田基	田塍，田基	田塍，田基	
大片田	田垌	田垌	田垌	
旱地	畬	畬	畬	
粪坑		粪窝	粪窝，屎坑，屎凼	
宅基地	屋地	屋地	屋地	
茅草屋	寮	茅寮	茅寮	
土坯	泥砖	泥砖，水砖	泥砖	
鹅卵石	马卵牯，鹅蛋石	鹅蛋石，马卵石	鹅蛋石，马卵石	
玻璃瓦	亮瓦	亮瓦，瓦亮	亮瓦	起采光作用
碎瓦	瓦渣		瓦渣	
山谷	山冲，冲，冲槽	冲，山槽	山冲，山坑	
河	江	江	江	
河里	江肚	江肚	江肚	
码头	埠头	埠	埠头，码头	
水沟	圳，水圳	圳，水圳	圳，渠坑，水沟	《集韵》作"甽"，"沟也"，朱闰切
泉水	[pau7]水，汶，泉眼水	汶水，[mo5]水	汶水，泉水	[mo5]是壮语
泉眼	[pau7]水井，汶口	汶口，[mo5]水口	汶口，泉眼	
坑	坑	窝，[kum2]	凼，[kɐm2]，坑	[kum2]、[kɐm2]同源

词目	桂北平话	桂南平话	粤方言	备注
洞	窿	窟	窿，窟	
缝隙	罅	罅[hi5]	罅[la5]	
浑水	水浊	水浊	水浊	
冷水	腊水，勒水，[khən5]水	困水，吉水	冻水，困水，[kɐn5]水	[khən5]、[kɐn5]吉同源
热水	爦水	滚水，[lat7a]水	揇水，热水	
锈	鉎	鉎	鉎	
铜绿	铜鉎	铜鉎	铜绿	
生锈	起鉎	上鉎	起鉎，生鉎	
铸铁		生铁	生铁	
锻造铁		熟铁	熟铁	
磁石	磁铁	摄石	摄石，磁石	
（绳）结	结[təʔ7]	[tat7a]，[tøt7b]	[lit7b]	[tə?7]、[tat7a]、[tøt7b]同源
灰尘	灰尘，烟尘，墰尘	灰尘，烟尘，[mən1]	灰尘，烟尘，墰尘	"墰"阴平
集空儿	闲日子	闲日	闲日	
集日	墟日	墟日	墟日	
春天	春头，春头天	春头天	春头天	
节日	节气	节气	节气	
六月六	尝新节	尝新节		
中元节	七月半	七月十四	七月十四	
农历	老历	老历	旧历，老历	
公历	新历	新历	新历	
去年	旧年，昨年	旧年，旧年时	旧年，旧年时，旧背年	
天亮	天光	天光	天光	
明天	来朝，来日	来朝，来朝日，明日	明日，厅日	
白天	日头	日头	日头，日里	
早上	早朝	早朝，朝早	朝早，朝头早	

续表

词目	桂北平话	桂南平话	粤方言	备注
中午	到晏，晡时	到晏，晏中	晏昼	
黄昏	挨夜	头挨夜，天暗	挨晚，天暗	
天黑	天暗	天暗	天黑	
晚上	夜来，夜晚，夜时，到夜，夜头	到夜，夜里	到夜，夜晚，夜里	
现在	个阵，害餐/拍，箇里	现在，现时，个时，而今	而家，而今，家阵，箇里	
先前	头先，先头	头先	头先，先头	
过去	往时	旧时，以前	旧时，旧阵时，旧阵	
后来	跟手，[soŋ3]底，后背	后尾，跟尾	后尾，跟尾	
一会儿	一阵	一阵	一阵，一阵儿	
五分钟	一个字	一个字	一个字	
一辈子	一世	一世	一世	
犁田/地	使牛	使牛	使田，使牛	
种子	本	种，本	种	
稻（植株）	禾	禾	禾	
稻谷	谷	谷	谷	
稻草	禾秆，牛稃麸	禾秆，禾稿	禾秆	
稻草	禾秆，禾稿，牛稃	禾秆，禾稿	禾秆（草）	
早稻	早禾，头春	早禾，头春	早禾，早造	
中稻	中禾，中造，大禾	大禾，中造	中造	在山冲田栽种的一种单季稻
晚稻	二禾，二春，二苗，晚造	二春，二苗，晚造	二禾，晚造	
早米	头春米	早禾米，头春米	早禾米，早造米	
晚米	二禾米，二春米	二春米，晚造米	二禾米，二春米，冬谷，晚造米	
秕谷	秕子，谷瘪，谷穗，谷獭	谷獭，[phep7]谷，刨谷	谷穗，刨谷	

续表

词目	桂北平话	桂南平话	粤方言	备注
稗草	稗草	稗草，[weŋ1]	稗草，稗子	[weŋ1]是壮语词
过季节		过造	过造，罢造	
小麦	麦	面麦	面麦	
玉米	包谷，苞粟	包粟，粟包，粟麦	包粟	
荞麦	三角麦	三角麦	三角麦	
花生	落生	地豆	地豆，花生	
脂麻	油麻	油麻	油麻	
棉花	棉花，贝	贝，棉花	贝，棉花	
芋头	芋	芋	芋头	
芋茎	芋苗	芋蒙	芋蒙	
红薯	红薯	蕃薯，京薯	蕃薯	
大白菜	黄芽白	黄芽白	黄芽白	
萘苣菜	厚皮菜，猪婆菜	牛皮菜，猪母菜	厚皮菜，猪乸菜	
南瓜	金芦，金瓜	金瓜	金瓜	
瓠子	白瓜，芦，牛腿瓜	瓠，蒲瓜	蒲瓜	
茄子	茄子	茄，茄瓜，绿苏	茄瓜，矮瓜，虾瓜	
韭菜	韭菜	扁菜，扁蒕	扁菜，快菜	
芫荽	盐须	盐西	盐西	
黄花菜	黄花菜	针菜	针菜	
豇豆	长豆，菜豆	豆角	豆角，菜豆	
西红柿	洋辣椒，毛秀才	金桔子，金桔	金钱桔，金桔	本地品种
茎、秆	[kʰwē3]，[kiaŋ3]	[keŋ3]，[kʷaŋ3]	[kʷaŋ3]/[kʰwaŋ3]，[kœŋ3]/[keŋ3]	为"梗"的读音
树	树，木	木，木根	木，树	
树苗	树秧	树秧	木秧，树苗，树秧	
桐油树	桐[lau5]	桐[lau5]	桐油木/树	
松叶	枞木毛，枞柏须	松毛，枞柏须，枞柏毛	枞毛，松针	

词目	桂北平话	桂南平话	粤方言	备注
松球	枞髻子，枞树蛋	枞鸡子	枞鸡子	
柿子	东椑	柿子，椑	柿，东安柿，柿饼子	
柿饼	柿花	柿饼	柿饼	
柚子	柚坨	碌碡，碡子	碡/菠碡	
栗子	板栗	板栗	板栗	
桃金娘	木棯	棯子	棯子，豆捻	
柠檬	柠檬	[loŋ6moŋ6]子，蓝瓮	柠檬	
银杏	白果	白果	白果	
浮萍	浮薸	浮薸，薸	浮薸，薸	
荸荠	荸荠，大荠，马蹄（子）	马蹄，马荠	马蹄	
荆棘，刺	刺	刺，刺簕，簕	簕，刺簕	
抱窝鸡	眷菢鸡，赖菢鸡	赖菢鸡，痴菢鸡	赖菢鸡	
疯狗	癫狗	癫狗	癫狗	
老虎	大虫	大虫	老虎，大虫	
熊	狗熊	熊，狗熊	狗熊	
猴子	马骝	马骝	马骝	
豪猪	箭猪	箭猪	箭猪	
一种可发出难闻气味的家鼠，个小嘴尖。	臊鼠	臊鼠	臊鼠	
眼镜蛇	吹风蛇，撇皮/擗屁蛇，吹风鳌	扁头风，吹风蛇，[hɐu5]壳/勺蛇，侯蛇	吹风鳌，饭铲头	[hɐu5]，勺义
泥蛇	涅蛇	涅蛇	涅蛇，泥蛇	
莽蛇	蚺蛇	蚺蛇	蚺蛇	"蚺"读若"南"
蜥蜴	蟆拐蛇，四脚蛇，草龙	鸡公蛇，公鸡蛇，马鬃蛇	马鬃蛇，草龙，变色龙	
鸟儿	鸟，飞儿，雀儿	雀儿	雀儿，雀崽	桂北平话"鸟"读都了切

续表

词目	桂北平话	桂南平话	粤方言	备注
麻雀	谷雀，雀儿	[ma3təi5]，麻毕雀	麻雀	
老鹰	大鹰，大鹞	大鹞，蒙鹰，[mɛu2]鹰	大鹞，老鹰	大
鹞子	鹞子	鹞子，鹞	大鹞，老鹰	小
八哥儿	鹩哥，虾鹩	鹩哥，报巴，巴巴	鹩哥	
鸽子	博鸽，白鸽	白鸽，鹁鸽	白鸽	"博""鹁""白"同源
乌鸦	老鸦	老鸦	老鸦	
翅膀	番/翻翅	翅，翼	翼	翅均读[tʃi5]
蝙蝠	飞鼠	飞鼠，[pi3ʃøŋ5]	飞鼠	
蚂蚁	蚁子，蚂蚁子	蚁子，蚂蚁子	蚁，蚂蚁	
米象	硬壳虫	硬壳虫	硬壳虫	
蜻蜓	麻[mie5]，筒[toŋ2tɕie]，[thəŋ31the31]	[ma3mø3]，金刚，[pɐm4pəi6]	塘咩，塘蜊	
水蛭	猫蟥	猫蟥，蚂蟥	蚂蟥，猫蟥	
苍蝇	蚊子，马蝇	蚊子，马螟	蚊蝇，蟆蛉，污蝇	
蚊子	蚊子	蚊子，蚊虫	蚊，蚊子	
墨蚊	墨蚊子	蚊墨，[min2jɐk7a]	蚊唛，沙蚊	小咬
孑孓	沙虫，沙屎虫	沙虫	沙虫	
跳蚤	狗蚤	狗虱	狗虱	
臭虫	个剥，[pie5]，被蛆	百虱	木虱	"剥""百"、[pie5]同源
蟑螂	骚甲，古踏虫	骚甲	甲由，故[tat7b]，骚甲	
臭大姐	臭屁虫	臭屁虫	臭屁虫	
灶蟋蟀	灶（门）鸡	灶鸡	足率，[tʃyt7a tʃyt7a]	
蟋蟀	草鸡，竹蟀	[thɐk7a]鸡	足率，[tʃyt7a tʃyt7a]	
蝗虫	油麻虫，蜢	[tʃɐm2 pok8]，[thɐk7]，含虾	蜢	

续表

词目	桂北平话	桂南平话	粤方言	备注
螳螂	大钉舅，大虫舅，蜢牯扛	马郎扛	马扛螂，马螂扛	
蝉	旱虫，知炸，花翅娘	蝉虫，吱喳虫，喳啦虫	吱喳虫	
蜜蜂	蜜糖，龙蜂	蜜糖	蜜蜂	
马蜂	鬼头蜂，龙蜂	鬼头蜂，[tɔ5]	鬼头蜂	[tɔ5]是壮语词
（马蜂）蜇	斩（阴平）	锥，[let35]	锥，[tœl]	
蜘蛛	花丝，飞子猫，相丝	虫[kʰɵu1]，咒喳，灶喳	蟟螺，蜘[tʃɵu1]	咒、灶、[tʃɵu1]同源
白蚁成虫	大水虫，大涝虫	大水虫	大水虫，大涝虫	
蛞蝓	鼻涕虫	鼻涕蛆	鼻涕蛆，鼻涕虫	
蜣螂	牛屎蛙，[pua2]屎虫，损屎虫，牛屎拱	[pɐn3]屎牯，牛屎虫	损屎虫，[pɐn6]屎虫，牛屎损，滚屎姐	[pua2]、[pɐn3]、[pɐn6]，玩义
蟾蜍	蟾蜍，蟟蟍	蟾蜍	蟟蟍	
蜈蚣	蜈蚣（虫），百脚[ŋ/niau5]	龙公蛇，百足，百宿	百足	
壁虎	檐蛇，叉鸡暴	草檐蛇，檐蛇，夹蛇	檐蛇，草檐蛇	
毛虫	狗蠓虫	狗毛蛆，辣毛蛆	狗毛蛆，狗毛虫	
蚯蚓	虫蛾，鸭儿蛇	土嫩	黄蛾	
萤火虫	夜火虫，灭火虫	火亮虫，亮火虫	放光虫，萤火虫，星火虫，冥火虫	
塘角鱼	塘虱，塘鳝	塘虱	塘虱，塘角鱼	
泥鳅	泥鱼	狗钻鱼，老鼠鱼	泥鳅	
鱼苗儿	鱼花	鱼花	鱼花	
鱼篓儿	鱼鼎/顶	鱼柠，鱼[ke6]	鱼鼎，鱼柠	"鼎""顶""柠"同源
青蛙	蟆，蚂拐	蛤	蛤，蟆拐	
大青蛙	老蛤，蛤母，田肚蛤	蛤	蛤㽞，田鸡	
水蛭	蚂蟥，猫蟥	蚂蟥，猫蟥	蚂蟥	
禽类、猫狗的窝	窠	窠，窦	窦	"窦"读若"斗"

续表

词目	桂北平话	桂南平话	粤方言	备注
房子	屋	屋	屋	
房间	房	房	房	
造房子	竖屋，起屋	筑屋	起屋，砌屋	
客厅	厅屋	厅底	厅底	
楼上	楼面	楼上	楼上	
楼下	楼底	楼底	楼底	
檩	桁条	横条	瓦桁，横条	
椽子	椽皮，屋桷，扁椽	椽皮	桷子，椽皮，扁椽	
柱下石	石礅，石墩	石礅，石墩	石墩	
厨房	灶门，灶门底，灶门口	灶屋，灶边，煮饭屋	灶边，灶头，火灶	"厨房"是后起的
锅台	灶台，灶头	灶台，灶坛	灶台，灶头	
浴室	洗凉房	洗身屋	冲凉房，洗身堂	
厕所	灰寮，茅厕，粪楼	粪屋，粪窝，屎屋，灰榶	屎坑，灰[pak8]，屎窝，粪窝，灰录	灰榶、灰录同源
简易房	厂，棚	棚	棚	
排水沟	阳沟，坑沟	阳沟	阳沟，坑沟，渠坑	
牲畜的圈	栏，猪榶	栏，猪榶，鸡榶	栏，猪榶	"栏"读阴平
门栓	门关，门闩	门关，门[pak8]/[phɐk7]	门关，门闩	
钥匙	锁匙	锁匙	锁匙	
东西	东西，物件	东西，工夫	嘢，<u>低</u>	
桌子	大盘，头盘，桌	台	台	
圆桌	圝桌，圝头盘	圝台，圆台，团台	圆台	
方桌	四方桌	四方台，八仙台	四方台，八仙台	
饭桌	大盘，头盘	吃饭台	食饭台	
供桌	供桌，敬桌，条案，香几	香几	神台	
抽屉	拖箱，抽箱，柜桶	拖箱，柜桶	柜桶，拖桶	
马扎	帆布凳	帆布凳	马扎	

词目	桂北平话	桂南平话	粤方言	备注
蒲团	牛稃丁，草墩，禾稿墩	草墩，墩头，禾稿墩	草墩，墩头	
碗柜	碗栈	碗栈，碗柜	碗栈，碗柜	
筷子	箸	箸	筷箸，筷子，筷手	
（一）挟（菜）	箸	箸	箸	
罐，坛子	罂，埕	罂，埕，[pɛm6]	罂，埕，塔	
水缸	净钵，水缸	水缸，瓮缸	水缸，瓮缸	
酒罐	酒煲	酒煲	酒罂	
油罐	油钵/瓯，膏罂	油罂	油罂	
盐罐	盐钵/瓯	盐罂	盐罂	
笊篱	捞瓢	捞篱	捞篱	
饭勺	饭瓢，饭匙	饭匙	饭匙，饭壳	
汤勺	勺，瓢	[hɐu5]，勺	汤勺，汤壳	
羹匙	瓢羹，调羹	瓢羹	瓢羹，调羹	
水瓢	水瓢	[hɐu5]，勺	勺，水壳，壳	
礤床	刨	刨	刨	
泔水	潲水	潲水	潲水	
炒菜的锅	镬	镬	镬，镬	
煮饭的锅	锅，镬	锅	锅，煲	
鼎锅	[tʰõ6]，云鼎	钢锅，钢镬	鼎锅	
陶制小锅	煲	煲	煲	
锅铲	镬铲	镬铲	镬铲，镬铲	
锅烟子	锅炉煤，镬黑	镬墨，火镬墨，火墨	镬墨，镬黸	
瓶子	瓶，壶，樽	樽，瓶	樽	
瓶塞子	壶盖，瓶塞，瓶窒	窒	窒	
海碗	归坯，大盅	站，贵	海碗	归、贵同源
小碗	瓯	瓯	瓯，碗仔	
暖水瓶	暖水壶	茶筒	茶筒，暖壶	
绳	索，绳	索	索，绳	

词目	桂北平话	桂南平话	粤方言	备注
钳子	钳夹	钳	钳	
马钉	蚂蟥钉	蚂蟥钉	蚂蟥钉	
剪子	剪刀	剪刀，铰剪	铰剪，剪刀	铰读阴去
理发推子	飞剪	飞剪	飞剪	
锥子	擂锥	锥	锥	
顶针儿	顶指，顶针	顶指，顶针	顶指，顶针	
缝纫机	衣车，车衣机	衣车	衣车	
箱子	笼，笼箱	笼，笼箱	笼	
棉花胎	棉胎	棉胎	棉胎	
褥子	垫被	垫被	垫被	
手炉	火笼	火笼	火笼	
伞	伞	伞	伞，遮	
蓑衣	篷披，蓑衣	篷，篷[pe6]，蓑衣	篷，蓑衣	竹编的叫"篷"
砍刀	钩刀	钩刀	柴刀	
扁担	担竿	担竿	担竿，扁担，担湿，担润，担边，柄挑	
扫帚	扫杆	扫杆，扫拂	扫杆，扫把	竹枝做的叫扫[tʃa6]
砍刀	钩刀	钩刀	柴刀	
小灯泡	电胆	电胆	电胆	手电筒用的
电池	电油	电油	电池	
煤油	洋油，水油	水油，火油	火水，火油，水火油	
火柴	自来火，洋火	火柴	火柴	
锯末	木糠	木糠	木糠	
伞	伞	伞	伞，遮	
肥皂	碱	碱	碱	
浆糊	糨	糨	浆糊	
毛巾	面布，手巾	手巾	手巾，毛巾	

续表

词目	桂北平话	桂南平话	粤方言	备注
衣服	衣裳，衣裤	衫裤	衫裤	
领子	衫领	衫领	衫领	
袖子	衫袖	衫袖	衫袖	
钮扣	扣	钮（子）	钮	
内衣	隔肉	内衫/裤，底衫/裤	底衫/裤	
裤裆	裤囊	裤囊	裤囊	均读阴平
鞋跟		鞋踭，鞋后踭	鞋踭	
围嘴儿	口水围	涎袋	口水褛，口水捐	
围裙	围布	衫围	围裙	
背带	布兜	孭罗	孭带	
晾衣服的竹竿	晾竿	晾竿	晾竿，竹篙	
镯子	镯头	镯	蚯（扽）	
耳环	耳[niãn5]	耳[neŋ1]，耳环	耳环	[niãn5]、[neŋ1]同源
拐杖	拐杖，打拄	打拄棒，拐棍	拐棍，士的棍	
女人	妇人家	夫娘，女人	夫娘，夫娘嬷，妇娘母，女人婆	
老头儿（蔑称）	老货	老货	老嘢	
小孩儿	细人儿，细人，细娃儿，细子儿	侬，侬儿，细子，细蚊	细蚊（崽），阿虾儿，骚虾崽	
男孩儿	细侬儿，侬儿	侬，侬儿	侬儿，崽儿，男崽	
女孩儿	妹儿	妹	妹儿，妹崽，妹丁	
小伙子	后生（儿）	后生	后生崽，后生哥	
双胞胎	双生，双孖胎	双生	双生，双孖崽，双孖胎	
鳏夫	寡公	寡公（佬）	寡公（佬）	
寡妇	寡婆子	寡母婆	寡母婆	

续表

词目	桂北平话	桂南平话	粤方言	备注
私生子	野儿	野崽	野崽	
乞丐	没军，迷子，告子	告化（子）	告化子，乞儿（佬）	没、迷同源
接生婆	接生婆	托生娘	执妈	
富人		有行佬	有行佬，阔佬	
重孙	息，塞	塞，[lən3]，息	塞	息、塞同源
媒人	媒人，媒婆，瞒人奶	媒人，媒婆	媒婆	
伴娘	十姊妹	十姊妹	伴娘，姐妹	
棺材	棺材，木	棺材，寿板，寿材	棺材，寿板	
棺材	寿屋，寿材	寿材	寿材	老人在世备用的
坟墓	祖，坟	坟	坟山，坟，墓	
纸钱	钱纸	鸡钱	鸡钱，溪钱	
土地神	社公，土地公	社公，土地公	社公，土地公	
土地庙	社	社坛，土地庙	土地庙	
灶王爷	灶神，灶君大王爷	灶公，灶王爷	灶君，灶君老爷	
巫师	师公佬	师公	道公（佬）	
道士	土公佬	道公	道公（佬）	
巫婆	神奶，团子奶，设子婆，阴婆	仙婆	仙婆，神婆，鬼婆	
头发	头毛	头毛	头毛，头发	
辫子	头辫	头辫	头辫，孖辫	
髻	头鬃	头髻	头髻，髻	
脖子	颈	颈	颈	
肩膀	膊头	膊头，膊	膊头，膊	
肩胛骨	肩胛骨，偏能轧，烟抽	饭匙骨，膊头骨	饭匙骨，肩胛骨	
脊背	背脊	背脊	背脊	
脊梁骨	背脊骨	背脊骨	背脊骨	
乳房	奶[ni5]，[ne3]	[mɛ2]，[mi3]	奶，[mɛ2][mɛ3]，[nɛn2]	

续表

词目	桂北平话	桂南平话	粤方言	备注
奶汁	奶[ni5]	[mɛ2]水	[mɛ2][mɛ3]，[nɛn2]	
脸	面	面	面	
后脑窝子	后颈凼，后颈窝，颈蒙冲	后背颈	独吃窝，计较窝，后颈窝	
嘴唇	嘴唇皮，嘴红皮	嘴唇皮	嘴唇，嘴唇皮，口唇	
舌头	舌子	舌，舌头，利钱	脷，利钱	
智牙	坐牙		尾牙，穷尽牙	
牙床	牙盘	牙肉	牙肉	
喉结	咔啦珠，算盘子，锁喉骨	算盘子，喉[tɐt7a]/[tøt7b]，喉结	喉榄，喉[lɐk7a]	与绳结的结同音
胡须	胡苏	胡苏	胡苏	
唾液	亚唾，口水	涎，口水	涎，口水	
眼珠儿	眼核，眼仁	眼仁，眼核	眼核	
眼泪	眼水，眼泪	眼水，眼泪水	眼水，眼泪，眼泪水	
眼眵	眼睛屎，眼屎	眼眵，眼屎	眼眵，眼屎	
眼睫毛	眼毛	眼□[jap8]毛	眼□[jap7]毛	[jap7/8]，眨义
眉毛	眼眉	眼眉	眼眉	
单/双眼皮儿	单/双眼檐	单/双眼沿	单/双眼皮儿	
鼻子	鼻	鼻，鼻子	鼻子，鼻公，鼻鼻	桂北平话有读去声，有读入声，桂南平话读入声，粤方言东南部多读入声，玉林二合一
鼻孔	鼻窿	鼻窟	鼻窿	
鼻涕	鼻涕，鼻涕水	鼻涕	鼻涕，鼻水，鼻涕水	
胳膊	手臂，手膀	手臂	手臂，手瓜	
胳膊肘尖儿	手[khwẽ3]，手[kuei6]	手踭，尾臂尖	手踭，手踭督	

词目	桂北平话	桂南平话	粤方言	备注
手掌	手板	手板	手板	
指甲	手指甲	手甲	手甲，指甲	
拳头	拳槌，拳头牯	拳头，拳槌	拳槌，拳头	
膝盖	膝头	膝头（哥）	膝头（哥）	
腿(整条腿)	脚	脚	脚	
大腿	大腿	大腿	大髀	
腿肚子	脚包肚	脚肚	脚囊肚，脚包肚	
赤脚	赤脚	脱脚	脱脚，赤脚	
踝骨	脚眼睛	脚眼	脚眼	
大拇指	手指公	手母，拇头娘，手嫲	手指公，手嫲头	
大脚趾	脚趾公	脚母，脚母头娘	脚趾公，脚嫲头	
脚跟	脚跟[soŋ3]，脚板[soŋ3]，脚踭	脚[ʃoŋ3]，脚踭	脚踭，脚瞽	
男阴	鸟，鸟崽，卵子	腏，鸟	腏，麻鸟	"鸟"均读阴平，桂南平话、粤方言读[t-]声母，桂北读[n/ŋ/]声母
阴囊	卵袋，卵替	春子	卵泡，春袋	
女阴	膣，[ma5]崽，屄[pi3]	嘿	嘿，嘿屄[pe1]	
趼子	硬墩	肾皮，熟肾	趼	
痂	疤子	厣	厣	
疤痕	疖疤，疤眼	[nɐŋ1]，[nɐŋ1]鸡疤	[nɐŋ1]鸡（疤），[na1]	
痦子	痣，记	墨子，记	痣，墨记，墨痣	
瘊子	老鼠奶	老鼠奶，鱼[tʰət7]，鱼[ʧui5]	鱼[tɐp7a]子	
屁股	[soŋ³]，[soŋ³]派，屎朏	[soŋ³]，[ʃoŋ³]朏，屎朏	屎朏	《广韵》朏，朏臀，苦骨切
龅牙	龅牙齿，	哨牙，铲齿牙	龅牙，哨牙	

续表

词目	桂北平话	桂南平话	粤方言	备注
豁唇	缺唇，	嘴唇[kʰən5]，崩口	崩口，兔唇，[mɐŋ5fɛ1]	[kʰən5]，崩缺义
六指儿	六指[ma1]，六指[moi]	手[mɛ1]，[mɛ1]儿，[pɛ1]手指	[ma1] /[mɛ1]指	[ma1] /[mɛ1]方言字作孖
痧症	痧气	痧气	痧气	
	羊毛痧	羊毛痧，黄毛痧	羊毛痧	痧气之一种，全身酸痛，食欲不振，用鸡毛煮水烫洗后，用被子可捂出羊毛状的白丝
	蚂蟥痧	蚂蟥痧，标蛇	蚂蟥痧，标蛇	痧气之一种，舌根底部的两根静脉突起发青，形似蚂蟥，用香烧后即可痊愈
蚊虫叮咬起的疱块		[nɐn1]，饼	[nan5]，[nun3]	[nɐn1]、[nan5]、[nun3]同源
冻疮	[vən3]冻	冻疮，萝卜	萝卜	
痤疮	酒刺	[tʃy5ʃɐu2]，酒刺	酒刺，酒米	
雀斑	鸟子斑	麻雀点，马螟屎	蚊蝇屎	
疥疮	赌疖子	卡，牢疮	癞渣	
癞疮	癞子		癞渣	
疬子		老鼠疮，九子疡，疬子	老鼠疬	淋巴结核
瘊子	老鼠奶，肉疙头	鱼痣，老鼠奶	鱼[tɐp7a]子，鱼痣	
痱子	汗子	痱子	热痱	
甲沟炎		蛇头疮	蛇头疮	
麦粒肿	偷针，乌尻	偷针	偷针眼，狗嘿眼	
腮腺炎		猪头肥，肥猪儿，猪头疯	痄腮，猪头肥	
夜盲症		发鸡盲	发鸡盲	
癫痫	羊癫昏，发羊癫	发羊癫，发猪肝，猪癫	发羊吊	

续表

词目	桂北平话	桂南平话	粤方言	备注
早饭	早朝，过早	朝	过早	
午饭	哺	晏	晏	
晚饭	夜	夜	夜	
剩饭	剩饭	旧饭	旧饭，冷饭	
现饭	旧饭	旧饭	旧饭，冷饭	
锅巴	饭焦，焦饭	饭[kan5]，饭烧皮	饭焦，锅巴	
粗盐	生盐，粗盐	生盐	生盐	
精盐	熟盐，细盐	熟盐	熟盐	
猪油	猪膏，板膏	猪油	猪油，猪膏	
酱油	酱油	酱油，晒油，豉油，白油	豉油，白油	
白糖	盐糖	白糖	白糖	
胡椒	胡椒	古月，胡椒	古月，胡椒	
下水	下水，杂	下水	下水，杂	
猪肝	猪肝，猪润	猪肝，猪湿	猪润，猪湿	
猪肺	猪肺	猪发	猪发	
猪舌头	猪舌子	猪舌、猪脷	猪脷	
猪血	猪血	猪血，猪血红	猪红	
猪肠		脏	肠	
猪小肠	粉肠	粉肠	粉肠	
鸡胗	鸡肾	鸡肾	鸡肾/近	
猪腰	腰石，腰子	猪腰	猪腰	
粉丝	细粉，泽粉	粉丝	粉丝，细粉	
绿豆做的粉丝	细粉	粉丝	南粉，薯粉	
白薯做的粉条	红薯粉	薯粉，南粉	南粉	
一角钱	一毫子，一角钱	一角	一毫（子）	
一块钱	一块钱	一蚊	一蚊	
零钱	零钱	散钱	散纸，碎纸	
硬币	毫子	锑银，锑钱	锑崀	

续表

词目	桂北平话	桂南平话	粤方言	备注
钞票	票子	银纸	银纸	
票据	飞子	飞	飞	
戥子	厘戥	厘戥	厘戥	
秤毫	秤耳，秤吊	秤脑	秤脑	
头毫	头吊	头脑	头脑	
二毫	二吊	二脑	二脑	

第二节　名词词例的比较研究

一　词例分析

月亮　称月亮为"天呆""呆"，流行于南宁、邕宁以西的平话。"呆"可能即"太"。《邕宁县志》（1937）记录的一首童谣："带带（下带字平声，谓月也）丢团糯饭落园来，公狗抢，母狗拉（拉字平声）。" 从众多语言材料的历史比较看，平话祖方言的阴平应是升调，阴去是高平调，与白话的阴平调值相同。

汉语称老大娘为"老太太"，两广粤方言有称外婆为"阿呆"，或"婆低"（呆、低同源）。日为阳，月为阴，故以"太"称。平话地区有供"花婆"（呆）的习俗，姑娘出嫁，要在新房一角"安呆"，有的地方叫安"花婆台"，既作梳妆用，也作供桌，供奉"花婆"祈福，保佑早生贵子。有了孩子后，则是保佑孩子平安成长，要供到孩子长大成人。所以"花婆"在左右江平话地区又叫"花呆""花呆鬼"，传说是掌管女人命运之神。桂北平话有"床神""床□[ni31]奶"，为保佑小孩平安成长，在小孩睡床头上供奉的神。宾阳地区这种习俗已罕见。《广东通志》（1864）："醮子之夕，其亲戚送花于新郎房中，男曰花公，女曰花婆"，也当属于同一习俗。

月晕　[kʷɐŋ6]/[kʷɐŋ6]同源，"圈"义。圈、圆的框，南宁平话、白话多说[kʰʷak7b]，与"筐框"对转，也说[kʷɐŋ6]。[kʷɐŋ6]还可用作动词，圈起、围起，"我去外底[kʷaŋ6]/[kʷɐŋ6]晒一圈"（我到外面逛了一圈）。壮语"圈""围"说[kʷɐŋ2]/[kʷɐŋ4]/[kʷɐŋ6]，均读双数调。

月食　把月食叫"天狗食月"是汉族民间常见的说法。宾阳平话叫"马吞月"，这是个汉壮合璧词，壮语把狗叫[ma1]，音值与平话的"马"相近。

宾阳是以汉族为主的平话大县，当地不懂壮语的人，对这一说法也不知来历。

彗星　桂南平话不少地方把用竹枝扎成的大扫帚叫"扫[ʧa6]"。实际上人们罕有能见到彗星的机会，称"扫把星"，视为不祥之物，是受传统文化影响。农村家用扫帚一般用高粱秆、稻秆（小）以及一种专用作扫帚的灌木枝做成，故称"扫秆""扫拂"，扫晒场的大扫帚是用竹枝扎成的"扫[ʧa6]"，以之称彗星。

闪电　桂北平话的[iə ʔ7]与桂南平话及粤方言的[jap7b]同源，读如缉韵影母字。此词与平话和粤方言说"眨"的读音相近，闪耀与眨眼基本义相类。《广韵》缉韵："煜，火皃。为立切"，"熠，熠熠，萤火"为立、羊入二切。《集韵》缉韵："煜，耀也"，弋入切。平话和粤方言均读阴入。

夏天　平话有称"[əŋ5]天"，[əŋ5]与白话的"兴"同源，指热得烫人。白话把凉的饭菜翻热，也说"兴"。有的材料作"烋"。《广韵》烋韵："烋，火气，香靳切"，与官话相合，但平话和粤方言都是[-ŋ]尾韵。

彩虹　虹，《广韵》有古巷、户公二切，平话和粤方言均读古巷切，有的方言材料就写"降"。两道彩虹南宁白话叫"双虹"，与体育器材"双杠"同音。"吉""骨"同源，桂南平话和粤方言均有"骨"读如"吉"的现象，即合口变开口。都有用"龙"构词。受共同语影响，"彩虹（户公切）"成为通用词，不少年轻人已经不会说原有的方言词。

雨　雨单称"水"的方言点已不多，平话和粤方言都有，如南宁吴墟平话、岑溪南渡白话。但下雨叫"落水"，在平话和粤方言十分普遍，许多方言点即使其他相关词语都已变成"雨"，也仍然保留"落水"一说。

雾、露　雾、露不分，通称"雾水"，是平话和粤方言特点，有的甚至并称"雾露"。露又叫"霜水"，则是平话词汇，南北都说。雾，桂北平话又说"木雾"，中西部平话口语又说[mɔk7]，与"木"同源，此词可能为"幕"。桂南平话读阴入调，与"墓"[mɔk7]（埋）同音，可能与这两个词进入壮语后，再回头影响平话有关。

泉水　"汶"或"汶水"，"汶"指水从地下冒出。"汶"中古问韵微母字，《广韵》亡运切，水名。平话、粤方言大都保留重唇音，读[mɛn5]，阴去。"[pau7]"有喷冒义，如济南的突泉。"[mo5]水"则为汉壮合璧词。泉，标准壮语叫[ɓo5]。[ɓ-]声母在南部方言区变[m-]。

河　平话和粤方言称"江"是早期层次，这也是南方方言的特点。"河"是通语的影响，甚至出现叠置，有了"邕江河""柳江河"的说法。表里面的方位词用"肚"，桂北平话用得多，桂南平话及粤方言已趋减少，只在一些方言点保留"屋肚""江肚"等少数词语。

锈　锈说"鉎"，是平话、粤方言的常用词，闽、客、吴等方言也有使用。此字《说文》不收，朱骏声《说文通训定声·鼎部》后"附说文不录之字"："鉎，《埤苍》：'鉎，鏉也。谓铁衣也。'俗曰铁锈。"《广韵》："鉎，铁鉎。"所庚切。《集韵》："鉎，铁衣也，"师庚切。《玉篇》："鉎，漱也。"漱即锈。唐皮日休《追和虎丘寺送清远道士》诗："石涩古铁鉎，岚重东埃漫。"薛逢《灵台家兄古镜歌》："金膏洗拭鉎涩尽，黑云吐出新蟾蜍。"宋苏辙《磨剑池》："神仙铸剑本无硎，岸石斑斑尚铁鉎。"蔡襄《茶录·茶碾》："茶碾以银或铁为之，黄金性柔，铜及喻石皆能生鉎。"桂南平话及部分粤方言中，中古心母及部分生、书母字读ɬ声母，有ɬ声母的方言，"鉎"读ɬ声母。

六月六　农历六月是早稻收割时节，因此平话叫"尝新节"，城市则有"六月六，晒衣服"的俗语。

中元节　这一名称在平话、粤方言都不流行，桂北说七月半，桂南说七月十四，"鬼节"一般是城市里说。此节各地都较隆重，活动各不相同，从七月十三过到七月十六不等。

（绳）结　[təʔ7]、[tat7a]，[tøt7b]同源。不少与"结/节"有关的词语使用这一语素，如树木的节眼叫"木[tat7a]/[tøt7b]"，喉结叫"喉[tat7a]/[tøt7b]"等。

茎、秆　表中所注均为"梗"的读音，或读如庚二上声，合口。李荣《我国东南各省方言梗摄字的元音》（1996）："古梗摄今读[a]元音，为我国东南部赣、客家、湘、徽、吴、闽、粤诸方言的共性之一。"梗摄开口均有文白读。主要是沿江片白话。二等白读[aŋ/ak]，文读[ɐŋ/ɐk]；三四等白读[iaŋ(ieŋ/ɛŋ)/iak(iɛk/ɛk)]，文读[ɐŋ/ek]，与广州话一致。宾阳话梗摄开口二等也有文白两读，与白话同。"梗"读合口，是粤方言、客赣方言的共同特点。

秕谷　"谷穟"，《集韵》肴韵："穟，禾不实"，谟交切。此词也用于指称其他虚泡不实的事物，如"穟心萝卜""穟冬瓜"等，念阴平调。"谷穟"，勾漏片粤方言有念阴去调的。"刨谷"的"刨"，与"匏"同音（阳平）。《广韵》肴韵："匏，瓠也，可为笙竽"，薄交切。匏的特点是中空，与秕谷性质相同。而瓠子，平话和粤方言都有说"蒲瓜"的，"蒲"实为"浮"[phu2]，瓠子的特点也是肉质不实，在水中能浮起。桂南平话多说"瓠"。

棉花　棉花称"贝"，是平话和粤方言的特征词。为"古贝""吉贝"的略称。

树　树称"木"是较早的层次，是平话和粤方言的常用词。如桂南平话不少方言点，桂北的钟山仍只说"木"不说"树"。受通语影响，"树"

已逐渐取代"木"，不少方言点"木""树"同现，还出现"木""树"的叠置，如"樟木树"。一些地区甚至已经不说"木"了。宾阳平话较为特殊，树叫"木根"，"根"是植物的一种通名，不是"高等植物的营养器官"，如树叫"木根"，树叶叫"木叶"，他如"樟木根""玉眼根龙眼树""草根""禾根""粟包根玉米""地豆根花生"等。这可能是桂南平话的一个特点，在3个小片中即使都以说"某某木/树"居多，仍有保留"木根"一说的。

松球　即松果。松树，平话和粤方言许多方言点已读同普通话，但"枞"却在相关词语保留，如"枞木""枞木毛/枞柏须/枞毛松叶"。松果叫"枞髻子/枞树蛋/枞鸡子"，从字面义看，"鸡"可能即"髻"，桂南平话、勾漏片粤方言的阴去多为高平或高降调，与沿江白话的阴平调同。这种方言间的影响造成词语语音的变异很常见。

桐油树　桂北的两江叫"桐□[lau5]"，与宾阳话同。桐油树开花是春困时节，所以宾阳有"桐□[lau5]花开困□□[ɬei2 ɬei2]（形容很困乏）"的俗谚。粤方言未发现这种说法。

柿子　柿子称"椑"，出现在桂北平话，与湘南土话同。桂南平话只出现在北片。《广韵》支韵："椑，木名，似柿。《荆州记》曰：'宜都出大椑。'潘岳《闲居赋》云：'乌椑之柿。'"必移切。

柠檬　宾阳话说"[loŋ6 moŋ6]子"，本字不明。与左江平话的"蓝瓮"当同源，"蓝瓮"于字面无解，当与[loŋ6 moŋ6]同源，[loŋ6 moŋ6]叠韵，"蓝瓮"是[loŋ6 moŋ6]后一音节的声母成为前一音节的韵尾的连读音变。粤方言一般说"柠檬""柠果"。唐刘恂《岭表录异》："山橘子，大者冬熟如土瓜，次者如弹丸。其实金色而叶绿，皮薄而味酸，偏能破气。容、广之人带枝叶藏之，入脍醋，尤加香美。"

荆棘，刺　平话说"刺"，粤方言多说"簕、刺簕"。《广韵》德韵："笏，竹根"，卢则切。唐刘恂《岭表录异》已有记载："簕竹，其竹枝上有刺，南人呼为刺簕"。这是粤方言的特征词，南宁以西平话又说"簕、刺簕"，当是受沿江白话影响。

眼镜蛇　眼镜蛇会抬头喷气，所以都以"吹风"命名；眼镜蛇的头部较大，呈三角形，类似饭勺，所以平话又称"[heu5]壳蛇""[heu5]勺蛇"，白话称"饭铲头"。盛粥、汤的小勺，宾阳话叫"[heu5]"，大的水勺粪勺才叫"勺"，沿江白话通称叫"壳"。受白话影响，南宁平话有了"[heu5]壳蛇""[heu5]勺蛇"的叠置说法。壮语的小瓢叫[heu5]，与宾阳话同，这可能借自平话，因为其他壮侗语言不说。《广韵》候韵："㲃（从缶），《说文》曰，未烧瓦器也"，苦候切。溪母开口字多演变为擦音是平话、粤方言的共同特点。

墨蚊 俗称小咬。"蚊唛"是"蚊墨"变调，同源。宾阳话说"[min2 jɐk7a]"，[min2]即"蚊"，[jɐk7a]是"墨"在"蚊"后的连读音变。宾阳话是两广地区为数不多的保留了中古臻摄一三等有别的方言，少数臻摄开口三等字留下读[in]的痕迹。

蟑螂 平话一般称"骚甲"，与官话同。白话叫"甲由[kat8 tʃat8]"，差异很大。桂北钟山叫"古踏虫"，岑溪叫"故[tat7b]"，音义相近。

蟋蟀 "[tɐk7a]鸡"是壮汉合璧合璧词。蟋蟀，壮语叫[tɐk7 tɐi5]（小）、[tɐk7 kɐu3]（大），足率、[tʃyt7a tʃyt7a]是以其鸣命名。

蝗虫 宾阳话说[tʃɐm2 pok8]无考，前字可能是"虫"，因后字声母异化，"蜘蛛"宾阳话叫"虫[khɵu1]"。[pok8]和[khɵu1]是壮语词。

牲畜的圈 牲畜的圈一般叫"栏"，读阴平调。平话和粤方言都有称"槤"的，如猪圈叫"猪槤"，木条钉制的鸡笼叫"鸡槤"，也写作"碌、录"。过去农村没有厕所，一般在住屋外用竹、木搭建简易房屋、栏棚，里边有粪坑，还堆放草木灰、猪牛粪等肥料，称"灰录"。梧州把旧时用竹、木做的圈放婴儿围栏、坐椅叫"椅录"。《广韵》屋韵："簏，《说文》云：竹高箧也"，卢谷切，也作"簶"。音及基本义一致。

重孙 "塞"是"息"音变。宾阳话说[lən3]，是壮语词。

唾液 桂南平话和勾漏片粤方言多说[ʃan2]。《广韵》仙韵："涎，口液也"，夕连切。《集韵》山韵"㲯，鱼龙身濡滑者"，栈山切，白话有"滑㲯㲯[tʃhan2]"一词，形容黏滑。仙山同属古元部，精庄组声母上古关系密切，"涎㲯"当同源。

脚跟 脚跟粤方言多说"脚睁"。《集韵》"月争，足筋"。宾阳话与桂北西片相近，叫"脚[ʃoŋ3]""脚跟[soŋ3]""脚板[soŋ3]"。[ʃoŋ3]/[soŋ3]有材料作"踵"，《广韵》"踵，足后"，之陇切，声母不符。值得注意的是这些方言还有一个共同点，屁股也叫[soŋ3]，桂北叫[soŋ3]、[ʃəŋ3]派，宾阳叫[ʃoŋ3]、[ʃoŋ3]朏，并且可以引申为"底部"的方位义。[soŋ3]/[ʃoŋ3]本字不明，《广韵》荡韵："磉，柱下石也"，苏朗切，有底部的基本义，"石磉"桂北平话也多说，粤方言多说"石墩"。

六指儿 [ma1]、[mɛ1]、[mol]、[pɛ1]同源，即方言字"孖"，有相连的意思。"孖"，《广韵》之韵："双生子也。子之切"。六指儿，桂南平话和粤方言都说"[ma1]/[mɛl]指"，桂北平话说"手指妈""手指蟆"。有的读"[pɛ1]"，则同壮语，壮语[pɛ1]有并体、连生义。孪生粤语说"双孖"，甚至作量词，说"一孖碱一联肥皂""一孖腊肠"等。[mɛ1]是[ma1]的音变。

痤疮 宾阳话的[tʃy5 ʃɵu2]，是汉壮合璧词，[tʃy5]即"痣"。痤疮，壮语叫[ɕɐu2]。

二　部分合成词的"中心语+定语"语序

平话和粤方言的合成词中，都有一些词序与普通话不同的口语词，平话更多一些。如：

头斧—斧头	钱纸—纸钱	弟兄—兄弟	石岩—岩石
宵夜—夜宵	萝卜酸—酸萝卜	木瓜酸—酸木瓜	饭焦—焦饭（锅巴）
鱼生—生鱼	肉生—生肉	肉碎—碎肉	鸡阉—阉鸡
薯皱—皱薯（红薯干）	柴劈—劈柴（柴火）	气力—力气	
人客—客人	公太—太公	婆太—太婆	

鸡秃（秃毛的鸡）　鸭□lau⁵⁵（鸭群中最瘦弱的鸭）

狗□lau⁵⁵（到处寻找食物的狗）　　薯□[nɐk⁵⁵]（剁碎的红薯或木薯）

火□[ki5]棒—拨火棍（[ki5]，拨）　对岸江——江对岸

尤其以表示动物雌雄的词序为突出，所用语素也比较一致。

词目	桂北平话	桂南平话	粤方言	备注
公牛	牛牯	牛牯	牛公，公牛	
母牛	牛娘	牛母，牛娘	牛乸，母牛	已育
	牛牸	牛牸、牸牛	牛牸	未育
公水牛	水牯	水牯	水牯	
母水牛	水牸	水牸	水牸	未育
黄牛	沙牛	沙牛	沙牛	
	沙牯	沙牯	沙牯	
	沙牸	沙牸	沙牸	未育
公猪	猪牯	猪公	猪公，公猪	
	獬猪	猪獬	猪公，公猪	阉过的公猪
种猪	猪哥，猪本	猪郎	猪郎，猪种	
母猪	猪娘	猪母，猪娘，猪乸	猪娘，猪乸，母猪	已育
	猪牸，草猪	猪草	猪娘，猪乸，母猪	未育
公鸡	鸡公	鸡公	鸡公，公鸡，生鸡	
母鸡	鸡娘	鸡母，鸡娘	鸡娘，鸡乸	已下蛋
	鸡赞	鸡项	项鸡，鸡项	未下蛋

续表

词目	桂北平话	桂南平话	粤方言	备注
公狗	狗牯	狗公	狗公	
母狗	狗娘	狗母，狗娘	狗娘，狗乸	已育
	狗牸	狗草，牸狗	狗娘，狗乸	未育
公猫	猫牯	猫公，公猫	猫公	
母猫	猫娘	猫母，猫娘	猫娘，猫乸	已育
	猫牸	牸猫，猫母	猫娘，猫乸	未育

共同特点

1. "公母"可泛指禽畜。

2. 本用于指牛的"牯、牸"可泛指大牲畜，如马、羊，平话还用于指猫狗等小牲畜，一般不用于禽类。但也有例外，如永福塘堡平话把未下蛋的母鸡叫"鸡赞"，未下蛋的母鸭叫"牸鸭"。

3. 由于雌性动物有未育和已育之别，所用词语较复杂，对已育禽畜的指称，往往随当地方言称呼母亲的说法，后置的词序最为稳定。钟山只有母猪叫"猪婆"，可能是外方言的影响。

4. 表性别的修饰语语序演变得不平衡。

平话和粤方言都有表性别的修饰语前置的变化，但前置的速度不一致。

与共同语一致的通用修饰语"公母"变得快。

表雄性的修饰语比表雌性的变得快。

在雌性牲畜中，表未育的"牸、草"比已育"娘、乸"变得快。

不常养的禽畜类比常养的变得快。

牛、猪、鸡的语序是最稳定的。南方农村一般不养马，还有非家养的动物，一般以"公母"称说，前置。城市少养殖，修饰语前置的速度也比农村快。

如左江新和蔗园话：

母马　牸马（未育）、马娘（已育），

母牛　牸牛（未育）、牛娘（已育）

母水牛　水牸（未育）

母狗　牸狗（未育）、狗娘（已育）

母猫　牸猫（未育）、猫娘（已育）

母猪　牸猪（未育）、猪娘（已育）

而雄性禽畜均用"公"表示，一律前置。"牯"仅出现在"水牯牛"（公水牛）一词。已育的猪猫狗鸡鸭"母"与"娘"同现，"母"前置，"娘"

后置。

钦廉片粤方言的西场话，雄性禽畜如果用"公"修饰，一律前置，如公牛、公马、公猪、公鸡（也叫生鸡）、公鸭等。"母"则加于原有层次之前，如"母牛㜘、母猪㜘、母猫㜘、母狗㜘、母鸡㜘"等。"项"，桂南平话和粤方言一般只称鸡，未下蛋的母鸡叫"鸡项"或"项鸡"，西场话的"项"不仅用于鸡，甚至用于对未育的雌畜，如有"项牛、项猪、项猫、项狗"之称。

三　亲属称谓的一致性

词目	桂北平话	桂南平话	粤方言	备注
父母	爷娘	爷娘	老豆老母（㜘），老子老娘	
父亲	爷，爹	爷，爹	爸，老子，老豆，叔	
母亲	娘，姐	娘，㜘，姐	妈，娘，姐，老㜘	
祖父	公，爹	公	公，爷	
祖母	奶	婆	婆，嫲，奶	
曾祖父	白公，公太	[møŋ6]（公），公[mɐŋ3]，太公	白公，太公，公太	
曾祖母	白婆，奶太，白	[møŋ6]，太婆	白婆，太婆，婆太	
伯父	伯，伯爷	伯爷	伯，伯爷	
伯母	娘，弥	伯娘，娘，伯㜘	娘，伯娘	
叔父	满，叔	叔	叔	
叔母	姺，叔娘	姺	姺	
舅父	舅，舅父	舅公，舅爷	舅公，舅父，舅爷	
舅母	舅娘，妗	舅娘，妗婆	妗婆，妗母，妗娘	
姑姑	姑，娘	弥，姑	姑妈，姑姐	弥读[mi2/mɛ2]
姑父	姑爷，娘爷，姑丈，娘丈	姑爷	姑公，姑爹，姑丈	
姨母	姨，姨娘	姨娘，姨㜘	姨母，姨娘，阿娘，阿母	
姨父	姨爷，姨丈	姨爷	姨丈，姨爹	
干爹	继爷	继爷	契爷	
干妈	继娘	继娘，继㜘	契妈	
哥	兄	哥，兄	兄，哥，大佬	
弟	老弟	老弟	老弟，细佬	
姐	大，姐	姐	姐，家姐，家	

续表

词目	桂北平话	桂南平话	粤方言	备注
子女	儿女，细子，崽女	男女，侬，细子	侬，崽女	
儿	儿，崽	儿，侬，崽	儿，崽	
媳妇	新妇	新妇	新妇	
女婿	郎，姑爷	姑爷，女郎	姑爷，女郎	
重孙	息，塞	塞，[lən3]，息	塞	

　　亲属称谓包含太多文化因素，有面称、背称、尊称、贬称、讳称、随子称等，社会变体最多的是对父母的称呼。称"父母"是雅言，无论平话或粤方言，口语中"爷""娘"应是最基本的面称。称"爸""妈"的首先是广府白话，这可能与通语的影响有关。旧时生活贫困，医疗卫生条件差，有的人家生儿育女往往求助于封建迷信，对父母采用讳称，如称父为"阿哥"或"阿叔"，称母为"阿姐"或"阿婶"等，以期使孩子易养或将来有出息，能改变家境命运等。但这并非普遍现象。从表中可以看出，"爷娘"是对父母的基本称谓，对母亲的称谓更为稳定，影响到对动物雌雄的称说，也是已育的雌性动物的称说稳定。即使对父母面称已不用"爷娘"，但在父母辈亲属称谓中仍多有保留，如"伯爷/娘""舅爷/娘""姑爷/姑、娘""姨爷/娘"等，这种一致性同样反映平话与粤方言的密切关系。

　　至于亲家翁叫"亲家公""亲家爷"，亲家母叫"亲家奶""亲家母"亲家弥"，已经是随子女或随孙称，表示尊敬。岑溪白话"亲家母"可称[thən5 ka1 mu4/nai4/mɛ2]，"母、奶、弥"均可用。

四　母亲称谓与乳房、乳汁的名称

　　口语中对乳房、乳汁的称说主要有两个来源，一是母亲，二是祖母。有的乳房、乳汁同词，有的加"水"；有的变调，有的保持原调。

　　母亲、祖母的称谓有[m-]系列，如"母、妈、嫲、弥"等，[n-]系列如"娘、嬭、奶"等。用以称乳房、乳汁的，[m-]系列只用"妈"或"弥"，[n-]系列只用"奶"，或"奶"的音变。

　　富川秀水都话乳房叫"妈（房）"，乳汁叫"妈水、妈水汁"；吃奶叫"吃汁/妈""啜妈"。宾阳话乳房、乳汁同名，叫"弥[mɛ1]/[mi1]"；南宁白话叫"弥弥[mɛ2　mɛ3]"，梧州白话则叫"奶"。

　　桂北平话的[nẽ2]与玉林话的[nɛn2]同源。《开平县志》（1932）："乳谓之渧，乳汁谓之渧汁（渧乃忝反，《说文》渧，浊也。乳汁浊，故借渧名之）"，则应念[nɛn4]了。

第三节　动词词例的比较研究

一　常用口语动词举例

词例	桂北平话	桂南平话	粤方言	备注
看	瞜，觑，望	眙，看	睇	
看见		（眙/看）冲	冲，睇见	
近看，细看，偷看	瞫	瞫	瞫	
眨	[ni7]	[n̠ap7a]/[jap7a]	[jap7a]	[ni7]、[n̠ap7a]/[jap7a]同源
瞪眼	鼓眼	睁眼	鼓眼	
瞎	瞎	瞎、盲	盲	
听见	闻	闻，听闻	闻，听闻	
等	等	听，等	听，等	"听"去声
闻	嗅，闻	嗅，闻、听	闻，嗅	
吃	食，吃	吃，吃	吃，食	
盛（饭、汤）	舀，着	舀，装	毕，装	
吸（烟）	食	吃，烧	吃，食，烧	
喝（水、酒）	食	吃，吃	吃，饮	
吮吸	嘬	嘬	嘬	
嚼	[ŋai5]	咬	[ŋai5]/[jai5]	[ŋai5]、[n̠ai5]/[jai5]同源
啃	[lɔ7]	[kɐn4]，[hɐn3]	[hɐn3]，[lɐn1]	[lɔ7]、[lɐn1]对转
噎住了	哽着了	着噎，[ka2]颈	哽颈，哽倒	
打嗝儿	打[sɐ7 a7]	打[tɐk7a ək7a]，打[tʃɐk7a ək7a]	打[ek7a]	
呼吸	敨气	奎气，敨气	敨气	
舔	[laŋ3]/[lan3]/[lia3]	[kɛm4]，[lɛm3]	[kɛm4]/[kiam4]，[lɛm3]	[laŋ3]/[lan3]/[lia3]与[lɛm3]同源
拉撒	屙	屙	屙	

词例	桂北平话	桂南平话	粤方言	备注
呕吐	呕	噁，呕，[wɛ3]	呕，[wɛ3]	
说	讲	讲	讲	
叫喊	喊	喊，吆	喊，吆	
告诉	报	论，报	报，论，话知	
聊天	讪味道，讪白，谈白，谈天话，谈天，谈板路	打讲，倾偈	倾偈	
吵架	闹/争架（子）	相争，相闹	争交，嗌交	
顶嘴	顶嘴，应嘴，扛轿，扳口劲	顶颈，顶嘴，拗颈	顶颈，拗颈	
骂	骂	闹	闹，嗌	
撒谎，吹牛	扯大炮	车大炮	车大炮	
叨唠	啰唆，雷堆	喃，吟	喃，吟	雷堆即累赘
哑	哑	喑，哑	哑	
骗	讹，唆	诱，呃，棍	呃，棍	
哄		[thɛm5]	[thɛm5]	
胡说	乱[ŋa1]	乱讲	乱讲，乱[ŋɐp7a]，[ŋɐp7a]风	[ŋa1]、[ŋɐp7a]同源
欺负	欺	虾，[hɐp7a]，[heŋ1]	虾，[hɐp7a]	
打	揾，撅，敲	打	撅，揾，打	
打架	揾架子	相打	打交	
打赌	打赌	相赌	输赌	
击打	支，敲	支	支，夯	
捶	搭	搭[tɐp8]，扰	搭[tɐp8]，扰	
戳	戳，督	戳，督	督	
扎；刺	镶	镶，北	镶，北，吉	
（蚊虫）叮咬		叮	叮，唥	
扔，丢	粜，摞	摞，粜，丢	丢，掉	
掷，砸	[phui?]	[map8]，播	掟，塞，[map8]	

词例	桂北平话	桂南平话	粤方言	备注
掉	脱	脱	甩	
搓	挼	挼	挼	也作"捼"
用力揉搓	㨝	㨝	㨝	
挠痒	[ȵia1]，[ŋiau1]	[ȵau1]，[ŋɐu1]	[ŋau1]/[ŋɐu1]	同源，即"挠"
抓挠（使伤）	[khua3]	搇，挠	搇，挠	
掐	擎	擎	擎	
擦	抹，揩，擦	抹	抹，揩	
按	[kian6]，按	[kɐm6]	[kɐm6]	[kian6]、[kɐm6]同源
用手使劲下压		扚[net8]，[tʃɐn6]	扚[net8]	
用重物压	轧	[tɐm2]	[thɐm2]，责	
捂	捂	揞	揞	
敷（药）		盦	盦	
盖		[kɐp8]，[khɐm3]	[khɐm3]/[khɐp7]	
塞，堵	塞	窒，塞	窒，塞	
拉	挷	扯，帮，挷	挷	
拔扯	攞	扯，帮，挷	挷	
搅拌	捞	捞，搅，[uat8]	捞，搅	
掏	搂	[mok7]	[mok7]，摸	
捆绑		缚	绑，缚	
系捆	绚	绚	绚，绑	
折	拗	拗	拗	
弯曲		屈，拗	屈，拗	
摇动		[ŋau2]，[ŋok8]	[ŋu2]/[ŋou2]，[ŋok8]	[ŋu2]/[ŋou2]、[ŋau2]同源，与[ŋok8]对转
掸		拂	拂	读[phɐt7]
竖起	栋	栋，等	栋	
取	攞	攞，取	攞	
放	放	放	放，挤	
丢失	失	失，打失，整跌	打失，整跌	

续表

词例	桂北平话	桂南平话	粤方言	备注
寻找	攞，寻	攞，[lɐi5]	攞，揾	
拿	搦	拎，搦/拧	搦/拧	
抓	揸	揸	揸	有[n̩-]的白读音
捡，撮		执	执	有[n̩-]的白读音
收拾	执拾	执拾	执拾	
捏	撚	撚	撚	
挟	夹	镊	镊	
伸	抻	抻	抻	
够远处物	撩	撩	撩，欧	
扛	扛	扛，搋	扛，搋	"扛"，古双切，读阴平
抬	抬	扛	扛	"扛"读阳平
移		褪	褪，挪	
提	搊	拎，[theu3]	[theu3]，搊，抠	搊有[nɐu1]的白读
选	拣	拣	拣	
掰	擘	擘	擘	
张开	擘	擘	擘	
给	分，	把，[hɐi5]/[hɐŋ5]	畀，给，分	[hɐi5]/[hɐŋ5]同源
递		拢，[len5]	[tœ3]/[ty3]	[tœ3]/[ty3]同源
用	使	使，用	使	
转动	转	转，挤	转，挤	
占		号，[ha6]	霸，[ŋa6]	
站	立，徛	徛，立	徛	
蹲	蹲，跍	[fɐm2]，跍	跍	"跍"音[mɐu1]
靠	凭	凭，挨	凭，挨	凭读阳去
趴	伏	伏	伏	"伏"读重唇
攀	扳	扳	扳	读[man1]
爬行		[pan2]	[lan1]	
打滚	辘	[len5]，辘	[len5]/[lin5]，辘	
摔倒	着跌	着跌，打跌，跌跤	跌跤，打跌	

词例	桂北平话	桂南平话	粤方言	备注
推	搋	擁，推	擁	
背	[ma5]	[ma5]	[mε1]	同源
动	动	动，郁	动，郁	
抖动	抖	擞，[khau3]	擞	
发抖	打冷颤	[tɐn2]	打冷颤，[tɐn2]	[tɐn2]是壮语词
走	行	行	行	
跑	走	走	走，趯	
跺（脚）	[tɔʔ5]，顿	[tɐm6]	[tɐp8]/[tɐm6]	
踮	顶	踮	扽，[lɐŋ5]	
踢	踢，兜	踢	踢，兜	
下	落	落	落	
进	入	入，落	入，落	
回来	归	归	归，翻	
回家	归[ky5]，归去	去归，[khui5]屋	去归，回屋，翻屋	
回去	[ky5]，	[khui5]	去归，回去，翻去	
回来	归、归来	归、归来	翻来	
赶走	猎	猎，[pεŋ4]	[phaŋ4]	[pεŋ4]、[phaŋ4]同源
关，禁	困	禁	困	
钻		[nun1]，[lyn1]	[lyn1]	
补	补	缀，补	补	
套		鐥	鐥、笠	《广韵》合韵："鐥，器物鐥头"，他合切
晾晒	眼	眼	眼	
开裂	坼	坼，爆	坼，爆	
狗叫	吠	吠	吠	
（马蜂）蛰	锥	锥	锥，[ty5]，[tø1]	
下蛋	生蛋	生蛋，屙蛋	生蛋，屙蛋	
孵	菢	菢	菢	
牲畜发情	发漏[lau5]，起草	[lau5]，[lɛu5]，起草，走水	[lau5]	[lau5]、[lɛu5]同源

续表

词例	桂北平话	桂南平话	粤方言	备注
交合	入（日）	屌	屌	
穿（衣）	着	着，穿	着，穿	
脱（衣）	脱，解	解，脱	解，除，脱	
打赤膊	打赤肋	脱膊	打赤肋	
裸体		打露[kaŋ6]	打露[kaŋ6]，打光猪	
穿（鞋、袜）	穿，系	踏，着	踏，着，穿	
睏	漆，眼漆，想眼漆	眼漆，眼眯	眼睏，眼睡	义宁，眼漆呃：睡着了
打盹儿	拜眼漆，拜眼睡	拜眼漆，拜眼眯、窒睡	拜眼睏，瞌眼睏	
做梦	睡梦	发梦	发梦	
漱口	唪口	[ʃa5]口，唪口	唪口	
梳头	梳头	[kʷai6]头	梳头	
洗澡	洗身，洗凉	洗身	洗身，冲凉	
休息	歇儿，歇息	停困，歇下	敨下，敨一阵儿，歇下	
乘凉	眼凉，歇凉	眼凉，颸凉，歇凉	眼凉，敨凉，乘凉	
烤火	炙火	炙火，映火，[poŋ6]火	炙火，炕火，燂火	[poŋ6]，围义
买米		糴米	糴米，买米	
做饭	煮吃	煮喫	煮喫，煮食	
熬煮	燂	煤，沤	煤，沤	
食物放入沸水中，七八成熟即出	煤	煤	煤	
烫，焯	㶧	渌，㶧	㶧	如煮面条，焯菜
炸	罩	罩	罩	
沸	滚	氽，滚，[ten6]	滚	
溢出	[vie1]	[lɐn4]出	[lɐn3]出	
宰杀	杀	杀，劏	杀，劏	
拔（毛）	挦	挦	挦	

词例	桂北平话	桂南平话	粤方言	备注
削	剃	剃	剃	读如"批"。有[m-]的白读音
砍	砍，斫	斩	斩	
剖		破	破	
刹	刹	刹	斫	
相亲	看人	看人，贴人	睇人	
娶媳妇	收新妇，收婆	娶老弥/婆	娶/攞老婆	
娶儿媳妇	收新妇，收儿	娶新妇	娶/攞新妇	
怀孕	有身，提身，有身担	有身	有身，有身己，馱崽	
带（孩子）		凑	凑	
生病	发病	发病，成病	发病，生病	
治（病）	医，救	医	医	
着凉	冷着	飔着，凉着	凉着，冷倒，冻亲	
发烧	发热，发爄	发热，身滚	发烧，发热	
泻肚	屙肚	屙泻，发泻	屙肚，肚屙，屙泻	
咳嗽	咳嗽	发哈	咳，咳哈	
气喘	发哮	哈[n̩i3]，哮喘	扯哈，搦哈	
淤血	淤血，呕血	呕血	呕血，淤血	
蹭破皮	塌皮	[khat7b]着	塌皮，[khat7b]着	
大小便失禁	㦀	㦀	㦀	
挖墓穴	开金井	开金冢，挖窝	开金井，开坑	
埋葬		墓，壅	壅	墓[mok7]
二次葬	迁坟，迁祖，移祖	葬，葬山	葬	
烧香	烧香	装香	装香	
扫墓	上坟，挂纸，攞祖，挂山	扫坟，拜山	拜山，扫墓，行青	
拜供	供	下	下，拜	"下"读[ja6]
合		佮	佮	
合伙儿		佮，佮伙	佮份，佮伙	
合计		佮数	佮数	
欠	欠	争，欠	争	

续表

词例	桂北平话	桂南平话	粤方言	备注
花钱		使银纸，使钱，用钱	使银纸，使钱	
省钱		悭银纸	悭银纸	
吃亏	折底	折底	折底	
逗	嫽	逗	逗，嫽	
玩耍	作剧，大极，[tɕi6tu6]，自剧，杂剧	欣，弄欣，[pɐn3]，则剧	耍，玩，则剧	
去玩儿	作剧，大极，[tɕi6tu6]，自剧，杂剧	去欣，去游，去则剧，去[lɵŋ5]/[laŋ5]	去欣，去荡，去耍，去嫽，去则剧	
走亲戚	行亲戚，行村	寻亲戚，去村	去村，行亲戚，寻亲戚	
赶集	趁墟，赶墟	趁墟，去墟，赶墟	趁墟，赶墟	
做伴	做队	做队	做队	
有伴儿	有队	有队	有队	
摆弄	[pin3]	[pɐn3]	玩，耍，整	[pin3]、[pɐn3]同源
想	想，恁	恁	恁	
怕	怯	怯，怕	怯，惊，怕	
知道	知得，知	识，会	识，识得，知，知得	
认识	识得	识	识，识得，识熟	
会	知，会，熟	会，识，熟	识，会，熟	
喜欢	中意	意，中意	爱，中意	
嗜好	饿	饿	饿	
生气	发气，发火	发气，发性	发气，发性，发火	
煞费精神		费神	煞气，晒气，[ia55]神气	
忌妒	眼红，眼浅	眼红	眼红	
羡慕	眼热	恨，眼红	恨	
心烦	心胀	心烦，心[ȵap7]/[jap7]	心[jap7a]	
娇惯	惯世	惯世	惯世	

词例	桂北平话	桂南平话	粤方言	备注
穿（衣）	着	着，穿	着，穿	
脱（衣）	解，脱	解，脱	解，除，脱	
穿（鞋、袜）	着，穿	踏，穿	踏，着，穿	
穿（衣）	着	着，穿	着，穿	
脱（衣）	脱	解，脱	解，除，脱	
打雷	动雷，声雷公	动雷	动雷，雷公响，打雷，响雷	
雷击	雷劈	雷劈	雷劈	
下雨	落水，落雨	落水，落雨	落水，落雨	
刮风	翻风	翻风	翻风	
涝	大水，发（大）涝	发大水，着浸	水大，发大水，发（大）涝，西水大	
淹	浸，沕	浸	浸	
插秧	插田	插田	插田	
耘田	薅，耘田	薅田	薅田，耘田	
扬花		眼花	眼花	
（谷）结实	装胎，涨胎	结米	结米	
谷穗饱满勾头	勾头	勾头		
是	是	是	是，系	
在	在	在，住	在，住，喺	
像	像	像	像，似	

二 动词词例比较分析

看 此词差异较大。桂北平话的"睺、觑"与湘南土语相近，《广韵》："睺，睺视"，特计切，粤方言念上声。桂南平话有"看"和"睄[tɛm5]"两个层次。宾阳话口语最常用的是"睄"，南宁、邕宁及其西南片常用的是"看"，但口语都多少不一地保留"睄"一说，可见是较早的层次。表示看见，与"睄"搭配的是"冲"，与"看"搭配的是"见"，可见"睄冲"是早期说法。"冲"和"见"均可单说。"冲"出现在明末以后的粤歌材料。《广韵》艳韵："睄，视也。"都念、丑艳二切，平话与都念相合。沿江白话"看"只保留

"看护"的用法，如"看牛""看住"（看着），苦寒切，阴平。

眨　桂北平话的[niʔ7]与桂南平话、粤方言的[ȵap7a]/[jap7a]同源。此词平话和粤方言说法相近，当与表示闪耀的"熠"相关。《广韵》缉韵："熠，熠熠，萤火"，为立、羊入二切。《集韵》缉韵："煜，耀也"，弋入切。闪耀与眨眼基本义相类，但前者是次浊字，当读阳调。眨，《广韵》侧洽切，庄母字，联系庄章字在平话和粤方言口语多有[ȵ-]的白读，本字可能就是"眨"。

听　《广韵》青韵："听，聆也"，他丁切；径韵："听，待也"，他定切。沿江白话和钦廉片粤方言与《广韵》合。桂南平话、勾漏片粤方言无论表示听闻还是表示等待，都念去声。

闻　平话、粤方言都可指听见，同时也指嗅味。"嗅"，平话、粤方言口语都说，但读音不尽一致。《广韵》宥韵"嗅，以鼻取气"，许救切，宾阳话与《广韵》合；《集韵》送韵："嗅，鼻审气"，香仲切，梧州白话与《集韵》合。

吃　在平话、粤方言口语中，饭茶烟酒早期都用"食"或"吃"。桂北平话、沿江白话多说"食"，桂南平话及其他粤方言普遍说"吃"（苦击切）或"吃"（去讫切）。茶酒，白话已多说"饮"，农村仍多用"食、吃"。

嚼　桂北平话的[ŋai5]与粤方言的[ȵai5]/[jai5]同源。

啃　此义多为有音无字的口语词。桂北塘堡平话的[lə7]与梧州白话的[lɐn1]为对转。南宁平话、白话念[hɐn3]与壮语同。

舔　桂北平话的[laŋ3]/[lan3]/[lia3]为同一词，与粤方言的[lɛm3]同源。舔，《广韵》他玷切，《集韵》他点切，但平话和粤方言均读来母。还有一个常用的读音是[kɛm4]/[kiam4]/[kim4]，桂南平话和粤方言也多说。《广韵》琰韵："㑩，廉也，又小食也。良冉切。"《集韵》："廉食。力冉切"，"食未饫。丘检切"。从谐声偏旁看，能否是复辅音[kl-]的分化？就如"舰"，北方方言读见母，粤方言读来母。

掏　桂北平话说"搂"，桂南平话和粤方言说"[mok7]""摸"，[mok7]即"摸"。《广韵》铎韵："摸，摸捺。"慕各切，又莫胡切。次浊声母读阴调类在平话和粤方言都很常见。

戳　督，即"豖（右为攴）"，《广韵》屋韵："豖，击声"，丁木切。扎、刺也说可"豖"。"北"同壮语。插，针灸，壮语说[pak7]。"吉"白话很常用，本字不明，不知是否与"棘"有关。

打架　凡涉及相互的动作，桂南平话都在动词前；加"相"，如相打（打架）、相闹/骂（吵架）、相输（打赌）、相碰、相嬲（不和）、相佮（合伙儿，交友）等。这种表达方式，与壮语凡涉及双方的动作加前置词[to4]相似。

　　挠痒　"挠"读如肴韵疑母，阴平，在平话和粤方言较为一致，[ŋiau1]、[ŋau1]/[n̠au1]同源，南宁白话还有白读音[ŋeu1]。《广韵》无此字。《集韵》肴韵："挠，抓也"，泥交切，与普通话相合。宾阳话中，中古疑母在开口二等前由[ŋ-]变[n̠-]，[n̠-]、[n-]同为鼻音，读音相近。

　　按　[kian6]、[kɐm6]同源。《集韵》沁韵："勤，用力也"，"拎，捉也"，并巨禁切，浊去字。有材料作"揿"，"揿"《集韵》丘禁切，声母和声调均不合。

　　煠　这是平话和粤方言的常用词。有两个意思，一是把食物放入沸水或油中，八九成熟即取出，如"煠鸡鸭""煠扣肉"；二是久火熬煮，如"煠番薯芋头""煠粽"。《广韵》洽韵："煠，汤煠"，士洽切。

　　拔（毛）　拔毛叫"撏毛"，是平话和粤方言的常用词。扯、拔取（毛、草等）说"撏"，今吴、湘、闽、赣、江淮官话等方言均有此说法。《方言》卷一："撏，取也。卫、鲁、扬、徐、荆、衡之郊曰撏。"清钱绎笺疏："今俗指摘物曰撏，音近蚕。"唐贾岛诗《原居即事怀赠孙员外》："镊撏白发断，兵阻尺书传。"明叶权《贤博编》："今时市中货物奸伪，两京为盛。此外无过苏州，老母鸡撏毛插长尾，假敦鸡卖之。"清纪昀《阅微草堂笔记·滦阳消夏录四》："猫为灰气所蚀，毛尽脱落，不烦撏治。"黄侃《蕲春语》："吾乡谓杀禽兽已，纳之沸汤去毛，曰䄻毛，或书作撏；去田草，亦曰䄻"。

　　剞，读如"批"。《集韵》齐韵："剞，削也"，篇迷切。《方言据》卷下："侧刃削物令薄曰剞。"两广的方志均记录此词，各地读音很一致，并且多有[m-]声母的白读音。

　　带（孩子）　带孩子，平话和粤方言都说"凑"。《说文》水部："凑，水上人所会也。"《玉篇》："凑，聚也。"唐王建诗《照镜》："万愁生旅夜，百病凑衰年。"由会聚引为同（和）某人一起。带孩子就是和孩子在一起，口语常说"凑侬""凑细""凑仔""凑老弟"等，广州话把替人看孩子的女人叫"凑仔嫲""凑仔婆"。

　　"凑"可虚化为连词。表偕同不说"和"，说"凑"，这也是平话粤语的常用词。《广州方言词典》中"凑"的第一义项就是"和"，"我凑你去喇！"。"凑"字的上述用法在吴语也能见到。如《宁波方言词典》：凑：和、跟，"好凑好，坏凑坏，分带开摆。"俗语："老凑老，讲讲有味道。"结交，交朋友叫凑队，"阿拉两人凑队已经靠廿年了。"俗语："吃肉要吃前夹身，凑队要凑老成人。"

　　补　宾阳话说"缀"，如"缀衫""缀铛"（补锅）。《广韵》薛韵："缀，连补也"，竹芮切，读[tut7b]，保留舌上音。左江平话只保留在"补缀"（补丁）一词。

穿、脱　穿衣说"着"，这是早期层次，平话和粤方言同。脱衣说"解、除、脱"，也较一致。"穿、脱"是现代北方方言的常用字词。至少在 19 世纪的粤语文献中，已经有穿、脱（衣服）的说法。[①]

瞑　桂北平话与宾阳话同，都说"眼漆"，这是个平话特色词。

背　[ma1]/[mε1]同源，[ma1]→[mε1]。此读在平话和粤方言非常一致。并且与六指儿的"孖[ma1]/[mε1]指"、双生的"双孖[ma1]/[mε1]"读音相同，都含有"并联"的基本义。不同的是，有是方言读阴平，有的读阴去，但调值相同。

背负义读[ma1]/[mε1]，与梅县客家话[pa1]，福州、古田、宁德的闽方言[mai1]，温州吴语的[pai1]同出一源。

壮语[ma5]，背（小孩），与宾阳话同，可能借自平话，壮语本族词是[am5]。但并生，连体，壮语说[pe1]（汉语方言读[me3]），这与平话、粤方言称六指儿相同。

关，禁，宾阳话说"禁"，桂北平话、南宁、邕宁及西南片平话，以及沿江白话说[wɐn5]，即"困"。"困"有围困，为人所阨阻义，《左传·定公四年》："困兽犹斗，况人乎？""困"是溪母合口字，溪母合口字沿江白话多变[f-]声母，平话、勾漏片粤方言多变零声母。广州话的"瞓"（睡）即"困"。"困"的引申义，读[fɐn5]；累，困乏，桂南平话说"困"，读[wɐn5]。

聊天　桂北平话说法丰富，且与湘南土语、官话有相近之处，如"讪味道、讪白、谈白、谈天话、谈天、谈板路"等。桂南平话较为单一，宾阳话老派说"打讲"，新派说"倾偈"，是优势方言的影响。说话义用"打"，与赣方言相近。聊天，江西萍乡话叫"打闲讲"，上高话说"打乱讲"，说梦话，赣方言还说"打梦讲、打梦天"等。

想　想，平话和粤方言都说[nem3]，连广州话也不例外。有人认为此词借自壮语，值得商榷。一是汉语极少从壮语借词，借入抽象词语更是罕见，同时此义壮语有本族词；二是此词普遍存在于两广的粤方言。此字可能即"恁"。《广韵》寝韵："恁，念也"，如甚切。平话、粤方言日母多读[n-]声母，广州话、沿江白话则进一步演变为[j]声母。此词把日母读如泥母，可能与主元音的低化有关。就如同平话和粤方言把蚺蛇读为"南蛇""餁（食物极熟）"读[nem2]一样。

心烦　心情烦躁说[ȵap7]/[jap7]，身上刺痒也叫[ȵap7]/[jap7]，本字不明。

牲畜发情　[lau5]、[lɐu5]同源。宾阳、南宁已用于指女人作风不正。广

___

① 余霭芹：《粤语方言的历史研究——读〈麦仕治广州俗话《书经》解义〉》，《中国语文》2000 年第 6 期。

东旧方志有载。

三　同义词组个案分析

1. "入"与"落"。

进，平话和粤方言口语说"入"或"落"，"入"与"出"相对，而"落"可对应"出"，又可表示"下"：

入去、入来、入屋；落去、落来、落屋——进

落雨、落车、落儿（指牲畜下崽）——下

桂北平话、东南部粤方言多用"入"，同广州话；中西部平话、白话多用"落"。

2. 持拿义

持拿义的通用词，平话和粤方言都不说"拿"，桂北平话与粤方言多说"搦"。《广韵》觉韵："搦，持也。"女白切。各地多有"拧"的对转音。宾阳话说"拎"[kɐm1]（也说"安"），廉州话说[hɐm1]，同源。《广韵》侵韵："拎，持也"，巨金切。调不同。清李调元《粤风》中的粤歌，拿义就作"今"，与宾阳话音义同。

执，用于较具体的"拿着""抓着"，还表示"拾取"义。各地均有[ȵ-]/[j-]声母的变读。

抓，平话与粤方言说"揸"，《广韵》麻韵："挓，《说文》挀也。"侧加切。《集韵》："挓，《说文》挀也。一曰取物泥中"，"搤，《说文》叉取也"，并庄加切。各地均有[ȵ-]/[j-]声母的变读。

以手指撮取叫"执、挀"；以指捻物叫"撚"；夹取叫"镊"，都很一致。

3. 取义

取，普通话通用词是"要"。广西各地都有一些早期口语词。宾阳话说"取"、梧州话说"爱"。"攞"是平话和粤方言的口语常用词，"攞"，《集韵》歌韵良何切。《玉篇》："攞，拣攞也。"但平话和粤方言一致读上声，用法略有差异。平话有"找取"义，如桂北义宁："去山肚攞儿柴"（到山里找些柴火），桂南宾阳"去畲攞儿粟包归"（到地里摘些玉米回来），也表示"找"，如"攞冇冲哦"（找不到了）；南宁及左右江平话念[lɐi5]。"攞"沿江白话侧重于"要、拿"义，如"攞件衫给/畀我"（拿件衣服给我），而"找"则用"揾"，也读上声，本字不明。

4. 给予义

表"给予"的动词是十分常用的口语词。粤方言多用"畀"，部分用"分"，南宁白话说[kɐi1]的层次音义全借自官话的"给"。"畀"是较早的层次。《说文》：丌部"畀，相付与之约在阁上也，从丌，⊕声（段玉裁：田，敷物切，

鬼头也)"。段玉裁注:"与,旧作與,勺部曰:与與同。与,推与;與,党與也,今正。'约'当作'物'。古者物相与必有藉,藉即阁也。故其字从丌。疑此有夺文,当云'相与付也,付与之物在阁上,从丌,田声'。"《广韵》至韵:"畀,勺也。"必至切,用作给予动词,粤方言多变读阴上。

平话中,宾阳话用"把[pà1]",其他地方则较为整齐:

亭子平话 hɐi⁵⁵(阴去)　　德胜百姓话 hɐŋ⁵³(阴平)　　桂林雁山 xa⁵⁵(阴平)

石埠平话 hɐi³⁵(阴去)　　柳城百姓话 hɐŋ⁴⁵(阴上)　　阳朔骥马 xa⁵²(阳去)

亭子平话 hɐi⁵⁵(阴去)　　罗城土拐话 hɐŋ⁵⁵(阴上)

四塘平话 hɐi³⁵(阴去)　　武宣金鸡 hɐŋ⁵¹(阴去)

扶绥城厢 hɐi²⁴(阴去)　　武宣樟村 hɐŋ⁴⁵(阴上)

崇左四排 hɐi⁴⁵(阴去)　　永福桃城 xɐŋ³⁵(阴平)

崇左江州 hɐi³⁵(阴去)　　永福塘堡 hoŋ³⁵(阴平)

崇左新和 hɐi³⁵(阴去)　　临桂四塘 xaŋ³³(阴上)

百色那毕 hɐi⁵³(阴平)　　龙胜红瑶 hɐŋ³³(阴平)

临桂义宁 kɐi⁵³(阴上)

钦廉片粤方言的[hɐi1];广东四邑片粤语的[ei3],海南儋州话的[hɔi1],与平话同源。从调类看,几乎全是阴调类,集中在阴去调,少数阴平调。

此词音义与壮语十分相似。以下为壮语方言给予义动词的读音。

方言点	给	调值	方言点	给	调值	方言点	给	调值
武鸣	haɯ3	55	扶绥	huɪ3	42	上林	haŋ3	33
横县	hai3	33	田东	hai3	44	来宾	haŋ3	33
邕北	haɯ3	44	田林	hai3	45	贵港	ha:ŋ3	33
平果	haɯ3	55	凌乐	hai3	35	柳江	haŋ3	53
广南沙	haɯ3	33	东兰	hai3	33	河池	ha:ŋ3	31
丘北	ɣaɯ3	35	钦州	hai3	55	宜山	haŋ3	53
广南侬	haɯ3	22	邕南	hai6	35			
砚山侬	xaɯ3	22	隆安	hai3	55			
龙州	huɯ3	24	上思	ho:y3	13			
大新	huɯ3	13	崇左	hoy3	24			
龙胜	haɯ3	42	靖西	hɔ:i3	23			
宁明	həɯ3	35	德保	hɔ:i3	214			
南丹	haɯ3	31						
都安	haɯ3	42						
环江	haɯ3	42						

调值虽有参差，但调类几乎完全一致，第 3 调。从壮语方言的语音对应规律看，壮语给予动词可能经历了以下语音演变：

　　　↗ həɯ /haɯ →haŋ

hɯ

　　　↘ hɯi →hai

有学者认为[hɯ3]是汉借词"许"，语音对应规律相合。民国《邕宁县志》第四册"社会·言语"提到壮语里的一些汉借词时也说："土话与官话近者，如二曰双，读所江切。案双入江韵。盂曰碗，杯曰盏，坟曰墓，鲋鱼曰鲫，光曰亮，放曰纵，哭曰啼（上声），与曰许……""土话"即壮语。古壮字也多作"許"或"撣"。

但要证明平话的[hei5]也是"许"，仅从汉语音韵演变上无法解释。这是一个汉壮语相互循环往复影响的典型例子，需要从语言接触角度做进一步的分析研究，此略。

5. 击打义

"攴"，用棍子、石头打。平话和粤方言均读[pok7]或[mok7]，都念阴入调。《广韵》屋韵普木切。《说文》："攴，小击也。"《集韵》觉韵墨角切："攃，击也。"这两个词义同音近。[p-]→[m-]在平话和粤方言的口语词不乏用例。

"夯"，敲打。白话多说，平话多说"敲"。"夯"韵书无，《集韵》江韵："䟴，击也"，虚江切。

"扰"[tɐm3]，"搭"[tɐp8]，用拳头、锤子捶打。《广韵》感韵："扰，刺也，击也"，都感切；合韵："搭，打也"，都合切，音义相合。跺（脚）叫"[tɐm6]/[tɐp8]脚"，也应是此义的引申用法。

6. 冒出、迸溅义

平话和粤方言表示冒出、迸溅义有一组同源词，读[piu1]。

种子发芽叫"[piu1]芽"，植物、小孩儿长得快叫"[piu1]得快"，人跑得快、车开得快也叫"[piu1]"。

水花溅起、火花迸射叫"[piu1]"，还可说"眼泪水[piu1]""汗[piu1]""笑得尿都[piu1]"等。

这些同源词在韵书有载。

《集韵》宵韵："穮，稻苗秀出者"，卑遥切。

《广韵》宵韵"熛，飞火"；"趯，轻行"；"猋，群犬走貌"；"骉，群马走貌"，甫遥切。《说文》："熛，火飞也。"段注："熛，迸火也。"

今普通话的"狂飙"（旋风）、"飙车"、股市"飙升"，音义同源。

四　对转音变

口语动词中，平话和粤方言都存在语音对转而构成同义的现象（内部屈折）。由于平话和粤方言都完整保留中古的入声韵，与阳声韵对应整齐，因此这种语音对转往往体现在入声韵和阳声韵的对转，音转后基本义不变。例如：

拿　搦[nɛk7]——拧[neŋ1]

捂　揞[ɐm3]——盒[ɐp7]，《广韵》盍韵："盒，《说文》云：覆盖也"，安盍切。

拎起　称[tʃheŋ5]——赤[tʃhek7]

拈　拈[nɛm1]/[nim1]——镊[nɛp7b][nip7]

撚　撚[nɛn3]/[nin3]——□[nɛt8]/[nit8]

碰　坎[hɐm3]——磕[hɐp7]

捶打　扰[tɐm3]——搭[tɐp8]

盖　冚[khɐm3]——蓋[khɐp7]/[kɐp8]

掀开　□[khin3]——揭[khit]

掉　□[lɐn5]——□[lɐt7]

捅　□[toŋ3]——毅[tok7]

腌　醃[jim1]——腌[jip7]

嘟囔　吟[ŋɐm2]——喵[ŋɐp7]

包揽　揽[lam3]——拉[lap7]

拱突　搇[kong5]——[kok7]

一般来说，阳声韵与相应的入声韵同为阴调类的为多。

第四节　形容词词例的比较研究

一　常用口语形容词举例

词目	桂北平话	桂南平话	粤方言	备注
小	细	细	细	均有[n-]/[n̠]的白读
圆	圝	圝，团	圆	
凹	窝，[au1],[miʔ7]/[mi7],[mo7]	[mɐp7]，[nøp7]	[mɐp7]/[møp7][nɐp7]/[nøp7]	
凸	拱	突	突	
宽	阔	阔	阔	

续表

词目	桂北平话	桂南平话	粤方言	备注
窄	狭，隘	狭，窄，[nɐi3]	窄，<u>夹</u>	
拥挤	挤	[at7],[nɐi3]/[ŋɐi3]	挤，拥	
陡	陡	岭	岭	"岭"读阴去
斜	筲	筲	筲	
歪	歪	[mɛu3]，乜	乜，仄	
细腻	幼，匀细	幼	幼	指粉末等细腻
细		幼	幼	指条状物
粗糙	粗，糙	[ɳap7]	[ɳap7]/[jap7]，磢	指不光滑
滑	滑	流，滑	滑，滑流	
皱	皱	皱	皱	均有[n-]/[j-]的白读
浑	浊	浊	浊	
脏	<u>派赖</u>，腌垃，浼	浼，齷齪	浼，邋遢，污糟	
潮	润	润，湿	润，湿	
干	干，旱	枯，干	干，焦	
渴	干，旱	渴	渴	
(米饭)硬	[lən1]	[lɐn1],[ɬɐu5]	[lɐn1]，爽	[lən1]、[lɐn1]同源
(米饭、面条)软烂	[nɔŋ5]	溶，[jøt7b]	溶，烂，[jɐt7a]	[jøt7b]、[jɐt7a]同源
(肉)软烂	麛，溶	[jøt7b]，脧	脧，[jɐt7a]	
(粥)稠	紧，浓，[khiə2]	[kət8]	[kɐt8]/[kit8]	[khiə2]、[kɐt8]、[kit8]同源
(粥)稀	清，稀	稀	稀	
韧		[nøŋ5], [nau1], [nɐŋ5]	[nɔŋ5]/[nœŋ5], [jɐŋ5], [nau1] [nau1nœŋ6]	
枯萎		[lɐu5]，爆	[lɐu5], [nui5]	
结实耐久	牢	耐，禁	禁	"禁"居今切，"力所加也，胜也"。
(小孩)壮实，(植物)苗壮	壮	[moŋ1], [naŋ1]	[nɔŋ1]	
虚泡，(萝卜)糠	穚	穚，泡	穚，[phɐu5]	《集韵》看韵谟交切："穚，禾不实。"
禾不实	穚	穚，<u>刨</u>	穚，<u>刨</u>	
(薯类)面	粉，蓬	蒙	蒙，蓬	读如"蒙"或"蓬"，均阴平调

续表

词目	桂北平话	桂南平话	粤方言	备注
（薯类）不面	肾，生肾	肾，肾水	肾，肾水	
涩	夹，涩	涩	劫	夹、劫同源
没油水	寡	寡，削	寡	
腻		[ui5]，[ȵən6]	[nɐu6]，腻	
煳	焦	[khan5]，烧，燶	燶	
馊	馊	馊，宿	馊，宿	
粘	[nia1]/[nio1]	[niu1]，[nɛu1]	[nɛu1]/[niu1]，[na1]/[nɛ1]，黐	
黏	黏	黏	黏，黐	读阴平
灰尘大	埲	埲，坋	埲，坋	读阴平
（天气）热	熆，兴	熆，[ɐŋ5]	热，兴	
闷热	熰（热）	酷，焗	焗	
烫	熝	滚，[lat7]	熝，㓤	
（天气）冷	冷	吉、因	因、冷，冻	
（水）冷	腊，勒，[khən5]	吉、因	因，[kɐn5]，冻	[khən5]、[kɐn5]、吉同源
热闹	闉	闉	热闹，闹热，闉	
亏本	填本，折本	折本	折本	
缺斤少两	吃秤头，扣秤头	吃秤头	呃秤头	
称量时秤尾上翘	旺	旺	先	
称物时秤尾下垂	[lie2]，陷	[nɐi1]	慢	
够斤两	秤头足	够秤	够秤	
体积小但称量时重量大	重秤	重秤	重秤	
体积大而称量时重量轻	轻秤	轻秤	轻秤	
值钱	抵钱	抵钱，值钱	抵钱，值钱	
划算		抵值	抵值	
好	媠	好，媠	媠，好，靓	
美，漂亮	媠，素丽	好，靓	媠，靓	
丑	难望，难看	难睇，恶看	难睇	
差	欠，差	[jɐi2]	[jɐi2]	

续表

词目	桂北平话	桂南平话	粤方言	备注
错	错	[loŋ1]，错	错，[loŋ1]	
迟	迟	晏	晏	
久	久	久，耐	久，耐	
休闲，不紧不慢		修游	修游	"逍遥"的音变
匆忙		[nɐn1]，频轮	频轮，梭	
吃力	着力	着力，吃力	着力，吃力	
节省，节俭	悭	悭	悭	
浪费		[ɬai1]	[sai1]/[ɬai1]，[ɬai1]坏，节堕	
好（去声）吃		饿吃	为吃，为食	
高兴	欢喜	逸，高兴，<u>益</u>	逸，欢喜，<u>益</u>	
难受	难抵，难过，恶抵	难抵，恶抵	难住，恶抵	
舒服	爽<u>载</u>，爽神	[ʃɐu5]，好住	好住，爽	
累	[nai5]	困，[nɐt7a]	瘤	[nai5]、[nɐt7a]同源
骨节酸痛		[nɐn1]，<u>渊</u>	<u>渊</u>	
痒	痒	痒，<u>痕</u>	痒，<u>痕</u>	
疯	癫	癫	癫	
傻		[ŋaŋ5]/[ŋøŋ5]	[ŋɔŋ5]	
能干	狠，雄	狠，[lɐŋ1]，恶	[lek7a]，恶	
机灵	精灵	精	精，精灵	
灵醒	醒水	灵醒，醒水	灵醒，醒水	
糊涂	懵	懵，懵[maŋ3]	懵	
熟练	老手	老手，熟	熟手，老手	
内行	懂行	熟行，老行	熟行，在行，老手	
小气	小相，细气	小相，小气	小气，小相	
走运	行运	行运	行运	
倒霉	背时	背时	背时	

二　形容词词例比较分析

相比于名词、动词，形容词是最受地方文化特点影响的词类。表形状、颜色的形容词较物质化，有的就是兼词，一致性较强，其他的形容词，有抽象义、比喻义的不同，有生动形式的差异等，各有各的特点。口语性强，有音无形的词常在此类。从常用口语形容词举例可以看出，与名词、动词的情况相似，桂北平话一些形容词来自湘南土语的影响，桂南平话则受沿江白话的影响较大，但从一些口语常用词中，我们依然能看到平话与粤方言在形容词上的一些共同特点。例如：

凡小说"细"，这是平话与粤方言的共同特点，而且多数方言点均有[n̠-]/[n-]的白读形式。桂北平话一些方言点甚至连二十四节气的"小暑""小雪""小寒""小满"都说"细"。"细"与"大"相对。与"粗"相对的是"幼"。粉末、皮肤细腻说"幼"，绳、线、毛发、棍子等细也说"幼"。普通话的"细滑""细嫩"，平话和粤方言说"幼滑""幼嫩"。

歪斜，说"乜"，缓坡说"笪"，陡说"岭"（读阴去），可视为"岭"或"陵"的破读变义（四声别义）。

凹，《广韵》："凹，下也"，乌洽切。平话和粤方言均念[-p]尾，韵母相近，但都念鼻音声母，除桂东南地区的部分粤方言声母为[n-]，读[nɐp7]/[nɔp7]/[nɐp7]，其余都是[m-]声母。桂北平话的[mo7]、[miʔ7]/[mi7]与桂南平话、白话的[mɐp7]/[mɔp7] 相近。"凹"读[mɐp7]/[mɔp7]，与壮语同。

"粘"，韵书不收，《方言调查字表》列在"沾霑"下，"沾、霑"张廉切，平话与粤方言不说。黏稠义，平话与粤方言都读如宵萧韵，泥母，阴平："[nɛu1]/[niu1]"。作动词义的"粘贴"，桂北平话说"[nia1]/[nio1]"，沿江白话说"[na1]/[nɛ1]"，语音对应整齐。白话还说"黐"，把苍耳子叫"黐头婆"。"粘贴"义的[nia1]/[nio1]、[na1]还可以发展成连词，同普通话的"和"。

馊，平话多说"馊"，白话多说"宿"。《桂平县志》（民国）："食物有隔宵味者曰宿。粥饭之语者曰馊，馊读如收，亦宿之转声。北方人读宿字，亦与收字声近。《论语》'祭于公不宿肉'，比之官语泛言曰臭为古矣。"南宁平话也说"宿"，应是受白话影响。

粥是两广的日常主食，尤其是农村。（粥）稠，平话和粤方言说法非常一致：[khiə2]/[kət8]/[kɐt8]/[kit8]/kyt8]同源，均读如群母，臻摄或山摄三四等入声。

食物煮得软烂说[nɐm2]，引申指人性格懦弱。有写作"腍""腩"。《广韵》：感韵："腩，煮肉"，奴感切，平话、白话用以指腹肉，读音[nam4]相合；"腍"，"煮鱼、肉也"，那含切，音与[nɛm2]合。还说[jøt7]（如宾阳）、[jet5]（如梧州、平南），且有[jei4]的阴声韵又读。[jei2]表"次，差"，白话、平话都说。

冷　口语中"冷"说"凅"，在平话和粤方言都普遍。宾阳话说"吉[kɐt7a]"，梧州白话说[kɐn5]，"亖[kɐt7a]"与[kɐn5]阳入对转，亦当同源。桂北高尚土话"冻"说[kaŋ5]，与[kɐn5]相近，本字尚不清楚。桂北的"腊"与"勒"同源。"因"，有材料作"欣"。《集韵》："湮，寒皃。或从因。"伊真切，与部分平话、粤语音义相合。"广西只有邕宁等少数地区的壮语有这个词，读作[jan1]，来宾壮语读作[ʔjan1]，但不常用，可是这个词在泰、老、掸、石家等语言中却相当普遍，大都读作[jen1]。"①邕宁等少数地区壮语有此读，当是借自汉语方言。至于与泰、老、掸、石家等语言相近，可能是更早的同源词。宾阳的[kɐt7]，梧州的[kɐn5]，阳入对转，也与壮侗语相近。

难、不易，平话和粤方言的早期口语有说"恶"的层次。现在宾阳平话已经没有这种说法，但桂北的富川，桂南的邕宁四塘及左江的平话，几乎所有"难+V"，均说"恶+V"，其他各点保留程度不一。明末出现，清后兴盛于广州及珠江三角洲地区的木鱼歌，"难、不易"说"恶"很常见，《广州方言词典》（1998）：恶，"副词。难，不易：呢件事情真~做｜~开口｜~抵_{难以忍受}｜~捱_{难熬}｜~食_{难吃}｜~瞓_{难以入睡}｜~饭｜~行｜~相处｜~相与_{难交往}｜~讲_{难说}"。广西沿江白话已经不说。

二　形容词生动形式与粤方言的异同

各方言均有各自的形容词生动形式。平话和粤方言形容词的生动形式有共同之处，也各有特点，似乎有一定的地域性。

（1）形容词重叠表程度的加深、拟声摹状的生动以及感情色彩等，是平话和粤方言的共同特点。19世纪的广州话文献有记载。广东南海师山麦仕治《麦仕治广州俗话〈书经〉解义》，以广州俗话翻译兼解释《书经》，注释用文言，译文用广州俗话。书中构词上的一个特色是常用重叠表示程度的加深，这种方式用于形容词及副词的例子最多。如单音节的 AA 式：多多（软毛）、（整顿到）好好、远远、快快、黑黑、大大、深深、静静、早早、嬲嬲、满满、慌慌、急急、慢慢、小小、香香。②如今宾阳平话、兴业白话、南宁白话，这种表达方式依然常见，通常是前一音节读重、读长，甚至变调。

（2）"七A八A"式。单音形容词嵌音重叠式。"七""八"是构形成分，没有任何实在意义。例如：七矮八矮｜七轻八轻｜七黑八黑｜七蓝八蓝｜七长八长｜七远八远｜七冷八冷｜七慢八慢｜七辣八辣｜七肥八肥｜

① 张均如：《广西平话中的壮语借词》，《语言研究》1987 年第 1 期。

② 余蔼芹：《粤语方言的历史研究——读〈麦仕治广州俗话《书经》解义〉》，《中国语文》2000 年第 6 期。

七老八老｜七光_亮八光。重叠后，除表示程度加强外，还含带有厌恶、不喜爱、不满的感情色彩。中性的或带贬义、消极义的单音形容词大都能按这一格式重叠。这是平话和粤方言十分常用的表达方式。

（3）各地方言表达方式的差异。在此结合桂北的义宁平话讨论。①

①"A 肚 A"式。义宁话除了用单音节的 AA 式，有一种"A 肚 A"式：臭肚臭｜香肚香｜咸肚咸｜辣肚辣｜红肚红｜贵肚贵｜硬肚硬｜狭_窄肚狭｜精_{精明}肚精。比 AA 式程度更深。这是桂南平话和粤方言所不见的。

②"AAB"式。由双音形容词"AB"重叠第一个音节"A"而形成。基式"AB"一般为附加式（加前缀）或偏正式双音形容词。例如：捞轻很轻—捞捞轻｜崭新—崭崭新｜溜光—溜溜光｜绷紧很紧—绷绷紧｜拍平很平—拍拍平｜爽凉_{很凉}—爽爽凉｜翻滚_{形容沸腾程度很深}—翻翻滚｜光滑—光光滑｜坦平—坦坦平｜娄_{《说文》：~，空也。}空——娄娄空｜白净——白白净。

这一形式在桂南平话和粤方言较少见。却与 19 世纪的广州话相似，双音节词重叠第一音节：小小心，谨谨慎，恐恐惧，迷迷乱，出出色，子子细，和和平，欢欢喜，大大只，深深水，敬敬意，仁仁慈，聪聪明，诚诚心，恭恭敬，细细微，好好行，辛辛苦，凶凶恶，立立乱，懒懒惰，光光亮，忧忧愁，昏昏黑，公公道，平平和。②

③"ABB"式。这是平话和粤方言一个重要的形容词生动形式，桂中南的平话、白话最常用，但与桂北义宁话"ABB"式性质不同。义宁话"AB"是基式，双音形容词重叠后一音节，如：黄磜_{很黄}——黄磜磜｜光溜——光溜溜。

桂南平话和粤方言是在单音节形容词"A"后附加叠音词缀。这种叠音词缀大多为有音无字的音节，有摹状和拟音的描绘功能，甚至带有感情色彩，所以也称"状貌词缀"，其语音形式与意义的搭配不完全是任意的。从语音看，"BB"的调值往往有高低两类，同一个 A，BB 读高调多表喜爱色彩，读低调多表厌恶的色彩。

加叠音词缀的"ABB"式有地域性。如南宁及其以西地区的平话、白话较多，这些地方都是壮族聚居地，叠音后缀的"ABB"式与壮语的修饰语后置的形式相似。桂北平话少用。

桂东南的粤方言区，也有常用或不常用的。如岑溪白话，叠音词缀的

---

① 义宁话材料引自周本良《桂北平话与推广普通话研究——临桂义宁话研究》，广西民族出版社 2005 年版。

② 余霭芹：《粤语方言的历史研究——读〈麦仕治广州俗话《书经》解义〉》，《中国语文》2000 年第 6 期。

"ABB"式并不丰富，而用加前缀的偏正式"BA"。如：笠靓[lɐp⁵⁵lɛŋ⁴⁴]，很漂亮｜□短[mɛt⁵³ɗun⁴⁴]，很短｜乒扁[6ɐŋ²¹6ɛŋ⁴⁴]，很扁，等等，这又与桂北义宁话的"捞轻、崭新、溜光、绷紧很紧、拍平很平、爽凉_{很凉}"等相似。桂南平话、沿江白话一般少有此种表达方式。

（4）"AB"式。宾阳作为平话大县，加叠音词缀的"ABB"式在老派少见。表示程度加深，宾阳话主要用单音节词加一个双声或叠韵后缀的方式。例如：焆八[pat7b]，很热｜[ʃɐu5 ʃat7b]，舒服｜[khan5 khat7b]，煳，焦味冲。话语中，往往再加语气词"[ɐŋ6]"足辞。横县平话的情况相类。

三　部分平话一种特殊的形容方式

表果蔬大小品种的区别，南宁、邕宁及左右江平话有一种特殊的喻指说法，以"牛、鸡"作修饰语。牛在家养牲畜中是最大的，以其喻大，鸡是最小的，以其喻小。如：

牛蕉——鸡蕉，牛蕉个大味带酸，是芭蕉中品种最次的；鸡蕉个小，十分香甜。

牛椒——鸡椒，牛椒指大辣椒，鸡椒指小辣椒。

牛扁菜——鸡扁菜，扁菜即韭菜，牛扁菜长得粗壮，鸡扁菜较细小，但特香。

牛葱——鸡葱，牛葱也称木葱，较大棵，不太香；鸡葱细小，也叫香葱，家庭一般只吃鸡葱。

凡以"鸡"称的都较好吃，价钱也较高。此种说法范围有限，不能类推。与平话密切接触的南宁白话，也完全借用了平话的说法，甚至形容大的事物也常说"牛咁大一只"（牛那么大一个）。

邕宁、右江的平话则有一个表中指的形容词"糙"，指半大不小家畜、瓜果。如"糙猪"（百斤左右）、"糙瓜"（够两三个人吃的）、"糙芒果根"（已经可以嫁接的芒果树）等。

这种喻指方式是受壮语的影响。壮族地区用隐喻表示事物的大小甚至反映在壮语地名上，对译的汉字极易引起人们的误解。现在不与壮语密切接触的地区没有这种形容方式。

第五节　平话词汇的文献证据

广西的古代文献历来就少，而涉及广西语言的古代文献更是罕见。可从中爬梳广西语言信息的主要有三类文献，一是文人笔记。唐宋时代，广西境一直是流放谪官的主要地区，被贬谪的官员不少也是文人，他们对广

西地区的风物记载，往往会保留一些语言信息；二是土俗文学；三是方志
材料。自古两粤不分，广东的文献比广西丰富，对研究广西的平话和粤方
言有重要参考价值。只是这些材料较为零碎，不系统，一些分析未必准确，
使用须辩证。

一　古代文人作品的词语记录

1. 刘恂《岭表录异》

刘恂生平事迹不详，据《四库全书》提要，"《岭表录异》三卷。《唐书·艺
文志》称刘恂撰。宋僧赞宁《笋谱》称恂于唐昭宗朝出为广州司马。官满，
上京扰攘，遂居南海，作《岭表录》。马端临《文献通考》亦云昭宗时人。
溯粤东舆地之书，郭义恭《广志》，沈怀远《南越志》，皆已不存。诸家所
援据者，以刘恂书为最古"。刘恂书原本久佚，因为著录均颇珍异，多为各
种类书、地域志征引。征引最多的是明《永乐大典》。《四库全书》本是辑
佚而成。《岭表录异》记述了岭南的花草禽兽，物产气候，风土人情等，是
难得的历史资料。此举数例。

> 僖宗朝，郑絪镇番禺日……有乡墅小儿，因放牛闻田中有蛤鸣，牧童
> 逐捕之，蛤跃入一穴，遂掘之，深大，即蛮酋冢也，蛤乃无踪。穴中得一
> 铜鼓，其色翠绿，土蚀数处损阙，其上隐起，多铸蛙黾之状。疑其鸣蛤，
> 即铜鼓精也。

> 青蛙，平话和粤方言都称"蛤"，以其叫声称名，所谓"其名自效"。

> 岭表所重之节，腊一、伏二、冬三、年四。

> 如今无论平话白话，尚有"冬大过年"的说法。

> 籁竹，其竹枝上有刺，南人呼为刺籁。自要横生枝条，展转如织。虽
> 野火焚烧，只燎细枝嫩叶。至春复生，转复牢密。邕州旧以刺竹为墙，蛮
> 蜑来侵，竟不能入。

> "籁竹"这一名称在岭南已经叫了上千年。宋范成大《桂海虞衡志》作
> "笏"。《广韵》德韵："笏，竹根"，卢则切。荆棘、植物上的刺，今平话多
> 说"刺"，尤其是桂北地区。桂南有称"籁"，南宁白话就说"刺籁"。有的
> 方言连鱼刺也叫"籁"。

倒捻子，窠丛不大，叶如苦李，花似蜀葵，小而深紫。南中妇女得以染色。有子，如软柿，头上有四叶，如柿蒂。食者必捻其蒂，故谓之倒捻子，或呼为都念子，盖语讹也。其子外紫内赤，无核，食之甜软，甚暖腹藏，兼益肌肉。

倒捻子学名桃金娘，旧志亦称逃军粮、豆黏子、倒黏子、都捻子、捻子等。平话和粤方言多称"捻子"。南宁白话叫"<u>豆捻</u>"，人们已不知道是"倒捻"的讹变了。

榕树：桂、广、容、南府郭之内，多栽此树。……或一大榕树，三五处有根者，又横枝著邻树，则连理。南人以为常，不谓之瑞木。

由于榕树系根发达，离建筑物近会撑坏房屋，因此民间有"容（榕）树不容人"的说法。

桄榔树，生广南山谷，枝叶并繁茂，与枣、槟榔等树小异。……此树皮中有屑如麯，可为饼食之。

如今桄榔粉是广西龙州的特产。

岭表朱槿花，茎叶皆如桑，叶光而厚，南人谓之佛桑。……自二月开花，至于仲冬方歇。……暮落朝开，插枝即活，故名之槿。……若微此花，红梅无以资其色。

朱槿花是南宁市的市花。

蛤蚧……多巢于榕树中。端州子墙内，有巢于厅署城楼间者，旦莫则鸣，自呼蛤蚧。……俚人采之鬻于市，为药，能治肺疾。医人云，药力在尾，尾不具者无功。
蚺蛇，大者五六丈，围四五尺。以次者，亦不下三四丈，围亦称是。

蚺蛇即莽蛇，《广韵》："蚺，大蛇"，汝盐切。平话和粤方言均把"蚺"读如"南"。
2. 周去非《岭外代答》
南宋周去非的《岭外代答》与范成大的《桂海虞衡志》记广西风物为

主，间有涉及广东物产。《岭外代答》卷四《风土门·方言篇》记载：

> 至城郭居民，语乃平易，自福建湖湘，皆不及也，其间所言，意义颇善，有非中州所可及也。早曰朝时，晚曰晡时，以竹器盛饭如篚曰箪，以瓦瓶盛水曰罂，相交曰契交，自称曰寒贱，长于我称之曰老兄，少于我称之曰老弟，丈人行呼其少曰老侄，呼至少曰孙，泛呼孩提曰细子，谓慵惰为不事产业，谓人仇记曰彼期待我，力作而手倦曰指穷，困贫无力曰力匮，令人先行曰行前，水落曰水尾杀。泊舟曰埋船头，离岸曰皮船头，舟行曰船在水皮上，大脚胫犬曰大虫脚。若此之类，亦云雅矣。

"朝时""晡时"等至今在桂北平话地区仍广为使用。"泛呼孩提曰细子"在桂北平话、左江平话仍通行。"箪""罂"等物器名称是平话和粤方言的农村常用词。"水落曰水尾杀。泊舟曰埋船头，离岸曰皮船头，舟行曰船在水皮上"，此类水上人家用语在蛋家话（即船家）中常见。

"困贫无力曰力匮"，"匮"今粤方言区多作"瘣"[kui6]。平话多说"困"[wɐn5]。

卷六"吉贝"条：

> 吉贝木，如低小桑枝，萼类芙蓉花之心，叶皆细茸，絮长半寸许，宛如柳绵，有黑子数十。南人取其茸絮，以铁筋碾去其子，即以手握茸就纺，不烦缉绩，以之为布，最为坚善。……雷、化、廉州及南海黎峒富有，以代丝纻。雷、化、廉州有织匹，幅长阔而洁白细密者，名曰慢吉贝；狭幅粗疏而色暗者，名曰粗吉贝……南诏所织尤精好，白色者朝霞也，国王服白氎，王妻服朝霞。《唐史》所谓白氎吉贝，朝霞吉贝是也。

清屈大均《广东新语》凡言棉花皆称"吉贝"。《食语》"谷"："其平阜高冈，亦多有荻、蔗、吉贝、麻、豆、排草、零香、果芯之植。""油"："外有榄仁油、菜油、吉贝仁油、火麻子油，皆可食。"《货语》"绵布"："黄文裕赋云：布帛则攀枝吉贝"，"绵又是有木绵之绵，即攀枝花絮也。其木高四五丈，花殷红，朵大于杯，花落则絮蕴焉。春暮时漫空而飞，采之，其犉者可以为褥。岭外以为吉贝即木棉，非也。吉贝草绵，如斑枝乃木棉耳。……又有树绵，一曰树头绵，以吉贝枝接乌桕，俟生时截去乌桕，树长可八九尺，四季开花，夏秋尤盛，每一株生，数十年不坏，絮同木棉，德庆以上多种之"。"其曰织贝者，织为贝文，诗所谓贝锦也。贝或吉贝也，志称高昌有草，实如茧，名曰氎子，织之为布，白叠即吉贝也。""葛布"：

"《禹贡》曰：厥篚织贝。传曰：织细紵也。疏曰：细紵，布也。"《兽语》"牛"："牛必以吉贝核渣饲之，乃肥有力。核中有仁，榨油已，其渣尚有润泽，故牛嗜之。""吉贝"可单说"贝"，可指棉花，也可指棉花植株，还可指棉布。

　　今称棉花单说"贝"，主要见于桂南平话和勾漏片粤方言。桂南平话西南片连布也称"贝"，这一说法影响到壮语。在宾阳种棉花叫"种贝"，弹棉花叫"弓贝"，纺纱叫"曳贝"，织布叫"[tem3]（壮语借词）贝"。南方不是棉花产地，农户偶有种一些留作家用，姑娘的嫁妆是自家纺织的被里、蚊帐，多能自己曳贝、[tem3]贝。灵山、岑溪、藤县等地粤语也有把棉花叫"贝"的。

　　"贝"是"吉贝"或"古贝"的略称。梵文作 Karpasa，巴利语作 kapasa，占语作 kapah，柬埔寨语作 kārpasa，马来语作 kapas，均指棉花。音译名有古贝、吉贝、劫波育、却波萨、劫波娑、劫贝娑等。玄应《一切经音义》卷一："劫波育，或言劫贝，讹也。正言迦波罗，南昌名氎，可以为布。罽宾以南，大者成树，以北，形小，状如土葵，有壳，剖以出花，如柳絮，可绩以为布也。""劫吉迦古"等字古音相近，均作译对音用字。汉语名叫木绵（棉）。《齐民要术》卷十引张勃《吴录》云："交趾定安县有木绵，树高丈，实如酒杯，口有绵，如蚕之绵也。又可为布，名曰绁，一名毛布。"

　　唐以前多称"古贝"。如《水经注》卷一引支僧载《外国事》，《宋书·呵罗单传》，《南齐书·扶南传》，《梁书》丹丹、干陀利、狼牙修、婆利、中天竺等国传，《南史·林邑传》，玄奘译《俱舍论》卷九等均作"古贝"。《旧唐书·南蛮西南蛮传》："古贝，草也。缉其花为布，粗曰贝，细曰氎"。

　　《梁书·林邑国传》作"吉贝"。吉贝一名唐以后常见。

　　南宋赵汝适《诸蕃志》单称"贝"，卷下"海南"条："今之上衣无异中土，惟下裳男子用布缦，女子用裙。以纺贝为生，土釜至今用之。""妇媪以织贝为业，不事文绣。"

　　以上无论是汉语名"木绵（棉）"，亦或古贝、吉贝等音译名，一般指棉花。元汪大渊《岛夷志略》一书有"木绵"之名不下三十处，均不用音译名。今湖南江永城关土话仍把棉花植株叫"木棉"，把棉桃叫"木棉花"。

　　"木棉"一名自唐以来，又用于称攀枝花（又称斑枝花、攀桂、红棉等）。但此种木棉只能用于充填褙褥，不能纺织，故《农政全书》卷三五云："闽广不称木棉者，彼中称攀枝花为木棉也。攀枝花中作褙褥，虽柔滑而不韧，绝不能牵引，岂堪作布？"这样，木棉与吉贝有别。如《诸蕃志》卷上"交趾国"条："土产……盐、漆、木棉、吉贝之属。"清屈大均《广东新语》凡言棉花皆说吉贝。卷十五《货语》"绵布"条："绵又是有木绵之绵，即攀枝花絮也。其木高四五丈，花殷红，朵大于杯，花落则絮蕴焉。春暮时漫空而飞，采之，其犉者可以为褥。岭外以为吉贝即木棉，非也。吉贝草绵，如斑枝乃木棉耳。"

如今在平话和粤方言中，"贝"已经被"棉花"取代，城市人、年轻人基本不知"贝"为何物了。

3. 清吴绮《岭南风物记》

清吴绮《岭南风物记》是专记广东物产之书。书中提到的物产同样也多产于广西，不少连名称也相同。例如黄皮、菠萝蜜、羊桃、偏桃果、人面子、西洋鸭、鲟龙鱼、藤菜，指甲花等。"肇庆有芭蕉一种，大小如鸡卵，一名龙奶，味酸甜可食"。这种龙奶蕉方志不载，可能与南宁地区所说的"鸡蕉"（"鸡"指小）是同一物种。

书中还提到一种习俗，"粤俗产男日先以姜酒奉其祖先，随用甘蔗糖兼醋煮姜片请客及馈送亲戚邻里，故俗人问人云生男曰'何时饮姜酒'，探人生男曰'姜酒曾香未？'盖生男则必具姜酒可知矣"。现在平话区的宾阳，生孩子仍有"吃姜酒"的习俗，白话区的梧州，生孩子有"吃酸姜"的习惯。不仅产妇吃，也请客人吃，不再区分生男生女。

4. 屈大均《广东新语》

屈大均（1630—1696），广东番禺人，《广东新语》（下称《新语》）是其笔记。全书 28 卷，每卷述一类事物，凡广东之天文地理、人物风俗、物产经济，无所不包。自序："予尝游于四方，阅览博物之君子，多就予而问焉。予举广东十郡所见所闻，平昔识之于己者，悉与之语。语既多，茫无端绪，因诠之而成书。""吾闻之君子知新，吾于广东通志，略其旧而新是详，旧十三而新十七，故曰新语。《国语》为《春秋》外传，《世说》为《晋书》外史，是书则广东外志也。"略举《广东新语》记录的方言数例，有助于了解粤方言与平话的关系。

"饮食曰喫"，应是当时广州的口语词，《新语》行文多言"食"，当是雅言。"喫"一般认为是中古词语，但汉代已出现。贾谊《新书·耳痹》："越王之穷，至于吃山草。"中古后成为很常见的口语词。今广州话除个别词如"喫[hɛk7b]亏"，都说"食"了，"喫[jak7b]饭"用于诙谐的口语。这应当是文言挤掉口语之一例，可能也与周边闽语、客家说也说"食"的大环境有关。两广粤方言和桂南平话，"饮食曰喫"的地区占多数，尤其在广大农村。南宁、梧州白话就处于"喫"的包围中。

"游戏曰则剧，杂剧也，讹杂为则也。"粤歌："柚子批皮瓤有心，小时则剧到如今。头发条条梳到尾，鸳鸯怎得不相寻。"

"则剧"一词见于宋代语料。《朱子语类》卷一〇四："此等议论，恰如小儿则剧一般。"宋刘克庄《贺新郎》词："生不逢场闲则剧，年似龚生犹夭，吃紧处无人曾道。"节日分送的供娱乐玩耍的钱叫"则剧钱"。宋岳珂《宫词》之十一："红尘一骑传天使，为送宫中则剧钱。"清《古今图书集成》引《广东志书·广州府》："游乐曰则剧。按：《朱子语类》亦言则剧。闽广有此语。"今广州话游戏已不说"则剧"，而是表示恶作剧、作弄、嘲笑的意思（白宛如，1998）。在福建广东的方言语料中也难见到。

在广西，把游玩、玩耍称则剧的地区还不少。如桂北平话的两江、塘堡、贺州、富川，桂南平话的宜州、罗城、融安、融水、宾阳、横县、马山、上林；粤方言的贵港、桂平、平南、苍梧、梧州、钟山，甚至富川的一些平地瑶（已说汉语），均有此说。

"则剧"一词在各语音变异较大，但共同特点：（1）二字均为入声，无论是否保留塞尾；（2）前字变异大，以致各地用字不同，甚至做无形词处理，"剧"保留较整齐。桂北平话及桂南平话北片，前字多与"杂"相合，与屈大均"游戏曰则剧，杂剧也，讹杂为则也"吻合。桂南平话中南片、粤方言，前字多与"则"音合，只是读同心母，念[s]或[ɬ/θ]。

"杂"为从母字，勾漏片粤方言有读如心母。"则"为精母字，精母读如心母的也在勾漏片。"杂"讹为"则"，当因与"剧"字[k-]声母同化使然，也可演变为鼻音韵尾[-ŋ]。如宾阳、横县平话读[ɬɐŋ5 kək8a]。

《桂平县志》（民国），"甂屟，凡游观曰饭屟，或曰甂屟，即为散屟"。"剧屟"同音，"甂"精母字，[-ŋ]尾，"饭"奉母字，说明桂平地区已有精母读如心母，进而演变为[f-]的现象，前字也由[-ŋ]弱化为[-n]尾。

"柚子批皮瓤有心"，"批皮"即削皮。"批"《集韵》作"剕"，齐韵篇迷切，"削也"。《方言据》卷下："侧刃削物令薄曰剕。"这是平话和粤方言的口语常用词，而且大多有[m-]的白读音。

东莞"游戏曰瞭，顺德曰仙，曰欣，新会曰流"（"瞭""流"同源）。"瞭"一般写作"嫽"。《广韵》："嫽，相嫽戏也。"落萧、力弔二切。此说在两广粤方言、客家方言很普遍，广州至今口语仍说"嫽[lɐu4]"。广州郊区萧宵韵仍有保留[ɛu、iɐu]读音的。南宁亭子平话说"欣"，与明清时顺德方言同。

"谓港曰涌，涌，衝也，音冲。"《阳江县志》（广州留香斋刊本）："涧曰坑，溪曰涌，凡海潮所通之地曰涌。涌，衢也。"今广东地名多作"涌"，广西多用"冲"。如合浦的斑鸠冲（村名），南宁的竹排冲（溪名）等。梧州是山城，民居依山而建，循沟而进，许多街名就称某某冲。山沟之水曰冲，无水之山沟亦称冲。桂北地名也多见。

"广州谓卵曰春，曰鱼春，曰虾春，曰鹅春，曰鸡春、鸭春。"蛋（卵）说"春"，相邻的赣、闽语一般不说，湖南宜章土话也说"春"。宾阳平话把蛋叫"春"，其他地方已不多见，今梧州老辈只有部分人称蛋为"春"，但"春袋"（阴囊的俗称）一词却很流行，左江平话则叫"春子"，动物的睾丸也叫"春子"。

二　土俗文学的方言词语

土俗文学是研究方言史的宝贵材料，其中韵文多是口述的文学，文字记载较少。屈大均《广东新语》以较多篇幅描述了"粤俗好歌""东西两粤皆尚歌，而西粤土司中尤盛"的风俗，并列举了不少歌谣，间有注释评述，介绍各种歌唱的场合情态，所录有不少是明代或明代以远的歌谣。足见岭南多民族通俗歌咏文学之繁荣。

岭南地区的民间歌谣散见于一些笔记、歌谣辑，以明清为多。如宋王象之《舆地纪胜》，清屈大均《广东新语》、李调元《粤东笔记》、王士禎《池北偶谈》、朱彝尊所辑《明诗综》、杜文澜所辑《古谣谚》等。

1. 李调元《粤风》

李调元《粤风》（约 1784）是我们今天能看到的最早的一部多民族的情歌集。《粤风》中的作品主要来自《粤风续九》，但有所增删。《粤风续九》为清初广西浔州推官吴淇，濠水赵龙文等人搜集整理的一部歌谣集，收录广西浔州一带汉、瑶、俍、僮民歌数百首，以粤歌为主，瑶、俍、僮歌附于其后，卷首有吴淇写的自序和浔州同知孙芳桂撰的《刘三妹传》，成书时间在清顺治十五年至康熙四年（1658—1665）。"土人歌谣"即浔洲府（今广西桂平、平南、武宣、贵港一带）的粤语歌谣。《粤风续九》原书已失传，其内容大多保留在李调元《粤风》中。《粤风》收入采集于广西浔州一带的粤（汉）、瑶、俍、僮情歌 111 首，按民族分为四卷。粤歌为多，有 50 多首，可作为研究明清粤方言史的资料。粤歌中，河沟叫"冲"，看见曰"冲"，游戏、玩耍叫"则剧"，拿叫"今"，芝麻叫"油麻"，稻子扬花叫"晾花"等等，至今仍是平话和粤方言的常用词。

2. 木鱼书

木鱼书是木鱼歌的唱本，为南方弹词系统的曲种，流行于广东地区，用粤语创作，又称唱木鱼或摸鱼歌，是一种节奏自由的吟诵体说唱，过去多由家庭妇女用广州方言表演，唱时不用乐器伴奏，只用木鱼击之以为节拍。这种民间说唱形式起源于明末，出现于广州及珠江三角洲地区，清代以后兴盛，广泛流传于广东省广州、南海、番禺、顺德等地。早期的木鱼歌都是随编随唱，即兴表演，或根据记忆演唱，后来才记录曲词，辗转传抄，或刻印传唱。这种抄本或刻本，名为木鱼书。随着广府白话西渐，木鱼书也传到了南宁，流行于平话人中。木鱼歌中可以看到一些平话的口语常用词。略举数例：

恶

两字相思真恶抵，寒窗捱日胜如年。《第八才子花笺记·复遇芸香》

恐怕父王强迫你，家有前妻恶处分。《三官堂陈世美琵琶记·赘宫苑合卺洞房》

闻得金生家淡薄，母子贫寒实恶当。《金生挑盒·开书相认》

我今拜别儿孙妻去，恐怕阻滞程途恶向前。《三官堂陈世美琵琶记·赴科场家庭饯别》

越等越——唔妥当，呢件事情恶主张。《梁山伯与祝英台·马俊告状》

如此娘亲难保你，进退无门恶改更。《观音出世·园中看女》

免令两下埋怨汝，好似羊触藩篱恶脱身。《三官堂陈世美琵琶记·闻夫语义气周旋》

自古明枪容易挡，果然暗箭恶难防。《关伦卖妹·顺路访友》

"难、不易"说"恶"，沿江白话已经不说，而桂南平话仍多见。

安名

三朝抱出安名字，安名随姓叫车龙。《车龙公子花灯记·开书叙事》

起名叫"安名"，是平话和粤方言常用词。

糴米

一程归到高堂上，买柴糴米养娘亲。《车龙公子花灯记·欺孤煽骗》

买米叫"糴米"，平话和粤方言地区都流行。20世纪六七十年代的宾阳，当地人均说"糴米""糴粟包"（买玉米）。几十年过去，如今只有问起老人才能回忆起来了。

把（给）

米头三斗如银白，把佢归家度日辰。《车龙公子花灯记·暗计赠银》

姻缘退把赵家子，黄家通判做媒人。《车龙公子花灯记·赵府求婚》

原赔聘礼银千两，姻缘把与赵家人。《车龙公子花灯·记受贿曲断》

"把佢"即"给他","退把"即"退给"。今宾阳平话给与说"把"。
扳

学生岂话唔从顺，总係高扳怕未能。《关伦卖妹·席上求亲》

"扳"，《广韵》删韵"挽也。公羊传云'扳隐而立'，布还切，又音攀"，"扳隐"即扳稳，扶稳（稳为后起字）；"攀"，引也，普班切。"扳攀"义近音略异。平话和粤方言，二词都用，"攀"多用于书面语，以及藤蔓攀附、攀延等。扳稳、人向上攀爬，则说"扳"，口语读[man1]，非常一致。
揸

揸住花笺唔放手，一天愁绪向谁言。《第八才子花笺记·回馆抱恨》

《汉语大词典》："以指取物"；"把手指张开"。普通话的"抓拿"义，平话和粤方言都说"揸"[tʃa1]，而且都有[ȵa1/ja1]的白读音。
住

礼物扛抬先下艇，夫妻带住子关伦。《关伦卖妹》
一路痴呆双目注，睇住千金姐下船。《关伦卖妹·孟兰会美》
士俊外边防护住，远远尝看母女二人。《关伦卖妹·孟兰会美》
揸住花笺唔放手，一天愁绪向谁言。《第八才子花笺记·回馆抱恨》

"住"，在平话和粤方言是作为表动作持续的助词，相当于普通话的"着"。
着

无奈三竿红日上，只着分离就出门。《三官堂陈世美琵琶记·赴科场家庭饯别》
如醉如痴自切肝，只着抽身来拜别。《梁山伯与祝英台·英台分别》

"着"本遭受义动词，在平话和粤方言中，虚化为表"得、必须"情态义的副词，
此外，如"着紧"（着急）、"着力"（用力，尽力）等，也是平话和粤方言的常用词。

　　一众娇娘齐口道，何须着紧咁啷忙。《金生挑盒》
　　致嘱功名须着力，早凭红叶见双亲。《第八才子花笺记·誓表真情》

3. 儿歌童谣

民国二十六年（1937）《邕宁县志》记录了当地部分童谣：

　　我县童谣，通行者有官话、白话、平话三种。尤以平话为多，兹择其
最流行着述于天下……
　　平话童谣
　　多多的（下多字读上声），的多多（下多字读如上），人狼姑爷带累我，好
在我脚躄（躄官话读如刜），走得快，冇（广东俗字，读如咩）时揹火烧死我。
　　按：译此谣辞，疑系误陷匪类觉悟得快。

　　"带累"：连累，"脚躄[pei1]"：腿瘸，"冇时"：不然，与粤方言同。"揹"，
表被动介词，梧州、南宁白话同。而宾阳、横县及桂南平话北片用"着"。
"揹火烧死我"即"我被火烧死"，这种受事后置的表达方式与北方方言
不同。

　　狗吠嗷嗷（去声）那人来，谁知亚爷来，铜盆舀（读如拐）水爷洗脚，
蜡烛点灯爷踏鞋，著好鞋时高凳坐，媳妇斟茶妹送来，家婆门背阴阴笑，
家公厅底弄须腮。
　　按：此谣辞表现家室康乐和平气象。

　　"那人"：谁，平话词；"舀"说"拐"，平话词，南宁白话也说；既说
"踏鞋"，也说"着鞋"，还有"阴阴笑"（偷笑）、"狗吠""斟茶""厅底"
等词语，也是粤方言词。

　　黑默默，暗彭彭，踢着火筒拼着锅。爷娘问我那们响，猫拖老鼠过
屋梁。
　　按：此有深夜防盗之意。

　　"黑默默"，形容黑暗，与沿江白话同。"拼"即"碰"，"锅"即铛，铁
锅；"那们"，什么，平话词，同官话。

　　人之初，老师背顶锅（背字读咩去声）。苟不教，老师背棉套。

　　按：此乃昔时学生嘲塾师之语，是慢师恶习也。童子不宜有此，宜矫正之。

　　"背"，书中注明读"读哗去声"，即[mε⁵⁵]，与沿江白话音义全同，平话的阴去与白话的阴平同调。宾阳平话读[ma5]。"顶锅"为"鼎锅"之误，"鼎锅"即鼎形铸铁锅，旧时的主要炊具。"棉套"即棉絮，同官话。

　　带带（下带字平声，谓月也）丢团糯饭落园来，公狗抢，母狗拉（拉字平声）。拉到梁屋背，有个妹儿熟捣碓。捣得骨头碎蕊蕊（蕊字去声）。
　　按：此乃孩儿学语时，指当头之月以诏之也。

　　月亮叫"带（平声）"，平话词，还借入壮语。桂南平话外婆也称"阿呆"。"熟捣碓"：能熟练用碓春米，"熟"作状语，表示擅长，熟练，是平话和粤方言的共同特点。

　　拍拍手，唱山歌，人人笑我冇老婆。明年叫我阿爷要一个，有钱娶个乖乖女，有钱讨个豆皮婆。

　　"豆皮"即麻子，粤方言词。

　　一螺富，二螺贫，三螺为君子，四螺为小人，五螺合大贼，六螺叫化军，七螺行街捡马屎，八螺骑马上白坟，九螺平地朝天子，十螺南面坐金墩。

　　后两首童谣与沿江白话相同，可能也是从广东传入。从歌谣可以看出，平话人称父为"爷"。宾阳话20世纪六七十年代，当地人均称父为"爷"，称母为"㜷"（均念阴平），如今的孩子都已叫"爸妈"了。

三　方志的词语记录

　　中国向有修志的传统，两宋时代是中国的地方志进入成熟和基本定型的时期，但广西的方志都较晚近，以民国时期为多。方志贵在其地方性和资料性。方言自古不受重视，修志者也少有研究语言的，所以旧方志中难得见到系统的语言志，多将方言附庸于风俗，所记往往是当地一些有特色口语常用词，少而零碎。

　　（一）广西方志中的词汇记录
　　以对语言资料记载较多的民国时期地方志为例。

《来宾县志》（民国）"地理篇十四'方言'"：

　　来宾为故柳州府属县，桂林派之官语通行于县境，然自县城及诸墟市外尚有土语、客话、粤语、闽语、侬语。五者之分，五者中以土语为最多，县境殆遍粤语，闽语最少，曾不及什分之一。粤语即广州语，间尝考论粤语为隋唐以前古语之嫡派。详推县属土语，凡属天然生理，与上古苗族所本有者，多从苗语。……官话通行于县城及诸墟市。

　　侬语之在县境唯北一里永靖围诸村，及北三里牛岩墟有之。其自称曰侬声，稍高昂类，似官语之上声，其本语音本例略集，在粤语、客语之间，入声亦短促，而平上去三声则绝类乎。官语其所以异者，则开口闭唇与撮唇皆近于粤语，尝闻彼中人相诟，云"谁敢出头"，窃审听之。"谁""头"两字浊平平声，"敢"字闭唇之上声，"出"字入声质韵，音在清浊之间。又尝造彼中一家主人，将会食，呼曰"取箸来"，窃审听之，"取"字上声，"箸"字去声，"来"字浊平声之撮唇音，正与汇韵合，"取"字七庾切，亦与唐韵之切音合……而"谁"字之问辞，"取箸来"三字之为辞，则不啻诗书中之雅言也。县人问其自称曰侬，而北一之里古昔墟，为彼中互市之走集地，因呼其人曰古，昔彼中语于清字母，诸字亦有微讹，微似透字母之舌头音，读"葱"字，略似"通"，"村"字，略似"吞"，计数之"七"字，略似"剔"。

　　来宾县的土语指壮语，侬语即为平话，较之作者熟悉的官话、粤语（广州话）、客家话来得早，作者不太熟悉，只是观察到一些特点。
　　（1）认为语音在粤语（广州话）和客家话之间，有平上去入四声。"谁、头"读阳平；"来"字是一等字，读后圆唇元音；"敢、取"读上声，"敢"是覃韵字，读[-m]尾韵；"箸"读去声；"出、七、剔"读入声。
　　（2）精组读舌头音，"葱"读如"通"，"村"诸如"吞"，"七"读如"剔"。第一人称称"侬"，这些是勾漏片粤方言的特点。作者也说到当地一些村庄的先人有来自郁林属诸县者。
　　（3）词汇与宾阳等地平话相近，认为"取箸来"（拿筷子来）三字之为辞，颇类诗书中之雅言，宾阳话如是说。"操侬语之人民，未详来自何方。彼中人云远祖籍在山东，又云在河南。"这与桂南平话人的祖籍传说一致。
　　民国二十四年（1935）《邕宁一览》："县城圩市，多操白话官话，各区乡村，则以平话獞话为最通行。"
　　民国二十六年（1937）《邕宁县志》"社会·语言"：

县境水陆交通，五方辐辏。留寓过客，言语不一，姑不具论。兹就当地日常交际，而定为固有之音者则有四，所谓官平土白是也。自中原南迁者为官话，衍为平话。来自广东者为白话，余为土话。土话最古，盖秦汉间土著之民所留遗也。然总以平话为流通。则平话实为我县言语之代表。……又县中衣冠之族，其北来者多在狄武襄平南一役。故老所传，其先皆青兖间人。故平话为齐鲁语，想或当然。然杞宋无证，自难断定。唯流传久远，非复壮瑶元音矣。

方志所举的平话词语，同样反映出与其他粤方言的一致性。如：

不应问而问，则答曰㖿，音痴。《方言》：不知也。凡相问而不知答曰㖿。
县中言甚曰好。如好长，好短，好高，好大之类。
黠猾曰鬼。《方言》：赵魏之间谓之黠，或谓之鬼。
以恶索取曰赖。
倚物曰依，乌皆切。（当为"挨"）
芸田曰薅。
凡相交曰契。
骂人庸愚曰傱，音崇。
虹读曰降。《广雅》虹亦入绛。古巷切。
储货之屋曰栈。客邸曰栈房。
窖藏曰窨。《说文》：今谓地窖藏酒曰窨。

"窨"读[ɐm5]。如今对香蕉的处理也采用窖藏方式，是放在旧防空洞中"窨熟"。

搓物曰挼。《广韵》奴禾切。两手相切摩也。
诱人共事曰榴。《说文》：引也。《集韵》力救切。按在官语则兜搭之兜矣。
人性迟懦曰纳。
器物磨损曰勚，案读若歇。《说文》段注：凡物劳剧则损。故谓器物磨损为勚。

"勚"平话、白话都读[het8]。

反言诃人曰敦，去声。《说文》：敦，诋也。

以手提物曰揭。《说文》：揭，高也，举也；以手举物曰攍，覆物曰揞，音乌感切。《方言》：揞，藏也。荆楚曰揞。

捂说“揞”，是平话和粤方言的口语常用词。《广韵》感韵：“揞，手覆”，乌感切。与“窨”是同源词。

去汁曰滗。见《通俗文》。按《广韵》音鄙密切，古为泌字。

《广韵》至韵：“泌，泉皃。”兵媚切。质韵“滗，去滓”，“泌，泌瀄，水流”，并鄙密切。今无论平话、白话均读如兵媚切，去声。

骨节酸痛曰痟。《广韵》音渊，去声；声嘶曰沙。

这两条抄自广东的方志。《广韵》先韵，“痟，骨节疼也”。作者注明“《广韵》音渊，去声”，反映出平话的去声读高平调55，与白话阴平调值相同，可能借自白话，音值与义全借。宾阳平话无此说。

小儿肥硕，或草木畅茂曰朦。从肉蒙声。与朦胧之朦异。忙红反。《方言》：丰也。自关而西秦晋之间凡大貌谓之朦。人体健旺曰壮。《方言》：秦晋之间凡人之大谓之壮。

骂淫曰嫪。

此字没有注音。如读[lau5]/[lɛu5]，本指动物发情，南北平话都说，引申指女性淫荡。

以掌进小儿食曰啥。食物极烂熟曰饪。

“啥”拟声为词，与小儿语。“饪”平话、粤方言都读[nɐm2]，方言字常写作“腍”。

跃而走曰趯。

摘取毛发曰挦；手捻鼻脓曰擤。《篇海》呼梗切，音省。

“擤”，平话、粤方言均读如心母，阴去。沿江白话的阴去恰与平话的阴上调值相同。

味薄曰寡。竹筐曰箅。

以上词语今仍为平话、粤方言口语常用词。下列词语今平话多说。

无曰靡。《尔雅》：无也。《尔雅义疏》：今人言无有曰没有，曰靡有，实一义也。

称王父曰爹。案《广雅》：爹，父也。今县中多称于王父。谓父曰爷，转为伊。

谓母曰媪，亚拗切，读若奥。或转如嫂非。《广雅》：媪，母也。

亲属称谓的社会变异非常多。称父为"爷"，保留在许多汉语方言中，即使对父亲面称已不用，在父辈亲属称谓中仍多有保留，如"伯爷""舅爷""姑爷""姨爷"等。转为"伊"，符合桂南平话麻三字的演变规律。南宁市郊及左右江平话老派仍谓母曰媪，读[au3]/[uau3]/[iau3]，宾阳及北片没有这种说法。现在这种称呼在新派已经逐渐消失。

大人行，呼其少者曰老姪，呼至少者曰孙。泛呼孩提曰细子。

此条与广东方志同。孩提泛称"细子"，如今保留在左江平话中。

足残废曰跛。行止不正曰躐跛。躐，拉入声，跛，巴入声。

宾阳话足残废说"躐[lat7b]"。

人声喧哗曰唠嘈。《广韵》：唠音劳。

此词今无论平话白话已经听不到，一般只说"嘈"。

知曰党。音董。《方言》：知也，楚谓之党。案今字变为懂矣。

子曰崽。爱怜其儿曰怒。案即县俗所谓阿奴而非其字。

白话称子为"崽"，宾阳话及东南部粤方言多称"侬" [noŋ4]、"儿"，邕宁平话说"崽"应是受白话影响。南宁及左右江平话说"崽"应是受白话影响。

　　尔辈曰你台，转为你队。我辈曰我台，转为我队。《方言》：台，匹也。《广雅》：台，辈也。

　　表复数的词尾白话说"地"，桂南平话及第一层次粤方言多说"队"。收集的材料越多，越有迹象表明表复数的"队"未必是"队伍"的"队"，而有可能与"地"同源，至于是否如方志所言，尚需探讨。

　　器物满盈曰幨。《说文》：以囊盛谷太满而裂也。从巾，奋声，方吻切。

　　此词宾阳话还用，读[phen1]。

　　以器倾水或粟米曰舀。以沼切。《说文》：舀，抒臼也。
　　打谷之器曰枑（齐楚江淮之间曰枑音帐）。

《梧州府志》（乾隆）

　　风俗　方言梧州音柔而直稍异。粤东而近苏白，城郭街市多杂，粤东人亦多东语。如梧谓父曰爹，东曰爸。母曰娘，东曰妈。子曰儿，东曰仔。谓新妇曰新人，东曰心抱。谓姑舅曰君公、爷家婆娘，东曰大人公、大人婆。子女谓其祖父曰亚公，祖母曰亚婆。谓北人曰外江。谓强横曰蛮子。谓游戏曰则剧，东曰了。谓看戏曰体戏。谓来曰来，东曰黎。谓取物曰取，东曰逻。谓卵曰蛋，东曰春。谓姻娅之使役曰亲家郎。呼颠者曰废。谓持物曰拎，东曰的。数物之束者曰一子二子。烹物曰煮，东曰腊。谓多曰够，少曰不够（音遘）。以手搓物曰揶，以手覆物曰揞，以指爬物曰擦。搬运西曰搬，东曰捷。积腐秽曰攋溜摧。谓人身污秽曰殠殗，又曰呵糟。谓裸体曰（身国）（身历）（音赤沥）。谓立曰企。谓闹新妇曰体新新妇。献悦履曰荷惠。谓吃曰食，谓早饭曰食朝，午饭曰食晏，晚饭曰食夜。谓食馔曰食肴又曰食菜。谓食煖果曰打边炉。诗藏谜曰打灯题，以翎贯皮踢之曰踢燕，放鸢曰放纸鹤。凡此之类颇异中州，余亦可通。

　　以上列举的部分词汇与广州话的差异，为我们考察今梧州话词语的演变提供证据。可以看出，200多年前的梧州话，词汇上更多的是与平话和早期粤语相一致，如今已十分接近广州话。

《桂平县志·风俗·言语》（民国）

呼子曰崽，碗曰瓯，摘取毛发曰捋是也。

食物极熟曰稔，出于《礼记》特牲礼。请期曰羹餁，《说文》："餁，大熟也"，段注餁亦假稔。比之官语曰烂为当矣。

今食物煮得烂熟，瓜果熟透，平话和白话多说[nem2]。

以身卧转于地曰辗地（读连字仄声）。……比之官语滚地为古矣。

今平话、白话把在地上滚叫"[lin5]/[len5]地"。

又寒天以身近火取暖曰炙火、或曰焊火。《诗经·瓠叶》传曰炕火曰炙，《说文》：焊火热地。……比诸官语言烤火为古矣。

烤火说"炙火"，是桂东南粤方言及桂南平话的常用词，沿江白话说炕火、燀火。

食物有隔宵味者曰宿。粥饭之语者曰馊，馊读如收，亦宿之转声。北方人读宿字，亦与收字声近。《论语》"祭于公不宿肉"，比之官语泛言曰臭为古矣。

食物等因发酸变质，平话多说"馊"，沿江白话说"宿"[suk55]，阴入对转。

凡引诱他人共事曰摺（集韵切音溜）。《说文》摺，引也。比诸官语言兜为古矣。

以手平匀散杂之物亦曰摺，如摺粥、摺饭、摺菜、摺泥之寓。……比之官语言"搅"、言"弄"为古矣。

这两条同俗字但不同词。今白话邀人共事说[lɐu 阴平]，读如流摄一等，粤方言多说。把东西搅匀说[lu/lou/lɐu 阴平]，读如效摄一等，方言多写作"捞"，平话和粤方言的常用词，在一些方言点可虚化为连词，"和"义。方志用同一俗字，说明当时桂平白话古豪侯韵已合并，今桂平白话同。

跃而走日趯。诗经:趯趯阜螽,传日趯,跃也。《说文》足部"跃,迅也",与邑人言趯意同。

物之始动日朒,《尚书·五行》传晦而月见西方日朓,朔而月见东方日侧匿。侧匿《说文》作缩朒,段注侧匿缩朒,叠韵双声,凡物缩而后伸,伸缩见则动作,自显不独肉体为然也。

兽之雄者日𤘺,如牛日牛𤘺,马日马𤘺,狗日狗𤘺是也。《礼记·郊特牲》日:"𤘺,长也,大也"。"𤘺"俗作牯,牯从牛,可名牛,不可名狗马。

相与坐谈日倾,或日倾计(或以计为偈),或日披(城南中都里有此语)。《前汉书·邹阳传》披心腹见情素,盖以披有拆开之义。故寻物日披,谈心亦日披。

骂人无用者日寻,寻者寻常也。或日曳(读平声),曳为夷声之转,夷者文家每于鄙字并用,如云鄙夷视之,或云鄙夷不屑是也。

"寻"为中古邪母字,平话、粤方言都有读如心母的,当读[sɐm2]或[ɬɐm2]。今宾阳骂人无用者就说[ɬɐm2]。"曳"当读[jɐi2],表示差,次,也是平话和粤方言常用词。

吸水及气于腹日朔,朔者,缩也。

"朔"即"嗍",平话和粤方言的常用词。
《容县志》(光绪)

荣,永兵、于平、于营,三切,俱音营,土音本不误。外江人读容,亦属臆造。

舀,遥上声,俗话舀水。

姣,何交切。俗骂妇之弄姿者日发姣。

市贸易处也,北人日集,从其聚。而南人日虚,指其散而言。……加土为墟。

谓无赖者日烂仔、散仔,纨绔子弟日阿官仔,幼孩日细文仔。

称己日我地,称人日尔地,官话凡自称日我兄弟,地弟同音,特截去兄字耳,移而称人则相沿之误。岑溪人日尔兑、侬兑。

早饭日吃朝,午饭日吃晏,晚饭日吃夜,省去饭字犹桂林之言过早、过午。

读冷为欣,本不误,音少异耳,或谓之凝,物遇冻必凝也。

称排行系之以阿,如各处之称老几也。

穄，熟也。

䶲，古文姐字，羌人呼母也。兹也切，音近那，去声。俗谓母曰老䶲，妻曰老婆。䶲，凡禽之雌兽之牝已生育者，亦谓之䶲。

嘬，吮也。诸物或曰吮，或曰嘬，食鸦片则曰嘬或曰吹。

她，古姐字。蜀谓母曰她，又子我切，音左。俗称妾曰阿姐或细左。

子称父曰伯爷，曰叔，曰阿哥，曰契爷；母曰伯孃，曰婶，曰嫂，契孃。

斯，以手离物也。

以刀剉物俗谓之斫（者靳上声）。

遊谓之荡，又谓之逛。

屈，《广韵》渠勿切，《埤苍》短尾犬也。屈，《广韵》衢物切，短尾鸟也。俗于尾短者俱谓之屈，分鸟与犬反泥。

胉，通作腌，又业切，渍肉也，渍鱼也。俗以盐渍物俱谓之胉。

此字即"腌"，入声，读[ip7]。

一些避讳说法、隐语反映了地方文化。

凡物之肝曰湿，担竿曰担湿，肝竿音同，乾俗谓贫，为乾恶之故，以相反为义。

毛厕曰屎馨，抬棺曰抬轻，粪恶臭，故反以馨，即净字之意；抬棺俱重，故反以轻。或曰粪坑，音义各别。

韭菜曰快菜，韭久音同，亦以相反为义。

民国《来宾县志》也提到一些避讳词语，如：

舌，官粤语皆云钱，避折本之不祥也；
猪肝，官话云猪润，避乾字本之不祥也；
汤，官粤话多云顺，避"劏"字之不祥也。

语言的避讳一是多见于城市方言，与商业经营趋利有关；二是船家，即蛋家人，与其生活和从业环境凶险有关。《来宾县志》指明"粤语即广州语"，"官话通行于县城及诸墟市"，所以上述词语是官话、粤语用词。随着经济生活的发展，"舌"说"利""利钱"，甚至造出方言字"脷"，在平话已经普遍。宰杀禽畜粤方言说"劏"，"劏"与"汤"同音。宾阳是受广府白话影响很小的地区，宰杀禽畜仍说"杀"，但"肝"说"润""湿"，"汤"

说"顺"。南宁、梧州白话反而没有"汤"说"顺"的说法。

《兴业县志》（嘉庆）

粤西方言各别，佶屈绵蛮。即一隅，亦有不能尽同者。如呼父为爸，亦曰伯，曰邛叔，曰邛兄。呼母为姥，亦曰邛婆，曰邛嫂，曰邛姐，曰邛妈，曰邛娘儿。自称曰侬，亦曰我，曰我家队；称人曰渠，亦曰他，曰渠队。

（二）广东方志中的词汇记录

1. 清咸丰壬子（1852）《顺德县志》。

方言谓父曰爸（音巴），亦曰爹，谓母曰妈，亦曰毋巴（音拿上声），凡雌物者皆曰毋巴；谓西北风亦曰毋巴，即飓风之说也。

"毋巴"字一般也写作"㜷"。

谓子曰崽（音宰），亦曰仔，凡物之小者亦曰仔；
谓新妇曰心抱，谓妇人娠曰有欢喜；妇谓舅姑曰家公、家婆；

"心抱"即"新妇"的连读音变，"妇"读重唇。平话也叫"新妇"，但"妇"均读轻唇[f-]。

子女谓其祖父曰亚公，祖母曰亚婆；子女末生者多名孻（赖平声），或曰尾；

子女末生者今平话多用"尾"，沿江白话多说"晚"。桂北平话的"满"即"晚"。"孻"宾阳平话已不用于人，而用于瓜果、玉米等在末季长得差者，如"瓜孻""粟包孻"等。

游戏曰则剧，曰仙；谓来曰黎，走曰趯；取物曰逻；

来读"黎"，跑说"趯"一般是沿江白话，平话"来"没有音变，跑依然说"走"。"取物曰逻"，方言字作"攞"，平话和粤方言的常用词，均读上声。

谓卵曰春，食饱曰够；数物之束者一子二子；谷曰一造；
烹物曰熠，亦曰焊；

即"煠"。《广韵》洽韵："煠，汤渫"，士洽切。平话和粤方言的常
用词。

以手搓物曰捓，以手按物曰捺，以拳加物曰撽（音钗），以手覆物曰揞
（庵上声），以指爬物曰搲（乌寡切）。

2. 同治甲子（1864）《广东通志》（重刊本）。内容不少与各县志雷同。
此摘录部分词语。

谓平人曰猺，亦曰獠，贱称也。《北史》周文帝讨诸獠以其生口为贱隶，
谓之压獠威压之也。

"猺"一般写作"佬"。平话、粤方言都用作词缀，表贱称。

谓平人之妻曰夫娘。

左江平话、勾漏片粤方言多称女人为"夫娘"。

广州谓新妇曰心抱，谓妇人娠者曰有欢喜，免身而未弥曰坐月，亦曰
受月。
谓子曰崽《水经注》弱生崽子是也；谓云孙曰墨，元孙曰塞，息讹为
塞也

曾孙，今平话、粤方言均读"塞"，宾阳话读[lɐn3]是壮语词。

广州谓母曰弥，亦曰妈，妈者母之转声，即母也，亦曰姆，凡雌物者
皆曰姆；

广西宾阳称母叫"姆[na1]"，但凡雌物者皆曰"母"。

妇谓舅姑曰大人公、大人婆，亦曰家公、家婆，《列子》曰家公执席
是也；

　　子女谓其祖父曰亚公，祖母曰亚婆；谓母之兄弟妻曰妗母；母之叔伯父母曰叔公曰叔婆；孙谓祖母之兄弟及妻曰舅公、曰妗婆；

　　醮子之夕，其亲戚送花于新郎房中，男曰花公，女曰花婆；

　　广州凡物小者皆曰仔，耕佣曰耕仔，小贩曰贩子，游手者曰散仔，船中司火者曰伙仔，亡赖者曰打仔，大奴曰大獠（即"佬"），小奴曰细仔，小婢曰妹仔，奴之子曰家生仔，螟蛉子曰养仔，盟好之子曰契仔。

　　"仔（崽）"从"儿子"义虚化为小称词尾，是广府白话的特点。广西沿江白话、钦廉片粤方言同。平话及勾漏片粤方言多用"儿"。作为小称词尾，勾漏片粤方言多已变高平调，而平话多保持原调。梧州白话底层是勾漏片粤方言，今"儿""仔（崽）"并存。

　　谓淫曰姣（音豪），又曰嫽毒；

　　此条与《邕宁县志》同。"姣"和"嫽"一般都是骂女子淫荡。"嫽"读[lau5]（宾阳读[leu5]），本指动物发情，南北平话都说，引申指女性淫荡。"毒"当为"豚"[tok7]，引申为屁股、底部。

　　谓不曰吾；问何如曰点样；骂人曰闹；

　　广西的平话、粤方言，否定词很少演变到"吾[m2]"一音，仍停留在"冇[mu4]/[mou4]/[mau4]"的阶段。问何如，南宁白话说"同点"，梧州白话说"点蚊"，平话多说"同[那样]""是[那样]"（"那样"合音）。骂人曰闹，是平话、粤方言的常用词。

　　东莞谓事讫曰效，游戏曰瞭曰欣，新会曰流；持物曰的；称山有林木者为山，无者为岭；

　　广州谓小舟曰艇；芟草曰薅草，亦曰捞；禽之巢曰斗；

　　芟草曰薅草，亦曰捞，与桂北平话同。桂南平话耘田叫"薅田"。禽之巢曰斗，斗一般写作"窦"，粤方言常说，平话也说"窠"。

　　3. 光绪十八年（1892）《电白县志》。

　　成人游玩曰荡；人之情性狠戾不常曰蛮；子之少者曰侬，最小者曰细侬，语本乐府"懊侬歌"；请人便饭曰饮杯，朝餐曰食早，夕餐食晚，夜食日食夜宵。

东南部粤方言游玩也叫"荡"，如梧州。桂南平话、勾漏片粤方言把男孩称"侬"，也泛指小孩儿。

4.《东莞县志》（1911年重修本，东莞养和印务局刊）。

父母统称曰爷娘又曰阿爷阿娘；父又曰阿爸、阿爹，称父与他人曰老子，又曰老豆；母又曰阿姐、阿妈、阿娘；祖父曰阿公，祖母曰阿婆；曾祖曰白公，曾祖母曰白婆；平人之妻曰夫娘；小子曰细民，民读若甿；

子妇初来曰新抱，女子未嫁者曰娘仔，曾孙曰塞；妇人怀孕曰有身，亦曰身重，人称之曰有欢喜；免身而未弥月曰坐月

平人曰佬；木匠曰斗木佬；巫曰男巫，女巫曰鬼婆；

颔骨谓之牙骹；膊谓之曰肩甲；指端文谓之脶；背谓之背脢；臀谓之朏臀，又谓之屎朏；溺谓之小便，屎谓之大便；股谓之大髀，膝盖谓之骱髁盖，毛短小者谓之寒毛，乳汁谓之浍；身谓之身已；皮痒谓之痕；皮肿而热谓之臖；强项谓之硬颈；错误谓之失手；不听教诲谓之顽皮；

奭弱谓之腩，腩当读乃林切，亦合唇音；智谓之精；愚谓之懵；痴谓之騃，读若厓；豪奢谓之爽；淫夫谓之姣；黠谓之鬼；阴险谓之阴毒；小儿慧谓之乖；欺谓之到；诬谓之赖；昵谓之黏；猜谓之估；保谓之包；怂恿谓之笔；谨慎谓之仔细；游戏曰瞭瞭；顾视曰睇，睇读若体；唤曰喊，哭亦曰喊；作曰做；怒骂曰闹，举责曰数；与曰畀；待曰等；立曰企；疾走曰趯；以手覆物曰揞，以手折物曰拗，以手握物曰揸，以手裂物曰斯，以手持物曰搦，搦音匿，以两手擦物曰挼，用力重按曰捺，捺读难入声；用力支物曰撑；盛曰装；悬曰吊；深击曰扰，扰读合音；从上击下曰敲；批打曰掴；投物于水曰碇；以勺挹取曰舀；淹鱼肉曰腌，腌读淹入声；火热曰煴；微火熟之曰酷；火起曰着；水沸曰滚；饭变味曰馊；拔草曰薅；物不平曰凹凸，读凹女泡切，凸读若特。

这些也多为平话和粤方言的口语常用词。"批打曰掴"，"以勺挹取曰舀"，是平话、勾漏片粤方言的常用词。饭变味，东莞说"馊"不说"宿"，与平话同。"凹"，广东及桂东南粤方言读[nɐp7]，桂中西的平话、白话读[mɐp7]，与壮语同。

5.《阳江志》（广州留香斋刊本）。

谓日曰日头，月曰月亮，下雨曰落水，雷鸣曰阿公响，电曰天爆，虹

日镶耳，又曰破蓬，旋风曰凤漩，水涡曰水漩。

地高平曰埌，或作塑；踰山有路低平曰坳；岩洞曰窿，凡土石中有穴者皆曰窿；凡池沼皆曰塘；蓄水之地曰氹；

"埌"，是两广常见的地名用字，或写作"塱、朗"，上声。但意思有两种，一指高而平的地方，如广东、广西东南部；一指大而低洼积水的地方，如广西中南部，南宁市的埌东、埌西，"埌"即南湖。这一说法与壮语同。洞穴，白话叫"窿"，平话多说"窟"。白话还有一词"窿窿窟窟"，形容窟窿多。

凡称父母兄嫂子女等必以亚字先之。谓父曰爹，亦曰爷，或曰伯、曰叔；母曰奶，亦曰妈，或曰娘；祖父曰亚公，祖母曰亚婆或曰亚妈；曾祖父曰太公，曾祖母曰亚太。

谓平人之妻曰夫娘；晚生子曰亚尾、亚孙；元孙曰塞；婿曰郎家。

凡雌物皆曰嬷；卵曰春，如鸡春、鸭春、鱼春、虾春之类；禽之窝曰斗；鸡伏子曰菢。

数蕉子曰几梳；线褛一绺曰一子，数物之束者亦曰一子二子；

漱口曰浪口；以手覆物曰揞，以手爬物曰刮，以刀削物曰批，削去物曰劈。

我辈曰偔，如此曰供，如彼曰能，如何曰姜。

这几个代词与平话非常近似。"偔"即"我屋"之合音，[ŋok35]，宾阳话[ŋok35]/[ŋøk35]，所有格，"我的、我们的"；"供"可能是"个种"的合音。宾阳话说[koŋ33]，"如此、这样"之义，如说"[koŋ33]多"（这么多）、"[koŋ33]好"（这么好）等。"能"是"那样"的合音，宾阳话说[nen24]，"姜"可能也是"个样"的合音，与《贵县志》（1934）"绛，如此也。俗读如格漾切"相类。"个"表近指，平话和粤方言同。

6. 《开平县志》（香港民声印书局刊本，有民国二十一年（1932）重修序）。

曾祖曰白公，曾祖母曰白婆；祖父称阿爷，祖母称阿婆，阿又作亚。

父曰亚爸、亚爹，亦有曰亚爷者，惟将爷字读去声，不读平声，其读平声者则专以称祖父也。称父于他人曰老子、曰老脰，亦曰老豆。母曰亚妈、亚娘。庶母曰姐。乳母曰奶妈。

平人曰佬，外省人曰外江佬。食饭曰吃饭，饮酒有时亦谓之吃酒；

乳谓之淰，乳汁谓之淰汁（淰乃忝反，《说文》淰，浊也。乳汁浊，故借淰名之）。

日谓之日头；落雨谓之落水；蓄水之处谓之氹（氹读徒锦反，是俗字，当作潭，俗不知潭有仄音读如氹，因别造氹，潭之仄音古韵入四十七寝）。

肉熟透谓之腩，人软弱亦谓之腩。

雀巢谓之雀斗，一屋人谓之一斗人。

《重修恩平县志》（光华书局刊本，1934）

崽字本为子字古音，读作宰，见《离骚》，后人不知即子字，因撰仔字耳。

谓平人曰佬，如称士为读书佬，称农夫为耕田佬，木匠为斗木佬，泥匠为泥水佬之类是。

"佬"在平话和粤方言均作为名词词尾，表蔑称。

谓妇人有娠曰有喜，亦曰有身几；有身几免身曰着月，免身而未弥月曰坐月。曾孙曰塞，《释名》：息，塞也，言物滋息塞满也。

父曰爸曰爹，《南史》"湘东主人之爹"是也。称父于他人曰老脰，又曰老子。陆游谓南郑俚俗谓父曰老子是也。谓母曰娘曰妈，妈者，母之转音，即母也。庶母曰姐。古文姐亦作妉（即妳）。《广韵》：姐，母也。凡雌物皆曰妉。谓西北风亦曰妉。飑与瘅皆名妉，西北风亦曰妉也。

祖父曰阿公，亦曰阿爷，祖母曰阿婆，亦曰阿嬭。曾祖曰白公，曾祖母曰白婆；又自曾祖而上皆称白公。……母之父曰外公，母之母曰外婆；又曰公低、婆低，低者爹之转音也。

宾阳话外公、外婆称低爷、低嬭。

取物曰逻，骂人曰闹；

蓄水之池曰氹……通水之道为圳。

禽之卵谓之春，如鱼春、鸡春、鸭春之类，又谓之蛋；凡畜之牡者皆谓之牯，牝猪谓之猪妉，牝畜小者谓之牸。

旧方志同样反映平话与两广粤方言的口语词汇具有很强的一致性。广西的旧方志不少内容抄自从广东旧方志，这也说明粤概两广，两地的粤方言同属一个方言区。

第六节　平话的词汇特点

一　平话词汇与粤方言同大于异

从口语词汇的比较分析也证明，尽管桂北平话语音与桂南平话和粤方言的差异甚大，无法交流，但在词汇上却是同大于异。以往讨论平话与粤方言的词汇差异，大多是以广州话的材料作比。粤方言区在广西几占半壁江山，沿江白话不说的词语，不等于在其他粤方言区不用。

平话和粤方言词汇的共同特点：

1. 单音节词丰富。平话和粤方言语音系统复杂，较少的同音现象使词汇保留单音节比北方方言要多。

2. 口语常用词有较强的一致性。不少与普通话差异很大的有音无字的词，从语音系统的对应规律考察也是同源的。就连封闭类的代词、副词、量词，以及介词、连词等虚词也不例外。例如：

表复数不用"们"；

表程度深不用"很"，用"好""几"；

表被动不用"被"，用"着""捱"；

表偕同不用"和"，用"凑""同""共""捞"等。

汉语的否定副词在声母上大致可分[p-]系列和[m-]系列，平话和粤方言用都是[m-]系列。

"只"是最通用的个体量词，相当于普通话的"个"，使用范围很大，连国家、城市都可以"只"称。

"间"可指房间，还可指单位，如"一间医院""一间学校""一间工厂"等。

植物用"蔸""根"不用"棵"；表颗粒用"粒"（读[n-]声母）不用"颗"，床上用品的量词用"番"，如"一番被""一番席"；表排泄物用"督"，如"一督尿""一督屎"；表少量用"的""塞"等。

"平人曰佬"，"佬"虚化为带有蔑称色彩的名词词缀。

小称词尾用"儿""崽"，不用"子"。"儿""崽"除表小称外，也有蔑称色彩。如老头儿、老太太，桂北平话说"公佬儿""婆佬儿"，桂南平话说"阿公儿""阿婆儿"，钦廉粤方言说"公崽""妈崽"。

3. 传承的古语词多有与北方方言不同，而与周边的东南各方言有较大一致性。有不少与赣、客、闽共用的常用词。例如：

稻谷植株称"禾"，子实称"谷"；"肥皂"称"碱"，"蚊子"兼指蚊子和苍蝇；"雾水"兼指雾、露；水渠说"圳"；用"日"不用"天"，"去年"称"旧年"；用"面"不用"脸"，洗脸用的毛巾称面巾、面布；"舅妈"称"妗"，"媳妇儿媳"称"新妇"，最小的孩子称"晚（满）"、称"尾"；用"嗅"不用"闻"；用"担"不用"挑"；用"行"不用"走"；用"走"不用"跑"；用"倚、立"不用"站"；"吃早饭"称"吃朝"，"吃午饭"称"吃晏"，"吃晚饭"称"吃夜"；"穿（衣服）"用"着"；"洗澡"称"洗身"；"死"的反义词用"生"，不用"活"等等，都是东南方言共享的。

二　平话词汇与沿江白话的主要差异

从大量的词汇材料不难发现，平话与广西第一层次粤方言共性很强，因为都是相对原住的汉语方言。差异主要反映在与沿江片白话的比较上。沿江片白话是广府白话的西渐，既是后来者，也是城市方言。通过较细致的词汇比较，可见以往所强调的平话与粤方言的词汇差异往往局限于平话与广州话和广西沿江白话的差异，而粤方言的底层词汇，大量保留在两广广大乡镇的百姓口中。

我们把平话视为粤方言的一支，是从平话和粤方言的形成时代、分布地域、主要的语言特征综合考虑的。方言的差异是必然的。移民来源地的不同，迁徙时间不同；到达岭南后居住地不同，所处的语言环境不同，社会发展的不平衡，诸多因素都会对语言发展造成影响。在词汇上，平话与沿江白话的差异主要表现在以下几个方面。

1. 词汇系统的层次性差异。

广东秦汉时期即有南海郡，赵佗在此自立为南越王，虽然入乡随俗，日常生活悉效越人，但带来先进的中原文化提高了珠江三角洲地区的文明程度。广东越族汉化的程度高于广西。自唐开元四年（716）大庾岭道开通后，岭南东部成为岭北移民最集中的地方，平坦肥沃的珠江三角洲地区更是移民的首选之地，这些移民不一定直接来自中原，更多的是早期聚集在江南岭北一带的北方移民再度南迁。不同的汉语方言在不同时期进入粤东、桂北，在当地发展演变。于是就有了唐宋文人笔下的"南人之语""南音"的说法。唐宋时期，军事移民是广西移民的主要来源。平话，尤其是深入广西腹地的桂南平话，由于移民的来源、移民过程相对简单，受其他方言的影响不大，语音与宋以后的北方语音特征相似，词汇亦是如此。《邕宁县志》（1937）所说"自中原南迁者为官话，衍为平话"不无道理。

我们不难发现广府白话词汇的层累性质，历时层次和共时层次相对比桂南平话复杂。不仅有古楚语层次，还有不少与周边客、赣、闽、吴共用的词汇。以桂南平话与广府白话相比，一些口语常用词平话与北方方言，或通语更为接近。例如：

叙称父母，白话说"老豆、老母/老嬷"，平话说"老子、老娘"；

第三人称代词，白话说"佢"，平话说"那/他"；

儿子，白话说"崽"，平话说"儿""侬"；

孪生，白话说"双孖"，平话说"双生"；

大腿，白话说"髀"，平话说"腿"；

窟窿，白话说"窿"，平话说"窟"；

窝，白话说"窦（音斗）"，平话说"窠"；

地方，白话说"定"，平话说"处"；

蟑螂，白话说"甲由"，平话说"骚甲"；

翅膀，白话说"翼"，平话说"翅"；

荆棘，白话说"簕、刺簕"，平话说"刺"；

伞，白话说"遮"，平话说"伞"；

是，白话说"系"，平话说"是"；

像，白话说"似"，平话说"像"；

在，白话说"喺"，平话说"在""住"；

动，白话说"育"，平话说"动"；

看，白话说"睇"，平话说"看"；

宰杀，白话说"劏"，平话说"杀"；

馊，白话说"宿"，平话说"馊"；

困乏，白话说"癝"，平话说"困"；

仍、还，白话说"重"，平话说"还"。《广韵》宋韵："重，更为也"，柱用切。

以上词语，平话的说法与北方方言较近，而白话的说法北方人就难以理解，有的甚至字书韵书无载。有的词语用字相同，读音各异，平话的读音与北方方言接近。如：

"鼻"，平话读入声，普通话的读音也是入声的折合音，白话读去声，与韵书的"毗至切"相合。

"嗅"，平话、粤方言口语都说，但读音不尽一致。《广韵》宥韵"嗅，以鼻取气"，许救切，宾阳话与《广韵》合，与普通话同；《集韵》送韵："嗅，鼻审气"，香仲切，梧州白话与《集韵》合。

"涩"，平话读[ʃep7]，与《广韵》色立切合，白话读[kip7]，读如见母；"嗨"，平话说[he5]/[hi5]，与《广韵》呼讶切合，白话则念[la5/le5]，读如来母。

"妇女"是书面语，"妇"平话白话都读[f-]，"新妇"（媳妇）是口语词，

"妇"白话保留重唇音，读[ph-]声母，平话均已变[f-]声母。

桂南平话中一些较特殊的说法，在文献中也有记载。如南宁、邕宁的平话称儿子、儿女为"男女"。此词在敦煌变文出现，维摩诘经讲经文："父母系心最切是腹生之子……干就湿，恐男女之片时不安"。杜甫《岁晏行》诗："况闻处处鬻男女，割慈忍爱还租庸。"柳宗元《童区寄传》："越人少恩，生男女，必货视之。"明洪迈《夷坚志》卷十"刘左武"条："妻及男女数人继死，但余子妇并幼子存。"

"茄子"，白话叫"茄瓜""矮瓜"，《齐民要术》卷二有"种茄子法"。宾阳平话叫"绿苏"。唐宋以后的口语文献有"落苏"一词。唐段成式《酉阳杂俎·草篇》："茄子……张（周封）云一名落苏，事具《食疗本草》。"宋陆游《老学庵笔记》："《酉阳杂俎》云茄子一名落苏。今吴人正谓之落苏。或云，钱王有子跛足，以声相近，故恶人言茄子，亦未必然。"现代吴方言多有称茄子为"落苏"的，吴语"落绿"同音。

桂南平话中如果一些与汉语差异很大的口语词，则可在壮语中找到来源。广府白话的壮语借词很少。

2. 词汇反映社会生活的差异。

语言是社会现象，词汇是对社会生活的最直接反映。可以说，平话词汇与沿江白话的差异在一定范围内反映了城乡生活的差异。在词汇调查中不难发现，平话反映农业生产生活的词语非常丰富、细致，与粤方言区的农村有很大共性，而商业、手工业、学校、诉讼、游戏娱乐等与早期城镇生活相关的词语，就贫乏得多。反之亦然。沿江白话来自商品经济发达的地区，到广西后也主要是分布在商埠、城镇，在那里就难以调查到农业生产活动的词汇。沿江白话从珠江三角洲西徙已有两三百年，由于社会发展的差异，南宁白话虽保留着大量与广州话相同的口语常用词，但在创新发展上已有不小距离。以广东粤方言的一些俗语谚语为例。

一些反映日常生活经验的俗语谚语，广西的平话、白话都说。如：

热天热大众，冷天冷穷人

工夫长过命

三岁定八十

一样米养百样人

西闪雨重重，南闪猛南风，北闪江水涨，东闪日头红

懒人屎尿多

屙屎冇出赖地硬

打蛇打七寸

　　回南转北，冷到嘴唇黑
　　打死狗讲价

　　一些俗语谚语与城市生活有关。如：

　　宽鞋紧袜
　　多只香炉多只鬼
　　滚水冇响，响水冇滚
　　有钱楼上楼，冇钱地下踎
　　电灯杉挂老鼠箱——一高一矮
　　食猪红屙黑屎——马上见功
　　公不离婆，秤不离砣
　　观音菩萨，年年十八
　　咸鱼腊肉，见火就熟
　　大暑小暑，有米懒煮
　　乞儿冇留隔夜米

　　以上俗语谚语，沿江白话都说，但农村的平话罕见。

　　亲生仔不如近身钱
　　亲生仔唔似近身钱，靠买米不及自耕田
　　财多身子弱，钱多瞓唔着
　　欠人钱债不是财
　　风吹鸡蛋壳，财散人安乐

　　这些俗语谚语梧州白话也讲，但南宁、百色白话不说，平话更没有。
　　讳称是汉民族的一种传统文化。粤方言避讳词多，尤其是城镇方言。比较一致的是与经济生活无关的委婉说法。如对死、病的讳称是最普遍的，平话、粤方言都有许多相似说法。如"死"叫"过""过世"，挖墓穴叫"开金井、开金冢"，骨殖坛叫"金埕、金罂"等也很一致。但对日常生活中的一些事物的讳称，沿江白话比平话要多。如：
　　肺——发，避"废"。
　　血——红，避直说"血"，因为说"血"与不幸联系在一起。
　　舌——脷，脷钱，避"折"，"舌""折"同音，做生意求利，最担心折本。

肝——润、湿，避“干”。

扁担——担湿、担润，避“干”，因为当地农村把扁担叫“担竿”。

丝瓜——胜瓜，避“输”。沿江白话中西段不避，因为老广府话“丝”“输”同音，读[ʃy1]，今梧州老派亦然。

韭菜——快菜，避“久”，梧州白话说，南宁、百色白话说“扁菜”，宾阳平话说“扁薹”，就没有“快菜”一说。

箸——筷子，避“住（不走了）”，但仍说“一箸菜”（一挟菜）。

酱油——白油，避黑色。梧州白话说，南宁、百色白话不说。

以上讳称出现在沿江白话，平话一般不说。

汤——顺，避“劏（杀）”，宾阳话及勾漏片粤方言说。

油勺——油赚，避“蚀”，“勺”与“蚀”音近。桂北义宁说。

下篇　平话的语法研究

第一章　宾阳话语法调查

对现代汉语语法的研究，多年来主要集中在对民族共同语普通话的语法研究。方言间的差异在感知上以语音为最，语法差异一向被公认为是小的，因此向来方言研究重点主要是在语音上。汉语方言语法的研究总体起步较晚，近二三十年来才逐渐引起人们的重视，相关成果不断问世。

近 20 年来，广东、香港的粤语语法研究成果颇多，相比之下，广西平话的语法研究是近几年才开展起来，成果一般是语法例句的罗列，单篇的语法个案研究。《桂北平话与推广普通话研究》丛书（2005—2006）有 11 个方言点的语法材料，是平话语法研究的重要成果。

"汉语语法科学体系的建立正是要在汉语方言语法细致深入的观察、分析、归纳、综览的情况下，才有坚实的基础。"（王均，1996）[①]语序和虚词是汉语的语法手段，方言间语序的共性较大，而虚词是大量、复杂的，既最能体现方言的特点，又能表现方言间关系。在本课题的研究中我们十分重视对方言语法的细致调查，尤其是对汉语重要语法手段之一的虚词的调查研究，面上调查与个案研究相结合。尝试以语言类型学理论为指导，运用类型学的语法调查方案，有选择地对桂南平话方言点、粤方言点进行较详细、系统的语法调查描写，以求较全面展示其语法面貌，同时结合已有成果，总结归纳出平话、粤方言语法的类型学特点，进行深入的个案研究。在方言语法研究上取得不少突破。

由于篇幅关系，方言语法的调查描写本章只举平话的核心代表点宾阳话为例[②]，具体方言点是宾阳县新桥镇。

第一节　词法

一　修饰语和名词中心语

宾阳话偏正式结构中，定语一般都是加在名词前形成"定语+中心语"

[①] 见黄伯荣主编《汉语方言语法类编·序言》。

[②] 宾阳话的语法材料来自覃东生《宾阳话语法研究》，硕士学位论文，广西大学，2007 年（原文记音根据本书所列新桥镇音系进行了统一）。

的结构，如"大人、细民（小孩儿）、黄豆、水牛、好人"，但有少部分词条采取的是"中心语+定语"的语序。例如：

A组：

牛公　牛母　牛牯　猪獕_{公猪}　猪草_{母猪}　猪郎_{种猪}　老鼠公　老鼠母

鸡公　鸡母　鸡项_{未下过蛋的母鸡}　鸡阉_{阉鸡}　鸡秃_{秃毛的鸡}

鸭□[lɛau⁵⁵]_{鸭群中最瘦弱的鸭}　狗□[lɛu⁵⁵]_{到处寻找食物的狗}

B组：

人客　狗屎干　薯□[ŋɛk⁵⁵]_{踩碎的红薯或木薯}　薯枯_{红薯干}　麻枯_{花生麸}

柴劈_{劈开了的柴火}　炮赚_{帮别人加工鞭炮时自己省下原料来做成的鞭炮}　鞋□[phɛp³³]_{拖鞋}

宾阳话名词中这样的语序有限，较多的是表示动物的雌雄，可类推，如A组。这一特征与粤方言一致。

二　名词的小称形式

宾阳话用"名词+儿"表示名词的小称形式。"儿"同时高平音变，由原来的阳变[ŋi²¹³]变阴去[ŋi⁵⁵]。如：

鸡儿_{小鸡}　　鸭儿_{小鸭子}　　猪儿_{小猪}　　老虎儿_{小老虎}

屋儿_{小屋子}　　刀儿_{小刀}　　锅儿_{小锅}　　碗儿_{小碗}

弟儿_{小男孩}　　妹儿_{小女孩}　　告化儿_{小乞丐}　　匠公儿_{小水泥匠}

阿公儿_{小老头}　　阿婆儿_{小老太婆}　　舅公儿_{对年纪很小就当上舅舅的人的称呼}

姨姆儿_{对年纪很小就当上姨妈的人的称呼}　　　　叔儿_{年龄小辈分大的叔叔}

名词加上"儿"后一般表示年龄或形体较小的，同时还表可爱、亲切意。如"叔儿、舅公儿、姨姆儿"是对年龄小辈分大的亲属的称呼，"匠公儿"是对年龄较小而从事成年人的工作的人的称呼，这些称呼都表达出一种可爱、亲切之情。

小称形式用"儿"是广西早期粤方言的特点。沿江白话西段用"崽"，梧州白话处勾漏片粤方言区，"崽""儿"共存。

三　名词词缀

（一）前缀

阿[a³³]

（1）附在"二"至"十"的数词前面，表示排行。在普通话中排行最大的不能称"老一"，但能称"老大"，在宾阳话中"老一""老大"的说法都没有，一般用"大+亲属称谓"的方式称呼，如"大哥、大姐"等。

（2）附在亲属称谓前面表示称谓，如"阿公、阿婆、阿爷、阿叔、阿婶、阿哥、阿妹"。

（3）用加在名字前面表示称谓，如"阿强、阿杰、阿红"等。

（4）附在表示人的特征的形容词前表称谓，如："阿盲（对盲人称呼）、阿□[moŋ³⁵]（[moŋ³⁵]表身体强壮）、阿□[kɐu³⁵]（[kɐu³⁵]表身体瘦小）"。

老[lɐu²²]　用作前缀的"老"读音弱化，由[lɐu²²]变为了[ləu²²]。

（1）附加在姓氏前面，表示对于熟悉的人的称呼，如"老张、老李"等。

（2）用在表示人的特征的形容词前，表示有某种特征的人。如"老肥、老恶（凶的人）、老喑（哑巴）、老□[pɐi³⁵]（瘸子）"等。

细[ɬei⁵⁵]　附在姓氏前面，表示对熟悉的人的称呼，如"细陈、细黄"等。

（二）后缀

头[tɐu²¹³]

（1）作一般名词的后缀：石头、芋头 、垫头枕头、□[ŋek⁵⁵]头锄头。

（2）加在表示身份、职业的名词后，表示对某种身份、职业的人的称呼，带有嫌弃、厌恶意：贼头小偷、箱头当地人对一些专门提着箱子去行骗的人的称呼。

（3）加在动词或形容词后构成抽象名词：吃头、看头、恁头想头。这类用法是受普通话的影响才产生的，年纪较大的宾阳人是用"法"。

法[fap³³]　加在动词后面构成抽象名词，表示事物的某种价值。如看法看头、吃法吃头、□[pɐn³³]法玩头。

佬[lɐu²²]

（1）作表示身份职业名词的后缀，有瞧不起、嫌弃的色彩：打鱼佬打鱼的、缀鞋佬补鞋的、屠行佬杀猪的、飞头佬剃头的。

（2）附在表示人的特征的形容词后构成表称谓的名词，表示具有某种特征的人：肥佬胖子、憨/癫佬疯子、盲佬瞎子、高佬对高个子的人的称呼。

货[hɐu⁵⁵]　加在形容词后构成表示具有某种性质或特征的人或事物的名称。如：

好货好东西或好人、坏货坏人、便宜货便宜的东西、憨/癫货疯子、骚货举止轻佻，作风下流的人、贱货下贱的人。

哥[kɵ³⁵]　作名词后缀：生意哥做生意的人、学生哥学生、后生哥年轻人、□[ɛm³⁵]哥扒手、阿赖哥作风不好的人。

在上述后缀中，"佬、货、哥"都还不同程度地残留着一些具体的词汇意义。"佬"一般用于成年男子，"哥"用于年轻男性，"货"则是一种近似于比喻的用法。

队[tu⁴¹]

"队"加在人称代词和指人名词的后面表示复数。例如：我队我们、你队_{你们}、老师队_{老师们}、伙计队_{朋友们}、张三队_{张三一伙人}。

子[tʃəi³³]和根[ken³⁵]

水果名称一般都要带上一个"子"。如果子_{水果的总称}、龙眼子_{龙眼}、荔枝子_{荔枝}、扁柑子_{柑子}。有少数水果的名称后面不能加"子",如苹果、芒果、菠萝、木瓜等,这些水果是外来的。

植物的名称加"根"。如:禾根_{水稻}　粟包/麦根_{玉米}、木根_{对树木的总称}、花根_{对花类的总称}、苦楝根_{苦楝树}、杨木根_{榕树}、枇杷子根_{枇杷树}、丝瓜根_{指丝瓜的植株}、菊花根_{指菊花的植株}、马鞭草根_{马鞭草}。

个[o³³]

[o³³]是"个[kø²³]"的语音弱化形式。

附加在名词、人称代词、形容词、动词及各类词组后面组成名词性结构。例如:

木个_{木的}、我个_{我的}、你队个_{你们的}、新个_{新的}、吃个_{吃的}、正来个_{刚来的}、高高个_{高高的}、细细个_{小小的}、蛮好看个_{挺好看的}。

四　形容词的生动形式

1. 重叠式

单音节形容词可以通过重叠形成 AA 式的生动形式。AA 式形容词表示程度的增加。AA 不能单独成为一个语法成分,它必须和后缀"个[ko³³/o³³]"组合才能构成一个独立的语法成分。例如:

① 那个人个头毛长长个。_{那个人的头发长长的。}

② 北方人个个面红红个,同苹果样。_{北方人的脸红红的,像苹果一样。}

两个在语义上相关(如意义相同、相近、相反或都可用于表示事物同一方面的性质、状态等)的单音节形容词分别形成重叠生动式 AABB。AABB 式也有加强语义、增强感情色彩的作用。例如:

③ 你生得高高大大,实在合适读体育。

④ 条大路□□□□[ŋok³³ŋok⁵⁵ŋɐu³³ ŋɐu³³],难行死去。_{这条路弯弯曲曲的,太难走了。}

AABB 式也经常作为名词性的成分使用。如:

⑤ 呢果子好好坏坏我通买齐去。_{这些水果好的坏的我都把它们卖完。}

⑥ 个村全村细细大大统意看打篮球。_{这个村全村大大小小都喜欢看打篮球。}

2. 附加式

单音节形容词后加一个叠音后缀 bb 构成 Abb 式形容词。Abb 式形容词多用于形容人或事物的性质、状态 情貌等,词根 A 加上叠音后缀 bb 后都含有程度增强的语义,甚至带有感情色彩。例如:

① 今日个天暗[met³³met³³]着。_{今天的天空阴沉沉的。}

② □[ne³⁵]秧插得密[lei³³lei⁵⁵]着,同样生得好?_{这些秧苗插得密密麻麻的,怎么会长得好?}

③ 个人生得高[keŋ²² keŋ²²]着，同根竹竿着。<small>这个人长得高高的，像根竹竿一样。</small>

④ 个妹儿生得高[ɬəu²¹ɬəu²¹³]着，靓过哪门。<small>这个女孩长得高高的，好看极了。</small>

"高[keŋ²²keŋ²²]"含贬义。"高[ɬəu²¹ɬəu²¹³]"含褒义。

单音节形容词还可以形成 Abb 式的扩展形式"A+□[tʃi³⁵]+Abb"，如：

⑤ 件衫坏□[tʃi³⁵]坏[laŋ³³laŋ⁵⁵]着，着冇得呃。<small>这件衣服太破了，不能穿了.</small>

⑥ 那个人瘦□[tʃi³⁵]瘦[ke³³ke³⁵]，冇好看。<small>那个人很瘦，不好看。</small>

能形成这种"A+□[tʃi³⁵]+Abb"式的单音节形容词只能是含贬义的形容词，用于突出事物不好的方面。

Abb 式形容词在句子中能作谓语、状语、补语，不能作定语。如：

⑦ 个人啊，懒[khøm³³ khøm³³]样。<small>这个人啊，很懒很懒。</small>

⑧ 张三直[theŋ³³theŋ³³]着企依那边，同木头着。<small>张三直挺挺地站在那里，像木头一样。</small>

⑨ 座屋筑得阔[løŋ²²løŋ²²]着，正好住哦。<small>这栋房子建得宽宽的，很适合居住。</small>

Abb 式形容词在使用中时总是要加上一个后缀性的成分"样[jeŋ⁴¹]"或者"着[tsek³³]"，形成"Abb＋样/着"的结构。"样"和"着"一般可以互换。

第二节　虚词

一　代词

（一）人称代词

1. 基本人称代词

范畴人称	单数	复数		领属	
		排除式	包括式	单	复
第一身	我 ŋø²²	我队 ŋø⁴¹tu⁴¹	云队 wən²¹³ tu⁴¹	我个 ŋø²² o³³	我队个 ŋø⁴¹ tu⁴¹ o³³ 云队个 wən²¹³ tu⁴¹ o³³
第二身	你 nəi²²	你队 ni⁴¹ tu⁴¹		你个 nəi²² o³³	你队个 ni⁴¹ tu⁴¹ o³³
第三身	那 na⁴¹	那队 na⁴¹ tu⁴¹		那个 na⁴¹ o³³	个那队个 na⁴¹tu⁴¹ ko³³/o³³

第一、第二人称代词单数形式加上复数后缀"队"后发生音变。"我"由[22]变[41]声、韵不变。"你"由[22]调变成[41]，韵母由[əi]变[i]。

"队"用在代词和指人名词后边，表示人的复数，还可表连类复数，表示"……等人"，但不能用在动物名词或无生名词后。例如：

① 老师队统去开会呃，今日冇用上课。<small>老师们都去上课了，今天不用上课。</small>

② 李四队做一日个工，到天暗阿归屋。<small>李四等人干了一天的活，到天黑了才回家。</small>

③ 二叔讲个古逗得阿龙队笑到肚痛去。<small>二叔讲的故事逗得阿龙等人笑得肚子都痛了。</small>

名词加"队"后不再受一般数量词和量化词"一些，许多"等的修饰。

人称代词表示领属时根据领属对象的不同形式也有所不同：

（1）表示对亲属的领属。表示对儿女、配偶的领属和表示对其他亲属的领属时分别用人称代词原形和"单数人称代词+屋"的合音两种不同的形式。

A. 表示对儿女、配偶的领属时直接用相应的单数人称代词表示[1]。例如：

④ 我女侬南宁读书，你女侬广州读书，那女侬北京读书。

⑤ 我老嬷意打麻雀，你老嬷意唱歌，那老嬷意看电视。<small>我老婆喜欢打麻将，你老婆喜欢唱歌，他老婆喜欢看电视。</small>

只有在表示强调时，才在人称代词和被领属的儿女、配偶之间加上领属标记"个"。例如：

⑥ 个是我个女，冇是那个女。<small>这是我的女儿，不是他的女儿。</small>

B. 表示对其他亲属的领属一般用"单数人称代词+屋"的合音形式：[我屋][ŋok^{35}/ŋøk^{35}]、[你屋][nok^{35}/nɛk^{35}]、[那屋][nak^{35}]。例如：

⑦ [我屋]叔是农民，[你屋]叔是工人，[那屋]叔是老师。<small>我爸爸是农民，你爸爸是工人，他爸爸是老师。</small>

这种"人称代词+屋"的合音形式久而久之人们已经意识不到了，所以口语中常常还会分别在[ŋok^{35}/ŋøk^{35}]、[nok^{35}/nɛk^{35}]、[nak^{35}]的后面再加上"屋"。

（2）表示对家庭（族）、社会组织单位和家庭（族）或单位的大型不动产的领属。

A. 表示对"家"领属时用[ŋok^{35}/ŋøk^{35}]、[nok^{35}/nɛk^{35}]、[nak^{35}]。例如：

① 个是[ŋok^{35}/ŋøk^{35}]屋，冇是[nak^{35}]屋。<small>这是我家，不是他家。</small>

B. 表示对家族、社会组织单位及其大型不动产的领属时用人称代词复

---

① 儿女虽然是夫妻两人共同所有，但是在一般情况下夫妻两人分别与外人谈话时，表达的是个人对儿女的领属。除非在夫妻两人同时在场对外人谈话才用"我队（我们）"表领属，强调为两人共同领属。

数形式。例如：

②　我队大门口有百五人，那队大门口有一百人。我们家族有 150 人，他们的家族有 100 人。

③　我队公司卖百货，你队公司卖家电。 我们公司卖百货，你们公司卖家电。

（3）表示对自身物品的领属：

A. 表示对永久占有的身体部位的领属用相应的人称代词：

④　我手有呢麻。 我的手有点麻。

⑤　冇动我脚，我脚有呢痛。 不要动我的脚，我的脚有点疼。

如表示对比或强调，可在相应的人称代词后面加上领属标记"个"。例如：

⑥　冇动，只是我有个手，又冇是你有个手。 别动，这是我的手，又不是你的手。

B. 表示对临时性物品的占有时，用相应的人称代词加领属标记"个"。例如：

⑦　你贴冲我个笔冇？ 你看到我的笔吗？

表示整个家庭对某个事物的领有时，用[ŋok³⁵/ŋøk³⁵]、[nok⁵⁵/nɛk³⁵]、[nak³⁵]表示。例如：

⑧　[ŋok³⁵/ŋøk³⁵]电视机是前年买个，[nak³⁵]电视机是今年买个。 我家的电视机是前年买的，他家的电视机是今年买的。

表强调时也可在[ŋok³⁵/ŋøk³⁵]、[nok⁵⁵/nɛk³⁵]、[nak³⁵]后面加领属标记"个"。例如：

⑨　个电视是[ŋok³⁵/ŋøk³⁵]个，冇是[nok⁵⁵/nɛk³⁵]个。 这个电视机是我家的，不是你家的。

2. 其他人称代词

（1）统称代词：大众[tɐi²²tʃoŋ⁵⁵]

A. 称一定范围内所有的人。如：

①　大众通是朋友，冇使客气。

B. 称某人或某些人以外的一定范围的所有人。如：

②　我队主任统是恁大众，独是冇记得自己。 我们主任一心想着大家，唯独不顾自己。

C. 加在复数代词后面作同位语，表示复指。如：

③　云队大众统做过学生，我识得做学生辛苦。 我们大家都做过学生，我知道学生辛苦。

D. 做状语，表示一起。如：

④　我冇想个人去南宁，我想凑你大众去。 我不想一个人去南宁，我想跟你一块去。

这时句中就不再能出现相当于"一起、一块"的词语。

下面句子中，"大众"可以理解为同位语，也可以理解为作状语，所以有歧义。

⑤　云队大众去打球。 我们大家/一起去打球。

把"大众"理解为"云队"的同位语，则可以在后面加上"一起"。如果把"大众"理解为表示"一起、一块"的状语，则不能再在句子中加上"一起"。比较：

⑥ a.落课呃，云队大众一起去打球。<small>下课喽，我们大家一起去打球。</small>

b. 我冇想个人去打球，云队大众（*一起）去打球。<small>我不想一个人去打球，我们一起去</small>
<small>打球。</small>

（2）己称代词：自己[tʃok²²kəi⁴¹]

"自己"可以作主语，可以作宾语，可以跟在先行词后作同位语，可以作定语。如：

① 个件事由我自己来处理。

② 你同样固，害那□[nok⁵⁵]也害自己。<small>你这样固执，害了别人，也害了自己。</small>

③ 个门是自己关个，我盟动着□[təi⁴¹]。<small>这门是自己开的，我没有动它。</small>

④ 学习主要是自己个事。<small>学习主要是自己的事。</small>

（3）别称代词：[那屋][na²²nok⁵⁵]/[人屋][na²²nok⁵⁵]，可互换。

A. 泛指说话人和听话人以外的，与"自己"相对。例如：

① 老王个人认真好讲，那屋个事就是那自己个事。<small>老王这人特热心，别人的事就是他</small>
<small>自己的事。</small>

② 云队噉辛苦，那屋还冇一定领情□[ŋən³⁵]。<small>咱们这么辛苦，别人还不一定领情呢。</small>

B. 回称前文的第三者。例如：

① 细王上网着，那屋哪呢得空凑你去看电影。<small>小王在上网呢，人家哪有空陪你去看电影。</small>

② 细张个入学通知书来呃，快呢安去把那屋。<small>小张的入学通知来了，快给人家送去。</small>

在名词性成分前加"那屋"，语气较生动。例如：

③ 你看那屋细陈就是识办事。

C. 称说话人自己，等于"我"。带有不满义。

① 你慢呢行，那屋跟冇上。<small>你慢点儿走，人家跟不上啊！</small>

② 原来是你啊，差呢吓死那屋。<small>原来是你啊，差点没把人家吓死。</small>

从句法上来看，"那屋"可以作主语、宾语、同位语的先行词，还可作定语。

（二）指示代词

1. 基本指示成分

近指"个[ku³³]（个/阵……）"，远指"那[na²²]（个/阵……）"。不能单用的，需要在后面加上量词、时间或地点小词等。近指用"个"，广西平话与粤方言同，但远指用"那"平话内部比较一致，粤方言却复杂多样。

	近指	远指
指示	个/根/篮……（这个/根/篮……）	那个/根/篮……（这个/根/篮……）
地点	个呢[ne³⁵]这里	那呢[ne³⁵]哪里
时间	个阵这会儿	那阵那会儿
	样时现在	那时
方式/性状	同样（做）这样（办）	那样（做）
程度	同样（高）这么（高）	那样（高）

指示成分"个/那"可以省略，由名词前的量词单独起指示作用表近指的功能。可具有指示功能的量词限于一般的个体量词、临时量词、部分集合量词、不定量复数量词。如：

① 本书是图书馆个，冇把失个。这本书是图书馆的，别弄丢了。

② 袋糯米我留来包粽，那袋安去卖。这袋糯米我留下来包粽子，那袋拿去卖。

③ 我意意对鞋个，地好好看个。我非常喜欢这双鞋，它们非常好看。

表近指的"量+名"结构，可以作主语、话题、宾语和定语。

名词前的个体量词、临时量词、部分集合量词、不定量复数量词也有表定指的功能。因此，在没有语境的情况下，"量+名"结构有歧义，其中的量词既可以分析为表示近指的功能，也可以分析为表示定指的功能。但是在一般的交谈中，这种歧义是可以通过语境分化的，当量词后的名词所指代的对象存在于交谈的现场时，它总是表指代的功能；当名词所指代的对象不存在于交谈的现场，量词总是表有定的。

2. 个呢、那呢

A. "个呢"相当于"这里"，"那呢"相当于"那里"。

① 个呢日头大多，云队过那呢阴处去。这里太阳太大了，咱们到那边阴凉的地方去。

B. 直接放在人称代词或名词后，使非处所词变成处所词。

② 会计那呢阿有发票，我个呢冇有。会计那里才有发票，我这里没有。

C. 修饰名词时，通常要带定语标记"个[o³³]"。

③ 个呢个水依山接落归，那呢个水依水库接落归。这里的水从山上接下来，那里的水从水库接下来。

D. 做介词的宾语。

④ 细王坐依那呢。小王坐在那儿。

3. 个阵、样时，那阵、那时

A. "个阵"相当于"这会儿"，"那阵"相当于"那会儿"。

① 旧年那阵我个钱紧张呢，个阵好呢呃。去年那会我的钱比较紧张，现在好一些了。

B. "样时"相当于普通话"现在、目前"。"那时"也表示离现在较远的某个时间，这个时间可以是过去的，也可以是未来的，相当于普通话的"那时候"。

① 我教学那时老师个工资低低个，样时不同呃。 我教学那时老师的工资很低，现在不同了。

② 昨日有水那时你冇犁田，样时冇有水你阿讲犁。 昨天有水的时候你不犁田，今天没有水了你才犁。

"那时"可以表示言谈或叙事中提到的某个时候。例如：

③ 样时读书冇有钱冇要紧，到工作那时就有呃。 现在读书没有钱不要紧，到工作那时就有了。

4. 同样、那样

A. 表示方式、性状。

① 件事就同样/那样呃。 这件事就这么/那么吧。

② 同样冇好，那样阿好。 这样不好，那样才好。

口语中"同样"常合音读[t]。

B. 表示程度。

表示程度时语境中一般有用来比较的事物。否则一般用手势比况，这时"同样、那样"就表示一种虚指，往往表现出说话者强烈的语气。例如：

① 我冇想同样高，我想同姚明那样高。 我不想这么高的，我想像姚明那么高。

② 呢甘蔗同样甜，还加甜过白糖。 这些甘蔗那么甜，比白糖还要甜。

③ 碗饭同样多去呃，我吃冇得齐。 这碗饭那么多，我怎么吃得完。

④ 真个，我吃那个西瓜就是同样大个（作手势比况）。 真的，我吃的那个西瓜就是这么大。

如果语境中没有用来比较的事物，或者比况的手势，通常是用一个程度副词"噉[kem³³]+形容词"表示，与广州、南宁白话同。所以，"同样/那样"表示程度的使用频率相对来说要比普通话中的"这么/那么"低。

（三）疑问代词

1. 基本疑问代词

疑问范畴	单数	复数	可否为任指代词
基本疑问词	哪门[na³³mun²¹³]	哪门[na³³mun²¹³]	哪们都冇吃什么都不吃
人	哪个[na³³kø⁵⁵]	哪个队[na³³kø⁵⁵tu⁴¹]	哪个都意那谁都喜欢他
个体指别	哪个/张……	哪呢[ne³⁵]	哪个统得哪个都行
处所	哪呢[ne³⁵]		我哪呢统冇去我哪里都不去

续表

疑问范畴		单数	复数	可否为任指代词
时间		几时		几时来统得什么时候来都行
程度		几高/大……		几高统是样多高都一样
方式/性状		同哪样[toŋ²¹³na³³jeŋ⁴¹]		同哪样统得怎么样都行
原因		做哪门[tʃəu⁵⁵na³³mun²¹³]		做哪门统得你干什么都行
数量	基本	几多		几多钱统有够使多少都不够花
	十以内	几		
	与量词组合的情况	几（多）只/几斤/桶……		几（多）只统得

2. 询问人物：哪个

"哪个"可以充当主语、宾语和定语，主要有询问、反诘、虚指、任指 4 种功能。

A. 询问。可以指一个人，也可以指不止一个人。

① 哪个是你老师？

B. 虚指。表示不能确定的人，无须或无法说出的人。

② 今日同有哪个开过个电脑着。_{今天好像有谁开过这个电脑。}

③ 没有哪个着那啊，有识那做门发气。_{没有谁惹了他，不知道他为什么生气。}

C. 反诘。表示否定。

④ 呢饭嗷硬，哪个吃得落。_{这些那么硬，谁吃得下。}

⑤ 哪个动着你电脑，你乱怀疑。_{谁动了你电脑，你瞎怀疑。}

D. 任指。表示一定范围内任意的对象都符合具备某种性质或符合某种状态。

⑥ 哪个通意那。_{谁都喜欢他。}

⑦ 条江同样阔，那个都跳有过。_{这条江那么宽，谁都跳不过去。}

3. 询问事物的疑问代词：哪门[na³³mun²¹³]

"哪门"有指别性和称代性两种用法。

A. 表询问。指别性的"哪门"一般询问符合某些条件的事物，称代性的"哪门"一般询问事物的性质或人的职务、身份等。

① 哪门有脚有识行路？_{什么有脚不会走路？}

② 你是做哪门哦？_{你是干什么的？}

B. 虚指。表示不肯定的事物或人。

③ 你有哪门有识个就问老师。_{你有什么不知道的就问老师。}

C. 反诘。表否定。

④ 一发大水，有哪门挡得住。 一发洪水，有什么挡得住？

⑤ 有哪门比读书多/加要紧？ 有什么比读书更重要？

D. 任指。指一定范围之内无例外。

⑥ 哪门都冇吃。 什么都不吃。

"哪门"在句中可以作主语、宾语、定语。

4. 个体指别疑问代词：哪+量词

主要表示在同类中加以确指。个体指别疑问代词有指别性和替代性两种主要用法，能表示询问、虚指、反诘、任指 4 种功能。

A. 表询问。用于事物的确指。

① 哪个电脑是好个？ 哪台电脑是好的？

B. 虚指。表示不确定的一个。

② 哪时得空哪时去。 什么时候有空什么时候去。

③ 哪个用得用哪个。 哪个能用用哪个。

C. 反诘。表示否定。

④ 件事哪个识得？又冇有人讲把我听。 这件事情谁知道？又没人告诉我。

⑤ 我冇信，哪呢有种事？ 我不相信，哪里有这种事情？

D. 任指。表示任何一个，后面常有"统、都"呼应。

⑥ 哪个来统得。 谁来都行？

5. 询问处所的疑问代词：哪呢[na³³ne³⁵]

A. 询问。询问某个具体的地方。

① 你在哪呢住？

B. 虚指。表示某个不能确定的地方。

② 我记得我在哪呢聪你过。 我记得我在哪里见过你。

C. 任指。表示任何地方。

③ 做工去哪呢统是样。 干活在哪都一样。

D. 反诘。表示否定。

④ 我哪呢同你有钱？ 我哪里像你那么有钱？

6. 询问程度的疑问代词：几[kəi³³]

"几"加上相应的表示程度的成分，可以表询问、任指。

A. 疑问。表示对某种程度的疑问。

① 你几高？

B. 任指。表示任何一种的程度。

② 雨几大都着去。 雨多大都得去。

C. 虚指。表示难以准确说出的程度。

③ 我实在是冇记得张三有几高。<small>我实在是记不清张三有多高。</small>

7. 询问方式/性状的疑问代词：同哪样

在语流中经常会省略成"同样[toŋ²¹³ jeŋ⁴¹]、同[哪样][toŋ²¹³ neŋ⁴¹]"。

A. 询问。用于询问方式和性质。

① 李明个人同哪样？<small>李明这个人怎么样？</small>

B. 虚指。表示难以直接说出的方式或性状。

② 冇识张三同样变成个样子。<small>不知道张三怎么变成了这个样子。</small>

C. 任指。表示任何的方式或性状。

③ 你想同哪样统得。<small>你想怎么样都行。</small>

D. 反诘。表示否定。

④ 我同哪样识？你又冇凑我讲过。<small>我怎么知道？你又没有跟我说过。</small>

8. 询问原因的疑问代词：做哪门

常省略成"做门[tʃəu⁵⁵ mun²¹³]"。可以表示询问、虚指、任指、反诘 4 种功能。

A. 询问。表示对原因的疑问。

① 你做哪门冇吃饭？<small>你为什么不吃饭？</small>

② 张三做门冇来上课？<small>张三为什么不来上课？</small>

B. 虚指。表示难以明确说出的原因。

③ 硬冇识你来学校做哪门。<small>真不知道你来学校干什么。</small>

④ 冇识那做哪门发气。<small>不知道他为什么生气了。</small>

C. 任指。表示任何的原因。常用"统、都"与它相呼应。

⑤ 做哪门通得，你统着去学校。<small>不管怎么样，你都得去上学。</small>

⑥ 我准你做哪门，统冇得打架。<small>不管怎么样，都不能打架。</small>

D. 反诘。表示否定。

⑦ 我做哪门着帮你做工？我又冇是你个工人。<small>我为什么得帮你干活？我又不是你的工人。</small>

⑧ 我做哪门去？你又冇喊我。<small>我为什么去？你又没叫我。</small>

9. 询问数量的基本疑问词：几多[kəi³³tø³⁵]

"几多"经常与量词结合一起发问，可以表示询问、虚指、任指 3 种功能。

A. 询问。表示对数字的疑问。

① 件衫着几多钱？<small>这件衣服花了多少钱？</small>

② 你准备住几多日？

B. 虚指。表示难以准确说出的数量

③ 有几多算几多，有就得。<small>有多少是多少，有就行。</small>

C. 任指。表示任何数量。常用"统、都"相呼应。

④ **几多统得，统好过冇有**。<small>多少都行，都比没有好。</small>

"几多"可省略为"几"。

询问：一个星期有几日？10个苹果，吃去3个，还有几个？

虚指：我冇识得今日星期几。

任指：几个统得，反正一个就得呃。

10. 反问疑问词：去呢[ne³⁵]

"去呢"是宾阳话的一个专门用于反问句中的疑问词，本义是"你去/在哪里"。如"你去呢买得本书？<small>你去/在哪里买到这本书？</small>"后来发展成为专门用于反问句中的疑问词。在反问句中的"去呢"与它表示"你去/在哪里"时在语义与结构上已经完全不一样。在语义上，"去呢"通过反问来表示否定，完全没有询问处所的意思，有时甚至连反问的意味都很淡了，只是表示一种谦虚的语气，相当于普通话的"（你真厉害）哪里，哪里"。在结构上，"去呢"用于表示"你去/在哪里"时是个动宾结构。如：

① **对鞋去呢踏得久？正踏两个星期就坏呃**。<small>这双鞋哪里能穿很久？刚穿两个星期就破了。</small>

② **你恶哦，考得第一名。——去呢**。<small>你真厉害，考了第一名。——哪里，哪里。</small>

表反问疑问词"去呢"虚化在平话和粤方言都不多见。

二　量词的语法功能

（一）量词的分类

（1）个体量词。个体量词表现出名词的个体性、可数性。可分为专用个体量词和通用个体量词。

专用个体量词一般跟与它相搭配的名词有某种意义上的联系，这种量词具有一定的分类作用。如细长形的东西一般论"根"如一根甘蔗、一根棒<small>—条棍子</small>、一根索<small>—条绳子</small>、一根手巾<small>—条毛巾</small>。小而圆的东西一般论"粒"，如一粒米、一粒石头。

通用个体则能与各种各样的名词搭配。宾阳话使用最广泛的通用个体量词是"个"。如：一个人、一个碗、一个西瓜、一个手机、一个学校<small>—间学校</small>、一个窟<small>—个窟窿</small>。

（2）度量词。度量词是表示度量衡单位的量词。如：尺、寸、升、斗、斤、两、亩。

（3）集合量词。用于成组或成群的人或事物。如：一对鞋<small>—双鞋</small>、一帮人<small>—群人</small>、一对筷箸<small>—双筷子</small>。

（4）临时量词。临时量词由名词临时充当。如：一碗饭<small>—碗饭</small>、一台菜<small>—桌菜</small>、一桶水<small>—桶水</small>、一车石头<small>—车子石头</small>、一屋草<small>—屋子草</small>、一站路<small>—站路</small>、一村人<small>—村人</small>。

（5）动量词。表示动作次数的量词。如：打一铺<small>打一次</small>、行一逛<small>走一趟</small>。

（6）不定量复数量词。宾阳话的不定量复数量词只有一个"呢[ne³⁵]"。前面可以加上数词"一"，如：一呢盐一些盐、一呢时间一点时间。"呢"还可以跟在动词之后，如：讲呢话讲一些话、做呢工干些活。

通用个体量词在平话内部一致性较强，多用是"个"，与官话同。白话比较多样，如南宁白话用"只"，梧州白话用"旧"。不定量复数量词平话和粤方言多读[ti1]、[ni1]/[ne1], 同源。

在普通话中可以用"每＋量词"和量词重叠两种形式表示全量义和逐指义。但是宾阳话中量词不能重叠，只能用"系[hai⁴¹]＋量词"的形式表示全量义和逐指义。如：

① 个班学生系个都意队个老师。这班学生个个都喜欢他们的老师。（全量义）

② 个班系个都有自己个特点。这班学生个个都有自己的特点。（逐指义）

这也是早期粤方言的特点，梧州白话还留有少量痕迹。

（二）量词单独作句子成分

在宾阳话中，名量词可以单独作句子成分，与粤方言同。如：个是哪门？这个是什么？

（三）"形量结构"及其功能

形容词"大、细（小）"与名量词组成一种能产性的"形量"结构，可以作谓语、定语、补语。如：

① 个弟儿细只。这男孩个头小。

② 本字典大本。这本字典块头大。

③ 去喊个大个呢个人来阿扛得袋米起身。去喊一个个头大一点的人来才能把这袋米扛起来。

④ 张三生得大只。张三长得个头大。

这种"形量"结构的形容词还可以重叠形成"形形量"结构，而且能进入"形形量"结构的形容词比能进入"形量"多：大大个、细细个、高高个、长长根、肥肥只。"形形量"结构也可以作谓语、补语。如：

⑤ 呢果子大大个。这些水果很大。

⑥ 呢竹生得长长根。这些竹子长得长长的。

（四）量词的不定冠词功能

宾阳话的量词发展出不定冠词用法。如：

① 我想买支笔，水笔也得，圆珠笔也得。我想买支笔，钢笔可以，圆珠笔也可以。

② 我想买对鞋，哪门牌都得。我想买双鞋，什么牌子的都行。

以上例句中量词都还在一定程度上表示"一"的数量义，但是这种数量义已非常弱，量词的主要功能在于表示一个不确定的个体。这表现在名量词作不定冠词用法时都不能再与其他表数量的成分进行对举使用。如：

③ 我买得*（一）条头裤，两件衬。我买了*（一）条裤子，两件上衣。

④ 李四有*（一）个弟，两个女。李四有*（一）个男孩，两个女孩。

如果量词之前没有加上数量词，那么量词"条""个"做不定冠词表一个不确定的个体，这时的量名结构是不能与后面的"两件衬""两个女"对举的。只有在量词前面加上数量词形成数量名结构，即量词不再是做不定冠词的时候，整个结构才能与后面的数量名结构对举。此外，表不定指的量词不重读，而表数量义的量词往往要重读，这也显示出两者的不同。

（五）量词的指示功能

量词直接加在名词前能兼表指示作用。如：

① 个是我侬。这是我儿子。

② 个铺打球输冇要紧，下次再赢回来。这次打球输了不要紧，下次再赢回来。

用个体量词表指示时，一般选用与名词相应的个体量词。由于通用个体量词"个"的使用频率非常高，因此"个"作指示用法的频率也非常高。作指示用法的不定量复数量词只有"呢[ne³⁵]"（相当于普通话的"点、些"）。能表指示用法的部分临时量词和部分集合量词都是使用频率比较高的。如在日常生活中经常使用的"袋""桶""帮（群）""对（双）"等。各种量词在表指示作用的同时，都还带有原来量词的基本作用。

（六）量词的定冠词功能

量词还能兼有定冠词的作用。如：

① 个手机放在哪呢了？那手机放到哪去了？[①]

② 把菜刀张三借去切菜呃。那菜刀张三借去切菜了。

③ 呢面条着阿二吃齐□ɐk²¹²。那面条被老二吃完了。

④ 帮契弟实在难教。那帮小子实在是不听话。

⑤ 个日头焗死去。这太阳热死了。

⑥ 个四婆意意个阿六个。那四奶奶非常喜欢那老六。

⑦ 只熊猫意吃竹。那熊猫爱吃竹子。

上述例句，量名结构中的量词表示所讨论的对象是有定的，相当于普通话的"这/那"。尤其值得注意的是后三个例子，⑤ 量词用在唯一的对象"日头"之前，⑥ 量词用在专指名词"四婆、阿六"前，⑦ 量词用在表类指的"熊猫"前，这都是指示词不能出现的位置。相反，用在这些位置却是定冠词的典型功能。这说明宾阳话中的量词确实具有定冠词的作用。

由于宾阳话的量词既能兼作指示词，又能兼作定冠词，因此，"个手

---

① 用普通话的"这""那"等对译宾阳话中兼作定冠词的量词不一定能准确地表达出其中的意思。但由于很难在普通话中找到完全对应的成分，因此，文中暂且用"这""那"等对译。

机、把菜刀"这样的结构有歧义，既可表示近指的事物，也能表示有定的事物。在语境中一般都可以把表近指和表有定区别开来。表近指时量词所修饰的对象总是会处在谈话双方的视野之内的，而表有定时量词所修饰的对象一般都不在谈话双方的视野之内。如说"个手机好看"是对谈话双方的视野之内的对象"手机"进行评论，这时的量词"个"就是兼表近指。而说"个手机失呃"时，谈论对象"手机"不在谈话双方的视野之内，这时量词"个"就只能表有定。此外，兼表指示的量词可以重读，而表有定的量词不能重读，这也能从语音上把两者区别开来。

（七）量词的类指功能

量词加在光杆名词的前面有表类指的功能。这种功能是量词定冠词功能的进一步发展。有定标记具有类指的作用是语言的常见现象。英语的定冠词"the"就经常加在名词前面表定指。但是，通过观察我们发现，宾阳话中量词兼表类指功能还不是很强，能兼表类指作用的量词只有少数几个，且仅限于一些跟动物、植物名词搭配的个体量词，不定量词"呢[ne^{35}]"也可以表类指，如：

① 只西洋鸭识飞。西洋鸭会飞。

② 根薯菜吃得。红薯叶能吃。

③ 呢饭好吃过面条。米饭比面条好吃。

在宾阳话中有一个表种类的量词"种"可以加在各种名词上表示类指，但是所指的类只能是某类名词中的一个小类而不能是整个种类。如：

④ 种西洋鸭识飞。这种西洋鸭会飞。

⑤ 种粟苞冇怕旱。这种玉米不怕干旱。

⑥ 种男人意吃酒。男人喜欢喝酒。

（八）量词的定语标记功能

量词还能起到兼作定语标记的作用，其中包括领属定语标记、时地定语标记、关系从句标记。如：

A. 领属定语

① 我本书放在屋。我的这/那本书放在家里。

B. 时地定语

② 上边本书是英语书。上面那本书是英语书。

C. 关系从句

③ 卖菜个人是张三女。卖菜那人是张三的女儿。

在量词作定语标记的结构中，不能与另外一个定语标记"个"同现，而一旦把作定语标记的量词删掉，那么就必须加入定语标记"个"，否则句子就不能说。由此可见量词确实是起到了定语标记的结构性作用。但是，在宾阳话中量词不能作形容词性定语标记，如"＊红朵花_{红的花}、＊红红朵花_{很红的花}"都不能说。

宾阳话中能作定语标记的量词包括个体量词、零时量词、集合量词、不定量复数量词。

（九）量词作名词化标记的功能

量词兼作名词化标记。如：

张三个好。_{张三那个好/张三的好。}

在宾阳话中量词兼作名词化标记的能力还比较弱，只有个体量词和不定量复数量词具备这样的功能，而且只能用于比较完整句子中。如普通话可以说"张三的、李四的、王五的"，而宾阳话就不能说"＊张三个、李四个、王五个"。

三　动词的特殊小类

（一）（能愿）助动词

识[sək⁵⁵]

（1）表示有无做某事的能力，相当于普通话的"会"。可单独回答问题。否定式为"冇识"。如：你识开车冇？识/冇识。_{你会开车吗？会/不会。}

（2）善于做某事。前面常加表示程度副词"认真"等。不能单独回答问题。否定用"冇识"。如：细陈认真识做事。_{小陈非常会办事。}

敢[køm³³]

（1）表示有无做某事的胆量，可单独回答问题。否定式为"冇敢"。

① 你技术冇好，敢开车冇？敢/冇敢。_{你技术不好，敢开车吗？敢/不敢。}

（2）表示有把握作某种判断。不能单独回答问题。否定用"冇敢"。

② 我敢讲你大冇过张三。_{我敢说你大不过张三。}

应当[əŋ³⁵tøŋ³⁵]

（1）表示情理上是否如此。可单独回答问题。否定式是"冇应当"。

① 你应当去医院看呢老师。_{你应该去医院看看老师。}

（2）表示对客观可能性的推测。不能单独回答问题。表否定时要把否定词加在句子的主要动词上。

② 细张昨日依沈阳来，后日应当到呃。_{小张昨天从沈阳来，后天应该到了。}

得[tɛk⁵⁵]

（1）表示在情理上是否允许。可单独回答问题。否定式是"冇得"。

① 学生得凑老师讨论问题。_{学生可以跟老师讨论问题。}

表示疑问时，"得冇"可以放在句末。如：

② 我冇去开会得冇？得/冇得。_{我不去开会可以吗？可以/不可以。}

（2）表示主观的许可或禁止。可单独回答问题。否定式是"冇/盟得"。

③ 话盟讲齐，你盟得行。 话没说完，你不能走。

表示是否已经得到某种允许时，肯定的回答要带上体标记"呃 [ɐk²¹²]"，否定的回答用"盟得"。

④ 我得落归盟？得呃/盟得。 我可以进来了吗？可以了/还不可以。

（3）表示达到了某种要求。不可单独回答问题。否定式是"盟得"。

⑤ 打电话就得呃，冇使写信。

想[ɬen³³]

表示主观上有做某事愿望。可单独回答问题。否定式是"冇/盟想"。

① 你想去北京游冇？ 想/冇想。 你想去北京玩吗？想/不想。

愿[ȵun⁴¹]

表示做某事或发生某事符合心意。可单独回答问题。否定式是"冇/盟愿"。

① 你愿一个人去北京冇？ 愿/冇愿。 你愿意一个人去北京吗？愿意/不愿。

"愿"前面还可以加上别的助动词。如：

② 张三可能愿帮你做工。

肯[hen³³]

表示主观上愿意做某事。可单独回答问题。否定式是"冇/盟肯"。

表示是否已经同意做某事时，肯定的回答要带上体标记"呃"，否定的回答用"盟肯"。

① 老板肯加工资把你盟？ 肯呃/盟肯。 老板肯给你加工资了吗？肯了/没肯。

可能

表示对客观情况的推测。

A. 主要用于动词前。可单独回答问题。表否定式有时直接加上否定词，有时要把否定词加在主要动词上。

① 后日可能落雨。 后天可能下雨。

B. 可以用在助动词前。

② 我看张三可能不肯来。 我想张三可能不肯来。

C. 用在主语前。

③ 可能你冇记得我呃。 可能你不记得我了。

着[tʃɛk²²]

表示情理上、事实上的需要。可单独回答问题。否定式是"冇/盟着"。

① 想捞钱就着出力呃。 想赚钱就得卖力点。

表是否已经有必要做某事时，肯定的回答要带上体标记"呃"，否定的回答用"盟着"。

② 星期五着交作业盟？着呃/盟着。星期五得交作业没有？得交了/还不用交。

（二）趋向动词

宾阳话的趋向动词主要有"来、去、归（回来）、□[khu⁵⁵]（回去）、到、过（可表途径和目标）、上归（上来、上去）、落归（下来）、落去（下去）、出归（出来）、过归（过来）、过去、起身（起来）"等。其中"来、去、归、□[khu⁵⁵]"是以说话者的位置为参照点的主观趋向动词，"到、过、上归、落归、上归、落归、落去、出归、过归、过去、起身"是不以说话者的位置为参照点客观趋向动词，都可以直接加在动词之后作趋向补语。当趋向补语和动词宾语同现时，如果动词宾语是一般受事宾语，则趋向补语要位于宾语之后，形成"动词＋受事宾语＋趋向补语"的形式。如：

① 那送两瓶酒去。他送去两瓶酒。

② 安支笔来。拿一支笔来！

③ 去买斤酒归。去买一斤酒回来。

如果动词宾语是处所性成分，情况则比较复杂。当处所宾语与单音节的趋向补语同现时，处所宾语则要后置于趋向补语，形成"动词＋趋向补语＋处所宾语"的形式。当处所宾语与双音节的符合趋向补语同现时，处所宾语则要置于复合趋向补语之间，形成"动词＋趋向补语₁＋处所宾语＋趋向补语₂"的形式。如：

④ 走来南宁。到南宁来。

⑤ 走去北京。到北京去。

⑥ 坐车到桂林。坐车到桂林。

（三）系词

1. 判断句的类型。

宾阳话的系词为"是"，否定形式"冇是"。根据主语跟表语在语义关系上的不同，使用系词的判断句可以分成下面几类：

（1）等同关系。即主语和表语完全相等，两者可以互换位置。如：

①《子夜》个作者是茅盾。《子夜》的作者是茅盾。

（2）个体—类别关系。表语表示主语的类别、身份。

② 鸡是六禽。鸡是家禽。

③ 张三是当官个。张三是当官的。

（3）领属关系。表语表示主语的领属关系。

④ 那本书是我个。那本书是我的。

2. "X（就）是 X"结构。

表示一种让步或强调。如：

① 好是好，就是贵多。好是好，就是太贵了。表示让步。

② 一个就是一个，冇得讲两个。一个（就）是一个，不要说两个。表示强调。

3. 存现句。

① 论扇墙统是那个相。 整面墙都是她的照片。

② 一身统是泥。 一身都是泥.

4. "是"作焦点标记。

"是"在分裂句中用作焦点标记，"是"凸显其的宾语。如：

① 昨日在教室是细王着电脑坏个。 昨天在教室是小王把电脑弄坏的。

② 细王是昨日在教室着电脑坏个。 小王是昨天在教室把电脑弄坏的。

③ 昨日细王是在教室着电脑坏个。 昨天小王是在教室把电脑弄坏的。

5. 系词的省略情况。

宾阳话中省略系词直接由原来的表语作谓语的情况很少。只有表语为简短的表时成分时才可以省略系词，这与普通话同。如：

① 昨日（是）星期三。

② 前日（是）3 号。

四 副词

（一）范围副词

宾语话常用的范围副词有"统、都、独是、□[ji⁴¹]"。

1. 统[tʰoŋ³³]

（1）表示总括全部。"统"表示它前面词语的范围。

① 大众统同意。大家都同意.

"统"所总括的对象前还可以用连词"冇管"。

② 冇管做哪门，我统认真。 不管干什么，我都认真.

③ 冇管你是翻风□tʃi³⁵落雨，王老师统坚持锻炼。 无论刮风下雨，王老师都坚持锻炼.

（2）"统"与"是"结合说明理由，把原因都归于某个对象。

④ 统是我冇好。 都是我不好.

（3）与"连"字同用，有强调语气的作用。

⑤ 件事连我统冇识。 这件事情连我都不知道.

（4）组成"一＋量……＋统……"的形式，表示否定。

⑥ 一口统冇吃。 一口都不喝.

⑦ 一个人统冇冲。 一个人都不见.

2. 都[tu³³]

（1）"都"与"统"在用法上多有交叉之处，上文"统"的 4 种用法"都"全部具备。除此之外，"都"还有一些"统"没有的用法。

A. "都"用于表示让步的小句，引出表示主要意思的小句。

① 我死都冇怕，疼呢又算哪门？ _{我死都不怕，疼一点又算什么？}

② 条题你都冇识做，我更加冇识做呃。 _{这道题你都不会做，我更不会做。}

B. 表示已经的意思。

③ 都十二点呃，还盟睡。 _{都十二点了，还不睡。}

④ 我都六十岁呃，退休得呃。 _{我快六十了，该退休了。}

3. 独是[tok²² səi²²]

（1）表示它后面的词的范围，限制与动作有关的事物。

我独是去过广州。 _{我只去过广州。}

4. □[ji⁴¹]。相当于普通话的"也"。

（1）表示两事相同：① 你去，我□[ji⁴¹]去。 _{你去，我也去。}

（2）表示假设成立与否，结果都相同。

A. 虽然（尽管）……也……　　② 落雨□[ji⁴¹]着去。 _{下雨也得去。}

B. "□[ji⁴¹]"前后重复同一动词，有"纵然"或"无论怎么样"的意思。

③ 洗□[ji⁴¹]洗冇得净。 _{洗也洗不干净。}

C. 再（最、顶、至等）……也……

④ 再讲□[ji⁴¹]是同样呃。 _{再说也是这样了。}

（3）表示委婉的语气。

⑤ 我看□[ji⁴¹]是同样呃。 _{我看也就这样了。}

⑥ 那水平哦□[ji⁴¹]得。 _{他的水平也还可以。}

（二）时间副词

1. 正[tʃən⁵⁵]

（1）表示在不久前发生。修饰动词和少数表示变化的形容词。

A. 指说话前不久发生。

① 我正来得一阵。 _{我刚来一会。}

② 正开始上课，还来得及。

B. 指两个动作或两件事情紧挨着发生。

③ 天正光，张三就去做工。 _{天刚亮，张三就去干活。}

④ 我正到屋，就有人来撊。 _{我刚到家，就有人来找。}

（2）表示正好在那一点上。可以用于时间、空间、数量等方面。有不早不晚、不前不后、不多不少、不……不……，刚好符合某种要求的意思。

（3）表示数量少，时间晚，进度慢……有"仅仅"的意思。

⑤ 张三正米六高，冇当得兵。 _{张三刚一米六高，当不了兵。}

2. 正正[tʃən33tʃən⁵⁵]

"正正"的用法基本跟"正"一样，只是用"正正"时有一种语气更重，有强调的意味。

3. 又[jəu⁴¹]

（1）表示一个动作（状态）重复发生，两个动作（状态）相继发生或交替反复。

① 张三又来呃。 张三又来了。

② 看上册齐了，又去借下册。 看完了上册，又去借下册。

③ 买了又卖，卖了又买。

（2）表示几个动作、状态、情况累积在一起。

④ 山又高，路又滑。

（3）表示语气。

A. 表示转折。

⑤ 件事我想凑你讲，又有识同样讲。 这件事情我想跟你说，但又不知道怎么说。

B. 加强否定。

⑥ 我又有讲你，你做门同样？ 我又没说你，你干吗这样？

⑦ 那同样识得件事？我又有凑那讲。 他怎么知道这件事，我又没跟他说。

C. 加强反问。句中用疑问代词。

⑧ 落雨又要哪们紧？ 下雨又要什么紧？

4. 仍[hɐŋ²¹]

（1）表示某种动作或状态持续不变。有时有强调的意味。

① 外边仍落雨□[ŋən³⁵]。 外面还下着雨。

（2）表示一个动作或一个事件完成之后的某种情况或状态。主要用于表示数量的变化。

② 屋内本来有 10 张凳，那队取走 5 张呃，仍有 5 张□ŋən³⁵。 屋里本有10张凳子，他们拿了5张，还有5张。

③ 我有 300 文银，借 100 把你，仍剩 200□ŋən³⁵。 我有300块钱，借给你100，还剩下200。

（3）表示程度的差别，用于比较句。语气上扬，有强调的作用。

④ 那比屋檐还加高。 他比屋檐还高。

（4）表示数量、项目的增加，范围的扩大，程度的加深。语气较重，有强调的意味。

⑤ 昨日去圩买得一件衫，一条头裤，仍有一对鞋□ŋən³⁵。 昨天上街买了一件上衣，一条裤子，还有一双鞋。

5. 就[təu²²]

（1）表示很短时间之内将发生：我一阵就归呃。 我一会就回来。

（2）强调在很久以前已经发生了。"就"前面要出现表示时间的成分：阿明 15 岁就有读书呃。 阿明15岁就不读书了。

（3）表示两件事情紧接着发生。这种意思经常用"一……就……"
"就……就……"的形式表达：一看就识。一看就会。就讲就到。一讲就到。

（4）表示对后面成分所表达信息的确认：我取个就是个个。我要的就是这个。

（5）表达自然逻辑关系：那喊我走我就走。他让我走，我就走了。

（6）条件不足，也可以达到某个目标：题目都盟做齐，就得 80 分呃。
题都没做完，就已经有 80 分了。

（7）表示对焦点信息的确定（问句：谁没吃？我不相信有人没吃。）——
细张就盟吃呃。小张就没吃。

6. 阿[a³³]。相当于普通话的"才"。

（1）表示事情发生或结束得晚：那到六点钟阿归。他直到六点钟才回来。

（2）表示数量少，程度的：再睡阵先，阿是正三点呃。再睡一会儿，才三点。

（3）表示在某种条件之下，才能达到某种要求或实现某种目的：同哪
样阿医得好那个病？怎样才能治好他的病？

7. 再[tsai⁵⁵]

（1）表示一种动作或状态的重复或继续。

A. 表示一般性的重复或继续：再坐一阵。

B. 用于假设句，后面常用"亲（相当于"……的话"）、就"呼应：
你再哭亲，我就冇理你。你再哭的话，我就不理你了。

C. 用于让步的假设句，含有"即使"或"无论怎么样"的意思，后面
常用"也、都"等呼应：你再同样讲都得，那都冇理你。你再怎么说都行，他都不理你。

（2）表示一个动作或事件将在某种条件下出现。后面常用"再"呼应：
吃齐饭再去。吃完饭再去。

（3）用在形容词前，表示程度增加：再高呢口[ŋən³⁵]阿摸得到楼顶。再
高一些才摸得到天花板。

8. 有时[jəu²²si²¹³]
表示间或；有时候：中午我有时吃饭，有时吃粥。

9. 成日[səŋ²²ȵə²²]
表示一直；再三：冇成日讲笑。别老是开玩笑。

10. 口声[fək²²səŋ³⁵]
表示情况发生得迅速而又出人意料。相当于普通话的"突然"：讲了
讲了，口声就冇讲。说着说着，忽然就不说了。

11. 口口[loŋ³³laŋ³³]
表示某事的发生有偶然的意思：种便宜货口口[loŋ³³laŋ³³]买得一两铺。
这种便宜的东西偶尔能买到一两次。

（三）程度副词

宾阳话常用的程度副词有"认真、蛮、拗蛮"。

1. 认真。表示程度极高。用于修饰形容词及少数动词和动词性结构。有感叹之意。

个弟儿认真高。这个男孩非常高。

2. 蛮。表示程度较高，基本达到某种要求或期待。用于修饰形容词及少数动词和动词性结构。句子后面都要带上一定的语气词才能成句。

我蛮意个手机个。我挺喜欢这个手机的。

3. 拗蛮[au⁵⁵man²²]

用法和"蛮"相近，但句子后面不用带上语气词也能成句。

老张拗蛮好讲。张三挺和气的。

（四）否定副词

宾阳话常用的否定副词有"冇、盟、□[mɐi³⁵]"。

1. 冇[məu²²]

（1）主要用于一般性的否定。

（2）有时也用于祈使句中。但是这种用法不常见：**上课冇得乱讲话**。上课不能乱说话。

2. 盟[mɐŋ²¹]（"未曾"的合音）

只表示与时体有关的否定：**张三去出差盟归**。张三去出差还没有回来。

3. □[mɐi³⁵]

（1）主要用于祈使句中：**□[mɐi³⁵]行来行去**。不要走来走去。

（2）有时也用于一般性的否定，但是这种用法不常见，而且往往表现出较强的感情色彩：**个饭店呢菜□[mɐi³⁵]好吃**。这个饭店的菜不好吃。（表示强调、失望）

五　介词

赋予间接题元的虚词就是语法上的介词。类型学上的介词是指adposition（沈家煊译为"附置词"），包括前置介词（preposition）和后置介词（postpositon），简称为前置词和后置词。还有一种框式介词（circumposition），如普通话中的"像……似的""用……来"等。①在汉语传统语法学界中的介词一般只指前置词。

（一）前置词

1. 静止处所介词。

静止处所介词"依[əi³⁵]"，相当于普通话的"在"。如：**我依房看书**。

---

① 关于这类成分的介词性请参看刘丹青（2003a）。

我在房间里看书。

由"依"组成的介词短语 PP，位于动词短语前面或后面所表达的意思不一样。

PP+VP，PP 表示动作发生的处所；

VP+PP，PP 表示与动作相关的对象存在的位置。试比较：

① a. 那依山种木根。他在山上种树。（"种树"这一动作发生在"山上"）

b. 那种木根依山。他在山上种树。（把"树"种在"山上"）

② a. 那依床写字。他在床上写字。（"写字"这一动作发生在"床上"）

b. 那写字依床。他在床上写字。（把"字"写在"床上"）

普通话 PP+VP 结构中的 PP 既能表示动作发生的处所，又能表示与动作相关的对象存在的位置，因此，句子常有歧义。但是在宾阳话中表示动作发生的处所和表示与动作相关的对象存在的位置时采用了不同的语序，避免了这种歧义。

宾阳话中的静止处所介词"依"没有像普通话中的"在"一样发展出表示时间的用法。如：我（＊依）吃饭时看电视。我在吃饭时看电视。

表静止处所介词"依"，在宾阳的王灵、黎塘等乡镇多说"在"。"在"是平话和粤方言都很常用的表静止处所介词，只有沿江白话说"喺[hei³]/[ei¹]"。

2. 源点格介词。

宾阳话的源点格介词有"依、照、依打、从"。

（1）依[əi³⁵]、照[ʧiu⁵⁵]、依打[əi³⁵ta³³]，最常用。

A. 表示位移的起点。

① 我队依/照/依打北京来。我们从北京来。

B. 表示距离等某种跨度的起点。

② 依/照/依打北京到上海千五公里。从北京到上海有 1500 公里。

C. 表示观察的源点。

③ 依/照/依打外边看，座屋好好看个。从外面看，这座房子很漂亮。

D. 表示某种获得物的来源。

④ 我依/照/依打井内边打一桶水上归。我从井里打上来一桶水。

三者中，"依""依打"是较老的层次，老人们一般只说"依"和"依打"不说"照"。从使用上来看，"照"也和"依"和"依打"不全同。"依"和"依打"可以用于表示时间起始，而"照"不能。"照"能用于引进比照的对象，而"依"和"依打"不能。如：

⑤ 依/依打/（＊照）1978 年起，我就在那个学校做老师。

桂南平话、粤方言源点格介词用"打"很普遍。

（2）从[tʃoŋ²¹³]

宾阳话也有少数用"从"来表示源点格的情况，仅见于几种固定式的用法，如"从头到尾、从细到大、从头一二 V（从开始一个一个的进行某种动作）"等。

3. 目标格介词。

宾阳话的目标格介词是"到[tøu⁵⁵]"，可以表示空间和时间的目标点。如：

① 我队旧年来到个处。 我们去年来到这个地方。

② 我睡到八点钟阿起身。 我睡到八点钟才起来。

4. 途径格介词。

宾阳话的途径格介词是"依、照、依打"，与源点格介词同。如：

老王依/照/依打[ŋøk³⁵]门口行过。 老王刚从我家门前走过。

5. 对象格介词。

宾阳话的对象格介词是"对 tu⁵⁵"，可表示对待关系，也可表示相对关系。如：

A. 对待关系：细张对我好。 小张对我好。

B. 相对关系：五千文银对那来讲冇算哪们。 5000块钱对他（来说）不算什么。

在普通话中表示相对关系时虽然经常使用"对……来说"这样的框式介词，但是也可以由"对"单独表示。而宾阳话对表示相对关系时，只能用框式介词"对……来讲"表示，不能用"对"单独表示。

6. 伴随格介词

（1）凑[tshɐu⁵⁵]

"凑"是宾阳话最常用的伴随格介词，它不但使用频率高，用法也比较多。如：

A. 引进伴随的对象：凑我去！ 跟我去！

B. 引进与动作有关的对象：冇得凑大人讲笑！ 不要跟大人开玩笑！

C. 引进与某事有关系的对象：我凑张三认真惯。 我跟张三很熟。/件事凑你有哪们关系？ 这件事情跟你是什么关系？

D. 引进相比较的基准：那画个牛凑真个样。 他画的牛跟真的似的。

（2）跟[kɐn³⁵]

"跟"使用频率较低，功能也很单一，只能用于引进伴随的对象，应当是官话带来的。

7. 与格介词

宾阳话的与格介词是"把[pa³⁵]"。由"把"和它引进的间接宾语（与事）组成的介词短语 PP 与直接宾语同现（客体）同现时，介词短语 PP 只能位于直接宾语同现（客体）的后面。试比较：

① a. 送礼物把我。_{送礼物给我。}　＊b. 送把我礼物。_{送给我礼物。}

② a. 借钱把我。_{借钱给我。}　＊b. 借把我钱。_{借给我钱。}

③ a. 分个苹果把我。_{分一个苹果给我。}　＊b. 分把我个苹果。_{分给我一个苹果。}

8. 受益格介词

（1）帮[paŋ³⁵]

"帮"引进受益的对象时，介词短语 PP 要位于 VP 之前。如：帮我洗衫。_{帮我洗衣服。}

（2）把[pa³⁵]

与"帮"相反，"把"引进受益对象时，PP 要位于 VP 之后。如：洗衫把我。_{帮我洗衣服。}

9. 工具格介词

工具格介词是"安[øn³⁵]"。如：老张安菜刀切菜。_{老张拿菜刀切菜。}

其他方言点也说"拎"。"安""拎"由把持义动词，虚化出工具格介词用法。在汉语史上或汉语方言中，把持义动词发展为工具格介词，再进一步发展为处置式标记，是一种常见的语法化路径。如汉语史上的"将、持、取、捉、取、把"等都有过这样的发展。[①]

10. 被动化标记

被动化标记即受事主语句的施事标记。宾阳话的被动化标记是"着[tʃək²²]"。如：

阿三着人打。_{阿三被人打。}

（二）后置词

1. 呢[ne³⁵]

"呢"来源于指示代词"那呢"的省略，可单独使用表示"这些、这里"的意思。此外，它可用于包括人称名词、动物名词在内的各种名词的后面，表示处所题元，意思相当于"……的这/那里"。如：书在台呢。_{书在桌子那儿。}

"呢"可以和前置词"在"一起使用构成临时的框式介词，也可以单独使用引进处所题元。这表明"呢"已经可以具备了后置词的基本功能。在语义上，"……呢"比它单独使用时要虚，只表示一种处所义，而不再区分远近。在形式上，"呢"也是黏附于前面的名词的。这些都是后置词的典型特征。因此，"呢"可分析为一个较为典型的后置词。

---

① 详见蒋绍愚、曹广顺（2005）第 352—361 页处置式部分。

2. 时

"时"来源于时间性指示代词"那时"的省略。它没有独立性，只能附在别的成分之后表示"……的时候"。其功能就是标明时间题元，使非时间性成分变成时间性成分。而且使用时它不能跟任何的前置词搭配使用，只能单独介引时间题元。这一系列特征表明"时"是一个比还能单独使用的"呢"更典型的后置词。如：上课时冇得讲话。上课时不能讲话。

（三）框式介词

1. 安……来（……）

"安……来（……）"表示用某种事物或方式来完成某事，相当于普通话的"用……来（……）"，用于引进某种工具/方式题元。其中的"安"可以单独引进工具/方式题元，如："安手机打多贵，安电话打多便宜。拿手机打比较贵快，拿电话打比较便宜。"也经常与"来"组成框式介词，一起引进某种工具/方式题元。如："安手机来打。用手机来打。"其中的"来"起到联系项[①]的作用，把修饰性成分"安手机"和核心动词"打"联系起来。由于这个后置词性的"来"不能单独使用，只能出现于与"安"组成的框式介词，因此，可以说"来"的功能就是专门用于和"安"构成框式介词。

2. 同……样（……）

"同……样（……）"表示两个事物之间的等比关系，相当于普通话的"跟……一样/般（……）"，用于引进一个比较或比拟的基准，如"同细王高有小王高"。宾阳话中的"同"既可以单独比较或比拟的基准，也经常和"样"组成框式介词，一起引进一个比较或比拟的基准。其中的"样"来源于程度/方式指示词"那样"的省略，它起到了把比较或比拟的基准与核心形容词（动词）联系起来的联系项作用，如"同细王样高像小王一样高"中的"样"把比较的基准"同细王"和核心形容词"高"联系起来。"样"不能单独使用，它也是一个专门用于和"同"组成框式介词的成分。

3. 对……来讲（……）

"对……来讲（……）"表示某事和某人之间的一种相对关系，相当于普通话的"对……来说（……）"，用于引进某个相关的对象。其中的"来讲"也是起到了联系项的作用，把一个相关的对象与核心动词联系起来。如"电脑对我来讲冇有用电脑对我来说没有用"，其中的"来讲"把某个相关的对象"对我"与核心动词"有用"联系起来。"来讲"不能单独使用，也是一个专门用于框式介词中的后置词。宾语话不能用单独用"对"或"来讲"引进表示相对关系的对象，因此，"对……来讲（……）"是宾阳话引进表

---

① 关于"联系项"请参见刘丹青（2003a）第68—74页。

示相对关系的对象的固定性的框式介词。

4. 依……起（……）

"依……起（……）"表示从某个源点开始的意思，相当于普通话的"从……起（……）"，用于引进某个源点题元。"依"可以单独引进源点题元，如"依前日到个时分我统盟地睡好过。<small>从前天到现在我都没能睡过好觉。</small>"同时也经常和"来"组成框式介词一起引进源点，如"依后日起你着煮饭把我。<small>从后天起你得帮我做饭。</small>"其中的"起"把源点题元"依后日"与谓语成分"煮饭给我"联系起来。"起"也不能单独使用，只能用于和"依"组成框式介词。

六　结构助词"的、地、得"的方言对应成分

（一）个[o³³]——的（de1）

"个[o³³]"是量词"个"的语法化，语音也弱化了，相当于普通话的"的"。量词"个"具有定指功能，或虚化为相当于普通话"的"结构助词，在平话和粤方言是普遍现象。虚化为结构助词时语音通常弱化，与作量词的"个"完全分开了。但作指示词的"个"，语音通常弱化程度各方言不一致，宾阳有时还不完全分开。

1. 定语+中心名词

A. 形容词+中心名词：我意净个衫。<small>我喜欢干净的衣服。</small>

普通话形容词的生动形式"AA 的"作定语时处在中心名词前，但在宾阳话中这样的形容词的生动形式要放在中性名词后形成一种后置的关系从句：山那边有一座屋细细个。<small>山那边有一座小小的屋子。</small>

B. 领属结构：李四娶张三（个）女。<small>李四娶了张三女儿。</small>

宾阳话中表示对家属、身体部位和部分个人财物（如"我房、我床"）的领属时，一般不需用定语标记"个"，但要加上一定的领属标记。值得注意的是，宾阳话表示对一些社会关系比较密切的人和公共财产的领有时也经常可以省掉定语标记"个"，这是表示复数意义的成分往往就有兼作领属标记的作用。如"你队（个）县长""我队（个）学校"都可以删去"个"，这时表复数的"队"就兼作定语标记。因为当领属者是单数时，就不能删去"个"，如不能说"＊我县长""＊你学校"。这就证明了表复数的"队"起到了兼作定语标记的结构性作用。

C. 数量名结构

宾阳的数量成分作定语修饰名词时，一般不能用定语标记"个"。如：

买三斤（＊个）肉。<small>买了三斤的肉。</small>

但是在别强调数量或在数量成分后加上相应的形容词时也可以用定语标记"个"。如：

① 我着交一篇五千字个论文。 我得交一篇五千字的论文。（不能少于五千字）

② 你帮我买一只三斤重个鱼归。 你帮我买一条三斤重的鱼回来。

D. 关系化结构

"个"做关系化从句标记时非常自由，可进入提取各种成分作核心名词的关系从句，也可以进入无核关系从句。

③ 张三把老师个书在那边。 张三给老师的书在那边。

④ 张三把老师个（指书）在那边。 张三给老师的（指书）在那边。

2. "是……的"结构

宾阳话的"个"可以与焦点标记"是"形成"是……个"结构。这个结构把对比焦点放到"是"的后面，由"是"把它凸显。"是……个"结构中的动词后面不能带上宾语。如：

灯是哪个开个？ 灯是谁开的？ ——（灯）是我开个。 是我开的。

而不说： *我开个灯。 我开的灯。 / *是我开囗个灯。 是我开的灯。

3. "……的是……"结构

"个"可与"是"形成"……的是……"结构。其中的动词后的"个"起到名词化的作用，"是"则起到焦点标记的作用。如：

你讲个是哪们话？ ——我讲个是普通话。

（二）——地（de 2）

宾阳话没有普通话"地（de 2）"的对应成分。普通话中由"地"引出的状语在宾阳话中一般会用补语中语义相当的成分来表达。如：走得快快个。 飞快地奔跑。

（三）得[tɐk⁵⁵]——得（de 3）

1. 结果、方式、状态、程度补语

宾阳话由结构助词"得"引出表方式、状态、结果的补语。用结构助词"到"引出表示程度的补语。如：

A. 方式补语：你讲得快多，我听有得清楚。 你说得太快了，我听不清楚。

B. 状态补语：件衫洗得特别净。 这件衣服洗得特别干净。

C. 结果补语：呢衫正洗得齐。 这些衣服刚洗完。

D. 程度补语：张三讲到大众都笑齐去。 小张说得大家都笑了。

普通话中，当"V 得 C"结构中的补语是不及物动词和趋向动词时，只能用来表示可能的意思，而不能用来表示已经实现了的结果。如：

"吃得完"只能表示有能力吃完，而不能表示已经吃完了；

"拔得出"只能用来表示有能力拔出，而不能表示已经拔出了。

但在宾阳话中"V 得 C"结构的补语是不及物动词和趋向动词时，既表示可能也能表示结果。如："洗得齐"既表示有可能洗完，也表示已经

洗完了。"拔得出"既表示有能力拔出，也表示已经拔出了。宾阳话"V
得 C"结构的这种表义能力是一种历史的存留现象。因为在近代汉语中"V
得 C"结构不管其后的补语是及物动词、趋向动词还是形容词，都是既能
表示结果义，又能表可能。因为"V 得 C"结构表可能的用法就是由它表实
现的用法发展来的。①

　　宾阳话用"得"引出结果、状态、方式补语，用"到"引出程度补语，
是跟"得"和"到"的本义有关。"得"本为获得义动词，后来不断虚化，
变成了获得义的结果补语（如"执得一个钱包_{捡到一个钱包}"）和含有完成义、
结果义的动相补语②（如"正洗得衫_{刚洗完衣服}"），最后又由动相补语进一步虚
化成了引出方式、状态补语的结构助词。③由于结构助词"得"的前身动相
补语本来就含有完成、结果的意思，因此，用它来引出结果、状态、方式
补语是很自然的。而"到"本来是个到达义动词，后来演变成趋向补语（如
"来到南宁"），最后才演变成引出程度补语的结构助词。"到"做到达义动
词和趋向补语时都含有到达某个目标的意义，而程度补语正是这种到达义
的隐喻语法，因为达到一定的程度就如到达一个抽象的目标。

　　2. 可能补语结构：

　　（1）V 得 | V 冇得

　　在结构"V 得 | V 冇得"中"得"已完全失去了它本来的实义，其作
用只在于与前面的成分组成一个结构以表示可能的语法意义，只是一种结
构性的成分，是一种傀儡补语④。例如：种野菜吃得，那种野菜吃冇得。_{这种}
_{野菜吃得，那种野菜吃不得。}

　　当动词后带上趋向补语形成的趋向补语结构"VP 趋"时，也能形成
"VP 趋得/冇得"：

　　个处太窄多，细蚊落归得，大人落归冇得。_{这个地方太窄了，小孩进得来，大人进不来。}

　　（2）"V 得 | V 冇得"带宾语"O"时的情况。

　　"V 得 | V 冇得"带宾语时肯定式为"V 得 O"，否定式为"V 冇得
O"。例如：

---

　　① 关于"V 得 C"结构的具体演变过程可参见吴福祥（2002、2005）。

　　② 赵元任在 *A grammar of spoken Chinese*（1968）中把语义指向动作，不是表示动作的结果，而是表
示动作的达成或有了结果的"着"（如"逮着"）、"到"（如"碰到"）、"见"（如"遇见"）等
称作 phase complement，吕叔湘节译本《汉语口语语法》（商务印书馆 1979 年版）译作"动相补语"。

　　③ 关于"得"的具体语法化过程请参见吴福祥（2002）。

　　④ 赵元任先生在《汉语口语语法》（吕叔湘译）中指出"有两个常用的补语'了'（liǎo）和'来'，
没有什么特殊的意义，其作用在于使可能式成为可能，是一种傀儡补语。如"这事太难，我做
不了（˙来）"。

那吃得白酒，吃冇得肥肉。他能喝白酒，吃不了肥肉。

（3）"V 得｜V 冇得"带补语"C"时的情况。

"V 得｜V 冇得"带补语"C"时肯定式为"V 得 C"，否定式为"V 冇得 C"。例如：

件衫洗得净，那件洗冇得净。这件衣服洗得干净，那件洗不干净。

（4）"V 得｜V 冇得"同时带上宾语"O"和补语"C"时的情况。

"V 得｜V 冇得"同时带上宾语"O"和补语"C"时的肯定式有两种：V 得 OC｜V 得 CO。例如：我喊得那动/我喊得动那。我能叫得动他。

"V 得 OC"和"V 得 CO"相应的否定式分别是"V 冇得 OC"和"V 冇得 CO"。如：

我吃得一碗饭齐，吃冇得两碗饭齐。/我吃得齐一碗饭，吃冇得齐两碗饭。我吃得完一碗饭，吃不完两碗饭。

但是，当"C"为趋向补语时，会根据"C"音节数的不同和宾语"O"的不同而分别组成不同的结构。当宾语"O"为一般名词时，不管"C"是单音节趋向补语还是双音节趋向补语，一般都会形成"V 得 OC｜V 冇得 OC"的形式。如：

你拉得两瓶煤气归，我拉冇得两瓶煤气归。/*你拉得归两瓶煤气，我拉冇得归两瓶煤气。你拉得了两瓶煤气回来，我拉不了两瓶煤气回来。

可能是受了普通话的影响，当宾语"O"为一般名词，"C"是单音节趋向补语时，新派宾阳话有时也能说成"V 得 CO｜V 冇得 CO"的形式。但是，当"C"是双音节趋向补语时，还是保留"V 得 OC｜V 冇得 OC"的形式。如：

你吃得白酒落，我吃冇得白酒落。/你吃得落白酒，我吃冇得落白酒。你喝得下白酒，我喝不下白酒。

当"C"是单音节趋向补语，宾语"O"为处所性的宾语时，会形成"V 得 CO｜V 冇得 CO"的形式。而当"C"是双音节趋向补语，宾语"O"为处所性的宾语时，则会形成"V 得 C_1OC_2｜V 冇得 C_1OC_2"。如：

我跳得过条圳，你做门跳得过条圳？/*我跳得条圳过，你做门跳冇得条圳过。我跳得过这条沟，你为什么跳不过这条沟？

大人爬得上根木根去，细蚊爬冇得上根木根去。/*大人爬得上去根木根，细蚊爬冇得上去根木根。大人爬得上这棵树，小孩爬不上这棵树。

这种不同的结构与宾阳话"V＋趋向补语"带上普通名词宾语和处所性宾语时的不同语序有关。在宾阳话中，"V＋趋向补语"后加宾语时，如果是宾语是普通名词，不管"C"是单音节趋向补语还是双音节趋向补语都是形成"V＋普通名词宾语＋趋向补语"的形式；如果宾语是处所性成分，

"C"是单音节趋向补语时，会形成"V＋处所宾语＋趋向补语"的形式，当"C"是双音节趋向补语时，则形成"V＋趋向补语 $_1$＋处所宾语＋趋向补语 $_2$"的形式。如：

那去安一支笔来。 他拿来一支笔。

那依井内吊一桶水上归。 他从井里吊上来一桶水。

值得注意的是，当补语"C"为"过"时，肯定式有"VCO｜V 得 CO"，否定式有"V 冇 CO｜ V 冇得 CO"。如：

我讲过那/讲得过那，打冇过那/打冇得过那。 我说得过他，打不过他。

除了"过"之外，补语是其他成分都没有"VCO｜V 不 CO"的结构。原因可能是受了宾阳话差比句结构的影响。在宾阳话中表差比时的句子结构是"属性形容词＋过＋比较基准"。如：我高过你。 我比你高。

"属性形容词＋过＋比较基准"抽象出来就是"VCO"[①]的形式，因此，当能性述补结构的补语是"过"时，就因受到差比句结构的影响而使用了同样的格式"VCO"，而其否定式也相应地采取了"V 不 CO"的格式。

七 体貌标记

（一）VOC 结构

"VOC"基本语序的存在决定了宾阳平话的体标记的语序特点，虽然也存在少量的"VCO"结构（C 限于语义是指向动词表示的动作或动词的宾语），但以"VOC"结构为多数 ，如：

① 快呢喊细王醒去。 快点叫醒小王。

② 吃饭齐再看电视。 吃完饭再看电视。

③ 细王昨日吃酒醉。 小王昨天喝醉了酒。

④ 那依水井打一桶水上归。 他从井里打上来一桶水。

⑤ 我去北京一次过。 我去过一次北京。

（二）完成体

完成体标记为"了[liu²²]"，其语法意义表示在某一个参照时间之前动作的完成或事态变化的实现。例如：

① 你讲了就着马上去做。 你说了就得马上去干。

② 你队走了我阿得坐落归做自己个事。 你们走了我才能坐下来做自己的事。

"了"没有成句作用，一般只能用于句中，"V/VP＋了"后面必须再带上一个谓词性成分或一个小句才能使语义完备。普通话"他吃了饭"

---

① 此处的"V"指谓语，包括动词和形容词。

"我看了电影"等结构可以独立成句,在宾阳平话中"那吃饭了""我看电影了"不能单独成句。"了"之前的动词或动词性结构在整句语义中表示一种"先行动作"或"先行事件","了"表示在后面的动作或事件之前该先行动作的完成或先行事件的实现,"了"后面的句子成分表示在先行动作或事件完成后接着发生的动作行为或事件。

上述情况好像有一种例外,就是在疑问句中"了"可用于句末。例如:

③ 我个钱是冇是你偷了?　我的钱是不是你偷了?

④ 你昨日买几多斤米了?　你昨天买了多少斤米?

其他句式中"了"一般还是不能用于句末使其前面的成分单独成句。

普通话中完成体标记"了₁"总是后附于动词之后,如果动词后面有宾语时,宾语总是要在"了₁"之后。宾阳话恰恰相反,当动词后面有宾语时"了"总是要在宾语之后。如普通话"吃了饭、上了车",在宾阳话中往往会说成"吃饭了、上车了"。形成这种结构特点的根本原因是宾阳平话中"V+O+C"基本语序的存在。

根据目前语法化研究的成果,普通话及很多汉语方言中的体标记,都是由体标记的同源成分的结果补语用法发展而来。如普通话的完成体标记"了₁"和经历体标记"过₂"就是由"了"和"过"的结果补语用法发展成动相补语,然后又进一步虚化为体标记的(曹广顺,1996;吴福祥,1998)。汉语述补结构的产生加强了谓语动词和补语成分之间的联系,使两者之间不再能插入宾语、修饰语等成分。

宾阳话仍然以"V+O+C"为基本语序,谓语动词和补语性成分之间的关系比较松散,仍然允许宾语插入其间,所以在此基础上发展形成的体标记和谓语动词之间的关系也比较松散,当谓语动词带宾语时,体标记一般只能加在宾语之后。

完成体标记"了"在宾阳话的口语中已经没有了表示"完成、终了"意义的实词用法,"V了"不能转变成可能式,"了"也不能成为语义的焦点,并且能用于表示完成意义的补语之后。可见宾阳话的完成体标记"了"的虚化程度已经很高。此外,"了"还能与起始体标记"起身"、继续体标记"落去"、进行体标记"着₁"、持续体标记"着₂"、经历体标记"过"连用,说明它的虚化程度比起这些体标记来更高些。例如:

⑤ 那队两佬打起来了,哪呢记得细蚊咛。　他们两口子打起来了,哪里还顾忌到小孩呢?

⑥ 你坐着了,就冇用起来呃。　你坐了,就不要起来了。

宾阳话的完成体标记"了"在语音形式上还没有弱化,与普通话的完成体标记"了1"相比,它的虚化程度还是要低一些。

（三）经历体

宾阳话经历体标记是"过"kəu⁵⁵。语法意义是表示有过某种事情的经历。经历体与过去的时间相联系，相对于说话的时点，事件曾经发生并已经结束。宾阳话的"过"在使用上与完成体标记"了"有着同样的特点：当动词不带宾语时它后附于动词，当动词带宾语时，"过"只能出现在动词宾语的后面。例如：

① 我看片电影齐过。我看完过这部电影。

② 我去南宁做生意过。我去南宁做过生意。

③ 昨日我去学校罗你过。昨天我去学校找过你。

④ 细王取一个果子来把我吃过。小王拿过一个水果来给我吃。

普通话里当"过"用在连谓结构中时，只能后附于某一个动词，而宾阳话中的"过"则只能出现在整个连谓结构的末尾。"过"经常出现在句末，这为它进一步向句末语气词虚化提供了条件。在上面的例句中一部分的"过"处于句末，这时整个句子的句调就落在"过"上，使它在语感上有点像语气词。但根据语用的需要在这些"过"后面还是可以很自由地加上一些语气词，所以在演变进程上"过"离真正的语气词还很远。

以上各例中的"过"在意义上已经非常虚化，它只表示时间义，完全没有空间义。它也没有了可能式的用法，并能用在其他补语之后，可见它已经虚化为体标记。但它的后面可以带上"了""着"，可见它的虚化程度还比不上"了""着"。此外，"过"在语音上也没有出现弱化，这也说明它的虚化程度还是处在一定的阶段上，没有达到完全的虚化。

（四）进行体

宾阳话的进行体标记是"着[tsek³³]"，为了与持续体标记区别，我们称为"着₁"。与"着₁"连用表示进行体意义的动词，一般都是表示能持续进行的动作行为的动态动词，例如：

① 那在哭着，那门都冇吃。他在哭着呢，什么都不吃。

② 我走着，冇冷。我在跑着，不冷。

③ 外边落雨着，你最好带把伞。外面下着雨，你最好带把伞。

宾阳话表示进行体意义的"着₁"和普通话表示进行体意义的"着"在语法意义上基本相对应，但在使用上却有着很大的不同。普通话的"着"和宾阳话的"着₁"如果跟光杆动词连用，它们都是直接后附于动词。但当动词带上宾语时，普通话的"着"只能后附于动词插在动词和宾语的中间；宾阳话的"着₁"则只能用在宾语之后。在后一点上进行体标记"着"与完成体标记"了"相同，但与"了"不同的是进行体标记"着"有成句作用，动词或动词性结构带上"着"在宾阳平话中是可以单独成句的。

　　由于宾阳话的"着₁"在谓语动词带宾语时要处于宾语之后，而且有成句作用，所以它出现在句末（分句末）的频率非常高。在句末（分句末）位置上长期高频率的使用，使进行体标记"着₁"出现了发展成为句末语气词的趋势。如例句中的"着₁"，除了表示进行体意义之外，还能表达一种强调的语气，不但强调动词表示的动作正在进行，还强调"着₁"所在的前一分句表示的整个事件的情况，正是有了这样的情况，后一分句表示的行为动作或事件会发生或有必要发生。我们还可通过下面的比较观察"着₁"的强调作用。试比较：

　　④ a. 我冇吃饭阿，我扫地底。<small>我没在吃饭呀，我在扫地。</small>

　　　b. 我冇吃饭阿，我扫地底着。<small>我没在吃饭呀，我在扫着地呢。</small>

　　⑤ a. 样时细王在做哪门？那睡在床上看书。<small>这会儿小王在干什么？他躺在床上看书。</small>

　　　b. 样时细王在做哪门？那睡在床上看书着。<small>这会儿小王在干什么？他正躺在床上看书呢。</small>

　　（五）持续体

　　普通话的"着"既是进行体标记又是持续体标记，宾阳话的"着"亦然。我们把宾阳平话的持续体标记称为"着₂"。能后附"着₂"表示持续体意义的动词一般都是状态动词，状态动词表示的动作在进行过程中或完成后会形成一种静止的状态或结果，如"企（站）、坐、挨（倚靠）、带、戴、挂"等。状态动词后附持续体标记"着₂"，表示某种静止的动作状态或动作完成之后所形成的状态持续不变。

　　"着₂"和"着₁"一样，如果跟光杆动词连用，都直接后附于动词；当动词带上宾语时，"着₂"也只能用在宾语之后。"着₁"有成句作用，"着₂"也有成句作用。例如：

　　① 你拎着。

　　② 细王在屋檐底边企着。<small>小王在屋檐下站着。</small>

　　③ 我意企着吃饭。<small>我喜欢站着吃饭。</small>

　　"着₂"和"着₁"一样，出现在句末（分句末）的频率也非常高。在句末（分句末）位置上长期高频率的使用也使它出现了发展成为句末语气词的倾向，往往会带有一种肯定、强调的语气。随着"着₂"在句末的进一步虚化，其使用范围更广，表达语气的作用也越来越突出。如：

　　④ 件事我凑你讲过了着，你做门又冇记到了？<small>这件事我跟你说过了的，你干吗又不记得了？</small>

　　⑤ 我喊你吃齐呢饭去着，你做门冇听。<small>我叫你把这些饭吃完的，你怎么不听。</small>

　　以上例句表示的是某件事情发生之后形成了某种状态，但这种状态是很虚的，它是一个时间跨度很长、意义很宽泛的背景事件的存在或持续，而不再是某种具体的动作状态或动作完成后形成的某种结果或状态的持续。同时这两句话中"着"的强调作用很明显，很强烈地表现出了说者对听者的不满，"着"的作用已经基本相当于一个语气词，其后面也不能加上别的语气词。可见这里的"着"已经由持续体标记逐渐虚化为语气词。

通过上文的分析可以知道，宾阳话的完成体标记"了"、经历体标记"过"、进行体标记"着₁"、持续体标记"着₂"出现在句末的频率都比较高，但为何只有进行体标记"着₁"、持续体标记"着₂"逐渐虚化为句末语气词，而其他的体标记没有达到这样的虚化程度呢？我们认为原因主要有 3 个：

1. 由于完成体标记"了"没有成句作用，它的后面一般要跟着别的一些成分，所以相对于能成句的"着₁""着₂"，它出现在句末的频率还是低了很多的，这就限制了它的进一步虚化。

2. "着₁""着₂"由于表示的是一种动作的进行或状态的持续，所以当说话人希望听话者保持某种动作或状态时，就经常使用"着₁"或"着₂"，尤其是"着₂"如"看着（看着）、企着（站着）、定着（扶着）、定定坐着（好好坐着）"，这样"着₁"或"着₂"在祈使句中的使用频率就非常高。由于祈使句带有强烈的祈使语气，而这种语气一般表现为句末的语调，所以"着₁""着₂"在祈使句末的高频率使用使它们很容易成为句调的载体，这也为它们的进一步虚化提供了重要的条件。

3. 当"着₁""着₂"进一步虚化之后，它们开始能用于本来虚化程度比它们高的体标记"了""过"之后，这样它们处于句末的机会又多了很多，这又为它们向语气词的发展提供了有利条件。

（六）已然体

宾阳话的已然体标记是语气词"呃[ɐk²¹²]"（在宾阳县的王灵、黎塘等乡镇，更多读"啊[a²¹²]"，而不是入声）。相当于普通话的已然体标记"了₂"（语气助词）。例如：

① 落雨呃，快呢去收衫。_{下雨了，快点去收衣服。}

② 菜吃齐呃。_{菜吃完了。}

普通话已然体标记"了₂"（语气助词）表示的事态既可以是已然的，也可以是将然的。但是宾阳话的已然体标记"呃"只能用在表示事态是已然句子里，不能将然。例如：

③ *就到呃。_{快到了。}

但是如果把其中的"呃[ɐk²¹²]"换成"呃[ɐk³³]"，那就是非常地道的宾阳话的表达方式了。在这里，如果我们把"呃[ɐk³³]"看成是"呃[ɐk²¹²]"在特殊语境下的变体，那么我们也可以说"呃[ɐk²¹²]"也能用在表达事态是将然的句子里，只是它是以条件变体"呃[ɐk³³]"出现的。

"呃[ɐk²¹²]"是个语气词，用于句末时有成句作用，它既能表达已然体意义，又能表示肯定的陈述语气。可以跟体标记"起身、落去、着₁、着₂、过"叠加使用，肯定事情已经是已然的事实，不能跟完成体标记"了"叠加使用。例如：

④ 那队打起身呃[ɐk²¹²]。_{他们打起来了。}

已然体叠加在起始体上，强调动作已经开始，并将持续下去。已然体叠加在继续体上，强调动作已经在继续进行。已然体叠加在进行体上，强调动作已经开始，并正在进行当中。已然体叠加在持续体上，肯定动作完成后形成的状态正持续着。单纯的经历体与过去的时间相联系，叠加上已然体则强调了与现在的联系，不单纯是对过去事件的陈述。

（七）起始体

宾阳平话用附在动词或性质形容词后面的"起身"表达起始体的意义。相当于普通话的"起来"，也和普通话的"起来"一样从动词发展成趋向补语，然后在补语位置上从表空间上的趋向引申为时间上的趋向。"V＋起身"表示动作行为开始，并有继续下去的意思。例如：

① 我正碰呢那喔，那就哭起身喔。_{我刚碰他一下，他就哭起来了。}

② 那坐在那呢忽声就喊起身。_{他坐在那突然就叫了起来。}

心理动词或状态形容词后附"起身"表示某种状态的起始。例如：

③ 紧起身了，就那门都不记得喔。_{紧张起来，就什么都不得了。}

宾阳话的"起身"已经由表空间上的趋向引申为时间上的趋向，与动词、形容词的搭配范围很广，而且与动词结合得很紧密，不能再出现宾语，这些说明它已经虚化为体标记。但是它还有可能式，如"打得起身/打冇得起身"，不能与其他趋向补语连用，这又说明它的补语性还很强。"起身"可以用在"了""过"之前，说明它的虚化程度比"了""过"低。

（八）继续体

宾阳话表示继续体意义的是动词、性质形容词后附的"落去"。附在动态动词后的"落去"表示动作已在进行，并将继续进行。例如：冇插嘴，由那讲落去。_{不要插嘴，让他说下去。}

附在心理动词、性质形容词之后的"落去"表示某种状态已经是事实，并将继续下去。例如：正五月喔，都同样火喔，再火落去同样做喔。
_{刚五月就这么热了，再热下去该怎么得了。}

"落去"与"起身"基本上是平行对应的，它们之间的虚化程度也基本一样："落去"的意义也已由表空间上的趋向引申为时间上的趋向，与动词、形容词的搭配范围也很广，而且它与动词之间也不能再出现宾语，

这些都是它已经虚化为体标记的表现。但是它同样有可能式，不能用与其他趋向补语连用，这又说明它的补语性还很强。"起身"可以"了""过"连用，说明它的虚化程度相对于两者较低。

（九）再次体

再次体表示重新进行某一动作行为。宾阳话的再次体标记是"过[kəu⁵⁵]"。为与表经历体意义的"过"区别，称经历体标记称为"过₁"，再次体标记称为"过₂"。

"过₂"和其他几种体貌标记一样，当和光杆动词连用时它直接后附于动词，但是当动词带上宾语、补语时，它只能用在动词宾语、补语之后。例如：

① 冇够净，喊那洗过。_{不够干净，叫他再洗一次。}

② 猪脚冇够熟，安去煮过。_{猪脚不够熟，拿去再煮一下。}

"过₂"经常和"再""重新"等表重复、再次的副词同现，但不和"重"同现，上面各例中的"再"或"重新"都不能换成"重"。副词"再""重新"和"过₂"共现能更好地把"过₂"的语法意义表现出来，但并不是必需的。

（十）尝试貌

宾阳话用动词或动词结构加上"贴[tem⁵⁵]"（"贴tem⁵⁵"，看）表示尝试貌。例如：

① 你试吃一口贴。_{你吃一口试试。}

② 你试贴味道同哪样？_{你试一下看味道怎么样？}

③ 你试贴件衫合适冇？_{你试一下，看这件衣服合适不合适？}

普通话用助词"看"表尝试，但在要在动词后面没有宾语、补语，动词要重叠后才能后附上"看"。宾阳话的光杆动词则可以直接和"贴"一起使用，而且，因为在宾阳话中动词不能重叠，所以不会出现如普通话"VV看"这样的结构的。

宾阳话的"贴"表尝试貌时可与"试"共现。如例①可以在动词"吃"前加上"试"，然后再动宾结构"吃一口"后加上"贴"。"试"还可以直接和"贴"搭配使用而省略中间的动词。如例②、③，但这时则要根据实际语境才能准确理解出意思。如②是让人试吃食品，而③则是让人试穿衣服。

动词"贴"还可以和表尝试貌的"贴"连用，形成"贴_{尝试}"的形式。这种形式并非真正的动词重叠，因为第二个"贴"是表尝试貌的标记，不是动词。如：

④ 把我贴贴，好贴冇。_{给我看一下好不好看。}

第一个和第三个"贴"是动词，第二个"贴"则是表尝试貌的标记。

（十一）回复貌

回复貌的语法意义是表示恢复某种已经中断的动作、行为或是使某种事物回复原来的状态。宾阳话在动词或动词性结构之后加"还[wan²¹³]"的形式表示。例如：

① 你去做你个作业还，冇来几捣乱。你去做回你的作业，不要来这里捣乱。

② 去外边扛那两只台归屋内还。去外面扛那两张桌子回屋里来。

③ 那冇想做生意呃，想去学校做老师还。他不想做生意了，想去学校做回老师。

① 隐含着受话者原来是在做作业的前提；② 隐含着原来那两张桌子在屋里的前提；③ 隐含着他做生意之前是老师的前提。如果我们把上面 3 个句子中的"还"去掉，就不再能表示这样的语法意义了。

八 连词

（一）词语（短语）间并列关系的表达

1. 名词性成分的并列关系表达方法。

A. 用并列连词"凑"连接。如：细张凑细李结婚。小张和小李结婚了。

"凑"经常和副词"统"同用，一起表达并列关系。如：星期一和星期二纺统开会。

B. 用并列式的方法表达。各名词之后有停顿或加上一定的语气词。如：你，我，统着去。你，我，都得去。

2. 动词性成分的并列关系表示方法。

A. 用副词"又"表达。经常会同时使用两个"又"。如：那又哭又笑。他又哭又笑。

B. 用并列式的方法表达。如：那吃齐饭，洗齐身，上床睡觉。他吃完饭，洗完澡，上床睡觉。

3. 形容词性成分的并列关系表示方法。

用副词"又"表达。两个"又"同用：个妹儿又好看又善。这个姑娘又漂亮又善良。

（二）复句中各种关系的表达

1. 并列关系的表达。

A. 用副词"又"表达。如：那吃两碗饭了，又吃一碗汤。他吃了两碗饭，又喝了一碗汤。

B. 用并列式表达。如：我骑单车，那骑摩托车。我骑自行车，他骑摩托车。

2. 选择关系的表达。

A. 用连词"不是……就是……"表达：今日我冇是去看电影，就是

去伙计屋。<small>今天我不是去看电影，就是去朋友家。</small>

B. 用并列式表达：可能是，可能有是。

C. 选择疑问句和反复疑问句中用"……□[tsi²²]……"表示：你去□[tsi²²]冇去？<small>你去还是不去？</small>

要注意的是，"□[tsi²²]"只能用于疑问句，不能用于非疑问句。

（三）复句中条件关系的表达

A. 用"（着是）……亲个，……"的形式表达假设条件句。"着是"相当于普通话的"如果"。"……亲个，……"相当于普通话的"……的话，……"。

① 你再烧烟亲个，我就凑你离婚。<small>你再抽烟，我马上就和你离婚。</small>

② 着是后日落雨亲个，我队就冇去。<small>如果后天下雨，我们就不去。</small>

B. 用"（我准你）……都得"表达让步条件。如：

③ 我准你后日哪个来都得，你统着准备一台菜。<small>不管后天谁来，你都要准备一桌饭菜。</small>

④ 你旧时做过哪门都得，我统冇凑你斟算。<small>无论你以前做过什么，我都不计较。</small>

（四）复句中因果关系的表达

宾阳话中对因果关系的表达没有特别的标记，只用一种意合性的形式表达，即原因小句和结果小句并列在一起，只能根据前后两个小句间的语义关系理解。如：

① 我后日上班，冇得空凑你去看电影。<small>我后天上班，所以没时间跟你一起去看电影。</small>

② 运动会改时间呃，后日落大雨。<small>运动会改期了，因为后天要下大雨。</small>

（五）复句中转折关系的表达

A. 宾阳话经常用"……□[ji⁴¹]得"表达转折关系。如：

① 雨大□[ji⁴¹]得，我统冇想撑伞。<small>雨很大，我也不想打伞。</small>

② 个时分天晴□[ji⁴¹]得，□[ji⁴¹]着带伞。<small>尽管现在是晴天，但还是要带上雨伞。</small>

B. 用一些能表达一定的转折义的副词或结构表达转折关系。如副词"统"、结构式"……是……"等。

① 随便你同哪样骂我，我统冇发气。<small>随便你怎么骂我，我就是不生气。</small>

② 张三窍是窍，就是冇认真。<small>张三聪明还是挺聪明的，就是不太认真。</small>

（六）复句中顺接关系的表达

宾阳话中对顺承关系的表达没有特别的标记，一般用种意合性的形式表达。如：

① 你同样讲话，人客冇意个。<small>你这样说话，客人会不高兴的。</small>

② 我先打一个电话把那，打冇通，后尾又打，还是冇通，最后尾我干脆直接去□[nak³⁵]屋擂那。<small>我先几给他打了一个电话，没打通，然后又打，还是不通，最后我干脆直接去他家找他。</small>

第三节　句法结构

一　动宾句及受事话题化或受事状语化

（一）动宾句及受事话题化

宾阳话动宾句最常用的动宾语序是"VO"。宾阳话受事话题化的能力很弱，几乎不用。

1. VO 作谓语时的情况：

A. 单一 VO 作谓语：那吃酒齐呃。 _{他喝完了酒。}

B. 有两个 VO 的情况：那执东西那时听广播。 _{他收拾东西的时候听广播。}

C. VO 中 O 的不同的论元角色：你吃大碗，我吃细碗。_{你吃大碗，我吃小碗。}（O 为工具）/村内有一只牛死。_{村子里死了一头牛。}（O 为当事）

2. VO 不在谓语位置：

A. 主语/话题位置：买东西使钱多。_{买东西很花钱。}

B. VO 在宾语位置/助动词后的位置：我听闻动雷。_{我听见到打雷。}

（二）受事状语化（"把"字句的对应句式）

普通话中的"把"字句，宾阳话都用一般的"VO"句表达。如：

① 扫房净去。_{把房间打扫干净！}

② 那安那个苹果过来呃。_{他把那个苹果拿过来了。}

二　被动化

宾阳话的被动化标记是"着[tʃɛk²²]"。如：

① 张三着李四打。_{张三被李四打。}

② 细李着老师留落归。_{小李被老师留了下来。}

③ 李四去圩冇带伞着雨淋湿。_{李四上街没带雨伞被雨淋了。}

宾阳话的被动化标记"着"是由遭受义动词"着"发展而来。在汉语史上，遭受义动词是被动标记的主要来源之一。如现代汉语的"被"。"着"在宾阳话中表遭受义的动词用法已少见，只有"着霜（农作物被霜打）""着虫（农作物遭虫害）"等少数几例，但还是能从这些例子中看出遭受义动词"着"与被动化标记"着"的密切联系的。当"着"作遭受义动词时后面带的一般是名词，如"霜、虫"，而当"着"后面是动词性成分时，"着"也就由遭受义动词发展成了被动标记。

在"着"字被动句中施事可以不出现，但被动化标记"着"必须出现。如：

④ 张三着打呃。<small>张三被打了。</small>　　　*张三打呃。<small>张三打了（指张三被打了）。</small>

⑤ 钱着偷呃。<small>钱被偷了。</small>　　　*钱偷呃。<small>钱偷了。</small>

"着"字被动句只用于表不幸义的句子。如：

⑥ 张三着公安局捉呃。<small>张三被公安局抓去了。</small>

*张三着北京大学录取了。<small>张三被北京大学录取了。</small>

"被北京大学录取"普通话能说。

进入"着"字被动句的 VP 可以带结果补语、状态补语、程度补语、趋向补语等各种补语性成分，也可以带频率、时段、动量等信息。如：

⑦ 张三着李四打哭。<small>张三被李四打哭了。</small>（结果补语）

⑧ 张三着李四打得头肿去。<small>张三被李四打得头都肿了。</small>（状态补语）

⑨ 张三着李四问到讲有出话去。<small>张三被李四问得说不出话来。</small>（程度补语）

⑩ 张三着李四抓出归。<small>张三被李四抓了出来。</small>（趋向补语）

⑪ 张三着李四打三铺。<small>张三被李四打了三顿。</small>（频率）

⑫ 张三着李四打 10 分钟。<small>张三被李四打了十分钟。</small>（时段）

⑬ 张三着李四打三四个巴掌。<small>张三被李四打了四个耳光。</small>（动量）

进入"着"字被动句的 VP 可以是各种复杂的动词性成分，也可以是光杆动词。如：

⑭ 张三着李四打。<small>张三被李四打。</small>

⑮ 张三着学校开除。<small>张三被学校开除。</small>

⑯ 着人打认真甩面。<small>被人打很丢人。</small>

⑰ 张三最怕着人笑。<small>张三最怕被人笑话。</small>

可以看出，进入"着"字被动句的光杆动词可以是单音节的，也可以是双音节的。由光杆动词组成的"着"字被动句可位于主语（话题）的位置，也可位于宾语的位置。

虽然"着"字被动句主语的位置已经有了一个受到 VP 影响的受事性成分作主语，但是 VP 后还可以有不与受事语义相关的成分。如：

⑱ 张三着流氓打一只脚断。<small>张三被流氓打断了腿。</small>

⑲ 衫着贼割坏一口[lək²²]。<small>衣服被小偷划了一道口子。</small>

⑳ 那群羊着老六打死三只呃。<small>那群羊被老六打死了三只。</small>

VP 后带上的这些与受事语义相关的成分才是动词真正的主语，它们的存在证明了动词后宾语位置的存在，使我们不能轻易地把被动标记"着"前受事性成分与动词的宾语直接等同起来。

宾阳话的"着"字被动句还发展出表示致使义和表原因的用法。如：

㉑ 张三不注意多，着手机失呃。<small>张三太不小心了，被（把）手机丢了。</small>（表致使义）

㉒ 那个贼正开门口时，着公安喊一声了，马上转头走呃。<small>那个小偷正在开门的</small>

时候，被公安大喊一声，连忙转身跑了。（表原因）

　　"着"字被动句发展出表示致使义和原因义的用法，来源于句式所处的语境的结构义。如例㉑由于前一小句刚好可以构成"着"字被动句的条件小句，"着"字被动句也就可以分析为前一小句的结果小句。这样整个句子就表达了由于某种条件致使了某种情况的出现的语义。在这样的语境下"着"字被动句也就逐渐带上了致使义。当这种结构义的语法化的程度足够高时，"着"字被动句也就具备了独立表示致使义的能力。

　　同样，由于例㉑中的"着"字被动小句后面有一个表示结果的小句，"着"字被动小句正好构成了后小句的原因小句。当"着"字被动句经常与这样的结果小句一起使用，也就带上了原因义。当这种结构义的语法化程度足够高时，"着"字被动句也就具备了独立表示原因的能力。

　　据我们的观察，宾阳话中"着"表致使义的语法化程度较高，而表原因义时语法化程度则仍较低。这表现在"着"可以自由地在单句中表示致使义，但只能在有少数能产生原因义的结构中表示原因。如"着"字被动句表致使义时可以说"张三着我手机坏呃""昨日公安局着一个犯人逃出归。昨天公安局被一个人跑了出来。"这两个句子都是单句，前面没有条件小句出现，这表明"着"字被动句已可单独表达致使义了。相反，在很多句子中即使前后两个小句可以构成明显的因果关系，也还是不能使用"着"字被动句。如"*张三个人蛮聪明个，着那懒多，考冇得大学。张三这个人挺聪明的，因为他太懒了，考不上大学。"

三　双宾语句及其相关句式对照

（一）双宾语句与双及物结构的类型学分布

　　双宾语句是双及物结构的一种表达形式。双及物结构指的是一种论元结构，这种论元结构由双及物（三价）动词带上一个主语、一个客体和一个与事构成。双及物结构在句法上可以表现为多种句式，有的是双宾语句，有的不是。

（二）宾阳话双宾语句及其相关句式

　　宾阳话的双宾语句比较少，只有几种句式。如：

　　① 把书我。给我书。

　　在普通话中一些用双宾语句表达的句子在宾阳话中都得用来非双宾语句表达。如：

　　② 我买五婶个一只鸡。我买了五婶一只鸡。

　　③ 张三打碎我个4个茶杯。张三打碎我4个茶杯。

　　④ 人屋喊那做马后炮。人们称他马后炮。

"五婶个一只鸡""我个 4 个茶杯"都已经把普通话例句中的双宾语合成了一个宾语。例④用介词"做"引出"马后炮"，整个句子也不是双宾语句。

宾语表示给予类双及物结构时有两种句式：

A. 双宾语句

把两文钱我。给我两块钱。

B. 非双宾语句

① 把那本书把我。给我（•给）那本书。

② 张三送支笔把我。张三送一支笔给我。

能进入宾阳话给予类双及物结构的双宾语句的动词只有给予义动词"把"，直接宾语都是比较简短的。如"两文钱""支笔"等。当直接宾语是比较复杂的成分时，就要用给予格介词"把"引出。如：

③ 借昨日你在百货大楼买个那件蓝色个牛仔裤把我。把昨日你在百货大楼买的那件蓝色的牛仔裤拿给我。

④ ＊借昨日你在百货大楼买个那件蓝色个牛仔裤我。把昨日你在百货大楼买的那件蓝色的牛仔裤拿给我。

四　比较结构

1. 等比结构

宾阳话中主要用表等同义的"同"和"同样"来构成相应的等比结构。如：

① 细张同细王高。张三高如小王。

② 细张同细王样高。小张跟小王一样高。

③ 细张凑细王同高/同样高/统同高/统同样高。小张跟小王一样高。

例①中的"同"既是表等同义的成分，同时也兼有介引性的作用，它和宾语"细王"一起构成中心谓语"高"的修饰性成分，因此，可看作兼有一个前置词性的成分。例②中"样"意义较虚，主要是起到居中项的连接作用，把修饰成分"同细王样"和谓语"高"连接起来，因此，"同……样"可看作一个框式介词性的成分。例③中名词"细王"之前虽然已经有了前置词"凑"，但"凑"并不处于修饰成分"凑细王"和中心谓语"高"之间的中心位置，句中的"同、同样、统同、统同样"虽然语义较实，但也起到了一种填补中介项空缺的作用，在一定程度上兼有后置词的作用。

2. 差比结构

类型学上典型的差比结构包括四个成分：属性主体、表示属性的形容词、比较标记、比较基准四个成分。[①]如普通话"张三比李四高" 为例，句中"张三"是属性"高"主体，"比"是比较标记，"李四"是比较的基准，"高"是属性形容词。宾阳话最常用的差比结构是"属性形容词＋过＋比较基准"。如：

① 张三高过李四。_{张三比李四高。}

② 李四矮过张三。_{李四比张三矮。}

③ 张三高□ne^{35}过李四。_{张三比李四高一点儿}

④ 张三高过李四好多。_{张三比李四高好多。}

⑤ 张三还高□ne^{35}过李四□$ŋəŋ^{35}$。_{张三比李四还要高一点儿。}

类型学中的比较标记是指具有一定独立性的表示比较意义的虚词。类型学上典型的比较标记一般会具有两个特征：第一，比较标记是构成差比句的结构手段，它总是要跟比较基准同现；第二，比较标记都是用在形容词和基准之间，具有明显的介引的基准的功能。如普通话的"比"，英语的"than"就是典型的比较标记。此外，其他一些在差比句中能表示比较意义的但不完全具有以上特征的一些虚词或形态性的成分，如加在形容词上的比较级形态或标记，如英语的 er 和 more，也可以看作一种比较标记。但是类型学所关心的是前一种标记。宾阳话差比句中的"过"是一个具有独立性的表达比较意义的虚词，它总是要跟基准同现，并且具有明显的介引基准的作用，因此，属于类型学上的比较标记。

在语义上"过"与表属性的形容词的联系比它与基准的联系更加紧密，它还能与形容词形成能性结构，如"高得过/高冇过"。因此，宾阳话的比较标记"过"是加在表属性的形容词上的，属于核心标注，不是从属语标注。比较标记"过"是把修饰属性形容词的基准介引给属性形容词，它的位置正好处于属性形容词和修饰性成分中间的位置，符合类型学上的联系项居中的原则。

在宾阳话中差比句中的"过"经常与一个副词性成分"多"一起使用。在没有使用主要比较标记"过"（同时基准也没有出现）的时候，这个"多"字不能省。如果有了标记"过"（同时介引出基准）时，则这个"多"也可以省掉。如：

⑥ 我多大。_{我（比某个基准）更大。}

⑦ 今日多冷。_{今天（比某个基准）更冷。}

---

① 典型的差比结构包括属性主体、比较属性形容词、比较标记、比较基准四个成分。但语序类型学一般只关注后三项，甚至只关注属性形容词和比较基准两项。注释 16 所列出的 Greenberg（1963）及 Dryer（1992）总结出与差比句相关的两条语序共性也显示了这一点。

⑧ 张三多大过李四。张三比李四大。

⑨ 李四多细过张三。李四比张三小。

⑩ 张三多大呢过李四。张三比李四大一点儿。

⑪ 张三多大过李四好多。张三比李四大好多。

⑫ 张三还多大呢过李四□ŋəŋ³⁵。张三比李四还要大一点儿。

　　"多"在没有使用主要比较标记"过"的时候不能省，但它不能跟基准同现，类似于形态语言中比较级形态，如英语的"-er"和"more"。虽然"多"也经常与"过"和基准同现，但是它位于形容词之前，不处于形容词和基准之间的位置，在句中也没有结构性的作用，因此，不是类型学上关心的比较标记。①

　　在典型的差比句中，属性主体同时也是比较主体（与基准相比较的成分），两个相统一。如"小张比小王高"中，"小张"被属性"高"修饰，是属性主体。同时它也与基准"小王"相比较，是比较主体。但是在汉语中可以把属性主体和比较主体分开，说成"东西你比我好，价钱我比你便宜"。其中属性形容词"好""便宜"的主体分别是"东西"和"价钱"，而前后两个小句的比较主体则分别是"你"和"我"。汉语差比句比较主体和属性主体可以分开这一特点是汉语话题优先型语言的整体类型特点在差比结构中的反映。因为汉语的谓语前有主语和话题两种位置，所以可以让属性主体和被比较的对象分别占据这两个不同的位置。在英语这类非话题优先型语言中，话题不是基本句法成分，因此让属性主体和被比较对象等同，便于安放主语的位置。宾阳话差比句的比较主体和属性主体也可以分离。如：

⑬ 细民老王多过老张，钱老张多过老王。小孩老王比小张多，钱老张比老王多。

　　"细民"和"钱"分别是两个分句的属性主体，"老王"和"老张"分别是两句的比较主体。

　　宾阳话差比句的否定形式有两种类型，一种是直接在肯定式上加否定词。如"张三高过李四"可以直接在句子上加上否定词形成否定结构：

⑭ 张三冇高过李四。

　　这样的否定式实际上含有两种意思：张三和李四一样高；张三比李四矮。这是一种同时包含了等比和差比的比较，不再是单纯的差比句。

---

　　① 刘丹青《试谈汉语方言语法调查框架的现代化》（戴昭铭、周磊编：《汉语方言语法研究和探索——首届国际汉语方言语法学术研讨会论文集》，黑龙江人民出版社 2003 年版）指出，在部分闽、客方言的一些差比句中不管是否出现普通话"比"字或粤语"过"那样的比较标记，形容词前都使用一个表比较的副词性成分。如闽南话"阿母恰想食婴仔～妈妈比小儿子更想吃、小弟并阿姐恰仙～第第比姐姐清闲"（比较标记为"并"）中的"恰"。

另一种则是使用不同的比较标记和句法结构。如：

⑮ 张三冇同李四高。

其中的"冇同"既是否定词，又是比较标记，语法表现跟介词相似，与肯定式差比句的标记和结构形式都不同。"张三冇同李四高"一句的意思仍是差比句，只是在语义上变成了负差比。

五　关系化

1. 宾阳话各种句子成分的关系化能力

A. 老师看书/老师教数学

主·主①：看书个/那个老师归呃。 <small>看书的老师回家了。</small>

主·宾：张三□[hen³⁵]过教数学个/那个老师。 <small>张三欺负过教数学的老师。</small>

主·话：教数学个/那个老师张三□[hen³⁵]过。 <small>教数学的老师张三欺负过。</small>

宾·主：老师看个/＊本/那本书坏呃。 <small>老师看的书破了。</small>

宾·宾：冇得乱动老师看个/＊本/那本书。 <small>不要乱动老师看的书。</small>

宾·话：？老师看个/＊本/那本书，冇得乱动。 <small>老师看的那本书不要乱动。</small>

B. 学生给老师贺卡

主·主：把贺卡老师个/那个学生毕业呃。 <small>给老师贺卡的学生毕业了。</small>

主·宾：我冲把贺卡老师个/那个学生过。 <small>我见过给老师贺卡的学生。</small>

主·话（话题）：？把贺卡老师个/那个学生，我冲过。 <small>给张老师贺卡的那个学生，</small>
我见过。

直·主：学生把老师个/张/那张贺卡好看。 <small>学生给老师的贺卡很好看。</small>

直·宾：我捡学生把老师个/张/那张贺卡起身。 <small>我捡起了学生给老师的贺卡。</small>

直·话：？学生把老师个/张/那张贺卡，我执起来呃。 <small>学生给老师的那张贺卡，我捡</small>
起了。

间·主：？学生把贺卡那个老师归屋呃。 <small>学生给他贺卡的老师回家了。</small>

间·宾：？我意学生把贺卡那个老师。 <small>我喜欢学生给他贺卡的老师。</small>

间·话：？学生把贺卡那个老师，我意。 <small>学生给他贺卡的老师，我喜欢。</small>

在宾阳话的各种语法成分中，提取主语和直接宾语进行关系化操作很自由，而提取间接宾语时就有一定的困难。根据科姆里的名词可及性等级序列，可以说宾阳话关系化操作对各种成分的提取能力在于直接宾语和间接宾语之间。此外，提取各种成分形成的关系化从句在作主语、宾语时都

---

① 以下"主·主""主·宾"等类别，前一项指被关系从句修饰的成分在关系从句中的地位（相当于所谓"潜主语""潜宾语"等），后一项指该成分在主句中的地位，如"我买的书丢了"，"书"是"我买"的宾语（潜宾语），又是主句谓语"丢了"的主语，所以这一类是"宾·主"。其余类推。

很自然，但是作主题时就不太自然，这跟宾语化受事话题化的能力较弱有关。

2. 宾阳话关系从句标记的类型

从以上例句可以看出宾阳最基本的关系从句标记是基本的定语标记"个"。此外，宾阳话的量词和指量结构（指示词＋量词）也可兼作关系从句标记。如：

① 我买个/那个手机书多好看过你买个/那个。　我买（的）那个手机比你买（的）那个手机好看。

② 中午煮（个）呢/那呢饭多好吃。　中午煮（的）那些饭更好吃。

当关系从句中没有由量词或指量结构兼作的从句标记时，就要加上"个"作从句标记，而且由量词或指量结构兼作的从句标记后一般就不再用加上"个"，尤其是单独的量词，不能与"个"同时使用。可见量词或指量结构确实起到了关系从句标记的连接性作用。但是，有时"个"也能与指量结构同时使用，可见指量结构离真正的关系从句标记还比较远。

宾阳话的量词和指量结构（指示词＋量词）也可像"个"一样用于无核关系从句（由关系从句标记和关系代词代替核心名词的关系从句）。如：

③（衣服）张三买件/那件多好看过李四买件/那件。　张三的/那件比李四的/那件好看。

④（细蚊）张三得个/那个是弟，李四得个/那个是女。　张三生的/那个是男孩，李四生的/那个是女孩。

总体来看，在宾语话中定语标记"个"作关系从句标记最自由，指量结构和单独的量词做关系从句标记时都受到一定的限制，不能用于部分关系从句中，如"＊咬人只/那只狗""＊落儿只/那只猫""＊老师看本书"。指量结构作关系从句标记只是在提取主语作核心名词的关系从句中受限制，单独的量词在提取宾语和主语作核心名词的关系从句中都受到限制，尤其是在提取主语作关系从句的核心名词时，基本上不能用单独的量词作关系从句标记。

3. 关系从句的类型

宾阳话关系从句一般都是处在核心名词的前面，形成前置性的关系从句。如：

① 昨日买归本书。　昨天买（的）那本书。

但形容词的生动形式"AA个"修饰名词时，要放在核心名词后，形成一种后置的关系从句。如：② 山那边有一座屋细细个。　山那边有一座小小的屋子。

六　疑问句

（一）是非问

是非问句是要求做出肯定或否定回答的问句。普通话的是非疑问句可通过在一般陈述句之后加上疑问语调，同时加上疑问语气词"吗、吧"等构成，也可以通过把一般陈述句的语调直接改成疑问语调来构成，这时疑问的功能由语调表达。但是在宾阳话中不能由语调单独表示是非问，在使用疑问语调的同时，还必须加上疑问助词"阿"及正由否定词向疑问助词过渡的"冇""盟"[①]。如：

① 细张是后日来*（阿）？<small>小张是后天来（啊）？</small>

② 你是学生*（冇）？<small>你是学生（吗）？</small>

③ 你去北京过*（盟）？<small>你去过北京（没有）？</small>

上述各例没有疑问语气词"冇"或"阿"等不能说。宾阳话是非疑问句句末的语调一般读升调。

"冇"从历时上看应该是来自反复问句句末的否定词"冇"。疑问句"VP 冇"已经不是完整的反复疑问的形式，在形式上有由反复疑问句向是非疑问句发展的趋势。"冇"在问句中的声调也已经与作否定词时的"冇"不同，在形式上也表明它已经有一定程度的虚化。但是，在语义上，它还保留了它作为否定词时的实义。在功能上，它还没有能突破它作为否定词时的实体限制。在语义上不允许出现否定词"冇"的位置上也不能使用"冇"。如：

*你冇是学士冇？<small>*你不是学生不？</small>

*张三冇识讲英语冇？<small>*小张不会说英语不？</small>

由于句中谓语部分已经有了否定词"冇"，所以不允许在句末再出现仍含有否定意义的"冇"。可见，"冇"还不是一个真正的疑问助词，它正处于由否定词向疑问词过渡的阶段。

与由"冇"结尾的疑问句一样，由"盟"结尾的疑问句"VP 盟"在形式上正在由反复问句向是非问句过渡，"盟"也正处在由否定词向疑问助词进一步发展的过程中。"盟"是"未曾"的合音，用于与时体有关的情况的否定。但"盟"也没有能突破它作否定词时的时体限制，在语义和句法上不允许出现否定词"盟"的语境中也不能允许把"盟"置于句末形成疑问句。如：

*你是张三盟？<small>*你是张三没有？</small>到　　　*你冇去北京过盟？<small>*你没去过北京没有？</small>

与"冇""盟"相比，"阿"则是一个真正的疑问助词，它可以用在各种各样的语法环境中而不受任何限制。在语义上，以"冇""盟"结尾的疑问句和以"阿"结尾的是非疑问句也有所不同。当是非疑问句的句末带

---

① "冇""盟"还不是真正的疑问助词，它们正处在由否定词相疑问助词虚化分过程中，关于它们的性质，下文将会进一步讨论。

"冇""盟"时，疑问是中性的，即用肯定否定回答的可能性相等。而带"阿"的是非疑问句则是引导性的，问话人对问题的答案已有预期，问话只是引导对方说出自己预期的结论。"阿"字是非疑问句问话者一般倾向于回答的人做出肯定的回答，而"阿"字是非疑问句的反问用法则问话者倾向于回答的人做出否定的回答，"阿"在反问句中声调也发生了变化，由原来的中平调"33"变成了高平调"55"。如：

⑦　细张同你高阿 ^{33} ？小张有你高吗？（测度，期待肯定的回答）

⑧　细张同你高阿 ^{55} ？小张有你高吗？（反问，期待否定的回答）

（二）选择问

宾阳话的选择问句中列出的各选择项之间要用一个连接成分"□[tsi^{22}]"来连接，不能省略掉。如：

①　你吃饭□[tsi^{22}]吃粥？你吃饭还是吃粥？

②　云队是今日去□[tsi^{22}]是后日去？我们是今天去还是后天去？

普通话句子中的罗列项的连接成分"还是"都可以省略。

"□[tsi^{22}]"可看作是宾阳话选择疑问句中的专用连词，并可看作宾阳话选择疑问句一个重要的标记。

在一些语言中当选择问的两个选择项是谓词性的成分时，就形成了选择问和反复问的交叉，这时就要根据是否使用连词等一些句法标准来判断句子的类别。例如普通话"你去还是不去？"是选择问句。如果把谓词性选择项之间的连词"还是"去掉，说成"你去不去？"则变成了反复问句。宾阳话中由于选择连词"□[tsi^{22}]"的使用是强制性的，因此不会出现选择问和反复问交叉的情况。

宾阳话选择连词"□[tsi^{22}]"是加在后面的选择项上的，即是前置性的。当我们把一个选择疑问句放慢来说时，停顿只能在"□[tsi^{22}]"和前面的选项之间。如：

③　老王在屋，□[tsi^{22}]在学校？/*老王在屋□[tsi^{22}]，在学校？老王在家，还是在学校？

（三）反复疑问句

反复问是把谓词的肯定形式和否定形式并列在一起作为选择的项目的疑问句。宾阳话的反复问句与是非疑问句有着非常密切的联系，如上文提到的由"冇"和"盟"结尾的疑问句都是处在由反复疑问句向是非疑问句过渡的过程中。如：

①　你吃饭冇？你吃饭不（吃）？

②　张三识打球冇？张三会打球不（会）？

③　细张归盟？小张回来没有？

④ 你做作业齐盟？ 你做完作业没有？

上述例句中虽然在形式上有向是非疑问句发展的趋势，但是"冇"和"盟"在各句中表达的仍然是否定义，两者都有很强称代性，称代与疑问句命题相关的一个否定性事件。而且不管在语义和功能上，"冇"和"盟"都没有能突破它们作为否定词时的局限。如：

*李四冇是你伙计冇？ *李四不是你朋友不？

*你盟学英语过盟？ *你没学过英语没有？

因此，这两类问句从性质功能上来看都是离反复疑问句更近而离是非疑问句更远，把它们分析为反复疑问句可能更符合语言事实。

（四）特指疑问句

特指疑问句是对特定的信息进行发问，并要求答话者做出相应的回答的问句。宾阳话的特指疑问句要用相应的疑问代词并加上一定的句调或疑问助词表示。如：

① 你是哪个？ 你是谁？

② 细张做哪门冇讲话？ 小张为什么不说话？

③ 你住在哪呢阿？ 你住在哪里呀？

④ 我本书到底着哪个安走了呢？ 我的书到底被谁拿走了呢？

①②由疑问代词"哪个、哪门"和疑问语调（升调）表示，③④由疑问代词"哪□ne^{35}、哪个"、疑问语调和语气词"阿、呢"共同表示。宾阳话询问不同的信息使用相应的不同疑问代词。

从类型学上看，并非各种语言的所有成分都可以用疑问代词提问。生成语法研究就表明英语中存在"孤岛效应"（island effect），句中一些成分，如并列结构中并列项不能进行疑问词疑问，因此也不能用疑问代词发问。[①]

在汉语中，由于用疑问代词发问时，不必用疑问代词把被提问的成分移位到句首，因此不受到类似英语一样的限制。但是，在汉语及其各种方言中也并不是各种句子成分都能用疑问代词发问而不受任何限制。宾阳话中的谓语性动词、形容词、系词，特别是这些成分带宾语、补语等成分时，难以用疑问代词提问。

---

① 详见刘丹青《句类及疑问句和祈使句：〈语法调查研究手册〉节选》，《语言科学》2005 年第 5 期。

第二章　平话与粤方言语法比较研究

本章平话与粤方言语法的比较研究，以桂南平话和南宁白话的比较为重点。

第一节　词法的比较

本节以 3 个点的材料进行词法的比较研究，桂南平话 2 个点：宾阳县新桥镇、田阳县那满村，沿江白话 1 个点：南宁市。

一　大小事物表达

地区	大		中	小	
	动物	植物		动物	植物
南宁	大猪	牛蕉		猪崽	鸡蕉
宾阳新桥	大猪			猪儿	
田阳那满	大猪	牛蕉	糙猪、糙狗	猪儿、狗儿	鸡蕉

二　名词词缀

地区	前缀	后缀	
		表人	表植物
南宁	阿三、阿强、细张、老王	精崽、痴佬、罗嗉公、车咧婆、白粉妹、[ŋek⁵⁵sek⁵⁵]鬼	
宾阳新桥	阿三、阿强、细张、老王、老肥	坏货、飞头佬、生意哥	龙眼根、菊花根
田阳那满	阿三、阿强、细张、老王	有银佬、阴湿鬼、恶公、恶婆、	榕树根、苦楝根

三　动词词缀

地区	前缀	后　缀
南宁		**做，攞**（表方式）：人哋都冇信我哋屋係租**做/攞**嘅，重恁住係买**做/攞**嘅。<small>人家都不相信我的房子是租的，还以为买的呢。</small>
宾阳新桥	**相**（互相）：相争、相打	**取**（表方式）：张台抽取。<small>这张桌子得抬着搬动。</small>
田阳那满	**相**（互相）：相抱、相恨、相碰、相握手、相争、相打、相帮	**取**（表方式）：1 核桃敲**取**噢。<small>核桃敲着吃。</small> 2 鱼是取阿是蒸取？<small>鱼是煎还是蒸？</small>

作为动词，平话的"取"和白话的"攞"同义，都是"要"的意思，也都可发展为表方式的动词词缀。

四　叠音后缀 bb

地区	Abb 为体词	Abb 为谓词		
		A 为名词	A 为动词	A 为形容词
南宁	羊咩咩 狗 vou^{33} vou$^{33.}$ 猪 nɔ^{21}nɔ^{35} 鸡 ku^{21} ku^{35}	屎滚滚（急貌） 烟 ŋau^{55}ŋau^{55} 头耷耷	喊喳喳 睡 phat^{22} phat^{22} 咳 khɐm^{21} khɐm^{21} 吹牛 hɐm^{21} hɐm^{21} 落雨 ɬet^{22} ɬet^{22} 追女崽 tsa^{21} tsa^{21}	咸 nam^{33} nam^{33} 疏 leu^{33} leu^{33} 冷 ɬi^{55} ɬi^{55} 多罗罗
宾阳新桥			动 fət^{22} fət^{22}	密 lei^{22} lei^{22} 高 kɐŋ^{21} kɐŋ^{21} 暗 mɐt^{33} mɐt^{33}
田阳那满	狗 vou^{33} vou$^{33.}$ 马希希 牛哞哞 鹅 kɐu^{33} kɐu^{33}		吠汪汪、行喳喳、冲 pha^{21} pha^{21} 报名喳喳、饮酒 tuɪt^{55} tuɪt$^{55.}$、烧烟 pop^{55} pop^{55}	阔茫茫、绿嗷嗷、长乐乐、亮霎霎、高 jao^{24} jao^{24} 金早早

名词后的叠音词缀多为拟声，一般是儿语。

五　形容词重叠式

地区	AA 式	AABB 式	Abc 式	专用贬义式
南宁	甜甜、长长、嫩嫩、糯糯、肥肥 （第一个 A 为升调，第二个 A 读本调）	巴巴闭闭、鬼鬼码码 瘦瘦高高、酸酸宿宿	瘦 maŋ^{55}khan^{55} 老 khɐp^{55}khe^{55} 高 lɐŋ^{21}khɐŋ^{21} 淡 pet^{22}tʃet^{22}	频 hɐi^{55} 轮、 频 hɐi^{55} 轮轮 频鬼轮轮 咸死咁咸 死姣烂姣

续表

地区	AA 式	AABB 式	Abc 式	专用贬义式
宾阳新桥	红红、长长、高高、厚厚	高高大大、ŋok³³ ŋok⁵⁵ŋeu³³ ŋeu³³（弯曲貌）		坏 tsi²⁴ 坏 laŋ³³ laŋ³³ 瘦 tsi²⁴ 瘦 ke³³ ke³³ 淡 tsi²⁴ 淡 pheu³³ pheu³³
田阳那满	大大、阔阔 kak²² kak²²（窄貌）	香香臭臭 邋邋遢遢 好好 laŋ²⁴ laŋ²⁴	高 laŋ³³khaŋ³³ 瘦 muut²²kət²² 肥 muut²²kət²² 懒 puut²²tsət²² 老 khat³³ŋat³³	矮 tsɔt²²ti²² ti²² 酸 hɐi⁵⁵tem³³ tem³³ 老 hɐi⁵⁵ 屎屎

六　复数形式

地区	代词			名词		
	第1身	第2身	第3身	有生命		无生命（碗、石头）
				不与数量同现	与数量同现	
南宁	我哋	你哋	佢哋			
宾阳新桥	我队 伝队	你队	那队	老师队		
田阳那满	我队 伝队	你队	佢队	学生队	30[so³⁵]学生队 30 只鸡帮	

"伝队"为包括式，钦廉片粤方言单用"伝"。

七　名词化标记

地区	结构助词	量词	指量结构
南宁	红嘅红的、辣嘅辣的、开车嘅开车的、爱睇粤剧嘅爱看粤剧的	高撑撑只高高的、落岗只下岗的、我讲啲我讲的	① 喺吴圩买返来阿只从吴圩买回来的那只 ② 开车阿只开车那个、搭车阿只坐车那个
宾阳新桥	木个木的、我个我的、细细个小小的	蛮好看个个挺好看的	开车个个开车那个
田阳那满	① 帮我推车个帮我推车的 ② 许老师个书给老师的	① 质量好支是细葛买个质量好的是小葛买的 ② 细民盟吃齐啲擢许狗吃小孩儿没吃完的拿来喂狗	① 盟着烂阿领送许人没穿烂的那件送给人 ② 许老师二[so³⁵]给老师的那只

"嘅"与"个"同源。南宁白话表指示的"阿"也是"个/嘅"的弱化形式。

总结：从词法看，平话与白话的诸多项目都相同，最大的不同有两点：

1. 小称，白话用"崽"，而平话多用"儿"。桂北平话用"儿"或"崽"都有。桂东南粤方言区也多用"儿"，多已高平变调，而桂南平话多保持原调。

2. 复数，白话代词有复数形式，名词没有复数形式。而平话不仅代词有复数形式，名词也有复数形式，田阳那满的名词复数还可与数量结构同现。

此外，那满平话表示事物不大不小的中等个头，用"糙"，与壮语相同，显示平话与壮语的接触比白话深。

第二节　虚词的比较

虚词方面，桂南平话与粤方言共性远大于差异，桂北平话同样留下与许多与桂南平话一致的早期层次。虚词的比较，列表材料以我们调查方法较为一致的桂南平话几个代表点及南宁白话为主，分析讨论涉及其他材料。

一　代词

1. 人称代词

人称	方言点	单数	复数		领属格	
					单	复
第1身	南宁	我	我哋		我 ɛ³³	我哋 ɛ³³
第2身		你	你哋		你 ɛ³³	你哋 ɛ³³
第3身		佢	佢哋		佢 ɛ³³	佢哋 ɛ³³
其他		自己 人哋（别人）	大齐、大家		自己 ɛ³³ 人哋 ɛ³³	大齐 ɛ³³ 大家 ɛ³³
第1身	宾阳新桥	我	包括式	伝、伝队	ŋok²⁴/ ŋøk²⁴ （我屋）	伝队 ə³³
			排除式	我队		我队 ə³³
第2身		你	你队		nok²⁴/nek²⁴ （你屋）	你队 ə³³
第3身		那	那队		nak²⁴（那屋）	那队 ə³³
其他		自己 人屋（别人）	大众、大齐 众人		自己 ə³³ 人屋 ə³³	大众/大 齐ə³³
第1身	田阳那满	我	包括式	伝队、文队	ŋa²⁴ə	
			排除式	我队		
第2身		你	你队		你 ə	
第3身		佢	佢队		佢 ə	
其他		自己 人屋（别人）	大齐		自己 ə 人屋	大齐 ə

桂南平话北片

人称	方言点	单数	复数	领属格	
				单	复
第1身		我	我哩	我个	我哩个
第2身		你	你哩	你个	你哩个
第3身	宜州德胜	他	他哩	他个	他哩个
其他		自己、人屋、别人	大家	自己个、人屋、别人个	大家个
第1身		我	ŋa³⁵	我个	ŋa³⁵个
第2身		你	nɔk³⁵	你个	nɔk³⁵个
第3身	罗城牛鼻	他	tʰɔk⁵⁵	他个	tʰɔk⁵⁵个
其他		自家、本己、人家（别人）	大齐、大家	自家个、人家个	大齐/大家个

桂北平话

人称	方言点	单数	复数	领属格	
				单	复
第1身		我	tui¹²	我的	tui¹²的
第2身		你	no¹²	你的	no¹²的
第3身	五通	他	to¹²	他的	to¹²的
其他		自家、自己、人家（别人）	大齐、大家	自家的、人家的	大齐、大家的
第1身		我	thu³¹	我的	thu³¹的
第2身		你	nei³¹	你的	nei³¹的
第3身	两江	他	thəu⁵³	他的	thəu⁵³的
其他		自家、本己、人家（别人）	大齐、大家	自家的、人家的	大齐/大家的
第1身		我	ty³¹、ty³¹ nei³¹	我的	ty³¹的
第2身		你	nei³¹、nei³¹ nei³¹	你的	nei³¹的
第3身	永福塘堡	他 ha³⁵ 老派 / tha³⁵ 新派	他 nei³¹	他的	
其他		自家、人家、别个、ŋa³⁵	大家	自家的、人家的	大家的

塘堡"人家ŋian³¹ ka³⁵"和代词"ɯŋa³⁵"（"ŋa³⁵"很可能就是"人家ŋian³¹ ka³⁵"的合音词）都可以代指第一人称，相当于"我"，但语气比用"我"

更委婉舒缓。

特点：

（1）复数不用"们"表示，是广西平话和粤方言的人称代词的共同特点，桂北平话也不例外。

（2）人称代词的领属格，桂南平话与粤方言一致，以"人称代词+个"表示，这个"个"在具体方言点弱化为不同的语音形式。桂北平话则已经用"的"，与官话同。

宾阳平话以"人称代词+屋"的合音形式表领属两广粤方言也多见。

（3）在人称代词中，第 3 身单数的一致性是最低的，这与在对话双方之外有关。上古汉语就没有形成真正意义上的第 3 身单数代词。平话祖语当为"那"，即与指示代词同词；粤方言多用"佢"。桂北平话受官话影响，已经变为"他"，桂南平话与沿江片白话接触密切的点也已变为"佢"，但声调没有发生与第 1 身、第 2 身的类化，仍读阳平调。

第三人称与远指代词同用"那"，应是平话的固有词。第三人称桂北平话、桂南平话北片多用"他"，是官话的影响，南宁及西片用"佢"，是白话的影响，但是远指代词依然用"那"。勾漏片粤方言也用"队"作复数标记。

（4）桂北平话及桂南平话的北片与南宁白话一样，第 1 身复数没有包括式与排除式的区别，桂南平话中南、西南片有之，勾漏片粤方言也有这种现象，如岑溪南渡白话。

（5）桂北平话及桂南平话的北片，人称代词单复数有以声调变化区别，或韵母变化区别，或以紧缩式表示。这种现象与广东四邑、阳江等地的粤方言相似。如：

桂北平话

代词	临桂五通	临桂两江	桂林大埠	灵川三街
我	我 $\eta^w\mathrm{o}^{53}$ tui^{13}	我 ηou^{33}	我 ηai^{13}	我 $\mathring{\eta}^{33}$
你	你 noi^{53}	你 nai^{33}	你 ni^{13}	你 ni^{33}
他	他 t^{h}a^{35}	他 to^{35}	他 t^{h}ai^{45}	他 t$^h\mathrm{o}^{13}$
我们	tui^{35}	t^{h}u^{21}	ηou^{45}	①$\eta\gamma^{53}$lie^{21} ②$\eta\gamma^{533}$
你们	no^{35}	腻 nei^{21}	ni^{45}	$\eta\gamma^{53}$lie^{21}
他们	舵 to^{13}	套 t^{h}ou^{51}	他人 t^{h}ai$^{45}\eta$en^{44}	他 lie^{21}

广东四邑、阳江

方言点	我	我们	你	你们	他	他们
四邑	ŋɔ³³	ŋɔ²¹	ni³³	niek²¹	khui³³	khiek²¹
阳江	ŋɔ²¹	ŋɔk²¹	nei²¹	uiek²¹	kei³³	kiek²¹

（四邑第一人称复数例外）

音变构词是语言或方言增强其自身表达能力的一种重要手段。万献初先生在《汉语构词论》一书中曾说道："单字音变构词法是双音合成构词法大行以前汉语最能产且延续时间很长的构词方法，其余续一直延续到现代汉语。"在平话和粤方言中，音变构词主要体现在人称代词的复数形式（尤其是第三身代词），复数形式不少是通过改变词中部分语素读音的内部屈折法实现。

2. 指示代词

	南宁		宾阳新桥		田阳那满	
	近指	远指	近指	远指	近指	远指
个体/名物	阿只	噜只	ku³³个	那个	ki³³个	二个
程度	噭高		同样/eŋ⁵⁵高	那样/eŋ⁵⁵高	耿高	
方式/性状	噭做、噭讲		同样做	那样做	耿做、耿讲	
处所	阿啲、阿便	噜啲、噜便	ku³³ne²⁴	那 ne²⁴	ki³³摆 tik⁵·、ki³³摆	二摆 tik⁵·、二摆
时间	阿阵时、阿排时	噜阵时、噜排时	ku³³阵、样时	那时	ki³³阵子	二阵子
数量	阿啲	噜啲	ku³³ne²⁴	那 ne²⁴	ki³³敏	二敏
可否指示兼替代	否		否		否	
体标记	嗯响					

宾阳的[ku³³]与田阳的[ki³³]同源，即"个"。田阳的"摆"是壮语借词，壮语[pa:i6]，表方位，"方、边、面"的意思。"耿"是"个样"的合音。

广州白话表程度、性状用"咁[kɐm⁵]"，表方式用"噭[kɐm³]"，南宁白话只用一个"噭[kɐm³]"。宾阳话也说"噭[kɐm³]"是受优势方言影响。

桂南平话北片

	宜州德胜		罗城牛鼻	
	近指	远指	近指	远指
个体/名物	i^{31}nɛ^{42}，nɛ^{42}	k^{h}y^{33}nɛ^{42}	kɔ^{21}个	那个
程度	ɐŋ^{33}		ɐŋ^{54}	ɐŋ^{54}
方式/性状	ɐŋ^{33}样	k^{h}y^{33}样	ɐŋ^{54}样	那样
处所	i^{31}nɛ^{42}	k^{h}y^{33}nɛ^{42}	kɔ^{21}hɐŋ^{21}	那 hɐŋ^{21}
数量	i^{31}nɛ^{42}，i^{31}	k^{h}y^{33}nɛ^{42}，k^{h}y^{33}	kɔ^{21}ti^{54} kɔ^{21}些	那 ti^{54}

桂北平话

	两江		塘堡		富川	
	近指	近指	近指	远指	近指	远指
个体/名物	hœ^{31}个	那个	kei^{31}	那	ha^{44}粒	那粒
程度	hœ^{31}恁	那恁	kən^{33}nən^{33}	那 nən^{33} ［那样］naŋ^{33}	ha^{44}似	那似
方式/性状	hœ^{31}恁	那恁	kən^{33}nən^{33}	那 nən^{33} ［那样］naŋ^{33}	ha^{44}似 ha^{44}样	那似 那样
处所	hœ^{31}pho^{3}/边	那	kei^{31}ŋi^{35}$_{这里}$	那 ŋi^{35}	ha^{44}角/ 边$_{这里}$	那 ŋi^{35}$_{那里}$
时间	hœ^{31}phei^{33}/餐	那 phei^{33}/ 餐	kei^{31}阵 ^{5} kei^{31}个时候	那阵， 那个时候	ha^{44}刻	那刻

临桂义宁话指示代词有近指、中指和远指的分别。

	近指	中指	远指
人或事物	□k^{h}ə^{53}	个 ko^{33}$_{那}$	那 na^{12}
	□哋 k^{h}ə^{53}ti^{33}$_{这些}$	个哋 ko^{33} ti^{33}$_{那些}$	那哋 na^{12} ti^{33}$_{那些}$
处所	□头 k^{h}ə^{53}tau^{31}$_{这里}$ □甽 k^{h}ə^{53}miaŋ^{53}$_{这里}$ □边 k^{h}ə^{53}pin^{24}$_{这边}$	个头 ko^{33} tau^{31}$_{那里}$ 个甽 ko^{33} miaŋ^{53}$_{那里}$ 个边 ko^{33} pin^{24}$_{那边}$	那头 na^{12} tau^{31}$_{那里}$ 那甽 na^{12} miaŋ^{53}$_{那里}$ 那边 na^{12} pin^{24}$_{那边}$
时间	□□ k^{h}ə^{53}ʧheʔ^{5}$_{这时候}$	个□ko^{33}ʧ^{h}eʔ^{5}$_{那时候}$	那□ na^{12} ʧ^{h}eʔ^{5}$_{那时候}$
程度	□恁 k^{h}ə^{53}nɐn^{34}$_{这么}$		个恁 ko^{33} nɐn^{34}$_{那么}$ 那恁 na^{12} nɐn^{34}$_{那么}$
方式	□恁 k^{h}ə^{53} nɐn^{34}$_{这样}$		个恁 ko^{33} nɐn^{34}$_{那样}$ 那恁 na^{12} nɐn^{34}$_{那样}$

平话和粤方言普遍以[k]声母字表近指，应从"个"演变而来。表远指情况较为复杂。

（1）近指用[k]声母字，远指用[n]声母字，即"那"或"那"的音变形式，这是平话的特点。部分方言点读同"二"，是"那"的弱化形式，桂北平话也有类似现象。

广东的中山、四邑、阳江、阳春、吴川、化州茅坡村等地，广西的廉州，也是近指用[k]声母字，远指用[n]声母字。

广州话则相反，近指用[n]声母字，远指用[k]声母字。

临桂义宁话指示代词有近指、中指和远指的分别，近指[kʰə⁵³]可能是[ko³³]的一个分化形式。广东西南地区的粤方言近指，用[kʰ]声母字，亦即"个"。

南宁白话近指用"阿"，远指同广东的南海、顺德一带，用"噜"。南宁的"阿"，应该也是"个"的音变。有意思的是，梧州话出现基本指示词"个、呢、阿"的叠置，没有严格的近指与远指区别，当其中的两者一起使用的时候就有近指和远指的区别，但只是相对的意义不是绝对意义。"噜"表远指只存在于老派了。

（2）表程度、方式/性状的指示代词，平话和粤方言均多有合音现象。桂南平话北片与宾阳相近。如宾阳新桥的"同样"，在王灵等地说"[tɛŋ¹¹]"；田阳的"耿"即"个样"的合音，亭子平话说"[kɛŋ⁵⁵]"。

《贵县志》（1934）："绛，如此也。俗读如格漾切，盖'个样'二字之合呼，犹'不可'之为'叵'，'何不'之为'盍'矣。"广东旧《阳江志》（广州留香斋刊本）："我辈曰偓，如此曰供，如彼曰能，如何曰姜。""供""能"也分别是"个样""那样"的合音。

（3）表程度、方式/性状的指示代词大多不分近指远指，也有的区分，如宾阳平话、桂北平话，粤方言有部分区分的。南宁和田阳那满不分近指和远指，而宾阳新桥则分近指和远指。

3. 疑问代词

	南宁		宾阳		田阳那满	
	单数	复数	单数	复数	单数	复数
基本	乜嘢		哪门		哪门	
人	边位	边几位	哪个	哪个队	哪个、nan⁵⁵（哪人）	
	边个					
个体指别	边只/张	边哨	哪个/张	哪 ne²⁴	哪个/张	哪敏
处所	边哨、边搭地方、边便		哪 ne³⁵		哪 nik⁵、哪摆	

续表

		南宁		宾阳		田阳那满	
		单数	复数	单数	复数	单数	复数
时间		边时、几时		几时、哪时		哪门时候	
程度	疑问	几高？几大？		几高？几大？		几多高？/几高？	
	赞叹	噉高只后生崽（这么高的小伙子）				好高只后生！	
方式/性状		同点/点/同点样（怎么样）		同哪样		是 naŋ^{55}	
原因		做乜嘢/为乜嘢（为什么）		做哪门		为哪门、为保（mi^{22}）个	
数量	基本	几多		几多/几		几多	
	十以内	几多		几多/几		几多	
	其他数域						
	与量词组合	几多只/斤/桶		几多只/斤/桶		几多只/斤/桶	

桂北平话

		五通		两江		塘堡	
		单数	复数	单数	复数	单数	复数
基本		咄□ ti^{33}tʃɔʔ^{22}，□tʃɔʔ^{22}		么西		哪样、哪样件	
人		伊子、甚个		哪个		哪个	
个体指别		咄□ti^{33}tʃɔʔ^{22}，□tʃɔʔ^{22}		哪个		哪个/张	哪敁
处所		甚头 ɕin^{33}tau^{31}，甚旺 ɕin^{33}mian^{53}		哪溜、哪怕		哪□ŋi^{35}；哪样位子 nœŋ^{531}wei^{31}tsei^{33}；哪样地方 nœŋ^{531}tei^{31}faŋ^{35}	
时间		甚□ɕin^{33}tʃheʔ^5		几时、哪时、哪怕、哪餐		哪阵	
程度	疑问	几高？好多？		几高？几大？		好（久、高）？	
	赞叹						
方式/性状		甚恁 tɕin^{33}nɐn^{33}		哪恁		哪恁 na^{53} nɐn^{33}，哪样样相 nœŋ^{531}iaŋ^{31}ɕiaŋ^{53}	
原因		□恁tɕin^{33}nɐn^{33}		为么西		做□□tso^{53}mɔ^{31}ɕie^{35}	
数量	基本	几多，好多		几多、好多		好多	
	十以内	几多，好多		几多、好多		好多	
	其他数域						
	与量词组合	几多、好多只/斤/桶		几多、好多只/斤/桶		好多只/斤/桶	

（1）疑问代词平话内部一致性很高，多以"哪……"提问，桂东南和

粤西的粤方言也有这种形式。与白话的"边"不同。桂东南和粤西的粤方言还有用[s/ʃ]声母字的。

（2）问程度、原因、数量的疑问代词则平话和粤方言具有共性，都用"几"。桂北平话部分方言点用"好"，是官话的影响。

问数量的疑问代词，宾阳话可用"几多"，也可单用"几"，与广州话同，例如：

一个星期有几日？　10个苹果，吃去3个，还有几个？

几个统得，反正一个就得呃。

南宁白话、平话一律用"几多"，不省略。

（3）疑问代词和疑问副词的音变和合音几乎是通例，由于多数材料是同音替代或自行造字，甚至只标注读音，要考订其本字，判断是否同源，需要结合语音系统进行详细辨析。这已不是本课题研究的范围。

二　量词

1. 量词的全量义/逐指义功能

形式		南宁	宾阳	田阳那满
重叠	AA	阿只班啲女同学只只都嗷大嘴。这个班的女同学个个都这么大个。	呢猪儿只只样大。这些猪崽个个一般大。	个条江，村村都讲伝。这条江，每个村都说平话。
	一AA	一只只搭起身。一个个搭起来。		帮鬼崽一 so^{35} so^{35} 总未听讲。这帮小孩儿一个个都不听话。
	一A一A	一本一本嗷读。一本一本地读。		一 so^{35} 一 so^{35} 行。一个一个地走。
其他	系/是+量词		班学生系个都有自己个特点。这个班的学生个个都有自己的特点。	

量词可重叠可表全量义和逐指义，是平话和粤方言的共同特点。宾阳新桥多用"系+量"，粤方言也有这种现象。

2. 名量结构的指称功能

地区	名量结构表类指
南宁	细张行晒半日总冇讲嘞句话，当只木辘嗷。小张走了半天一句话也不说，像截木头一样。今日啲饭米粒硬多，吞冇落。今天的饭，米粒太硬，咽不下。扇门上高有暗格嘅。门扇上面有暗格的。
宾阳	只西洋鸭识飞。西洋鸭会飞。呢饭好吃过面条。米饭比面条好吃。
田阳那满	拣木 $kheu^{35}$ 归屋烧。拣木块回家烧。送 $phæ^{33}$ 金 kho^{35} 我。送一块金块给我。今日敏米粒煮得 $leŋ^{55}lat^{22}lat^{22}$ ，未成喫。今天的米煮得很硬，吃不了。

3. 量词的定冠词化

		南宁	宾阳	田阳那满
量名做主语		① 对鞋做乜嘢湿[pet²²pet²²]嘅？这双鞋为什么是湿巴巴的？② 只张小平啊，做乜嘢噉[ji⁵⁵jau⁵⁵]嘅。这张小平，做情这么不稳重的啊。③ 只日头咁毒，冇倚喺呐。太阳这么晒，别站在那。	① 帮契弟实在难教。这帮小子实在难教。② 个日头焗死去。这太阳热死了。③ 个四婆意意个阿六。四婆很喜欢阿六。	① 把剪刀十分利。这把剪刀很锋利。② 今日只日头猛呃。今天的太阳猛啊。
量名做话题		批货我哋早都发出去晒哦，为乜仲盟收到？那批货我们早就发出去了，为什么还没收到？	把菜刀张三借去呃那菜刀张三借去了。	敏事，云队未再提啊。这事情，咱们别再提了。
量名做宾语		佢肯讲啲真相出来嘛？他愿意把真相说出来吗？	那肯讲啲经过来听冇？他愿意把经过说出来吗？	我[lɐi²⁴]未冲把剪刀啊。我找不到那把剪刀了。
量名做定语		只鬼崽嘅老窦旧年就出国晒。这孩子的爸爸去年就出国了。	个弟嘅老弥是越南人。这青年人的老婆是越南人。	只饭店敏饭菜未好。这饭店的饭菜不好。
量名做中心语	A+量NP	妈糊高只男崽好呀嘅。高个子男孩儿很能干的。	隔离屋只侬出外打工哦。隔壁家的男孩外出打工去了。	高尧尧[pha⁵⁵]细民是？[nan⁵⁵]高高的男孩是谁？
	量+A+NP	黄件衫买着50文钱。黄的这件衣服花50块的。		把旧剪刀未成使啊。那把旧剪刀用不了了。
量名做同位语		你哋啲发瘟佬，搵死啊你。你这些发瘟佬，找死啊你。	你只瘟收，一日到黑就识问取钱。你这倒霉鬼整天就知道问要钱。	细王 so³⁵ 人讲到做到。小王这人说到做到。
量词单独做主语		大齐都讲南宁白话，只同只冇一样。大家都说南宁白话，这个跟那个不一样。	个凑个冇一样这个和那个不一样。	[mɐn³⁵]是哪门？是鸡果？这是什么？是番石榴？
量词单独做宾语		啲狗我中意只，冇中意只，只难睇多。这些狗我喜欢这只，不喜欢那只，那只太难看。	呢书好看，我想买本。这些书好看，我想买一本。	研究[mɐn³⁵]冇门用？研究这个有什么用？
量词单独做话题		啲水，桶我育过我记得，桶我冇育过，为乜自己变黄晒呢？这些水，这一桶我动过我记得，这一桶我没动过为什么就变黄了？	个把你吃呃。这个给你吃吧。	[mɐn³⁵]覃老师都讲过好多[pɐi²¹]呃。这覃老师都讲了很多次了。
量词单独做定语中心语				靡讲[mɐn³⁵]及靡得过。别说这些比不上之类的话
动量词单独做话题				[mat³⁵]佢识读书抵钱呃。这下，他知道读书值钱了。
动量词单独做补语		再去次。再去一次。	再行逛。再走一趟。	

（1）量词可出现在唯一的对象"日头、月亮/月光、天"之前，表强调意味时，量还可出现在专指名词如"张小平""四婆""阿六"之前。这些情况表明平话和粤方言的量词已经语法化为定冠词。

（2）在量词单独作定语的中心语、动量词单独作话题、动量词单独作补语的能力上，三地有区别，田阳那满量词单独作定语的中心语、动量词单独作话题；南宁白话、宾阳平话量词可单独作补语，而田阳那满无此功能。

4. 量词兼作定语标记和名词化标记

定语类型		南宁	宾阳新桥	田阳那满
一般定语	形容词定语	高撑撑只男崽好呦嘅。高高的男孩很能干的。	高高个弟是三叔屋个。高高的男孩是三叔的儿子。	好看领衫送 hei³⁵ 人屋。好看的那件衣服送给别人。
	领属性定语	你哋哪的丑事重怕人哋有识得啊？你们的丑事还怕别人不知道吗？	张三呢同学依南宁来。张三的同学从南宁来。	云队 so³⁵ 县长姓张。我们的县长姓张。
关系化从句定语		你整啲花样呃得边个？你要的这点花招编得谁？	张三踏对鞋是球鞋。张三穿的鞋是球鞋。	盟喫齐饭 pha⁵⁵ 细民哭啦。没吃完饭的小孩哭了。
核心名词省略	一般定语核心省略	① 你只学习好，我只，就有得哦。你的[小孩儿]学习好，我的就不行了。② 遍遍件衫重好睇过干净件。脏的衣服还比干净的好看。	张三只好。张三的好.	你敏，我队未冲过。你的我们没见过。
	关系化定语核心省略	我哋啲啱有一个人落岗，落岗只真係好命。我们这儿有一个人下岗，下岗的那个真是命不好。	上午吃呢多甜。上午的更甜。	细民盟喫齐啲攞许狗喫。小孩儿没吃完的拿来喂狗。

三 趋向动词

1. 主观趋向动词"来、去"等带处所宾语。

南宁：① 今晚**来**我屋食饭，好嘛？今晚来我家吃饭，好吗？

　　　② 今个暑假我哋**去**北京耍。这个暑假我们去北京玩儿。

宾阳新桥：① 你几时**来**宾阳？你什么时候来宾阳？

　　　　② 你愿意一个人**去**北京冇？你愿意一个人去北京吗？

田阳那满：① 自日是[哪人][nan⁵⁵]靡**来**学校？昨天是谁没来学校？

　　　　② 二十几个都**去**县城呃。二十几个学生都去县城了。

2. 趋向动词带受事宾语和处所宾语时的句法结构。

趋向动词	南宁			宾阳新桥			田阳那满		
	词项	受事宾语	处所宾语	词项	受事宾语	处所宾语	词项	受事宾语	处所宾语
来	来	佢拧支笔来。	佢调来南宁哂。	来	安支笔来。	走来南宁。	来	搁支笔来。	嫁来田阳得三年了。
去	去	佢送两瓶酒去。	佢飞去北京哂。	去	送两瓶酒去。	走去北京。	去	送两瓶酒去。	几时趰去南宁。

续表

趋向动词	南宁			宾阳新桥			田阳那满		
	词项	受事宾语	处所宾语	词项	受事宾语	处所宾语	词项	受事宾语	处所宾语
				归	买斤酒归。买斤酒回来				
				kʰu⁵⁵	买斤酒 kʰu⁵⁵。买斤酒回去				
上			佢爬上座山哂。	上		那爬上那个山了。	上		佢 lai²⁴ 上二坡山。
下	落		佢跌落山哂。	落		佢滑落山呃。	落		佢捋落山坡。
进	落		佢行落房间。	落		那行落房。	落		佢行落房间。
出	出		佢趱出间屋。	出		那行去房呃。	出		佢溜出房间。
起									
过	过		我哋行过阿边。我们走到这边。	过		那行过 ŋøk²⁴ 门口。他走到我家门口。	过		佢行过我屋门口。他从我家门口走过。
到	到	我哋开车到佢屋。	我哋行到门口。	到	开车到那门口。		到	开车到佢屋。	行到门口。
上来	上来	佢 theu³⁵ 桶水上来。	佢行上二楼来。	上归	那依井内吊一桶水上归。		上来	佢 tɐu⁵⁵ 桶水上来。	佢行上楼梯来。
上去	上去	佢钉哂口钉上去。	佢爬上坡树去。	上去	钉口钉上去。	那爬上木根去。	上去	佢爬上木根去。	佢 lai²⁴ 上木根去。
下来	落来	佢摘哂只沙梨落来。	佢行落一楼来。	落归	tak³ 一碗水落归。	那行落楼梯归。	落归	你揭一碗水落归。	佢捋落山坡归。
下去	落去	佢丢嘴石头落去。	老鼠 lyn⁵⁵ 落窿去。	落去	nuŋ⁵⁵ 粒石头落窝去。	那滑落山去。	落去	佢 nɔi⁵⁵ 嘴石头落坎去。	佢跌落井去。
进来	落来	佢 kɐt²² 箱书落来。	佢趱落间屋来。	落归	那 kø⁵⁵ 箱书落归。	那行落房归。	落归/来	佢 pheu⁵⁵ 一笼书落来。	佢行落房来。
进去	落去	佢递哂瓶水落去。	佢趱落间屋去。	落去	那 tsak⁵ 三百文落去。礓三百块进去。	那行落房去。	落去	佢 len²⁴ 一瓶水落去。	佢滚落山去。
出来	出来	佢拧十文银出来。	老鼠 lyn⁵⁵ 出窿来。	出归	那 nɐp²⁴ 只手表出归。		出来	佢 mok²⁴ 只表出来。	老鼠 lai²⁴ 出窿来。
出去	出去	丢啲垃圾出去。	老鼠 lyn⁵⁵ 出房间去。	出去	那摞粒肉出去。		出去	佢 vut²⁴ 块 je²⁴ 出去。	老鼠 lai²⁴ 出窿去。

续表

趋向动词	南宁			宾阳新桥			田阳那满		
	词项	受事宾语	处所宾语	词项	受事宾语	处所宾语	词项	受事宾语	处所宾语
过来	过来	开架车过来。	佢趣过阿边街来。	过归	那 pou³³ 粒石子过归。	细张走过我面前归。 小张跑到我面前来。	过来	佢 vuɪt²⁴ 块 je²⁴ 过来。	佢 趣 过 kɣ³³ 边街来。
过去	过去	丢嗜肉过去。	佢趣过噜边街去。	过去	那安张凳过去。	那走过那边路去。他跑到路的那边去。	过去	佢 vwɪt²⁴ 块 je²⁴ 过来。	佢趣过二边街去。

三地的趋向动词一致性很高。

（1）主观趋向动词"来""去"等都能直接接处所宾语。

（2）带受事宾语与带处所宾语时语序三地是一致的。带受事宾语时的语序为动+宾+趋。带处所宾语时有两种语序，单音节趋向时为动+趋+宾；双音节趋向动词时为动+趋$_1$+宾+趋$_2$。

四　系动词

方言	系动词	肯定形式例句	否定形式例句	是非问形式例句
南宁白话	系/冇系	我系老师。	我冇系学生	你系学生嘛？
宾阳平话	是/未着	阿都屋叔是刘备。 阿斗的父亲是刘备。	我未着老师。 我不是老师。	你是学生冇？
田阳平话	是/未是	我是田阳人。	我未是田阳人。	你是学生未？

三地系动词词项不同。南宁用"系"，宾阳新桥、田阳那满用"是"。值得注意的是宾阳的系动词，肯定形式用"是"，而否定形式用"未着"。宾阳的"未着"在萎缩，年轻人很难想起来，现在已以"冇是"为主流。

系动词用"是"，当是粤方言的早期口语特征。平话、勾漏片粤方言，以及广东不少粤方言点，系动词都用"是"。广府白话用"系"，应是文言词成为口语词，与其密切接触的客家方言也相同。梧州白话口语已常用"系"，但老派在选择句中依然保留"是"的用法。如"听闻讲生啊了，唔知是崽是女。"（听说已经生了，不知是生儿子还是生女儿。）"你去是冇去？"（你去还是不去？）

宾阳平话表示全指用"系"。如"系个（人）都冇识"（谁都不知道）。

五 介词

1. 静态处所格介词

方言点	词项	介词结构	pp+vp	vp+pp	单独做谓语
南宁	喺/喺过	喺/喺过+处所名词	老嬷喺/喺过厨房煮菜。妈妈在厨房做菜。	今晚你睡喺/喺过厅 vɛ²¹。今晚你在客厅睡吧。	你而家喺/喺过边哪呀？喺/喺过街。你现在在哪儿？在街上。
		喺/喺过+名词+方位词	蚊蝇喺/打杯里底爬。苍蝇在杯子里底爬。	放本书喺/打台上高。把书放在桌子上。	税务局喺/喺过南湖桥头哪。税务局在南湖桥头那儿。
宾阳新桥	依	依+处所名词	那依山种木根。他在山上种树。	那种木根依山。他把树种在山上。	我屋依宾阳新桥。
		依+名词+方位词	蚊子依杯内边爬。蚊子在杯子里爬。	那睡依房内。他睡在房间里。	书依台上。书在桌子上。
田阳那满	住	住+处所名词	我住房间 lɐi³³ 书。我在房间看书。	张三哭住教室。张三在教室哭。	你住哪 nik⁵？ 我住屋。你在哪儿？我在房间。
		住+名词+方位词	金蚊子住杯里头飞。苍蝇在杯子里头飞。	放书住台上。把书放在桌子上。	金蚊子住哪 nik⁵？住杯。苍蝇在哪儿？在杯。

（1）三地的静态处所格的共同点：

三地都能接受"介词+处所名词"，如表中例句里的"厨房""厅""山"、"房间""教室"都有处所义，后面不需要再接方位词。如果名词没有处所义，如表中例句的"杯"，处所义弱，三地都要后接方位词，即"介词+名词+方位词"才能接受。

（2）三地的静态处所格的区别体现如下：

① 词项上看，南宁与宾阳新桥、田阳那满有不同，词项上有个语法化残留的"过"。在南宁"喺"与"喺过"基本上是可替换的形式。

② 静态处所的介词结构在动词前与动宾后的能力三地不同。田阳那满动词前和动宾后都接受。而南宁和宾阳新桥对动宾后的接受度有限制，动宾后接受两类，一是附着义动词后面的介词结构表动作发生的处所，如南宁的"今晚你睡喺/喺过厅 vɛ²¹"、宾阳的"那睡依房内"；二是介词结构位于动词后表动作的终结点和动作产生的结果所在的处所，如南宁的"放本书喺/打台上高（把书放在桌子上）"和宾阳的"那种木根依山（他把树种在山上）"。

（3）宾阳话的静态处所格介词还有一个"在"，县南部地区多用，而"依"主要用作源点格介词。"在"是广西平话和粤方言最常用的静态处所格介词，就连梧州白话也依然保留，形成"喺"与"在"的叠置。

（4）百色白话读[ɐi1]，可能与宾阳话的"依"同源。

2. 源点格介词、途径格介词

方言点	词项	源点格例句	途径格例句
南宁	喺、喺过、打过	我哋喺/喺过北京来。我们从北京来。	你去江西，喺/打安徽行又得，喺/打浙江行又得。你去江西，可以从安徽走，也可以从浙江走。
宾阳新桥	依、照、依打	我队依/照/依打北京来。我们从北京来。	那依/照/依打门隙看冲一只脚。他从门缝里看见一只脚。
田阳那满	住	未得住车窗抻头出去。别从窗口伸头出去。	老黄啱住我队屋门口 piŋ³⁵ 过。老黄刚从我家门口走过。

3. 目标格介词

方言点	词项	源点格例句
南宁	到	细张躍到车前面哟。小张跑到车前.
宾阳新桥	到	我队旧年来到个处。我们去年来到这个地方..
田阳那满	到	张三溜到我面前。张三跑到我面前.

4. 伴随格介词

方言点	词项	源点格例句
南宁	同，凑	你想冇想同老人一齐住？想不想跟老人一起生活？
宾阳新桥	凑	冇得同凑大人讲笑。不要跟大人开玩笑.
田阳那满	共	共张三论古得未？跟张三聊天可以吗？

5. 工具格介词

方言点	词项	工具格例句
南宁	拧	外国人拧刀叉食饭。外国人用刀叉吃饭.
宾阳新桥	安	张三□安左手写字。张三用左手写字.
田阳那满	[nɐu⁵⁵]	佢队[nɐu⁵⁵]砖块铺地。他们用砖块铺地.

平话和粤方言的工具格介词一般都来自拿持义动词。

6. "给"的各种用法

		南宁	宾阳新桥	田阳那满
给予动词	词项	给/畀	把	□hei³⁵
	例句	我同你嗷好，你做乜冇给我。 我跟你关系这么好，你为什么不给我。	把钱把我。 给钱给我	佢hei³⁵苹果hei³⁵我。 他给苹果给我。
使役动词	词项	给	把	hei³⁵
	例句	佢给我行，我冇係行咯。 他让我走，我不就走了。	把我读书。 让我上学。	老师未hei³⁵学生喫饭住教室。 老师不让学生在教室吃饭。
与格	词项	给/给过	把	hei³⁵
	例句	佢卖一套红木家具给过我。 他卖一套红木家具给。	送礼物把我。 送礼物给我。	寄信hei³⁵我。 寄信给我。
受益格	词项	给	把	hei³⁵
	例句	食饭快啲，一阵间洗身给你。 快点儿吃饭，一会儿给你洗澡。	洗身把我。 给我洗澡。	服务员，开门hei³⁵我。 服务员，给我开门。
受损格	词项	给	把	hei³⁵
	例句	你重嗷犟，再犟亲我踢一脚给你。 你还这么犟，再犟我踹你一脚。	吐口涎把你。 吐泡口水给你。	我打一餐够够hei³⁵你。 我狠狠地打你一顿。
对象格	词项	给		
	例句	只女人啊，嗷难搞嘅，我头痛给佢齐。 这女人真难搞，我给她弄得头疼极了。		

"给"类词三地用法的一致性很高，唯一的不同是南宁白话与格用法除了"给"之外，还有一个"给过"。宾阳和田阳还没有调查到对象格的用法。

六　结构助词

1. 与普通话"的"对应的成分

词项		用　法				
		形容词定语	领属定语	"是……的"	名词化结构	关系化结构
南宁	嘅	我中意干净嘅衫。 我喜欢干净的衣服。	我哋嘅县长姓张。 咱们的县长姓张。	我係来啲睇病嘅。 我是来这儿看病的。	开车嘅至係领导。 开车的才是领导。	中意听粤剧嘅老人今日盟来。喜欢听越剧的老人今天还没来。
	量词	我中意干净件衫。 我喜欢干净的衣服。	佢攞张三粒女做老婆。 他娶了张三的女儿做老婆		我哋单位落岗只好惨哦。 我们单位下个下岗的很惨。	阿妈买给我件衫难睇得鬼魂。 妈妈给我买的衣服难看得很。
田阳	个	我爱净个衫裤。 我喜欢干净的衣服。	张三个手臂细当茅梗。 张三的胳膊跟茅梗一样细。	灯是我开个。 灯是我开的。	敏就是你lei²⁴个。 这就是你要找的。	张三送hei³⁵老师个嘢靡冲啊。张三送给老师的东西不见了。

词项		用　法				
		形容词定语	领属定语	"是……的"	名词化结构	关系化结构
田阳	量词	细细间屋。 小小的屋子.	我队靡爱张三 pha³³ 鬼样。 我们不喜欢张三的鬼样子.		质量靡好支是细葛买个。 质量不好的是小葛买的.	盟着烂领衫送 hei³⁵ 人屋。 没穿烂的那件衣服送给别人.
宾阳	个	我意吃酸喔苹果。 我喜欢吃酸的苹果.	我个语文老师依南宁来。 我的语文老师从南宁来.	我是三年前来个。 我是三年前来的.	你讲个是那门话。 你讲的是什么话.	把书老师个张三就住依邻近。 给老师书的张三就住在邻近.
	量词		我瓶酒是好酒。 我的酒是好酒.		上午买呢多甜。 上午买的更甜.	张三踏对鞋是球鞋。 张三穿的鞋是球鞋.

宾阳话的发音人不接受形容词定语时量词做标记。

2. 与普通话"地"对应的成分

方言点	词项	例　句
南宁	噉	半夜搂搂边个喺外底猛噉拍门？ 半夜三更是谁在外面使劲地敲门?
宾阳新桥		我个心跳 pok²² pok²²。 我的心咚咚地跳.
田阳那满		学好呐/落力学。 好好地学.

　　由于平话和粤方言的"VOC"结构的使用频率较高，尤其是桂南平话，远远高于"VCO"结构，与动词相关的成分可在动词或动宾结构后出现，即使前置也不用结构助词。从上表可看到，宾阳和田阳平话没有一个相当于普通话"地"的助词。南宁白话的"噉"实际上是个副词，于动词前表方式，于形容词前表性状、程度。相当于普通话的"这样/那样""这么/那么"。

　　处官话区的平话，有的以"个"同时对应普通话的"的""地"。如宜州是德胜百姓话中的结构助词"个"，不仅可以用在定语和中心语之间，也可用在状语和中心语之间，例如：

　　① 我哩个鸡母屙□[pəu²¹⁴]了。——我们的母鸡下蛋了。
　　② 你个鞋在床底。——你的鞋子在床底下。
　　③ 他大摇大摆个行过去。——他大摇大摆地走过去。

　　3. 与普通话"得"对应的成分

用法	例　句		
	南宁	宾阳	田阳
"获得"义动词	喺南宁做老师得几多工资？ 在南宁老师得多少些工资?	我个好伙计今年得个弟。 我的好朋友今年生了个男孩.	帮人屋写对联得100文。 帮人家写对联得100块.

续表

用法	例 句		
	南宁	宾阳	田阳
结果补语	佢攞得只好老婆。他娶得个好老婆。	我捉得一只鱼。我捉到一条鱼。	发财先，ən⁵⁵娶得老婆。发财的话才娶得老婆。
结果补语标记		牛买得归了冇怕冇有东西犁田啦。牛买回来了就不怕没有东西犁田了。	
动相补语	琴日写得三万字。昨天写了三万字。	饭正煮得。饭刚煮好	二级路重盟修得，就办得通行证了呃。二级路还没修好，就办可通行证了
能性情态助动词	① 噉做边啲得？这样做怎么可以？ ② 做乜我只崽捱猗住，佢只崽又得坐嘍？为什么我的儿子必须站而他的儿子可以坐？	① 你今日先把两百文银我，后日再把两百也得。你今天先给我两百块钱，后天再给两百也可以 ② 我有喊你，你有得落来。我不叫你，你不能进来	① 打电话就得，靡使写信打电话就行了，不必写信 ② 蕉子熟先ən⁵⁵得喫。香蕉熟了才可以吃
可能补语	① 等大个先，阿种游戏至耍得，而家危险多。长大了，这种游戏才玩，现在太危险 ② 我肠胃冇好，饮得热水，冇饮得冻水。我肠胃不好，能喝热水，喝不了冷水	① 个动作我也做得这个动作我也能做 ② 两千文买得电视机。两千块能买电视机	① 明早是我生日，你来得靡？明天是我生日，你能来吗？ ② 你一餐喫得三碗饭靡？你一顿能吃三碗饭吗？
可能补语标记	五一节重喺屋睇书，你哋的教授几时睇书得齐？五一节还在家看书，你们这些教授什么时候看得完书？	间屋住得五个人落这间房子住得下五个人	今年敏芒果卖得去卖靡得去，靡识阵子。今年的芒果卖动卖不动，现在还不知道
状态补语标记	① 佢哭得噉犀利，我都识得讲乜至啱。他哭得那么厉害，我都不知道说什么才合适 ② 我吓得能鸡都出汗哂。我吓得鸡皮疙瘩都出了	我今朝吃得饱饱呃。我今天早上吃得饱饱的	Phæ³³细民崽生得大嗜。这小孩长得很壮

只有宾阳"得"可作结果补语标记，其他情况均对应。

七　体标记

	南宁		宾阳		田阳	
	词项	例句	词项	例句	词项	例句
已然体	哂/ə³³	只姑娘而家靓过旧时好多哂/ə³³。这姑娘现在比以前漂亮多了.	ɐk²¹²	落雨ɐk²¹²，快呢去收衫。下雨了，快点去收衣服。	ə /嘞/了 liao³³/ 呀ja²⁴	① 你老婆me⁵⁵细民几多耐ə？得六个月嘞。你老婆怀孕多久了？六个月了。 ② 我准备睡觉了。 ③ 我好耐靡共佢联系呀。
完成体	哂	我洗哂衫就同你去。我洗了衫就和你一块去。	了liu²²	我到车站买票了就上车。我到车站买了票就上车。	了liou²⁴	讲了就算呃，咪记住心里头。说了就算了，别记在心上。
进行体	紧/住	佢落屋时，阿妈喺厨房切住/紧菜。他进家时，妈妈正在厨房切着菜呢。	着	那睡在床上看书着，你看冇冲啊？他正躺在床上看着书呢，你看不见吗？	阵子	我phæ³³细民喫饭阵子，盟紧吆佢去浪。我的小孩正吃饭呢，别急着叫他去玩儿。

	南宁		宾阳		田阳	
	词项	例句	词项	例句	词项	例句
持续体	住	信封上高写住你只名字，冇给你给边个？信封上面写着你的名字，不给你给谁.	着	我意倚着吃饭。我喜欢站着吃饭.	阵子/住	① 街上停一部车阵子。街上停着一部车。② 门口倚住 so³⁵ 学生。门口站着个学生。
经历体	过	你冇记得我，我重记得你哦，旧年你冇係来我哋档案馆过啊？你不记得我，我还记得你的，去年你不是到过我们档案馆的吗？	过	我去北京过 ɐk²¹²。我去过北京了.	过	我去北京三 mat²⁴ 过。我去过三次北京。
再次体	过	印冇得清楚，再印过。印不清楚，再印一次.	过	手表跌呃，我再去买个过。手表丢了，我再去买个.	过	佢离婚，再要 so³⁵ 老婆过。他离婚，再娶个老婆。
起始体	起身	佢讲讲呐就哭起身。他说着说着哭了起来.	起身	火天瘦呢冇要紧，冷天就肥起身 ɐk²¹²。夏天瘦一点不要紧，冬天就胖起来.	起来	细张听到个只消息，an²⁴ 起来。小张听到这消息，高兴起来。
将始体	想	我喉咙痛，想感冒晒。我喉咙痛，就要感冒了.	想	天想落雨 ɐk²¹²。天就要下雨了.	想	顶上敏书想跌。上面的书就要落下来。
尝试貌	V 睇过/VV 睇过	① 广西大学我第一次落来，行睇过有几阔。广西大学我第一次进来，走走看有多大。② 试试啲菜睇过先，入味嘛？这菜尝尝，入味吗？	贴/试贴	先吃两副贴/试贴有用冇。先吃两副药看看有用吗.	V Vlɐi³³	① hɐi³⁵ 我看看 lɐi³³。让我看看。② 个盘磁带你先搦归听听 lɐi³³ 先。这盘磁带你先拿回去听听先。
短时体	V 下/V 两 V/V 两下	① 恁冇掂就算啦，厅日大家商量下啦！想不清楚就算了，明天大家商量一下吧！② 薤菜炒两炒就食得哦。薤菜随便炒炒就可以吃了！③ 口盅浪两下冇干净嘅。口盅随便涮涮不会干净的.	V 阵/V 呢	① 唱阵歌。唱会儿歌。② 个本书我只翻呢，盟看。这本书我只翻翻，没看.	V 两 mat²⁴/VV 两 mat²⁴	① 车盟来，坐两 mat²⁴ 先。车还没来，先坐一会儿。② 我 pom²² pom²² 荷包两 mat²⁴，靡有银。我摸摸口袋，没钱。
回复体	翻/还	你冇係讲过冇再烧烟晒乜？为乜今物又烧还/翻。你不是说过不抽烟了吗？为什么今天又抽回了.	还	那冇想做生意呃，想去学校做老师还。他不想做生意了，想回学校做回老师.	还	你打烂我只碗，着赔还只 hɐi³⁵ 我。你打烂我的碗得赔回一个给我。

　　平话和粤方言的体标记较为复杂，而且都不仅只有一种表达方式，方言间的交叉情况也较普遍。

八　连词

		南宁		宾阳		田阳	
		词项	例句	词项	例句	词项	例句
并列连词	连接名词性短语	同/凑	细张同/凑细王都去北京哂。小张和小王都去北京了。	凑	细张凑细王通去北京ɐk²¹²。小张和小王都去北京了。	共	细张共细王都去北京呃。小张和小王都去北京了。
	连接动词性短语	又	佢又着出外底做工，又着做家务，冇多辛苦啊？她既要出去工作，还得做家务，不更辛苦吗？	又	那又哭又笑。他又哭又笑。	重/兼之	① 我今日要买东西重要煮饭。我今天既要买东西还得做饭。② 我识县长，兼之十分熟。我认识县长，还很熟呢。
	连接形容词性短语	又	间屋又烂又邋遢。这间房子既脏又破。	又	个妹儿又好看又善。这姑娘又漂亮又善良。	哥 kɔ⁵⁵	个 sɔ³⁵ 妲娘哥好看哥善道。这姑娘又漂亮又善良。
	连接分句	又	① 我食哂两碗饭，又饮哂一碗汤。我吃了两碗饭，还喝了一碗汤。② 我哋阿边修单车，佢哋阿边修摩托车。咱们这边修单车，他们那边修摩托车。	又	① 那想学开车，又想学英语。他想学开车，还想学英语。② 我骑单车，那骑摩托车车。我骑单车，他骑摩托车。	重	① 佢吃两碗饭，重吃一碗汤。他吃两碗饭，又喝一碗汤。② 佢嚹时对我十分好，嚹时就靡好。他有时对我很好，有时就不好。
假设连词		亲/先	① 你再烧烟亲，我即刻同你离婚。你再抽烟的话，我马上跟你离婚。② 你猛吆我毒鱼喂，我中毒先，就怪你哦。你老是叫我吃鱼，我中毒的话就怪你。	（着是）……亲	① 你再烧烟亲哦，我就凑你离婚。你再抽烟的话，我跟你离婚。② 着是后日落雨亲哦，我队就冇去。如果后天下雨的话，我们就不去。	希（是）……到	① 希是你再烧烟到呢，我即刻共你离婚。如果再抽烟的话，我就同你离婚。② 佢一世人盟病嚹pəi³¹过，一病到呢，就了呃。他一辈子没生过病，一病的话，就完了。③ 平时佢从来靡讲伝话过，希讲到呢，就十分正伝人。他平时从来不讲平话，一讲的话，就是很正宗的平话人。
条件连词		冇理	冇理你同点做，做得出来就得哦。不管你怎么做，能做出来就行。	我准你……都	我准你后日哪个来都得，你统着准备一台菜。无论后天谁来，你都得准备一桌菜。	靡论	靡论你旧时做哪门蹇事过，我都靡计论。无论你以前做过什么错事，我都不计较。
转折连词		虽然讲……但系讲	虽然讲而家天天好，但系讲都要带住把遮先。虽然说现在天气好，但是还是带着把雨伞的好。	也得 ji⁴¹tɐk⁵⁵	雨大也得，我统冇想撑伞。雨就下得大，我也不想打伞。	之是	那聪明是聪明啦，之是呢靡够认真。他聪明还是挺聪明的，就是不太认真。

		南宁		宾阳		田阳	
		词项	例句	词项	例句	词项	例句
选择连词	陈述句	啊冇……啊冇　啊系……啊系	今日我啊冇去睇电影，啊冇就去友慧屋。今天我要去看电影，要么就去朋友家。 也可说：今日我啊系去睇电影，啊系就去友慧屋。	冇是……就是	今日我冇是去看电影，就是去伙计屋。今天我不是去看电影，就是去朋友家。	阿 lɐi³³ ……阿 lɐi³³，阿 lɐi³³ 诗靡……诗靡，诗靡……阿是	① 我队有两种选择，阿 lɐi³³ 是死，阿 lɐi³³ 是生。我们有两种选择，要么死，要么活。 ② 我队阿 lɐi³³ 就去田阳，诗靡就去田东。我们要么去田阳，要么去田东。 ③ 去北京诗靡坐飞机，诗靡坐火车，诗靡坐船，哪门都得。去北京要么坐飞机，要么坐火车，要么坐船，哪个都行。 ④ 你去阿是细葛去哥得。你去或者小葛去都行。
	疑问句	啊系　重系　净系	想食鸡阿系/重系/净系想食鱼？你想吃鸡还是想吃鱼？	tsi²²	① 你去 tsi²² 冇去？你去还是不去？ ② 你是喫粥 tsi²² 喫饭？你是吃粥还是吃饭？	阿是	你到底去阿是未去，今日？今天到底你是去还是不去？

表选择的连词，只有田阳疑问句与陈述句可共用一个"阿是"，南宁、宾阳均不共用。

第三节　句法结构的比较

一　VO 及 VO 后的成分

句型	南宁白话	宾阳平话	田阳平话
VO	阿啲开冇得灯。这儿灯开不了。	个呢开冇得灯。这儿灯开不了。	个 pai³⁵tik⁵ 开冇得灯。这儿灯开不了。
VO	我冇识得阿只人。这个人我不认识。	我冇认得个个人。这个人我不认识。	我冇识得个只人。这个人我不认识。
VO	佢冇给嚟分钱我。他一分钱都不给我。	那冇把嚟分钱我。他一分钱都不给我。	① 我未有嚟分银。我一分钱都没有。 ② 只鸡我盟得喫嚟块就了呃。这鸡我一块也没吃就没了。
VO	我去办公室冇见塞个人。刚才我去办公室谁都没见。	差头我去办公室没冲哪个。刚才我去办公室谁都没见。	我未去哪 nik²⁴。我哪里都不去。
VO+结果补语	食荔枝齐晒呢就得食龙眼啦。吃完荔枝就可以龙眼了。	洗衫齐了，又去煮饭。洗完衣服，又去做饭。	你使银了盟？钱你用完了没有？
	帮契弟饮酒醉惹事就罗喺啦。这群家伙喝醉了酒惹事就麻烦了。	细王昨日喫酒醉。小王昨天喝醉酒。	扫二间房净。把那间房扫干净。

续表

句型	南宁白话	宾阳平话	田阳平话
VO+状态补语	半夜嘍嘍边个喺哟唱歌大大声？半夜三更是谁在这大声唱歌？	我个心跳卟卟。我的心扑通扑通地跳。	我 pe³³ 心跳卟卟。我的心扑通扑通地跳。
VO+起始体标记	佢唱歌起身喇。他唱起歌来。	那唱歌起身好听。他唱起歌来好听。	做工起来十分眍。干起活来很辛苦。
VO+趋向动词	冇搣佢出来，风湿边哟好得。不把它拔出来，风湿怎么能好？	那插口针落去。他插进去一根针。	佢 nɔŋ²⁴ 一支针落去。他插进去一根针。
VO+经历体标记	旧年你冇係来我哋档案馆过啊？你去年不是来过咱们档案馆的吗？	我把十文银把你去买果子过。我给过你十块钱去买水果。	我未冲佢细蚊过。我没见过他儿子。
VO+再次体标记		手表跌呃，我再去买个过。手表丢了，我再去买一个。	你个重盟喫齐，又想要一碗过？你的还没吃完，又想再要一碗？
VO+进行体标记		样时细王在做哪门？那睡细床上看书着。这会儿小王在干什么呢？他躺在床上看书呢。	我 pe³³ 细蚊喫阵子，盟紧吩佢去浪先。我的小孩正吃饭呢，先别急着叫他去玩儿。
VO+持续体标记		细王手上拎一个书包着。小王手上拎着一个书包。	我手机未有电阵子。我的手机没电。
VO+完成体标记		我想喫饭齐了凑看电影齐再去。我想吃完饭看完电影再去。	自日细张落班了就行呃。昨天小张下了班就走了。
VO+数量短语	我去超市一下。我去一下超市.	我去北京一次过。我去过一次北京。	我请你喫饭一次。我请你吃一次饭。
VO+介词短语	冇理同点难都得，你哋都着做好一台菜给我。不管困难有多大，你们都得给我做好一桌菜。	扫屋把我。帮我扫屋子。	两个人啮一文银，nan⁵⁵ 做许你。两个人才一块钱，谁给你干啊。
		那伯爷退休在南宁。他伯父在南宁退休。	① 张三哭住教室。张三在教室哭。② 你 lɐi³³ 电视住哪门时间？你在什么时间看电视？

1. 三地的 VO 句都很强势。普通话的定指、任指成分要前置，南宁、宾阳、田阳即便是任指的成分也不前置。

2. 三地都有 VO 后的成分，相比而言，平话更多些。宾阳、田阳的体标记在 VO 后比南宁多，甚至静态处所介词也在 VO 后，这是南宁白话所没有的。

二　处置式

	句型	南宁白话	宾阳平话	田阳平话
广义处置句	处置做：PO₁ 当作/看做/比作 O₂	冇拧我当领导/冇当我係领导。别把我当领导。	那当我同人客样。他把我当客人一样招待。	佢当客人更招呼。他把我当客人一样招待。

续表

	句型	南宁白话	宾阳平话	田阳平话
广义处置句	处置到：PO_1 放到/放在 O_2	放本书过柜桶。把书放到抽屉里。	冇得撂苹果皮落笠去。不要把苹果皮扔到箩里。	冇得丢苹果皮住盒。不要把苹果皮丢到盒子里。
狭义处置句	P+O+V+Y	① 佢日日拧只狗恶来打/佢日日打只狗恶。他天天把小狗打。 ② 拧哟垃圾丢开去/丢哟垃圾开去。把垃圾丢出去。	① 那系日打只狗。他每天都拿小狗来打。 ② 扫扫那个房净去。把那间房扫干净。	① 扫二间房净去。把那间房扫干净。 ② 喫敏药齐去。把这药吃完。
	P+O+V+Y	① 搣哟萝卜出来。把那些萝卜拔出来。 ② 洗干净块面间至出去。把脸洗干净再出去。 ③ 盟紧先，等佢讲齐哟话。剔急，让他把话说完。		

1. 南宁有广义处置式，还有狭义的处置式，处置标记用"拧"。南宁的处置式是不发达的，表现在：

A. 广义或狭义都有 VO 交替句式；

B. 狭义处置式的标记"拧"有很强的"执持"，语义上不能"执持" NP 不能用处置式。

2. 而无论广义处置还是狭义处置，宾阳和田阳都没有出现，还用 VO 句。

三　使役句

南宁白话		宾阳平话		田阳平话	
标记	例句	标记	例句	标记	例句
给/畀	我冇会给/畀你哋乱画嘢墙嘅。我不会让你们乱画东西到墙上的。	把	把我吃饭。让我吃饭.	□ hei³⁵	我娶你做哪门？hei³⁵你生男女 hei³⁵我。我娶你做什么？让你给我生孩子。
等	等我睡厅啦。让我睡客厅吧。				

四　被动式

用法	南宁：捱/着	宾阳：着	田阳：捱/着
标记后接 N 或 NP	① 佢只恖结婚，我捱/着两百文。他儿子结婚，我得出两百块。 ② 只杯买着60文。这杯子60块买的。	着虫遭受虫害、着霜农作物遭雷打	住东城到西城着20分钟。从东城到西城要20分钟。
后接 V 或 VP	① 我喺市中心啱兜晒几哒地方，阿盟得行齐到，部车就捱/着烂啊。我在市中心才兜了几个地方，还没能走完，车子就坏了。 ② 我好心去睇佢，捱佢有理冇睬，黑口黑面对我。我好心好意去看她还被她不理不睬，黑着脸对我。	① 张三冇注意多，着手机失咃。张三太不小心，手机丢了。 ② 那个贼正开门时，着公安喊一声了，马上转头走呃。那个小偷正开门的时候，公安大喊一声，马上转头跑了	① 我自日去城阵子捱淋雨。我昨天去县城的时候淋了雨。 ② 今日捱医生打针，痛到眼泪都出去。今天被医生打针，痛到眼泪流。

续表

用法	南宁：捱/着	宾阳：着	田阳：捱/着
引进施事	厅日有捱/着你老窦打就怪哦。明天不被你老爸打的话就奇怪啦。	张三着公安句抓走 ɐk²¹²。张三被公安局抓走了.	① 只细民着佢队惹来惹去，做取啼哭去。这孩子被他们反复遥遥到都哭了。 ② 佢捱人屋 aŋ⁵⁵ 一 mat²⁴。他被人打一顿。
引进施事，施事省略	佢滥赌钱，捱/着捉几次哂总有改得。他嗜好赌钱，被抓了几次总改不了。	钱着偷呃。钱被偷了.	佢捱打呃，行路凯赏赏。他被打了，走路一拐一拐.

被动标记宾阳用"着"；老派南宁白话也用"着"，现基本都用"捱"；田阳基本上用"捱"，"着"很少用了。"着"是早期层次，"捱"是后来发展的。勾漏片、钦廉片粤语大多用"着"沿江白话多用"捱"。

五　双及物结构

	南宁白话	宾阳平话	田阳平话
V-直宾-P-间宾	送瓶酒给佢/送瓶酒给过佢。送瓶酒给我.	送支笔把我。送支笔给我.	佢 hei³⁵ 本书 hei³⁵ 我。他给本书给我.
V-直宾-间宾	畀两蚊银我。给我两块钱.	把两文钱我。给我两块钱.	

三地的共同点是都说"V-直宾-P-间宾"，可以不说"V-间宾-直宾"。田阳则只有"V-直宾-P-间宾"，无论"V-间宾-直宾"还是"V-直宾-间宾"，田阳都不说。

六　差比句

句型		南宁白话	宾阳平话	田阳平话
长差比		超市啲菜贵过菜市。超市的菜比菜市贵。	张三大两岁过李四。张三比李四大两岁.	佢重高过屋檐。他比屋檐还要高.
		超市啲菜多/加贵过菜市。超市的菜比菜市更贵。	张三多/加大呢过李四。张三比李四更大一点.	
短差比	多/加+形容词	超市啲菜多/加贵。超市的菜更贵。	两只细民，一只多/加文静，一只多/加调皮。两个小孩，一个文静些，一个调皮些。	个摆敏多大，二摆敏细。这儿的大些，那儿的小.
	形容词+过	超市啲菜贵过。超市的菜更贵。		个间店便宜过。这家店更便宜.
	多/加+形容词+过	超市啲菜多/加贵过。超市的菜更贵。		

宾阳没有短差比"形容词+过"。

七　疑问句

句型	南宁白话	宾阳平话	田阳平话
特指问	① 边个係你哋老师？ 谁是你的老师？ ② "菜鸟"係乜嘢？ "菜鸟"是什么？	我本书到底着哪个安走了呢？ 我的书到底给谁拿走了呢？	敏是哪门？是鸡果。 这是什么？是番石榴.
选择问	想食鸡阿係想食鱼？ 你想吃鸡还是想吃鱼？	① 云队是今日去 tsi²² 是后日去？ 咱们是今天去还是明天去？ ② 张三整 tsi²² 冇整单车？ 张三修不修单车？	① 你是学生阿是老师？ 你是学生还是老师？ ② 熊猫喫萝卜阿是靡喫萝卜？ 熊猫吃不吃竹子？
正反问	① 你到底落冇落乡啊？ 你究竟下不下乡呢？／你落乡冇落啊？ 你下不下乡吗？／你落乡冇啊？ 你下乡吗？ ② 你落盟落乡啊？ 你下乡没下乡啊？／你落乡盟 你下乡没有啊？	① 细张同你高冇 小张没有高不？ ② 细张同你高盟 小张有高了没有？	① 熊猫喫萝卜靡喫萝卜？／熊猫喫萝卜靡？ 熊猫吃不吃竹子？ ② 熊猫喫萝卜盟喫萝卜？／熊猫喫竹盟？ 熊猫吃没吃竹子？
是非问	① 你落乡嘛 ma³⁵？ 你下乡吗？ ② 你冇落乡啊？ 你不下乡吗？ ③ 佢买哂好多药啊？ 他买了很多药吗？	① 细张同你高啊？ 小张跟你一样高吗？ ② 细张冇同你高啊？ 小张冇你高吗？	① 熊猫喫萝卜咩？ 熊猫吃竹子吗？ ② 明朝是我生日，你靡来得啊？ 明天是我生日，你来不了吗？

1. 三地选择正反问都有一个表完成体义的"盟""未曾"之合音。

2. 正反问是把谓语动词的肯定与否定作为选择项提问。如果把正反问视为选择问向是非问过渡的一种形式，那么可以看到三地中南宁白话正反问的发展最快，出现了"V-neg-VO"，田阳稍慢，要说成"VO-neg-VO"；宾阳最慢，还需要有连词："VO 连词-neg-VO"。也就是说宾阳话的"VO 连词-neg-VO"还属于选择问。

3. 就是非问而言，三地都用疑问小词"啊[a⁵⁵]"，南宁白话、田阳平话还分别有"嘛[ma³⁵]""咩[me³³]"，可是它们的性质不同。"啊[a⁵⁵]"是各种疑问句都用的疑问小词，而"嘛[ma³⁵]""咩[me³³]"是从否定副词+疑问语气词转化而来，是处在正反问向是非问过渡的形式，与普通话的"吗"性质不同。所以当句子前面有否定副词时，句末都不能再出现"嘛[ma³⁵]""咩[me³³]"，而"啊[a⁵⁵]"则不受此限制。

第四节　平话与粤方言语法的共性与差异

本章的语法比较虽然主要在桂南平话与南宁白话之间进行，但如前所述，沿江白话与广东的广府白话属同一方言片，在广西的粤方言中是相对与平话差异较明显的一支，桂南平话与南宁白话在语法特征上异同足以反映广西平话与粤方言的关系。

从较系统的语法比较研究不难发现，桂南平话与白话的相似点远多于相异点。

一　平话与粤方言具有共同的类型学特征

从语言类型学角度看，平话与粤方言可看作同一语序类型的语言。主要特点：

（一）跟普通话相比，平话与粤方言的 SVO 性质更典型

1. 小句语序体现了 SVO 句的特点

作为 SVO 句，普通话历来不怎么典型。普通话里，有定成分、任指成分、已知成分容易前置，在下列句子中，宾语很难回到动词之后：

把上星期跳舞穿的那条牛崽裤还给我。*还上星期跳舞穿的那条牛崽裤给我。

他一分钱也不给我。*他不给我一分钱。

这个人我不认识。*我不认识这个人。

而平话与白话，即便是有定、任指、已知的成分都可以处在动词后：

还上个星期跳舞着嘅阿条牛崽裤给我。

佢冇给我噻分钱。

我冇识阿只人。

普通话不典型的 SVO 性，还体现在有大量的、发达的处置句（即"把字句"）。处置句的根本句法操作就是有定受事前置。前述桂南平话与白话，即便是有定受事也不一定能前置，所以平话与粤方言的处置句都不发达。多数方言还没有产生真正的处置句。南宁白话虽然有以"拧"为标记的处置句，但也是不发达的。表现为：

（1）"拧"有很强的"执持"，语义上不能"执持"的名词都不能用处置式，如下例，都说不了处置式，如：

普通话	南宁白话
老老实实把大学读完再说。	老老实实读齐大学先至讲。
	*老老实实拧大学读齐先至讲。
把脸洗干净再出去。	洗干净块面问至出去。
	*拧块面洗干净问至出去。
把萝卜拔出来。	搋哂萝卜出来。
	*拧哂萝卜搋出来。

（2）几乎所有的"拧"字句都有相应 VO 句，如"冇拧我当领导"与"冇当我係领导"在使用上没有什么区别，甚至后者感觉更土、更地道一些。

其他平话和粤方言的情况相同。

　　普通话不典型的 SVO 性，还表现为 VO 后如果有其他成分，这些成分很容易被挤走，如介词结构等。保留在 VO 后的成分一般是具有象似性特征的成分，如"一枪打在大腿上"表示打枪的终点或目标。而桂南平话与白话 VO 后的成分比较多，非终点、目标意义的成分都可出现。下面是三个点 VO 成分的列表：

	南宁	宾阳	田阳那满
VO+结果补语	食荔枝齐哂呢就得食龙眼啦。吃完荔枝就可以吃龙眼了。 帮契弟饮酒醉惹事就罗嗦啦。这群家伙喝醉了酒惹事就麻烦了。	洗衫齐了，又去煮饭。洗完衣服，又去做饭。 细王昨日喫酒醉。小王昨天喝醉酒。	你使银了盟？钱你用完了没有？ 扫二间房净。把那间房扫干净。
VO+状态补语	半夜喽喽边个喺哟唱歌大大声。半夜三更是谁在大大声唱歌？	我个心跳卟卟。我的心扑通地跳。	我 pɛ^{33} 心跳卟卟。我的心扑通扑通地跳。
VO+起始体标记	佢唱歌起身喇。他唱起歌来。	那唱歌起身好听。他唱起歌来好听。	做工起来十分眠。干活来很辛苦。
VO+趋向动词	冇揢佢出来，风湿边啲好得。不把他拔出来，风湿怎么能好。	那插口针落去。他插进去一根针。	佢 nɔŋ^{24} 一支针落去。他插进去一根针。
VO+经历体标记	旧年你冇係来我哋档案馆过啊？你去年不是来过咱们档案馆的吗？	我把十蚊银把你去买果子过。我给过你一块钱去买水果。	我未冲佢细蚊过。我没见过他儿子。
VO+再次体标记		手表跌 ɐk^{212}，我再去买个过。手表丢了，我再去买一个。	你个重盟喫齐，又想要一碗过？你的还没吃完，又想再要一碗？
VO+进行体标记		样时细王在做哪门？那睡在床上看书着。这会儿小王在干什么呢？他躺在床上看着书呢。	我 pɛ^{33} 细蚊喫阵子，盟紧吭佢去浪先。我的小孩正吃着饭呢，先别急叫他去玩儿。
VO+持续体标记		细王手上拎一个书包着。小王手上拎着一个书包。	我手机未有电阵子。我的手机没电。
VO+完成体标记		我想喫饭齐了凑看电影了再库。我想吃完饭看完电影再去。	自日细张落班了就行呃。昨天小张下班就走了。
VO+数量短语	我去超市一下。我去一下超市。	我去北京一次过。我去过一次北京。	我请你喫饭一次。我请你吃一次饭。
VO+介词短语	冇理你同点难都得，我哋都着做好一台菜给我。不管困难有多大，你们都给我做好一桌菜。	扫屋把我。帮我打扫屋子。 那伯爷退休在南宁。他伯父在南宁退休。	两 ki^{33} 人啮一蚊银，囡做 hɐi^{35} 你。两个人一块钱，谁给我干啊。 ①张三哭住教室。张三在教室哭。②你 lɛi^{33} 电视住哪门时间？你在什么时间看电视？

　　表中的比较可看出，平话里 VO 后成分远比白话的多，甚至静态处所的介词短语在平话都可以处在 VO 后。就 VO 后的结果补语，我们在《也谈

南宁白话 VOC 结构的来源》^①一文中认为，"VO+结果补语"是平话的一种存古，从广东迁移而来的南宁白话是在与平话交融后获得的。如果按照这种看法，VO 后的其他成分也是存古的话，那么平话显然要比白话更"古"一些的。

VO 后成分尽管在平话、白话里的分布不平衡，但是总体来看，远远比普通话多，说明其 SVO 的类型学特征比普通话强。

2. 前置词发达

普通话里，后置词使用有一定的强制性，比如框式介词"在……上"之类，后面的"……上"不能不说，或者单用"……上"，"把车停在街上"或"把车停街上"都接受，唯独不接受"把车停在街"这样的说法。但是，平话和粤方言处处可听到"架车停喺边啲？停喺街"的说法。

3. 形量（名）结构作谓词

桂南平话与白话"形名"或"形量"结构作谓词（其中的形容词可重叠），与普通话的语感差异很大。平话、粤方言常见的"她**好命**哦、啲鱼**细细条**、佢做嘢**快手快脚**、佢好**靓崽**"这样的句子，普通话要说"她的命真好、这些鱼很小、他做事情手脚很快、他很漂亮"。无论平话、白话还是普通话，其语义重点都落在形容词上，但是形容词的位置不同，平话、白话形容词在前，普通话形容词在后，说明从语序类型上看，平话、白话比普通话显示出更强的核心居前。

4. 中心语与修饰语的语序

平话和粤方言的形容词修饰名词时，形容词有前置的，也有后置的。如：

等我有钱亲，我就去塱东买间大屋。<small>我有钱的话，我就去塱东买一间大房子。</small>

噜边山有间屋细细嘅。<small>山那边有间小小的房子。</small>

以关系小句修饰名词时，关系小句有前置的，更有后置的：

而今买车嘅人都不一定系有钱人。

我想揾只认有识电脑又识会计嘅。

状语与动词中心的语序，平话与粤方言有很多处在动词后的状语，如"食埋啲了""今次驾驶证揸收去，又着考试**过**""食一碗盟饱，再食一碗**添**"、"佢行过我哋旁边**快快嘅**""盟紧落去，搞清楚里底有冇有人**先**"等。

与普通话相比，普通话的修饰语一律前置于中心语，没有后置的情况。这说明，平话与粤方言比普通话更具有 VO 语言的核心居前性质。

5. 差比句的语序

差比句的语序，平话与粤方言都用"形容词+过+基准"（高过我），而

① 覃凤余：《也谈南宁白话 VOC 结构的来源》，第十四届国际粤方言研讨会论文，2009 年 12 月，桂林。

普通话用"比+基准+形容词"的语序。这也说明，平话和粤方言与普通话相比有更强的核心居前性质。

（二）与普通话相比，平话与粤方言都是量词发达的语言

1. 普通话的指示词，可以指示且替代，严格地说是指代词；而平话与粤方言的指示词一般只指示，无替代功能，严格地说就是指示词。要表达类似普通话的"这是书，那是笔。"这样的意思，光用指示词不行，非得在指示词后加量词不可，如"[ki³¹]个是书，[n̩i²²]个是笔"。不加量词说不了。

2. 平话与粤方言的量词有定指功能，而普通话相应的定指功能则由指示词来表示，比较：

　　　　　　普通话　　　　　　　　　　　　平话、白话

这黄小乐啊，做事这么毛糙。　　　只黄小乐啊，做嘢/事嗷[ji⁵⁵jau⁵⁵]个。

3. 平话与粤方言的量词可作定语标记和名词化标记，普通话的量词则无此用法。如：

你哋呐嘅丑事重怕人哋冇识得啊？你们这些丑事还怕别人不知道吗？

张三踏对鞋是球鞋。张三穿的鞋是球鞋。

细民盟喫齐呐攞许狗喫。小孩儿没吃完的拿来喂狗。

二　从历史发展角度看，平话与粤方言的差异，一方面是由于与当地民族语接触造成的，另一方面是存古的多少不一样造成

从前文所提供的各种比较表可以发现，桂南平话与南宁白话最大的差异有 4 点。

（一）第一人称代词复数是否区分包括式和排除式

从第 339 页"人称代词"表看，平话的宾阳和田阳有包括式和排除式的区分，而南宁白话则无此区分。

把视野放宽到整个平话，大致情形是：桂北平话不区分包括式和排除式，而桂南平话北片不区分，南片有区分。

广西粤语分为两个层次（《广西大百科全书·文化卷》，2008），粤桂交界的桂东南粤语即勾漏片粤语，属于第一层次，从西江至左右江沿岸的商埠、城镇如梧州、南宁、百色、龙州等沿江粤语属于第二层次。早期的勾漏片粤语发现有区分的，如岑溪南渡白话第一人称代词复数的排除式是"我哋[ŋɔ²⁴ɗi⁵³]/我队[ŋɔ²⁴ɗui²²]"，包括式是"侬哋[noŋ⁵³ɗi⁵³]/侬队[noŋ⁵³ɗui²²]"[①]，苍梧地区也有相类现象。

梅祖麟（1988）指出，从历史文献看，北方方言直到唐代还没有包括

---

① 冯乐：《类型学视野下的岑溪话语法研究》，硕士学位论文，广西大学，2011 年。

式和排除式的区别，因此汉语本身没有产生包括式和排除式的可能性。刘一之（1988）指出，汉语北方官话中包括式和排除式的对立产生于 12 世纪。梅祖麟、刘一之都认为，汉语北方官话中包括式和排除式的对立是受北方民族语言阿尔泰语的影响而产生的[①]。

李连进（2000）认为：平话是自秦汉以至唐宋等历代南迁汉人所操的汉语在湖南南部和广西等地长期交融演变而形成的汉语方言[②]。王福堂（2001）认为：平话的语音特点应该在十世纪时（五代至宋初）已经形成[③]。洪波（2004）称：平话产生于晚唐至两宋时期应该是确凿无疑的[④]。尽管各家对平话形成的上限看法有出入，但下限却都定在宋朝，即 10 世纪。这样来说，平话人从北方到广西来的时候，他们的原乡语言中应尚未产生包括式和排除式的对立。

广西壮语的各个方言，第一人称代词复数几乎都有包括式和排除式的区分，如下表：

方言点	包括式	排除式
柳江	hjau²	tu¹
武鸣[⑤]	ɣau²	tou¹
马山	ɣau² / ka:u⁶ ɣau²/kjoŋ⁵ɣau²	tou¹
邕宁双定镇	iau²/hu³lau²	hu³ kou¹
大新	lau² / mo³ lau²	mo³ ŋo⁶
靖西	to:i⁶ lau²	to:i⁶ ŋo⁵

既然平话来广西时还没有包括式和排除式的区分，来到广西之后就有了，很显然，跟广西壮语接触的可能性很大。

---

① 参见蒋绍愚、曹广顺《近代汉语语法史研究综述》，商务印书馆 2005 年版，第 35—36 页。

② 李连进：《平话音韵研究》，广西人民出版社 2000 年版。

③ 王福堂：《平话、湘南土语和粤北土话的归属》，《方言》2001 年第 2 期。

④ 洪波：《壮语与汉语的接触史和接触类型》，石锋、沈钟伟《乐在其中：王士元教授七十华诞庆祝文集》，南开大学出版社 2004 年版。

⑤ 本表除武鸣外，均为田野调查所得。武鸣材料摘自《武鸣壮语语法》（区民语委，1989）。原著第 120 页只描写"我们 rau²"，没提及包括式与排除式的区分，但是从原著的以下例句可推 rau²为包括式，另有一个排除式 tou¹：

（1）tou¹　tau³　ra¹　mɯɯ²　θo:ŋ¹　pai²　lo 第 62 页
　　　我们　来　找　你　　两　次　了

（2）rau²　ta:i⁶kja¹　pai¹ 第 123 页
　　　我们　大家　　去

沿江粤语来得晚，没有沾染上包括式排除式的区分。平话内部，桂北平话受西南官话的影响很大，没有包括式和排除式区分。桂南平话的北片，其主流语言是粤语和官话，也没有发现。而桂南平话的南片及其早期粤语的勾漏片，因为沿江粤语和官话的影响力式微，而受壮语的深远影响，从而带上了包括式和排除式。说明：来广西早而受晚近主流汉语方言影响少的就有包括式排除式的区分，受晚近主流汉语方言影响多的就没有包括式排除式的区分。

（二）复数标记的性质不同

白话的"哋"，只用于人称代词；平话的"队"，不仅用于代词复数，也用于名词的复数，也就是说，白话的复数标记生命度高于平话。具体如下表：

平话白话复数标记比较表

方言点	代词			名词	
	第1身	第2身	第3身	人、动物	事物
南宁白话	我哋	你哋	佢哋		
宾阳新桥	我队 云队	你队	那队	老师队、鸡队	
田阳那满	我队 云队	你队	佢队	学生队、蜜蜂队	

视野放宽到整个平话，复数标记可以用于人、动物的普通名词的，覆盖的地区并不广，只在桂南平话的中片和西南片。我们认为，这一特征也跟壮语的影响有关。

壮语相当多的方言，用集合量词附加于名词前表达普通名词的复数义。第1人称、第2人称，单数和复数采用内部曲折的方式构成。壮语很多方言的单数第3人称代词还处在发展时期，多与指示词同形。第3人称的复数就更没有发展起来，第3人称复数的意义还只能借助于名词复数的表达方式，即在名词前附加集合量词，如下表：

壮语普通名词复数与人称代词复数比较表

方言点	第1人称		第2人称		第3人称		人、动物的复数	无生命复数
	单	复	单	复	单	复		
柳江	ku¹	tu¹	muɯ²	θu¹	te¹	toŋ⁶vun² an³ （些-人-那）	toŋ⁶jo⁶θaŋ（些-学生） toŋ⁶tu²pit⁷（些-只-鸭）	toŋ⁶lak⁸ ʔdai¹ （些-个-柿子）
马山	kou¹	tou¹	muɯ²	θou¹	te¹	kjoŋ⁵ te¹ （群-那）	kjoŋ⁵jo⁶θuɯ:ŋ³（群-学生） kjoŋ⁵ŋun²（群-蚊子）	

续表

方言点	第1人称		第2人称		第3人称		人、动物的复数	无生命复数
	单	复	单	复	单	复		
巴马	kou¹	tou¹	muŋ²	sou¹	te¹	tsoŋ⁵ te¹（群-那）	tsoŋ⁵luk⁸ɳe² （群-个-孩子） tsoŋ⁵tu²pet⁷（群-只-鸭）	tsoŋ⁵fai⁴ ma:ŋ³ko³ （群-树-芒果）

如果光看"平话白话复数标记比较表"，会认为平话人与动物名词的复数标记是从人称代词复数标记扩展而来的。但是，为什么只有桂南平话的中片和西南片有此特征，而别的平话并无此特征？我们的推测就是：此特征是与壮语接触带来的底层特征。桂北平话以及桂南平话别的片区被晚近的粤语和官话洗刷过，这些底层特征可能被洗刷掉了。壮语第3人称代词与表人、表动物名词采用相同的复数标记，中片和西南片的桂南平话复制了这一特征。由于汉语复数标记最典型的特征就是生命度高，所以，平话只复制了其中生命高的部分，而生命度低的并未复制。

（三）小称不同。桂南平话用"儿"，南宁白话是"崽"

这既是广府白话与平话的差异，也是广府白话与相当一部分粤方言的差异。我们在前说过，即使是与广州话最近的梧州白话，小称词尾"儿"与"崽"也叠置。"儿"是底层的，"崽"广府话带来的表层。

（1）既可以"名词＋崽"又可以用"名词＋儿"：

碗崽/碗儿（小碗）　　凳崽/凳儿（小凳子）　　窿崽/窿儿（小洞）

鸡崽/鸡儿（小鸡）　　狗崽/狗儿（小狗）　　虫崽/虫儿（小虫）

（2）只能"名词＋崽"：纸崽（小纸条）　　手巾崽（小手帕）

（3）只能用"名词＋儿"形式：头发儿

儿子称"儿"，发展成小称词尾，是平话及两广许多粤方言的特点。作为粤语优势方言的广州话，儿子称"崽"，与周边的湘、客、赣方言同，并对广大平话和粤方言地区产生强势影响。

（四）VO后成分的多寡不同，总体看平话比白话多

汉语从古到今，经历了一个由较强SVO型语言向弱SVO型语言演变的过程，一个体现就是VO后成分前移。典型的SVO型语言，VO后接受别的成分，尽管有多个，都可以向后铺展，如英语。但是，当SVO性开始衰退时，SVO后如果再需要别的成分，O很容易被挤走，如"放单车进院子"在今天的普通话很不通顺，要说成"把单车放进院子里"才通顺。发展快的汉语方言，往往VO后成分前移多且快，而发展慢的方言则可能保留稍微多点的VO后成分。桂南平话与白话相比，前者主要在乡村，而后者在城市。平话发展的速度应该慢于白话，因而VO后成分得以存

留较多。

　　从总体的语法结构看，我们认为，桂南平话与白话总的来看是由一个母体发展而来的，其间的几个重大不同点是由于发展速度的快慢以及与少数民族语言接触造成的。

第三章　比较研究个案

第一节　处置式[①]

处置式是汉语的一种重要句法结构，其抽象形式可表达为：施事+处置标记+受事+谓语结构。处置式常用"把"字来引出被处置的对象，是普通话及大多数北方方言的特点，故又称作"把"字句。"处置式指用助动词'把'等把目的位提到叙述词的前面、表示一种处置的句式。就意义上说，它的主要作用在于表示一种有目的的行为，一种处置。"[②]以此标准，桂北平话及桂南平话的北片用"把"字句表处置已经十分普遍；桂南平话、粤方言的祖方言没有形成用处置标记来表达处置意义的处置句式。现在口语依然罕见的"把字句"（主要是教师一类的文人），是共同语影响的结果。本专题讨论的举例，以桂南平话的宾阳新桥、南宁石埠、邕宁四塘和田阳那满为代表，粤方言以南宁白话为代表。

一　相关研究成果

已有的研究都认为平话、粤方言表示处置，一般不用"把"字句，而常用动宾句表达。

覃远雄（2000）认为桂南平话表示处置，一般不用"把"字句，常采用的一种方式是把表示处置对象的宾语放在动词和补语之间。[③]下文的 A 类句式表示处置，主语使宾语处于某一处所，宾语都是有定的。B 类句式不表示处置，宾语是无定的，前有数量词。南宁平话少用"把"字句，表达处置就是采用 A 类句式或者受事前置句。

A 类：

① 渠挂[□ɔ⁴⁵]只包住墙壁上高。他把那个包儿挂在墙上。

---

① 参见褚俊海、覃凤余《桂南平话的动词谓语句及其类型特征》，《暨南学报》2010 年第 6 期。

② 王力：《汉语语法史》，商务印书馆 1989 年版，第 226 页。

③ 覃远雄：《桂南平话研究》，博士学位论文，暨南大学，2000 年。

② 放[□ɔ⁴⁵]本书住柜桶里头。<small>把这本书放在抽屉里。</small>

③ 是渠老娘关渠住屋里头。<small>是他妈妈把他关在屋里。</small>

④ 写你名字住上高。<small>你把你名字写在上边。</small>

南宁及其以西的平话，表处所的介词用"住"，宾阳平话、勾漏片粤方言多用"在"，沿江片白话用"喺"。

B 类：

⑤ 渠种了两苑番桃住菜园。<small>他种了两棵番桃在菜园。</small>

⑥ 我放了一盆花住窗台上。<small>我放了一盆花在窗台上。</small>

⑦ 要糁古月粉住汤里头；未是未够甜。<small>要在汤里搁些胡椒粉，不然味道不够鲜。</small>①

谢建猷（2001）："老派桂南平话处置句不用'把'字，例如：桂南平话和桂东粤方言：'关扇门起来。'现代汉语（普通话）要说'把门关起来。'普通话也可以说'关起门来'，但是普通话'把门关起来'之类的'把'字句，桂南平话及桂东南粤方言不说。"②

覃东生认为宾阳话中没有"把"字句的对应句式，在普通话中说成"把"字句的，宾阳话都用动宾句来表达，如："扫房净去！"（把房间打扫干净）③ 林亦指出广西粤方言的处置式不发达，宾阳话的"把"没有往处置方向发展，也没有向被动虚化，还处在"给予—使役"阶段。如"快呢关窗，冇把雨撒落屋来"（快点儿关窗，别让雨飘进屋里）。④

吴福祥把现代汉语普通话的处置式分为三类：广义处置式、狭义处置式和致使义处置式三类，并认为狭义处置式是发展的主流，它是从广义处置式发展而来的⑤。

二　平话和粤方言"处置"义的基本表达方式

A. 处置"给"。给予义动词方言各异，平话用"许/把/给/分"，粤方言多用"畀、分"，南宁、百色白话用"给"（官话借词）。以下例句如无差异，不逐一列出。

① 递阿本书许我。<small>把那本书递给我。</small>

② 带个礼物许佢。<small>把这礼物带给他。</small>

③ 修好车许我。<small>给我把车修好。</small>

此类多为祈使句。

① 覃远雄：《南宁平话的介词》，《广西民族学院学报》1999 年第 2 期。

② 谢建猷：《广西平话研究》，博士学位论文，中国社会科学院研究生院，2001 年。

③ 覃东生：《宾阳话语法研究》，硕士学位论文，广西大学，2007 年。

④ 林亦：《壮语给予义动词及其语法化》，《民族语文》2008 年第 6 期。

⑤ 吴福祥：《唐宋处置式及其来源》，《东亚语言学报》（法国）1997 年第 26 期。

B. 处置"作"

④ 佢招呼我当客人样/噉。 他把我当客人一样招待。

⑤ 伝队看佢当朋友样。 我们把他看作朋友。

⑥ 老豆当三叔，三叔当木碌。 俗语，把父亲当作三叔看待，把三叔当作木头看待，即六亲不认。

C. 处置"到"

⑦ 丢你落井去。 把你扔到井里头。

⑧ 放书包住地去。 把书包放地上。

⑨ 转面过边去。 把脸转到一边去。

D. 狭义处置

⑩ 饮支啤酒齐去。 把这瓶啤酒喝了。

⑪ 好耐冇见，你剪头发短哂。 好久不见，你把头发剪短了。

⑫ 洗你只手干净至吃饭。 你把手洗干净再吃饭。

E. 致使义处置

⑬ 整佢细佬只头出血哂。 把他弟弟的头弄出血了。

⑭ 整到我头昏去。 把我的头弄昏了。

⑮ 整我把遮烂哂。 把我的伞弄坏了。

普通话中处置式表达的意义与一般主动句有别。很多时候，有些意思是必须用处置式才能表达的。王力在论述处置式的特殊意义时曾说："假使处置式的意义和普通主动句的意义完全相等，则中国语何必有这两种不同的形式？"[1]

石毓智认为处置式在刚产生的时候就是一种具有独立的结构特点和特殊的表达功能的语法手段，有相当一部分处置式是不能变换为动宾式的[2]。

平话、白话以动宾句表达的处置义，可在普通话的处置式找到系统的对应形式，但这些表处置义的动宾句，大多在普通话里不说。

平话和粤方言一样，表处置的动宾句里，宾语往往是有定的。可见，平话和粤方言的动宾式结构有着不同于普通话的特殊功用，这也是没有形式处置式的主要原因。

三　与处置式相关的"许"字句和"搦/拧"字句

曹茜蕾系统总结了汉语方言处置标记的主要来源情况，并把它分为以下三种：

A."拿"和"握"类。如普通话的"把"（动词用法现在已消失），南

---

① 王力：《中国语法理论》，中华书局 1954 年版，第 166 页。

② 石毓智：《处置式产生和发展的历史条件》，《语言研究》2006 年第 3 期。

方汉语方言比如客家话、闽语、粤语中的"将",吴语、湘语、赣语中的"拿"等。

B."给"和"帮"类。如北京话、西南官话、江淮官话和中原官话中"给",湘方言、鄂东江淮官话和南昌赣方言里的"把(给予义)",吴、徽州和湘方言里的"帮"等。

C."伴随"类。如闽语中的"共",客家话里的"同",江淮官话(沭阳、淮阴)和湖北省西南官话(随县)中的"跟"等。①

平话和粤方言与处置义相关的只有前两类。

根据被调查者的语感,例①、例②有时是可以接受的说法,特别是例②的听起来更顺一些。

①　佢许我嘅手机整坏了。他把我的手机弄坏了

②　佢搦/拧我当客人一样招呼。他把我当客人一样招待

我们认为例①跟"把"字句一样,也是受普通话影响而套用的结果。只不过它用了方言词汇替换后,听起来更顺些,更像本地话罢了。例②是新发展出的一种不成系统的广义处置式。乍一看,它们好像已是处置式的用法了。问题在于,它们并非广西平话和粤方言里系统的常用语法手段。因为例①、例②不但可以有例③、例④这样更常见的说法:

③　佢整我嘅手机坏了。

④　佢招呼我当客人样。

而且类似例①、例②那样使用的范围有限。其中的"许"和"搦"两者不能互相更换,不能说:"*佢搦我嘅手机整坏了"。也不能说:"*佢许我当客人一样招乎"。再如普通话"他给我的钱弄丢了",可以理解成"他把我的钱弄丢了"或"他给我的钱,我弄丢了"。对应于桂南平话的"佢许我嘅钱弄丢了"没有歧义,只表示"他给我的钱,我弄丢了"。

考虑到汉语史上和好些汉语方言的"给予"和"拿握"义动词常常语法化为处置标记,如果轻易就否定"许"和"搦/拧"的处置标记用法,难免过于武断。为了慎重起见,我们还需对其用法做仔细说明。

1."给"类的"许"字句

"给予"义行为动词,各方言不一。桂北平话多用"分",南宁、邕宁及左右江平话多用"许",宾阳用"把",粤方言多用"畀",部分用"分",南宁、百色白话除了用"畀",还用音义都借自官话的"给[kei1]"。"许"和"把"均经历了较为复杂的音变过程,但在意义和功能上不影响分析,故不在此讨论。

---

① 曹茜蕾:《汉语方言的处置标记的类型》,《语言学论丛》(第三十六辑),商务印书馆 2007 年版。

下面以右江田阳那满平话为例，全面系统地考察一下"许"的共时分布情况（各点"给"类词均可替换）。

A. 作为"给予"义行为动词，"许"常用在"许+直接宾语+许（介词）+间接宾语"中，较少用"许间接宾语+直接宾语"（许我钱）或"许+直接宾语+间接宾语"（许钱我）的说法。如：

① 许书许佢。<small>给他书。</small>

② 佢许苹果许我。<small>她给我苹果。</small>

上面例子中的第一个"许"都可用其他动词替换，后面的"许"不能被其他动词替换。如可以说"送书许佢"，不能说"＊许书送佢"。

B. 作为准"使役"动词，用在"许+宾语+动词短语"中，表示允许宾语可以如何的意思，大致等于普通话的"让+宾语+动词短语"，如：

③ 许我吃饭。<small>让我吃饭。</small>

④ 许佢做工。<small>让他干活。</small>

C. 作为介词，是受益或受损格或与格的标记。与普通话不同，它只能位于动宾短语的后面。抽象形式为"动词+直接宾语+许+间接宾语"，如：

⑤ 生男女许你。<small>给你生孩子。</small>

⑥ 飞发许我。<small>给我理发。</small>

⑦ 分啲苹果许大齐。<small>给大家分些苹果。</small>

⑧ 我吐口涎许你。<small>我朝你吐口水。</small>

⑨ 搞两耳朵许你。<small>打你两耳光。</small>

关于处置式的来源，学界虽有争议，但都同意处置式形成的一个必要句法条件就是"处置标记+受事"必须位于谓语结构的前面。从目前"许"在桂南平话里的共时分布情况看，"许"出现在谓语结构前面时，作"使役"动词用，它后面的宾语不是受事成分；作介词时，又只能出现在谓语结构后面。这种情况下，"许"还不具备语法化为处置标记的句法环境，所以，可以肯定它还不是处置标记。

2. "拿"类的"搿/拧"字句

表示"拿"的动词，各方言点不尽一致，但无论平话抑或粤方言，"搿"及其对转形式"拧"最普遍。在所调查的材料中，只有宾阳不说，而用"捡"或"安"。

作为动词，"搿"表示"拿握"义，可以单独作谓语，也可用在连动结构中，如：

① 我搿/拧住野，开下门给我。<small>我拿着东西，帮我开开门。</small>

② 重差乜野亲，来我啲搿/拧啦。<small>还缺什么的话，到我这儿来拿吧。</small>

③ 你时时搿/拧只电脑来修，换过台有得啊？<small>你老拿那台电脑来修，换一台不行吗？</small>

④ 搦/拧啲猪肉给佢哋。 <small>拿些猪肉给他们。</small>

也可以用作工具介词，如：

⑤ 搦/拧老豆啲钱来东耍西耍，冇得嘅。 <small>用爸爸的钱来乱搞，不行的。</small>

⑥ 野炊时我哋着搦/拧刀噉切菜。 <small>野炊时我们得用小刀切菜。</small>

⑦ 冻就着衫啦，搦/拧只身来硬撑同点得？ <small>冷就穿衣服嘛，用身体硬撑怎么行？</small>

桂北平话及桂南平话北片受官话影响大，处置式用"把"字句表达的现象比桂南平话普遍，但或多或少留下早期的层次。如五通平话"搦"虚化为介词后，相当于普通话介词"拿""把"。主要有两种用途。一是引进动作所凭借的工具、方法等。如："搦只脚踢""搦架车接他"。二是用于处置句，引进所处置的对象。如："靡搦他讲玩笑。<small>不要拿他开玩笑。</small>""搦他当贵客暎。<small>把他当贵客看待。</small>"

"地道老派的两江话把字句使用频率不高，普通话处置句两江话大多用VO形式表示，比如：

把门打开~开脱扇门 | 把眼睛闭上~闭倒只眼睛 | 把茶喝了~吃入杯茶 | 把桌子擦擦~擦捏只头盘 | 把门锁上~锁嬅扇门

现在新派则使用"把OV"句比较普遍，比如：

① 把那恁菜洗净。 <small>把那些菜洗干净。</small>

② 把那本书买归。 <small>把那书买回来。</small>

③ 把只鸡杀入。 <small>把鸡杀了。</small>[①]

富川秀水九都话处置句标志是"拿"类的"提 tei^{31}、□no^{53}、将 tɕiaŋ^{53}"，可以互换使用。表处置不能用动词的光杆形式，至少也得是动词重叠式，或者是前后有一些成分。如：

① 提（给、将）这台抹一抹。 <small>把桌子擦擦。</small>

② 提（给、将）门开开。 <small>把门打开。</small>

③ 冇提（给、将）他当外人。 <small>不把他当外人。</small>

④ 我提（给、将）外甥当崽女对待。 <small>我把外甥当儿女对待。</small>

⑤ 他发火了，提（给、将）赖小孩敲了两甲母巴掌。 <small>他生气了，打了孩子两巴掌。</small>[②]

连动式和工具介词与处置式来源有密切关系。吴福祥论证了汉语史上处置式的产生与演变经历了"连动式>工具式>广义处置式>狭义处置式>致使义处置式"这样一个连续演变的过程。桂南平话的"搦/拧"也发展出了类似广义处置式的用法，但仅限于"搦……当/给/来/去"的部分格式中，"拿

---

① 梁金荣：《桂北平话与推广普通话研究——临桂两江平话研究》，广西民族出版社2006年版。

② 材料来源：邓玉荣《桂北平话与推广普通话研究——富川秀水九都话研究》，广西民族出版社2005年版。下同。

握"不了的东西不能说，如：

①＊搦/拧啲大萝卜搣出来。<small>把那些大的萝卜拔出来。</small>

②＊搦/拧块面洗干净至出去。<small>把脸洗干净再出去。</small>

③＊盟紧先，等佢搦/拧啲话讲齐。<small>别急，让他把话说完。</small>

④＊老老实实搦/拧大学读齐先至讲。<small>老老实实把大学读完再说。</small>

更何况，即使是那些能用广义处置式表达的句子，也是用动宾结构为常。所以，"搦"还不是真正的处置标记，它更像汉语史上的"以"字用作广义处置式的情况。但不排除它将来发展成处置标记的可能，毕竟它比"许"等其他形式具有更多的语法化环境和语义基础。

四 平话和粤方言与处置式相关的系统性语言特征

系统性是语言的主要特点之一。任何句法形式的产生或更替都不可能是孤立现象。每一语法现象的变更，总是伴随着与之相应的系统性语法现象变更。"被动式、处置式、使役式三者之间存在密切的联系，都表达某一对象承受某种处置或某种影响，只是程度有所不同。"[1]王力认为处置式是近代汉语产生的形式，它是和其他语言形式互为作用的。在概括汉语史上的句法发展情况时，王力重点列举了使成式（即动结式，或叫动补结构）、处置式和被动式[2]。石毓智认为：处置式产生的直接诱因是结构赋义规律的形成，促使它发展壮大的最主要的动力是动补结构的建立[3]；被动式和处置式在 10 世纪以后的迅速发展的原动力是动补结构的建立[4]。我们认为，使成、处置和被动之所以关系密切，是因为它们都强调施事与受事之间的关系。处置句凸显的是受事成分，被动句凸显的是施事成分，动补结构凸显的是施事对受事作用的结果成分。王力把动补结构称为使成式就是强调这种关系，"凡叙述词和它的末品补语成为因果关系者，叫做使成式"[5]。

广西平话和粤方言被动句和动补结构的发展情况。

（一）被动句

这里所说的被动句是指带有被动标记的，而非概念上的被动句。"在远古汉语里，在结构形式上没有被动和主动的区别"[6]，被动句也是汉语发展到一定阶段的产物。

---

① 蒋绍愚、曹广顺：《近代汉语语法史研究综述》，商务印书馆 2005 年版，第 389 页。

② 王力：《汉语史稿》，中华书局 1980 年版，第 216 页。

③ 石毓智：《处置式产生和发展的历史条件》，《语言研究》2006 年第 3 期。

④ 石毓智：《现代汉语语法系统的建立》，语言文化大学出版社 2003 年版，第 218 页。

⑤ 王力：《中国现代语法》，商务印书馆 1985 年版，第 418 页。

⑥ 王力：《汉语史稿》，中华书局 1980 年版，第 418 页。

广西平话和粤方言的表被动标记，明显反映出两个层次：来自给予义动词和来自遭受义动词。

1. 给予义动词表被动。

"[给予]义→使役→被动"是汉语发展的一般路线。平话和粤方言给予义动词丰富，语法化的选择与发展比较多样。广州话给予义动词"畀"发展为被动式标记。广西的平话和粤方言，给予义动词大多发展到表使役这一步，但发展到表被动的情况不普遍，即使有的方言发展为被动标记，表被动也同时使用从自遭受义动词虚化来的被动标记。

桂北平话部分地区表被动用给予义动词，如临桂义宁话的给予义动词是"分"，用作介词有 3 种用法。

A. 表被动。与普通话表被动的"给"基本相同。例如：

① 他分个狗咬呃口。 他给猫咬了一口。

② 他分人家捆呃。他被别人打了。

但"分"后边的施事者一般不能省略。

B. 用在动词后面，引进交付的接受者。与普通话用在动词后的"给"相类。例如：

③ 她愿嫁分他。她愿嫁给他。

④ 你把箇封信交分他。你把那封信交给他。

C. 引进动作的施事者，表示允许、许可，相当于普通话的"让"。例如：

⑤ 分他来吧。给他来吧。

⑥ 她冇愿分花蛇郎把□to¹²爹咬死。她不愿让花蛇郎把她父亲咬死。

但表被动义更常用的是"捱"。[①]

钟山话也用给予动词"分"作表被动的标志。如：

⑦ 粒杯分佢打烂了。

⑧ 佢分人家揸倒把柄了。

与临桂五通话不同，"分"后面的施事者可以不出现。如：

⑨ 佢分捉了。

⑩ 天太旱了，水田分晒干了。[②]

富川秀水九都话被动句的常用的标志来自"□[no⁵³]"。"□[no⁵³]"本是给予义动词，相当于普通话的"给"。"□[no⁵³]"使用范围略大于普通话的"给"，覆盖了引进施事、引进与事、引进受事、引进凭借的工具方法等。

---

① 邓玉荣：《桂北平话与推广普通话研究——富川秀水九都话研究》，广西民族出版社 2005 年版。

② 邓玉荣：《桂北平话与推广普通话研究——钟山方言研究》，广西民族出版社 2005 年版。

⑪ 他□[no⁵³]人骗了。 他被别人骗了。

⑫ 他□[no⁵³]狗咬着了。 他被狗咬着了。

⑬ 鸡崽□[no⁵³]鹞母啄走了。 小鸡被老鹰叼走了。

⑭ 脚□[no⁵³]簕毁出血了。 脚被刺扎出血了。

⑮ 江边個谷□[no⁵³]大水推走了。 河边的稻谷被大水冲走了。

九都话□[no⁵³]后面的施事者也可以不出现：

⑯ 他给□tuo53起痛脚。 他给抓住把柄。

⑰ 衣服全□[no⁵³]淋湿了。

⑱ 菜□[no⁵³]旱死了。

秀水九都话还出现用"被"的被动句，一般用于成语或书面语来的词语中，可见这可能是后起的。例如：

⑲ 虎下平原被狗欺。

⑳ 马善被人骑，人善被人欺。

桂南平话的宾阳，给予义动词是"把"，"把"只发展到使役阶段，如：

㉑ 快啲关窗，冇把雨撇落屋归。 快点儿关窗，别让雨漂进屋里。

表被动一概用"着"。

与壮语接触地区的桂南平话，如南宁、邕宁及左右江地区，给予义动词是"□[kei⁵]"，可表示使役义，但不用于表被动，表被动用"捱"，用"着"已罕见。

北片的宜州德胜百姓话，表被动依然保留用"着"，与宾阳话一致。如今已经出现用"被"的被动句，但运用并不广泛，应该是受官话的影响。也可以单用"着""被"而省略施事。例如：

㉒ 他屋个鸡着野猫吃去。 他家的鸡被野猫吃了。

㉓ 因为果子结得太多，所以有些树枝都被/着压断了。 因为果子结得太多，所以有些树枝都被压断了。

广西粤方言的情况与平话相似，给予义动词不是被动标记的主要来源。勾漏片粤方言北流话的被动标记有"着""畀""分"。以"着"为主，"畀"和"分"使用比较少，"畀"和"分"可以换成"着"，但部分"着"不能换成"畀"或"分"，可见"着"是本方言固有的，"畀"或"分"是方言接触的结果。

A. 介词：着

㉔ 个只坏蛋着捉了。 这个坏分子被抓了。

㉕ 银包着人偷开了。 钱包被小偷偷走了。

㉖ 吃饭着□[kɔ³⁴]。 吃饭被噎。

㉗ 佢早读迟到，着值日老师捉到。 他早读迟到，被值日老师抓到。

㉘ 同日有只学生着狗咬。昨天有个学生被狗咬。

㉙ 佢着老师批了一顿。他被老师批评了一顿。

B. 介词：畀

㉚ 阿只崽畀佢老豆打得到处出黑沙。那个儿子被他父亲打得到处起黑疙瘩。

㉛ 阿栋楼畀佢整得好靓情。那栋楼被他装修得非常漂亮。

C. 介词：分

㉜ 箇件事咁快就分你知道喇。这件事这么快就被你知道啦。

㉝ 白粘分警察捉到嘞。小偷被警察抓住了。

上述例句中，介词“畀”“分”可以互换，也都可以换成介词“着”，但介词“着”的例㉔、㉖、㉘、㉙一般不说“畀”和“分”。

岑溪话的情况相类，被动标记以用“着”为主，有些被动句也用“畀”，用“畀”的被动句肯定可以用“着”代替，但用“着”的被动句不一定可以用“畀”，也说明“畀”来自广州话的强势影响。

沿江白话与广州话一脉相承，给予动词也用“畀”（南宁、百色白话多了一个“给”），但同样没有发展成表被动的主要标记。以南宁话为例。南宁白话的给与动词“给/畀”可作使役动词，构成“NP_1+给/畀‖冇给/畀+NP_2+V”的兼语式。如：

㉞ 老师冇给/畀啲学生画嘢喺墙。老师不让学生在墙上画东西。

㉟ 我冇会给/畀你哋喺呐闹事嘅。我不会让你们在这儿闹事的。

“畀”是原广府白话的底层，“给”是南宁白话的新创，已成口语的主流，用“畀”反而略显文雅了。

“NP_1+给+NP_2+V”在具备三个条件，即 NP_1 为受事、V 为及物动词、NP_2 为无生命，可转化为被动句。如：

㊱ 间屋冇得给水浸哦，给水浸亲就麻烦哦。这间这么好的房子别让水浸泡啊，被水浸泡就麻烦了。

如果 NP_1 为受事，V 为不及物动词，NP_2 为有生命，就只有使役一种意义。如：

㊲ 间屋佢冇给人住嘅，给人住整得邋邋遢遢冇係多频伦过？这房子他不让别人住的，如果给别人住的话搞得乱七八糟还不是更麻烦？

如果 NP_1 为受事，V 为及物动词，NP_2 为有生命的，“NP_1+给+NP_2+V”则有使役和被动两解。如：

㊳ 件事千祈冇给阿杨识啊，给佢识亲呢就差冇多个个识齐哦。这件事千万别让阿杨知道，被他知道的话就差不多个个全知道。

表被动，沿江白话从东端的梧州，到西端的百色，均以用遭受义动词“捱”为常。可见，“[给予]义→使役→被动”不是广西平话和和粤方言的主流。这是与广州话不同之处。

2. 遭受义动词表被动。

相比之下，广西平话和粤方言以遭受义动词表被动更常见。平话和粤方言的遭受义动词主要有两个："着"和"挃"。"着"是早期的被动标记，"挃"是后起的。

平话的被动标记，桂北用"着挃"；桂南的南片的宾阳、横县用"着"，邕宁四塘、南宁石埠用"着"或"挃"，西南片左右江平话以"挃"为常，基本不用"着"了；桂南平话北片的宜州、罗城依然保留用"着"，新派受普通话影响已出现用"被"字句，但运用并不广泛。粤方言勾漏片多用"着"，其他多用"挃"。各地的"着"均可以表达普通话"得（děi）"类情态义。

虽然普通话中大部分的"被"字句在平话和粤方言中都可用"挃"或"着"替换，但 "挃"或"着"字句还是具有一些较为独特的性质。

（1）"挃/着"有很强的"遭受"情态义

① 佢挃/着留医了。他住医院了。

② 快哨，挃/着迟到了。快些，就要迟到了。

③ 来迟了，我挃/着徛住。我得站着。

④ 佢只钥匙挃/着跌了。他的钥匙丢了。

⑤ 佢不得了，吹点风就挃/着感冒。你不行了，吹点风就感冒。

⑥ 我队挃/着走多两站路。我们多走了两站路。

⑦ 挃/着上当几回，我怕齐了。上了几回当，我真是怕极了。

很明显，桂南平话的"挃"与"遭受"情态义有密切关系。如不能说："＊佢挨北京大学录取了"。而"挃感冒""挃撞车""挃住院"等，这些是普通话的"被"所不能说的。有些时候，"挃"和"得（děi）"类情态义的"着"可以互换，也说明"挃"具有的情态义。例如：

⑧ 落雨都挃/着去。下雨也得去。

⑨ 佢整细张手机坏了，挃/着赔只新嘅。他把小张的手机弄坏了，得赔个新的。

⑩ 佢考试不及格，挃/着补考。他考试不及格，得补考。

（2）"挃+NP"的动宾式

⑪ 路不识几滑，我差哨挃一跤。路真滑，我差点摔了一跤。

⑫ 我挃补考两门，你挃/着几多门？我补考两门，你补考多少门？

⑬ 我贷款挃/着 2000 文利息。我给银行交了 2000 元利息。

这些句子都省略了谓词，谓词可补出来，补出后普通话也可说。

甚至还有"挃"单独作谓语的功能，如：

⑭ 佢盟有病过，一病着，就挃了。他没生过病，一生病就完了。

（3）长被动句中的动词可以是"光杆"形式

⑮ 贼儿挃/着公安局抓。小偷被公安局抓了。

⑯ 我屋苹果捱/着贼儿偷。_{我家的苹果被小偷偷了。}

⑰ 自日归屋捱/着我妈闹。_{昨天回家被我妈骂了。}

⑱ 张三捱/着李四打。_{张三被李四打了。}

在汉语史上，"被"字式刚产生的时候，"被"字后不能出现施事者，只是简单地把"被"字放在被动词前面，汉末才出现了带施事者的"被"字式①。被动句演变过程早期曾有过"被+NP"和"被+V"（V 是光杆动词）的阶段。如：

⑲ 下施之万民，万民被其利。（《墨子·尚贤中》）

⑳ 寡人不祥，被于宗庙之祟。（《战国策·齐策》）

㉑ 秦王复击轲，被八创。（《战国策·燕策》）

㉒ 处非道之位，被众口之谮。（《韩非子·奸劫弑臣》）

㉓ 亮子被苏峻害。（《世说新语·方正》）

㉔ 举体如被刀刺。（《颜氏家训·归心》）

结合"捱/着"字的共时分布情况，我们有理由说桂南平话被动句还处于不发达的阶段。更多时候，"捱/着"充当的是遭受义情态助词，而不是施事的标记。张伯江认为现代汉语的被动式、处置式都表达一种强影响性②。那么，当被动式还处在形成的过程中时，这种语法格式就不一定会具有标记施事对受事强影响性的功能。下面的例子更能证明这一点。如：

㉕ 捱/着淋雨——捱/着雨淋_{被雨淋}

㉖ 捱/着晒日头——捱/着日头晒_{被日头晒}

㉗ 捱/着水浸——捱/着浸水_{被水泡}

以上例子的共同点是施事与受事的角色不分明。可以看出桂南平话人在此并不注意施事、受事的不同影响，原因是"捱/着"字句不及"被"字句处置性强，主要用来表示遭受情态义。"捱/着"字还可以施加在整个完成的句子上，强调说话人的遭受情态。如

㉘ 捱/着警察大喊一声。_{警察（对他）大喊了一声。}

㉙ 捱/着贼儿偷我屋苹果了。_{小偷偷了我家的苹果。}

㉚ 捱/着公安局抓六合彩了。_{公安局抓了（他们）六合彩。}

（二）桂南平话的"隔开式"动补结构

所谓"隔开式"动补结构，是指名词性成分插在动补结构之间形成的"动+名+结果补语"（"VOC"）这种句式③。石毓智称之为"可分离式动补组

① 王力：《汉语史稿》，中华书局 1980 年版，第 425、429 页。

② 张伯江：《被字句和把字句的对称与不对称》，《中国语文》第 2001 年第 6 期。

③ 蒋绍愚、曹广顺：《近代汉语语法史研究综述》，商务印书馆 2005 年版，第 323 页。

合"①。虽然学界对汉语史上"隔开式"动补结构产生的确切时代存在很大的争议，但"大都认为隔开式动补结构要早于非隔开式动补结构，后者是在前者的基础上通过宾语移位或动词紧缩形成的"。"从发展趋势上看，隔开式动补结构逐渐被非隔开式动补结构所取代，最终衰落乃至消亡了。"②"宋以后，这种 VOC 型动结式才在语言中逐渐少用乃至衰亡了。现代汉语中，基本上只用 VCO 式了。"③石毓智认为现代汉语的动补结构来自中古汉语的"可分离式动补组合"，动补结构的产生是促使处置式出现和发展的关键因素④。在桂南平话里，保留着很多可分离式的动补结构。如：

① 我做作业齐了。我做完作业了。

② 你快哰摆台好来。你快点摆好桌子。

③ 咪耿洗，整鞋子湿去。别这样洗，弄湿了鞋子。

④ 我打佢不过。我打不过他。

⑤ 佢吃饭饱了。他吃饱饭了。

⑥ 佢吃酒醉了。他喝醉酒了。

⑦ 塞一百文钱落衫袋。塞进口袋一百块钱。

⑧ 佢揸几只苹果落归。他拿几个苹果进来。

⑨ 佢搋旧石头落坑去。他把石头推倒坑里了。

⑩ 那洗洗衫唱歌起身。他洗着洗着衣服就唱起歌来。

覃东生、吴福祥认为宾阳话中"VOC"结构的使用非常自由，它的使用频率远远高于"VCO"结构，与"VCO"结构相比它才是宾阳话的基本语序⑤。汉语体貌标记的来源与补语有密切关系，如吴福祥、李讷、石毓智都认为动态助词的产生与"VCO"结构有关⑥。桂南平话的体貌标记可以出现在动宾结构后面的位置，也能说明桂南平话"隔开式"动补结构的普遍存在。相对于普通话的"V+体貌标记+O"形式，桂南平话保留着大量的"V+O+体貌标记"形式⑦。以下以宾阳话为例。

⑪ 我哪日都是吃天光朝了就出去。我每天都是吃了早饭就出去。

---

① 石毓智：《现代汉语语法系统的建立》，语言文化大学出版社 2003 年版，第 47 页。

② 蒋绍愚、曹广顺：《近代汉语语法史研究综述》，商务印书馆 2005 年版，第 324—327 页。

③ 同上书，第 330 页。

④ 石毓智：《现代汉语语法系统的建立》，语言文化大学出版社 2003 年版，第 200—204 页。

⑤ 覃东生、吴福祥：《宾阳话的体标记》，林亦、余瑾主编：《第 11 届国际粤方言研讨会论文集》，广西人民出版社 2007 年版。

⑥ 参见吴福祥《重谈"动词+了+宾"格式的来源和完成体助词"了"的产生》，《中国语文》1998 年第 6 期；李讷、石毓智《论汉语体标记诞生的机制》，《中国语文》1997 年第 2 期。

⑦ 同上。

⑫ 等那上车了你阿得归。等他上了车你才能回来。

⑬ 外边落雨着，带把伞阿得。外面下着雨，要带把伞才行。

⑭ 那依门口缀衫，姐依屋煮饭着。她在门口缝衣服，姐姐在厨房里煮饭。

⑮ 那凑你讲个件事过。他跟你说过这事情。

⑯ 昨日我去学校攞你过。昨天我去学校找过你。

处在官话区的宜州德胜百姓话，受官话影响相对较大，但仍"VOC""VCO"两种结构方式并存。例如：

⑰ 他打死两只大虫。他打死了两只老虎。

⑱ 他打两只大虫死去。他打两只老虎死了。

作为城市方言的沿江白话，由"VOC"结构向"VCO"结构演变的速度比平话快得多。

总之，表遭受情态义的"揸"和"隔开式"动补结构说明平话的被动句和动补结构都处于不发达状态。这从语言的系统性上进一步支持了我们对平话没有处置式的判断。

五　结语

"说有易，说无难。"判断平话祖方言没有处置句，当然不能光靠感觉。我们的判定依据是：

（1）他人研究的间接证据。在现有的文献材料中，要么是没有处置式的报道，要么是否认这种语法形式的存在。

（2）语言材料的"伪证据"。由于受日益普及的普通话影响，在语法调查中会出现套用"把"字的处置式，这需要在语音、词汇的调查过程中尽量培养一些对当地方言的语感，通过深入细致的语言调查获得真相。

（3）语言材料的直接证据。广西的平话和粤方言都可以用相应的动宾式来表达普通话的基本处置式。

（4）处置标记语法化的类型学证据。常见的"给予""拿揸"类动词都没有处置式或者狭义处置式的用法。

（5）与处置式相关的语言特征作为平行类比的系统性证据。不发达的被动句形态特征，可分离的动补结构等，都可作为平话没有成熟的处置句的系统性证据。

处置式的产生是汉语史上的重大事件，对近现代汉语语法系统的形成有深远的影响，所以，它一直是学界研究的热点问题之一。前彦时贤从历时和共时等不同角度做了大量工作，取得了不少共识。但把处置式和其他语法现象联系起来，从语言的系统性上来考察处置式相关问题的研究还略显薄弱。在"活"的汉语方言中，广西的平话和粤方言如此一致的"处置、被动和使成"形态，与汉语史的情况如此相似，是偶然巧合，还是普遍规律？这还有待我们做进一步的研究。

第二节　南宁粤语 VOC 结构的来源①

南宁、百色、龙州②粤语、三亚迈话等方言有一种一般方言少见的、与汉魏六朝相仿的"食饭饱、打老鼠死"一类的 VOC（C 限为结果补语）结构。此类方言中 VOC 结构的来源，大致有两种看法，一种认为是存古现象，钱志安、邹嘉彦《从海南岛三亚迈话探索粤语动—补结构的发展》一文为代表。另一种认为是与壮语接触而来，以郭必之（2008）《南宁粤语"述语+宾语+补语"结构的来源》为代表，郭必之（2010）《语言接触的两种类型——以桂中地区诸语言述补结构带宾语的语序为例》再次强调了这一观点。由于还有一些语言事实不甚清楚，本文参与此问题的讨论，并部分同意郭文的主张，认为南宁、百色粤语的 VOC 格式是接触而来的。但是，我们不认为是单纯地与壮语接触的结果。

一

南宁、百色、龙州粤语是清末民初由广东商人带来的，只有一两百年的历史（刘村汉，2005；欧阳觉亚，1995），而其始迁语——广东粤语却没有 VOC。所以，VOC 是南宁、百色粤语来到移居地后而获得的。郭文（2008，2010）据此认为是跟壮语接触后产生了 VOC。但是，这一看法解释不了如下两个事实。

先看第一个事实。广西的粤语，从西江至左右江沿岸的商埠、城镇，呈线状分布，即沿江粤语。沿江粤语东起梧州，沿江到西端的百色、田林，西南边陲的凭祥、龙州，北边的柳州（老城区），往南到沿海的北海、钦州、防城等市。粤桂交界的桂东南的梧州、钦州、玉林等地呈片状分布，即勾漏片粤语（《广西大百科全书·文化卷》，2008）。勾漏片粤语与沿江粤语来源不一样。沿江粤语是广东商人带来的，历史短。百色、南宁、龙州粤语就是沿江粤语的一种。勾漏片粤语，其形成当与广东粤语的形成历史基本一致，是东晋南北朝到唐代这段时间内最终形成的，历史长（洪波，2004）。可以想见，1500 年前北方话刚到桂东南地区时是处在侗台语的包围圈内的，

---

① 参见覃凤余《也谈南宁粤语 VOC 结构的来源》，《三月三少数民族语文》2014 年第 6 期。
② 郭必之（2008、2010）只有百色、南宁的材料。黄玉雄惠告：龙州粤语也有"食饭饱、打老鼠死"一类的 VOC。

可今天绝大部分壮人已转用勾漏片粤语，壮族村落已经相当少了，呈零星分布。

　　根据田野调查，勾漏片粤语如玉林、藤县普遍只接受"喫饱饭"一类VCO，不接受"喫饭饱"一类的VOC。而沿江的百色、南宁、龙州粤语，VOC则普遍且能产，而梧州、贺州等地的粤语则跟勾漏片一样，不接受VOC。如果说沿江的百色、南宁粤语到广西一二百年，与壮语接触而产生VOC，那么如何解释勾漏片粤语在广西扎根千余年却难觅VOC呢？又如何解释同是沿江粤语的梧州、贺州并不接受VOC呢？

　　再看第二个事实。VOC或VCO表达的都是使成范畴（魏培泉，2000）。广西的壮语里，使成范畴还有一种广泛使用的表达式——使令短语。它由两个动词短语构成连动式，前一个短语的动词是行为动词，后一个通常是带使令意义的动词"给、做"等，即"VO 给/做（N）C"。使令短语在使用上与VOC可互换而不改变语义。下面列举广西北部壮语与南部壮语的使令短语：

（一）北部壮语

1. 柳江

① $kɯn^1 \ lau^3 \ kuk^8 \ fi^2 \ pai^1$　　　　　　　　　　（喝醉酒）
　　吃　酒　做　醉　去

2. 来宾

② $mop^8 \ tu^2 \ nou^1 \ haŋ^3 \ ta:i^1 \ pai^1$　　　　　　　（把老鼠打死）
　　打　只　老鼠　给　死　去

3. 巴马

③ $te^1 \quad ja^2 lo^2 \quad tsai^5 \quad nei^4 \quad həɯ^3 \quad u^5 \quad pai^1$
　　他　压　筐　鸡蛋　这　给　碎　去
　　（他把这筐鸡蛋压碎了）

4. 南丹

④ $kɯn^1 \ θou^6 \ ku^6 \ ʔim^5 \ pai^1$, $mi^2 \ jo:ŋ^6 \ kɯn^1 \ ta:ŋ^1 \ lɛ$
　　吃　饭　做　饱　去　　不用　吃　汤　了
　　（把饭吃饱，别喝汤了）

5. 马山

⑤ $kom^5 \ tou^1 \ haɯ^3 \ re:t^8 \ pai^1$　　　　　　　　（把门关紧）
　　关　门　给　紧　去

6. 环江

⑥ $kwen^1 \ tou^1 \ ku^6 \ man^6$　　　　　　　　　　　（把门关紧）
　　关　门　做　紧

7. 平果

⑦ nau⁵ an¹ ka:i⁵ hai³/ku:k⁸ nɐt⁷ pai¹　　　（把瓶盖扭紧）
　 扭　个　盖　给/做　紧　去

（二）南部壮语

1. 扶绥

⑧ tan³ toŋ¹ ɬɯ³ haɯ³ tho:u³ pai¹　　　（把衣服穿暖）
　 穿　些　衣服　给　暖　去

2. 那坡

⑨ ɬak⁷ ɬɯ³ hɯ³ te¹ ɬaɯ⁵ pai¹　　　（洗干净衣服）
　 洗　衣　给　他　干净　去

3. 靖西

⑩ tak⁷ phjam¹ hɔi³ te¹ tən³ pai¹　　　（把头发剪短）
　 剪　头发　给　他　短　去

4. 大新

⑪ thu:p⁷ tuə¹ nu¹ hɯ³ te¹ tha:i¹ pai¹　　　（把老鼠打死）
　 打　只　鼠　给　他　死　去

5. 龙州

⑫ thu:p⁷ tu¹ nu¹ hɯ³ te¹ tha:i¹ pai¹　　　（把老鼠打死）
　 打　只　鼠　给　他　死　去

使令短语与 VOC 结构在壮语里是两个层次。巴马壮语的调查显示，通常长辈们还用使令短语，晚一辈的 VOC 就增加了，长辈认为晚辈的壮话渐渐变得不正了（陈芳惠告）。说明壮语里使令短语与 VOC 相比，后者是晚近后起的层次。

郭文用 Heine and Kuteva（2005）中一个简单而有效的方法来论述南宁粤语的 VOC 结构来源于壮语，即：If there is a linguistic property x shared by two languages M and R, and these languages are immediate neighbors and /or are known to have been incontact with each other for an extended period of time, and x is also foundin languages genetically related to M but not in languages genetically related to R, then we hypothesize that this is an instance of contact-inducedtransfer, more specifically, that x has been transferred from M to R。郭文的例子可以套进 Heine 和 Kuteva（2005）的论证框架中：

「property x」=「VOC」结构；

「language M」= 壮语；

「language R」= 南宁粤语。

如果认为百色、南宁粤语与壮语接触后产生的 VOC，那么如何解释与

VOC 等价的，并且在壮语口语里还广泛使用的使令短语在百色、南宁粤语里却寻觅不到半点踪迹呢？为什么没有发生如下接触过程呢？

「property x」=「VO 给/做（N）C」使令短语；

「language M」= 壮语；

「language R」= 南宁粤语。

<h2 style="text-align:center">二</h2>

　　壮语里的 VOC 是晚近后起的层次，其来源有几个可能。一是自身从连动式的使令短语发展而来，汉语史就经历过这样的发展过程（蒋绍愚，2003；刘承慧，1999）。另一个可能是与别的语言接触而来。还有一种可能是，壮语自身有这样发展的内部动因，再与别的语言接触，内外共同起作用而导致的结果。由于缺乏历史文献，壮语自身的历史演变难以观察。从广西的语言历史状况看，后两种可能性是存在的。那么，壮语跟什么语言接触呢？广西百越之地，自先秦以来一直有北方汉人迁移入桂，与汉语方言接触顺理成章。与哪一个汉语方言接触呢？汉语的历史文献中，VOC 结构在六朝产生，唐代还比较活跃，宋元以后逐渐少用乃至消亡了（蒋绍愚、曹广顺，2005）。能把 VOC 借贷给壮语的汉语方言形成的时间必须在 VOC 结构存留的时段内。

　　广西境内的汉语方言主要有粤语（包括沿江粤语和桂东南勾漏片粤语）、平话、西南官话和客家话四种。此外闽语、赣语也有零星分布，在广西与湖南交界的一些地方如全州等地还有湘方言的湘南土语。西南官话、沿江粤语、客家话、闽语都不可能有 VOC，因为它们形成的时间都在 VOC 消失以后。西南官话明代进入广西，沿江粤语是明末清初特别是鸦片战争以后经商的粤人逆西江而上带入广西的，客家话进入广西则是清朝康熙中叶以后的事（蓝庆元，2005：85—86）。闽语在广西多是方言岛的形式，操闽语的"福建人在广西落脚有五百年以上的历史"（杨焕典等，1985）。勾漏片粤语也不太可能，因为 VOC 结构产生于六朝，活跃于唐，而勾漏片粤语形成于东晋南北朝到唐代（洪波，2004），在 VOC 结构活跃的时间段内，即唐代，已经跟北方的主流汉语分开，扎根广西。

　　我们认为，能把 VOC 借贷给壮语的汉语方言非平话莫属。首先，今天的平话（指桂南平话）里还有丰富的 VOC 结构，如：

（一）宾阳平话（覃东生，2007）：

① 快点喊细王醒去。（快点叫醒小王）

② 吃饭齐再看电影（吃完饭再看电视）

③ 细王昨日吃酒醉（小王昨天喝醉了酒）

④ 我想吃饭齐了凑看电影齐了再库（我想吃完了饭看完了电影再回去）

⑤ 扫房净去（把房间打扫干净）

（二）新和蔗园话（梁伟华、林亦，2009）

⑥ 我看电影齐了再归。（我看完了电影再回去）

⑦ 扫那只房干净去。（把那个房间打扫干净！）

⑧ 你快啲吃碗饭齐去，有耿就冇□hei^{35}你弄电脑。（你快点把这碗饭吃完，不然就不给你玩电脑。）

（三）江州蔗园话（李连进、朱艳娥，2009：193）

⑨ 喝kə^{35}□瓶酒齐去。（把这瓶啤酒喝完去）

（四）田阳那满伝话

⑩ 重盟喫你个齐，又想要一碗过？（你的还没吃完，又想再要一碗？）

⑪ 你使银了盟？（钱你用完了没有？）

⑫ 搞电脑坏个是细黄。（把电脑弄坏的是小黄）

（五）邕宁四塘平话

⑬ 是细蚊整我件衫邋遢个。（是小孩儿把我的衣服搞脏的）

⑭ 你着修部电视机好□hei^{35}我。（你得给我把这部电视机修好）

⑮ 自日细张□tok^{24}只骚甲死啦。（昨天小张把那只蟑螂打死了）

（六）南宁石埠平话

⑯ 就是王师傅来啱至修得个台机好。（只有王师傅来才修得好这台机器）

⑰ 你一定着喫啲饭齐。（你一定得把饭吃完）

平话里的VOC结构，同样有来源之争。郭必之（2010）主张也是跟壮语接触获得的。而刘丹青（2011）则明确提出，平话的VOR动结式（R为结果补语，跟郭文及本文所指相同）是典型的存古。本文赞同存古说，并为之补充时间上的证据。张均如（1988），梁敏、张均如（1988），李连进（2000）认为：平话是自秦汉以至唐宋等历代南迁汉人所操的汉语在湖南南部和广西等地长期交融演变而形成的汉语方言。王福堂（2001）认为：平话的语音特点应该在10世纪时（五代至宋初）已经形成。洪波（2004）称：平话产生于晚唐至两宋时期应该是确凿无疑的。尽管各家对平话形成的上限看法有出入，但下限却都在宋朝，也就说，在VOC活跃的唐代，平话尚未跟主流汉语分离，有大量的机会沾染上VOC，从而把它带到广西来。

其次，张均如（1988），梁敏、张均如（1988），洪波（2004）称：宋元明清时期广西境内最具优势地位的汉语方言是平话。古平话既是当时广西各地汉族人民的交际用语，又是汉族和当地少数民族之间的主要交际用语，也是官场和文化教育方面使用的语言，对境内的壮侗语族诸语言曾有过巨大的影响。所以，壮语从平话里借用词汇和语法形式都很有可能。

我们推测，壮语内部自身发展，再加上外部平话的影响，二者共同起作用，促使壮语 VOC 的形成。

三

一两百年前，沿江粤语从广东迁移到广西时，广西的平话里 VOC 已经存在了，壮语里可能也有了 VOC 了，沿江粤语里的 VOC 从壮语还是从平话吸收过来的呢？我们推测，平话的可能性更高一些。

原因一，如前述，如果百色、南宁粤语跟壮语接触，壮语里的使成式有两个交替形式，如何解释百色、南宁粤语只见 VOC 而不见使令短语呢？

原因二，沿江粤语的迁移方式很耐人寻味。如周振鹤、游汝杰（1986：38）所称，沿江粤语是蛙跳型传布到广西的沿江城镇的，并没有散布到乡村。那时沿江城镇里的居民是壮语人呢，还是汉语方言的居民呢？广西是壮族与汉族杂居的地区，但是壮人与汉人的居住地有分别，民谚所谓"汉人住街头，壮人住田头"或"汉人住城头，壮人住村头"正揭示了这种分别。城镇大多位于河谷开阔平坦之处，交通便利。这种地理位置在早期并不是优点，相反是缺点，它远离山区，失去了山的依靠，山林的动物、植物资源无法享用，日常的柴草都难保障；更为不便的是，河谷开阔地带没有山区做依托，又处于河流交通便捷处，完全暴露在外，一旦有匪乱兵患，无法依山建寨，最易受到攻击，安全性能很低。土著壮人凭借先天的优势战据山区的"好地方"，而晚来的汉人迁入时人口数量少，势单力薄，无法与人数多的壮族相抗衡，所以只好屈居于河谷地带的"不好的地方"（游伟民、覃凤余，2009）。所以，沿江城镇的居民应该以汉人为主，而壮人大多居住在乡下，尤其是山区。这样一来，沿江粤语是蛙跳进了广西汉语方言区里的。广西的汉语方言众多，是跳进哪一种汉语方言而获得 VOC 的呢？我们注意到，并不是所有的沿江粤语都有 VOC，梧州粤语、贺州粤语里很难听到 VOC，而左右江的南宁、百色、龙州等地 VOC 则很普遍。可以想到的理由是梧州、贺州周边的壮语没有南宁、百色、龙州的那么密集，但是恐怕更有力量的证明便是沿着左右江流域的河谷地带居住着大量的平话人（主要是桂南平话）。平话人在近代率先成为左右江沿岸的城镇居民，而蛙跳到左右江沿岸城镇的粤语实际上是跳进了平话的圈里，与处在乡村的壮语接触的机会并不直接，也不频繁。洪波（2004）指出："在桂西南和桂西的粤语线型分布区内（即左右江沿岸的粤语——笔者注），粤语的使用人口基本上都分布在城镇，壮族人……基本上没有与粤语形成杂居局面，大多数壮语人口与粤语人口接触与交流的主要途径是赶墟"。如今的南宁市，只有市里的中心区域讲粤语，而城市边缘四周如亭子、江西、石埠、葛麻村、青秀山等地还是平话的天下，可以说粤语是完全淹没在平话的包围圈中的，而到了郊区或郊县则是壮语和平话混居的了。百色、龙州的情况也类似。同是从广东迁移过来的粤语，到了平话密集的地方就有 VOC，没有平话人的地方就难听到 VOC，显然 VOC 从平话借贷而来的可能性更高。 套用前文的框架可以得到这一接触图景如下：

「property x」=「VOC」结构；

「language M」= 平话；

「language R」= 百色、龙州、南宁粤语。

第三节　不定限定词 "噻" [①]

一

（1）南宁白话有一个 "噻"（ɬek^{55}，上阴入），例句如下

A. 今次嘅活动来得噻三十只人就够啊。（来三十个人左右就够了。）B. 长长一个月啱有噻日落雨堕，紧张乜嘢。（长长一个月有很少几天下雨咯，紧张什么？）

C. 一个人係屋闷多，真係想搵噻只人讲嘢。（一个人在家里太闷，真是想找个什么人聊聊天。）

D. 荷包冇有噻分钱。（口袋里一分钱也没有。）

南宁白话的 "噻" 出现的语法格式有两种，其语义有四个，如下表：

	噻+数量（名）	噻+量（名）
i 大约	例（1A）	
ii 数量少		例（1B）
iii 某		例（1C）
iv 任何		例（1D）

"大约" 义只出现在 "噻+数量（名）" 格式里，一般情况下数不能是 "一"。"噻+量（名）" 有三个语义，"数量少""某""任何"。"任何" 义一般都出

---
① 参见覃凤余、田春来《广西汉壮语方言的 "噻"》，《民族语文》2011 年第 5 期。

现在否定句里。

　　类似南宁白话"噻"的虚词，在广西的粤语区（平话和白话）普遍都有，桂南的客家话、桂南桂中的官话也有发现。各方言点的"噻"，其语法格式要么是"噻+数量（名）"，要么是"噻+量（名）"，与南宁白话相比，四个语义有的齐全，有的只有其中的一两个。

　　（2）宾阳新桥平话：lɐk⁵⁵，上阴入

　　ⅰ 个村我看最多也是有噻三四百人哦。（这村子我看最多也就是大约三四百人吧。）

　　ⅱ 你昨夜睡得着冇？得噻尼。（你昨晚睡得着吗？睡得着一点点。）

　　ⅲ 一个人依屋厌多，实在想攞噻个人来讲讲尼话。（一个人在家里太闷，真是想找个什么人聊聊天。）

　　（3）崇左新和蔗园话（梁伟华、林亦，2009）[①]：lek³³，阴入

　　ⅲ 佢只人噻时对我好好嘅，噻时又千恶万恶。（他这人有时对我好好的，有时对我很凶。）

　　ⅳ 病人慢慢行住，□mi⁵⁵有噻啲精神。（病人慢慢走着，一点精神都没有。）

　　（4）邕宁四塘平话：ɬɐk⁵⁵，上阴入[②]

　　ⅱ 佢来过南宁噻次盟？（他来过南宁次把没有？）

　　ⅲ 总着揾噻敏送酒。（总得找点什么东西来下酒。）

　　ⅳ 自夜到今朝我盟喫着噻滴功夫，个阵肚饥□nəm²²。（从昨夜到今早上我什么东西都没吃，现在肚子饿极了。）

　　（5）贺州桂岭白话：ɬak³⁴，下阴入

　　ⅱ 侬□naŋ⁵²团有几多人讨开茶叶？有噻头吧。（我们这个团有多少个人买了茶叶？有极少的几个吧。）

　　ⅲ 你做开很多坏事，总有噻日遇着鬼。（你干了那么多坏事，总有一天碰见鬼。）

　　（6）贺州信都白话：θɐk³³，下阴入

　　ⅱ 噉大筐豆，有噻粒烂个都正常。（这么大一筐豆子，有少数几个坏的都正常。）

　　ⅲ 我噻时返屋食饭。（我有时回去吃饭。）

---

　　① 作者用"肋"来写 lek³³。大新壮语里，lak⁷与ɬak⁷是自由变体。崇左跟大新相邻，其 lek³³估计跟壮语影响有关。

　　② 林亦、余瑾：《广西四塘平话同音字汇》（《方言》2009 年第 3 期）记录的"□ɬek⁵⁵某些"就是本文的"噻"。

（7）藤县白话：θɐk⁵⁵，上阴入；变体 θɐk²²，阳入

ii 佢个崽结婚噉久，得噻只孙儿未曾？（他儿子结婚这么久，有个把孙子了吗？）

iii 睇啲车印，今朝耿有噻架摩托车在阿里打滑。（看这些车辙，今天早上肯定有某一部摩托车在这儿打滑。）

iv 噉阔条河，做什么冇见噻只船？（这么宽阔的一条河，为什么一只船也没看见？）

（8）宾阳新桥客家话：ɬek⁵⁵，上阴入

i 热天浸噻三四日，冷天浸噻五六日。（热天泡大约三四天，冷天大约泡五六天。）

ii 你一日烧几多烟？噻包样。（你一天抽几包烟？包把的样子。）

iii 广西大学噉多靓妹，你介绍噻只□me⁵⁵我得冇。（广西大学这么多漂亮姑娘，介绍某一个给我可以吗？）

（9）福建村官话：ɬak²¹，保留塞音韵尾，但调值已变为阳平的调值

ii 帮人看山得饮噻餐酒咩？（给别人看风水有餐把两餐酒喝吗？）

iii 总有噻天耿捱人家发现。（总有一天肯定会捱人家发现的。）

iv 蒲庙我来头下，总没去过噻块，就住旅社哦。（蒲庙我第一次来，哪儿也没去过，就在旅馆待着。）

（10）武宣官话：sə²¹，塞音尾消失，声调并入阳平

ii 这个村，有噻个人好鬼怪的。（这个村有个把两个人很怪的。）

iii 有噻回，他又没有事的呢。（有的时候，他又没有事呢。）

广东西部的白话（广东东部白话目前尚未见有报道）也发现这个"噻"，例句如下：

（11）廉江白话：实际读音 ɬet⁵⁵，与 ɬek⁵⁵不对立，上阴入

ii 你从晚黑睡噻阵吗？（你昨晚睡一会儿没有？）

iii 噻啲事你冇知好过知。（有的事情你不知道比知道好。）

（12）信宜白话：ɬek⁵⁵，上阴入

ii 花盆种啲菜，有喫得噻餐咩？（花盆种的菜，不可以吃一两餐吗？）

iii 佢以前系噻处定住过几年。（他以前在某个地方呆过几年。）

（13）吴川白话：ɬek⁵⁵，上阴入

ii 你在南宁识得噻只人么？（你在南宁认识个把两个人吗？）

iii 办公室开紧灯，实是有噻只人在那唧。（办公室亮着灯肯定有什么人在。）

广西壮语各方言里都有一个 ɬak⁷，①其语法格式及语义与南宁白话基本对应。

（14）大新：ɬak⁷/lak⁷

i　mi² ki³la:i¹ kən² pa:u³mi:ŋ²　　mi² ɬak⁷ ɬo:ŋ¹ ɬa:m¹ kən² pa
　　有　多少　人　报名　　　有　嘞　二　三　人　吧
　　有多少人报名？有大约两三个吧。

ii　wan² ni¹ ŋo⁶ nam³ le² ɬu¹ ɬak⁷ i³
　　天　这　我　想　看　书　嘞　点
　　今天我想看点书。

iii　ok⁷no:k⁸pai¹, mi² ʔdai³ ça:u⁵ ɬak⁷ kən² to²tse:ŋ¹
　　出　外　去　不　得　跟　嘞　人　相争
　　到外面去不要跟人争吵。

iv　ti:u² ta⁶ ni⁴ kwa:ŋ³ ŋ⁴, ʔbau⁵ mi¹ ɬak⁷ uŋ¹ jit⁷ kua⁵ pai¹ ʔdai³
　　条　河　这　宽　极　不　有　嘞　个　跳　过　去　得
　　这跳河很宽，谁也跳不过去。

（15）巴马：θak⁷

i　tsən³ pei⁵fa:ŋ⁵ tsa³ ka⁵ lɛ⁴, həɯ¹ noŋ⁴ θak⁷ θa:m³ çin¹ man² pan⁴ nei⁴ çi⁴ to³ la⁴
　　准　备　放　假　过　啦，给　妹　嘞　三　千　蚊　般　这　就　够　啦
　　已经准备放假，给妹妹大约三千块钱就够用了。

ii　mei² θak⁷pou⁴ɣo⁴pan² lɛ⁴, ʔbou² jo:ŋ³　pou⁴pou⁴ɣo⁴
　　有　嘞　个　知道　成　了，不　用　个　个　知道
　　有个把两个人知道就行了，没必要个个都知道。

iii　məɯ³ nei⁴məŋ² nau² ti¹　ʔbou² pan², θak⁷ ŋən² məŋ² wai⁵ ɣo⁴ ti¹ na:n²
　　时　这　你　说　父　不　成，嘞　天　你　会　知　父　难
　　现在你说父亲不行，有一天你会知道父亲的艰辛的。

iv　ʔbou² mei² θak⁷ pou⁴ ɣo⁴　tɛ¹　pai¹　tsi²　ləɯ²
　　不　有　嘞　人　知道　他　去　处　何
　　没有一个人知道他去了哪里。

（16）马山：sak⁷

i　A（县城）çi:ŋ² pe:k⁸ sai⁶ ʔde:u¹ la:i¹ juŋ⁶ sak⁷ it⁷ ŋei⁶ çi:n¹ man² ŋan² tɯk⁸ çiŋ⁵çi:ŋ²
　　　　场　白　事　一　多　用　嘞　一　二　千　纹　银　是　正常

---

① 壮语方言各地变体有 ɬak⁷、θak⁷、lak⁷、sak⁷ 等。"嘞"在汉语方言中调类多为阴入，对应壮语第 7 短调，与壮语刚好对上。

一场白事多用去一两千元钱是正常的。（蒙元耀，2006）[①]

B（古零）ha:u³ an¹ pa:n¹ nei⁴ ɕou⁴ teŋ¹ kja:u¹ θak⁷ fan¹ man² jo² fei¹.

　　　　　进个　班　这　就　捱缴　　噻　万　纹　学费

　　　　　进这班得缴约一万块学费。

ii（县城）lɯ¹ sak⁷ ti¹ ɕi:n² kai³ lu:n⁶ θaŋ⁵, ŋɔn² han⁵ juŋ⁶ ɕi:n² li³ mi² ɣau⁶ pai¹

　　　　　剩　噻　点　钱　别　乱　挥霍　　天　急　用　钱　还　有　极　去

　　　　　剩一点点钱别乱花，急用钱的日子还多得很。（蒙元耀，2006）

iii（县城）lɯk⁷ŋe² ku⁶ sai⁶　na:n²mi:n⁴mi² lɔŋ¹ɕa¹, lok⁷ sak⁷ ti¹ au¹ lun⁶

　　　　　小孩　做　事　难免　　有　错　差　错　噻　点　要　说

　　　　　小孩做事情难免有差错，如有什么错就要说。（蒙元耀，2006）

iv（县城）te¹　ku:n³ ɕi:n²　wun²la:i¹ɕip⁸ kei³ pi¹ ɕun³ ʔbou³ si:m⁴ sak⁷ fan¹

　　　　　他　管　钱　人　多　十　几　年　总　不　贪　噻　分

　　　　　他管公众的钱十几年，从不染指一分。（蒙元耀，2006）

（17）靖西：ɬak⁷

i　pok⁸ wɔ²toŋ³ kei³, joŋ⁶ pai¹ ɬak⁷ ɬo:ŋ¹ ɬa:m¹ fan¹ ɬa:n⁵ ɬai⁶

　　个　活动　这　用去　噻　两　三　万　算　什么

　　这次活动，用掉两三万块钱算什么？

ii　məi² ɬak⁷ pɐi² kin¹ i³ ni⁴pəi² ne:u², mi² pəi² na:u⁵

　　有　噻　次　吃　些　肥肉　　一　不　肥　不

　　偶尔吃一点肥肉，不胖的。

iii　mei² ɬak⁷ kən² ka:ŋ³ lai¹ hut⁷ no:i⁴

　　有　噻　人　讲　多　做　少

　　有的人讲得多，做得少。

iv　ha³ kən² lok⁸, lok⁸ŋəŋ² hɔi³, lok⁸ tsai² mi² hɔi² ɬak⁷ fan¹ na:u⁵

　　五　个　孩子　女孩　给，　男孩　不　给　噻　分　不

　　五个孩子，女孩还给，男孩一分钱都不给。

　　我们在老挝语和泰语里发现与壮语 θak⁷/sak⁷/ɬak⁷ 类似的词：

　　（18）老挝语：tɕak⁷

ii　Hai⁴! het⁸ tɕaŋ⁵ san⁴ va ʔ⁷ lo:t⁸ bɔ⁵ ʔa:i¹　mu⁵ tɕak⁷ di⁴ bɔ¹ ?

　　嘿　做　这样　　干脆　不　害羞　同伴　噻　点　吗

　　嘿，这样干一点不害羞吗？　　（覃国生、谢英，2009）

iii　ʔa:u⁴! tɕau⁴ lo²lo²le²le² ni⁴ khɯ² ɲaŋ¹, tɕak⁷ nɔ:i⁵ khau¹ si ʔ⁸ vau⁴ sai¹ dai¹!

　　嘿　你　胡来　　这　像　什么　　噻　少　他　要　诽谤　　的

嘿，你这么胡来成何体统，等会儿他会说你的。（覃国生、谢英，2009）

iv　la:u² bɔ⁵ khau³ tɕai¹ tɕak⁷　nɔ:i⁵ phɔ⁷⁸ la:u² bɔ⁵ mi² khva:m² hu⁴ phɯ:n⁴ tha:n¹

　　他　不　理解　噻　点　因为　他　不　有　知识　基本　关于

ki:ɘu⁵ kap⁷ lɯ:əŋ⁵ ni⁴

　　事　　　　　这

他一点儿也不理解，因为他没有这方面的基本知识。（覃国生、谢英，2009）

　　（19）泰语：sak⁷

i　det⁷ dɔ:k⁷ mai⁴ sak⁷ sa:m¹ si⁴ dɔ:k⁷

　　摘　花　　噻　三　四　朵

　　摘三四朵花

ii　A　พอคุณครูคล้อยหลังไปได้สักครู่นักเรียนก็จับกลุ่มคุยกัน①

　　　　pʰɔ² kʰun² khru² kʰlɔ:i⁴ laŋ¹ pai¹ dai³ sak⁷ khru⁶

　　　　当　老师　　　转身　去　得　噻　下

　　　　nak⁸ ri:an² kɔ³ tɕap⁷ klum⁵ kʰui² kan¹

　　　　学生　　就　抓　群　聊天

　　　　老师一转过背才一小会儿，学生们就聊开了天。

　　B　ผมอยากจะคุยกับคุณสักเล็กน้อย

　　　　pʰɔm¹ ja:k⁷ tɕaʔ⁷ kʰui² kan¹ kʰun² sak⁷ lek⁸ nɔ:i⁴

　　　　我　想　要　聊天　和　你　噻　少

　　　　我想要和你聊会儿天。

iii　เขาอ่านทางลมดูแล้วประเมินผลว่า น่าจะโดนเข้าสักคดี

（http://www.thai-language.com/id/219019）

　　kau¹ a:n⁵ ta:ŋ² lɔm² du² lɛ:u⁴ pra?⁷mɤ:n² pɔn¹ wa⁶

　　他　看　路　风　看　了　估计　结果　说

　　na⁶ tɕa?⁷ do:n² kau³ sak⁷ kʰa?⁴di²

　　可能　被　进　噻　个案件

　　他看了看风吹来的方向，就估计到会有被扯进某个案件的结果。

iv　A　ไม่มีแม้แต่ใครสักคน ที่อยากจะขันอาสา（http://www.thai-language.com/id/209402）

　　　　mai⁶ mi² mɛ⁴ tɛ⁵ krai² sak⁷ kʰɔn², tʰi⁶ ja:k⁷ tɕa?⁷ kʰan¹ a²sa¹

　　　　没　有　虽　但　谁　噻　个人　于　想　将　争相　志愿

　　　　没有谁愿意当热情的志愿者。

---

　　① 本文部分泰语材料来自 http://www.thai-language.com/，引用时均注明网址。未注名出处的则来自作者的调查。

（http://www.thai-language.com/id/204361）

mai⁶ wa⁶ tɕaʔ⁷ tɕep⁷ sak⁷ pʰiːaŋ² rai²，tɕʰan¹ kɔ³ tɕak⁷ fɯːn¹ tɔn²

不管　将　痛　噻　仅仅　多少，我　也　要　忍耐

不管有多么痛，我也得忍。

以上各语言（方言）点"噻"的用法可归纳为下表：

			i 大约	ii 数量少	iii 某	iv 任何
			噻+数量（名）	噻+量（名）	噻+量（名）	噻+量（名）（否定）
平话		宾阳新桥	+	+	+	
		崇左新和		+	+	+
		邕宁四塘		+	+	+
白话	广西	南宁	+	+	+	+
		贺州信都		+	+	
		贺州桂岭		+	+	
		藤县		+	+	+
	广东	廉州		+	+	
		信宜		+	+	
		吴川		+	+	
客家话	宾阳新桥		+	+	+	
官话		福建村		+	+	+
		武宣		+	+	
壮语	南壮	大新	+	+	+	+
		靖西	+（数可为"一"）	+	+	+
	北壮	巴马	+	+	+	+
		马山 县城	+	+	+	+
		马山 古零	+（数为位数）	+	+	+
老挝语				+	+	+
泰语			+（数可为"一"）	+	+	+（肯定句亦可）

对上表"噻"的几点说明：

① 东部粤语（指广西东部和广东西部）大多没发现"i 大约"和"iv 任何"。

② 马山县古零乡壮语虽然也是四个语义齐全，但是"θak⁷+数量（名）"

中的"数"只能是"十、百、千、万"等位数词。部分台语点"θak⁷+数量（名）"偶尔也出现数词"一"或"半"，如：

（20）A　武鸣：hauɯ³ dit⁷ ɣa:k⁸ θak⁷ puən⁵ ŋon²
　　　　　　　　　给　阳光　晒　约　半　天
　　　　　　　　　让太阳晒上半天左右。　　　　　（张均如等，1999）

　　　　B　靖西：lai¹ lɔ:ŋ² ma² θak⁷ te:u² ho²se⁵ ne:u²
　　　　　　　　　流　下　来　约　条　细小溪　一
　　　　　　　　　从上面流下来一条小溪。　　　　（张均如等，1999）

　　　　C　泰语：ฉันแค่อยากจะพบเธอสักครั้งหนึ่ง
　　　　　　　tɕʰan¹ kʰɛ⁶ ja:k⁷ tɕaʔ² pʰɔp⁸ tʰɤ² sak⁷ kʰraŋ⁴ nɯŋ⁵
　　　　　　　我　只　想要　见　你　噠　次　一
　　　　　　　我只想见你一次。

③老挝语泰语的 tɕak⁷/ sak⁷ 的后面不限于（数）量词，还可接"nɔ:i⁵\lek⁸ nɔ:i⁴ 少"（18iii、iv,19iiB）和"pʰi:aŋ² 仅仅"（19ivB）这类表示少量义的非数量词。

④泰语 sak⁷ 的"任何"义不但出现在否定句里（19ivA），还可以出现在肯定句里（19ivB）。

<h1 style="text-align:center">二</h1>

以往对"噠"的关注，汉语方言的论著只附有一些例句（林亦、覃凤余，2009；梁伟华、林亦，2009）；或在语音或词汇描写时做简单释义，比如释□[lɐk³³]为"有的"（梁伟华、林亦，2009），释□ɬɐk⁵⁵ 为"某些"（林亦、余瑾，2009）。壮语方言的论著稍微多一点，释义归纳起来有几种：（i）释为"大约、左右"，有韦庆稳（1985：85）、覃国生（1998：116）、覃晓航（1993：42）、韦景云和覃晓航（2006：180）；（ii）释为"数量少"或"接近一"，有广西区民语委（1989：89）；（iii）释为"约""约一""一"，有张均如、梁敏等（1999：870、871、874）；（iv）释为"约""某""任何一个"，有李芳桂（2005b：277）；（v）释为"任何"，有李芳桂（2005a：55）。各类壮语词典也有释义。《壮汉词汇》（1984）、*Northern Zhuang-Chinese-Thai-English Dictionary*（2006）释为"任何一"和"大约"两个含义。《壮英汉词典》（2005）最齐，释有"大概"（副词）、"数量少、一"（副词）、"任何、一"（副词）、"表虚拟假设的代词"四个含义，与我们的看法相近。

"噠"的四种用法中，第一种用法是"大约"，表数量不确定，数量可以较大（16iA），也可以很小（20A）。"大约"出现在"噠＋数量（名）"

中。壮语量词单用时本身就含有数词"一"的意义，如：

（21）

A. tu² pit⁷ ha³ man² ŋan²　　　　　　　　　　一只鸭子五元钱。

　　只　鸭　五　纹　银　　　　　　　　　　（韦庆稳，1985）

B. ŋo⁶ ɬuɯ⁴ luːŋ² khua⁵ ɬoːŋ¹ luːŋ² ɬuɯ³ ja⁵　　我买了一条裤子，两件衣服。

　　我　买　件　裤　两　件　衣　了　　　（大新壮语）

C. te¹ laːi² ɬoːŋ¹ pheːŋ⁵, ŋo⁵ laːi² pheːŋ⁵　　　他写两篇，我写一篇。

　　他　写　两　篇，我　写　篇　　　　　（靖西壮语）

　　前贤们不约而同地指出了这一规律。韦庆稳（1985：33）称："量词不带数词（特别是后面有定指示词时）都含有数词'一'的意思；量词加相应的名词如 tu²mou¹（只猪）有时也含有数词'一'的意思。"覃晓航（1993：54）称："壮语量词在一定的语言环境中能表达'一'的数目意义；汉语'拿只鸡来'中的'只'是'一只'的省略；'这个人'中的'个'是'一个'的省略；而壮语单用量词本身含有'一'的意义，并非省略了'一'。"张元生（1979）称："壮语名量词单独伴随名词表示'一'的数量意义。"广西区民语委（1989：109）称："事物的数量为'一'时，'一'经常省略。"

　　"量（名）"实际上是"量（名）＋一"省略数词"一"而来。覃晓航（1993：42）称："由于壮语量词在许多场合都能表达'一'的数量意义，所以其前后也能加上一些词表示概数。""噻＋量（名）"就是"大约一只/个/下/篇……"如：

（22）

A. ɬak⁷ tu²　一只左右　　　ɬak⁷ an¹　　　　　一个左右

　　噻　只　　　　　　噻　个　　　　　　　（覃晓航，1993）

B. jou⁵ θak⁷ ʔdɯːn¹ ɣo⁴ nau² pan²lau²　　　　住个把月怎么样？

　　住　噻　月　还是　成何

　　ŋaːu⁵ tiːt⁷ nei⁴ mi² θak⁷ kan¹ pɯ　　　　这块铁有一斤多吧。

　　块　铁　这　有　噻　斤　吧　　　　　（广西区民语委，1989）

　　无论"噻＋数量（名）"，还是"噻＋量（名）"，"噻"本质上是对数量的不精确估计，所以都可以再与汉语表约数的"把/零"叠用，如：

（23）

A. keːk⁷ dai³ θak⁷ ɕip⁸ pa³ ŋon², ɕaːi⁵ daːi¹ ŋai⁶

　　隔　得　噻　十　把　天　再　耘　二

　　隔十多天再耘第二遍。　　　　　　　（武鸣壮语　张均如等，1999）

B. te¹ ɬoŋ¹ kua⁵ ni⁶ pai¹ ɬak⁷ koŋ¹fan¹ pa³ tiŋ⁶

　　他　高　过　你　去　噻　公分　把　应该

　　　　他比你高大概一两公分吧。　　　　　　　　　（大新壮语）

　C. 你一日烧几多烟？噻包把。（你一个月烧多少烟？一两包吧。）（宾阳客话）

　D. 香港我去过噻把回。（香港我去过一两回。）（武宣官话）

　E. 去斗冲拜山着行水路噻零公里。（去斗冲扫墓得走一两公里的水路。）（藤县白话）

　　"噻+量（名）"是"噻+数+量（名）"在数词为"一"的时候的一个条件变体，这两种格式中的"噻"都是"大约"义，表示数量不定。只不过在"噻+量（名）"格式中数词为被省略的"一"，因此"噻"的意义确切地说应是"大约一"，[①]而"大约一"是表示数量不多，因而很自然地发展出"噻"的第二种：数量"少"。

　　第三种用法是"某"，表示指称的不确定。"大约"是数量不定，"某"是指称不定，数量与指称是两个不同的概念域，但是由于都是不定，使二者具备相似关系，从而可以从数量域投射到指称域（沈家煊，2004）。其实，带数量意义"数量（名）/量（名）"本身就指称不定的名词，"噻"出现在"数量（名）"之前，由于数的影响，使之"大约"义得到凸显；出现在"量（名）"之前，由于没有了形式上的"数"，"某"义得到凸显。所以，"大约"出现在"噻+数量（名）"中，而"某"出现在"噻+量（名）"中。

　　第四种用法是"任何"。"任何"也是一种指称不定，表示辖域内的所有或任意成员。"任何"义出现在"噻+量（名）"中，有两个来源。一个在否定句中，对"少"的否定，此义东西部语言（方言）有差异。试比较：

　　（24）A. 投啲多次篮，得落噻只。

　　　　　B. 投啲多次篮都冇落噻只。

　　对（24A）的理解，所有的方言（语言）点都理解为"进球很少"。可是（24B），西部的语言（方言）是"一个球也不进"。东部粤语理解为"投这么多次篮也不进什么球"（林华勇惠供），还是"进球很少"，并没有"任何"义。差异的产生源于对"少"语用上的发挥，西部粤语及汉语方言、壮语、老挝语、泰语，由于"噻"数量接近一而强调"极少"，少到接近无，对极少的数量做否定就是对辖域内的所有成员都做了否定，故演变出"任何"义。东部粤语侧重于"不多"，"冇落噻只"就是"不进几个"，亦即还是有球进了，只不过进得不多。所以，否定句的"任何"义是由"少"义经过语用推理而获得的。

　　"任何"的另一个来源可以从"某"直接推导而来，（25B）是我们自拟

---

　　① 数词为"一"时，通常省掉"一"（20BC）。视为不省略"一"有强调的作用，此时"噻"的意义弱化。

的例句：

（25）A. 屋里底只灯光住，耿有噻只人喺过。（屋里的灯亮着，肯定有什么人在）（南宁）

　　　　B. 噻只人喺过屋都着开住灯。（无论什么人在屋里都得亮着灯）

"噻只人"在（25A）是不定的一个人，在（25B）里指辖域内的任意一个人。这种演变不需要经过否定句，在肯定句的周遍语境下就可实现。泰语里有肯定句中的"任何"（19ivB），所以不排除这路径的可能性。

同一个"噻"，在不同的语言（方言）里演变发展出各自的用法。演变的轨迹可以大致勾勒如下：

以往对"噻"的词类归属，有两种判断。① 从韦庆稳（1985）起，各类壮语的语法著作都把它放在数词里，称它作"概数词"；②《壮英汉词典》（2005）认为它有副词和代词两种词性。① 的看法是不妥当的。"噻+量（名）"是出现在量词前，似与一般的数词一样。但是"噻+数量（名）"中，已经有数词了，"噻"出现在数词的前面，再叫它作数词就不太合适了。② 的看法也不尽妥当。副词的典型位置在 VP 之后或之前，"噻"在（数）量名之前，不符合副词的句法分布。"大约""少"可视为概数助词，相当于现代汉语"十来个人"中的"来"或"三十左右"中的"左右"。"某""任何"可视为不定代词，但它不直接称代，只起限定作用，属于形容词性的不定代词。

三

从老挝、泰国，到广西的南部壮语、北部壮语，到广西的汉语方言（平话、白话、客家、官话），一直到粤西的粤语，如此大面积的区域都有同一个词"噻"，这是语言接触的结果。吴福祥（2008）根据 Heine 的相关论述，把接触引发的语法演变机制分为"语法借用"和"语法复制"两种：语法借用指的是一个语言（源语）的语法语素（语法性的形—义单位）迁移到另一个语言（受语）之中。语法复制则包括"接触引发的语法化"和"语法结构复制"两个方面。

广西汉语方言的"噻"与壮语 ɬak[7]、老挝语 tɕak[7]、泰语 sak[7] 调类相同，韵母相同，声母有两类，一类是汉语、壮语和泰语的擦音 ɬ/θ/s，一类是老挝语的塞擦音 tɕ。根据张均如、梁敏（1996：82）的研究：原始侗台语的擦音*ɕ 或*z 在侗台语的演变，有擦音和塞擦音两种。在老挝语里，阴调念塞擦音 tɕ 或 ts，阳调仍然念擦音 s。老挝语 tɕak^{7}是阴调，符合演变规律。可见，从声韵调看，"噻"、łak^7、tɕak^7、sak^{7}是同一个语音形式的不同地域变体。从语料看，所有语言（方言）都有"某"和"少"两种用法，有的语言（方言）还有"大约"和"任何"。可见，无论是语音还是用法都说明，"噻"、łak^7、tɕak^7、sak^{7}在上述区域语言中的平行性应属于语法借用，这种平行语法借用构成东南亚语言的一个区域特征。

那么，谁是源语，谁是受语呢？

我们认为，桂东南、粤西汉语方言中的"噻"，是一个源自壮语的底层词：

①"噻"本字难考。南宁白话"噻"音同"塞"，《广韵》《集韵》里"塞"小韵下没有找到音义皆合的情况。

②"噻"分布的汉语方言在广西大部分地区，广东西部的粤语也有，但是广东东部的粤语没有发现。广西的壮语，无论南部壮语还是北部壮语，都有分布，并且与壮语有同源关系的泰语、老挝语里也有。

③"噻"的四个意义中，"某"和"少"是核心用法。"任何"源于"少"，"少"源于"大约"的变体"大约一"。 汉语方言中表示"大约一"一般会说"大概一个左右"或"量词+把"（个把、条把）等等。"大约一"与"大约"是互补分布的条件变体，从壮语来解释比从汉语更合理。

根据吴福祥（2009）：如果 A、B 两种语言共享的某一语法范畴 F 是语法复制的结果，那么复制语中复制范畴 FR 的语法化程度往往低于模式语中对应的模式范畴 FM。[①]泰语、老挝语的"噻+nɔːi^5""噻+pʰiːaŋ^2"已经成为一个"语义独特""形式受限"构式。此构式本身有其特有的意义，而该意义在语义上不是由其构成成分的意义计算和推导出来。而壮语并没有这样的构式，说明"噻"在泰语、老挝语里的语法化程度比壮语里高。广西的南部壮语和北部壮语，无论发生学关系还是共时语言特征，南部壮语跟老挝语、泰语的关系都要近于北部壮语。张均如等（1999）明确指出，"壮语南部方言和傣语、泰语、老挝语等语言的密切关系，是由于他们原来都居住在同一地区，都属于骆越支系"。据此，"噻"的迁移路线可描述为：泰语、老挝语→南部壮语→北部壮语→广西东南部汉语方言及广东西部的粤语。当然，这只是理论上的推测，由于材料很少，此推测是否反映语言的

---

① 用吴福祥（2009）"语法复制"的理论来解释本文的"语法借用"是因为我们理解：语法借用实际上也是一种复制，是结构连同词项（形—义单位）一起迁移的复制。

实际演变，还需进一步的讨论。

第四节　从平话、壮语看"着"表使役的来源①

一

很多学者指出，秦至东汉，"着"（早期文献写"著"，本文一律写"着"）是个动词，有"附着""放置"等义，如：

① 底着滞淫，谁能兴之？（《国语·晋语四》，韦昭注："着，附也。"）

② 马犹取之内厩而着之外厩也。（《韩非子·十过》）

近代汉语"着"演变出使役义，有具体使役（例 3）和抽象使役（例 4）的用法，如（冯春田，2000：627—629）：

③ 为取楚州刘慎言处寄著经纶等，着丁雄万就阁方金船遣楚州。（《入唐求法巡礼行记》卷四）

④ 别离滋味浓于酒，着人瘦。（张耒《秋蕊香》）

"着"的使役义是如何演变来的，学界有三种看法。冯春田（2000：404—405）认为：使役的"着"与工具的"着"同源异流，使役是"介词语法位置的'着'进入了兼语式使动词的位置"演变而来的。田春来（2007）主张：使役义在"VO$_{受}$着 N$_{处}$"的格式里获得，即 O$_{受}$在 V 的作用下位移，使之附着在或被置放到 N$_{处}$，如"埋玉树着土中——使玉树埋在土中"。田文猜测，"着"表使动可能跟"附着"有关。志村良治（1995：264）提出：使役义由"附着""使……附着上"类推而产生。

冯春田（2000）专门讨论"着"表使役的来源，但由工具介词发展出使役动词，路径由虚到实，异于演变规律，且冯文并未有严密的解释。冯文其实已意识到"从介词'着'演变出使动词'着'的词性隔阂问题"（2000：405）。志村良志（1995）、田春来（2007）不属专门性研讨，未详细论证，有推测之义。田春来（2007）存在用结构义去解释某一词义的疏漏。如果"埋玉树着土中"中的"着"有使役义，那么"送孩子回家"也可推出"回"有使役义，显然不合理。

无论是"附着"，还是"放置"，都是表达位移事件，句法上要求出现一个处所名词充当其论元。不同的是，"附着"义可以没有受事名词（即志村良治所说的"单用"），而"放置"可以有受事名词。通过大范围的语料

---

① 参见覃凤余、田春来《从壮语、平话看"着"表使役的来源》，《汉语史学报》第十四辑，上海教育出版社 2014 年版。

调查发现，唐以前的文献，"着"主要出现在如下语法格式里：

（一）附着：着（于）N 处

⑤ 甘露如饴蜜者，着于草木，不着五谷。（《论衡·是应》）

（二）附着：V 着（于）N 处

⑥ 犹如花朵缠著金柱。（《佛本行经》卷二）

（三）置放：着 O N 处

⑦ 画虎之形，着之门阑。（《论衡·乱龙》）

（四）置放：VO 著 N 处

⑧ 取千岁蔂汁及矾桃汁淹丹，着不津器中。（《抱朴子·内篇》）

使役结构是个兼语式"着 OVN"，上述结构与之均不相合。因此，现有的历史文献不足以推演其演变轨迹。

本文结合汉语史、广西宾阳河田平话的"着"及壮语方言的汉借词"着"，试图寻找这一的线索。

二

广西北部壮语很多方言有 tɯk^7/ tɯk^8，其各种用法与与桂南平话以及近代汉语里的"着"严整对应。

（一）放置义动词①

⑨ A. Kuŋ^{1}çei^6 ça:i^5 au^1 ki^3 hai^4 tɯk^7 hum^3 kum^2 ço:ŋ^2 to:i^6 pai^1（白丽珠，2001：233）

　　 公最 再 要 些粪 放 向 上 床 队 去

　　（最公再拿粪放到他们俩的床上去）

B. 着（tsek^{55}）盐多 （放盐太多）

C. 夫差乃取其身而流之江，抉其目，着之东门。（《吕氏春秋》）

（二）遭受义动词

⑩ A. tɯk^8 ma^1 xap^9 tu^2 jɯaŋ^2 te^1 rai^1 poi^1 （李芳桂，1947：48）②

　　 着 狗咬 只 羊 那 死 去 （狗把那只羊咬死了）

B. 昨日去南宁着（tsek$^{55\text{-}22}$/tɛk^{55}）感冒。（昨天去南宁感冒了）

C. 自外同伴，并皆着癞。（王琰《冥祥记》）

---

① 例⑨—⑰的 A 表壮语（例⑪是马山壮语，其他都是武鸣壮语），B 表宾阳河田平话，C 表近代汉语。引前贤的壮语材料一律注国际音标，声调注调类。平话的"着"标注读音，其声母有塞音 t 和塞擦音 ts 两个层次，声调有阴入 55、阳入 22，55/22 表示两调相混。

② 此例受事成分"只羊"位于"着"后，"着"是遭受义动词，若是被动标记则受事应位于"着"前。

（三）使役动词

⑪ A. kou^1 pu:k^{7}miŋ^6 ku^6 ho:ŋ^1 tuuk^7 na^{3}ʔdam^1 na^3 pi:n^5 pai^1（蒙元耀，2006：307）

　　　我　搏　命　做工　着　脸　黑　脸　变　去（我拼命干活使脸变黑了）

　　B. 日日挑水淋菜，着（tɐk^{55}/ tsek^{22}）个膊头磨烂了。（挑水淋菜，肩膀都磨烂了）

　　C. 缘上都不得卖买，便着前件人等，为买杂物来。（《入唐求法巡礼行记》卷一）

（四）被动标记

⑫ A. tak^{8}luuk^8 te^1 tuuk^8 tu^{2}kuk^{7}ku^{1}liɐu^4 lo（李芳桂，1947：41）

　　　儿子　他　被　只　虎　吃　了　咯　（他儿子被老虎吃了哦）

　　B. 嗰聂羊着（tsek^{22}）村长打死三只。（羊被村长打死了三只）

　　C. 一朝着病缠，三年卧床席。亦有真佛性，翻作无明贼。（《寒山诗》）

（五）处所介词

⑬ A. ham^{6}luu:n^2 to:i^{6}kuum^1 no^6 la:i^1 li:u^4 le, hai^{4}θi^5 tuuk^7 ço:ŋ^2 lo（白丽珠，2001：233）

　　　昨夜　队　吃　肉　多　了哦　拉稀　在　床　咯

　　　（昨晚两人吃肉吃多了，拉稀在床）

　　B. 我只杯放着（tsek^{22}）台先，我出去喫饭。（杯子放在桌上，我先去吃饭）

　　C. 譬如以五种谷散着火中，为生不？（《佛说三摩竭经》）

（六）结果补语，"对、中、到"等义

⑭ A. çi^3 dai^3 tauu^2 jiən^2 miŋ^6 ma^1 ha:p^{10}, ha:p^{10} tuuk^8 le^4（张均如、梁敏等，1999：862）

　　　就得　拿　原　命　来　合　合　对　了

　　　（就去女方家拿八字来合，合对的话，就⋯⋯）

　　B. 高处落下电风扇，打着（tsek^{22}）我个头。（上面掉下电风扇，砸中我的头）

　　C. 射之，若中木声，火即灭，闻啾啾曰："射着我阿连头。"（《酉阳杂俎》）

（七）持续体标记

⑮ A. ʔau^1 pai^{1}ma^{1}taŋ^2 pa:k^{9}tau^1 ɣuk^8 tiəu^6 tuuk^7（张均如、梁敏等，1999：877）

　　　要　去　回　到　口门　房间　放　着　（拿到房间门口放着）

　　B. 我带雨衣着（tsek^{22}），冇怕落雨。（我带着雨衣，不怕下雨）

　　C. 好者进奉天子⋯⋯恶者留着，纳于宫里。（《入唐求法巡礼行记》卷一）

（八）道义情态助动词

⑯ A. ka^{4}kon^5 ʔbou^3 lum^3 pa:n^{1}nei^4 mi^2 ha^{8}fei^2, pai^1 ti^5 çou^6 o:k^7 fei^2, tuuk^8

　　　从前　不　像　现在　有　火柴　一　划　就　出　火　着

　　ka:u^{5}mok^7 kjo^{5}fei^2 tau^3 lou^2 fei^{2}çe^6（白丽珠，2001：50）

　　　靠　埋　火种　火灰　留　火

（从前不像现在有火柴一划就出火，得靠埋火种）

　　B. 皇帝过来都着（tsek^{22}/tɐk^{55}）落马。（皇帝过来都得下马）

　　C. 凌波新恨尽难忘，分携也，触事着思量。（宋·王安中词）

（九）句末祈使助词

⑰　A. muɯŋ^2 pai^1 jou^6 ma^1 hai6 tuk^7 puɯ! （白丽珠，2001：240）

　　　 你　去　又　回　快　着　啵　（你快去快回吧）

　　B. 坐好着（tsek^{22}）。（坐好）

　　C. 倒却门前刹竿着!《祖堂集》卷一）

　　中古知组声母拟为 t/tʰ/ɖ（高本汉，1995：305）或 t/th/ɖ（李方桂，1980：7）。壮语 tuk^7/ tuk^8 声母读 t 当是知组的中古遗留。潘悟云（2000：201）称：中古华南有一个权威的汉语方言，即古平话的前身，其鱼韵是 ɯ。tuk^7/tuk^8 的主元音是 ɯ，当与《广韵》御韵的"着"相对应。uk 当是韵母促化而成（郑张尚芳，1995）。壮语同一方言既有阴调又有阳调，说明来自"着"的阴阳两调。《广韵》只记录一个清声母，即陟虑切、又张略长略二切，似为不足。上古铎部 ak，到中古变成药韵，加了 s 尾，变成御韵（Haudricourt，1954；潘悟云，2000），知母御韵的陟虑切与知母药韵的张略切对应，应该还有一个澄母御韵的读音与澄母药韵的长略切对应[①]。梅祖麟（1988）也根据文献中"附着"的"着（著）"亦写作"箸"以及吴语的情况推测有一个澄母御韵的"着"。本文与梅文不谋而合。

　　前贤主张，上古汉语清浊交替表自动和使动（潘悟云，1991）。王力（1965/1990：445）："着：a. 直略切，自动词。《广韵》：'附也'。《左传·宣公四年》：'着于丁宁'，《释文》：'直略反。'b. 张略切，使动词。《广韵》：'服衣于身'，按即使着之意，意义范围缩小，通常只指附着于身。"田春来（2007）称："'附着'、'置放'这两个意义之间本身就有联系，某个主体使某个对象'附着'在某个处所，也就是将这个对象'置放'到某处"。田文看到了意义的联系，但未触及形态变化这一核心。本文进一步认为："附着"与"置放"正是清浊交替的两个意义。"放置"就是"使……附着"，"穿着"是将衣服放置于身，是"置放"的一个下位义。"置也"，《广韵》作"搢"，知母药韵，其形旁"扌"显然是为了区别"附着"的"着（著）"而加的。田野调查及广西区民语委研究室（1998：227）显示，置放义的"着"在宾阳河田是阴调，在武鸣、马山、都安、来宾、宜山、田阳、邕宁等壮语方

[①] 此论受潘悟云教授启发，特致谢! 本文不主张"tuk7/ tuk8"来自药韵，还因为武鸣、马山等地壮语里，汉借药韵字如"药、约、勺、跃"的韵母都是 i:k（关仕京惠告，李方桂 1947P11 记为 iɔk），未发现主元音为 ɯ 的。

言点都是第 7 调的 tɯk^7，当来自知母的"搋"。所以，汉语的"搋/着"与壮语的 tɯk^7/tɯk^8，正是清浊交替在中古里的滞留。

三

壮语里，置放义动词 tɯk^7 有单用的⑱，如果出现 N$_受$，格式多是"tɯk^7 O$_受$ V N$_处$"⑲，也有"tɯk^7 O$_受$ N$_处$"（例⑳是 O$_受$ 话题化），如：

⑱ 都安：kou^1 pai^1 ʔau^1 hau^4 ma^1 tɯk^7，mɯŋ^2　pai^1 ɕa:u^4 fei^1 da:t^9 ram^4 tin^1

　　　　我　去　要　米　来　放　　你　去　生 火　热 水　脚

　　　（我去要米来放，你去生火烧洗脚水）（张均如、梁敏等，1999：856）

⑲ 武鸣：va:i^5 ti^1 tɯk^7 kva:ŋ^1 ɣoŋ^2 lo^2 pai^1　（广西区民语委研究室，1989：70）

　　　　快点　放　矿石　下　炉　去　（快把矿石放进炉子里）

⑳ 马山：la:u^{4}sai^1 hɯn^3 ʔdoi^1, saɯ^1 hi^4 tɯk^7 gjoi^1　（蒙元耀，2006：245）

　　　　老师　上　岭　书 也　放　篓　　（老师上山坡，书本放竹篓）

格式"tɯk^7 O$_受$ V N$_处$"是使役义产生的摇篮。马山壮语中，O$_受$ 是"书、盐、木"等低生命度物体，只能消极地接受由 tɯk^7 产生的位移动作 V，此时的格式是一个由 VN$_处$ 充当 tɯk^7 的补语的动补结构，而 tɯk^7 为放置义。如果 O$_受$ 的生命度增强为动物或人，一方面可以接受 tɯk^7 发出的位移动作，另一方面其本身就可以自主位移，整个格式转为兼语式，而 tɯk^7 则或为驱赶义，或为放任义，或为命令、派遣义，如：

㉑ A$_1$：ka:i^5 tɯk^7 tu^{2}pit^7 hau^3 ʔdaɯ^1 ya:n^2

　　　　别　放　鸭子　进　内　屋（别放任鸭子进屋/别赶鸭子进屋）

　A$_2$：ɣau^2 pai^1 ku^6 hoŋ^1，tɯk^7 te^1 pai^1 haɯ^1 tsɯ^4 pjak^{7}①

　　　　咱们　去 做 工　　放 他 去　墟 买　菜（咱们干活，派/让她上街买菜）

河田平话的平行用例：

㉒ A$_1$ 宾阳河田：着 tsek^{55} 药落伤口（放药到伤口上）

　A$_2$ 宾阳河田：着 tsek^{55} 那落乡（放他下乡/派他下乡）

（㉑A$_2$）（㉒A$_2$）就是重新分析，随着 N$_受$ 生命度的提高从动补结构变为兼语式，"tɯk^7/着"在兼语式中获得派遣义，即冯文的具体使役。上文例⑪是致使，即抽象使役。

至此，我们推测，"着"：抽象使役＜具体使役＜置放。汉语史的材料在时间层次上正好顺应了这一演变历程，"置放"义在先秦文献里已经出现（例②），中古文献里习见，具体使役的"派遣"较早在初唐文献中出现（例③），而抽象使役的"致使"在宋文献中才有（例④）（冯春田，

---

① 此例句的 tɯk7 可用本族语的放置义动词"ɕo5/ɕu:ŋ5/ɕe1"替换而意义不变。

2000：627—629）。

四

动词"放"，也有诸多使役的用法，有的甚至与"着"的演变相平行，可作"着"表使役义源于"置放"的旁证。

（一）汉语史的研究，"放"有使役功能（志村良治，1995：21；冯春田，2000：644—645）。宜山壮语里有放置义动词 θɯt[7]、ço[5] 也可表使役：

㉓ A. mɯŋ² ŋɔn²ŋɔn² nɔŋ¹，θɯt[7]/ço[5] ʔdak[7] tau² ʔda[5] mɯŋ²

　　　你　天天　发牢骚　放/ 放　只 头 骂 你

　　　（你整天发牢骚，使领导骂你）

宜山壮语动词"放"也可重新分析为使役动词，如：

B. vi⁶ka⁶ma² ço[5] me⁶ʔbɯk[7] tau³ ʔau¹ fɯn²，pu⁶sa:i[4] pai¹ ko[4] ka⁶ma²

　　　为什么 放 女人　来 要 柴 男人 去 做 什么

　　　（为什么派女人来打柴，男人去干什么啦）

（二）根据施其生（2006）的研究，东部及东南部的汉语方言，存在着"使然"和"非使然"的句式对立。使然用的就是"放"，如（汕头话）：

㉔ A. 书放在床顶块，汝家己去击。（书放在桌上，你自己去拿）

B. 书放放床顶块，勿四散□kak[5]。（把书放在桌上，别乱扔）

（三）唐代文献的"VO 着"（如"拽出这个死尸着"《祖堂集》）通常理解为表命令、劝勉的语气词（吕叔湘，1984a；吴福祥，1996：337；吴福祥，2004），这得到壮语的支持。广西区民语委研究室（1988：104）就说"pja:i[3] va:i[5] tɯk[7]（快走）"的 tɯk[7] 就是"表示命令、警告、劝阻、嘱咐、催促"的语气词。宾阳河田平话、武鸣壮语表祈使的"VO 着/VOtɯk[7]"，在其他壮语方言点有"VO 放"的平行结构：

㉕ A. 忻城宁江：taŋ³ ma:t⁸ tso[5]，taŋ³ ha:i²tso[5]

　　　　　　穿 袜 放 穿鞋放　　　　（把袜子穿上，把鞋子穿上）

B. 邕宁双定：kuk[7] plak[7] tsou² ti:u⁶

　　　　　　做　饭 晚饭 放　　　　（做晚饭吧）

C. 宜山：hai¹ pak[7] tu¹ se¹ / θɯt[7]

　　　　开 口 门　放/放　　　　（把门打开）

D. 靖西：ni⁶ pa:ŋ¹ ŋo⁶ pu⁶ an¹ ta:n[5]çe[5] po⁶

　　　　你 帮　我 扶 只 单车　放　　（你帮我扶一下单车吧）

（四）汉语史和汉语方言中存在着由使役动词语法化而来的状态程度补语标记（徐丹，2003），现代汉语状态程度补语标记"得"就有致使义的来源（赵长才，2002），如：

㉖ A. 杀教片甲不回（明《杨家府讲义》）

　B. 跑叫快些（河南获嘉方言）

　C. 空令骨肉情，哭得白日昏。（孟郊《悼吴兴汤衡评事》）

壮语南部方言，状态程度补语标记则由表使役的给予动词"$huɯ^3/hɔi^3$"语法化而来：

㉗ A. 靖西：$ka{:}ŋ^3 hɔi^3 haŋ^1 he{:}p^7 tsi^5$

　　　讲　给　喉咙　哑　语助　（讲得嗓子都哑了）

　B. 大新：$ke^5 ɬa{:}m^1 la{:}u^4 huɯ^3 ɬan^2 wa{:}ŋ^2wa{:}ŋ^2$

　　　妹　三　怕　给抖　汪汪　（三妹怕得浑身发抖）

北部壮语的 $tuɯk^7$，也有程度状态补语标记的用法（覃晓航，1995：217），如：

㉘ A. 武鸣：$ʔdai^3 ȵi^1 kɵ^1 je^2 te^1 ʔjɑu^5 ʔdɑɯ^1 ʔdoŋ^1 rai^1 ʔjɯak^7, tai^3 tuɯk^7 ʔwi^1$

　　　得　听　姑爷　他　在　内　森林　死　饿　　哭　得　厉害

　　（听说他丈夫又饿死在森林里，哭得很厉害/很厉害地哭）（李方桂，1947：39）

　B. 都安：$bat^7 no^6 tak^7 nu{:}ŋ^4 kɯn^1 ,ȵin^1 tuɯk^7 tak^7 nu{:}ŋ^4 tai^3 pan^2 pit^8 pan^2 pei^6 pai^1$

　　　掐肉　弟弟　吃　痛　得　弟弟　哭　成　蝉　成　蜻蜓　去

　　（掐弟弟的肉吃，痛得弟弟像蜻蜓和蝉一样地哭）（张均如、梁敏等，1999：856）

宜山壮语的 $ço^5$（放）也可以做状态补语标记（广西民语委，1998：227），如：

㉙ $θɯ{:}n^3 ço^5 pja^1 la{:}k^7 pai^1$

　　喊　放　山　崩　去　（喊得山都崩塌了）

本文讨论"着"使役用法来源的关键，在于承载"置放"义的结构"着 N$_受$ V N$_处$"的重新分析。而此结构在汉语历史文献里难以发现。汉语方言也很罕见。《汉语方言大辞典》（P5805）和《现代汉语方言大辞典》（P4005—4007）里，"着"有"置放"义的方言不少。合乎"着 N$_受$ V N$_处$"只有"贵州黎平：医生给我着药上伤口"和"武汉：着点盐在里头"两例。但其中的 N$_受$生命度低，无法重新分析。原因何在？中古以来，汉语小句的 SVO 语序都不很典型，动词后宾语与其他许多成分不相容。吕叔湘（1984b）早已注意到不少"把"字宾语回不到动词后，刘丹青（2003：119）举了两个跟"着 N$_受$ VN$_处$"类似的例子：*你搁茶杯在桌子上|*小张放一些文件进抽屉，这两例在北方方言里很别扭。"着 N$_受$（V）N$_处$"在以北方话为基础的书面文献里多用"把、将、以"等前置词把 N$_受$调到动词前，使其降格为间接格题元（刘丹青，2003：119），或者 N$_受$话题化，从而模糊了"附着"和"使……附着（置放）"的句法对立，导致无法还原历史演变的轨迹。而平话、壮语则呈现出很不同的语序景观。笔者单位的门卫写了个警示牌"请

学生们不要放单车进院子"，有平话或壮语背景的师生觉得顺口，而北方话背景的师生觉得很不舒服。壮语、粤语的 SVO 性远比汉语北方话要强（刘丹青，2000），"着/tɯk[7]N$_受$V N$_处$"中的 N$_受$是挤不走的，使我们得以解释"着"的使役义的来源。也可以推测：文献记载以来的汉语是周部落（古羌族语言有 SOV 特征）和殷商部落（东夷族语言有 SVO 特征）的语言融合（殷国光，2008，脚注⑥），而"着"的使役义应是殷商部落语言的遗留。

本节田野语料来源：

宾阳河田平话：廖玉印；马山壮语：蒙元耀、零星宁；忻城壮语：黄佩兴；靖西壮语：吕嵩松；宜山壮语：蓝柯、莫仁禄；大新壮语：许晓明；邕宁壮语：梁显宁。特此致谢！

第五节　趋向动词"去"的两种特殊用法①

一　"去/pei"两种特殊用法的分布情况

广西粤语的"去"有如下两个在广西外的汉语方言里罕见的用法：

① 南宁：A. 食饭饱去哦，有是亲讲来六孃啲有得食饱。把饭吃饱哦，别说来六姨这儿不让吃饱。（林亦、覃凤余，2008：340）│ B. 有知系边个拗断苋树去晒哦。不知道是谁把这棵树折断了。│ C. 痛得我眼泪水都飚出来去。疼得眼泪都溅出来了。（林亦、覃凤余，2008：339）

② 石南：A. 你喫齐嗰啲饭去。你把这些饭吃完。│ B. 你整烂我只电脑去啦。你把我的电脑搞烂了。

（①AB）、（②AB）"去"分别表未然和已然，用在动结式之后，表通过动作使事态向结果补语的状态发展，我们称之为"使成事态助词"，简称"去$_{使成}$"②。（①C）"去"用在一个小句性成分之后，强调事件的结果或状态达到极深或出人意料的程度，我们借用郭必之（2012），称其为"程度事态助词"，简称"去$_{程度}$"。

"去$_{使成}$、去$_{程度}$"在广西的官话（柳州、桂林）、平话（宾阳$_1$、五通）、客家（宾阳$_2$、博白）等汉方言广泛可见（下文例句 A 为"去$_{使成}$"未然，B 为"去$_{使成}$"已然，C 为"去$_{程度}$"）。

③ 柳州：A. 放好这凯钱去哦。把这些钱放好。│ B. 哪个搞我的车烂去了。谁

---

① 覃东生、覃凤余：《广西汉壮语方言"去"的两种特殊用法》，《民族语文》2015 年第 2 期。

② 据蒋绍愚、曹广顺（2005：238-244）近代汉语有个表事态的"去"，如"这阿师他后打破泥龛塑像去"《祖堂集》卷 4）。学者们一致认为其有"将然（将要）、完成（实现、变化）"等意义，跟时体意义有关，略与了$_2$相当。而本文的"去$_{使成}$"与时体无关，因而与近代汉语的事态助词"去"不同。

把我的车搞坏了。 C. 这个娃崽长得高高的去。 这个小孩张得很高。

④ 桂林：A. 菜吃完去，饭吃不完不要紧。 把菜吃完，饭吃不完不要紧。 | B. 他是故意做错去的。 他故意把它做错了。 | C. 笑得泪水都流出来去。 笑得眼泪都流出来了。

⑤ 宾阳₁：A. 讲齐去①，你同样都告冇赢政府嘞。 说到底，无论怎么样你都是告不赢政府的。 | B. 果子着细弟偷吃齐去啊。 水果被小弟偷吃完了。 | C. 着吃半瓶去啊，我吃冇得齐。 要喝半瓶啊，我喝不完。

⑥ 五通：A. 可儿水烧开去啊吃得。 这些水烧开才能喝。 | C. 有恁严重，捆架去。 有那么严重，打起架来了。

⑦ 宾阳₂：A. 吃饱去争有力做工。 吃饱了才有力气干活。 | B. 衫我洗齐去了。 衣服我洗完了。 | C. 今日冷多，连狗都冇愿出去去。 今天太冷了，连狗都不愿出门。

⑧ 博白：A. 吃齐啲菜去。 把菜吃完。 | C. 病得咁严重，着住院去啊？ 病得那么严重，要住院呀？

广西南部壮语与北部壮语的 pai¹去，分布有 pai¹使成 和 pai¹程度。

⑨ 龙州：　A. kan⁴tu¹nuk¹⁰ha:i¹pai¹tɕiŋ⁵lak¹⁰. 先把这只鸟掐死了再偷。
　　　　　（张均如等，1999：911）
　　　　　捏 只 鸟 死 去 才 偷

　　　　B. tɕuŋ²⁴tɕɯ¹¹ŋa:i²¹tu³³nuk²¹nai²⁴to:t⁵⁵juŋ²⁴ pai³³.
　　　　　老是被这只鸟啄乱。（李方桂 1940：62）
　　　　　总 是　揑只鸟　这 啄乱 去

　　　　C. ɬo:ŋ²kən²dik⁷ɬa:u¹dai¹ɬa:u¹pai¹thu:n³. 两个少女非常漂亮。
　　　　　（张均如等，1999:905）
　　　　　两 个 少女　漂亮 去 完

⑩ 靖西：　A. ni⁵ tam³ te¹ θok⁷ pai¹.你把它煮熟。（郑贻青，1996：284）
　　　　　你 煮 它 熟 去

　　　　B. kin¹ma:k⁷ŋan⁴hɔi³e:m⁵pai¹ja⁵. 他吃龙眼饱了。
　　　　　（黄阳，2010：85）
　　　　　吃果 龙眼 给 饱 去 了

　　　　C. wan² kəi³na:u⁴ɲi:t⁸la:i⁴, ɬen² tsa:ŋ⁵ ɬa:n⁵tsu⁵ma¹ pai¹.
　　　　　今天真热闹，连张三都来了。
　　　　　日 这 闹热 很 连张 三 都 来去

───────────

① "讲齐去宾阳"与"讲穿去桂林""讲到八去柳州"有一定程度的词汇化倾向，相当于普通话的"说白了、说到底"，用于让步性的话语连接。

⑪ 武鸣：　A. çoi⁶ taŋ² dei¹ pai¹ 修到好为止

（韦庆稳、覃国生，1980：53）

修　到　好　去

B. xɑp¹² tu³¹ juɯaŋ³¹ ʔdeu³³ rai³³ poi³³. 把一只羊咬死了。

（李方桂，1956：48）

咬　只　羊　一　死　去

C. ɤaːp⁷ paːk⁷ kan¹ pai¹ 能挑一百斤啊（韦庆稳、覃国生，1980：54）

挑　百　斤　去

⑫ 忻城：　A. kən⁵⁴liːu²⁴ pai³²！ kai³³ heːn⁵⁴ kva³³. 吃完为止！别留了。

（何霜，2011：344）

吃　完　去　别　留

C. kjeːu⁵⁴ pu³²　məŋ²¹ hoŋ²¹ hoŋ²¹　pai³². 你的衣服很红。

（何霜，2011：343）

件　衣服　你　红红　　去

⑬ 巴马：　A. ka³nou¹taːi¹pai¹./ ka³nou¹həɯ³taːi¹pai¹. 把老鼠杀死去。

（陈芳，2010：88）

杀老鼠死 去 / 杀老鼠 给 死 去

C. ʔdəɯ¹paːn³ ti³ pou⁴θaːi¹，pou⁴pou⁴pei²pei²pai¹. 班里的男生，个个都很胖。

里　班 的 男生，　人人　肥肥 去

（陈芳，2010：66）

　与壮语有亲属关系的傣语、临高话、泰语、老挝语中"去"义语素有相似的功能。

⑭ 傣语：　C. kau⁶tsau³ t'an⁵pɔ² jaŋ⁶ tsaːŋ⁶ huɯ¹ het⁹ ka⁵.

朕简直毫无办法。

朕　　竟然　不　会　如何　做　去

（中央民院民语所第五研究室，1983：143）

⑮ 临高：　B. kɐ²su⁴hɛk⁷'hɛk⁷'hoŋ³zo⁴ mu⁵ dit⁷bɐi¹'.

把别人的桶踢裂了。

他 就 踢 踢 桶 别人一个裂 去

（梁敏、张均如，1997：79）

C. kə²ŋim²tiˈ¹jaˈ³ti⁴ xək⁸sə³hən³ bɔi³lo³. 他吟诗也非常高明。

（梁敏、张均如，1997：302）

他 吟 诗 也是 非常高明 去 了

⑯ 泰语：　A. tham¹ haj³ sam⁵ret² paj¹. 做完。

　　　　　　　　(Somsonge Burusphat, 1991: 210)

　　　　　　　　do　let　finish　go

　　　　　　C. rajá níi tʰəə duu plɛ̀ɛk~ plɛ̀ɛk paj.

　　　　　　　　这段时间你看着很奇怪

　　　　　　　　time this 2s look stange REDUP go

　　　　　　　　(PrangThiengburanathum, 2013: 817)

⑰ 老挝：　C. bɔ⁵ khuːən²het⁸ taːm¹'tɕai¹'tuːə¹' ʔeːŋ¹'kəːn¹'pai¹'.

　　　　　　　　不应该过分随心所愿地去做事

　　　　　　　　不 应该 做 按照 心 自己 过分　　去

　　　　　　　　（覃国生、谢英，2009：121）

广西壮汉语方言、境内外台语"去使成""去程度"的分布见下表：

方言类型			去使成		去程度
			A 未然	B 已然	C
汉语	粤语	南宁	+	+	+
		石南	+	+	0
	官话	柳州	+	+	+
		桂林	+	+	+
	平话	宾阳₁	+	+	+
		五通	+	0	+
	客家	宾阳₂	+	+	+
		博白	+	0	+
壮语	南部壮语	龙州	+	+	+
		靖西	+	+	+
	北部壮语	武鸣	+	+	+
		忻城	+	0	+
		巴马	+	0	+
傣语			0	0	+
临高			0	+	+
泰语			+	0	+
老挝语			0	0	+

二 "去/pai"的语法化路径

前贤对广西汉、壮语中"去/pai¹"的这两个功能的探讨，可归纳如下：

（一）没有区分"去/pai[1]"的两个功能，混称为同一个语气词或助词。（韦庆稳、覃国生 1980：53—54；张元生、覃晓航，1993：116；刘村汉，1995：140；张均如等，1999：420；《壮汉英词典》，2005：23）

（二）区分了两个"去/pai[1]"。"去$_{程度}$"的看法跟本文相近，认为表示强调性质或状态所达到的程度，带有夸张或赞扬的色彩。但是对"去$_{使成}$"，表述为：表示命令、请求、祈使等语气，即只观察了未然的"去$_{使成}$"，而未观察到已然的"去$_{使成}$"（韦景云、覃晓航，2006：208、213；林亦、覃凤余，2008：339、340；黄平文，2009：166、167；陈芳，2010：40、41；何霜，2011：343-349；韦景云、何霜、罗永现，2011：160、161；郭必之，2012；韦景云、何霜，2012）。覃小航（1995：154—159）、潘立慧（2005）将 pai[1]$_{使成}$和 pai[1]$_{程度}$区分为多个功能，其中第一个功能是祈使句中"要求达到某种程度"，即只观察到了未然的 pai[1]$_{使成}$，而其他功能相当于 pai[1]$_{程度}$。

（三）从时、体的角度出发将第一用法概括为表示一种情形已经实现（realized）；将第二种用法看作近似于主观将来完成体标记的成分（Yongxian Luo 1990：141—173；梁敢，2010：40—45）。

"去$_{使成}$"出现在动结式之后，动结式都有使成意义（蒋绍愚、曹广顺，2005：306-307）。动结式有两种，一种是 V+R$_{结果}$，V 与 R$_{结果}$直接组合，另一种 V+标记+R$_{结果}$，V 与 R$_{结果}$之间有标记成分。前述"去$_{使成}$"的例句，有直接组合的，而（⑩B）、（⑪A）、（⑬A）、（⑯A）是带标记的。标记有"到"和致使动词。直接组合与带标记成分，两种动结式是交替形式，如（⑬A）。直接组合的形式其实都可以插入致使动词"给、着、做、放"等。广西汉、壮语方言中，很多方言保留着带"给、做、着、放"的形式，如：

⑱　凤山壮语：kɯn¹kuːk⁸ liu⁴ pai¹吃完（陈志学，2014）
　　　　　　　　吃　做　完　去
　　马山壮语：te¹ɕuːŋ⁵to⁴kaːi⁵tuk⁷ ʔdei¹ʔdei¹ pai¹,ɕi⁶ huɯn³ɕi¹.
　　　　　　　　他把东西放好了才上车。
　　　　　　　　他 放 东西 着　好 好 去， 才 上 车
　　宜山壮语：ʔam¹ ʔdak⁷no⁶ni⁴ ɕo⁵joŋ² pai¹ si⁶ ʔdi¹ kɯn¹.
　　　　　　　　把这块肉炖烂，才好吃。
　　　　　　　　炖　块 肉 这 放 融 去 才 好 吃
　　宾阳河田平话：吃着齐去$_{把它吃完}$
　　东兰官话：绑做紧去$_{把它绑紧}$

"小句+去$_{程度}$"表示说话人对"小句"的事态所达到的程度之深的感叹、

惊讶，故可以替换为两个框架：（1）"小句+啊"，如④C"笑得泪水都流出来去"＝"笑得泪水都流出来啊"；（2）"……竟然弄到'小句'这样的地步啊"，如⑧C"病得咁严重，着住院去啊"＝"病得那么严重，竟然弄到要住院这样的地步啊"

"去_{使成}、去_{程度}"的语法化路径如下。

i. V_{位移}+V_{趋向}+去_{趋向补语}，如 $ti:u^5\ lo:ŋ^2pai^1$ /跳落去；

ii. V+V_{趋向}+去_{趋向补语/使成}，如 $kɯn^1lo:ŋ^2pai^1$ /吃落去；

iii. V+R_{结果}+去_{使成}，如 $kɯn^1li:u^4pai^1$ /吃完去；

iv. V+V_{致使}+R_{结果}+去_{使成}，$kɯn^2\ hɔi^3li:u^4pai^1$ /吃给完去；

v. V+V_{致使}+R_{结果从句}+去_{使成/程度}，$kɯn^2hɔi^3tuŋ^4ket^7pai^1$ /吃给肚裂去；

vi. VP₁，VP₂+去_{程度}，$te^1kɯn^2la:i^1la:i^1$，$tuŋ^4ket^7pai^1$ /他吃太多了，肚子裂去；

vii. VP 去_{程度}，$te^1tuŋ^4ket^7pai^1$ /他肚子裂去。

第 i 步，V_{位移}+V_{趋向}+去，"跳落去"分析为"跳‖落去"，"落去"看做复合趋向词，做"跳"的趋向补语。第 ii 步，"V+V_{趋向}+去_{趋向补语/使成}"是重新分析。"吃落去"一般分析为"吃‖落去"，"落去"看做复合趋向词，做"吃"的趋向补语。也可分析为"吃落‖去"，"吃落"是个动结式①，"去"加在动结式之后，既做趋向补语，又有使成义。第 iii 步，V+R_{结果}+去_{使成}。当动结式"V+V_{趋向}"中的 V_{趋向}被典型的结果语"完、饱"等替换掉，如"吃完"，"吃完去"的"去"就摆脱趋向补语义，只有使成义了。

"去_{使成}"向"去_{程度}"演变，源于结构式的同功能替换和扩展。"V+R_{结果}+去"中动结式"V+R_{结果}"是致使结构，致使结构进入此框架而成"致使结构+去"。致使结构有直接组合的"V+R_{结果}"式，即第 iii 步。也有动词和补语之间插入标记成分的复杂式"V+标记+R_{结果}"，即第 iv 步。iv 中"R_{结果}"是单个词充当的结果语，单个结果语是一种状态，"去"原为前往义趋向动词，在此表示要向某种状态发展，是"去_{使成}"。第 v 步是个重新分析。"R_{结果}"是结果从句，从句表事件，"去"表示向某个事件所呈现出的状态发展。"去"一方面是"去_{使成}"；另一方面，通过事件而呈现出的状态往往经由说话人的综合判断，带有更多的主观性，伴随感叹、惊讶的语气，因而可分析为"去_{程度}"。相比而言，"去_{使成}"显示事态的客观性，而"去_{程度}"因为伴随着主观性而语法化程度更高，⑤C 就表示："半瓶"绝对数量虽不多，但于说话者，"半瓶"数量已很多。另外，"去_{程度}"完全丧失了趋向的功能，可与"出

---

① 刘月华（1998：3）称："传统上所说的趋向补语也是一种结果补语，是由趋向词构成的，放在动词之后表示一种结果状态。"

来、出去、ma^{1}来"共现，如①C、④C、⑦C、⑩C。相比之下，"去使成"不能与趋向词共现。再者，"去程度"无法被相应的"来"替换。"去使成"的相同句式在汉语客家话（马山周鹿、博白）和柳州官话中有"吃完来吃完""摆桌子好来把桌子摆好"的交替形式。①

第 vi 步是复合句，由两个有致使关系的小句组成。如果只强调某一种状态的程度，可只出现一个小句，扩展到第 vii 步。

上述路径简述为：跳‖落去动+趋＞吃‖落去动+趋/吃落‖去动结+趋/使成＞吃完去动结+使成/吃给完去动结+使成＞吃给肚裂去动结+使成/程度＞吃多，肚裂去复合句+程度/肚裂去小句+程度。

三　广西汉语方言"去使用、去程度"的来源

"去使成、去程度"在广西汉、壮语方言常见，境内外台语支语言也有分布。但是，却罕见于广西外的汉语方言。我们认为："去使成、去程度"是广西汉语方言与境内壮、傣语，境外老挝、泰语共享的区域特征。广西汉语方言的"去使成、去程度"是跟壮语接触而来的。证据有：

（一）根据蓝庆元（2005），梁敏、张均如（1988）壮语早在上古时期就与汉语有着密切的接触。晚近以来，汉、壮语接触尤为频繁，相互之间影响深刻。

（二）"去使成、去程度"罕见于广西外的汉语方言，尤其是与广西汉语方言有明确历史渊源的方言。比如南宁粤语是广东粤语的分支（杨焕典、梁振仕等，1985：181、182；林亦、覃凤余，2008：5），但广东粤语并未发现"去使成、去程度"。

（三）从语法化程度看，壮语的语法化程度高于汉语方言。证据有：

首先，壮语方言 pai^1 两个功能齐全，而汉语方言有的尚未齐全，如石南粤语未发展出"去程度"。其次，博白客家还有"去使成"的交替形式"来使成"，二者使用人群上有差别，中老年人群倾向于使用"来使成"，而年轻人才使用"去使成"，"去使成"应属晚起。再次，在搭配范围上壮语比汉语广，壮语方言中"去程度"都可以自由地跟形容词重叠形式搭配，而汉语方言点除柳州话之外，其他点都不能这么搭配。最后，语音弱化在壮语发生，如韦庆稳、覃国生（1980：54）就指出"助词 pai^1（一般轻读）用在肯定句后面，可以表示强调、催促、消失等意思"。何霜（2011：345）称"在句末的助词'pai^{32}'和语气词'pai^{32}'除了调值弱化以外，其元音也趋于弱化了，'pai^{32}'的元音 a 有时候变为ə"。而汉语方言语音弱化并未发现。

---

① 关于广西汉语方言"来使成"的来源和语法化路径本文暂不论及，作另文讨论。

根据吴福祥（2009：202）：如果 A、B 两种语言共享的某一个语法范畴 F 是语法复制的结果的话，那么复制语中复制范畴 F_R 的语法化程度往往低于模式语中相对应的模式范畴 F_M。所以，壮语是模式语，汉语方言是复制语。

吴福祥（2008）根据 Heine 的论述，把接触引发的语法化演变机制分为"语法借用"和"语法复制"。广西汉语方言的"去_{使成}、去_{程度}"与壮语方言的"pai¹_{使成}、pai¹_{程度}"语音形式并不相同，但功能上具有高度的平行性，并经历了相似的语法化路径，可见，广西汉语方言的"去_{使成}、去_{程度}"是语法复制的产物。即广西汉语方言复制了壮语方言的"pai¹_{使成}、pai¹_{程度}"和它们的语法化路径，这是一种接触引发的语法化现象。

第六节　平话量名定指性的考察

一　量名定指的三项指标

刘丹青（2002）以苏州话为例，将吴粤方言"量+名"定指性归纳为以下三个特点：

Ⅰ."量+名"在句首等位置，整体具有类定冠词的作用；Ⅱ.某些泛指量词可用在专有名词前；Ⅲ.吴语泛指量词①、粤语复数量词可用在话题性的类指 NP 前，相比之下，个体量词则不能。

（1）苏州话：① 只碗破脱哉。

② 个老张，奈亨还觑来。｜个长沙，现在变仔样子哉。

③ 个蛇蛮怕人葛。｜个电脑我也勿大懂。

④ *条蛇咬仔俚一口。｜*部电脑拨俚弄坏脱哉。

（2）广东粤语：① 啲女人都中意买衫。

广西的平话，其"量+名"是否有定指性，目前的文献有两种截然相对的意见。明确称"有定冠词的作用"的是覃东生（2007：38）和梁伟华、林亦（2009：293）。而苏莎（2013）持相反的观点：动词前没有量名结构，表定指，量词之前要有指示词。周本良（2005：247）没有明确表态，但其用例的释义［例句（10）］则有不定指的。

二　平话量名定指的考察

本文拟用吴粤方言"量＋名"定指的三个特点来关照平话"量＋名"

---

① 本文界定的泛用量词是指：跨越人、动物、植物、一般物体，无形状、功能等方面的语义要求。

定指问题。我们做了三个方面的材料工作。第一，翻检以往平话的文献；第二，补充了田野调查；第三，检查《中国语言资源有声数据库·广西汉语方言库》中隆安八达村、南宁三津村、扶绥城厢镇三个平话点的老年男性长篇语料[①]。

下面是具体的考察。

Ⅰ. 句首的"量+名"问题，这个问题分两个小问题来讨论。

第一，句首表定指的是"量+名"还是"指+量+名"？或者还有其他结构？材料显示，有三种情况。其一，只用[②]"指+量+名"；其二，"指+量+名"与"量+名"相互交替；其三，"指+量+名"与"量"相互交替。

只有"指+量+名"的，我们发现 3 个点的材料，2 个桂南的，1 个桂北的。

（3）桂南平话

南宁上尧：① **个只米和鸡呢**就系佢只女吃。（那些米和鸡呢就给他女儿吃）

② **个个细仗仔**冇有老子老娘。（这个小朋友没有爸爸妈妈）

（苏莎，2013）

崇左江州：① □ko⁵⁵ **只生马**又好看又走得快。（这只公马又好看，又跑得快）

② □nui³³ **个人**有三十岁左右。（那个人三十岁上下）

（李连进、朱艳娥，2009：196、206）

（4）桂北平话

永福塘堡：① **这个小人**爱吃零食。（这个小孩矮吃零食）

② **那个妹儿**生得好漂亮。（那个女孩长得很漂亮）

（肖万萍，2005：236）

而多数方言点，都是"指+量+名"与"量+名"是交替结构。

（5）桂南平话

宾阳新桥：① **那个贼**着公安问到讲冇出话去。（那个贼被公安问得说不出话来）

② 把**菜刀**张三借去切菜□ek212。（那把菜刀张三借去切菜了）

（覃东生，2007：38、72）

---

① 根据中国语言资源有声数据库要求，每个方言老年男性讲述的长篇语料有两个：一是牛郎织女故事，二是自选故事，两者时间加起来共 20 分钟。本文使用的三份长篇语料，转写者为广西大学林亦教授。

② 本文说"只用"是基于文本材料没有发现其他形式。

新和蔗园：① **那只山**又高又大，木根千多万多。（那座山又高又大，
树木非常茂盛）

② **间屋**阔芒芒（这间屋子非常宽敞）

（梁伟华、林亦，2009：293、363）

南宁三津：① **阿个弟弟**在村里头呢，经常呢时候呢，住家庭里头呢，
凑牛打交道。

（这个小伙子在村里啊，经常啊，在家里啊，跟牛大交
道）

② 现在**只故事**基本上讲得是个样。（现在这个故事基本上
就是这样讲）

隆安八达：① **个只老牛**呢，实际就是天上个金牛星。

（这只老牛啊，实际就是天上的金牛星）

② 因为中央有规定，八条规定……所以个阵**个领导**非常
怕。

（因为中央有规定，八条规定……所以现在那些领导非
常害怕）

扶绥城厢：① **个只优质蜜**，哦，龙眼荔枝糖是最醒=个了
（这个优质蜜，哦，龙眼荔枝糖是最好的了）

② 以前我哩个养鱼呢……**只效益**是，按照来讲呢是比
较差个。

（以前我们养鱼啊……这效益啊，一般说是比较差的）

（6）桂北平话

临桂义宁：① **个尬娃儿**能干口外！（那个小孩儿好能干啊！）

② **座屋**的事就靠你呃。（那座房子的事情就靠你了）

（周本良，2005：247、329）

阳朔葡萄：① **这条事情**我要做下。（这件事情我要做做看）

② **条桌子**木匠佬修起了。（那张桌子木匠修好了）[①]

（梁福根，2005：307、308）

临桂两江：① **那个人**是哪个村的？（那个人是哪个村的？）

② **本书**咧？（那书呢？）

（梁金荣，2005：192、203）

除此之外，平话还发现句首的光杆量词表定指，桂南平话 2 个点，桂
北 1 个点。

---

① 类似的例句梁著不释义，本释义是与作者沟通所得。

（7）桂南平话

宾阳新桥：① 个是哪门？（这个是什么？）

（覃东生，2007：35）

隆安八达：② 有□men35 人，文革□pei32 渠专门去整人，结果呢就□mi24 得好死，癌症诶。□men35□mi24 死呢，□men35 男女子孙□mi24 孝顺。（有些人，"文革"的时候专门整人，结果呢就不得好死，癌症啊。那些没死的呢，后代也不孝顺）

（8）桂北平话

永福塘堡：① 我冇用你的钱，你试望点 ŋi³⁵ 有用冇。

（我不要你的钱，你试试看，这药有没有用）

（肖万萍，2005：256）

根据上文，宾阳新桥、隆安八达、永福塘堡是"指+量+名"与"量"是交替形式。

第二，句首的"量+名"是否一定解读为定指？句首"量+名"有表定指的［例句（5、6）］，也发现有不定指的。桂南平话有 2 个点，桂北 1 个点。

（9）桂南平话：

隆安八达：① 1954 年呢，就开始立学校哦，但是人数□mi24 够。耿=呢民=吔村上，个友呢渠就想做老师。□pei32 我啙 5 岁多呢，渠去动员我老爷老娘讲，许我、许我去读书哦。（1954 年，就开始建学校了，但是[学生]人数不够。这样，我们村里，有个人呢，他想做老师。那时我才 5 岁多，他去动员我爸爸妈妈，说让我去读书。）

扶绥城厢：① 古时候呢，有个细蚊，渠父母呢都已经去世了哦。呢，个人①呢非常孤苦伶丁。（古时候，有个小孩，他父母都去世了。啊，一个人呢，非常孤苦伶仃。）

② 总当个人，你抢渠了□khei22 了，你再倒渠屋呢，低=[那屋]，□□khei22khei22□mi55 有□khei22，诶，屋又倒了，[个样]了你[哪样]个再吆渠去搵□khei22？（就像一个人，你抢了他的钱，再推倒他的房，他钱没了，房又倒了，这样，你怎么再叫他去找钱？）

（10）桂北平话：

临桂义宁：① 只碗放在桌面上。（一只碗放在桌子上）（周本良，2005：

---

① 此处"个人"似亦可做"这个人"解读，回指前文的"个细蚊"。这样的话，就是定指的了。

247）

②**个猪**的钱就嘛怎花去呃。（一头猪的钱就这样花去了）

（周本良，2005：247）

Ⅱ.专有名词前的量词问题，也分两个小问题。

第一，是否有"量+专有名词"？第二，如果有"量+专有名词"，此量词是泛用量词还是个体量词？

第一问题分为三种情况：其一，只有"指+量+专有名词"的，只有 1个点，就是桂南的南宁上尧；其二，只有"量+专有名词"的，有 3 个点，分别是桂南 2 个，桂北 1 个；其三，既有"指+量+专有名词"，又有"量+专有名词"的，有 2 个点，桂南的南宁三津、扶绥城厢。

（11）桂南平话

南宁上尧：① **个只梅香**呢相当个苦。（这个梅香呢相当辛苦）

（苏莎，2103）

（12）桂南平话

宾阳新桥：① **个日头**□pək55 死去。（太阳热死了）（覃东生，2007：38）

② **个广西大学**认真阔。（广西大学真大）（覃东生，私人交流）

③ **个四婆**意意个阿六。（四奶奶非常喜欢阿六）

（覃东生，2007：38）

④ **只四婆**意意只阿六。（四奶奶非常喜欢阿六）

（覃东生，私人交流）

⑤ **条邕江水**认真浊。（邕江水很浊）（覃东生，私人交流）

隆安八达：① □lɐk35 **县委书记**吆刘温春。（县委书记叫作刘温春）

② □lɐk35 **总务主任**，凑啊个老师先……（总务主任，跟一个老师……）

③ 我对**个黄其**作校长呢，非常感激。（我对黄其作校长啊，非常感激）

（13）桂北平话

阳朔葡萄：① **个天**正大常冷倒。（天正冷着）

（梁福根，2005：306）

（14）桂南平话

南宁三津：① 最后呢就拍**嗰只牛郎**嗰门。（最后就拍[这个]牛郎的门）

② 我哋要把**只启源公**呢搬落新居。（我们要把启源公 [建村始祖] 搬进新居）

③ **只织女**呢，就□mi24 有云感啦（这织女啊，就没有了

云感了)

扶绥城厢：① **个只王母娘娘**睇见了。（[这个]王母娘娘看见了）

　　　　　□hei24 呢，**个玉皇大帝**知得，背时呀（被这玉皇大帝
　　　　　知道了，倒霉啊）

② 亭喜鹊呢，就每一年呢，都到了呢，**个七月初七**……

（这些喜鹊呢，就每一年啊，到了七月初七……）

　　第二个问题，有"量+专有名词"的方言点，其"量"是泛用量词还是
个体量词？

　　例（12）中，宾阳的"日头"和"四婆、阿六""广西大学"都用"个"，
似乎像泛用的量词（覃东生，2007：34）。但"邕江"只能用"条"，不能
用"个"。动物的"只"可用于轻蔑的人，"个四婆、个阿六"可替换为"只
四婆、只阿六"，但是"个日头、个广西大学"不能替换为"只日头、只广
西大学"。隆安的"县委书记、总务主任、黄其作校长"都是指人的专有名
词，却分用"□lek³⁵"和"个"，显然不是泛用量词。例（13）中的阳朔葡
萄，"个"既可以用于人，又可用于动物、植物 [下文例（16）]，是泛用
量词。例（14）中，南宁三津的"只启源公"、"只织女"的"只"是个泛
指量词，在三津平话中既可用于人，也可用于动物，还可用于一般非生命
物体，如"只牛呢就赶住阿架车（这头牛呢就赶着一架车）、要把只祠堂搞
好清楚（要把这祠堂的事情搞好）、要考虑到只情况（要考虑到这个情况）"。
例（14）中扶绥城厢的"个"用于表人的专有名词"玉皇大帝"，又用于表
时间的专有名词，是泛用量词①。

　　III. 话题位置上是否有"量+名"表类指？如果有，此量词是泛用量词、
个体量词还是复数量词？

　　材料发现两种情况。第一，"量+名"类指有 3 个点，2 个桂南，1 个桂
北；第二，"指+量+名"类指，只在桂南的南宁三津。

（15）桂南平话：

宾阳新桥：① **只西洋鸭**识飞（西洋鸭会飞）｜② **根薯菜**吃得（红薯叶
　　　　　能吃）

（覃东生，2007：38）

扶绥城厢：① **只工蜂、采家蜂**二十一日，当我哩**只鸡蛋**，菢二十一日
　　　　　正出儿。

（工蜂、采家蜂 21 天[才能孵出来]，像我们的鸡蛋，孵

---

① 扶绥的材料中，"只"也是泛用量词，如：只牛郎凑几个细蚊，太可怜了啊（这牛郎跟几个小孩，太可怜了啊。｜只效
益是，按照来讲呢是比较差个（这效益嘛，按照一般来说是比较差的）。

21 天才出幼崽）

　　② **只细叶桉**，糖亦比较多.

　　（小叶桉[的花蜜]，糖分也比较多）

（16）桂南北话：

阳朔葡萄：① 畜生可以不讲道理，**个人**就不同。（畜生可以不讲道理，人就不同）

　　　　② **个狗**都通脾，**个人**当算不通脾。（狗都明白事理，人反而不明白）

（梁福根，2005：324）

　　　　③ **个红薯叶**是可以吃嘅。（红薯叶是可以吃的）

　　　　④ **店些树**对人婶，不要乱斩。（树对人好，不要乱砍）

　　　　⑤ **条江**总是要有水嘅，不得水，还喊做什么江。

　　（河流都是得有水的，没有水，还叫什么河流）

（梁福根，私人交流）

（17）桂南平话

南宁三津：① **阿只黑马蹄**，讲普通话吰做荸荠啊,但我哋呢，吰做慈菇。

（那黑马蹄，普通话叫做荸荠，但是我们叫做慈菇）

例（15）中的宾阳"西洋鸭"用"只"，而"薯菜"用"根"，是个体量词。例（15）中的扶绥城厢，"只"既可以用于动物"工蜂、采家蜂"，也可以用于植物"细叶桉"，还可以用于一般物体"鸡蛋"，是泛用量词。例（16）中的阳朔点表明：阳朔类指"量+名"的有三类量词：泛用量词"个"、复数量词"店"、个体量词。

　　综上所述，话各方言三项特征的对比如下表：

| | I：句首问题 | | | | | II：专有名词问题 | | | III：量名类指问题 | | | |
| | 句首定指的形式 | | | 句首量名的指称 | | 指+量+专名 | 量+专名 | | 指+量+名 | 泛量+名 | 复量+名 | 个量+名 |
	指+量+(名)	量+名	量	定指	不定指		泛量	个量				
南宁上尧	✓					✓						
宾阳新桥	✓	✓	✓	✓				✓				✓
新和蔗园	✓	✓		✓								
崇左江州	✓											
南宁三津	✓	✓	✓	✓	✓	✓		✓	✓			
隆安八达	✓	✓	✓	✓	✓			✓				
扶绥城厢	✓	✓		✓	✓	✓	✓			✓		

续表

	I：句首问题					II：专有名词问题			III：量名类指问题			
	句首定指的形式			句首量名的指称		指+量+专名	量+专名		指+量+名	泛量+名	复量+名	个量+名
	指+量+(名)	量+名	量	定指	不定指		泛量	个量				
临桂义宁	√	√		√	√							
阳朔葡萄	√	√					√			√	√	√
临桂两江	√	√										
永福塘堡	√		√									

三　考察结论

我们据刘丹青（2002）"量＋名"定指的三个特征考察平话的材料，初步结论有：

（一）在特征 I 方面，有两个特点需要注意。第一，句首定指的形式无论桂南平话还是桂北平话发现只有"指＋量＋名"的方言；所有方言点的"量＋名"定指都有交替形式，或是"指＋量＋名"，或是光杆的"量"。本次考察的方言点有这么一条蕴含关系：有"量＋名"的方言定有"指＋量＋名"的交替形式，而有"指＋量＋名"的方言则不一定有"量＋名"。第二，句首"量＋名"无论桂南还是桂北，都有不必然解读为定指的，有不定指的解读。这两个方面的情况表明：平话句首"量＋名"定指的强制性不高。

（二）在特征 II 方面，也有两个方面要注意。第一，"量＋专有名词"不是唯一形式，南宁的上饶"指＋量＋专有名"是唯一形式，而南宁三津、扶绥城厢发现"指＋量＋专有名"和"量＋专有名词"是交替形式。第二，"量＋专有名词"中的"量"有很多方言不是泛指量词而是个体量词。

（三）在特征 III 方面，也有两个情况。第一，"量＋名"类指不是唯一形式，南宁三津发现"指＋量＋名"。第二，"量＋名"类指既有吴语型的"泛量＋名"，也有粤语型的"复数量词＋名"，还有一种既不是吴语型也不是粤语型的是"个体量词＋名"。总之，就是不像吴粤那样集中用某个量词来表达，还是分散状态。

从三个特征综合看，平话"量＋名"定指的语法化程度还不高。目前，平话在三个特征上有语法化的苗头，应该是晚起的特征，其解释有自源和他源两种可能。如采用他源说，认为与广府粤语接触而来，会遭遇到两个困难：第一，说桂南平话"量＋名"定指源于粤语似无大碍，但桂北平话没有地缘支持，因为目前尚未发现广府粤语西渐而到达桂北；第二，"泛用量词+名词"表类指是吴语的特征，地处桂北的阳朔也有，显然并不能归结于跟吴语的接触。看来，在没有更多证据的情况下，平话"量＋名"定指源于广府粤语的说法是危险的。

末篇　平话民系的人文历史考察

第一章 平话民系的移民史考察

第一节 北方移民与南方汉语方言的形成

　　语言之所以分化成各种方言，主要是由于人口迁徙移动的结果，加上地理环境、不同语言的接触等外来的因素，久而久之就形成不同的方言。移民是方言形成和发展的最直接因素，移民史能解释方言的部分成因，方言现象也能为移民史提供佐证。我国历代中央政权、政治文化中心多在北方中原地区，中原汉语长期具有权威方言的地位。"我们今天的各种方言，最初都是以从中原地区扩散开来的汉语为表层语言，各少数民族的语言为底层语言，这样相互作用，相互影响而形成的。"[①]南方各大方言的形成是历史上北方居民不断南迁，与南方百越各族逐渐交融发展的结果。平话和粤方言亦不例外，只是时代相对要晚。

　　现代汉语方言地理的基本格局"是由于历史上汉人三次大规模南迁与其他一些中小规模的移民活动所造成的。推测在西晋以前，北方和南方方言的分野大致在秦岭——淮河一线"[②]。中原汉人所处的黄河中下游地区，汉语方言内部差异不大，在南方，文献就记载有吴、楚、蜀等方言，而岭南只是百越之地。公元4世纪初的"五胡乱华"，北疆5个少数民族内徙，迫使中原人口向南大迁徙，在永嘉元年至泰始二年（307—466）的150年间，从河北、山西、陕西及淮水以北的河南、江苏、安徽和黄河以北的山东等地，涌向南方的流民达90万人之众，约占西晋北方人口的1/8，又占到南朝刘宋人口的1/6。这意味着每10个北方人中就有1个逃往南方。此次移民集中分布在淮水（在山东是黄河）以南至太湖、鄱阳湖、洞庭湖以北地区及秦岭以南至四川成都之间，使北方汉语方言越过秦岭—淮河一线，伸展到江南地区。仅苏、皖两省所接受的北方侨民就达43万之众，几乎占

---

　　① 王士元：《语言的变异及语言的关系》，《王士元语言学论文集》，商务印书馆2002年版，第4页。
　　② 本节所引数据参见周振鹤《现代汉语方言地理的历史背景》，《学腊一十九》，山东教育出版社1999年版，第161—184页。

北方南迁人数的一半。

中唐安史之乱引发了中原汉民的第二次大南徙。此次移民运动，致使湖北江陵到湖南常德一带户口增加了 10 倍。《旧唐书·地理志》："自至德后，中原多故，襄、邓百姓，两京衣冠，尽投江、湘，故荆南井邑，十倍其初，乃置荆南节度使。"《旧唐书·权德舆传》："两京蹂躏于胡骑，士君子多以家渡江东。"肃宗至德二年（757），分润州（今镇江）置升州（今南京），几年后又分宣州（今宣城）置池州（今贵池）。正是大量移民导致了行政区划的增加。《文苑英华》卷八〇五梁肃《吴县令厅壁记》："国家当上元（760 年）之际，中夏多难，衣冠南避于兹土，参编户之一。"移民占了当时吴县户口的 1/3。江西地区在安史之乱后人口增加很快，经济快速发展，以至五代时已经向湖南输出移民。安史之乱后，"北方与南方人口比率由 6:4 转为 4:6，并长期维持在这一水平上，长江流域从此取代黄河流域成了中国的人口分布重心"[①]。

第三次中原汉族人的大规模南迁发生在北宋靖康之难到忽必烈入主中原之间的约 150 年间。南宋庄季裕《鸡肋编》："建炎（1127—1130 年）之后，江淮、湖湘、闽广，西北流寓之人偏满。"此次移民浪潮比第二次更深入南方，除了中原地区，金兵的南犯，也使前两次移民潮中聚集在江淮一带的移民又再度向南。福建和两广都接受了一定数量的移民，其中尤以广西为最。这一史实与平话、粤语的最终形成吻合。

广西汉族民系的移民史可从三种文献考察：史籍记载、方志材料及族谱。由于今广西境在唐以前基本是朝廷鞭长莫及的蛮荒之地，史籍记载很少。广西的方志材料时代较晚，大多是清代和民国时期的，但从中仍可以了解平话地区的移民情况。因此考察平话人的移民史，我们主要参考旧志和族谱资料。

第二节　中原汉人南迁岭南肇于秦汉

早在先秦时期，中原地区与岭南就互有往来并见于史载。由于有南岭山脉的阻隔，在古代，沟通岭南、北的交通十分艰难。正式开通整治中原与岭南的交通道路，始于秦汉统一时期对岭南的开发。

要进入岭南，必须先过五岭。五岭，是指南岭山脉中五座著名的大山，即越城岭、萌渚岭、都庞岭、骑田岭、大庾岭。秦朝整治的新道自西向东有四条：始安（桂林）的越城岭、临贺的萌渚岭、桂阳（广东连州）的都

---

① 张善余：《中国人口地理》，商务印书馆 1997 年版，第 48 页。

庞岭和骑田岭，加上原有的大庾岭道。秦代五岭的范围，较汉代五岭相对宽泛。西汉建初八年（83）又开了零陵和桂阳二郡的"峤道"。汉代的五岭是：始安（桂林）的越城岭道、临贺的萌渚岭道、桂阳（广东连州）的都庞岭道、骑田岭道，以及大庾岭道。所以，"五岭"既常指南岭山脉的五座山岭，也指穿越五岭的通道。当然过五岭的通道并非只有 5 条，这是指主要通道而已。秦始皇对岭南用兵时，"使尉屠睢发卒五十万为五军"，这五军进军的路线，即通过五岭通道。

　　五岭通道中，又以越城岭道、大庾岭道对北方汉人迁入岭南有更重要的影响。现以这两条岭道为例，试析秦汉时期北方军民移民岭南之发展状况。秦汉时期，以五岭通道最西的越城岭道（湘桂道、灵渠）最为重要，特别是秦朝用三年时间开凿灵渠之后。灵渠沟通湘江与漓江，由此经灵渠入漓江，顺流而下入西江，南达广州，是由湖南下两广最便利的路线，也是翻越南岭最重要的水路，其在五岭交通中具有最重要的地位。五岭通道中最东的是大庾岭道（横浦关、梅岭关道），位置也十分重要。早在秦统一以前就是一条沟通赣南粤北由东线入岭的重要通道，当年秦军分五路平南越，"一军守南野之界"即大庾岭。时此道虽通，，但路况不及西途，"人苦峻极"①，该岭道自唐开元四年（716）整治重修后，才"坦坦而方五轨，阗阗而走四通"②，成为中原人南下入岭的主要通道。岭南各通道的地位作用还受到北方政权中心位置的影响，秦汉隋唐时期，都城建在关中或洛阳，走荆襄、湖襄一线比较便捷；之后，都城东移到开封、北京，西线就显迁远，而以走江西过岭为常道③。除五岭通道，直到东汉末、三国期间，也有部分汉人移民是经由会稽走海路进入岭南的。但海路风险极大。

　　移民数量较大且移民时间相对集中，或不断有移民波补充，这是基本保持原有方言的必要条件，尤其是在岭南百越之地。虽然秦始皇南取百越肇北方汉人入桂之端，但"发卒五十万为五军，一军塞镡城之岭，一军守九嶷之塞，一军处番禺之都，一军守南野之界，一军结余干之水。"（清嘉庆五年《广西通志》）区区几十万人分散于若长的地带，并且秦汉朝廷军队用兵，事毕多班师回朝，即使"秦徙中县之民南方三郡，使与百粤杂处"④，不足以在若大的岭南形成稳固的北人民系。而且移民进入岭南，必然考虑赖以生存的地理环境。珠江三角洲是岭南的沃土。赵佗自立为南越王，也

① 参见李孝聪《中国区域历史地理》，北京大学出版社 2004 年版，第 373 页。

② 同上。

③ 同上。

④ 《前汉书·高帝纪》，见"二十五史"《前汉书》卷一下，上海古籍出版社、上海书店 1986 年版，第 11 页。

是以南海郡为根据地。况且他以中原华夏族人的血统孑然孤处岭南，也要入乡随俗，椎髻箕踞，自称蛮夷大长老，在日常生活悉效越人。西汉吕后也曾一度封锁与南越的边界，可见当时中原移民很少。然而正是他有"入乡随俗"的眼光和治国的才略，在把中原文化介绍到岭南来，"稍以诗礼化其民"的同时，倡导中原冠族和越人通婚，加速了南来华族和越族之间的融合，提高了珠江三角洲地区的文明程度，但在语言上只能是一种融合，且对粤西的影响甚小。清人李调元《粤风序》云："秦始皇并百粤之地，以为桂林、象郡，其时者仅编户之民耳，而雕题凿齿之伦负固者犹故也。"

"岭南成为汉朝疆域后，并没有出现稍具规模的移民。最主要的原因自然是不存在移民的来源。"[1]从秦至西汉200多年间，"长江以南大多数地区人口稀少，尤其是今浙江南部、福建、两广、贵州大多还榛莽未辟，人口密度最低，其中不少地方还是无人区。"[2]本身无移民输出，中原人口稠密地区南迁的移民到长江流域就已经定居，不必也难以越过这大片未开发区域到达岭南。交通的不便也是移民的障碍。虽然秦时已经开辟穿越南岭的通道，开凿灵渠沟通了长江水系和珠江水系，但路途遥远而艰险，利用率并不高。"交趾七郡对朝廷的贡献品和物质转运都是通过东治（今福州市）转达的。……与长江下游地区的联系还是以海路为主，到东汉末、三国时还是如此。"[3]在这种条件下，秦汉时期的中原汉语能留存至今是不现实的。因此当时即使有北方移民也不足以形成广西的汉语族群。

第三节　岭南人口的剧增在宋代

较大数量移民进入岭南，成为当地主流民系，当在唐宋，尤其是宋以后。虽然安史之乱后南方人口数已多于北方，但唐安史之乱后的元和年间，大面积人口密集区是在淮河以南和江南一带，这里拥有全国人口的1/3，其中江南道人口的增长以江西和福建为最。唐代即便是广东地区，移民也并不多。岭南道在唐天宝年间人口数为388980人，人口所占比重仅为全国的9.6%；北宋初为158643人，仅占全国人口比重的4%。[4]尽管"在唐末五代，广州是岭南北方上层移民最集中的地方"[5]，但岭南的北方移民很有限。明叶盛《水东日记》卷十四："广东人言其地有宋坟无唐坟，盖

---

① 葛剑雄主编：《中国移民史》第二卷，福建人民出版社1997年版，第265页。

② 同上书，第48页。

③ 同上书，第265页。

④ 同上书，第356页。

⑤ 同上书，第328页。

自宋南渡后衣冠家多流落至此，始变其族事丧葬也。"广西至今罕有发现唐宋的墓葬。

　　自唐代开通大庾岭道后，溯赣江翻越大庾岭入珠江三角洲的道路成为长江中下游通往广东的主要交通路线。位于岭脚的南雄是入岭南的首县，由此可赴广东各地。在宋代，广州不仅是广南东路的首府，也是宋代重要的外贸港口，但北宋时，人口密度以靠近岭北的韶州最高，连州第二，广州、新州和潮州次之。"两宋之际和南宋末迁入广东的氏族最多"①，这与元军攻入南雄前后，为避兵再南迁有关。元世祖至元二十七年（1290），宋亡后才十余年，广东人口密度转为广州路和新州最高，潮州次之。②而沿海的电白地区，也是"唐宋以前猺獞杂处，语多难辨。"[光绪十八年（1892）《电白县志》]

　　"从粤语与中古汉语的密切关系来看，粤语的最后形成就有唐宋时代时大量北方移民的背景。"③宋代因北方辽金的侵袭，大量汉人南下广东避难。"据北宋《元丰九域志》记载，客户占广东总户口39%。有好些州的客户数高于主户数。如南思州客户占78%、雷州占70%、广州和端州各占55%、梅州占52%。广东全境总户数为584284户，为唐代的2.7倍。在全国的人口比重也由唐代的2.2%增至3.5%。看来正是宋代大量北方移民带来的北方方言最后奠定粤语的基础。"④

　　处岭南西部的今广西境，古代与岭北的交通主要的有两条路线：一条是在湖南境内沿湘江，通过湘桂低谷，进入广西的全州、兴安一带；另一条路从湖南道县、江华一带通过萌渚岭（临桂岭）隘口，到达广西的贺县、钟山一带。北方文化就从这两条路线首先传入广西的东北部和东部地区，使这些地区，尤其是东北部，成为广西全境以至整个岭南地区开发较早的地区，也是岭北移民波层层叠加的地区。如今桂北平话、土话即分布在这一带，但也已在近代官话的强势冲击下处于萎缩状态。"说桂北平话的人，大多是小股的移民的后裔，祖上来自四面八方，辗转居留各地，定居桂东北的时间先后不一，他们带来的语言各种各色，共性不多，在这里属于弱势，使用当地通行的强势语言进行交际，不可能有全面整合的机会，因此，桂北平话不是一种统一的方言。"（刘村汉，2006）广西中西部地区可信的移民记载，就连地方志和家谱族谱都明确为宋以后。

---

① 葛剑雄主编：《中国移民史》第四卷，福建人民出版社1997年版，第406页。

② 梁方仲：《中国历代户口田地田赋统计》，上海人民出版社1980版，附表31、32。

③ 游汝杰：《汉语方言学导论》，上海教育出版社2000年版，第106页。

④ 同上。

第四节　唐宋军事移民是桂南平话民系的源头

　　广西汉族民系的移民史可从三种文献考察：史籍记载、方志材料及族谱。由于今广西境在唐以前基本是朝廷鞭长莫及的蛮荒之地，史籍记载很少。广西的方志材料时代较晚，大多是清代和民国时期，但从中可以了解平话地区的移民情况。因此考察平话人的移民史，主要参考旧志和族谱资料。

　　与粤东不同，由于广西腹地许多地区地理环境恶劣，历史上多为"为声教不被"的蛮荒之地，大小官吏更视之为畏途。能给"负山险阻"的广西中西部地区带来汉语方言群体的主要是军事移民，而且主要是唐宋时代，尤其是宋以后南征和屯戍的军事移民。军事移民具有移民人数和移民时间的相对集中、移民过程短（中途不停留）的特点，这是保有原有方言的必要条件。

　　平话人民间口碑流传中，影响较大的朝廷军队深入广西腹地的事件有二：一是汉马援南征交趾；二是宋狄青南征侬智高。

　　民国二十一年（1932）《同正县志》（今扶绥）：

　　县治僻处岭表，自古为百蛮旧壤，溪峒深邃，号为严疆。至秦始皇三十三年，命尉屠睢略置岭外之郡，是为象郡。后并于越王赵佗，属南越。汉元鼎五年，伏波将军路博德平南越分置九郡，属郁林郡（今贵县）。后汉建武十七年伏波将军马援平交州七郡，所过辄置郡县，始置陀陵土县，仍属交州郁林郡。宋皇祐五年，狄青平侬智高增置广南西道各羁縻州县，始置永康土县及罗阳土县，均隶迁隆寨。

　　民国三十二年（1943）《横县志》（稿本）：

　　横自秦汉入版图后，其时土著之民为狼獞。汉路马两伏波将军奉命驾楼船，控材官，扫荡百粤，肃清三江，于是并邕管郁林诸城，以华夏礼乐文物惠嘉其地，蠢兹狼獞为之一变。

　　这些记载只是历史事件，没有移民记录。

　　据《后汉书·马援列传》，建武十七年（41），光武帝（刘秀）"于是玺书拜援伏波将军，以扶乐侯刘隆为副，督楼船将军段志等南击交趾"，征讨交趾徵侧、徵贰，马援"发长沙、桂阳、零陵、苍梧兵万余人讨之"（《后汉书·南蛮西南夷列传》)。这支约两万人的讨伐队伍，除去八千汉军从今湖南地区调来外，其余基本上在岭南就地征集。据《资治通鉴·汉纪》所载："徵侧等寇乱连年，诏长沙、合浦、交趾具车船，修道桥，通障溪（障与嶂同，山也，山溪为阻，则治桥道而通之），储精穀。"战争中所需军用物资，从粮食、交通工具及征工筑路等一切事宜，均由当地负责供应处理。马援南下的行军路线史书上无明确记载，但从古代的交通看，在湖南境征集的兵士当是从湘江水路入漓南运，各路兵马会集合浦后"缘海而进，随山利道千余里"（《后汉书·马援列传》）。马援向交趾进军的路线，当是以今天的合浦县为起点，然后经钦州、防城一带，渡北仑河进入越南境内。公元 42 年春，马援大军到达浪泊（今越南河内西北的福安一带），双方在此展开一场大战，徵侧败走。公元 43 年初，徵侧、徵贰被擒，传首洛阳。历时两年多的岭南动乱宣告结束。马援在班师回朝时，沿途"辄为郡县治城廓，穿渠灌溉以利其民"。往返均经长沙及武陵郡等地，一度驻节长沙南门，后人称其地为马援巷（今讹为蚂蚁巷）。

与当年马援南下进军交趾的路线相合，今合浦、钦州、防城一带的钦廉片粤方言区，人们还有自称"马留人"（也讹作"马流"），即马援军队留下的后人，称自己说的话是"马话""马兰话"等（也讹"马"为"麻"）。甚至还出现汉代马援南征交趾与宋代狄青征侬智高两个历史事件的叠置。如民国二年（1913）《隆安县志》："石马山在县南二十五里，山势峻刻，中有石马，庙神为伏波将军裨将，殪于军，因奉祀焉。据马氏谱神名良达，今山东青州府益都县人，为县中马氏远祖，当即前代所称之马流人也。"当地还有白马山、白马村、白马圩、白马渡等地名。马援为汉扶风茂陵（今陕西兴平）人，山东青州府益都县却是众多桂南平话人族谱所记的祖宗地望。虽说此类记载只是一种附会，但也足见这两个事件对当地造成的影响。秦汉的略地并未在岭南形成有规模的屯戍移民。

"唐代湖南经济和文化相当落后，和平时期进入的北方人并不多。"[1]地处岭南的广西更可想而知。柳宗元《送李渭赴京师序》："过洞庭上湘江，非有罪左迁者罕至。""况越临源领（岭）、下漓水、出荔浦，名不刑部而来吏者其加少也。"岭南是唐代流放罪犯和谪官的主要地区，这些人往往携家前往。流放者大多生还岭北，但也会有部分留居当地。宪宗时"士之斥南不能北归与有罪之后百余族"（《新唐书·孔戣传》）。

唐代广西地区曾发生数次较大规模的反抗朝廷民族压迫的壮族人武装起义。如武后垂拱三年（687）以李思慎为首的俚僚人武装反抗，至德元年

---

① 葛剑雄主编：《中国移民史》第三卷，福建人民出版社 1997 年版，第 318 页。

（756）黄峒首领黄乾耀、真崇郁领导的起义，大历十二年（777）以潘长安等人为首的西原地区俚僚人起义，贞元七年（794）黄峒首领黄少卿、黄少度兄弟领导的西原俚僚人起义，等等，都严重威胁唐王朝在岭南地区的统治，朝廷派了大批军队进行镇压，屯戍移民为此开始。

咸通四年（863）四月，新任岭南西道（治邕州，今南宁）节度使康承训率荆、襄、洪、鄂四道兵 1 万人赴镇。七月，复置安南都护府于行交州（今越南北部，确地不详），发山东兵 1 万戍之，各道援兵也不断进入岭南（《资治通鉴》卷二五〇）。驻扎在岭南西道的兵力最多时将近 4 万人（僖宗《南郊赦文》，《全唐文》卷八九）。

清苏士俊纂修《南宁府志·武备志 兵制》："唐制，邕州经略军管戍兵一千五百人，衣粮税本管自给。"清乾隆《横州志》云："唐制，州经略军管戍兵一千五百人，衣粮税本管自给。"文献没有记载这些军人是否留居当地，即便有，人数也不会多。因为来自北方的戍卒并不适应岭南的气候。据韩愈《黄家贼事宜》，唐元和年间（806—820）发江西 400 人戍岭南，不到一年时间就因病疫而死 300 多人。又从岳鄂调 300 人戍岭南，"其所存者，四分一"。宋代依然。清苏士俊《南宁府志》：

宋庆历六年（1046 年）之召，广南方春瘴病，戍兵在边者权休善地，其自岭外戍回军士，寻休两月。皇祐二年（1050），两广益募雄略，四年（1052年）五月诏广西戍兵及二年而未得代者罢归，钤辖司以土兵岁一代之，自侬智高乱戍兵逾二万四千，至是听还，而令土兵代戍。

《宋史》卷一九一《兵制五乡兵二》一四四：

熙宁（1068—1077 年）中，王安石言募兵未可全罢，民兵则可渐复，至于二广尤不可缓。今中国募禁军往戍南方多死，害于仁政。陛下诚移军职所得，官十二三，鼓舞百姓豪杰，使趋为兵，则事甚易成。

"兵"即乡兵，"乡兵者，选自户籍或土民应募，在所团结训练以为防守之兵也。"（《宋史》卷一九〇《兵制一四四》）可见，南来的北方军人驻留不归的可能不多。

总体而言，"岭南在唐时经济和文化相当落后，被中原人认为是'炎蒸结作虫虺毒'，不甚适宜居住的瘴疠之地。""在安史之乱和藩镇割据这两个阶段，迁入岭南的北方移民人数更少，在当地的影响极其有限。到了唐末，具有一定规模的移民潮始冲击到岭南。"①但移民多是进入岭南东部地区。自唐开元四年（716）大庾岭道得到修整后经此入赣江谷地就成为岭南东部与岭北最重要的交通路线。唐代"北方移民最多的州是韶州（治今广东韶关市）和广州、桂州、连州。""唐末五代，广州是岭南北方上层移民最集中的地方，这一时期的列表移民绝大多数集中在广州，下层移民必然也很多。"葛剑雄主编《中国移民史》一书中所举唐后期五代南迁的北方移民实例（岭南部分），广西只有6个，其中3个在今桂林，兴安、贺县、平乐各1个。"直到明清时期，岭南的经济面貌才有根本的改观，唐末五代只有某些交通较为方便的州府有一定的发展，广大地区仍相对原始。"②

从旧志及大量平话人的族谱资料看，世系明确的移民，能上溯唐代实属罕见。然而，"狄青平侬传说""山东青州传说"在桂南平话人中却众口一词，因为侬智高领导的反宋战争在广西影响最大，时代也相对晚近。

《广西通志·汉语方言志》（1998）："平话的形成跟战争、屯戍有关。据《宋史》记载：……狄青率领大军于皇祐五年（1053）攻陷邕州（州城即今南宁）。战争过后，大批军队留在广西，这是平话形成的主要历史因素。""另一个可供佐证的材料是说平话的人自己叙说的家谱。不少说平话的人都说，他们的祖先来自山东。有的说得更具体，说来自'登州府''莱州府'，还有许多人说来自'白马村'。"

梁敏、张均如《广西平话概论》（1999）："说平话的人一般都说他们的祖先是从北方或中原来的。例如宾阳、邕宁、横县等地，很多居民的族谱都记载他们的祖先是北宋年间随狄青南征，从山东青州府等地经湖北、湖南到达广西邕宁、宾阳等地征战屯戍，而在这里落籍定居的。"

民国二十六年《邕宁县志》："汉族有籍贯，自赵宋后，来自中州，各省皆有，尤以山东青州府白马苑为多。相传宋皇祐间，随狄武襄征侬智高，事平后，因留邕勿去，言人人同。"

《宋史》卷二九〇，列传第四十九"狄青传"：

皇祐中，广源州蛮侬智高反，陷邕州，又破沿江九州，围广州，岭外骚动。杨略等安抚经制蛮事，师久无功。又命孙沔、余靖为安抚使讨贼，仁宗犹以为忧。青上表请行，翌日入对，自言："臣起行伍，非战伐无以报国。愿得蕃落骑数百，益以禁兵，羁贼首致阙下。"帝壮其言，遂除宣徽南院使、宣抚荆湖南北路、经制广南盗贼事，置酒垂拱殿以遣之。时智高还

---

① 葛剑雄主编：《中国移民史》第三卷，福建人民出版社 1997 年版，第 324 页。

② 葛剑雄主编：《中国移民史》第三卷，福建人民出版社 1997 年版，第 369 页。

据邕州，青合孙沔、余靖兵次宾州。

先是，蒋偕、张忠皆轻敌败死，军声大沮。青戒诸将毋妄与贼斗，听吾所为。广西钤辖陈曙乘青未至，辄以步卒八千犯贼，溃于昆仑关，殿直袁用等皆遁。青曰："令之不齐，兵所以败。"晨会诸将堂上，揖曙起，并召用等三十人，按以败亡状，驱出军门斩之。沔、靖相顾愕眙，诸将股栗。已而顿甲，令军中休十日。觇者还，以为军未即进。青明日乃整军骑，一昼夜绝昆仑关，出归仁铺为阵。贼既失险，悉出逆战。前锋孙节搏贼死山下，贼气锐甚，沔等惧失色。青执白旗麾骑兵，纵左右翼，出贼不意，大败之，追奔五十里，斩首数千级，其党黄师宓、侬建中、智中及伪官属死者五十七人，生擒贼五百余人，智高夜纵火烧城遁去。迟明，青按兵入城，获金帛钜万、杂畜数千，招复老壮七千二百尝为贼所俘胁者，慰遣之。枭黄师宓等邕州城下，敛尸筑京观于城北隅。时贼尸有衣金龙衣者，众谓智高已死，欲以上闻。青曰："安知非诈邪？宁失智高，不敢诬朝廷以贪功也。"初，青之至邕也，会瘴雾昏塞，或谓贼毒水上流，士饮者多死，青殊忧之。一夕，有泉涌砦下，汲之甘泉，众遂以济。

复为枢密副使，迁护国军节度使、河中尹。还至京师，帝嘉其功，拜枢密使，赐第敦教坊，优进诸子官秩。

昆仑关即处宾阳与南宁交界地，宾阳逢正月十一举行的"炮龙节"，据说就源于对狄青灭侬的庆贺。

《宋史》卷一九〇《兵志》："自侬智高之乱，戍兵逾二万四千"，"仍置走马承受二员，季入奏事，益募澄海忠敢雄略等军，以四千人屯邕州，二千人屯宜州，千人屯宾州，五百人屯贵州"。邕州即今南宁市，宜州仍旧，宾州即今宾阳县，贵州即今贵港市，这些地区至今是桂南平话分布的主要区域。《续资治通鉴长编》卷一七五："皇祐五年（1053）秋七月癸卯，招广南西路安抚使司，比留禁兵四千戍邕州。"战后部分军队留驻广西，成为桂南平话民系的主要成分。此次军事移民与今桂南平话方言的主流地区吻合，也与许多平话人的族谱记载相一致。

桂南平话的核心地区宾阳、横县、邕宁、南宁等地，地方旧志以及绝大多数平话人族谱均称其祖先是北宋年间随狄青南征后，而在这里落籍定居的。族谱的世系上达宋代的记录也很清楚。甚至偏僻的西南地区当地有汉人的记录，也始于宋狄青南征之后。如：

民国二十七年（1938）《田西县志》（今田林、凌云境）：

县种族之组成，概别之为汉族非汉族二种。汉族，来自内地各省者，大都为征侬智高而来。居住较早，人口之繁衍亦多，分布于城市及平原之乡村，成为本县土著。

民国三十五年（1946）《龙津县志》（今龙州境）：

龙津唐以前属交趾地，原是交趾之族。宋皇祐四年赵鼎随狄武襄征蛮以功世袭斯土，所部将士多来自山东，因而居焉，是为长江以北居族移居蛮荒之始，

按龙州古为南越地，秦置交趾郡，受羁縻。至东汉征侧反，马文渊奉命讨平之，立铜柱为界，始入中国版图。……宋皇祐四年九月复以狄武襄公为宣徽南院使，宣抚荆湖路提举广西经制盗贼事。五年正月大破智高于邕州，智高夜间焚城遁由合江口入大理国。随命分循左右两江，以次平定沿边诸州地。时平定龙州上下五峒地者，赵鼎也。以功予世袭司斯土焉。是为中国人治龙州之始。

民国《思乐县志》（今宁明县）：

本县在秦汉时代虽属内地，然皆夷獠所居，故有唐一代，皆以羁縻处之。至宋始有汉人来此居住。……人类复杂，其自山东来者，于宋皇祐初，随狄武襄公平侬智高于邕，多留此不返。因繁衍及本县。

民国《隆山县志》（今属马山县）云，隆山汉族"同时狄青征蛮而来没，遂留其地"。

民国《崇左县志》（今属崇左市）云，崇善汉族"至宋略有山东汉人随狄将军征蛮而流落斯土"。

狄青平侬后，虽然依然班师回朝，但当时广西与大理、安南两国交界，又发生过侬智高乱，因而宋朝把广西作为在南方屯兵戍边的重点地区，驻军较多。"宋之兵制大概的三，天子之卫兵，以守京师备征戍，曰禁军；诸州之镇兵，以分给役使，曰厢军；选于户籍或应募，使之团结训练，以为在所防守，则曰乡兵。"（《宋史》一八七卷《兵制一四〇》）北宋"庆历（1041—1048年）中，招收广南巡海水军忠敢澄海，虽曰厢军，皆与旗鼓训练备守战之役。"厢军中，"广南路骑军之额，自静山而下二，步军之额，自水军而下十，并改号曰清化。凡八十二指挥，一万二千七百人"（《宋史》一八九卷《兵制一四二》）。厢军名目繁多，北宋前期，驻扎广西的主要有雄略、澄海、忠敢、水军、清化、静江等军。主要驻扎在今广南东路，以

及广南西路中东部各州如桂、容、鬱、邕、宾、横、浔、贵、柳、融、宜、钦、廉、贺等州。

神宗熙宁以后之制，骑军"有马雄略三，广、桂、邕各一。熙宁三年（1070）广、桂、邕有马雄略，阙勿补。十年（1077），以邕州住营两指挥阙额，移桂州依旧制"（《宋史》一八八卷《兵制一四一》）。徽宗崇宁三年（1105）三月，"（蔡）京又言，今拓地广戍兵少，当议添置兵额以为边备，从之。四年十一月广西路置刀牌手三千人于切要，州军更戍以宁海名"。"靖康元年诏广西宜融二州实为极边，旧置马军难议减省。"（《宋史》一八八卷《兵制一四○》）

据南宋周去非《岭外代答》卷三"沿边兵"：

> 祖宗分置将兵。广西得二将焉。边州邕管为上，宜次之，钦次之，融又次之。静江帅府、元屯半将二千五百人，又驻泊兵二千人，效用五百人，又殿前摧锋五百人。又有雄略忠敢等军。军容颇盛。无事足以镇抚，有事足以调发。邕屯全将五千人，以三千人分戍横山、太平、永平、古万，四寨及迁龙五百人，乃静江一将之分屯者，高峰、带溪、北遏、思立、镇宁诸寨之戍。

静江府（治今桂林市）5000人，邕州（治今南宁市）5000人，宜州（治今市）2500人，钦州（治今市）500人。这应当是当时广西常年驻兵数。旧《南宁府志》载，宋元祐年间（1078—1085）邕州户五千二百八十八，人口不到两万。而屯兵就达四千。宋朝驻军一般都带家属，当然会有不少南方人。《岭外代答》提到驻军的地区，基本就是平话的分布区域，桂北平话也有相同的背景。数量较大的相对集中的军事移民，必然改变当地的语言生态。《大明一统志》卷八十四引《宜阳志》："莫氏据其控扼，宋赐爵命，遂成市邑，居民颇驯，言语无异中州。"卷八十五引元代方志说邕州"宋平侬贼后，留兵千五百镇守，皆襄汉子弟。至今邑人皆其种类，故言语类襄汉"。说明来自湖北襄阳一带的移民占一定比重。

第五节　平话的发展有宋后历代移民的补充

认为唐宋军事移民是平话民系的源头，是指从历史文献，包括方志、族谱所能追溯的最早源头。这些历史记载与平话、粤方言的语言特征是吻合的，唐宋北方官话是平话、粤方言的基础方言，现代的平话是在这一渊源的基础上，经过后继多次移民活动带来的新汉语方言的补充，并同时与当地土著语言的交融渗透而向前发展演变的结果。

广西并非安居乐业最佳之所，宋代相对集中的军事移民把北方汉语带进广西中西部腹地，但如果没有足够的后继汉族移民的补充，移民的语言只能同化于土著民族，即便是近代亦然。我们可从广西西南壮族聚居地区一些近代的方志看到这样的记录。

康熙二十八（1689）年刻本《思明府志》（今宁明境）：

考思明古南粤地汉唐以来皆夷猓所居，自黄善璋从狄武襄破侬智高有功，拜成忠郎，命世守永平寨。左江各土司皆其旧部属也，咸听命节制焉。

成周盛时比闾族党皆任军旅之师，蒐苗狝狩皆征伐击刺之制，兵寓于农也。洎坏井田开阡陌而兵农始分。思明自黄善璋以成忠郎世守其地，其所统皆兵也。久而兵皆民矣。

清宣统年间《明江厅上石州志略》（今宁明境）：

前代分土客两籍。土人系宋朝狄青南征由山东随来，平定后各戴土司繁殖，占居此地，为本州先导。客人近代来自粤东。先来者谓之土人，后居者为之客人。今则历年久远，血族混淆，无分土客。

民国二十七年（1938）《田西县志》（今田林、凌云境）：

县种族之组成，概别之为汉族非汉族二种。汉族，来自内地各省者，大都为征侬智高而来。居住较早，人口之繁衍亦多，分布于城市及平原之乡村，成为本县土著。然风俗习惯仍保持其旧。唯言语则习普通之土语。

民国三十五年（1946）《雷平县志十编》（今大新县）：

全县通行交际皆用土语。太平、安平、下雷三土州言语，硬柔清浊稍异，然皆相通。其外来者操音各自不同，但久居而后习染成风，多归于同化。

民国三十五年（1946）《龙津县志》（今龙州境）：

姓氏之源流，在宋代以前无可稽考。即由外省迁居者，年代久远，亦为土著。

民国《那马县志草略》：

县属先来之民族，人寡者，语言随俗雅化。后来而人多者，则言语坚守祖音，有此原因，现时境内，遂分有土语、新民语、客语之三大别。

土语即壮语，新民语是客家话，客语是宾阳平话。马山是宾阳的邻县，是壮族聚居区，平话和客家话都来自宾阳，客家话来得晚，移民人数较多且村落集中，言语坚守祖音，成了当地的优势方言。早来的平话人，人数较少，居住分散，加上与壮族接触时间长，已经成为多语人，对外使用壮语和客家话，有的村子已经改说壮语。这种状况与始迁地迥然不同。

军事移民是广西移民的重要部分。除驻军外，还有屯田。据史籍记载，北宋平侬智高乱后，在今广西境有过几次屯田。最早一次是北宋仁宗嘉祐年间（1056—1068），广西转运使李师中以各种优惠条件募民垦田，"于是地稍开辟，瘴毒减息"（《续资治通鉴长篇》卷一九七）。神宗熙宁七年（1074）九月，桂州知州刘彝向朝廷建议募民开垦境内荒地，获得批准（《续资治通鉴长篇》卷二五六）。南宋理宗景定三年（1262），朝廷在静江府组织屯田"小试有效"后，在邕州、钦州、宜州、融州、柳州和象州推行（《宋史》卷四十五）。这些地区均为今桂南平话的分布地。

宋代的广西依然是流放谪官的主要地区，流官多在汉族已占主流、较开化的地区。仅高宗绍兴二十五年（1155）十月一次安置的流官，流放地就有容州、钦州、宾州、柳州 4 州。流官一般也携家前往，有的流放时间很长，如胡诠就待了 18 年（《宋史》胡诠传）。也并非所有北来的流官都能生还故里，如客死岭南，家属往往无力北返。流官当中也有岭北的江南人。蔡絛自江南流放到博白，其《铁围山丛谈》卷六："岭右顷俗淳物贱。吾以靖康丙午岁迁博白，时虎未始伤人，村落间独窃人家羊豕……十年以后北方流寓者日益众，风声日益变，加百物涌贵，而虎渐伤人。今则与内地无殊，啖人略不遗毛发。"宋人李伯纪作容州（今容县）诗说："得归归未得，留滞绣江滨。感慨伤春望，侨居多北人。"[①]南宋王象之《舆地纪胜》卷一〇四："容介桂广间，盖粤徼也。渡江以来，北客避地留家者众，俗化一变，今衣冠礼度并同中州。"

今广西境宋代属广南西路大部以及两湖南路的全州。"广西是南宋人口增长最快的路，北宋神宗元丰三年（1080 年）为 242109 户，南宋宁宗嘉定

　①　徐松石：《泰族壮族粤族考》，中华书局 1946 年版，第 157 页。

十六年（1223 年）为 528229 户，后者较前者增加 118%。同期户数有所增加的南方各路，上升幅度分别在 3.4%—5.6%，皆不及广西路。"①

许多地方志均记录了今广西境的北方移民，时间上多来自宋代以后，既有岭北周边各省，也有岭南两广内部的流动。周去非《岭外代答》卷三"效用"："四方之奸民萃焉"，也说明当时广西人民中除了军事移民，还有周边各地的移民和流动人口。《贵县志》（1934）："历唐及宋至元，士族代有占籍，父老相传多山左与江左之族云，以故城郭之美，悉同中州。妇女非岁节大事不见家翁伯叔，所事惟纺织刺绣翦制，少事蚕桑，日用资费藉谷价贵贱为丰杀。"

清宣统间抄本《明江厅乡土志》（今宁明境）：

> 一厅之民分为五类。厅中老籍多山东青州府益都县，从宋狄武襄公征侬智高留不返，或粤东贸易于此，入籍名列学宫，读书之声比比而是，此一类也。村外亦有读者入泮者，然寥寥如晨星矣，谓之村人，此一类也。昆连土思州之村，其男子皆短衣跣足，其妇女衣皆窄袖，裈必露其膝，谓之万承人，此一类也。居深山以织竹篁采樵烧炭为业，其地无稻田，周岁皆吃包粟杂粮，谓之峝人，此一类也。道光三十年乱后人多流亡，田多污莱，田主多招粤东人作嘉应州人话者，使为佃丁，而今聚集渐多，谓之曰倮人，此一类人也。

第一类即平话人和广东商人，村人、万承人、峝人均土著壮族人，倮人即是客家人。

民国二十三年（1934）《隆安县志》：

> 县属人民除少数土著外，纯为汉族，皆来自他省，尤以山东为多。数邑内姓氏诸先祖，多自汉宋至明留寓广西，渐次迁居隆安，或以种种事故遂立家于隆地。清代以来，更不乏人，滋生为繁，遂成现今民众。……隆安普通方言概属土音。

今隆安县属南宁市，离南宁市区仅 1 小时车程，这里是壮族县，连县城都通行壮语。为数不多的平话村庄，均为清代后从南宁迁来，平话人对外说壮语。如果真如县志所言，这里的壮族就有汉族的壮化者。

民国二十五年（1936）《乐业县志十编》：

① 葛剑雄主编：《中国移民史》第四卷。福建人民出版社 1997 年版，第 206 页。

明洪武初置泗城军民府土知府，辟地越红水江至逻解等处地方，是为汉族来泗城之始。自时厥后，土地日辟，内地之往来营生活者日多，所居成聚矣。

泗城即今凌云县，至今即使在县城也是流行壮语。城中林姓自清雍正年间从广东花县迁入，至今繁衍了12代，也早已壮化了。

民国三十五年（1946）《龙津县志》：

龙津唐以前属交趾地，原是交趾之族。宋皇祐四年赵鼎随狄武襄征蛮以功世袭斯土，所部将士多来自山东，因而居焉，是为长江以北居族移居蛮荒之始，厥后民族之来自闽赣湘粤者日益众，或以官而家焉，或以商而家焉，其分布大都居于城市及各小圩街，亦有聚落乡村以务农者，滋生繁殖，以迄于今。

姓氏之源流，在宋代以前无可稽考。……其可考者，以时自宋明两代为多数。以地自鲁赣湘粤为多数。

民国《思乐县志》（今宁明县）：

本县在秦汉时代虽属内地，然皆夷寮所居，故有唐一代，皆以羁縻处之。至宋始有汉人来此居住。清初益众，生齿益多繁，踪迹几遍全县。人类复杂，其自山东来者，于宋皇祐初，随狄武襄公平侬智高于邑，多留此不返。因繁衍及本县。自广东来者，殆清初广州人，至本县经商，因而落业不归者。此二种人多以耕读商贾为业，海渊那堪等乡，皆其辟为商场。自是汉族日见繁殖，而入籍名列黉宫，实繁有徒。弦诵之声四达，实为文化之先河。今之士子成名，属此民族。唯居留代远，言语均变土著。

其自粤之嘉应、小江、钦廉及本省郁林博白陆川等处来者，唯小江人操背山话，余操白话、僾话。于清咸丰同治年间，移家来此，经营工商农业，居留不返，其专务农业者，能耐劳苦，善垦荒，多富户，读书人亦颇多。唯种族界限判若鸿沟，少与别族通婚媾。性善独居，即一二家亦自成村落，虽深山野岭，无所忌惮，至老不改乡音。其自宣化县来者，由清道光时移居于此，种蔗种菜为唯一之事业。故名为蔗园菜园人，所操言语类宣化县之平话稍异，亦始终不改乡音，聚族而居，自为村落，非真种类，不相婚嫁。近虽改良然亦少数。

大姓以黄姓为最，邓郑陆程谭林刘覃次之。邓郑陆程覃，均于宋代随狄武襄公来自山东省。黄姓占全县人数百分之三。邓姓百分之一。郑陆程覃四姓，占百分之二。林刘张姓，于清代来自粤省，占百分之一。覃姓于清季来自宣化县，占百分之一。至于僻姓……均于清末来自粤省，人口最少。

民国三十五年（1946）《雷平县志十编》（今大新县）：

溯人口之来源，间有不同。唐代以前，尚属古象郡之范围，地接蛮方，中原政令未能普及，人口甚稀。宋皇祐间狄武南征，分封土牧，留其部属屯戍其地，始有中原民族之足迹。由是逐时繁衍，人口渐多。加之宋明两代为外所侵占，烽烟所及，中原鼎沸，遍地疮痍。闽粤湘赣边地居民，因避乱而寄居此边陲者年递增加。

宋皇祐四年狄将军平蛮酋侬智高后，留其部属分守本县各地，可算为本县有史可证之人口增加。

本县种族概别为二，（一）中原民族　系随狄武南征而来，或以作战有功分封土牧，或以屯戍斯土保卫边疆。初则奉职于厥躬，久则散隶为民籍，此皆属于山东省人。迨元明清之世，或因避乱或作行商，落籍于县属者，以闽粤湘赣人为多，遍布于通衢圩市，其风俗语言，而有保持其固有之习惯，但期间亦有随俗所化，变为土人者，亦属不少也。（二）土著民族　为宋代以前土人之后裔，多居于村陇……其风俗语言衣食居处，仍守其遗制。生活简单勤苦耐劳，是其特性。今亦改良与中原民族渐归同化矣。

中原民族以李许欧梁等姓为著，而许李两姓，为前化之土官，长治斯土，已历九世纪。欧梁等姓，殆系宋代守土之士兵落籍为民者。其他各姓或因避乱或作懋迁，于元明清各代来居住者，子孙繁衍，占全县人口百分之五十。

民国二十五年（1936）《乐业县志十编》：

自秦始皇置桂林象郡，徙中州之民以实之，是为汉族来广西之第一时期。五胡僭乱，晋室南迁，北方民族不堪胡暴，随晋渡江南来，散居两粤，是为汉族来广西之第二时期。宋皇祐初年，征南大将军狄青破昆仑关，败侬智高命所部将帅分管邕管各地，是为汉族来广西之第三时期。迨狄青还朝，以岑仲淑为留守都督，三江诸军马子孙分守各地，至元代初，岑怒木军为泗城路东道宣慰使，部将分屯各处。明洪武初置泗城军民府土知府辟地越红水江至逻解等处地方，是为汉族来泗城之始。

民国二十七年（1938）《田西县志》（今田林县）：

本县开辟最晚，宋时始有汉人之足迹。唯时不过随征之军人家属，为数了了，约千余户，人口约六千余人。沿及明末，流寇蜂起，中原鼎沸，内地居民避乱迁徙而来，以及原有之户亦繁衍。当时已增至约一万户，人口约五万余人。降至有清中叶益加繁盛，约一万八千余户，约九万余人。咸丰末年遭洪杨石达开窜扰，同治光绪匪乱频仍，人口异常稀少，不过一万户，人口约五六万。

本县种族之组成，概别之为汉族非汉族二种。汉族，来自内地各省者，大都为征侬智高而来。居住较早，人口之繁衍亦多，分布于城市及平原之乡村，成为本县土著。然风俗习惯仍保持其旧。唯言语则习普通之土语。有来自湖广者，此类民族迁来较后，人口之繁衍亦较少，分布于浪平及各处山峒。其风俗习惯无大差别，言语仍操官语，保持其旧，习之湖广音而略有改变。

上述西南各县至今仍是壮族聚居区，汉族移民至此，如果人数不多，也大多被同化。

宾阳以北的上林县也是壮族聚居县，（清）徐衡绅修、周世德纂《上林县志》"氏族谱"所列 17 个姓氏，就有 11 个自明代迁入。如：

温氏，其初为广东长乐县人，于明初有名雁者始来著籍上林，分居交州伝温诸处。

（采访）卢氏，明永乐间山东青州府益都县野鸭塘人卢重义以总兵来官广西，遂占籍于上林县之巷贤乡。（同上）

杨氏，本山东青州府野鸭塘人，其祖基字福同，于明万历初来官柳州都司。致仕后遂家上林，其子孙分居云龙寺表论文罗甘罗勘保义塘兑兴隆上莫文梁邹墟江口诸村。又一支居思陇者，其先名大恩，乃福建龙溪县人，明末曾官左江总兵，殁于任。其子遂居宾州杨村，五世志仁又迁上林思陇。

李氏，其先景晟，山东汶水县人。明时来官凤化知县，因占籍于上林。今附城一带李姓皆属景晟之裔，曾孙英明永乐举人。又一支其先则今山东青州府人，祖曰才华，明初服职南丹卫生四子久成佛保永祯元相。其子孙分居于尚仁乡老寨……诸村。

何氏，何永清广东南海县人，曾为明思恩参将，李应详之监军，其后世居三里。

唐氏，其先有坤明崇祯间自本省全州避乱迁居上林南辟厢龙眼村，后又分居于伝莫各处。

谭氏，其先十三府君号隐林，于宋季由山东野鸭塘宦游广西，因元人入主中国，遂定居于上林县之渌化村，易姓为覃，至十世汉时复谭姓。今其子孙分居于留仙渌护苏村新郑郡村诸处。亦有又由上林迁居宾州迁江各县者。

夏氏，其先仅隆于嘉庆由湖南长沙县来上林三里六便汛居住，后于万福乡寨围村立业。

侯氏，其先裕昌本江西金谿县人，于明时来官凤化知县，遂著籍上林。

劳氏，劳国标广东南海县人。清乾隆时在上林经营商业与邱姓创立北更墟。子孙遂分居于墟地白凌村诸处。

罗氏，按谱原籍江西南昌府新建县。明初罗黄貌以征功授那地州知州，世袭……

蓝氏，本福建上杭县蓝芳村人，明洪武时有名和清者迁居广东兴宁县，又八传至太建，由武举来官广西总兵……

姚氏，其先山东青州府府下鸭塘人，明末来居宾州芦墟，后始分居上林。

凌氏，其先山东青州府乐安县人，凌越籍。蒋氏其先吉士原籍江苏宜兴，于嘉庆间幕游广西……

王氏，原籍山东，于明时随征八寨，随世居周安乡。

苏氏，其先伯宗伯亮，本山东青州府野鸭塘人，明时随王守仁来征广西，寄居安定土司。孙善及齐印同迁上林。

张氏，本山东青州府野鸭塘人，其祖均和字用贵，明洪武时为山西太原府同知贤声茂著，因杖毙不法军人王十九谪戍宾州。五世孙继忠以岁贡官苍梧训导，于万历间乃来居上林留仙村……

梁氏，其先广东南海县人，于明代迁来，子孙分居万寿乡诸处。

桂南平话的核心地区，同样反映宋代军事移民后，不断有移民补充的事实。这种情况，民国二十六年（1937）《邕宁县志》记载较为客观：

汉族有籍贯，自赵宋后，来自中州，各省皆有，尤以山东青州府白马苑为多。相传宋皇祐间，随狄武襄征侬智高。事平后，因留邕勿去，言人人同。考皇祐至今八百余年，再考各姓族谱，各姓祖祠碑记，自始祖以至现在，均二十代以至二十四五代而止。是否随狄青来，未敢断定。大约先有一部分来，其后互相招引，如中国人之赴南洋群岛者然。是未可知。然即古人三十年一世而论，其来宋朝无疑。唯其初来，与土人客主之间，成见未融，显分畛域，曾相仇杀，卒能战胜土人。自后凡城乡市镇，以及山巅水涯，习为汉人繁殖之地。

《宾阳县志》（1961 重修）：

县民以来自山东者最多，其次则广东、福建、湘浙。来自山东者，多系宋代随狄武襄征侬智高之部属。来自广东及各省者，则为明清之交，避乱而来或宦游或经商于是地，爱其风土因而占籍，此为纯粹之汉族也。至若东北一隅，与贵县、迁江接壤之乡间有操僮话之村庄者，如村山乡韦姓，三光乡李姓等大率乃汉人久居其地，自先人与土人通婚姻，语言遂变，而实非原有之土，着是今日之宾阳，已无非汉族者，即间或有之，亦同化已久，而不复能分析若者为汉族，若者非汉族矣。

稽各姓氏多自唐宋时，由山东迁来，其后有由闽粤长江各处迁来者，风俗习惯亦与俱化，即穷乡偏僻壤，亦皆崇礼仪，重廉耻，彬彬然有中土之风焉。

宾阳县的主流方言是平话（当地称客话），操平话者占 80% 以上，而其他的客家人及少数壮族人也都能说平话。宾阳的李姓族谱曰：

李福旺，明朝正统、景泰年间（约 1450）由山东青州府演狱塘迁来，至今已有 22 代；李九德，原籍江西吉安县宝鸭乡，清康熙晚年（约 1700）外出任官，徙落宾州，已有 12 代；李才华，原籍山东青州府曲阜县野鸭塘，明永乐十六年（1419）随军来粤，已有 23 代；李云升，原籍山东省青州府演乐堂，于明朝洪武年间敕授骑都尉，奉旨来粤西巡，定居宾州；李承霖，先祖在北宋初自闽迁至湖广南雄府珠玑巷，南宋末迁往广东佛山小塘村，清乾隆年间迁来宾州，已有 10 代；李万诠，原山东青州府柳高村人，宋朝皇祐年间随狄青南下，定居宾州；李良英，原籍广东嘉应州，明万历十九年（1591）迁来宾州，已有 16 代；李卿，原籍福建泉州府南安县三十都岭顶乡，清乾隆四十五年移籍宾州。（谢建猷，2001）

清乾隆《横州志》：

历唐及宋代，有占籍多自各省所来之族。验之人物罕有粤习，风俗特温厚，性质多纯朴。城厢风俗重廉耻，尚文学。男子不事耕商，妇女克勤刺绣，服式同京师。……村乡地僻俗朴，只知耕种。……近村者为本地人，谓昔来自中州，语音与厢廓同。

民国三十二年（1943）《横县志》（稿本）：

横自秦汉入版图后，其时土著之民为狼獞。汉路马两伏波将军奉命驾楼船，控材官，扫荡百粤，肃清三江，于是并邕管郁林诸城，以华夏礼乐文物惠嘉其地，蠢兹狼獞为之一变。越唐有高骈氏，宋有余靖氏，相继来吏于粤西，期间又抽江浙湖湘中土负材多智，自能雄大族姓，迁居左江各平衍沃饶之处，使自食力，以渐化兹民，而民又一变。宋仁宗皇祐四年，侬蛮智高反，命狄青宣抚使，节制诸将。狄青率中原子弟，编成大军追讨之，有明韩王两将军，率数十万之师，平断藤峡诸冠及土官八寨诸跳梁丑类。事平后，从戎官兵分屯各处，加以粤东商贾，接踵而来。土人为其所化，而民又一变。久之与居民处，水乳交融，前志所载民一獞三，至今无从分辨矣。

宋王朝在平侬智高后，以面积大小人口多寡在广西中西部设置羁縻州、县、峒三级行政机构。在邕州设置的羁縻州达 44 个，县 5，峒 11。唐宋设置羁縻州县的地区，至今仍是壮族等少数民族聚居区。民国初年广西设置的 6 道：南宁道、柳江道、桂林道、苍梧道、镇南道、田南道（钦廉道隶属广东省）只有桂林道、苍梧道无土司、土州。广西粤方言的勾漏片、钦廉片，以及桂南平话的核心地区，基本不在羁縻州县范围。

钦州地区原来也是壮族聚居之地。南宋周去非《岭外代答》卷三提到钦民有五种，"一曰土人，自昔骆越种类也，居于村落，容貌鄙野，以唇舌杂为音声，殊不可晓，谓之蒌语。二曰北人，语言平易，而杂以南音，本西北流民，自五代之乱，占籍钦者也。"明清时期入钦移民达到了高峰，大批汉族人从今广东沿北流江、南流江及海上进入钦廉地区。民国《钦州志·民族志》："凡城乡市镇以及山巅水涯，悉为汉人蕃殖之地"。入居钦州的汉族与当地土著杂居，相互通婚，融合同化，汉族人口逐步超过当地的土著壮人。《钦州志·民族志》："乾嘉以后，外籍迁钦，五倍土著。"据 20 世纪 30 年代的调查明清两代移入广西的汉人几占全部汉人的 9/10。

第六节　移民叠加造成桂北平话的语音差异

与桂南平话民系形成的记载不同，以汉族为主的桂北地区，没有"狄青平南""山东青州白马"的传说。桂北地区是北方入岭南的通道，这里开化最早，接受的移民也最多。《广西民政视察报告汇编》（1932）里提到的这一地区的土话与广西腹地的壮语不同，指的是早期到此地的汉语方言，分布在广大乡村地区。后来者为客，几乎各县都谈到客民以湘粤赣籍居多，他们带来各地的方言，后来的明清官话又覆盖其上，成了桂北地区的优势方言。

例如桂林"土民即本地人也"，"客民以湘粤赣籍居多，散居城厢及各大市镇"。各区乡民多操各该区土语，各客民则多说各该籍客语，通常交易仍以官话为主。清人陆祚藩《粤西偶记》（1939年，丛书集成初编本）："粤西诸郡，桂林差无瘴，然民穷地薄，城中江左楚人侨寓者十之九"。楚人指湖南人。

灵川，"居民本地人居多"，"言语分本地土话、官话、猺獞话数种"，"与本地人交谈咸用本地土话，官话则全县通行"。

平乐，"居民有本地人、客人及猺人之分。客人以广东湖南为多。江西次之。散居于城厢各市。"言语分四种：客话、官话、土话、猺话。客话为广东湖南江西行于城厢及各市镇之客民，土话行于各区乡民，官话则各地皆通行之。

富川，"居民有民家人、梧州人、猺人之分，此外更有湘粤之侨民"。

贺县，"客民多属湘粤二省"，"惟城厢及各市镇有之"。

昭平，"由外迁来之客人居多，其中以广东为最，湖南福建江西次之，但因居留日久，其语言风俗习尚均以同化，并无界限之分"。

蒙山，"原居于本地者谓之土人，陆续来自外地者谓之客人，均来自平南、藤县、昭平、荔浦、修仁各邻县，而尤以来自湘南各县及广东江西各县为多，但籍居日久其言语风俗均称交相融洽"。

阳朔，"语言以官话、土话居多数，其次獞话，又其次客话，再其次猺话。除猺民处于边境，及城区商民间有操粤语外，其余均是土话杂居，语言混合，无从划分"。

义宁，"向有土话（即平话）及猺话、獞话、官话四种，其由湘省迁来者有湖南话，由灵川迁入者有灵川话，以上各种语言以平话为最普通"。

永福，"居民虽有土客猺獞数种，但贸易往来庆吊互问均已同化，查无界限之分。以官话为普通话，间有说土话或平话者，至猺话獞话则甚少"。

雒容，"有广东话、湖南话、福建话、獞话、麻介话、普通话、百姓话共七种"。广东话即白话，百姓话即平话，麻介话和普通话分别指客家话和官话。

从中篇的词汇分析可以了解桂北平话的底层词汇与桂南平话和粤方言有诸多相同之处，但语音差异很大，就连桂北平话内部都无法通话。地处三省交界，不断叠加的移民波以及移民来源的复杂，是造成桂北平话语音变异主要原因。相比之下，同处桂北的毗邻的桂南平话北片，是少数民族聚居区，平话人来了之后，这里的后续移民相对少得多，此片的桂南平话特征大多得以保留。

第二章　平话民系家族发展迁徙个案调查与研究

第一节　从家谱、族谱考察移民史的
价值与局限

宋元史料几乎很少记载移民情况，岭南的族谱家谱也主要修于清以后。在缺乏历史文献的情况下，研究广西移民离不开族谱家谱。

中国是一个注重血缘宗族的国度，家谱、族谱编纂的历史十分悠久，在保存至今的众多家谱、族谱中，大多详细记录了家族的迁移史，对祖先籍贯、迁移时间、代际传承等都有记载。家谱、族谱对考察平话民系的来源有重要参考价值。但需要注意的是，家谱、族谱资料具有很大的局限性，特别是由于家（族）谱中对先祖地望、姓名的记载很多是出于盲目攀附。对于运用族谱资料研究移民史，史学家也都认识到其虚实相杂的局限性。罗香林先生《客家源流考》云："世人每以族谱侈谈华胄，攀授高门，以为内容所述，全不足信，引以证史，必受其欺，不知此乃浅人不善鉴别之所致，非谓谱牒果无参考与研讨的必要也。"谭其骧先生也说，"或曰：天下最不可信之文籍，厥为谱牒，今子以读谱牒为依据，而作内地移民史，安能得史实之真象耶？曰谱牒之不可靠者，官阶也，爵秩也，帝王作之祖，名人作之宗也。而内地移民史所需求于谱牒者，则并不在乎此，在乎其族姓之何时至何地转徙而来。时与地既不能损其族之今体，亦不能增其家之荣誉，故谱牒不可靠，然惟此种材料，则为可靠也。"①周振鹤在《客家源流异说》（1996）也认为"罗先生的基本依据是族谱，然后辅以正史的记载。但是这些族谱大都修撰于晚近，因此上溯到唐宋时代以至东晋南朝的记事，其真实性是大打折扣的。对于族谱的不可靠性，宋人在《齐东野语》（卷十一'谱牒难考'条）里已说得很透彻，欧阳修以修谱名家，尚且对欧阳氏从唐至宋的世系都弄不清楚，又怎能保证千百年后的人在叙其祖宗的播迁原因与过程时能准确无误呢？因此对于唐宋时代及其以前的移民情况，我们应尽量以当时或相距不远的正史或其他可靠文献记载为主，而后再参考

---

① 转引自陈支平《客家源流新论》，广西教育出版社1997年版，第130页。

族谱的记载，而不应该倒过来。"

　　另外，居住在同一地区的移民家族也许来自不同时代、不同地区，但出于尽量融入当地主流家族的愿望，往往将自己家族的迁移史修改成与主流移民家族的完全一致。自明清以来，两广一带的族谱与闽地的族谱一样，普遍出现世系合流的倾向，即同一姓氏对祖先的追寻逐渐集中到数个，乃至一个史籍有载的"祖先"上。因此，利用谱牒资料研究方言史，应当尽可能以明确记载的世系为依据，以史籍相佐证，不能把附会等同于史实。

　　在我们的调查中发现，桂南地区平话人的家谱、族谱，世系记录明确的罕有超过 30 代的，从时间推算基本不早于宋代。这与现代粤方言形成的时代大致吻合。本课题采用家谱、族谱的考察与田野调查相结合，文献资料与口碑资料相结合的方法，试图通过对桂南平话 3 个有代表性的平话人家族迁徙发展的个案分析，与方志材料互为印证，进而梳理桂南平话人的形成、迁徙、分布的轨迹。

第二节　宾阳谢氏家族迁徙轨迹考索

　　谢氏是平话人之大姓之一。处于桂南平话核心地区的谢氏家族第一次大规模修谱在 1947 年，第二次修谱于 1987 年。我们见到的是谢氏族谱，是 1999 年谢氏季一公世系修谱委员会汇编的《谢氏族谱》（三册），详细记录了谢氏季一公家族在广西横县、宾阳、邕宁、南宁市郊、灵山、贵港、来宾、钦州、防城、浦北、合浦、兴业、百色、龙州等地的世系繁衍、流播的情况。1946 年谢氏第二十五代孙谢凤训作《第一次编修谢氏族谱序》："吾族自季一公，于宋仁宗时，率队南征侬寇，平定邕州，后驻宾。令三子仁双迁横，迄今七百余年，历世渐次散居横属之东西南北各区，及迁居邕贵钦防灵廉玉林等诸县，椒聊远条，丁口现达十万。"其在"谢氏世系大纲及其支派"中少不了以帝王作之祖，名人作之宗的盲目攀附。如认为谢氏始于周代宣王之舅申伯，晋之谢安、谢石、谢玄，谢灵运均为其祖先等，皆不可信。但涉及其族姓之何时何地因何故转徙而来，且有明确的世系记录，较为可信。族谱云："唐宋时，科举蝉联，群仰山东望族，如谢元公，宋宝祐解元，德龙公拔贡，福庆公廪生，世居山东青州府沂水县野鸭屯。三公季一公之曾祖父也。季一公精干雄健，眼光远射，不屑习科举业，少年投笔从戎，自当一队，历任游击指挥。宋仁宗皇祐四年冬，率队随狄武襄南征伐侬智高。越五年春，元夜破昆仑，乘势大败侬智高于邕州，广南悉平。廷议以广西瑶苗狼僮獠诸蛮，凭其险阴，不时蠢动。为化蛮计，宜选中原优秀之民族，移殖其间，使之潜移默化，并留兵驻守各要隘，以防反侧。是时奏公镇守昆仑关，留兵千五百人，故世称为千伍公。娶宾阳王灵塘莫氏为妻。生四子，长仁福，次仁寿，三仁双，四仁全（说往全州县）。厥后令长子仁福北归原籍，取道闽中，抵适中县境，被匪劫一空，欲归不得，因佣工于适中县街，其后娶妻成家，子孙繁昌，登显宦者，前清尤为鼎盛。次子仁寿居留宾阳，岭背、鸠鸪、国泰等处，皆仁寿之裔孙也。三子仁双，随母迁横州。决定横属郁江北岸荒脊之地，距城东三十里，即今谢村，相彼阴阳，度其原，某也宜居，某也宜畬，某也宜田，次第分别经营，以谋衣食住，又为之设校以教子孙，家政整肃，彝伦攸叙。附近土蛮，观感而兴，渐消其野蛮扩悍之性，久而归于同化。以上一切宏谋硕划，皆远承父命，内奉母训，经宏树基统，由兹而迁居邕（宁）、宾（阳）、永（淳）、钦（州）、灵（山）、贵（县）、兴（业）等县，及横属之东西南北各区，到处悉能聚族而处。椒聊繁衍，皆仁双之裔孙也。计历世七百余年，分居一百七十村，丁口现存十余万。"

以季一公为入桂始祖的谢氏家族，是桂南平话区的一大家族，集中分布于宾阳、横县、灵山、贵港等桂南平话核心区域。谢氏族谱以《横县谢氏族谱》于 1945 年首次编修，有当时国民政府司法院院长居正、军事委员会委员长北平行营主任李宗仁、军事委员会军训部部长白崇禧、广西省主席黄旭初等要人的亲笔题词，可见其重视程度。族谱对自季一公后各支系繁衍的记录，除四子仁全迁往全州、湖南，少有记载外，其他三子世系脉络清晰。

长子仁福北归承嗣宗桃，取道闽南中，困于旅途，南返亦不可，遂于闽地为人庸工，取妇成家。"现有后裔数千人，均于县城门外适中街聚族而居，而无别姓掺杂于其间者。"部分裔孙迁广东梅州，再迁广西合浦廉州，最后迁回灵山大塘派村。长房十五世孙谢本容迁回广西，落籍灵山县檀圩镇大塘派村，到 20 世纪 90 年代末已繁衍至 32 代，成为长房在广西的一个大本营。由此又发展到灵山县一些乡镇。

次子仁寿随父居留宾州，父子殁后均葬宾州城外青风岭。曾有家庙于今新宾镇中心地带，当地人称谢家园。1994 年广西谢氏大宗祠在宾阳国泰村横一岭修建。"今宾阳及迁居太平府（今灵山县太平镇）之族人皆二房仁寿之后裔。"谢季一公后裔分布于宾阳的芦圩、大桥、王灵、黎塘、中华、新宾、邹圩、四镇等几乎所有乡镇。有的往西迁平果，往北迁马山、金城江。此支 20 世纪 90 年代末已繁衍至 26 代。笔者插队所在的王灵乡复兴村均为谢姓（仅一户黄姓），开村始祖为谢氏第七代孙谢甘泉。

尤以迁往横县的三子仁双一支最为兴盛。"命三子仁双随母莫氏迁横州"，居谢村三逸大门。"殁后，母子合葬于横县壬水村之东宝鸭塘之阳。

今横县、贵县（今贵港）、兴业、灵山、钦州、合浦、防城与南宁城内、城外葛麻岭之族人，皆三房仁双公之后裔也。"从族谱世系看，仁双的重孙谢庆四始迁离横县往灵山。之后此支除了在县境内迁徙外，陆续有迁往邕宁、贵县、灵山、钦州、合浦、兴业、来宾等地，武宣的谢氏是由来宾再迁。还有回迁宾阳的。以迁灵山的为多。三房也已繁衍了32代。

横县的谢氏宗祠就座落于横县原谢圩之东，由三房一系的谢氏兄弟献地集资兴建。始建于清嘉庆二十一年（1816），道光六年（1826）重建，同治五年（1866）再建。其间的拜亭建于清道光十三年（1833）。宗祠于1966年被毁，原地今为横县附城镇学明小学。

"命四子仁全经商全州，遂亦落籍于其地，后代如何语焉不详。今全县及再迁湖南宝庆北数十里黑石铺全圩之族人，皆四房仁全公之后裔也。"

谢季一公所生4子，至1999年第三次修谱，支系繁衍以26、27代居多，最多的已有32代。繁衍"人口达十人余万"。

谢氏家族对迁往桂北的四房繁衍情况不熟悉，除了路途遥远，也可能到了不同方言区乡音已改，有了语言的隔阂。

第三节　横县雷氏家族迁徙轨迹考索

横县位于广西东南部，南宁市东部，东连贵港市覃塘区，南接钦州市灵山、浦北两县，西界南宁市邕宁县，北与宾阳接壤，处于桂南平话的核心地区。"横州是中国汉族十大方言、广西四大汉语方言——平话的主要分布区之一。绝大部分是以平话作为自己的母语，当地平话人叫'村话'，壮人则称之为'客话'。说平话的这部分群众，我们且称之为平话人。他们长期与当地说官话（普通话）、广州话、壮话、客家话人杂居，相互影响，融合同化。""今横州总人口为100万，讲平话母语的人占61.8%，会讲平话的人占全部人口的90%左右。"[①]

雷姓是个古老的姓氏，也是汉族中的大姓之一。雷氏在今广西境内已有900多年历史，子孙繁衍约40代。主要分布在横县、南宁、邕宁、贵港、宾阳、武宣、博白、灵山、钦州、隆安、来宾、北流、桂平等地。雷氏在横县人口约4万，约占全县总人口的22%。

雷氏在横县境内有一定的影响力，曾经出现雷沛鸿和雷经天等著名人物。广西雷氏宗祠于光绪年间建成，"文化大革命"被毁，1996年重建。雷氏宗祠的所在地——横州镇小岭村是个大村，占横州镇面积2/5，雷姓为主

① 何光岳：《汉民族的历史与发展》，长沙国防科大印刷厂印刷，1998年，第207页。

（只有 50 多人是外姓），汉族，所讲语言本地人称土话、村话。

广西境内雷氏都认同雷大据公为祖先，桂南绝大部分雷氏平话人都是其后裔。据横县雷氏族谱记载："宋朝皇祐元年（1049）广西南部壮族首领侬智高起兵反宋，占据广源州（今龙州，宁明一带）和安德州（今靖西县）进而谋攻广西南部重镇邕州（今南宁）……宋仁宗即任命狄青为统帅，统率万余将士，于皇祐四年九月庚午日出师南征，我次一公奉命随军南下，是我雷氏始祖落业于广西之故也……""我次一公雷大据奉命随军南下平侬。平定后狄青、余靖、孙沔依次北返。设邕容宜三大州管辖各州郡，派次一公即始祖镇守邕州任指挥使，后移横州，年寿六旬而卒。二世祖受卿立业于横县城外蒙村，三世祖仲祥、仲礼、仲员、仲才皆以世职分守各地，以固国防，继而屯田于广西安家乐业，年长月久，子孙繁盛，分居各地，现居广西各市县的雷姓子弟，皆公后裔也。""次一公葬于横县连塘乡佛子村附近，土名圣山，立癸山丁向在圣山之后八里，即大洞村之后一里，土名关塘岭，葬二世祖受卿，立戌山辰向，在龙田村之左，三始祖仲祥、仲员二公并葬于此。"①

南宁市亭子雷氏族谱："吾祖原籍山东省青州府野鸭屯，村名白马堰。初来祖次一公官指挥，大宋皇祐四年与萧大人同为狄武襄前军，征邕州侬智高有功升参将。历任邕州、横州、柳州等处。初居邕城数年，又复居邕南白沙平南乡数年，然后隶籍横州，世居蒙村江头村雷巷。自公以下第九世分七支，第三、第四支迁居南宁白沙平南乡，第五支迁居思恩，第六支迁贵县，第七支迁浔州大王江雷公坝。第一支与第二支居横州焉。南宁宣化十房十间祠堂，其族谱皆如此说。"

另外鼎建雷氏本枝始祖祠碑记："……我雷氏始祖大据公来自山东青州府益都县野鸭屯白马堰。宋皇祐年间随狄武襄南征抵横，历任柳庆浔邕各郡指挥，保障干城……后世子孙众多，枝叶繁茂，分布于宣化、永淳、百色、宾州、贵县、合浦、灵山各处……"②

从 1052 年宋皇祐年间雷氏祖宗次一公落居广西，至今已有 956 年。迁徙轨迹：从横县分支到周边的南宁西乡塘、平西、沙井、亭子、白沙、津头、隆安、贵港、上思、邕宁、武宣、来宾等地，甚至桂东南地区。

如今操平话的雷氏主要分布邕宁、蒲庙、那马、良庆，往南到钦州，乃至越南。往西溯江而上，在南宁西郊的心圩、西乡塘、石埠，左右江河谷等地也都有雷氏分布。

---

① 雷时刚等：《广西雷氏族谱》，1992 年。
② 同上。

第四节　田东平话人黄氏家族迁徙轨迹考索

田东县位于广西西南部，东靠平果县，南接德保、天等县，西连田阳县，北邻巴马县。为壮族聚居区。民国《恩隆县志》："恩隆（今田东县），秦古百越地，汉交趾郡，唐隶邕州都督府，宋置田州，属邕州。元改置田州路，军民总营府。明改田州府。弘治间，改设流官，政德间复土，嘉靖间降为州。清州为土田州，光绪元年，废置恩隆县。民国因之。语言约有四种：土话，行之各乡。平话，以环江区、立品区为多。白话，以县城居多。苗猺语，最少，隆义、崇恩区间有之。"[①]土话即壮语。"在田东，先来的是壮族，汉族是后来才来的。因为壮族是'南蛮'，所以汉族害怕壮族。解放前，跟壮族的关系极坏，没有通婚。为什么从山东而来已不太清楚，可能是因为平定南蛮而来，也可能是为开荒而来。……这里土地多便来这里，且80%是沿河而住。原因是要是被南蛮攻击，好乘船逃开。另外，沿河生活方便，田东啦、百色啦，要是沿河，在哪儿都可以。乘船的多是蔗园人。"[②]

平话在田东县称"蔗园话"。田东县讲平话的姓氏有22个，其中在田东县城居住的平话人就有13个姓氏，分别是黄、韦、雷、施、葛、方、陈、宋、农、吴、莫、谷、简等，分布于5个镇22个村及5条街，全县平话人数约4万多人。

黄氏平话人在田东是一大姓氏。根据收集到的部分家族谱记载，田东县的黄姓平话人来历不同：

1. 宋皇祐年间，山东省青州府白马县人黄启源到桂林郡任司马之职，后随狄青与侬智高战于昆仑关，立有军功而留守邕州府，其后裔起初居住在邕州府宣化县西乡一带，因所处行政区域不同，分二、四、五、八冬4支。后来由于人口繁衍，部分后裔向右江迁移，另谋生路。也有部分后裔是因参加太平天国起义受官府镇压而迁入今田东，今田东二、四、五、八冬黄姓皆其后代。

2. 宋皇祐四年（1052），山东省青州府益都县白马堡人黄嵩，随狄青征侬智高有军功，被宋王朝封为上林土县世袭土官，今思林镇、坡塘乡许多黄姓是其后代。

3. 侬智高造反失败后，宋王朝为加强对边疆地区的控制，推行移民政

① 佚名纂：《恩隆县志》，民国二十二年抄本。

② 徐杰舜：《雪球——汉民族的人类学分析》，上海人民出版社1999年版，第217页。

策，山东省青州府白马县人黄飞鸿迁邕州府落业，户籍宣化县西乡一图十冬，其后裔于清朝年间迁到右江，今田东县十冬黄姓是其后代。

我们选取黄启源一支，从对田东县中平村黄氏的实地考察，沿着其迁徙的路线顺江而下，到其迁出地南宁。

中平村是个行政村，现有人口 3000 多人。全村有 10 个屯。其中木平屯为壮族，约有 300—400 人，说壮语，其余为汉族，都说平话。现居住的平话人有黄、李、卢、张、梁、邓、冼、曾、刘九姓氏，其中黄、李、卢、刘是中平村四大姓氏。据村里老人讲述，新中国成立前壮汉不通婚，也不交流来往，各自说自己的语言。当时因为语言不太相通，壮族孩子上学要过河去壮族人的学校，很不方便。新中国成立后，随着土改、开会等活动，汉壮间才有了交流来往。为了生活的需要，壮族成年人除了讲自己的语言壮语外还学习汉语。随着时间的推移，壮汉交流来往越来越频繁了，壮族人也都学会了平话与汉族人交流，必要的时候，汉族人也会用壮语和壮族人交流。

根据村中黄锦业等老人讲，平话人最早是在康熙年间，一户姓卢的人家先落脚到中平村的鉴屋屯。当时的中平村人很少，黄姓人从南宁沙井三津村来到中平村给卢家人打工，继而定居下来。人口也慢慢繁衍开来。

中平村的壮族人比平话人来得早，在明朝年间从山里搬出，最早来这里讲壮话的是姓凌的人家，原来是瑶族人，移民到田东。左右江两岸，在最早时居住的也是少数民族，多是壮族。后来平话人从南宁、邕宁陆续迁到这里，沿江居住了下来。

南宁沙井镇的三津村原称马津村，现改为三津村，人口 5000 多，相当于沙井镇的一半人口。包括以下几个坡（相当于自然村）：塘华坡（四冬，"冬"相当于"房"）、寺边坡（四冬）、禁头岭坡（一半四冬、一半五冬）、岭底坡（四冬）、二冬坡、陈屋坡（姓陈的）、周屋坡（姓周的）、山背坡（五冬）、案台坡（五冬）。三津村解放前共分为 5 个津，现在只剩下亚津、中津、南津，后新增一个连津，是从南津分出的。

南宁三津村黄启源族系是一个支系庞杂、历史悠久、人口众多的大族。据族谱记载，其始太祖原籍是山东青州府益都县白马驿司舟仁桥头村人氏。据被采访人《三津黄氏族谱》的主编黄克健老人述：黄氏的老祖宗是文林郎，公元 1049 年出仕桂林，后征侬智高南到南宁。1075 年越南侵略打到了邕州，其老祖宗从南宁避乱到虎邱村，便在那里开村定居。虎邱村是南宁黄氏平话人始祖落籍之处。虎邱村也叫大黄文。至明朝朱元璋洪武年间南宁地区太平,公元 1371 年,黄氏的一支从虎邱迁到了马津村,至今已有 600 多年了,从虎邱算起已繁衍 26 代,成了虎邱黄氏的一大分支。

黄克健等《马津村黄氏族谱》(2000):"我族始祖启源公于明朝太宗洪武四年(1371)携带四子:寿生、寿成、寿方、寿正,从大黄文迁居南宁宣化县木山江之那踏岭开村建业,报籍西乡一图马津村,迨八年,迁入山门口,后遂分居二、四、五、八冬各安其业。开村至今已有 600 多年的发展史,人口繁衍已逾数万,其后裔分支系脉已遍布南宁市(含郊区、邕宁、武鸣两县)、马山、钦州、左、右江流域的扶绥、隆安、平果、田东、田阳、百色、龙州、凌云等八桂大地和河南、广东、香港、台湾等省区,以及海外的越南谅山、小朝等各地。"田东中平村黄氏就是从马津村(现三津村)分出去的。而中平村黄氏的入桂始祖还要再追溯到南宁虎邱村(大黄文)。

南宁虎邱村族谱编辑组所撰《黄氏族谱——广西南宁虎邱村》(2000)称,"始祖乃山东青州府、益都县白马驿、司舟桥头村人,自宋皇祐年间随五虎将军征南,平息侬寇,奉谕留守邕州称一带地方训民。官文林郎职首。始祖兄弟八人:仲儒、仲华、仲美、仲乐、仲五、仲容、仲文、仲政,而仲儒居长即始祖也。初同居住,后分虎邱、马村、横溪、北村各安其业。"右江的平果、田东、田阳、百色等和左江的崇左、龙州等也都有黄氏家族平话人的分支,右江最多。马山、灵山、钦州都有黄氏大黄文的分支。

综合黄氏族谱及口碑,可清晰地看出田东中平村黄氏家族的迁徙轨迹:入桂始太祖原籍山东青州府益都县白马驿司舟仁桥头村,于 1049 年出仕桂州(今桂林),后征侬智高南到南宁。1075 年避越南李朝这乱率家小避入大黄文(虎邱),然后先后分成几支定居于南宁的虎邱、邕北村横溪、心圩、马津村,以及邕宁、钦州、灵山等地,又逐渐向马山、左、右江流域的扶绥、隆安、平果、田东、田阳、百色、龙州、凌云迁徙,小支迁徙河南、广东、香港、台湾等省区,以及越南谅山、小朝等地。本支始祖黄启源公于明朝太宗洪武四年(1371)携带四子:寿生、寿成、寿方、寿正,从大黄文迁居南宁宣化县木山江之那踏岭开村建业,报籍西乡一图马津村,部分黄氏又从马津迁到田东中半村。

此外,南宁石埠墟黄姓,族谱记载始祖福圣公为山东白马院桥头村瓦子巷人,北宋年间随狄青南平侬智高后留守田州,后迁至石里(即今石埠钟毓村),至今已有 26 代。称与今田东以及邕宁的六塘、七塘的黄氏同宗。

第五节　桂南平话的分布区域与移民史记载的一致性

一　正确对待族谱资料虚实相杂的性质

族谱是考察人口活动的资料之一。"当我们希望详细地了解一个个家族或宗族的历史时，参考族谱，是理所当然。但我们应看到，族谱在成为进行历史研究的材料之前，本身已经是一部包含着对本族过去经历的解释与主张的'历史叙述'，而非纯粹的实录。作为中国人的私家'历史'，族谱实际上具有真实性和虚构性两面。"[①]从大量的田野调查中，我们真正感受了族谱资料虚实相杂的局限性。

在对桂南平话人的家、族谱考察时，我们发现一些雷同的现象。

一是平话人普遍对入桂始祖的真实姓名、身世、事迹不甚了解，对远祖的地望、姓名的追索多是出于盲目攀附。在我们所举的家族迁徙个案中，谢氏的入桂始祖无名可查。1996年横县陶圩镇谢圩76岁老人谢绍熙所献手抄本宗谱，上有据说是清乾隆十七年24代裔孙谢子信重抄留笔的资料，云其祖季一公为宋帅狄青部下二十四将首之一，"自渡长江，工务杀敌，节节歼灭敌寇，皇上奏旨，谢季一平蛮有功，留兵千五，镇守昆仑关，吾祖复原名季成"。修谱者推测谢氏入桂始祖为谢安24代孙谢季成，但又遭遇籍贯、事迹、所葬之地均不相符的尴尬。许多家族谱语言文白夹杂，语句不通，错漏颇多。如田东黄氏二冬二房四平村黄氏宗支薄："始祖系山东青州府白马县桥头村人氏，宋天祐元年随狄征侬而来。"而北宋无"天祐"年号。思林镇黄竹村黄永寿家谱："始祖黄蒿是山东省青州府益都县白马人氏，皇祐四年征侬有功封建威将军，世袭上林知县哉，世袭26世，23、24世还奉命兼理州三任，还通志馆记载，黄嵩是第八代是明洪武年间任的，以前七代无法查考。"此记录不仅文不达意，所记事迹也自相矛盾。

二是祖籍地雷同。桂南平话人的家族谱中对尤以山东青州府白马县（"苑、院、园、堰"可能均为"县"之误）为多。尤其是桂南平话的中南片和西南片地区，平话人的家族谱几乎都离不开"白马"。

三是事迹雷同。大多传北宋皇祐间随狄武襄征侬智高，事平后，因留邕勿去。史书记载宋皇祐四年（1052），侬智高起兵反宋，连陷数十城，直抵广州城下。宋王朝派狄青南征，皇祐五年正月攻陷邕州（南宁）城，侬智高败逃往云南。从此，历代皇帝都派兵在广西屯戍。但家族谱记载的时

---

① 林亦：《百年来的东南方音史研究》，南京大学出版社2004年版，第163页。

间五花八门，所担当的军职也多有杜撰之嫌。

桂北平话地区有山东青州说，但罕有随狄征侬的传说。例如桂北灵川县潭下村秦姓家谱曰："山东青州府秦氏三子宋庆历（1041 年）下江南。长子民伦居江西，次子民云居桂林，幼子民德不详。吾乃民云之裔……"平乐县陶姓和钟山县李姓俱言先人唐宋年间来自山东青州府。宾阳和横县两个平话大县，所见家、族谱记载的祖籍地、入桂时间及事迹并非如此单一。例如：

忠元《横县梁氏族谱》（1999）：

> 我梁氏宗族，景舜公乃始祖也。公：宋朝贡生，原籍山东青州府诸城县野鸭屯。熙宁八年（1075）农历十一月交趾（越南）郡王李乾德乘广西边防空虚，令太尉；立常杰率兵十万侵占广西南部各州，农历十一月二十七日围攻邕州（今南宁），当时邕城仅有守军二千八百人，知州苏缄率领全城军民奋力抗敌五十余天，由于城中粮尽水缺，军民多病，敌众我寡，熙宁九年（1076）正月二十日邕城被敌攻陷，知州苏缄全家三十六人自焚殉国，全城无一人投降，邕城一带被杀害的军民就有五万多人……熙宁九年农历二月宋皇命郭逵将军为安南经略招讨使，景舜公随郭逵将军率精兵十万，由广州沿广南西路赴广西抗敌。宋军得到了广西各族人民的大力支持，很快收复了被占的国土。并把入侵之敌（交趾）追剿至富良江（红水河），俘虏交趾太子李洪真，交趾郡王李乾德只好向宋朝投降，景舜公在反击战中有功，宋皇授封公为承德郎。宋朝为巩固广西边防，命我祖公带兵镇守横州，后任横州知府正堂，并定居横州江南中渡口。景舜公来横县定居横州江南，至今已有九百二十三年……繁衍后代三十余代，子孙遍布广西、广东。

广西横县蒙氏族谱理事会编《蒙氏族谱》（1990）：

> 根据先人记载，是始祖之故乡，由山东青州府野鸭屯祖籍之蒙四、九、十公（即朝安、朝泰、朝怀）受唐朝天子诏旨，于武德四年（621）带父蒙昆挥军征讨南蛮后，受诏敕封太尉，唐官一品，镇守南池，后定居广西横县蒙村，至今已有 1400 多年，子孙繁衍，其后裔分布广西各地。

南宁市郊区地方志编纂委员会编《南宁市郊区志》（2004）：

> 从族谱记载和口碑传说，说平话的人自称来自"山东"①的最多，计

---

① 今山东、河南一带。

有：黄、李、陈、梁、曾、陆、马、林、刘、苏、葛、雷、韦、吴、颜、秦、卢、杨、罗、赖、邓、文、唐、莫、滕、周、冯、班、欧、王、玉、谢、宋、何、蒙、骆、戴 37 个姓，来自江西 4 个姓、江苏两个姓，来自福建、陕西、广东、湖南、贵州等省均为一个姓。以朝代计，宋代迁来有黄、卢、梁等 34 个姓；明代迁来有陈、莫、冯、班、邓、文、唐等姓；清代迁来有银、麦、滕等姓。姓氏因存在一姓多源或一源多姓，故同一姓不同朝代迁来者亦有。

黄姓：各支族谱记载的祖籍大同小异，共同点都说来自"山东青州府"，府以下址分别说来自益都县、寿光县、白马县、白马驿、白麻苑；南迁的年代分别说来自宋皇祐元年（1049）、皇祐三年（1051），多数记载说是随狄青征侬智高留戍，也有说是明武年间南迁宣化县，经过若干年辗转各地，最后定居虎邱、三津、明秀、同乐、乐贤、永和等村。卢姓：据那龙《卢氏族谱》载：太始祖卢述，系山东青州城北白马院阻河西岸大桥头卢壮（今南马栏村）人。自是英年发甲，升迁后仕宋，为宋仁宗帝（1023—1063）柱国。述公于宋皇祐四年（1052）奉命携六子摔兵随狄青南下平安"大南国"，战事平定后留戍邕州右江镇（今那龙）。另石埠镇《卢氏家谱》载：始祖卢凤锦，源自山东白马县桥头村，迁来南宁古城口卢屋园住，后迁今南宁市郊罗富、温屋、北槐，最后定居宣化县西乡一图十冬（今石埠镇托洲十冬）。雷姓：据《雷氏族谱》载：始祖大据次一公，来自山东青州府益都县野鸭屯白马堰，于宋皇祐四年（1052）奉祖随狄武襄元帅统军南征侬智高，与广西昆仑应战，克敌制胜，特力奇功，授命为大宋都指挥长、镇守邕州，落籍南宁城区，其后裔分布在津头、亭子一带。

总之，平话人的入桂始祖大都追溯到北宋，入桂后的世系及迁徙路线清晰可信。

二　桂南平话的分布区域与移民史记载相一致

家族谱对对远祖的地望、入桂始祖的事迹语焉不详，说明早期的平话人多为南征留戍或屯戍的戍卒，并非名门望族，事迹不见于史。加上修谱时间过于晚近，多半以旧谱的零星记载或口碑传说为据，甚至移用不同姓氏的材料。我们见到的平话人的族谱，绝大部分是 20 世纪 90 年代以后重修，甚至是新修的。山东青州府白马传说集中的左右江流域，基本是清以后从南宁、邕宁等地迁出的平话人，来源较为单一，多有根可查。随狄征侬说则说明宋代军事移民奠定了平话的基础，反映了最能与平话的音韵特征相吻合的历史事实。

然而，家族谱中关于平话人的繁衍迁徙的记录是真实的，是家族谱文献中最具价值的资料。20世纪兴起的修谱热，动员了多方力量，得到族人的普遍支持。修谱者往往是家族推举的有文化、有责任感、有威望的人。大量的宗支簿虽然在追溯祖先事迹时寥寥数言，但世系记录明细。平话的分布区域与平话人的移民史基本一致。

一个姓氏的迁徙繁衍是审视一个民系的一扇小小的窗户。结合史实、方志及宗族谱的记载，广西平话民系的源头主要来自宋代的军事移民，集中分布在桂州（今桂林）、邕州（含南宁）、宾州、贵州（今贵港）、钦州、宜州、融州等这些宋代的屯戍之地，并由此流播到周边的横县、灵山、武鸣、上林、马山及左右江地区，移民的流向与今天平话方言的分布相吻合。

桂北地区的桂州唐宋以来是军事重镇，宋代静江府（治今桂林市）常年驻兵达5000人。这里是广西开化较早的地区，民族冲突较少，百姓基本著土而安，流动较少。倒是不断有新的岭北移民迁入。明清以后平话逐渐失去优势地位，处于不断萎缩的状态。本来就受湘语的影响，后来居上的西南官话更阻断了其与桂南平话和粤方言的地缘接触，这也是桂北平话变异很大的原因。

而在桂南，平话是强势方言，明清之际仍从核心地区向周边扩张。正如民国二十六年《邕宁县志》所言：

> 汉族有籍贯，自赵宋后，来自中州，各省皆有，尤以山东青州府白马苑为多。相传宋皇祐间，随狄武襄征侬智高，事平后，因留邕勿去，言人人同。……自后凡城乡市镇，以及山巅水涯，习为汉人繁殖之地。此就邕地而言也。至由邕地复迁往他处者，如右江至百色一带，左江至龙州一带为最多。他如思恩府、庆远府、各属次之，而柳州府亦有一小部分，均与土族杂居。唯土族则说獞话，汉族则操邕之平话，以此分别。（按邕之汉族前往他地者，多在明末清初时代，其登甲乙科者，亦多有其人）……

原南宁郊区的平话可分为三片：亭子话片，分布在市区的正东、东南部，包括亭子乡、那洪乡、津头乡等地；心圩话片，分布在市区北、西北部，包括心圩镇、上尧乡、安吉镇及石埠镇部分地区；沙井话片，分布在市区的正南、西和西北部，包括沙井镇，石埠镇及那洪乡的部分地区。并沿旧官道与宾阳相连。

宾阳谢季一公一子留宾阳，一子迁相邻的横县，由这两个大本营向周边地区发展，往东是贵港，往南是灵山、钦州，往西是邕宁，往北是来宾、上林、马山，与历代同为驻军重地的融柳地区相接，这一大片即是桂南平话的主要分布区域。由宾阳、横县迁出的谢氏，以落籍灵山、贵港为众，长房子孙回迁也定居灵山，应该也与这里有众多族人有关。灵山属钦州地区，贵港属玉林地区，桂南平话与勾漏片、钦廉片粤方言连成一片，构成广西粤方言的第一层次。

黄氏家族沿右江的迁徙，是平话溯江西渐的缩影。右江沿岸的田林、百色、田阳、田东、平果、隆安；左江沿岸的扶绥、崇左、龙州等地，均有平话人分布。由于迁出晚近，语言特点与南宁西郊的平话十分接近。

方志也记载了这样的历史。如（清）徐衡绅修，周世德纂《上林县志》：

> 唐氏，其居思陇者，则祖籍为本省宾州。
>
> 石氏，石高九原籍今之山东益都县，随狄青南征留居宾州，其后又由宾州石村迁居上林，计分三支。一居尚礼乡石仁里村，一居伝屯那地，一居三里。
>
> 廖氏、邓氏、陆氏、柳氏皆聚族于思陇诸村，其先俱由宾州迁来，潘氏则由武缘迁来。
>
> 韦氏，其巷贤邦光村之韦氏则自宋时由山东青州随狄青南征遂居宾州，厥后支派繁衍，始又分居上林。
>
> 黄氏，远祖善璋一名胜奇，山东青州府乐安县人。宋仁宗时随军南征，事平，狄青奏请分地世官以镇边陲，官至银青光禄大夫，邕州东南正将。玄孙克顺元武毅将军兼南宁路总管。孙忽都明初归附，授思明府知府，世袭。……五世孙茂调其戍守宾州昆仑关，遂居上林思陇黄村。今县南诸黄多系其后。
>
> 蒙氏，宋初宾州守，长沙蒙延永既卸职，即家于宾。其支系名经一者于明朝又由宾州分居上林伝蒙等村。
>
> 莫氏，谱谓其先伟勋乃山东益都县人，于宋神宗时来征广西溪洞诸蛮有功，为南丹知州传二十四世至芝凰。其子希圣又以平八寨功，万历七年授古蓬周安思吉三镇土官，其后遂居古蓬。……又一支乃汶水县野鸭塘人，宋时随狄青南征，家于宾州三王墟。其裔孙耻例贡生，当明末清初迁来上林荣富乡覃排甲古文村。子孙散居老向述塘湾村蓬水耀军驾村上门诸村。

民国二十一年（1932）《同正县志》（今扶绥）

> 然其初之百蛮实为其土著。尝言南方为盘狐之后，故其种类多以犬部加之。自秦汉以来久已，旧中国版籍，其政教所及亦已大半开化。而是城民户则以他省迁来之汉族为多。其从前之猺獞虽久遁峒岭中，而染濡风气，百十年来已与汉人通婚。
>
> 县属人民多是汉族。……而他省之行商以及他县之迁居而落籍者，往

往而是。是故历代以来，凡科名发达者多系客籍人，此可考而知也。……另有一种人（俗谓蔗园人）多系宣化县属之桥板村来徭耕者，散居各处，自成村落。

蔗园人即平话人，桥板村在今南宁市西乡塘区。
民国二十七年（1938）《田西县志》：

本县著姓为岑覃潘许四姓，岑覃许原籍浙江绍兴府余姚县，潘姓原籍福建汀州府，四姓俱随狄青将军征侬智高而来，同为其部将，平定侯狄青奏以岑仲淑留守。迨永乐置司治理斯土而以四姓子孙长之世代世袭。族姓多聚居于城市及沃野之地，盖以此等地域多为四姓食禄之所，改流后遂渐散居各地。统计四姓人口约占全县人口百分之十五。

大姓则为黄王两姓。黄姓原籍湖北江夏县，王姓原籍山西太原县，亦系狄青部卒随征前来。黄姓繁衍最盛，随地皆有，占全县人口百分之十。王姓次之，占全县人口百分之七八。其余杨姓原籍江西，分布于潞城附近，其他各处间亦有之，人口占全县百分之一。林姓原籍广东翁源县，人口约占全县人口百分之小数八九。

田西处广西之极边，自侬氏之乱，几勤师旅方克底定。自时厥后，始置土官，初则有狄武襄部将余姚岑仲淑都督邕州，置戍子孙所部裨将分驻各地，地方既定，草莱方辟道路，渐次交通。内地之经商营业者络绎而来。当时宋室南迁中原人民避乱，散居两粤者多有联袂偕来，适彼乐土。其外来之民多操官语，初则汉土杂居，汉人较少，土人较多，故习染土语浸久而同化为土人矣。其居于山峒者为湖广人，聚族而居，不受土族同化，犹能保守其固有之习性。

《百色县志》（1960 年，油印本）：

汉族可分作三个部分：一是住在城厢镇，是由邻近几个省迁来的，在城里过去有许多会馆，如福建、粤东、永定、云南、江西等。这些汉人多是由于经商而在此定居下来的。一是散居在那毕、四塘和永乐等公社从事农业生产，他们大都种甘蔗，所以又称蔗园人。据说是从南宁讲平话那部分汉人逐渐移居来的。……一是散居在龙川山区一带，据说是由四川湖南及贵州等省迁移而来，也从事农业生产，除种山谷、玉米、红茹外，还爱种植果树。

居住在城镇的汉族，大都讲白话，一般叫做粤语，和广东珠江一带的语言很类似。分布在各乡村的汉族，在那毕乡的大湾、莲塘一带，四塘乡的富联和永乐乡的南乐、中乐村的汉族，都说平话，俗语蔗园话。分布在两巴、阳圩、大楞、龙州等地的汉族，都说四川话或湖南话，一般叫普通话。

在邕州、宾州、贵州（今贵港）钦州、宜州、融州这些宋代的屯戍之地，由于移民较多，时间也相对集中，带来的唐宋官话在此衍为平话，并由此流播到周边的横县、灵山、武鸣、上林、马山等地，并沿左右江向西南迁移，形成今天的桂南平话的主要区域。宜、融、柳一带的主流方言如今已为明清官话方言取代，但作为底层的百姓话、土拐话，依然保留许多与桂南平话中心区的一致的语言特点。

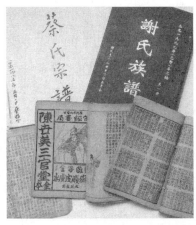

第三章　平话人的文化特征

第一节　平话人——汉族的支系

今天的汉族有十亿多人口，是中国也是世界最大的民族，以至国外有人认为，它不是个民族，而是个种族。我国至今对汉族族体结构研究的不足，是这类疑论产生的重要成因。以汉族之大，其族体历经数千年的形成、发展过程十分复杂。要把汉族研究清楚，必先将汉族的内部结构、源与流研究清楚，汉族内部支系（民系）的形成与划分便是其中关键问题之一。

国外学者一般认为，"民族"内部结构有着不同的等级层次。过去苏联学者将这些不同层次的人们共同体划分为"多民族共同体""民族"和"亚民族"样三个等级；相应的，我国习惯称作"同源民族集团""民族"和"民族分支"。日本学者则是在民族之下，划分为"民族下位集团"，这个"民族下位集团""亚民族"，就是我们常说的民族支系，或叫民系，它是认识某个民族民族结构的重要环节。

汉族究竟有多少分支，至今研究仍不够。要研究汉族的源流分支，就得解决如何识别划分支系的问题。苏联研究汉族的专家刘克甫曾提出划分民族与民族支系的三个标准：

（1）民族自称，分析自我意识的程度；（2）语言标准，分析用语的相互理解度，相同方言是同一民族支系；（3）内婚范围参考。[1]也有中国学者提出衡量民系能否形成的三个原则：（1）在某一时空背景中，生活着一支稳定的居民共同体，其人口数量一般不低于同一时空背景下的土著居民；（2）这一稳定的居民共同体，必须形成一种独特的心理素质和文化范式，以及自我认同意识；（3）这一稳定的居民共同体，必须形成一种有别于周边其他民系的方言系统[2]。

这些划分的依据有重要参考价值，但以汉族的情况作考量，仍有不周

---

① 贺国安：《苏联关于民族与民族支系问题的讨论》，《民族学通讯》1990 年第 97 期。

② 李孝聪：《中国区域历史地理》，北京大学出版社 2004 年版，第 386—387 页。

详或可商榷之处。如"内婚程度""形成支系的居民共同体其人口数量一般不低于同一时空背景下的土著居民"等，过于绝对化。

汉族支系如何划分，笔者考察汉族一些南方民系、族群的形成过程，认为应考虑以下条件：

（1）迁徙、移民是动因。

语言是民族的基本标志。能称为"汉族"，说汉语是必备条件。汉族在不同时期从北方中原地区散布了不同的地域，带去的语言久而久之就分化为不同的方言，这些操不同地域变体的汉语方言的人群，也就成为汉族的不同民系。迁徙、移动是形成支系的动因。

（2）传统汉族文化特征+新的文化特征。

汉族向边疆异族地区迁徙，尤其是向南方的百越之地迁徙发展一般有两种方式，一种是"浸润式"的发展，进入异域的汉族群体人口较多，并不断有移民补充，以自己的经济文化优势浸润式地自我发展，逐步同化了当地的少数民族，在这过程中也会有所"入乡随俗"，年长月久，在保留汉族原有文化特征的同时，也增加了一些新的文化特征，与原住地的汉族文化发生了变异。粤方言的主流地区属此种类型。

另一种则是到了迁徙的异地，由于人口有限，与当地的少数民族不断交往，发生了部分同化现象，但作为优势民族，并没有"化"过去，而是既保留了某些汉族原有的文化特征，又有了因与异族结合面产生的新的文化特征，形成了明显的源流的关系。没"化"过去的根本一点就是语言。平话民系便是此种类型。

（3）语言分化形成独立的汉语方言（或形成一种得到公认的、有别于周边民族、民系的共同方言），具有长期的影响和凝聚力。

形成独立的（或独具特色的）方言是区分支系的最重要的特征。语言是人类进化和社会发展的"活化石"，也是族系文化发展的印证，考察语言发展变化的过程，可以追溯考证族群分化形成过程。而共同方言长期的凝聚力是支系形成的核心要素。

（4）族体认同感。

既认同于汉族，又认同于属于某个支系，即族群意识，比如自认是汉族客家人、汉族平话人、广府人等。但对认同感有时要作具体分析，比如在民族压迫时期，这种认同感会受到压抑；新中国成立后，由于国家对少数民族的优待政策，也会使一些人希望被承认为少数民族，对自己是汉族（或某支系人）的认同感呈隐性表现。

（5）长期保持有一定的人口与地域的稳定的人们群体。

长期保持一定的人口与地域，是在多民族共居区，维持作为一个长期稳定存在的人们群团的起码条件，是实力较量的结果。汉族移民迁徙进入异地，必定经历种种变迁，但依然能站稳脚跟保持着为数不少的人口和地域，不被别的民族（或群团）同化"吃掉"，那么，这个人们群团必定保留着较强的经济文化实力和难以撼动的内聚力。至于这"为数不少"的人口与地域，究竟是多少，恐怕很难定出绝对数值的量化要求，尤其是在多个民族、群团共处一域时，"为数不少"也只是个相对参考数值。这时，历史与民情：长期获得四周居民的公认程度便是最大的加权指数。

（6）与周边民族、族群有比较和谐的民族（民系）关系。

能形成新的汉族民系的人们群团，必定具有勤劳、谦和、诚实、守信、乐于助人等性格，才能长期与四周的族群和平相处，建立和谐良好的关系，在长期相对稳定安全的社会条件下，才能促进族群的共同发展和互相吸引、自然同化，从而形成新的民俗特点。如果民族（民系）关系恶劣，汉族移民就很难立足于新迁徙地，更谈不上新发展了。

总之，支系的划分是个综合指标，据以上 6 项考察，平话人是汉族的一个支系。

第二节　平话人的文化特征

我们不妨结合上述 6 项条件考察作为汉族一个支系的平话人的文化特征。

1. 清晰的移民迁徙足迹。见第一章。

2. 传统汉族文化特征+新的文化特征。平话人一是保留了某些汉族的古老习俗，或古俗到了异地有了不同变化；二是受到所居地少数民族的影响，产生了一些介于汉族与少数民族之间的习俗，形成某些既不同于一般汉族又不同于当地少数民族的文化特征。但它的基本特征还是"汉族的"。平话人民俗文化丰富多彩，本节仅择要简述。

（1）宗族制与宗族文化。

汉族受儒家思想的影响，形成以宗族制为核心的家族宗族化，这也是平话人所有民俗活动的重心和突出特点。

平话地区家族力量强大，重修谱、建祠堂、家庙，重春秋社祭和联宗祭祖，每个姓氏都有族谱，几乎村村有祠堂、社庙、家位神台。过去宗族都有族田（蒸尝田）族产，用于组织春秋二祭以及宗族内奖学济困、处理族内大事等。新中国成立后没有了族田，但近年各宗族祠堂普遍都有族内群众集资的族款，用于组织族内活动。一般宗族内都定有族规族约，由族长组织执行。一般以宗族血缘为纽带共居建寨，不少地区都以姓氏来命名村寨，有的还有姓氏节。

家族设"祖宗屋"（或叫"大众屋""公屋"），祭祖及婚嫁大事都在祖宗屋内进行，至今南宁市郊的平话村子依然保留此俗，反映出家族制的特点。"大众屋"是全村、全族人的公共财产，这些公屋族产都有专人管理。富村大族的族产及宗族活动就更多更大。如横县平话人的雷氏、蒙氏等大族，有建筑上乘的大宗祠，多数村子在祠堂内办学，有一定族产。由各家筹款，每年联合祭祖，有来自附近十数县市的同宗者多达数千人，各村至今仍有宗族"理事会"（由族人选举产生）来管理族产及全宗族的活动事务。组织严密，规模不小。

连屋是一个家族或大家庭的人的房子比邻几进建在一起，四周用建廊房或起围墙的形式把房子环抱连在一起。这类连屋建筑是平话人所保留的汉族传统居式特点，集中反映了平话人的家族制度、祖宗神灵崇拜礼俗等。连屋建筑在桂南、桂北平话区都普遍可见，经济条件好些的是砖砌、廊房；条件差些的是泥砖冲土或石砌围墙。

当然，随着近二三十年改革开放带来的社会生活高速现代化，对农村的宗族文化产生巨大冲击，年青一代已经比较淡漠。但现代化的另一面，又使不少地区有能力把宗族文化的物质形式作为一种文化符号加以保护开发，甚至打造成旅游产业的组成部分。

（2）经济特点。

居住农村的平话人多以传统种植业为生，其中比较有特点的是种甘蔗和种菜。桂南部分平话人又有蔗园人、菜园人之称，名称的来由大概缘于历史上这部分平话人擅长种蔗、种菜，曾以"种蔗种菜，为唯一事业"而得名（《思乐县志》）。种甘蔗、种菜，反映了农村经济生活的发展，给当地土著民族的刀耕火种带去一种进步。桂北灵川平话人的榨糖业历史就很悠久，该县三街镇现有一个村子叫甘奢铺，传说该村很早就盛产甘蔗而得名"甘蔗铺"，后转音变成甘奢铺。我们到横县蒙村调查，也发现很多遗落村边的古老的榨糖石滚，可见过去种蔗榨糖曾是平话人的主业之一，成为历史上的一大经济特点。

平话人多居住在沿江或平原地区，故又有"平原人"之称。由于水、土等自然条件较好，因而在经济生产上一般较当地少数民族占优势，并带有平原地区经济的特点。平话人分布地区大多水陆交通方便，圩市发达。

（3）民间文化。

清《广东通志》（1864，重刊本）卷九十二《舆地略》："粤俗好歌，凡有吉庆必唱歌以为欢乐也。词不必全雅，平仄不必全叶，以俚言土音衬贴之。唱一句或延半刻，曼节长声，自回自复，不肯一往而尽。辞必极其艳，情必极其至，使人喜悦悲酸而不能自己，故尝有歌试以第高下。"如今在广西，平话山歌等民间文化比一般汉族地区发达、盛行。各地的平话山歌丰富多彩，受当地少数民族歌圩文化的影响，平话山歌、歌圩及由此而产生的习俗十分风趣动人，成为民间文化的瑰宝。桂南的师公戏是平话人创造的民间戏剧形式，傩舞、彩调、舞龙、舞狮则是桂北平话地区重要的民间文化活动。

（4）婚丧节庆，人生礼仪的混合色彩。

平话人在婚丧节庆，人生礼仪方面，除继承传统的汉族理念和礼俗外，还吸收了当地少数民族的许多独特的习俗，尤其是地处壮族聚居区的邕宁、南宁及左、右江平话村庄。如壮族的兴歌圩、依歌择偶、入赘婚、不落夫家、女劳男逸、行二次葬、过三月三、吃五色饭等少数民族习俗，都程度不等地影响与之接触的平话人。这些汉壮合璧的习俗。十里不同风，难以尽述。而在桂北平话地区，宾阳、横县等桂南平话核心地区，一般没有上述少数民族的习俗。

（5）宗教信仰。

平话人的宗教信仰既保留了汉族传统的特点，又融合了当地少数民族的元素，形成了佛、道、巫、师混合的宗教信仰，内容十分复杂，各地形式各异。如横县平话人的茅（梅）山教信仰，是一种十分明显的混合宗教形式。柳城古砦地区百姓话人则有比较完整又庞大的神灵体系，并形成众多的祭祀民俗，还接受了当地仫佬族的一些祭祀节日和风俗。邕宁县五塘乡沙平村有佛、道、师"三教"，多神信仰，宗教混杂。有的教徒身兼数职，既是师公、也是道公、佛师，所念的经书，佛经、道经、师经都有，喃经念佛普遍用平话。妇女则崇信巫教（即巫婆）。当地壮族人的宗教信仰与平话人无大的区别，也是壮、汉合流了。

3. 平话是岭南粤语的西端，与勾漏片、钦廉片粤方言地域相连，构成广西粤方言的早期层次。在广府白话未西渐之前，平话是桂中南、桂西南地区的强势方言。

4. 认同感和寻根意识。

平话人，尤其是桂南平话人有比较强烈的认同感，表现在以下几个方面。

（1）重视修谱续谱。

谨记源流传说，注意收集祖遗文物或墓碑。平话人的祖先因是迁徙而来的移民，因而对祖地及源流历史十分珍惜。"不忘祖"的观念很强。各姓氏、各家族都重视收集和续写族谱，希望能告诉子孙他们这支人是怎么来的。"忘祖"即为最大的不孝，汉族则以"孝"作为道德之首。所以平话人民间修族谱之风不断。即便早些年政府不倡导宗族家族的修谱续谱，有的地方甚至强令禁止，但民间修谱之风仍然不止。近十多年，由于改革开放，气氛宽松，民间修谱之风又盛行。笔者在平话人地区收集到平话人的家谱族谱资料不下数百万字，亦是一个佐证。

（2）对祖先随狄南征事迹的认同与自豪感。

宋皇祐四年（1052），侬智高起兵反宋，连陷数十城，直抵广州城下。宋王朝派狄青南征，皇祐五年正月攻陷邕州（南宁）城，侬智高败逃往云南。从此，广西成为历代皇帝驻军、屯戍的重点地区。这是以宋朝军队大获全胜，对广西地区影响很大的战争。平话人，尤其是桂南地区的平话人，对祖先随狄南征事迹有很强的认同感与自豪感。

平话人的念祖活动也较多。如一些地方的姓氏节就是为纪念最先到达移居地的先祖开拓业绩的活动。南宁市亭子附近的一些平话人村子，因为先祖是随狄青平南而后屯戍定居的，因而以平西、平南来命村名，以示纪念。1949 年春，当地人还举行过盛大的"平西、平南村开村九百周年纪念"活动。

（3）寻根意识强烈。

《宋史》"狄青传"对这位统帅率兵伐蛮事迹的记载也不过 600 多字，对于广大的普通士卒，文献资料非常有限。南征将士从遥远的中原，来到少数民族聚居的南国边陲，无异于到了异国他乡，平话人作为其后裔，在为祖先自豪的同时，也有了寻根问祖的强烈愿望。

山东白马传说，成了世代平话人魂牵梦萦的不二移民情结。南宁市的友爱村，民国时就有人到山东调查寻根。新中国成立前的邕宁县县长雷荣甲是平话人，也曾到山东寻找祖地未果。随着修纂县志，陆续有五六个县的平话人派人到山东寻根，也得不到线索。1994 年友爱村六大姓村民先后派代表到山东、河南查访，并在各界史学专家的帮助下，终于查到了白马县不在山东，而在今河南滑县，揭开了这千年寻祖之谜。[①] 尽管有史为证，但也并非人人都来自白马，"山东青州"也是他们的祖源信仰和挥之不去的移民情结。2007 年 9 月 30 日的《南宁晚报》曾刊登有关"虎邱三村民今日踏上寻根路"的文章，报道虎邱黄氏族人派代表到山东寻根的消息。我们走访到了虎邱黄氏族长黄月恒老先生，得知两名虎邱黄氏代表走访了山东益都县和寿光县的黄氏，但是这两个地方的黄氏都是明朝从陕西和河南迁去的，也没有找到白马苑、桥头村之类的地方。找到一个村过去叫"白马栏"，现在叫"北马栏"，这支黄氏是明朝朱元璋在位时被迫从河南移民过

---

① 《友爱村志》，广西人民出版社 1996 年版，第 49 页。

去的，与广西虎邱黄氏无渊源关系。由于人力和财力有限，虎邱黄氏族人"山东寻根"也就这样告一段落。

（4）族属认同意识。

平话人认同感还表现在各地平话人都认定自己是汉族，视壮族为"土人"。这点在地方志有载。旧时在平话人较多的地区，还是存在种族歧视，一般不与壮族人通婚，只有家境太差，才不得已娶土人为妻，这也是被人瞧不起的。50年代初广西进行民族识别时，有些地方是根据语言及地域民族聚居的情况，成片来划分壮族或汉族的，在壮族聚居区，部分平话人被划为壮族。由于政府对少数民族有各项优待政策，同时有的平话汉人娶了壮族女子为妻，其子女既可报汉族，也可报壮族，因而部分平话人也愿意接受壮族成分。但也有一部分人要求改报汉族。笔者1988年到邕宁县五塘乡沙平村沙平村采访了几位老人，问他们为什么要求改报为汉族，回答说："我们原来就是汉人，老祖是从山东来的，一路（向）都是汉族，讲的是平话。现成了壮族，不是把老祖宗丢了？"

5. 长期稳定的相当人口和分布地域。

直到今天，平话有连片的分布地域，有大约500万使用平话的人口，世代使用平话作家庭交流语言的平话人估计也有300万。

6. 比较和谐的民族（民系）关系。

平话人与周边的壮、侗等少数民族和睦相处。岭南广西地区虽也经常发生中央王朝派大兵镇压"蛮叛"，也多次发生少数民族农民大规模反抗封建王朝残酷的剥削压迫的斗争。但就民间汉人和当地少数民族人民的关系而言，因为平话人与壮人等土著民族，都具有南方农耕民族所特有的朴实平和和比较开放的性格，不少地区互相通婚，互相接纳，彼此之间一直是以友好相处为主流，民族间的互动也以自然同化为主，因而一直保持着比较和谐的民族（民系）关系。这是至今广西壮族自治区内各民族能长期保持着团结友好关系的重要历史原因，也是平话人形成发展的重要因素。

第三节　平话与平话人

平话人是唐宋以来，汉人不断由岭北各地陆续迁入岭南的广西地区后，经长期与少数民族融会发展演变而形成的一支独具文化特征的汉族民系。他们带来的语言也在与壮族等百越民族的接触、"杂处"中继续发展演变，形成了既保留中古汉语的诸多特征，又吸收了壮族等当地少数民族语言影响的新的汉语方言——平话，是侨居地的优势语言。

平话与平话人有着千丝万缕的密不可分的关系。平话由于深入少数民族聚居区，汉语、汉文化对当地土著民族的影响，是经由平话人实现的。由于与壮族等少数民族长期接触交融，凝聚了这支岭南移民的各项文化特征，使之成为移民粤西而独具文化特点的一支汉族民系。

本书所说的平话与平话人是两个概念。平话是指人们使用平话作为日常交际用语的语言状况。"平话人"则是指以平话作为母语的人群，反映的是族群文化状况，二者的内涵不同。由于汉人移民后裔在广西地区长期与壮、侗等百越民族杂处，产生互相同化现象，因而使平话人的辨识增加许多复杂的情况：有的平话人已被壮化、侗化、仫佬化等，已全部或部分失去说平话及其他习俗文化、心理特征，被"化"过去了；而壮、侗等百越民族的后裔则有更多被汉化，因此对外能以平话与汉人交流，甚至家庭母语已改操平话的人，也会因仍保留着不同的习俗文化或不同的族群认同心理等因素，未必符合本书设定的"平话人"的特征。此外，由于 20 世纪 50 年代中国各地曾广泛进行少数民族情况调查，划分民族成分，种种原因导致部分与少数民族共处一地域内的平话人，有整村、整片被划入了壮、侗等少数民族的状况，这部分仍比较完整地保留着平话人文化特征的人群，虽然报了非汉族，仍应属于平话人研究的范畴。

各地平话人的来源、特征、演化的状况是十分复杂的，需要具体分析和总体的把握。说平话不是"平话人"的唯一特征，必须兼顾考察是否具备平话人的其他独特的文化特征。一般来说，使用平话的人数要比"平话人"的数目大得多，在历史上平话发展处于盛期的宋、元、明初时期尤其如此。

平话人的发展与平话的形成发展密切相关，但有更多复杂的进程。

1. 与当地土著百越民族的同化融合。包括属"百越"的西瓯、骆越的壮族先民及其后称为僮、俚、乌浒、僚、等的壮族系的人群，是广西的土著民族。中原汉人自秦汉进入岭南广西地区的初期，处于百越（壮）人汪洋大海包围之中，必定先是有不少人从语言到习俗都曾逐渐被同化于当地土著少数民族之中。正如有的史籍所言，（汉人）"初至多在城市，渐而散处四乡，与土民结婚姻，通声气。数传后，岩栖谷隐，习惯自然，人人得以壮、瑶目之"①。又如《岭表纪蛮》所说，汉人"初来之时，人少而势弱，不得不服蛮之服，语壮之语，以求适应于环境"，终至"同化于壮人者"。随着宋代军事移民的到来，北来汉人逐渐增多，有着较强的经济实力、生产技能或政治文化优势，他们经过一段时间的适应，便在迁徙地逐步站稳脚跟，并反过来汉化着当地的少数民族。在汉人迁入岭南广西地区的整个

---

① 《新宁州志》卷四，第 360 页。

漫长历史过程中，主要倾向是有更多的壮族等少数民族同化于汉人之中。有学者分析，今广西汉人中有上千万是从壮人同化进来的[①]。如秦汉时汉人入岭南的门户灵川县"旧时多壮居，青衣绿绣"，明清以后"壮渐与汉民同，且有读者入庠，与汉民同婚姻者。习与汉处，久而同化，与旧日所记迥殊矣"[②]。这种自然同化融合互动，经数百年以上的融合，使平话人具有既汉非汉，似壮非壮的新特质。

2. 血统上的糅合、多元。壮汉通婚历来比较普遍，可以说贯穿汉人进入广西地区的始终。秦代"秦徙中县之民南方三郡，使与百粤杂处"[③]。留守的大量戍卒往往"皆家于越"，在广西落户成家。史载"尉佗足俞五岭……使人上书求女无夫家者三万人，以为士卒衣补，秦皇帝可其万五千人"[④]，这是官方为南下士卒婚配之证。更多的当是落籍民间，与土人通婚了，如清人屈大均《广东新语》云："任嚣尉佗所将楼船士十余万，其后皆家于越，生长子孙。"由于历代迁入岭南的汉人多为男子，因而大多是汉人男子与壮族女子成婚，在当地安家落户。这种民族间通婚所引起的是互化、可逆的过程，一方面，由于女子一般保留着较多的传统思想和传统习俗，所生下的孩子，一般也是接受母亲的影响和乡土习惯的影响较多。因此，壮汉通婚中，汉人"落籍为土"的情况是不少的。即使后世进入少数民族聚居区的汉人，如果移民人数过于少，同样是被壮化。另一方面，随着汉族移民日趋势众，先进的文化和生产技术使"汉化"成为主流，社会皆入华风。即使平话在迁徙地成为优势语言，但壮汉通婚导致平话人中已含有为数众多汉化了的壮人（或其他少数民族），形成血统上混杂的"新血系"，也是平话人非汉非壮的新特质。

3. 壮汉风俗互相吸引或潜移默化。风俗习惯往往是民族同化的表现形式和民族关系的主要标志。平话人与相邻民族和睦共处，会因风俗习惯的互相吸引而"夷汉同风"，培养了共同的心理、共同的人生道德与礼仪观念，从而获得稳定和平衡的发展空间，并使自己的人们群体的特质内涵更丰富多彩，这也是平话人最有特色的族体进程。

4. 是不同的地域文化促成因素。汉人在不同时期迁入桂北、桂东南、桂中、桂西等不同地区，其历史文化背景不一，因而其移民发展条件也不同。我们仅以桂东、桂西地区为例，看突入少数民族聚居区的平话民系与处于汉族聚居区的其他粤语民系如何受地域文化的影响。经济上，桂东优

---

① 《壮族论稿》，广西人民出版社1989年版，第57页。

② （民国）《灵川县志》，第368—371页。

③ 《前汉书》卷一下，《高帝纪》。

④ 《史记》卷一一八，《淮南衡山传》。

于桂西。因汉人迁入广西先抵桂北、桂东，带来先进的生产技术，桂东平原较多，自然条件较好，桂西则山多田少，自然条件较差，耕作多粗放，生产水平与桂东汉族地区差距较大。在政治上，自秦汉在今广西境内设郡县始，桂东即实行流官制，能普遍执行中央王朝的"王化"政策，桂西则自唐实行羁縻制度，宋代起实行土司制度，至明清才改土归流。在一千多年的土司时期，桂西壮民因"故俗而治"，不行"汉法"，故"王化"最晚。在文化上，桂东早在唐宋时期已设书院，接受汉文化较早，桂西接受汉文化晚了数百年。在语言上，桂东之汉族流官，以汉语作为行使权力的工具，城镇圩场、商业贸易亦以汉语作为交易的主要语言，书院学堂也必然使用汉语汉文。桂西因土官是壮人，说壮话，交流、交易以壮语为第一语言，等等。①可见桂东、桂西是两种不同的发展环境。平话与平话人就是在这种条件艰苦、多民族聚居的桂西发展，成为推动桂西经济、文化进步的生力军。及至明清数百年，不少平话人由南宁、邕宁地区向左、右江两岸不断迁徙，形成了左、右江沿岸蔗园（平话）人的连线或插花分布区，也促进了这部分平话人与桂西壮人的进一步互化，带去的平话虽然比东部的平话、粤方言有了更多壮语的元素，但依然是优势方言。可见，地域文化因素对平话人的发展有重要影响。

---

① 参见《壮族论稿》，广西人民出版社 1989 年版，第 57—58 页。

结 语

一 方言名实关系与方言分区

广西平话的系属之争，与对方言名实的理解有一定关系。早期文献已经表明，清末民国时期，"白话""粤语""广东话""广话"这几种名称指的是同一种方言，即广府白话。由于"无商不广"，广西人对"白话"来自广东（粤）可谓家喻户晓，但这不代表语言学意义的方言分区。以往研究常引用旧方志所言之"官平土白"既指民系，也指"话"，从语言学上划分，"官"是官话，即北方方言，官话也作为方言学的名称。"平土白"均为俗称，"白"是晚到的广府白话，只是粤方言的一支。"土"即土著之意，与后到之"客"（包括白话）相对，在汉族地区"土"与"平"同属原住（或早期）粤语，在少数民族地区指壮族、壮语，相对于汉族，壮族是土著。广府白话是城里话，这就不难理解早期粤方言区百姓比照广府白话自称所操方言是"土白话"，也不奇怪桂南平话人常说"我们平话和白话差不多"。20 世纪六七十年代，宾阳县的不少村民没出过当地，仅凭跟南宁知青交流就能很快学会一口不错的南宁白话，这也证明平话与白话的确关系亲近。

二 "平话"的称说与粤方言俗称"白话"性质相同

我们都知道"白话"即贴近生活的日常口语，与"文言"相对，也与"官话""官语"相对。"平白如话"是"平话"和"白话"的最恰当诠释。自古文献有"平人"（平民）之称。最早见于南朝文献，隋唐以降成为普通词语，比"平民"一词更常见（不知是否与避李世民讳有无关系），无论是官方法典抑或文人作品都广泛使用。广东旧方志中仍可看到"平人"一词。如同治甲子（1864）《广东通志》（重刊本）卷九十二舆地略十："谓平人曰猡，亦曰獠，贱称也"，"谓平人之妻曰夫娘，夫娘之称颇古，刘宋萧齐崇尚佛法，阁内夫娘令持戒夫，夫娘谓夫人娘子也，广州则以为有夫之娘也"。如今广西东南部粤方言区的口语仍有称妻子为夫娘的，桂南平话即称女人为夫娘。

桂北平话各地自称不一。梁金荣《临桂两江平话研究》（2006）："平话是一个通称，不同区域的居民根据所属的区域分别有'渡头话'、'苏桥话'、'龙江话'等不同的表述……各地虽有差异，但互相通话并不困难，同时均不拒绝'平话'的称谓。"周本良《临桂义宁平话研究》（2005）："义宁话因流行于旧义宁县境内而得名，当地人通常使用这一名称。也有称它为平话或土话的，平话取的是'平民百姓的话'的意思，是相对于官话来说的。"肖万萍《永福塘堡平话研究》（2005）："说平话的人把他们所说的话称为'土话'、'平话'，称官话为'官话'、'官语'。"《广西民政视察报告汇编》（1932）中，传统粤方言区的信都、平南、桂平，怀集（当时尚属广西）等县称本地土语为"平话"，而平话分布地区的市县极少有称"平话"的，而是多称"土话"。因为百姓主要分布于广大农村，于是平话又有了"百姓话""民家话""土拐话""土话"等称名，桂北和粤北都还有称"平声""平声话"的。因此把平话理解为平人（平民百姓）之话是合理的。

在以往所说的粤方言区，包括广东，许多地区，尤其是广大农村地区，人们并不称"白话"，也是说"土话、土白话、本地话"，或以地名相称。称白话的主要是旧广府地区，这是岭南最发达的地区，其代表方言广州话自然取得了语言的优势地位。

从语言性质而言，"平话""白话"就是方言口语，"平白如话"，百姓所用，与书面的文言相对而言，与官场的官话相对而言，也与难懂的少数民族语言相对而言。

三　平话是粤方言的次方言

平话与粤方言形成的时代相同，地域相连，都是中古后，尤其是唐宋以后的北方方言在岭南地区的发展，基础方言是唐宋中原官话。与"吴""闽"相类，"粤"是以古地域为名。粤方言形成之际，两广尚未分立，文献的粤东、粤西并指粤地。与广西交界的云南剥隘古镇，是出滇要冲和水路码头，建于清嘉庆十六年（1811）的码头拱门的门头上，当年就曾有"滇粤津关"的题刻。

平话和粤方言在特征上具有高度的一致性。这种一致性在本书的分篇研究中，已经作了较详细的阐述。语音上，过滤掉晚期的历史性语言特征，平话与粤方言的早期历史性语言特征反映它们同属一个大方言区。对口语词汇的比较研究、语法重点的比较研究，同样反映了平话与粤方言的密切关系。平话和粤方言能保持与《切韵》密合，文教科举也是一重要因素。《河源县志》（1746）卷十一："命设官教习以来，一切乡音尤须改正然后可以通仕籍而廷对也。"各地的教育和正音根据的往往是《切韵》一类韵书的反切，这也更加促使各地方言在音类上与《切韵》音系对齐。

　　此外，广西是汉语方言最多的省。在沟通度和认同感上，平话民系与粤语民系的密切关系远在与其他方言之上。白话是部分粤方言的俗称，但并没有以"白话"作为粤方言区的名称。同样，平话也是粤方言区的俗称之一，既然都认为平话与勾漏片粤语同属一类，而勾漏片粤语属粤方言早已是定论，也就无须作为上位方言与粤方言并列，而作为粤方言的次方言。

　　我们赞同麦耘（2010）"平话和广府片粤语都源自早期粤语"的观点。只是广西的粤方言的两个历史层次比较特殊，早期层次是勾漏片、钦廉片、桂南平话片（或称平话片），沿江白话（或称白话片）是近现代西进的广府白话，是晚期层次，也是与早期粤方言构成"城乡差别"的城镇方言。

四　平话和粤语的差异反映粤方言内部发展的不平衡

　　平话与粤方言的形成有相近的历史背景，地域相连，只是由于所处地理环境不同，其后发展有了不同的变异。粤东由于地理环境优势，是岭南历代接受岭北各地移民最多的，从时代和地域都反映出层累的特点，词汇上与周边的湘、吴、闽、赣也多有交叉。两广分治后，广东的粤方言以广州话为中心，形成向心式的发展，广州话成为书音的标准。

　　广西的粤方言是离心式发展。平话与东南的勾漏片、钦廉片粤方言相连，勾漏片和钦廉片粤方言与广东粤西、粤西南地域相连，语言特征相似，但都各自发展，没有形成优势方言。沿江白话片虽仗经济和文教优势后来居上，由于是以方言岛形式散布在沿江、沿海一些城镇，并成为当地的强势方言，但对于流域外的广大地区影响有限。例如梧州市区白话孤悬于勾漏片粤方言，南宁白话在短短二三十年已经失去市区通用语的地位，北海、钦州市的白话已带有较浓重的钦廉片特点。柳州市今为官话方言区，但在20世纪四五十年代，白话是市区的主要方言。民国《柳江县志》记载广东人"居城市经商，执现代商业牛耳"。《柳州方言词典·引论》（1995）："抗战期间，除其他各省之外，广东商民大量涌入，最繁荣的商业街，几成粤语世界。"1950年，柳州市人口5万多人，约有一半是广东人。20世纪八九十年代后，粤方言迅速退出历史舞台。今天的柳州，粤方言只作为一种文化符号残存在柳州粤人后裔的记忆里。反而在改革开放后，广州话的优势影响到达广西，成为广西粤方言的文读层次。有粤语媒体节目的地区，播音员说的是广州话。也正是同属一个大方言区，广西的粤方言才自觉以广州话为标准。本课题研究也表明，以往所强调的平话与粤方言的差异，更多是列举与广州话的差异。

五 考察平话与粤方言的关系，要以方言区的整体面貌为背景

"城里的方言相对于包围它的乡下方言而言，永远是广义的方言岛。"①
研究粤方言史，广州话的地位是一个演变较快的方言岛。正如《东莞县志》
（1911 年重刊本）云："考莞旧志称东晋时中原士大夫徙居于此，今邑中旧
族溯其先无不来自岭外。五代南宋间至者尤多，而又僻在东南，无广州四
方杂处语音混淆之嫌，其方音似更胜也。"间接道出广州话受通语及其他方
言影响变化较快的事实。现代广州话的教材，基本属于文读的雅言，恐怕
要在《外来媳妇本地郎》这样的电视节目，才能从中感受到民间的"粤味"。

考察平话与粤方言的关系，不是只建立在与广州话比较的基础上，而
是要置于两广粤方言的大环境中，充分考虑同是农村的广大地区，不同的
方言片的特点。因此有学者认为桂南平话的主要语音特征"在广东境内的
粤语中均能找到成片相应的例证"（伍巍，2001）。

广东的粤方言研究已经取得巨大成就，为粤语史的研究打下了坚实的
基础。在研究广西平话问题时，应当重视和利用这些研究成果，才不至于
宥于广西的语言材料，以获得较为客观的结论。

六 语言环境对平话和粤方言的影响

岭南为古百越之地。平话和粤方言中古音韵特征的保留，如系统的辅
音韵尾[-m]、[-n]、[ŋ]和[-p]、[-t]、[-k]；共同的创新如四声各分阴阳、入声
二次分化，中古闭元音低化、复化，介音趋于消失，SVO 语言语法类型的
保留等，都与处在侗台语的大环境中，跟壮语的密切接触有关。

语言一旦发生接触关系就有可能产生语言借用、兼用现象，进而引发
语言变异。语言接触产生的干扰是双向的，无论是优势语言还是弱势语言，
都会接受来自对方的影响。由于早期粤方言进入岭南最早，与壮语的接触
最深最广。在汉壮语的接触中，由于语言声望、语言人口、教育等社会因
素，汉语始终是优势方言，汉壮语的相互影响是不对等的。壮族历史上有
语无文是造成汉壮语相互影响不对等的核心因素。壮语从汉语大量借词，
壮族有大量的双语人口，早期粤方言人口本身就包含有不少壮族的语言转
用者。无论是壮汉双语人，或是早期转用壮语的汉族人，或是近现代转用
汉语的壮族人，他们所说的汉语难免带有壮语特征。在汉壮民族千百年的
密切交往中，这种"夹壮"汉语对汉语本身的干扰远比微乎其微的借用要
大得多，而且是一种循环往复的干扰，给语言带来的是一种潜移默化的系

---

① 游汝杰、邹家彦：《社会语言学教程》，复旦大学出版社 2004 年版。

统的变异，这种变异主要在于语音和句法，而不是词汇。因为汉语的词汇完全可以自足，从壮语借入的是极少数的口语词。

从桂南平话的音系举例可以看到，处在少数民族地区的北片和西片，语音系统都出现有音无字的韵母，入声的演变也有了规律的例外。而宾阳平话的音系比较整齐，即使有壮语借词，也已经折合进本方言系统。

早期粤方言是进入岭南腹地最早的汉语方言，平话是深入少数民族聚居区的西支，平话不仅是当地汉人使用的语言，也是与当地土著民族交际的工具，甚至成为土著民族施行教化的用语，对最大的土著民族壮族产生了重大影响。壮语中的汉语借词，尤其是老借词，大量来自平话；从汉字滋乳的方块壮字，表音的谐声偏旁借的主要也是平话音；壮族旧时没有文字，读是汉书，桂中南地区壮语的读书音，是平话与本族语的有机融合。可以说，在很长的历史时期，平话人发展了桂西的经济，维护了祖国边陲的稳定，平话开拓了粤西的文明，成为各民族交流的重要工具。平话也在复杂的语言接触环境中发展。

西南官话约于明朝洪武年间傅友德、沐英等人平蜀征滇之后才大量进入广西，其后官场和文教用语都改用西南官话。在广西北部和西北部县城、集市的商业来往也使用西南官话。广府白话是在清中叶海禁大开之后随着广东籍商人、移民从珠江三角洲一带溯西江、浔江、左右江和柳江而逐渐传播开来。官话和白话倚仗官、商和文教的优势，很快就在广西的交通线、城镇占据了主导地位，都对平话产生强势影响，平话的优势地位也日趋衰退。

七　客观看待方言区过渡地带的语言实际

桂北平话的太大变异是讨论平话与粤方言关系时一个不小的纠结。"方言的萎缩有两方面的含义：某种方言在地理分布上的萎缩，与之相应的是另一种方言的扩张；某种方言在方言特征上的萎缩。"[①]我们不妨从这两方面去理解桂北平话的变异。

由于所处的语言生态环境，桂北平话无论是在地理分布抑或语言特征，均处萎缩状态。桂北处湘方言和粤方言的交界地带，粤方言中留有古楚语的痕迹。这里也是北人进入岭南的必经之地，明清江西移民大量进入湖南，因此桂北以湖南、江西的移民居多。桂北平话长期受这些方言的影响，如古知组读舌音，古入声衰颓，鼻韵尾失落等语音特征，均与湘南土语相似。官话在明清后大规模扩展到西南，成为桂北地区的通用语，并向桂西南扩张，与粤方言抗衡。西南官话的强势扩张使桂北平话在地理分布上也逐渐

---

① 游汝杰：《汉语方言学导论》，上海教育出版社 2000 年版，第 167 页。

萎缩，一些村庄官话取代平话土语甚至只是短短三四十年时间。研究也
发现，即使是处在官话区，越往南，湘方言的影响越弱，平话祖方言特
征的萎缩也越慢。

"方言分区工作的结果要求在方言区划地图上表现出来。方言区划图上
允许存在两种较为特殊的区划，一是方言过渡区，二是方言飞地。两种或
多种方言区的交界地带的方言兼有两种或多种方言的特征，这样的地区可
以划为这两种或多种方言的过渡区。"①语音是方言最重要的区别特征，桂
北平话属于萎缩性的方言，尽管还保留不少与桂南平话和粤方言共用的词
汇，但在语音上已经出现太大变异，无法交流。把桂北平话地区视为一个
方言的过渡地带是客观的。

八　其他不同观点

平话研究学者李连进教授在论文《勾漏片的方言归属》②中根据《中国
语言地图集》界定了勾漏片方言的定义，并从三个方面证明了勾漏片方言
当和平话、土话是同一种方言，其源头性的方言权威代表点是古代的广信
话。文章认为根据共时和历时相结合的原则，勾漏片方言、平话、土话作
为同一种方言当获得独立的汉语方言地位。在另外一篇论文《平话的分布、
内部分区及系属问题》③中，通过对广西境内 47 个平话方言点以及区外若
干平话点的调查，比较勾漏片方言与平话、粤语的语音特点，李连进教授
再次指出勾漏片方言当与平话同是来源于在汉代岭南确立的权威汉语方
言——广信话。该文最后提出：今湘南土话、粤北土话、勾漏片方言还有
平话当有一个共同的来源，可统称为"平话"，它是广西较早的方言，也是
目前广西最大的方言，应当成为独立的大方言。

上述观点与本书观点不同，本着学术问题讨论自由的原则，现摘录于
此，供学界参考，以期推动平话问题研究向更为纵深的方向发展。

---

① 游汝杰：《汉语方言学导论》，上海教育出版社 2000 年版，第 54 页。
② 李连进：《勾漏片的方言归属》，《民族语文》2005 年第 1 期。
③ 李连进：《平话的分布、内部分区及系属问题》，《方言》2007 年第 1 期。

参考文献

一 专著类

鲍厚星：《东安土话研究》，湖南教育出版社 1998 年版。

鲍厚星：《湘方言语音研究》，湖南师范大学出版社 2006 年版。

白宛如：《广州方言词典》，江苏教育出版社 1998 年版。

白丽珠：《武鸣壮族民间故事》，民族出版社 2001 年版。

曹广顺：《近代汉语助词》，语文出版社 1995 年版。

邓玉荣：《桂北平话与推广普通话研究——富川秀水九都话研究》，广西民族出版社 2005 年版。

邓玉荣：《桂北平话与推广普通话研究——钟山方言研究》，广西民族出版社 2005 年版。

陈海伦、李连进主编：《广西语言文字使用问题调查与研究》，广西教育出版社 2005 年版。

陈支平：《客家源流新探》，广西教育出版社 1997 年版。

丁邦新：《丁邦新语言学论文集》，商务印书馆 1998 年版。

董绍克：《汉语方言词汇差异比较研究》，民族出版社 2002 年版。

范玉春：《移民与中国文化》，广西师范大学出版社 2005 年版。

范宏贵、顾有识等：《壮族历史与文化》，广西民族出版社 1997 年版。

方培元：《楚俗研究》，湖北美术出版社 1999 年版。

高本汉：《中国音韵学研究》，商务印书馆 1995 年版。

葛剑雄：《中国移民史》（六卷），福建人民出版社 1997 年版。

谷口房男、白耀天：《广西土官族谱集成》，广西民族出版社 1998 年版。

何光岳：《汉民族的历史与发展》，岳麓书社 1998 年版。

何霜：《忻城壮语语气词研究》，广西民族出版社 2011 年版。

贺登崧：《汉语方言地理学》，上海教育出版社 2003 年版。

侯精一：《现代汉语方言概论》，上海教育出版社 2002 年版。

蒋绍愚、曹广顺：《近代汉语语法史研究综述》，商务印书馆 2005 年版。

蒋绍愚：《汉语词汇语法史论文集》，商务印书馆 2001 年版。

蒋绍愚、曹广顺：《近代汉语语法史研究综述》，商务印书馆 2005 年版。

蒋绍愚：《魏晋南北朝的"述宾补"式述补结构，《国学研究》（十二卷），北京
　　大学出版社 2003 年版。

濑川昌久：《族谱：华南汉族的宗族、风水、移居》，钱杭译，上海书店出版社
　　1999 年版。

蓝庆元：《壮汉同源词借词研究》，中央民族大学出版社 2005 年版。

李连进：《平话音韵研究》，广西人民出版社 2000 年版。

李芒：《北流语研究》，广西民族出版社 2012 年版。

李如龙：《汉语方言特征词研究》，厦门大学出版社 2002 年版。

李如龙：《汉语方言的比较研究》，商务印书馆 2003 年版。

李如龙等：《粤西客赣方言调查报告》，暨南大学出版社 1999 年版。

李新魁等：《广州方言研究》，广东人民出版社 1995 年版。

李方桂：《上古音研究》，商务印书馆 1980 年版。

李方桂：《李方桂全集 3——龙州土语》，清华大学出版社 2005 年版。

李方桂：《李方桂全集 4——武鸣土语》，清华大学出版社 2005 年版。

李连进、朱艳娥：《广西崇左江州蔗园话比较研究》，广西师范大学出版社 2009
　　年版。

李连进：《平话音韵研究》，广西人民出版社 2000 年版。

梁福根：《桂北平话与推广普通话研究——阳朔葡萄平声话研究》，广西民族出
　　版社 2005 年版。

梁金荣：《桂北平话与推广普通话研究——临桂两江平话研究》，广西民族出版
　　社 2005 年版。

梁敏、张均如：《侗台语族概论》，中国社会科学出版社 1996 年版。

梁敏、张均如：《临高语研究》，上海远东出版社 1997 年版。

梁伟华、林亦：《广西崇左新和蔗园话研究》，广西师范大学出版社 2009 年版。

刘丹青：《语序类型学与介词理论》，商务印书馆 2003 年版。

刘月华：《趋向补语通释》，北京语言文化大学出版社 1998 年版。

林亦、覃凤余：《南宁白话研究》，广西师范大学出版社 2008 年版。

梁忠东：《玉林话研究》，西南交通大学出版社 2010 年版。

林亦：《百年来的东南方音史研究》，南京大学出版社 2004 年版。

刘村汉：《丰富多彩的语言宝藏——广西语言综述，广西语言文字使用问题调查
　　与研究》，广西教育出版社 2005 年版。

刘村汉：《柳州方言词典》，江苏教育出版社 1995 年版。

刘村汉：《桂北平话与推广普通话研究——桂北平话与农村推普》，广西民族出
　　版社 2006 年版。

刘纶鑫：《客赣方言比较研究》，中国社会科学出版社 1991 年版。

蒙元耀：《壮语熟语》，民族出版社 2006 年版。

潘悟云：《汉语历史音韵学》，上海教育出版社 2000 年版。

桥本万太郎：《语言地理类型学》，余志鸿译，北京大学出版社 1985 年版。

覃国生：《壮语方言概论》，广西民族出版社 1996 年版。

覃国生、谢英：《老挝语—壮语共时比较研究》，民族出版社 2009 年版。

覃国生：《壮语概论》，广西民族出版社 1998 年版。

覃晓航：《现代壮语》，广西民族出版社 1995 年版。

覃晓航：《壮语特殊语法现象研究》，民族出版社 1995 年版。

覃远雄：《南宁平话方言词典》，江苏教育出版社 1997 年版。

覃芝馨：《古道上尧的变迁》，广西人民出版社 1995 年版。

覃芝馨：《奔向小康》，广西民族出版社 1999 年版。

石毓智：《现代汉语语法系统的建立》，语言文化大学出版社，2003 年版。

王福堂：《汉语方言语音的演变和层次》（修订本），语文出版社 1998 年版。

王力：《汉语语音史》，中国社会科学出版社 1998 年版。

王力：《中国语法理论》，中华书局 1954 年版。

王力：《中国现代语法》，商务印书馆 1985 年版。

王力：《汉语语法史》，商务印书馆 1989 年版。

韦景云、何霜、罗永现：《燕齐壮语参考语法》，中国社会科学出版社 2011 年版。

韦景云、覃晓航：《壮语通论》，中央民族大学出版社，2006 年版。

韦庆稳、覃国生：《壮语简志》，民族出版社 1980 年版。

韦庆稳：《壮语语法研究》，广西人民出版社 1985 年版。

魏培泉：《说中古汉语的使成结构》，历史语言所集刊 2000 年第 71 本第 4 分册。

吴福祥：《敦煌变文语法研究》，岳麓书社 1996 年版。

肖万萍：《桂北平话与推广普通话研究——永福塘堡平话研究》，广西民族出版
    社 2005 年版。

项梦冰、曹晖：《汉语方言地理学——入门与实践》，中国文史出版社 2005 年版。

徐杰舜：《雪球——汉民族的人类学分析》，上海人民出版社 1999 年版。

徐续：《岭南古今录》，广东人民出版社 1992 年版。

叶春生：《岭南俗文学简史》，广东高等教育出版社 1996 年版。

游汝杰：《游汝杰自选集》，广西师范大学出版社 1999 年版。

游汝杰：《汉语方言学导论》，上海教育出版社 2000 年版。

余瑾：《广西汉语方言重点研究丛书》，广西师范大学出版社 2008—2009 年版。

林亦、覃凤余：《广西南宁白话研究》，广西师范大学出版社 2008 年版。

李连进、朱艳娥：《广西崇左左江蔗园话研究》，广西师范大学出版社 2009 年

版。

梁伟华、林亦：《广西崇左新和蔗园话研究》，广西师范大学出版社 2008 年版。

余瑾：《广西大学语言学丛书》，上海教育出版社 2009 年版。

陈海伦、林亦：《粤语平话土话方音字汇·第一编》，上海教育出版社 2009 年版。

陈海伦、刘村汉：《粤语平话土话方音字汇·第二编》，上海教育出版社 2009 年版。

袁少芬：《汉族地域文化研究》，广西人民出版社 1999 年版。

袁家骅：《汉语方言概要》，文字改革出版社 1960 年版。

詹伯慧、张日昇：《珠江三角洲方言词汇对照》，新世纪出版社 1988 年版。

詹伯慧、张日昇：《粤北十县市粤方言调查报告》，暨南大学出版社 1994 年版。

詹伯慧、张日昇：《粤西十县市粤方言调查报告》，暨南大学出版社 1998 年版。

张惠英：《汉语方言代词研究》，语文出版社 2001 年版。

张善余：《中国人口地理》，商务印书馆 1997 年版。

章太炎：《新方言（附岭外三州语）》，《章氏丛书》，江苏广陵古籍刻印社 1981 年版。

张均如、梁敏、欧阳觉亚、郑贻青、李旭练、谢建猷：《壮语方言研究》，四川人民出版社 1999 年版。

赵元任：《赵元任语言学论文集》，商务印书馆 2002 年版。

张元生、覃晓航：《现代壮汉语比较语法》，中央民族学院出版社 1993 年版。

郑贻青：《靖西壮语研究》，中国社会科学院民族研究所编，1996 年。

郑作广：《方言与音韵研究论集》，广西人民出版社 1998 年版。

郑作广、林亦等：《桂北平话与推广普通话研究》，广西人民出版社 2005—2006 年版。

志村良治：《中国中世语法史研究》，中华书局 1995 年版。

周本良：《桂北平话与推广普通话研究——临桂义宁话研究》，广西民族出版社 2005 年版。

周振鹤、游汝杰：《方言与中国文化》，上海人民出版社 1986 年版。

周振鹤、游汝杰：《方言与中国文化》（修订本），上海人民出版社 1998 年版。

周迅：《中国的地方志》，商务印书馆 1998 年版。

周振鹤：《学腊一十九》，山东教育出版社 1999 年版。

周祖谟：《问学集》（上、下册），中华书局 1966 年版。

朱德熙：《语法讲义》，商务印书馆 1986 年版。

祝敏彻：《论初期处置式》，《语言学论丛》（第一辑），新知识出版社 1957 年版。

庄初升：《粤北土话音韵研究》，中国社会科学出版社 2004 年版。

二 谱牒及相关壮语文献

波多野太郎编：《中国方志所录方言汇编》，日本横滨市立大学 1972 年版。

忠元：《横县梁氏族谱》，1999 年。（非正式出版物）

黄克健等：《马津村黄氏族谱》，2000 年。（非正式出版物）

广西横县蒙氏族谱理事会：《蒙氏族谱》，1990 年。（非正式出版物）

雷时刚等：《广西雷氏族谱》，1992 年。（非正式出版物）

广西少数民族语言文字工作委员会研究室编：《壮汉词汇》，广西民族出版社 1984 年版。

广西南宁虎邱村族谱编辑组：《黄氏族谱——广西南宁虎邱村》，2006 年。（非正式出版物）

广西壮族自治区地方志编纂委员会编：《广西通志·汉语方言志》，广西人民出版社 1998 年版。

广西文物工作队编：《广西文物考古报告集》，广西人民出版社 1950—1990 年版。

《广西大百科全书·文化卷》，广西人民出版社 2008 年版。

广西民语委壮汉英词典编委会：《壮汉英词典》，民族出版社 2005 年版。

广西壮族自治区少数民族语言文字工作委员会：《壮语虚词》，广西民族出版社 1988 年版。

广西壮族自治区少数民族语言文字工作委员会：《武鸣壮语语法》，广西民族出版社 1989 年版。

广西壮族自治区少数民族语言文字工作委员会：《壮语通用词与方言代表点词汇对照汇编》，广西民族出版社 1998 年版。

广西壮族自治区少数民族语言文字工作委员会：《壮汉词汇》，广西民族出版社 1984 年版。

韦庆稳、覃国生：《壮语简志》，《国家民委民族问题五种丛书》，民族出版社 1980 年版。

中央民族学院少数民族语言研究所第五研究室：《壮侗语族语言文学资料集》，四川民族出版社 1983 年版。

本书还查阅并参考了一百多种地方志。

三 论文集论文

Haudricourt，A. G. （1954）De l'origine des Tons en Vietnamien，Journal Asiatique （中译文见《境外音韵学论文选》，上海教育出版社 2001 年版。

洪波：《壮语与汉语的接触史和接触类型》，石锋、沈钟伟：《乐在其中：王士元教授七十华诞庆祝文集》，南开大学出版社 2004 年版。

洪波：《使动形态的消亡与动结式的语法化》，《语法化与语法研究（一）》，商务
　　印书馆 2003 年版。

曹茜蕾：《汉语方言的处置标记的类型》，《语言学论丛》（第三十六辑），商务印
　　书馆 2007 年版。

郭必之：《南宁粤语"述语+宾语+补语"结构的来源》，"历时演变与语言接
　　触——中国东南方言国际研讨会"宣读论文，香港中文大学 2008 年版。

郭必之：《语言接触的两种类型——以桂中地区诸语言述补结构带宾语的语序为
　　例》，潘悟云、沈钟伟：《研究之乐：庆祝王士元先生七十五寿辰学术论文
　　集》，上海教育出版社 2010 年版。

李行健：《论方言词的产生和今后的发展》，《语言研究论丛》，天津人民出版社
　　1982 年版。

梁金荣：《从语音特征看桂北平话与粤方言的关系》，第七届国际粤方言研讨会
　　论文集》，《方言》增刊 2000 年版。

刘村汉：《桂南平话——粤方言的一个分支》，《第五届国际粤方言研讨会论文》，
　　1995 年。

刘镇发：《现代粤语源于宋末移民》，《第七届国际粤方言研讨会论文集》，《方言》
　　增刊 2000 年。

吕叔湘释：《〈景德传灯录〉中"在、著"二助词》，《汉语语法论文集》，商务印
　　书馆 1989 年增订第 1 版。

吕叔湘：《把字句的用法》，《汉语语法论文集》》，商务印书馆 1999 年增订第 1
　　版。

林亦：《广东新语与广西粤语》，第八届国际粤方言研讨会论文，2001 年。

林亦：《粤语中古全浊塞音、塞擦音今读不送气清音之探讨》，《中国音韵学》，
　　南京大学出版社 2008 年版。

林亦：《〈广韵〉与粤语研究——以长短元音为例》，《中国音韵学》，江西人民出
　　版社 2010 年版。

林亦：《汉壮语接触下的广西粤方言给予义动词的变异》，《历时演变与语言接
　　触：中国东南方言》，中国语言学报专著系列 24，香港中文大学出版社 2010
　　年版。

林亦：《粤方言入声演变规律的考察》，甘于恩著：《南方语言学》（第二辑）《庆
　　祝詹伯慧教授八十华诞暨从教 58 周年专辑》，暨南大学出版社 2010 年版。

刘承慧：《试论使成式的来源及成因》，《国学研究》（第六卷），北京大学出版社
　　1999 年版。

平田昌司：《日本吴音梗摄三四等字的读音》，《吴语和闽语的比较研究》，上海

教育出版社 1995 年版。

覃东生、吴福祥:《宾阳话的体标记》,林亦、余瑾主编:《第 11 届国际粤方言
　　研讨会论文集》,广西人民出版社,2007 年版。

苏莎:《南宁上尧平话的一些名词短语现象对比研究》,刘丹青:《汉语方言语法
　　研究的新视角——第五届汉语方言语法国际学术研讨会论文集》,上海教育
　　出版社 2013 年版。

王力:《古汉语自动词和使动词的配对》,《王力文集》,1986—1990 年第 16 卷。

韦景云、何霜:《壮语动词 po：i1 的语法化过程考察》,李锦芳主编:《壮语言
　　文学探索》,线装书局 2012 年版。

吴福祥:《也谈持续体标记"着"的来源》,《汉语史学报》(第四辑),上海教育
　　出版社 2004 年版。

杨秀芳:《论汉语方言中全浊声母的清化》,《台湾学者汉语研究文集·音韵篇》,
　　天津人民出版社 1997 年版。

徐丹:《"使"字句的演变——兼谈"使"字的语法化》,吴福祥、洪波主编:《语
　　法化与语法化研究 (一)》,商务印书馆 2003 年版。

四　期刊论文

Prang Thiengburanathum, "Thai motion verbs paj and maa:Where tense and aspect
　　meet", *Studies in Language*, 37:4, 810-845, John Benjamins Publishing
　　Company, 2013.

Somsonge Burusphat & Qin Xiaohang, *Northern Zhuang-Chinese-Thai- English
　　Dictionary*, Ekphimthai Ltd, Bangkok Thailand, 2006.

Somsonge Burusphat, 1991. The structure of Thai narrative: The Summer Institute
　　of Linguistics and The University of Texas at Arlington.

Yongxian Luo, *Tense and Aspect in Zhuang: A study of a set of tense and aspect
　　markers*, National University of Austratria, Master's thesis.

白宛如:《广州话本字考》,《方言》1980 年第 3 期。

闭克朝:《桂南平话的入声》,《方言》1985 年版。

闭克朝:《广西横县平话词汇》,《方言》1994 年第 1—3 期。

闭思明:《横县平话量词记略》,《广西教育学院学报》1998 年第 7 期。

戴昭铭:《历史音变和吴方言人称代词的复数形成的来历》,《中国语文》2000
　　年第 3 期。

田春来:《也谈处所介词"着"的来源》,《浙江师范大学学报》2007 年第 4 期。

丁邦新:《汉语方言区分的条件》,《清华学报》1982 年第 14 期。

丁邦新:《汉藏系语言研究法的检讨》,《中国语文》2000 年第 6 期。

甘于恩、吴芳:《平话系属争论中的逻辑问题》,《广西民族研究》2005 年第 2 期。

郭必之:《南宁地区语言"去"义语素的语法化及语言接触》, The ppt handout to be read at the "International Symposium on Chinese Linguistics and Phlology" (CUHK, Dec 17-18, 2012)。

贺登崧:《中国语言学及民俗学之地理的研究》,《燕京学报》1948 年第 35 期。

黄平文:《隆安壮语 pai²⁴的语法功能分析》,《广西民族大学学报》(哲学社会科学版),2009 年第 31 卷第 6 期。

李冬香:《从特色词看平话、湘南土话和粤北土话的关系》,《广西民族学院学报》2004 年第 4 期。

李冬香:《从音韵现象看桂北平话和湘南、粤北土话的形成》,《广西民族学院学报》2006 年第 2 期。

李辉等:《广西六甲人来源的分子人类学分析》,《广西民族学院学报》2002 年第 5 期。

李锦芳:《论壮侗语对粤语的影响》,《贵州民族研究》1990 年版。

李锦芳:《粤语中的壮侗语族语言底层分析》,《中央民族学院学报》1990 年版。

李连进:《桂南平话的历史来源、代表方言及其历史层次》,《广西师院学报》1995 年版。

李连进:《平话人称代词的单复数形式》,《语言研究》1998 年版。

李连进:《南宁近郊平话方言岛》,《广西师范学院学报》(哲学社会科学版)1999 年版。

李连进:《平话是独立方言还是属于粤方言》,《广西师范学院学报》(哲社版)1999 年版。

李连进:《广西玉林话的归属》,方言》2000 年版。

李连进:《勾漏片的方言归属》,《民族语文》2005 年版。

李连进:《平话的分布、内部分区及系属问题》,《方言》2007 年版。

李讷、石毓智:《论汉语体标记诞生的机制》,《中国语文》1997 年版。

李荣:《方言里的文白异读》,《中国语文》1957 年版。

李荣:《语音演变规律的例外》,《中国语文》1965 年版。

李荣:《汉语方言的分区》,《方言》1989 年版。

李荣:《南昌、温岭、娄底三处梗摄字的元音》,《中国语文》1989 年版。

李荣:《我国东南各省方言梗摄字的元音》,《方言》1996 年版。

李荣:《考本字甘苦》,《方言》1997 年版。

李如龙:《论汉语方音的区域特征》,《中国语言学报》1999 年版。

李如龙:《论汉语方言特征词》,《中国语言学报》2001 年版。

李如龙：《论汉语方言比较研究（上）》，《语文研究》2000 年版。

李如龙：《谈汉语方言的比较研究——兼评〈汉语方言大词典〉》，《辞书研究》
2000 年版。

李如龙：《二十世纪汉语方言学的经验值得总结》，《语言研究》2001 年版。

李如龙、辛世彪：《晋南、关中的"全浊送气"与唐宋西北方音》，《中国语文》
1999 年版。

李未：《广西灵川平话的特点》，《方言》1987 年第 4 期。

李新魁：《广州方言形成的历史过程》，《广州研究》1983 年第 1 期。

李新魁：《粤语与古音》，《学术研究》1996 年第 8 期。

梁金荣：《桂北平话语音特征的一致性与差异性》，《语言研究》1998 年第 2 期。

梁金荣：《临桂两江平话本字考》，桂林师范高等专科学院学，2004 年第 6 期。

梁敏、张均如：《广西壮族自治区各民族语言的互相影响》，《方言》1988 年第 2
期。

林亦：《从方言词看广西粤语平话与江西客赣方言的关系》，《江西社会科学》
2001 年第 6 期。

林亦：《"凹"字的形与音》，《古籍整理研究学刊》2001 年第 6 期。

林亦：《关于平话等的壮语借词》，《民族语文》2003 年第 2 期。

林亦：《壮语给予义动词及其语法化》，民族语文 2008 年第 6 期。

林亦：《武鸣罗波壮语的被动句》，《民族语文》2009 年第 6 期。

林亦、余瑾：《广西邕宁四塘平话音系》，《方言》2009 年第 3 期。

林亦、余瑾：《广西四塘平话同音字汇》，《方言》2009 年第 3 期。

刘丹青：《粤语句法的类型学特点》，《亚太语文教学报》2000 年第 3 卷第 2 期。

刘丹青：《汉语类指成分的语义属性和句法属性》，《中国语文》2002 年第 5 期。

刘丹青：《汉语史语法特点在现代方言中的存废》，《语言教学与研究》2011 年
第 4 期。

陆镜光、张惠英：《汉藏系语言和汉语方言称谓词的研究》，《语言研究》2001
年第 4 期。

罗美珍：《论族群互动中的语言接触》，《语言研究》2000 年第 3 期。

罗伟豪：《评〈正音咀华〉——兼论一百五十年前的广州话》，《语言研究》增刊
1994 年版。

罗正平：《广州方言词汇探源》，《中国语文》1960 年第 3 期。

梅祖麟：《汉语方言里虚词"著"三种用法的来源》，《中国语言学报》1988 年
第 3 期。

欧阳觉亚：《汉语粤方言里的古粤语成分》，《中央民族学院学报》1990 年第
1 期。

欧阳觉亚：《两广粤方言与壮语的种种关系》，《民族语文》1995 年第 6 期。

彭小川：《粤语韵书〈分韵撮要〉及其韵母系统》，《暨南学报》1992 年第 4 期。

潘立慧：《壮语上林话"pei1（去）"的语法化》，《三月三少数民族语文》2005
　　年第 6 期。

潘悟云：《上古汉语使动词的屈折形式》，《温州师院学报》1991 年第 2 期。

桥本万太郎：《北方汉语的结构发展》，《语言研究》1983 年第 1 期。

桥本万太郎：《汉语被动式的历史·区域发展》，《中国语文》1987 年第 1 期。

覃远雄：《南宁平话方言词典引论》，《方言》1996 年第 3 期。

覃远雄：《南宁平话的结构助词》，《广西民族学院学报》（哲学社会科学版）1998
　　年第 10 期。

覃远雄：《南宁平话的介词》，《广西民族学院学报》（哲学社会科学版）1999
　　年第 4 期。

钱志安，邹嘉彦：《从海南岛三亚迈话探索粤语动—补结构的发展》，IACL-14 &
　　IsCLL-10 Joint Conference，Taipei, May 25-29 2006。

沈家煊：《语用原则、语用推理和语义演变》，《外语教学与研究》2004 年第
　　4 期。

施其生：《汉语方言的"使然"与"非使然"》，《中国语文》2006 年第 4 期。

石定栩等：《香港书面汉语句法变异：粤语的移用，文言的保留及其他》，《语言
　　文字应用》2002 年第 3 期。

石毓智：《处置式产生和发展的历史条件》，《语言研究》2006 年第 3 期。

松本光太郎：《汉族平话（蔗园）人考》，《广西民族学院学报》1997 年第 1 期。

王福堂：《平话、湖南土话和粤北土话的归属》，《方言》2001 年第 2 期。

王均：《僮语中的汉语借词》，《中国语文》1962 年第 6 期。

韦树关：《试论平话在汉语方言中的地位》，《语言研究》1996 年第 2 期。

韦树关：《桂北平话质疑》，《广西民族学院学报》1999 年第 4 期。

伍巍：《论桂南平话的粤语系属》，《方言》2001 年第 2 期。

王福堂：《平话、湘南土语和粤北土话的归属》，《方言》2001 年第 2 期。

吴福祥：《重谈"动词+了+宾"格式的来源和完成体助词"了"的产生》，中国
　　语文，1998 年第 6 期。

吴福祥：《南方方言几个状态补语标记的来源（一）》，《方言》2001 年第 4 期。

吴福祥：《南方方言几个状态补语标记的来源（二）》，《方言》2002 年第 1 期。

吴福祥：《南方方言能性述补结构"V 得/不 C"带宾语的语序类型》，《方言》
　　2003 年第 3 期。

吴福祥：《唐宋处置式及其来源》，《东亚语言学报》（法国）1997 年第 2 期。

吴福祥：《再论处置式的来源》，《语言研究》2003 年第 3 期。

吴福祥：《从"得"义动词到补语标记——东南亚语言的一种语法化区域》，《中国语文》2009 年第 3 期。

吴福祥：《南方语言正反问句的来源》，《民族语文》2008 年第 1 期。

吴福祥：《语法化的新视野——接触引发的语法化》，《当代语言学》2009 年第 3 期。

徐　丹：《从北京话"V 着"与西北方言"V 的"的平行现象看"的"的来源》，《方言》1995 年第 4 期。

徐杰舜：《平话人的形成及人文特征》，《广西大学学报》1999 年第 5 期。

徐杰舜：《平话人的形成及人文特征（续）》，《广西大学学报》1999 年第 12 期。

徐杰舜：《平话人研究的现状及走向》，《广西民族学院学报》2002 年第 1 期。

杨焕典、刘村汉等：《广西的汉语方言（稿）》，《方言》1985 年第 3 期。

杨焕典、梁振仕、李谱英、刘村汉：《广西的汉语方言（稿）》，《方言》1985 年第 3 期。

殷国光：《吕氏春秋低频语法现象考察二则》，《清华大学学报》2008 年第 1 期。

游伟民、覃凤余：《从宾阳"炮龙节"源于狄青夜袭昆仑关说起》，《广西民族研究》2009 年 3 期。

叶汉明：《明代中后期岭南的地方社会与家族文化》，《历史研究》2000 年第 3 期。

余霭芹：《粤语方言分区问题初探》，《方言》1991 年第 3 期。

余霭芹：《粤语方言的历史研究——读〈麦仕治广州俗话《书经》解义〉》，《中国语文》2000 年第 6 期。

袁少芬：《平话人是汉族的一个支系》，《广西大学学报》1998 年第 6 期。

詹伯慧：《略论划分汉语方言的条件》，《语文杂志》1984 年第 12 期。

詹伯慧：《粤语研究的回顾与展望》，《暨南学报》（哲学社会科学版）1999 年第 6 期。

詹伯慧：《广西"平话"问题刍议》，《语言研究》2001 年第 2 期。

詹伯慧、崔淑慧等：《关于广西"平话"的归属问题》，《语文研究》2003 年第 3 期。

张伯江：《被字句和把字句的对称与不对称》，《中国语文》2001 年第 6 期。

张均如：《广西中南部地区壮语中的老借词源于"平话"考》，《语言研究》1982 年第 1 期。

张均如：《广西中南部地区壮语中新借词读音的发展》，《民族语文》1985 年第 3 期。

张均如：《广西平话中的壮语借词》，《语言研究》1987 年第 1 期。

张均如：《记南宁心圩平话》，《方言》1987 年第 4 期。

张均如、梁敏：《广西壮族自治区各民族语言的互相影响》，《方言》1988 年第 2 期。

张均如、梁敏：《广西平话》，《广西民族研究》1996 年第 2—4 期。

张均如、梁敏：《广西平话续 2》，《广西民族研究》1996 年第 4 期。

张均如、梁敏：《广西平话概论》，《方言》1999 年第 1 期。

张均如、梁敏：《广西平话概论》，《方言》1999 年第 2 期。

张均如：《广西平话对当地壮侗语族语言的影响》，《民族语文》1988 年第 3 期。

张丽丽：《从使役到条件》，《台大文史哲学报》2006 年第 65 期。

张元生：《武鸣壮语的名量词》，《民族语文》1979 年第 3 期。

赵长才：《结构助词"得"的来源与"V 得 C"述补结构的形成》，《中国语文》2002 年第 2 期。

郑张尚芳：《方言中的舒声促化现象》，《中国语言学报》1995 年第 5 期。

朱德熙：《北京话、广州话、文水话和福州话的"的"字》，《方言》1980 年第 3 期。

朱德熙：《汉语方言里的两种反复问句》，《中国语文》1985 年第 1 期。

朱德熙：《"V，neg，VO"与"VO，neg，V"两种反复问句在汉语方言里的分布》，《中国语文》1991 年第 5 期。

陈志学：《壮语"V＋ku:k^8＋XP＋pai^1"结构》，2014 年待刊。

五　学位论文

步连增：《壮汉接触视野下的平、壮量词变异研究》，硕士学位论文，广西大学，2008 年。

褚俊海：《桂南平话与白话的介词研究》，硕士学位论文，广西大学，2007 年版。

冯乐：《类型学视野下的岑溪话语法研究》，硕士学位论文，广西大学，2011 年版。

黄阳：《靖西壮语语法研究》，硕士学位论文，广西大学，2010 年版。

龚锡元：《桂北平话语音比较研究》，硕士学位论文，广西大学，2009 年版。

莫育杰：《岑溪白话语音词汇调查报告》，硕士学位论文，广西大学，2011 年版。

李冬美：《上林壮语语法研究》，学学位论文，广西大学，2010 年版。

梁金荣：《桂北平话语音研究》，博士学位论文，暨南大学，1997 年版。

梁敢：《壮语体貌范畴研究》，博士学位论文，中央民族大学，2010 年版。

廖静慧：《广西宾阳客话语音研究》，硕士学位论文，广西大学，2009 年版。

刘江丽：《广西融江片宜州德胜百姓话研究》，硕士学位论文，广西大学，2008 年版。

刘世余：《方志视角下的桂南平话研究》，硕士学位论文，广西大学，2007 年版。

刘志华：《桂北平话内部分片探讨》，硕士学位论文，广西大学，2008 年版。

陆波：《广西钦州钦廉片方言音韵研究》，硕士学位论文，广西大学，2006 年版。

彭晓辉：《汉语方言复数标记系统研究》，博士学位论文，湖南师范大学，2008 年版。

覃东生：《宾阳话语法研究》，硕士学位论文，广西大学，2007 年版。

覃远雄：《桂南平话研究》，博士学位论文，暨南大学，2000 年版。

覃东生：《宾阳话语法研究》，硕士学位论文，广西大学 2007 年版。

覃海恋：《武鸣壮语语法研究》，硕士学位论文，广西大学，2009 年版。

王娟：《广西南宁市延安镇平话研究》，硕士学位论文，广西大学，2011 年版。

王莉宁：《桂南平话与粤方言词汇比较方法探讨》，硕士学位论文，广西大学，2006 年版。

王琼：《广西罗城牛鼻土拐话研究》，硕士学位论文，广西大学，2008 年版。

谢建猷：《广西平话研究》，博士学位论文，中国社会科学院研究生院，2001 年版。

余凯：《梧州白话语法研究》，硕士学位论文，广西大学，2009 年版。

后 记

广西是语言资源的富矿，也是我国语言多样性最为突出的地区，具有独特的语言接触环境。广西境内的强势汉语方言是粤方言和西南官话；同时，因为壮族是广西境内的主流民族，壮语在今天的桂西、桂中南地区仍然是强势语言。而平话问题的提出则是 20 世纪 80 年代的事。1982 年张均如先生首先提出"平话是不同于粤方言的另一种汉语方言"，1987 年李荣先生等主持制定的《中国语言地图集》从桂南原属粤语的部分地区分出桂南平话、桂北原属官话的部分地区分出桂北平话。自此以后，关于两广毗连地区的方言研究引起了学界的关注，平话能否独立成区及其归属问题成了学界热议话题。

广西平话的研究至今开展了十多年。21 世纪以来，广西大学语言学科继承老一辈语言学家的优良传统，积极投身于广西的语言学事业，在广西的汉语方言、壮语及汉壮语比较方面做了大量脚踏实地的科学研究，取得不少成果。同时把学界关注的广西的平话问题作为一个研究的重点，2003年"广西平话地位问题研究"申报广西大学科学技术研究重点项目，2004年上半年获批，2005 年转为自治区社科规划办项目；"平话问题综合研究"列入 2004 年国家社科西部项目。2010 年"广西平话地位问题研究"获结项"优秀"，2011 年"平话问题综合研究"获结项"良好"。本书是几个项目的综合性成果。

本书得以出版凝聚了一批语言研究者孜孜以求的研究心血。项目实施过程中，项目的策划者之一陈海伦教授英年早逝，从事平话人研究的民俗学家袁少芬教授也因病去世。本书的出版，将是对他们无私奉献和执著追求的告慰。更值得一提的是，2005 年以后广西大学语言学科补充了新鲜血液，加入这支队伍的年轻人承担起广西语言学研究的重担，同样为研究的深入和书稿的完善做了大量卓有成效的工作。本书的出版，还包含了广西大学语言学科历届硕士研究生的科研成果，他们的学位论文为课题研究提供了大量第一手资料。课题组对他们为项目研究和本书出版所付出的辛勤劳动表示衷心感谢。

广西大学语言学科在学科研究和教学中得到学界贤达和同人的关心、

支持；中国社会科学院语言研究所和张振兴先生对广西大学语言学科更是给予长期的支持、指导和关注，为此我们表示深深的谢意！

南京大学鲁国尧先生不嫌弃本书的粗疏之说，细读本书，并应承为本书作序，后学我辈深为感动，特致谢意！

余瑾于广西大学

二〇一五年十一月

附：本书分工

余瑾：主编

林亦：绪论、上篇、中篇、结语

覃凤余、覃东生、田春来：下篇

林亦、袁少芬、黄南津、余瑾：末篇

肖瑜：相关资料收集及图片采编

余瑾：终审

致 谢

　　本书编纂过程中，得到国家哲学社会科学基金项目"平话问题综合研究"、广西哲学社会科学基金及广西大学科研重点项目"广西平话地位问题综合研究"的大力支持，成书后又得到广西大学"211 工程"建设、中国社会科学出版社的经费资助和大力支持，此书的问世是在社会的关注、学界的支持、团队的努力下取得的成果，在此特向长期支持、帮助的各界人士表示衷心的谢意！